金牛年鉴 2012

JINNIU YEARBOOK

成都市金牛区人民政府 主办　　成都市金牛区地方志编纂委员会办公室 编

新华出版社

金牛区行

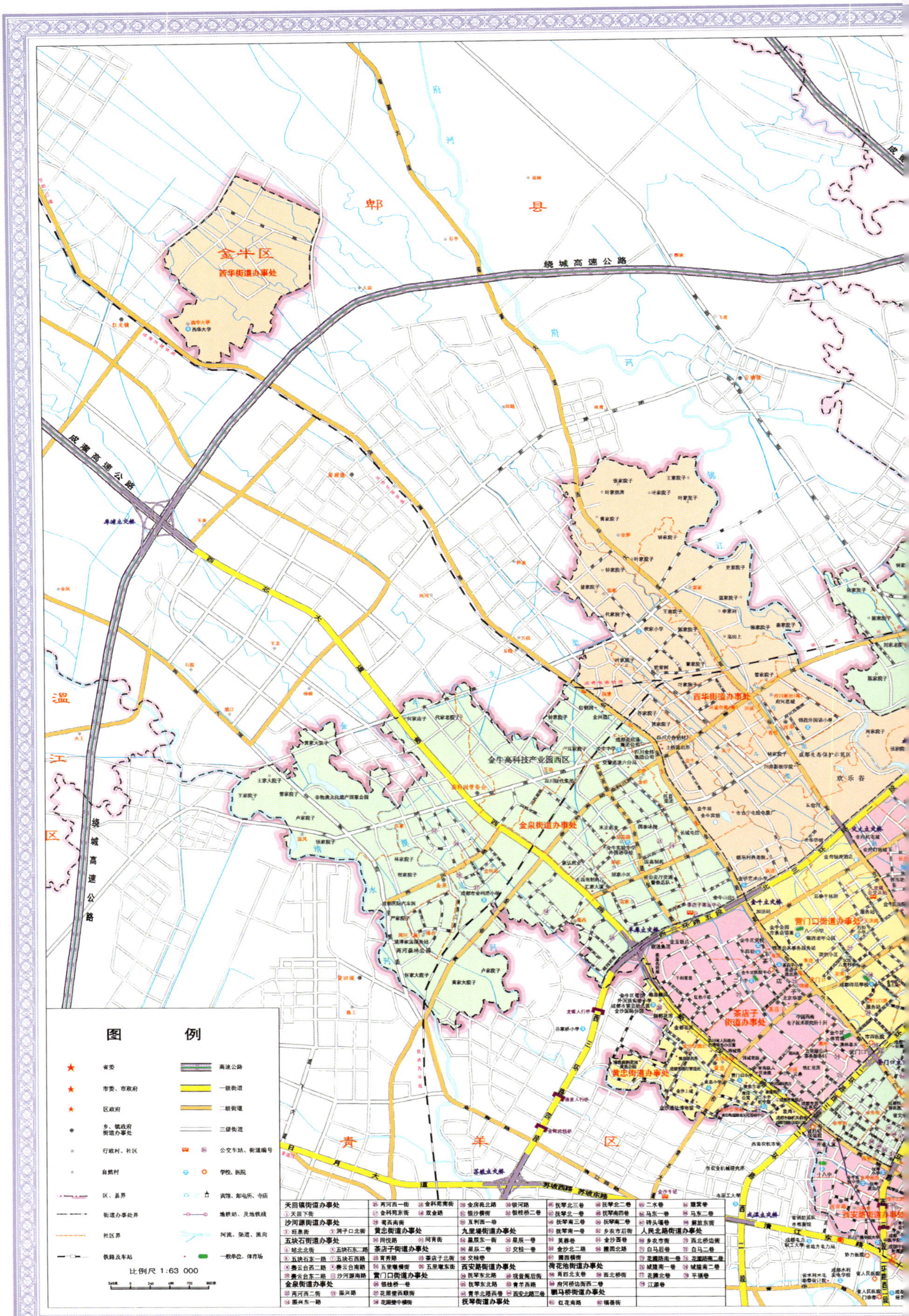
郫县
金牛区
西华街道办事处
绕城高速公路
成灌高速公路
温江区
青羊区
金牛高科技产业园西区
金泉街道办事处
营门口街道办事处
茶店子街道办事处
黄忠街道办事处
图例
省委
市委、市政府
区政府
乡、镇政府 街道办事处
行政村、社区
自然村
区、县界
街道办事处界
社区界
铁路及车站
高速公路
一级街道
二级街道
三级街道
公交车站、街道编号
学校、医院
宾馆、邮电所、寺庙
地铁站、及地铁线
河流、渠道、流向
一般单位、体育场
比例尺 1:63 000
天回镇街道办事处
沙河源街道办事处
五块石街道办事处
金泉街道办事处
黄忠街道办事处
茶店子街道办事处
营门口街道办事处
九里堤街道办事处
西安路街道办事处
抚琴街道办事处
荷花池街道办事处
驷马桥街道办事处
人民北路街道办事处

政区划图

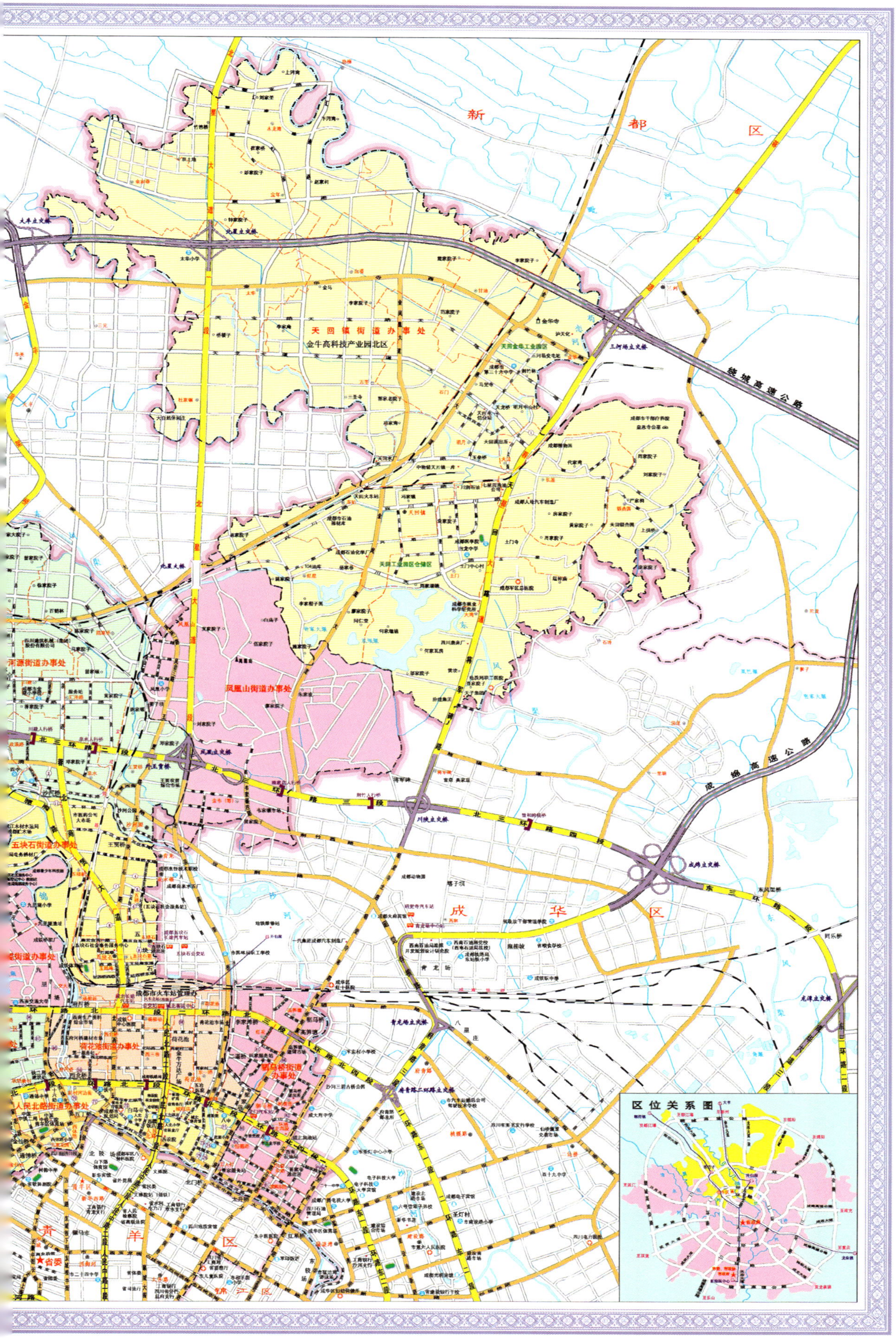

金牛区民政局编制　二〇一二年七月

政治文明建设

12月24—25日，中国共产党成都市金牛区第六次代表大会召开。区委书记杨林兴代表中共成都市金牛区第五届委员会向大会做题为《坚持科学发展，着力“头雁高飞”，为加快提升区域产业品质、城市品质和生活品质而努力奋斗》的报告

3月2—4日，区政府区长苏鹏在区人大六届一次会议上做政府工作报告（2012年）

3月2—4日，区人大常委会主任张文友在区人大六届一次会议上做工作报告（2012年）

3月1日，区政协主席李凯威在区政协六届一次会议上做工作报告（2012年）

12月24—25日，中国共产党成都市金牛区第六次代表大会召开

3月2—4日，成都市金牛区第六届人民代表大会第一次会议召开（2012年）

3月1—3日，中国人民政治协商会议第六届成都市金牛区委员会第一次会议召开（2012年）

2月10日，区政府五届六次全体会议召开

区委书记杨林兴（左二），区人大常委会主任张文友（左一），区委副书记、区长苏鹏（右二），区政协主席李凯威（右一）在区人大六届一次会议闭幕式上合影

2月9日，金牛区召开领导干部大会暨区委中心组（扩大）学习会

4月，金牛区面向全区竞争性选拔副处级干部面试现场

“七一”前夕，区委书记杨林兴，区委常委、组织部部长辜学斌慰问优秀党员

6月29日，金牛区庆祝中国共产党成立90周年系列活动之一的“永远跟党走——金牛区庆祝中国共产党成立90周年‘红歌唱起来’群众歌咏电视大赛颁奖文艺演出”在华侨城大剧院举行

7月6日，金牛区第四次归侨侨眷代表大会召开，会议听取区侨联第三届委员会工作报告，选举产生第四届侨联委员会

8月10日，中共成都市鑫金农发投资有限公司支部委员会与中共成都西南建材（集团）有限公司党总支委员会结对开展创先争优活动

金泉街道金科苑社区议事会成员选举大会

九里堤街道第四届两委会换届选举工作总结会

西安路街道开展特色基层党建

人民北路街道在马家花园社区举行社情民意恳谈会

黄忠街道金沙公园东社区议事园活动

天回镇街道服务群众工作队召开坝坝会

产业发展

省委常委、市委书记黄新初，市委副书记、市长葛红林在区委书记杨林兴，区委副书记、区长苏鹏，区委常委、副区长戴延峰的陪同下调研金牛区产业发展情况（2012年2月4日）

2月25日，金牛万达广场项目举行奠基仪式，此项目为金牛区2011年首个开工重点项目

4月2日，“198”功能区两河森林·和乐田园项目正式签约

4月16日，全国首个中药材指数、西部地区首个国家级商品指数“中国·成都中药材指数”在成都国际商贸城正式发布

8月15日，成都国际商贸城商铺抽签仪式开始。商贸城一期、二期日用品市场2万个铺面位置的分配均由电脑抽签决定

和谐金牛

1月28日，金牛区召开年度经济工作会，区领导向受表彰企业授牌

1月13日，区委书记杨林兴，区委副书记、区长苏鹏调研世豪新瑞集团

5月6日，金牛区与美国华域天府数字科技控股公司就“198”大湖区动漫及数字电影特效科技产业基地项目进行沟通

5月21日，区委书记杨林兴随市投促委现代服务业代表团赴台湾参观、考察台湾乡林集团等15家台湾知名企业

6月7日，金牛区与招商美冷物流公司签订投资协议，标志着总投资5亿元人民币的招商美冷西部总部项目正式落户金牛区

4月15日，2011中国西部国际照明电器博览会开幕

4月18日，区四大班子领导到高科技产业园西区走访中国石油西南化工销售公司

7月，成都市金牛区盛元小额贷款公司通过市金融办、市公安局、区金融办的现场验收，成为金牛区成立的第二家小额贷款公司

改造并投入运营的量力钢材物流中心交易区

海南天元（二期）

北部新城现代商贸综合功能区建设有序推进

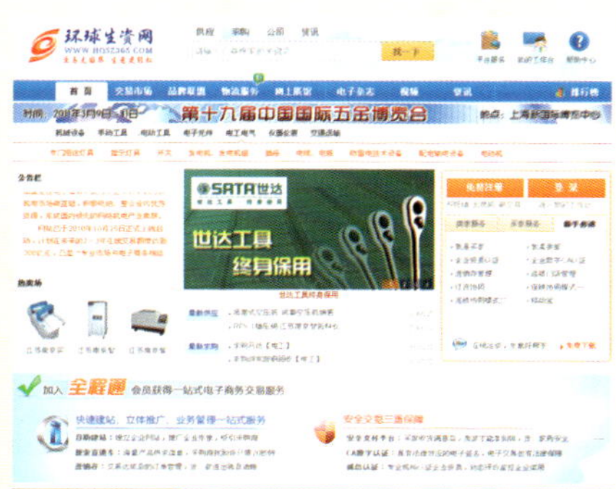

投入营运的环球生资网

政务服务

7月，区委常委、常务副区长胡斌率队视察区政务服务窗口单位的政务活动

3月23日，金牛区公安分局“大走访开门听意见”主题活动日，区公安分局办证中心邀请社会各界群众走进警营，介绍工作流程

3月30日，金牛区国税局举行2011年税收宣传月活动启动仪式暨“我在办税服务厅”有奖征文征集仪式，全面启动第20个全国税收宣传月活动

金牛政务服务大厅引导员

金牛区人民法院开展普法宣传

金牛区基层消费者协会组织开展“3·15”活动现场

金牛粮食分局组织党员干部职工深入营门口街道银桂桥社区开展“维护市场秩序，放心消费粮油”专题宣传活动

金牛区人力资源和社会保障局工作人员在社保大厅向群众免费发放《社会保险法》宣传手册

金牛区国税局“局长接待日”

金牛区工商局在白马寺市场开展上门办照活动

金牛区社保局工作人员在社区接受群众咨询

城乡统筹

11月28日，区委书记杨林兴，区委副书记、区长苏鹏等区领导到天回镇街道调研城乡统筹工作

天回镇街道群众监督惠民工程——太华社区“198”区域道路建设

1月31日，鑫农发投资有限公司与淳风桥、清水河社区集体经济组织正式签约，对两河片区实行土地挂钩整理

11月29日，两河片区清淳家园二期新居工程举行项目开工仪式

全国第一次水利普查

银杏园社区开通公交车

金泉街道农民新居工程河滨森邻

西华街道农民新居工程侯家花园

天回镇街道农民新居工程明月锦苑

沙河源街道农民新居工程泉水人家

沙河源街道农民新居工程泉水人家二期

西华街道农民新居工程兴盛世家

兴盛小学

兴盛幼儿园

城市建设与环境治理

8月25日，区委书记杨林兴，区委副书记、区长苏鹏一行到九里堤街道慰问在酷暑中坚守一线的环卫工人

12月30日，副市长白刚检查金牛区建筑工地，区委副书记、区长苏鹏陪同

5月30日，区委副书记、区长苏鹏，区委常委、副区长胡斌，副区长戴延峰到西华街道茅草堰实地查看排洪渠泄洪情况

5月26日，金牛区启动生活垃圾分类处理试点工作，100名小学生在白色环保袋上绘制垃圾分类处理的宣传画，倡议：“垃圾分类，保护环境从我做起”

区人大常委会主任张文友，副主任田孟奎、邓举视察交大路建设情况

副区长潘雪松检查南堰河水环境整治工作

整治违法建筑宣传

金牛区奥林公司员工植绿护绿

营门口立交桥

北部新城现代商贸综合功能区道路横二线

青羊东二路41号院首创在院落铺设健康绿道

黄忠公园

府河星城

沙湾商贸区

九里堤街道康禧路社区

迎宾大道

社会事业

“六一”前夕，副省长黄彦蓉、副市长傅勇林、区委书记杨林兴看望成都四幼儿童

11月17日，民政部副部长窦玉沛在区委书记杨林兴，区委副书记、区长苏鹏的陪同下视察马家花园社区居家养老工作

和谐金牛

9月，区人大常委会主任张文友参加“金牛区庆国庆、迎重阳”暨“敬老助老、从我做起”主题活动

8月25日，区政协主席李凯威视察马家花园社区居家养老工作

9月6日，副区长张明英安排部署食品安全工作

9月28日，金牛区2011年科普日展示活动

2月17日，金牛区安监局牵头会同区工商分局、区公安分局、区城管局对全区烟花爆竹“打非”工作进行联合执法

金牛区安监局检查油库设施设备安全

8月9日，量力钢材城旁一座厂房发生火灾，金牛区消防大队队员紧急出动救灾灭火

金牛区交警二分局开展“警营开放日”活动

“白衣天使进社区 健康服务到家庭”党员志愿服务活动启动仪式

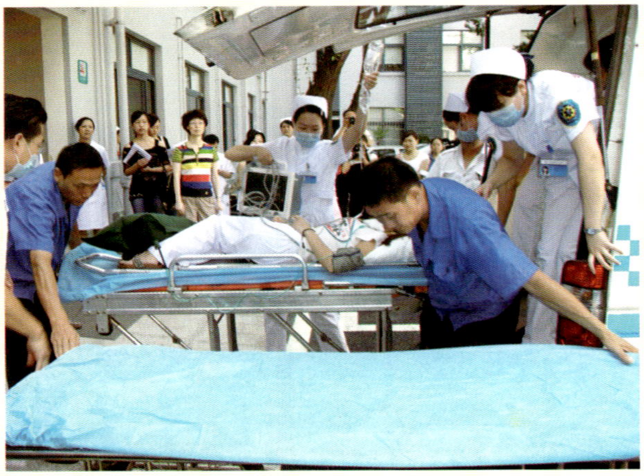

成都市五冶医院产科急救演练

10月20日，成都七中万达学校举行落成暨开校仪式。副市长傅勇林向成都七中万达学校校长陈刚授旗

4月23日，金牛区2011年“世界读书日”暨“图书漂流”活动启动仪式举行

5月25日，金牛区教育局与英国驻重庆总领事馆文化教育处签订《金牛区教育局与英国领事馆文化教育处英语教师高级培训合作备忘录》

7月12日，金牛区慈善会捐助石渠县洛须中学建设资金138.7万元

12月，金牛区人口和计划生育局到邛崃市固驿镇固驿小学校开展关爱留守儿童帮扶活动

5月25日，金牛区举行首届手语电视大赛培训会

7月6日，金牛区残联组织“橙丝带阳光助残 无障碍出行”体验活动

8月13日，金牛区在全市率先举行2011年阳光圆梦工程助学金首发仪式，为首批31名低保及贫困家庭大学生现场发放阳光圆梦工程助学金

6月22日，毕业于成都市金牛中学校的兰兴同学在德国慕尼黑举行的50米步枪三姿项目世界锦标赛中，以1277.8环的成绩夺得冠军，并为中国赢得一个该项目在伦敦奥运会的参赛席位

7月21日，金牛区文旅体局组织辖区各街道、社区体育骨干和三级社会体育指导员齐聚金牛体育中心，进行2011年全民健身400惠民工程第三季度100社区广播体操培训

7月30日，由中国棒球协会主办，市体育局、区政府办承办的“金牛杯”2011年亚太区PONY少年棒球锦标赛在金牛体育中心举行

文化活动

9月7日，由区委、区政府主办，区委宣传部、区文旅体局、区文联承办的2011年度文化金牛大擂台群众艺术风采大赛之广场舞总决赛在金泉街道金科苑社区广场举行，14个街道的19支队伍参赛

金牛文化闹新春

营门口街道庆国庆迎重阳图片展

金牛文化闹新春

《我们眼中的金泉》首届摄影比赛颁奖典礼暨获奖作品展

11月19日，金牛区四大文化惠民品牌之一的文化金牛区大擂台——金牛区2011年度“十佳业余文艺团队”“十佳群文演艺之星”“十佳群文书画摄影之星”颁奖文艺演出在和谐金牛广场举行

2011成都国际青年音乐周金牛分场

街道工作

6月28日，区委书记杨林兴率队到茶店子街道调研，了解街道上半年各项工作开展情况，提出解决发展难题的办法，并就街道下半年工作提出要求

8月5日，成都市明星社区评选颁奖典礼在四川电视台演播大厅举行，金牛区黄忠街道金沙公园东社区、抚琴街道西北街社区、人民北路街道花牌坊社区获成都市十大明星社区称号。九里堤街道康禧路社区获成都市优美社区称号，九里堤街道九里堤北路社区、西安路街道青羊北路社区获成都市和谐社区称号

6月28日，抚琴街道党员入党宣誓

10月25日，抚琴街道组织社区公共事务服务站到武侯区玉林街道黉门街社区学习

西安路街道在金琴路南二巷院启动“社区工作进院落”活动

西安路街道5个社区相继开展“迎春送暖”活动

人民北路街道马家花园社区群众活动

驷马桥街道见义勇为表彰暨2011年综治工作会召开

荷花池街道学习贯彻第六次党代会精神会议

市委政法委到荷花池街道调研

五块石街道举行“创先争优”活动表彰大会暨庆祝建党90周年文艺汇演

九里堤街道2011年企业家座谈会

营门口街道营门口路社区“运动成都·活力金牛”活动评奖现场

茶店子街道育苗路社区组织社区党员参观彭州市白鹿镇

茶店子街道育苗社区组织成都四幼的小朋友开展“冬日暖阳”活动，慰问社区孤寡老人

和谐金牛

2月，黄忠街道举行“家庭才艺大比拼”决赛，表彰14名通过层层选拔出的“我们身边的道德模范人物”

3月24日，黄忠街道金沙公园北社区群众参加运球绕桩比赛

黄忠街道金沙公园东社区举行社区活动

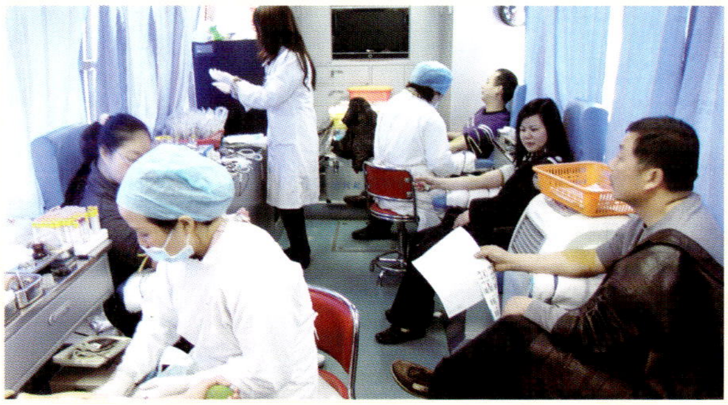

3月，金泉街道组织社区干部、党员、居民参加“无偿献血奉献爱心”活动

1月，由沙河源街道主办、辖区各社区承办的“文化金牛闹新春”系列文化活动举行

沙河源街道服务群众工作队为居民服务

沙河源街道长久社区党总支开展主题活动

天回镇街道举行庆祝建党90周年“创先争优”表彰大会暨文艺演出活动

天回镇街道余家巷社区开设手工艺制作培训班

西华街道开展“欢乐文化进社区”活动

成都市天回小学校举行“城乡共融　托梦明天”少儿素质免费培训班结业汇报表演

和谐金牛

2011·数字金牛

面积：108平方千米
建成区面积：55.64平方千米
户籍人口：72.27万人
地区生产总值：592.81亿元
第一产业：0.26亿元
第二产业：171.70亿元
工业增加值：102.83亿元
第三产业：420.85亿元
第一、二、三次产业构成：0.04：28.96 ：71.00
人均地区生产总值：49347元
财政总收入：95.99亿元
地方财政收入：36.62亿元
财政支出：46.41亿元
全社会固定资产投资总额：282.63亿元
社会消费品零售总额：405.46亿元
外贸出口总额：12.81亿美元
引进国内省外资金：149.9亿元
实际使用外资：5.23亿美元
旅游总收入：79.28亿元
旅游外汇收入：780.8万美元
中小学校：82所
在校学生数：11.38万人
医疗机构：571个
城区环境空气质量优良天数：310天
绿地面积：2134.44公顷
建成区绿化覆盖率：41.5%（按建成区55.64平方千米）
市区居民人均公园绿地面积：11平方米
在岗职工平均工资：45586元
城市居民人均可支配收入：23816元
涉农居民人均纯收入：15508元

《金牛年鉴》编审委员会

《金牛年鉴》编辑部

编辑说明

一、《金牛年鉴》(2012)是成都市金牛区人民政府主办的综合性地方年鉴，旨在整体反映金牛区2011年发展情况，为各级党政机关、研究部门、社会各界人士及中外投资者了解、认识金牛区提供翔实信息资料，也为续写《金牛区志》积累史料。

二、《金牛年鉴》(2012)记载时限从2011年1月1日起至2011年12月31日止，为金牛区第十卷综合年鉴，记录金牛区社会、经济等方面的主要发展变化，全区各街道、部门、各行业的基本情况和年度大事，力求突出金牛区区域特色。

三、《金牛年鉴》(2012)采取分类编辑法，按类目、分目、条目三个层次体例编辑，部分分目下设子目，以不同字体、字号及版式设计区别不同层次，条目均加【】表示。全书设有综述、大事记、专文、政治、司法、城市管理、城市建设、工业、建筑业·房地产业、商贸业·服务业、产业化项目与功能区建设、统筹城乡发展、财税·审计、综合管理、教育·卫生、科学·文化、民生·社会、街道、统计资料、文献·文件、附录21个类目，108个分目，42个子目，867个条目，82个表，34页彩图。除刊载全书目录外，本年鉴在正文后设置索引，具有较完善的检索系统。

四、《金牛年鉴》(2012)选登部分资料性、实用性较强的内容，以提高年鉴的信息量和可读性，并随书配送全书电子版以方便读者使用。

五、《金牛年鉴》(2012)收录的信息资料主要由区域内各部门、各街道提供，并经供稿单位领导审核。所有综合性数据和统计图表均由区统计局提供，若有出入，则因统计口径差异，如需引用应以区统计局核实的数据为准。图片由新金牛采编中心提供。

六、《金牛年鉴》(2012)组稿、撰稿及编纂工作依靠集体力量完成，并得到各部门、各单位热情关怀和大力支持。编辑部对所有关心、支持和直接参与编纂工作的同志表示衷心感谢。本年鉴的内容虽经多次审核和校对，仍难免有差错和疏漏之处，恳请广大读者批评指正。

《金牛年鉴》(2012)编写组成员

中共成都市金牛区纪律检查委员会

田　梅　方　伟

中共成都市金牛区委办公室

杨枝苍　王　燕

成都市金牛区人民代表大会常务委员会办公室

杜宪伟　刘翔飞　张立博

成都市金牛区人民政府办公室

郭兰涛　何昌萍　周　茜

政协成都市金牛区委员会办公室

马雪清　张　淼　孙立菲

中共成都市金牛区委组织部

何川洪　李永强　何　谦

中共成都市金牛区委宣传部

袁代树　杨　婕

中共成都市金牛区委统一战线工作部

张　冬　何梦海

中共成都市金牛区委政法委员会

杨志刚　黄　涛

中共成都市金牛区委直属机关工作委员会

李文龙　崔大勇

金牛区信访和群众工作局

刘斌蓉　王代成　方　燕

中共成都市金牛区目标管理督查办公室

林黎嘉　徐璐珊

中共成都市金牛区委政策研究室

牟新云　崔　蓉

中共成都市金牛区委老干部局

何　明　汪　琦　周怡然

金牛区精神文明办公室

贾志忠　李　敏

中共成都市金牛区委机构编制委员会办公室

党尚银　赵　飚

中共成都市金牛区委党校

叶　静　唐光荣

金牛区新金牛采编中心

邓　熠　唐骏波

中国人民解放军成都市金牛区人民武装部

段宝安　胡　航

金牛区人民法院

高　文　冯　雪　曾广春

金牛区人民检察院

秦宗龙　李薇薇　李胜宾

金牛区发展改革局

栗安萍　刘二双

金牛区教育局

杨　轲　夏子辉

金牛区经济和科学技术局(金牛高科技产业园管理委员会办公室)

祝建国　魏　强　梁　平

金牛区民政局

杨国均　彭念贵　李洪兵

金牛区司法局

赵小林　杜俊平　谢正伟

金牛区财政局

龚　蜜　代　桦

金牛区国有资产监督管理办公室

李和轩　任晓宏

金牛区人力资源和社会保障局

赵　静　林　威　王　涯

金牛区环境保护局

李　兆　李　政

金牛区建设和交通局（金牛区人民防空办公室）

赖　朋　吴锡丹

金牛区房产管理局

徐　忠　黄　怡

金牛区城市管理局

谢树云　龚　庆

金牛区统筹城乡工作局

黎乃顺　庞华锋　宋志宏

金牛区商务局

张元谱　何文南　刘　彬

金牛区投资促进局

吴　昊　杨　周　马爱群

金牛区文化旅游和体育局

胥厚全　齐瑞廷　朱文林

金牛区卫生局

白中毅　胡晓丽

金牛区人口和计划生育局

杨　伟　谢家令

金牛区审计局

杨　平　陈　波

金牛区安全生产监督管理局

查治德　高玉蓉

金牛区统计局

谢　江　胡雪蕾　王　磊

金牛区人民政府法制办公室

王　军　余伟岸

金牛区机关事务管理局

邓小梅　陈　霞

金牛区统筹城乡功能区发展中心

郭　健　钟玥华

金牛区北部新城现代商贸综合功能区管委会办公室

谢　丹　尚旺盛

金牛区有线电视台

刘　钊　曾亚莉　陈雯霞

金牛区档案局

杨秋瑾　吴　玲

金牛区信息化办公室

戴国英　何晓晓　郭建忠

金牛区人民政府政务服务中心

何　英　张　翼

成都市公安局交通警察支队二分局

肖润君　谭箭平　雷　霆

成都市公安局交通警察支队六分局

苏蓉贵　周　林　胡文韬

金牛区供销合作社联合社

汇九莉　梁红忠

金牛区旧城改造中心

崔生全　田　俊　靳　萍

金牛区国家税务局

朱　莉　杨　敏　黄　琴

金牛区地方税务局

姚　阳　温存逸

成都市公安局金牛区分局

徐　辉　彭　奕　王　飞

金牛区公安消防大队

郭俊峰　罗富军　冯言宪

成都市金牛工商行政管理局

梁　坚　黄　俊　吴雪松

成都市国土资源局金牛分局

刘宗荣　谢统军

成都市金牛质量技术监督局

赖永强　刘的明

成都市金牛食品药品监督管理局

王劲峰　徐　兵

成都市粮食局金牛分局

叶启文　贺广辉

金牛区总工会

杜　军　何文杰

共青团成都市金牛区委员会

牛　虹　蒲雨薇

金牛区妇女联合会

杨　淳　李　晔

金牛区工商业联合会

刘晋贵　袁　平

金牛区残疾人联合会

廖剑彪　刘　杰

金牛区红十字会

杨永健　荣　鹤　余　乐

抚琴街道办事处

马　丽　张雪梅

西安路街道办事处

杨栋川　牛小安

人民北路街道办事处

刘兆明　冯慧淑

驷马桥街道办事处

吴　莉　吴　兵

荷花池街道办事处

肖义琳　陈　睫　焦小雄

五块石街道办事处

沈柳荫　李仕友

九里堤街道办事处

郭　凤　胡　瑾

营门口街道办事处

林国民　陈　科

茶店子街道办事处

宋　蓉　赖雪梅

黄忠街道办事处

梅　红　潘仲明

金泉街道办事处

李纯明　侯曾梅

沙河源街道办事处

陈　剑　周　杨

天回镇街道办事处

娄　昆　张　伟

西华街道办事处

王建江　马军国

凤凰山街道办事处

欧阳鲲　洪　滔

金牛区邮政局

刘子愚　王　红　杨　烨

成都市鑫地建设投资有限责任公司

黄廷文　吴世衡　钟元明

成都金信源建设投资有限责任公司

张剑斌　汪慧丽

成都市鑫金工发投资有限公司

王喜雪　曹晓雪

成都市金牛城建投资有限公司

张　俭　魏雨禾

中国银行股份有限公司成都金牛支行

高骏康　唐世杰　杨利霞

中国建设银行股份有限公司成都第四支行

陈兴林　康　顺　程　钢

中国农业银行成都金牛支行

方　宁　张晓琴　吴文东

中国工商银行股份有限公司成都金牛支行

李　青　石　涛

中国人寿保险股份有限公司成都金牛支公司

陈　敏　石雪琴

中国人民财产保险股份有限公司成都金牛支公司

周　平　陈一心　杨雪艺

目 录
CONTENTS

综 述
SUMMARY

大事记
A CHRONICLE OF MAJOR EVENTS

专 文
SPECIAL ARTICLES

政 治
POLITICS

司　法
JUDICATURE

城市管理
URBAN ADMINISTRATION

城市建设
CITY CONSTRUCTION

工　业
INDUSTRY

建筑业·房地产业
BUILDING AND REAL ESTATE INDUSTRIES

商贸业·服务业
BUSINESS & TRADE AND SERVICE INDUSTRIES

产业化项目与功能区建设
INDUSTRIALIZATION PROJECTS AND FUNCTIONAL AREAS CONSTRUCTION

统筹城乡发展
INTEGRATED DEVELOPMENT OF URBAN AND RURAL AREAS

财税·审计
FINANCE & TAXATION AND AUDIT

综合管理
COMPREHENSIVE MANAGEMENT

科学·文化
SCIENCE AND CULTURE

街　道
SUB-DISTRICTS

统计资料
STATISTICAL DATA

文献·文件
LITERATURE AND DOCUMENTS

工作报告
Work Reports

文件选登
Selected Documents

附　录
APPENDIX

索　引
INDEX

综　述

SUMMARY

金牛区概况

【地理气候】　金牛区位于成都市中心城区西北部，区政府驻成都市沙湾路65号。东与成华区相邻，南与青羊区接壤，西与郫县毗邻，北与新都区交界，区域兼具平原和丘陵地貌特征，处于城市上风上水位置，空气清新，水源洁净，是成都市生态、水资源保护区。区境内有天回山和凤凰山两处浅丘台地和府河、沙河、毗河、摸底河、清水河5条主要河流，属都江堰自流灌溉区。金牛区地理坐标位于东经103° 57′ 03″—104° 08′ 19″，北纬30° 49′ 55″—30° 48′ 35″，东西长18千米，南北宽16千米，区境内地势比较平坦。沿东北边缘靠近成华区和新都区一线属龙泉山西部边缘延伸带，地势起伏连绵，属缓坡台地，其余地区皆属平坝。海拔平均高度501米，最高点580.2米，最低点493.3米，呈西北向东南倾斜。金牛区属四川盆地亚热带温润气候区，全年温暖湿润、四季分明、热量丰富、雨量充沛。全区土地面积108平方千米，下辖15个街道办事处、113个社区居委会。2011年，全区空气质量优良天数310天，列全市前茅，出境断面水质达标率五城区领先。人均公园绿地面积11.2平方米。

【人　口】　2011年末总户数27.45万户，户籍人口72.27万人；常住人口120.17万人；人口出生率6.35‰，人口自然增长率1.17‰，人口密度6692人/平方千米。

2011年金牛区总户数、总人口

单位：户、人

单位名称	2011年年末总户数	2011年年末总人口
合　计	274495	722676
西安路街道	25040	69321
西华街道	12821	32957
人民北路街道	23484	70887
抚琴街道	29853	80041
荷花池街道	20122	57853
驷马桥街道	32042	86598
黄忠街道	8933	21635
茶店子街道	23533	62659
营门口街道	15315	36257
九里堤街道	14680	45018
五块石街道	8158	19327
金泉街道	15845	33977
沙河源街道	17987	39893
天回镇街道	22509	56851
凤凰山街道	4173	9402

【区域交通】　金牛区交通便捷通畅，路网功能完善。全区城市道路总里程555千米。区境内以内环路、一环路、二环路、金府路、三环路、绕城高速公路为主形成环形路网骨架，以IT大道、羊市街西延线、金牛大道、西华大道（沙湾路西延线）、成彭路、商贸大道、北新大道、川陕路为主形成辐射路网骨架。拥有连接成渝、宝成、成昆、成达4条铁路枢纽的成都火车

北站和通往川西北地区客运线路的城北汽车客运中心、茶店子汽车客运中心。

【旅游资源】 金牛区历史文化积淀深厚，都市旅游勃兴。区境内有商周蜀文化中心金沙遗址（部分区域）、前蜀皇帝王建墓永陵、三国老将黄忠墓、安史之乱期间唐玄宗驻地天回镇、九里堤水文遗址。位于北三环路一段与交大路交界处的华侨城欢乐谷主题公园，是西部地区规模最大的4A级旅游主题公园，一品天下美食旅游街被评为首批省级特色商业街区，都市文化旅游资源集群效应初步显现。

2011年金牛区街道名单

街道名称	办事处地址
抚琴街道	光荣路19号
西安路街道	青西路6号
人民北路街道	新村河边街9号
驷马桥街道	泰宏路9号
荷花池街道	解颐路2号
五块石街道	蓉北商贸大道一段7号
九里堤街道	星辰路东一街8号
营门口街道	花照壁街105号
茶店子街道	安蓉路8号
黄忠街道	黄忠街8号
金泉街道	两河路555号
沙河源街道	洞子口路718号
天回镇街道	兴川路999号
凤凰山街道	凤凰山山王庙
西华街道	沙西线府河星城内

金牛区缔结的国际友好城市

城　市	国　别	缔结时间
塞维尔维尔市	美　国	2004年6月
索尔福德市	英　国	2005年7月
威乐比市	澳大利亚	2007年10月
正华区	新加坡	2009年12月

金牛区合作区（市）县

名　称	关　系	建立时间
邛崃市	区域合作	2005年8月
新都区	区域合作	2005年8月
彭州市	区域合作	2005年8月
郫县	区域合作	2010年1月

金牛区缔结的友好区（市）县

名　称	所属省（自治区）、市
平湖市	浙江省
拱墅区	浙江省杭州市
西湖区	浙江省杭州市
江干区	浙江省杭州市
瑞安市	浙江省
义乌市	浙江省
雨花台区	江苏省南京市
鼓楼区	江苏省南京市
镜湖区	安徽省芜湖市
七星区	广西壮族自治区桂林市
银海区	广西壮族自治区北海市
南岸区	重庆市
九龙坡区	重庆市
渝中区	重庆市
渝北区	重庆市
江北区	重庆市
克拉玛依市	新疆维吾尔自治区
天山区	新疆维吾尔自治区乌鲁木齐市
鄯善县	新疆维吾尔自治区吐鲁番市
阿克苏地区行政公署	新疆维吾尔自治区
芝罘区	山东省烟台市
朝阳区	吉林省长春市
沈河区	辽宁省沈阳市
雨花区	湖南省长沙市
城中区	青海省西宁市
城西区	青海省西宁市
江岸区	湖北省武汉市
西固区	甘肃省兰州市
福田区	广东省深圳市
宝安区	广东省深圳市
白云区	广东省广州市
天河区	广东省广州市
金州区	辽宁省大连市
徐汇区	上海市
西青区	天津市
南明区	贵州省贵阳市
南江县	四川省巴中市

续表：

名　称	所属省（自治区）、市
西区	四川省攀枝花市
仪陇县	四川省南充市
红原县	四川省阿坝藏族羌族自治州
大足县	重庆市
大安区	四川省自贡市
什邡市	四川省德阳市
路北区	河北省唐山市
香坊区	黑龙江省哈尔滨市
新城区	内蒙古自治区呼和浩特市
柳北区	广西壮族自治区柳州市
金阊区	江苏省苏州市
道外区	黑龙江省哈尔滨市
东安区	黑龙江省牡丹江市
灞桥区	陕西省西安市
莲湖区	陕西省西安市
西夏区	宁夏回族自治区银川市
湖里区	福建省厦门市

（张　蓉）

经济和社会发展

【区域经济特色】　金牛区经济繁荣活跃，商贸特色突出。作为世界上最早的纸币——交子的诞生地，金牛历来商贾云集，传统商贸基础较好，主要以批发零售、住宿餐饮业为支撑。全区批零贸易业及住宿餐饮业年销售额超过1300亿元，规模居全市之首。2011年，成功发布中国·成都中药材指数并积极推进中国·成都五金机电指数发布。成都国际商贸城中药材市场、日用品市场投入运营，现代商贸业业态不断提升，“商贸金牛”影响力不断增强。

【经济总量】　2011年，金牛区地区生产总值592.81亿元，同比增长13.1%，其中第一产业增加值0.26亿元，同比下降17.1%；第二产业增加值171.70亿元，同比增长13.3%；第三产业增加值420.85亿元，同比增长13.0%。三次产业比重为0.04∶28.96∶71.00。全年全口径财政收入95.99亿元，同比增长26.7%；地方财政收入36.62亿元，增长35.0%。农业总产值0.42亿元，同比下降16.9%。工业增加值102.83亿元，同比增长12.9%。

高科技产业园区累计实现规模以上工业总产值230.29亿元，同比增长27.6%。

全区建筑业总产值542.27亿元，同比增长24.1%；完成固定资产投资282.63亿元，同比增长15.9%；房地产投资130.08亿元，同比下降10.4%。

全年累计实现社会消费品零售总额405.46亿元，同比增长18.7%。

全年接待游客550万人次，同比增长19.6%，其中国内游客546.59万人次、入境游客4万人次。全年旅游总收入79.28亿元，同比增长21.6%。

【产业发展】　2011年，金牛区按照“在加快发展中促转型，在加快转型中促发展”的理念，保持经济持续增长。运作实施成都华侨城、成都国际商贸城、金牛万达广场等重大产业化项目。

高质量建设北部新城现代商贸综合功能区，加快道路及配套设施建设，促进涵碧楼、德尔家居等一批项目洽谈签约。高水平打造“198”生态及现代服务业综合功能区，两河片区4月签约引进保利集团，打造“和乐田园”高端养老产业；踏水片区与华侨城集团就实施“欢乐田园”项目初步达成一致；犀湖片区按照打造欧洲名品设计定制中心及民族酒店院落集群的意向加紧优化方案设计；银杏园片区与意向企业就产业发展进一步洽谈。

引导园区转型发展，5月获准天回大北区1800亩工业用地性质调规；引导园区发展总部经济，支持高新技术企业发展壮大，重新认定高新技术企业38个，三泰电子、金亚科技成功上市，全区拥有上市公司8个。

发展现代商贸产业高端，发布中国·成都中药材指数，开展中国·成都五金机电指数发布前期准备工作，支持九正建材网、环球生资网、成都国际商贸城数字商城等一批电子商务平台建设。实施“中调”战略，关闭原荷花池中药材市场等一批传统专业市场，加快推进金府-量力市场带改造提升。

【对外开放】　2011年，金牛区不断拓展对外开放。全年新引进内资项目197个、新建（扩建）商贸项目88个、建筑业项目17个、其他服务业项目53个、房地产业项目27个、物流项目7个、其他项目5个，新引进（增资）商贸项目6个、其他服务业项目12个。新签约引进重大项目16个，同比增长60%，其中重大服务业项目16个，占全市3.73%。

2011年，实际到位省外内资149.9亿元人民币，同比增长32.3%；引进资金主要投向商贸、服务业、房地产、建筑、物流等产业项目。实际使用外资5.23亿美元，同比增长32.2%，主要投向服务业、房地产等第三产业项目。

累计实现外贸出口12.81亿美元，同比增长4%；有出口实绩的外贸企业167家，其中自营出口企业21家、流通型企业167家；出口规模超过1亿美元的企业1家，为四川宏华国际科贸有限公司。

【社会事业】 金牛区强化科技创新和科普工作，获全国科技进步考核先进区、全国科普示范城区等称号。高标准建设七中万达等学校，推进城乡教育均衡发展，获全省义务教育示范区称号。举办区第五届运动会，开展“文体惠民”五大品牌活动，被评为全国社区群众文化艺术活动示范基地、国家全民健身示范城区试点单位。推进医药卫生体制改革，提高社区卫生服务能力。稳定低生育水平，获全国人口早期教育示范区。第二次全国经济普查和第六次全国人口普查顺利完成，老龄工作获全国先进，第二轮地方志修编工作全面完成，民兵预备役和国防教育工作扎实推进，其他各项社会事业取得新进步。灾后重建和对口援建任务全面完成。

【社会管理】 开展星级社区、“十佳”社区创评活动，获全国和谐社区建设示范城区。组建服务群众工作队、综合应急救援大队和行业调解组织，建立健全“大调解”工作体系，落实群众与信访工作逐级负责制，健全领导包案制度，群众基础工作不断加强。加强“平安金牛”创建，社会治安形势持续好转，获省级平安建设先进区。加强安全生产、消防安全、食品药品安全监管和应急管理，促进全区安全发展。

【新居工程】 金牛区按照时间节点要求有序推进新居工程建设，为安置群众入住创造条件。截至12月，全区累计开工建设420.6万平方米，竣工278.8万平方米，其中2011年新开工102.56万平方米，竣工71.65万平方米。全年安置拆迁群众5590人。

（张　蓉　刘二双　杨　周　马爱群）

规范化服务型政府建设

【政务公开】 金牛区严格政府信息主动公开和依申请公开制度，全年新增主动公开政府信息30148条，涵盖机构信息、法规公文、政府决策、工作信息、行政执法、人事、财政、承诺事项等内容，受理群众依申请公开28件，办结26件，转下年办理2件；构建公开体系，在全区各级中心、社区建立政府信息查询点101个，全年接受群众查询2.9万次；创新公开载体，建立基层公开综合服务平台，实现社区全覆盖，公开党务、政务、居务、办事指南等社区生产生活各类信息1.4万条；完善网上政务大厅，全面推进5类、4182项行政权力网上公开透明运行，实现权力网上公开、网上监察、网上交流和在线办理。

【行政审批制度改革】 开展行政许可、非行政许可、转报事项、服务事项等审批事项的清理和规范，各类事项由原来575项精简到491项；开展个体工商户开业及新办合伙企业设立，有限责任公司设立等7类企业开业登记并联审批工作，个体工商户开业登记并联审批2611件，新办企业并联审批2525件；参与五城区政务服务入驻事项范本制定。

【长效工作机制】 金牛区规范化服务型政府（机关）建设领导小组办公室的职能由区政府办划转到区委编办，成立以区委副书记、区长为组长的领导小组，修订日常督查工作方案，确立区规服办牵头、区政府办、区民政局、区政务服务中心、区法制办具体承办，区信息办、区监察局提供保障的“142”规服建设工作机制。

【行政权力公开透明运行】 更新公开事项动态数据维护，加大政府网上信息公开力度，通过市政府信息公开管理系统录入政府信息3700余条，公开事业单位办事信息3016条，受理群众依申请公开19件、办结19件，按时办结率100%。

【公共服务体制改革】 推进金牛市民中心项目建设，全区15个街道、100个社区试点建立基层综合服务平台，录入党务、政务、居务、办事指南等社区生产生活各类信息6000余条。西安路、九里堤、西华3个街道开展公共服务向下延伸先期试点工作。

【群众监督评价机制】 区政务服务中心开展拦截调查，广泛征求群众意见；利用省、市行政效能电子监察系统，对纳入中心的行政审批项目实施全过程监管；邀请区人大代表、区政协委员、区第二纪工委、区特邀监督员、社区居民代表不定期督查相结合的方式，对服务窗口及窗口工作人员进行经常督查和评议。全年政务服务评价率99%，满意率100%。把接受民主监督作为推进政务服务工作的重要方式，由政协委员组成民主评议工作组，通过视察、调研、听取工作通报、召开服务对象座谈会、网络问政等方式，历时4个月对区政务服务中心的工作情况进行民主评议。区政务服务中心针对意见建议制定整改措施，做好评议整改工作。

（张 翼 赵 飏 余伟岸）

精神文明建设

【文明城市建设】 2011年，金牛区文明城市建设工作强化长效机制建设，全年召开全区创建联络员会议和迎检调度会议10次，上报《文明建设重大事项报告单》25期，印发《致市民朋友的一封信》等各类宣传品50万份，印发迎检《督办通知》132期、《督查整改通知单》23份，督促解决媒体及市民反映问题和创建重大问题。通过2011年成都市第一次综合文明指数测评，并以80.89分获一圈层第三名，实现升位目标。9月25—27日，全国文明城市复查中央测评组实地考察沙河源街道等5类、6个点位，对金沙公园北社区及抚琴西北街社区共40户居民进行问卷调查，材料审核金牛档案文件9大项、135小项指标。金牛区为成都市在全国文明城市复查中名列省会、副省级城市第二名做出贡献。

【文明院落工程】 “文明院落”工程建设稳步实施，由区文明办、区卫生局牵头，全区14个街道、19个社区的100个非物管老旧院落软硬件建设全面推进，纳入工程计划的全区100个院落硬件建设工作全面完成，全年完成道路平整14911平方米、划定车位1500个、整理绿化1000处、安装公共照明1226处、维护垃圾点105处、修缮公用设施723处、整治立面4.7万平方米、粉刷单元楼道墙体27.7万平方米、管线序化196根，安装电子眼100套、信报箱110个、宣传栏105处、休闲椅732把、公共晾衣架136根。软件建设按计划推进，工程于10月通过市测评验收，得分81.87，较上年上升1.2%。

【公民思想道德建设】 金牛区以“讲文明，树新风”为主题，以“公民道德模范”评选工作为抓手，贯彻落实《公民道德建设实施纲要》，不断提升城乡社区居民的文明素养和道德水平。组织开展“道德模范”评选、“我们的节日”等30多项系列宣传教育和实践活动，选出“身边好人”27人，推荐“成都好人”候选人104名，走访慰问社区困难党员、空巢老人、低保人员优抚对象和残疾人5000余人。全年表彰“感动金牛每月评”先进集体、先进个人50个。金牛区推荐的莫若健、戴广明两位道德模范当选中国文明网8月助人为乐类“中国好人”，全区尊重先进、鼓励优秀的良好风尚逐步形成。

【未成年人思想道德建设】 金牛区加强学校、家庭、社会“三位一体”教育网络建设，印发《金牛区未成年人思想道德建设工作目标任务分解表》，净化网吧、网络、荧屏声频、出版物市场和校园周边环境，组织开展文化市场联合执法行动300余次，营造有利于未成年人健康成长的良好社会文化环境和氛围；组织发动中小学生20万人次，开展“做一个有道德的人”主题班队会、“童心向党”歌咏活动、“美德少年”评选等未成年人教育实践活动800余次，成都市北站小学校等3个单位、10人次分获省、市专项表彰，为成都市获全国首次未成年人思想道德建设工作专项测评省会、副省级城市第一名做出贡献；完成荷花池街道杨柳巷社区未成年人心理健康教育辅导站试点建设任务并通过全市统一工程验收；强化督促指导，牵头组织完成“让我玩”活动等10项全区为未成年人办好事实事重点项目。

【群众性精神文明创建活动】 金牛区采取多种形式对各街道、各部门和驻区单位精神文明工作队伍和创建队伍进行业务培训和工作指导，提高业务水平。结合文明行业创建广泛开展“窗口行业文明礼仪展示”活动，深化“科教、文体、法律、卫生四进社区”活动内容，规范“四进社区”宣传栏阵地建设，持续开展群众性精神文明创建活动；确保全区“六进”活动工作有计划分步骤全面推进；牵头组织开展“除陋习，讲文明、树新风”“妈妈文明劝导员”“社区清洁小卫士”等20多项系列宣传教育和实践活动，发放各类“六进”宣传品13万份，并通过在区内媒体设立专栏、网络投放公益广告视频、网络博客等形式广泛开展城市文明宣传。加强部门、街道、社区、院落楼栋四级文明宣传发动工作网络建设，组织社区文明劝导员等各类环境卫生志愿者1万人参加环境卫生志愿服务活动3500余次，开展“ 除陋习、讲文明、树新风”街头文明劝导、“携手你我他，共建清洁家”、社区文艺巡演等各类活动3000余次，文明礼仪培训农民工2000余人。

【志愿服务活动】 金牛区健全志愿服务工作协调机制，推动志愿服务机制化常态化建设。全年组织各类志愿者2万人，在全区开展“讲文明、树新风”主题志愿服务、“关爱农民工”“关爱空巢老人”、城乡环境综合治理“六进”等各类志愿服务活动5000余次；将标准化社区志愿服务站建设工作纳入民生工程目标，按照全市统一要求全面完成人民北路街道新村河边街社区等12个市级标准化社区志愿服务站建设任务并通过全市统一工程验收。

（李　敏）

沙河观景塔

（审读：黄智太）

大事记
A CHRONICLE OF MAJOR EVENTS

1月

4日 市委副书记、市长葛红林，副市长刘仆，市政协副主席、市交委主任黄平，市委副秘书长段成柱，率市委、市政府相关部门负责人到金牛区中铁二局，就该局在成都市投资建设的工程项目进行调研。区委书记杨林兴，区委副书记、区长苏鹏参加调研。

9日 中国共产党成都市金牛区第五次党代会第六次全体会议暨区委工作会召开。会议主题是：贯彻市委工作会议精神，总结2010年工作，部署2011年工作，动员全区各级党组织、广大党员和干部群众，紧紧围绕建设世界现代田园城市和"五区金牛"战略目标，进一步解放思想、坚定信心，抓住机遇，加快发展，为推进金牛转型发展、科学发展而努力奋斗！区委书记杨林兴代表区第五届委员会作题为《深入实施"五区金牛"战略，全面加快统筹城乡发展，为推进金牛转型发展、科学发展而努力奋斗》的报告。区委副书记、区长苏鹏传达市委工作会议上省委常委、市委书记李春城和市委副书记、市长葛红林的讲话精神。全区323名党代表出席，30名列席代表参加会议。

10日 金牛区正式启动门诊特殊疾病联网相关业务办理。金牛区参保人员及市局参保人员可以在中国五冶集团有限公司医院直接办理门诊特殊疾病申请及撤销等相关业务。

1月 成都市海外交流协会副会长万禾率英国、法国、比利时等欧美诸国对外贸易协会驻成都代表组成的西部经济商务机构考察团对金牛区进行考察。副区长张新宇、成都市侨办副主任石敏陪同考察。

2月

9日 金牛区召开领导干部大会暨区委中心组（扩大）学习会议，要求全区领导干部履职尽责，抓班子、带队伍、促发展、保稳定，再创金牛辉煌。区委书记杨林兴主持大会并讲话。

21日 成都市红十字会"红十字博爱家园"项目启动会在金牛区召开，标志着此项目在成都市全面启动。

23日 省市信访分流中心工作会议在金牛区召开，会议确定在凤凰山街道原赖家店小学建立信访分流中心，主要工作职责为负责全省"非访"人员分流、管控和疏导教育等工作。

24日 金牛区大学生创业园微博正式开通，成为全市首个开通微博的大学生创业园。

24日 区委书记杨林兴，区委常委、副区长胡斌会见菲律宾顶峰集团中国区总经理许诚新一行，双方就加快推进顶峰商业项目相关事宜进行沟通。

25日 金牛万达广场项目举行开工仪式。该项目是全市旧城改造的重点项目，也是金牛区城北商业商务核心区具有战略带动作用的重要项目。

3月

3日 由华侨城斥巨资打造的全国首部幻象剧作《天府蜀韵》在成都华侨城大剧院首次试演。24日，在华侨城大剧院举行公演礼暨新闻发布会。

4日 全市首个青年志愿者服务联盟在金牛区成立。

9日　金牛区以114分通过总分为120分的全国科普示范城区检查验收。

10日　团省委书记张彤一行在团市委书记惠朝阳陪同下到金牛区青年（大学生）创业园考察调研。

14日　金牛区-西南交通大学双方领导"两长会谈"正式启动并举行首次会议，双方就产业发展规划、项目实施情况以及校园周边环境综合整治等相关事宜进行交流探讨。

15日　金牛区投资打造的全市首个优生优育服务中心在区计划生育服务站正式启动。

25日　中国照明电器协会对金牛区金府灯具商圈"中国西部第一城"称号进行复评。

30日　摩托罗拉、GE、天宝、IBM、甲骨文、卡特皮勒等16个美国轨道交通行业工作组参观访问中铁二院总部。

30日　金牛区与厦门水务局集团有限公司签订项目合作签约仪式，宣布金牛区茶文化主题公园综合体项目落户茶店子，项目总投资4亿元，占地88亩。

3月　金牛区环保局排污费征收管理系统（B/S版）正式启动，在全省率先实现企业排污费征收工作全程数字化。

3月　金牛区引进成都华域数字科技有限公司，首期注册资金2980万美元。

3月　金牛区检察院第四次获评全国文明接待室称号。

3月　金牛区在全省率先试点"普职"衔接新模式。

4月

2日　涵碧楼酒店综合项目签约仪式在金牛区政务服务中心举行。

2日　金牛区"198"功能区两河森林·和乐田园项目正式签约，打造"和乐田园"高端养老产业。

8日　在2010年度四川省政府网站绩效评估结果发布暨经验交流会上金牛区政府网站获全省区（市）县第一名。

8日　金牛区启动全国社区中医药先进单位创建工作。

14日　《金牛区志（1991—2005）》通过复审。

15日　2011年中国西部国际照明电器博览会在成都金府灯具城SOHO广场举行开幕式。

16日　全国首个中药材指数、西部地区首个国家级商品指数"中国·成都中药材指数"在成都国际商贸城正式发布，该指数将成为全国中药材市场风向标。

18日　金牛区面向全区竞争性选拔副处级领导干部。此次公选涉及区委、区政府17个职能部门、工作机构，5个街道，4个参公单位和5个事业单位，涵盖经济、文化、社会和城市管理等多个行业和领域的副处级拟任人员。经过公布参加笔试人员名单、笔试成绩、参加面试人员名单、面试成绩、总成绩前10名光荣榜、差额考察对象人员名单、组织考察等程序后，正式进行任前公示。

19日　市、区妇联组织的"分享阅读，感受快乐"家庭读书活动暨首个"家庭读吧"授牌仪式在九里堤街道九里堤北路社区举行，九里堤北路社区被授予"家庭读吧"牌匾。

25—27日　区委书记杨林兴率相关部门负责人先后赴浙江义乌、江苏南京开展招商活动。

28日　金牛区召开新晋副处级领导干部任前集体谈话会。

4月　有"中国西部灯具第一城"之称的金牛区金府灯具商圈经过3年的提升完善，通过"中国西部灯具第一城"复审。

5月

13日　第二十一次"全国助残日"活动在成都华侨城欢乐谷竹雕广场举行。

24日　由中华全国工商业联合会五金机电商会、金牛区人民政府、成都万贯集团（实业）有限公司联合申报的"中国·成都五金机电指数"被中华全国工商业联合会正式批准立项，是继"中国·成都中药材价格指数"后，落户成都的第二个国家级价格指数。

24—27日　金牛区作为四川省唯一参会代表单位参加由文化部组织在浙江省宁波市召开的全国农村文化市场管理工作经验交流会暨全国文化市场综合执法工作会，副区长张新宇代表金牛区在会上作交流发言。

26日　金牛区正式启动生活垃圾分类处理试点工作。

30日　副省长、省妇儿工委主任黄彦蓉，省政协副主席曾清华，省政府副秘书长陈保明在市、区领导陪同下，率省、市相关部门负责人先后到成都SOS儿童村，成都市第四幼儿园和金牛区红色幼儿园看望慰问金牛区少年儿童。

30日　中央电视台到金牛区文化馆录制区非物质文化遗产保护项目的民间曲艺"四川竹琴"和"四川车灯"。

5月　金牛区中心城区河道下河排污口专项治理全面展开。

5月　金牛区内的成都市康华药业有限公司等7个企业获"成都市著名商标"认定。

5月　金牛区在全市率先出台政府法律顾问工作规则，标志着政府法律顾问工作机制正式建立。

5月　四川徽记食品公司“徽记”商标被授予全国驰名商标称号。

6月

7日　金牛区与全球知名物流企业招商美冷物流签署战略合作框架协议。

11日　成都七中与金牛区教育局举行合作办学签约仪式，共同创办七中万达学校。

16日　全市首个市规划执法监督局派驻街道工作站正式在沙河源街道挂牌成立。

21日　金牛区慈善会向彭州市捐赠区慈善会收到的抗震救灾和灾后重建善款的余款169.8万元，用于459个集中居住点的社会管理工作。

22日　成都市金牛中学校高2009级毕业生兰兴在2011年国际射联步手枪“世界杯”德国站比赛上以总成绩1277.8环夺得冠军。

26日　金牛区召开庆祝中国共产党成立90周年大会。大会对处级领导班子“四好”活动先进集体、先进基层党组织、优秀书记、优秀共产党员、优秀党务工作者进行表彰。

6月　抚琴街道西南街社区、金泉街道金科苑社区被四川省减灾委员会办公室确定为创建全国综合减灾示范社区。

6月　中药溯源系统试点工作在金牛区率先启动。

7月

4日　5名省、市下派干部被分别安排在金牛区政府办公室、黄忠街道、西华街道、金泉街道、荷花池街道，挂职锻炼时间为1年。

6日　金牛区召开第四次归侨侨眷代表大会，会议听取区侨联第三届委员会工作报告，选举产生第四届侨联委员会。

8日　金牛区ISO14001环境管理体系监督审核末次会议召开。会上，北京华夏认证中心负责人宣布：金牛区ISO14001环境管理体系通过现场审核。

11日　成都市首个企业联合会流动人口计生协会在金牛区挂牌成立。

12日　金牛区慈善会捐助石渠县洛须中学建设资金138.7万元。

24—28日　成都市天回小学校在“智运杯”第四届全国国际数棋赛中获季军。

29日　《金牛区志（1991—2005）》通过市志审查验收委员会终审验收。

30日　由中国棒球协会主办，市体育局、金牛区政府承办的“金牛杯”2011亚太区PONY少年棒球锦标赛在金牛体育中心举行开幕仪式。

7月　成都市金牛区盛元小额贷款公司通过市金融办、市公安局、区金融办的现场验收，正式在金牛区落地。

7月　金牛区高考本科硬上线人数1691人，位居五城区第一。

7月　金牛区财贸职高6名学生在2011年全国职业院校技能大赛中职组烹饪技能比赛中夺得3金、4银、5铜，奖牌总数列所有参赛队第一。

7月　全省最大音乐喷泉广场亮相成都国际商贸城，成为北部新城第一个地标性广场建筑。

7月　金牛区成立区社会福利和慈善事业发展办公室，该办公室为区民政局下属全额拨款事业单位。

8月

5日　“成都市明星社区评选”颁奖典礼在四川电视台演播大厅举行。黄忠街道金沙公园东社区、抚琴街道西北街社区、人民北路街道花牌坊社区荣膺“成都市十大明星社区”称号，占据成都市十大明星社区中的三席。

12日　金牛区召开企业联合会成立25周年纪念大会。

5月　在2010年全国县级广播电视作品评选活动中，金牛区电视消息《社区免费体检为何遭冷遇》获一等奖。

9月

5日　金牛区代表四川省接受全国文化市场综合执法交叉检查。

14日　省委常委、市委书记李春城到位于金牛区的四川省现代科技服务研究院，就企业科技创新工作开展情况进行调研。

16日　2011年金牛区首届手语电视大赛决赛在区文化馆剧场举行。

21日　成都市首个酒店行业工会联合会在西安路街道成立。首批加入工会联合会的酒店53家，职工200余人。

28日　成都国际商贸城日用品市场开始试营业。

28日—10月10日　在一品天下、华侨城两个区域开展第八届中国国际美食旅游节美食互动体验活动。

10月

15—16日　2011年国际奥林匹克机器人大赛（WRO）中国区选拔赛在重庆开幕。金牛区天回小学校两支机器人代表队代表成都参加全国选拔赛，其中一支代表队获全国冠军。

18—22日　第十二届中国西部国际博览会在成都举办。金牛区涵碧楼酒店综合项目、北部新城晟鑫广场项目、"老会展·现代城"项目及"和乐田园"保利两河项目参加西博会集中签约，签约金额共130亿元。

20日　成都七中万达学校落成暨开校庆典举行。

20—22日　第十二届中国西部国际博览会万贯分会场暨第七届中国西部国际五金机电博览会开幕式暨欢迎酒会在成都沙湾国际会展中心举行。

25日　创建四川省第三轮敬老模范区工作组到金牛区检查创建工作，实地查看人民北路街道马家花园社区等点位。

25日　"感受名校风采"全国著名学校办学成果展示活动在金牛区行知小学举行。

26日　金牛区人事考试工作联席会议制度正式启动。

29日　成都市"2011年全民终身学习活动周"启动仪式在和谐金牛广场举行。

29日　金牛区通过全国社区教育实验区检查验收，并获全国城乡社区数字化学习实验基地称号。

10月　国务院法制办到金牛区检查法治政府建设和行政复议规范化建设工作。

10月　金牛区被国家体育总局确定为全民健身示范城市（区）试点单位。全国仅有20个城市（区）入选，金牛区是四川省唯一代表。

10月　四川省教育学会举办的四川省学校特色建设现场交流会在成都铁中举行，来自省内各地、市、州的160名教育干部及学校代表参加现场交流活动。

11月

1—2日　国家中医药管理局评审专家组对金牛区创建全国社区中医药先进单位工作进行评估。

2日　"运动成都·活力金牛"2011年老年人健身秧歌比赛在金牛体育中心举行。各街道和区级单位12支代表队近200名老年人参加比赛。

8日　商务部电子商务和信息化司副司长聂林海一行到成都国际商贸城调研金牛区电子商务发展情况。

15日　市领导葛红林、黄建发、王忠林、毛志雄率队调研北部新城现代商贸综合功能区项目的推进和建设情况。

17日　民政部副部长窦玉沛、省民政厅副厅长罗平恩一行到人民北路街道马家花园社区了解养老服务示范社区建设情况及居家养老服务站建设情况。

30日　金牛区联合西南交大、中医附院、川大锦城学院遴选37名优秀青年担任街道编制外团工委副书记。

11月　金牛区高新技术企业三泰电子被科技部认定为国家第一批现代服务业创新发展示范企业，是四川省唯一被认定的企业。

11月　金牛区通过科技部组织的2011年全国县（市）科技进步考核。

11月　人民北路街道马家花园社区成为全市首个省养老服务社会化示范社区。

11月　金牛区启动机关事业单位机构编制实名制管理工作，强化机构编制管理。

12月

9日　金牛区与日本东忠集团签订战略合作协议。

24—25日　中国共产党成都市金牛区第六次代表大会召开。杨林兴代表中共成都市金牛区第五届委员会向大会作题为《坚持科学发展，着力"头雁高飞"，为加快提升区域产业品质、城市品质和生活品质而努力奋斗》的报告。全区319名党代表出席开幕大会（应到326名）。大会由苏鹏主持。

25日　中共成都市金牛区第六届委员会第一次全体会议召开。杨林兴当选区委书记，苏鹏、陈麟当选区委副书记。

25日　中共成都市金牛区纪律检查委员会第一次全体会议召开。王洁当选区纪委书记，鲁健、何敏当选区纪委副书记。

28日　中铁轨道交通高科技产业园项目在成都北部新城现代商贸综合功能区正式动工。项目占地500亩，建筑面积33万平方米。

30日　区委六届第一次常委会召开，专题审议《关于金牛区落实"北改"战略的情况报告》。

12月　金牛区被文化部命名为中国民间文化艺术之乡（摄影）。

12月　金牛区文化馆被评为全国一级文化馆。

（审读：张　蓉）

专 文
SPECIAL ARTICLES

新班子要有新作为

——在区委六届一次全会上的讲话

中共成都市金牛区委书记 杨林兴

（2011年12月25日）

各位委员，同志们：

金牛区第六次党代会，经过全体代表的共同努力，圆满完成了各项议程，选举产生了新一届区委、区纪委领导班子。区委六届一次全会又选举产生了新的区委常委会和书记、副书记，通过了区纪委第一次全会的选举结果。在此，我代表当选的区委常委班子，对同志们的信任和支持，表示衷心的感谢！

由于工作变动和年龄等原因，五届区委中的一些同志不再进入六届区委。这些同志在任期间，为金牛的经济社会发展倾注了大量心血，作出了积极贡献。我提议，让我们以热烈地掌声向他们致以崇高的敬意！

从现在起，六届区委就正式履行职责，步入一个新的考场。在这场考试中，金牛的事业是考题，金牛的人民是裁判，金牛的发展是得分。我们每位区委委员特别是常委一班人，一定要倍加珍惜时代提供的机遇与舞台，倍加珍惜组织给予的厚爱与重托，倍加珍惜人民寄予的信赖与期待，既为新班子，展现新作为，竭尽全力向全区人民交上一份满意的答卷。

下面，我想向新一届区委班子讲几句心里话，与大家共勉。

一、要更加为民

为官一任，造福一方。人的一生是短暂的，一届班子的任期更是短暂的，要赢得群众的真心拥戴，就必须知民情、解民忧、暖民心，始终把一切为了人民幸福安康作为最大的执政责任和追求，不断满足人民群众过上更高品质生活的新期待。

要践行惠民之旨，始终把人民利益放在第一位，牢固树立宗旨意识，不断强化群众观点，切实维护好、实现好、发展好最广大人民的根本利益，真正做到民有所呼我有所应，民有所盼我有所为，真正使党委成为集中民智的党委，政府成为为民服务的政府。

要善谋惠民之策，自觉强化“人民是历史的主人，群众是真正的英雄”的理念，坚持问政于民、问需于民、问计于民，深入实际、重心下移，多从群众最现实的需要出发想问题，多从群众最直接的利益出发作决策，多从群众最关心的事情出发干工作。

要多行惠民之举，真正把打造“宜人”金牛、推进“头雁高飞”作为提升“三大品质”的出发点和落脚点，千方百计把群众最急、最盼、最难的实事办好、好事办实，以干部的“辛苦指数”提升群众的“幸福指数”，力争通过不懈努力，让辖区群众在产业品质提升中增强自豪感，在城市品质提升中享有好环境，在生活品质提升中收获好心情。

二、要更加务实

空谈误国，实干兴邦。推动金牛高端发展、科学发展、又好又快发展，是新一届区委的重要使命。组织和群众把我们推到重要岗位，就应敢担当、能负重、有作为，努力干出经得起历史和群众检验的业绩。

要苦干实干促发展，按照区第六次党代会确定的奋斗目标和着力重点，坚定不移地推进决策落实，必须苦其心智，劳其筋骨，区委班子成员要带头苦干实干，为推动金牛高端发展、科学发展、又好又快发展，打造产业品质更高、城市品质更优、生活品质更好的现代城区而不懈奋斗。

要创新巧干促发展，转型时期是大事、新事、难事较多的时期，要自觉摆脱习惯思维和传统观念的束缚，着力强化世界眼光、战略思维和创新意识，更加注重用创新的思路谋划发展，用发展的办法破解难题，努力在转型跨越、高端发展中探索新路子、取得新突破。

要雷厉风行促发展，坚持说了算、定了干、干就干好，深入一线、靠前指挥，在“北改”战略推进、重大项目协调、疑难问题解决等主战场丰富领导经验、提高驾驭能力，做运筹策划的高手、推动落实的强手、破解难题的能手，使金牛加速驶上高端发展、科学发展、又好又快发展的航道。

三、要更加团结

人心齐，泰山移。团结是班子的生命，是事业成功的保证。区委班子成员都是对金牛发展负有重大责任的领导干部。今天，共同的事业、共同的追求、共同的责任使我们走在一起，我们既是共同奋战的亲密同事，也是相互促进的事业伙伴。

要珍惜合作共事的缘分，以容人之短的胸怀、容人之长的气度，思想上求共识、感情上求共融、工作上求共进，大事讲原则，小事讲风格，做到在政治上志同道合、思想上肝胆相照、工作上密切配合。

要倡导民主和谐的风气，带头坚持和完善民主集中制，努力营造既有集中又有民主、既有纪律又有自由、既有统一意志又有个人心情舒畅，生动活泼的政治局面，以区委班子的团结带出心齐、气顺、风正、劲足的干部队伍。

要凝聚干事创业的合力，坚持党委统揽全局、协调各方，进一步加强同人大、政府、政协以及党内外的团结，多用“加法”和“乘法”，不作“减法”和“除法”，集中智慧、凝聚力量、群策群力，共同创造金牛美好未来。

四、要更加清廉

“公生明，廉生威”。胡锦涛总书记在“七一”讲话中强调要警惕“消极腐败的危险”。作为领导干部，我们既要一心干事又要一身干净，自觉把“干干净净做事、清清白白做人、堂堂正正做官”作为一种人生境界来追求。

对党对人民要有感恩之心，常想组织重托，常念百姓疾苦，常思成长不易，珍惜岗位、专心干事、矢志奉献，为党争辉、为民造福。

对权力要有敬畏之心，始终怀着正道而行的公心带头执行、模范遵守《廉政准则》，带头秉公用权、秉公行事，筑牢防线、守住底线，稳住心神、管住身手、经住考验。

对名利要有平常之心，在需要面前学会选择，在诱惑面前学会放弃，在原则面前学会坚守，真正做到一身正气、一尘不染。要严于律己、接受监督，管好配偶、子女和身边工作人员，保持一个平静的心态、一个清白的名声、一个廉洁的口碑。

同志们，金牛今后五年的发展与六届区委班子紧紧地联系在一起。“政声人去后，民意闲谈时”，评价我们这届班子的工作成效如何，历史最有发言权、实践最有发言权、人民最有发言权。让我们更加紧密地团结在以胡锦涛同志为总书记的党中央周围，在中共成都市委的坚强领导下，励精图治、锐意进取，不负“头雁高飞”的使命，为推进金牛高端发展、科学发展、又好又快发展，创造金牛新辉煌而共同奋斗！

浅谈如何进一步发挥好闭会期间的代表作用

成都市金牛区人大常委会主任　张文友

人大代表是人民代表大会的主体，是国家权力机关的组成人员。人大代表在闭会期间开展活动，是代表依法履行职责的重要渠道，也是充分发挥代表作用的重要平台。代表在闭会期间履职水平的好坏、履职能力的高低，直接关系到人大代表在人民群众中的形象，关系到社会主义民主法制建设在基层的贯彻落实。本文拟结合我区人大工作的实际，就如何更好地开展闭会期间的代表活动，提高代表活动的整体水平，进行简要探讨。

一、代表闭会期间履职工作现状

近年来，金牛区人大常委会在中共金牛区委的领导下，在上级人大常委会的指导下，努力加强代表工作，狠抓闭会期间代表作用的发挥。通过历届人大常委会的不懈努力，常委会机关为代表提供的保障和服务更加规范，代表知情参政渠道更加多样、畅通，代表履职更加积极，代表作用发挥更加突出，为人大常委会其他工作成绩的取得奠定了坚实的基础，主要表现在以下几个方面。

（一）代表履职平台的搭建更加有效。

在区委的支持下，2005年，我区在全省成立了第一家人大的街道工作机构。2010年8月，金牛区委召开区委人大工作会议，又出台了几项具体措施，加强街道人大工作机构的人员、经费等方面的保障，代表工作组织机构更加完善。

（二）代表履职环境更加优化。

每年，我们都紧紧围绕代表履职所必需的知识，结合地方党委工作中心，强化学习培训，提高代表履职能力。坚持邀请代表列席常委会会议，参加视察调研和执法检查，听取审议“一府两院”工作汇报，畅通渠道，促进代表知情知政。通过接待、走访、座谈等多种形式加强与省、市、区代表的沟通，了解和掌握代表履职情况，听取代表的意见和要求，帮助解决代表履职中遇到的困难和问题，及时拨付代表活动经费，从制度、组织、时间、经费保障上为代表创造畅通、宽松的议政环境。

（三）代表履职的激励约束机制更加完善。

通过实行代表辞职制度、代表述职制度、代表接待选民制度、评选表彰优秀人大代表制度，建立代表参加人代会的约束机制和代表履职情况通报制度，代表履职过程更加规范，履职积极性更加高涨，履职效果更加明显，为推动全区进步与发展做出了积极的贡献。

（四）代表履职实效更加明显。

我区历来重视对代表作用的发挥，充分利用代表资源加强对“一府两院”的监督，促进“一府两院”按照区委和区人大常委会的决议决定更好的依法行政，公正司法，推动地方经济和社会不断向前发展。我们通过加强代表议案和建议批评意见的办理，促进代表履职实效的发挥。通过组织代表开展了“断头路”调查、“六个一”活动、群众“最需、最盼、最怨”的“三最”调查活动、“我为金牛发展献一策”活动等代表主题活动，促进代表履职实效的提高。通过重视选民诉求发挥代表作用，促进了很多人民群众普遍关心、反映强烈的热点难点问题的解决。

二、闭会期间代表履职存在的问题

尽管我区代表在闭会期间开展了一些活动，解决了一些问题，取得了一些效果，然而，代表在闭会期间履职中存在的问题也是显而易见的，主要表现在以下三个方面。

（一）代表素质有待进一步提高。

由于目前的法律法规没有规定代表履职行权的素质要求，缺乏代表资格审查条件的硬性规定，推荐代表候选人的素质把握上只有原则要求，不易把握和操作。由于素质能力的缺乏，一些代表对自身要求也就相应降低，满足于获得人大代表的政治身份，乐于当

"荣誉代表"，对参政议政缺乏政治热情，缺乏责任感和使命感。

（二）代表履职范围有待进一步拓展。

按照代表法等有关法律的规定，人大代表在闭会期间，要积极参加代表活动，广泛收集社情民意，积极为群众排忧解难。然而，一些同志当选人大代表后，很少到原选区走访选民、体察民情，对群众的意见和呼声不了解。加之基层人大代表都是兼职而非专职，其本职工作在一定程度上影响从事人大工作的精力和时间。当代表工作与本职工作发生矛盾时，往往重本职工作轻代表工作，代表活动难以保证。

（三）代表履职实效有待进一步加强。

一些代表在平时工作或代表活动中确实发现了问题，也找出了问题的症结所在。但往往觉得自己把问题反映了，职责就尽到了。满足于得到文件上的办理答复，不注重从根本上解决问题。对于如何发挥代表职能，敦促有关部门解决问题，缺乏跟踪督办，解决问题的效果不理想。

三、进一步发挥闭会期间代表作用的构想

（一）严把代表入口，提高整体素质。

今年是人大代表的换届选举年。新一届代表候选人的素质决定着代表的整体素质，代表素质高低决定着代表履职能力的高低和履职效果的差异。因此应从代表选举开始，就严把代表入口关，引导选民把一批高素质的代表选入人大代表的队伍中。

1. 强化选民对代表素质重要性的认识。在代表换届选举过程中，可利用报刊、电视、简报、宣传车等多种宣传形式，大力宣传代表候选人应当具备的基本素质，增强选民对人大代表作用和素质的深刻认识，让选民了解提名、推荐、协商代表候选人的意义和原则，从而确保代表的广泛性与先进性的统一。

2. 引入候选人竞争机制。一是科学界定代表界别和条件，力求做到职业、知识、党派、年龄等结构的多元化，适当提高一线人大代表比例，尽力减少履职精力不够的代表当选人数。二是本着宁缺毋滥的原则，科学合理的推荐代表候选人。在代表界别确定后，可考虑在同一界别内，引入"自荐"模式，增大代表候选人的差额数，让选民有充分的比较和选择。

3. 实行代表当选承诺制。在代表候选人确定后，各选区以展板、橱窗等形式，将代表候选人的照片、简历和工作表现公之于众；组织代表候选人与选民见面，由代表候选人即席回答选民提出的问题，向选民汇报当选后履职的设想、方法和措施，向选民承诺当选后如何履职尽责并严格落实，定期向选民汇报承诺兑现情况。通过这种方式，既展现候选人的综合素质，又增进选民对候选人的了解，又让选民能切实监督代表履职尽责，兑现承诺。

（二）强化制度落实，不断完善创新。

建立有效的激励和约束机制，加强选民对代表的监督，是增强代表闭会期间履职的自觉性、促进代表依法履职的重要形式。近年来，根据代表法等有关法律法规和人大工作实际，我区逐步建立健全了一系列规章制度，代表工作的开展做到了有章可循，管理规范，代表履职实效得到了进一步提高，取得了较好的成绩。在今后的工作中，要进一步在落实上下工夫，对已经出台的每一项代表工作制度，都要严格执行，认真抓好落实。

在抓好制度落实的基础上，要不断总结经验，不断完善制度，不断开拓创新。对经过实践证明对推动工作切实有效的制度，要大胆进行拓展。如，区人大代表向选区选民述职这项工作，经过这几年的实践，已得到广泛认可，取得了明显成效。下步工作中，可在坚持做好全体区人大代表向选民述职工作的基础上，进一步争取区委和上级人大的支持，建立市人大代表向原选举单位述职制度，逐步推动市人大代表向原选举单位述职工作，促进市区人大代表履职联动，为推动全区进步发展做出新的更大的贡献。

（三）强化服务保障，创造履职条件。

要充分发挥代表在闭会期间的作用，在调动代表本身的主观能动性的前提下，要进一步动员和组织全社会的力量，努力为代表履职创造条件，提供方便。要继续在组织领导上下工夫，争取地方党委对代表工作的进一步支持；要在工作宣传上下工夫，努力为代表履职营造良好的社会氛围；要在学习培训上下工夫，努力提高代表整体素质和履职能力；要在后勤保障上下工夫，努力提高代表活动的质量和效果。我区尤其要加强代表接待选民工作的后勤保障和服务工作。我区的代表接待选民工作自2005年5月逐步开展。2007年7月，在总结过去工作经验的基础上，区五届人大常委会第五次会议通过了关于区人大代表接待选民的规定，对区人大代表接待选民的组织保障工作进行了明确，对区人大代表接待选民的次数作了相应的规定，对代表在接待选民过程中听到的意见、建议以及选民反映的有关问题如何处理作了规定和明确。但从运行的这几年来看，代表接待选民工作需要进一步规范和完善。今年，拟在全区各人大街道工委统一设立"代表之家”，加强对代表接待选民的组织和服务工作。同时，设立代表接待选民的办公室，方便代表定期接待选民，倾听选民诉求，努力为选民做一些实实在在的好事实事。

关于实施成都北城提升工程的思考

中共成都市金牛区委副书记、区政府区长 苏 鹏

中心城区是成都市目前区（市）县中经济最发达、城市化水平最高的第一圈层，在不到4%的土地上创造了全市50%的经济总量，但位于中心城区的北城却是长期以来变化最小、发展最薄弱、建成区形象最差、交通最拥堵、社会治安形势最复杂的区域。在全市加快推进天府新区建设这一兴川大计“一号工程”的新形势下，实施成都北城提升工程，对于激发中心城区发展活力，做强“头雁”发展实力，增强辐射二、三圈层的带动力，推动成德绵发展带发展具有重大现实意义和深远历史意义。结合成都北城基本情况，本文就成都北城发展现状、问题成因进行分析，并提出下一步发展的初步构想及工作建议。

一、成都北城现状情况

（一）总体情况。

成都北城包括了金牛区大部分区域、成华区小部分区域以及新都区、郫县的边缘地带，其中金牛区涉及的大致范围为：东起解放路-川陕路，西至西大街-金牛大道（老成灌路），南抵一环路（局部至府河），北至绕城高速金牛北边界，含驷马桥、荷花池、人民北路、五块石、九里堤、营门口、沙河源、西华、凤凰山、天回镇10个街道办事处全部辖区和抚琴、茶店子、金泉3个街道办事处部分辖区，涉及辖区面积约85平方千米，常住人口约85万人，户籍人口约50万人。

（二）金牛区北城涉及范围的具体特点。

1. 经济发展质量偏低，提档升级形势紧迫。依据2010年有关统计数据进行分析，该区域超过全区63%的辖区面积，投资、消费比重低于全区的平均水平，特别是税收产出还不到全区的40%，发展方式较为粗放，发展效益不够高，产业品质亟待提升。

2. 城市建设早布局乱，城市整体面貌落后。由于建成区先期缺乏科学周密规划，城市空间布局比较混乱，过去多以零星开发为主，建筑以院落式住宅小区、传统市场、临街商铺为主，功能单一，分布散乱，城市生态绿地等公共空间零碎，教育、医疗卫生、文化体育、社区服务、市政公用等设施配套不足、也不够合理，房屋建筑密度参差不齐、结构差、立面旧，是全市建成区中城市面貌最落后的区域，城市品质不高，城市形态提升任务较重。

3. 传统专业市场众多，旧城改造区域集中。全区105家传统专业市场有72家集中在该区域，占地约3730亩，业态以传统商贸业为主，分布散、档次低、占地大、产权分割，“现金、现货、现场交易”方式普遍，单体效益不高，商业空间单一，难以持续发展。三环路内人民北路沿线、解放路沿线、荷花池、五块石、成都铁路局、中铁二局等片区大多为老城区，是全市旧城改造范围最集中的区域，群众要求实施旧城改造愿望强烈，旧城有机更新改造任务艰巨。

4. 道路网络不够畅通，交通拥堵现象严重。该区域被火车北站、宝成铁路、铁路西环线、府河割裂，路网连接不畅，特别是人民北路成为全市最大的断头路，火车北站片区缺乏快速通行的支撑条件；长期以来道路建设相对滞后，交通网络不够完善，现有道路街小路窄、路况陈旧，转换功能不强，人、车、货流量大，交通瓶颈问题突出。同时，三环路内拥有四大客运站点，过往旅客量大，到达型交通与通过型交通相互干扰，对一、二环道路通行影响巨大。一些重要路口交通流量趋于饱和，成为全市最堵的地方。

5. 外来人口较为集中，安全形势复杂严峻。该区域拥有火车北站、荷花池汽车站、城北客运中心等重

要交通节点和众多专业市场，外来人口规模大，人口流动性强，客观上加大了城市管理难度，治安、消防状况不容乐观。

6. 重大带动项目偏少，发展基础最为薄弱。20世纪60年代以来，该区域几乎没有实施过重大城建项目和重大产业化项目，特别是三环路以外区域成为中心城区长期以来变化最小的落后区域。随着2005年北新干道通车、成都华侨城项目建设以及2008年成都国际商贸城项目动工，该区域才开始步入开发建设时期，但类似的重大项目严重不足，缺乏有力支撑，无法彻底改观城市面貌，仍然是全市中心城区发展最薄弱的城市区域。

（三）现状成因分析。

1. 发展起步较早，发展方式粗放。在火车北站这一重要交通枢纽的带动下，成都北城曾经是全市建设发展较早的区域，特别是人民北路沿线早在20世纪五六十年代曾是全市形象最好、经济发展最快的区域之一。由于建成时期早，规划先天不足，土地权属复杂，发展随意性大，导致区域内老旧建筑多，基础建设和公共配套设施落后，城市整体面貌不佳，特别是原有道路交通等基础设施的规划建设远远不能满足现实需要。同时，由于成都北城的产业发展过去多以传统批发贸易为主，以荷花池-五块石地区为代表的专业市场众多，“三现”交易带来的庞大人流、车流、物流，进一步加剧了城市管理、交通组织、治安消防等方面压力。

2. 实施向南向东发展战略后，成都北城发展缺乏足够的关注和投入。虽然市、区也做了大量的工作，但该区域在道路建设、公建配套、旧城改造等方面投入严重不足、推进难度较大，致使城市面貌得不到明显改善，导致优质空间载体缺乏，目前没有一幢标准甲级写字楼，商务环境陈旧落后，大企业大项目落地相对困难，产业转型发展难度较大。

3. 在2008—2009年期间，相继发生了在全国甚至全世界都有影响、关注度极高的重大事件，使金牛区一段时期处于舆论的风口浪尖，对全区经济社会发展造成了严重的负面影响，在很大程度上也使干部队伍的士气一度受挫，精神状态在一段时间内较为低迷，攻坚破难劲头不够足，主观能动性发挥不够充分。

二、对成都北城下一步发展的思考

（一）总体思路。

在市委、市政府的正确领导和强力推进下，按照现代产业、现代生活、现代都市“三位一体”，城市业态、城市生态、城市文态、城市形态“四态合一”，宜业宜商宜居，最终宜人的总体要求，通过五年的努力，将成都北城整体打造成为全市科学发展的示范区域、现代商贸聚集发展高地和中心城区综合解决交通、治安、产业、环境等问题的样板区域。

（二）支撑条件。

1. 区域位置重要。该区域地处成都城北门户，历来为北面出川入蓉要道，是成德绵发展带的起点，也为郫县、新都、彭州一线“雁阵”中的头雁。川陕路、北新干道、成彭高架、沙西线等重要出入城道路初步连通了二、三圈层“发展通道”，地铁1号线延伸线、5、6、7号线等线路也将经过。

2. 生态本底良好。该区域地处城市上风上水地带，东风渠、沙河、府河流经该区域，区域内拥有成都市区内最大的山体式市政公园——凤凰山公园和沙河公园、“198”外环生态带等大型生态系统，区域周边还有成都植物园、成都大熊猫繁育基地等独特的城市生态空间，生态环境优势突出，人居条件必将优美。

3. 文化特色突出。天回镇因唐玄宗在此得知平定“安史之乱”消息后班师回朝而得名、因现代文人李劼人《死水微澜》传世作品而闻名，这些文化遗存为该区域开发注入了独特的文化元素。中国西南地区最大的中央欢乐区——成都欢乐谷已成为国家4A级旅游景区，进一步激发了该区域的文化活力。

4. 发展空间较大。一是在中心城区可建设用地面积最大。在该区域总面积102500亩范围内，约有4万亩可建设用地，不存在基本农田保护区域，其中近一半为国有或即将征收，土地储备资源充足，特别是三环路至外环路之间的成片空地是全市中心城区绝无仅有的开发区域。二是旧城更新改造面积大。需要改造的旧城面积约5000多亩，约占中心城区总量的一半，其中70%左右分布在北城片区。三是传统专业市场改造升级范围大。全区近70%的传统专业市场位于该区域，占地面积约3730亩，是全市推进“中调”战略的主战场，通过“腾笼换鸟”，可以置换出相当的现代服务业发展空间。

5. 发展后劲较足。目前，在建重大项目有成都华侨城、成都国际商贸城、金牛万达城市广场，拟建重大项目有中铁轨道高科技产业园、台湾涵碧楼，正在抓紧洽谈的有人民北路片区的成都水游城、踏水片区的成都华侨城“欢乐田园”、犀湖片区的欧洲名品设计定制中心及民族酒店院落群、余家片区的成都国际名酒文化城等一批重大项目。随着这些重大项目的加快建设，初步估计该区域每年可实现200亿元—300亿元左右的投资规模，不仅能助推金牛转型跨越，而且在5∶5分成的市、区税收管理体制下，必然能成为市本级财政收入的持续增长点。

（三）着力重点。

1．加快发展高端化的城市业态。坚持把产业升级作为“北改”的核心所在，按照“优势优先、高端发展”的思路，加快构建特色突出、抢占高端、极具效益的现代产业体系。一是做强现代商贸业。依托成都国际商贸城等重大产业化项目，有序引导金府-量力市场带和荷花池、五块石片区专业市场自主改造和调迁升级，突出抓好中药材、五金机电等价格发现、质量溯源和财经资讯“三大体系”建设，积极推进日用品、机电钢材、建材家居“三大千亿交易规模目标市场”发展，大力推动电子商务等经营模式创新，努力打造中西部实体市场与虚拟市场无缝对接、协同发展的现代商贸集聚高地。二是做精都市文化旅游业。依托成都华侨城等重大产业化项目，积极推进成都欢乐谷创建国家5A级景区，加快欢乐田园、民族硅谷等项目规划建设，配套完善吃住行游购娱六要素，提升发展都市旅游、美食餐饮、休闲娱乐、文化创意等行业，积极打造都市型文化旅游品牌，努力打造全市文化旅游新兴区。三是做大科技商务服务业。依托中铁轨道交通高科技产业园等重大产业化项目，着力吸引一批国内外知名企业入驻，加快形成轨道交通领域高新技术企业集群和技术服务中心；着力构建政企研互动体系，促进核心技术研发和科技成果转化，加快建设一批抢占行业高端关键技术的工程技术研究中心和创新平台，努力培育一批拥有自主知识产权的高新技术产品和知名品牌。四是做优商务服务业。依托金牛万达广场、成都水游城、云集广场等现代城市商业综合体，坚持引进与培育相结合，着力打造一批主题商务楼宇，加快发展以金融保险、资产管理、会计审计、咨询法律等为重点的商务服务业，努力打造城北现代商业商务中心。

2．加快构建优美化的城市生态。坚持把生态建设作为“北改”的关键要素，按照“保护本底、亲山亲水”的理念，加快构建布局合理、特色鲜明的蓝绿生态空间。一是做美山体生态空间。发挥山形地貌特点，高水平推进凤凰山、天回山生态建设，加快凤凰山公园和银杏园片区建设，推动与周边植物园、成都大熊猫繁育基地、北湖等连片发展，着力打造城北山体生态空间。二是做活滨水生态环境。利用上风上水优势，综合规划区域河道景观打造，加快推进上府河大湖区建设和府河水岸环境整体打造，规划建设东风渠、毗河沿线生态景观，配合加强沙河公园管理，着力打造城北亲水生态环境。三是做优干道生态绿轴。依托交通路网体系，以重要出入城通道和重要干道为轴线，探索实施带状绿化、健康绿道、街头绿地等绿化方式，加快建设两环生态屏障，构建健康绿道体系，优化区域绿地空间，着力打造城北生态绿轴网络。

3．加快培育特色化的城市文态。坚持把文态培育作为“北改”的特色亮点，按照“传承文明、有机更新”的要求，加快塑造格调鲜明、魅力独具的城市文化形象。一是塑造核心文化品牌。充分挖掘“交子文化”的现代价值，积极利用“交子故里”的策划营销，结合中铁二局片区改造和成都国际商贸城建设，积极打造世界钱币博物馆等实体项目，加快发展影响西部、辐射全国、走向世界的现代商贸文化，着力塑造能够享誉世界的“交子文化品牌”。二是打造特色文化地标。深度挖掘金牛道、驷马桥等历史典故，天回古镇等历史民俗文化，坚持经济效益与社会效益并重，结合天回旧场镇改造、凤凰山片区开发和解放路沿线改造等项目，着力打造集历史文化、民俗风貌、旅游商贸为一体的文化旅游街区、特色主题公园和城市雕塑景观，形成具有川西风格、金牛特色的文化地标。三是提升文化娱乐功能。充分发挥成都欢乐谷文化娱乐品牌效应，加快推进成都中央欢乐区（CHD）等文化娱乐项目建设，大力发展创意娱乐、精品演艺等文化娱乐业，充分展现文化娱乐功能，不断满足群众多层次的精神文化需求。

4．加快提升现代化的城市形态。坚持把形态提升作为“北改”的基础工程，按照“产城一体、最终宜人”的取向，加快构建产业布局合理、建筑高低错落、色彩灵动变化、配套设施完善、生态环境优美的城市形态。一是构建现代化的城市空间形态。按照结构与功能相一致的原则，突出抓好顶层规划，精心做好城市设计，科学布局“北城”空间，优化细化“四轴八片”等重点区域、重要节点的概念性规划和控制性详规，加快形成多中心、组团式、人性化城市空间格局，努力实现在适度空间尺度内宜业宜商宜居、更加宜人的多元需求。二是构建现代化的城市设施形态。按照可及化、人性化原则，科学规划城市公共设施，加快金芙蓉大道、凤凰大道等骨干道路拆迁建设步伐，增强人民北路、交大路、北新干道等道路转换功能，提升中小街道通行能力，夯实缓堵保畅工程基础；加速高端优质教育、医疗卫生、运动健身及停车场等配套建设，加快成都国际商贸城变电站等电力设施建设，着力完善布局完整、方便快捷的市政基础设施和生活配套设施，不断提高城市现代化水平。三是构建现代化的城市建筑形态。按照丰富多彩、协调统一原则，科学规划城市建筑形态，分类制定建新、更新、改旧工作方案，加快推进人民北路-火车站等五大片区旧城更新改造，加快实施北新干道-成都国际商贸城等三大片区新区开发建设，规划建设一批充满时尚元素、体现现代气息的大型城市综合体、地铁上盖物业和地标性建筑，有序实施一批保留建筑和特色街区的整体风貌打造，着力展现现代化的建筑气派和景观效果，避免一般高、一崭齐、一个样。

（四）工作建议。

1. 建议市委、市政府将成都北城提升工程纳入市级战略，列入市本级“一号工程”，并加强组织领导。

2. 建议市委、市政府支持该区域按照现代产业、现代生活、现代都市“三位一体”，业态、生态、文态、形态“四态合一”，宜业宜商宜居，最终宜人的总体目标，重新进行城市设计，科学优化城市控规及产业布局、生态布局、道路交通等基础设施布局。

3. 建议市委、市政府加大支持成都北城交通建设力度，重点支持实施人民北路下穿、加快启动轨道交通建设、加快推进货运大道等道路建设，并进一步优化道路交通网络，增强畅通功能和转换功能，切实改变成都北大门的城市交通形象。

4. 建议市委、市政府在成都北城区域内发展空间相对较大、土地储备资源充足、无基本农田保护的情况下，适度倾斜征地指标。

5. 建议市委、市政府在成都北城建成区城市形象较差、旧城改造范围较大、旧城改造成本过大的情况下，在现有旧城改造政策的基础上，按照“成片改造”的理念，在规划等方面给予特殊政策，支持该区域顺利启动实施一批旧城改造项目，以达到彻底提升城市面貌的目标。

6. 建议市委、市政府在该区域长期以来特别是三环路以外区域发展变化最小、发展最薄弱、当前建设投入巨大的情况下，适度集中全市城建资金倾斜该区域重大基础设施建设。

7. 建议市委、市政府确定一家市属国有公司作为投融资主体参与成都北城提升工程开发建设，切实增强该区域发展所需的投资、融资能力。

基层政协开展民主评议政府部门工作的探索

政协成都市金牛区委员会主席　李凯威

民主评议工作是人民政协履行民主监督职能的重要形式，是提高民主监督组织化程度和质量、效果的重要举措。今年5—8月，区政协首次组织开展了民主评议区政务服务中心工作。本文结合这次评议，就推进政协民主评议工作需要重视和完善的方面作一些探讨。

一、区政协民主评议政府部门工作的实践

作为新时期人民政协履行民主监督职能的有益尝试，去年以来，区政协积极而慎重地开展了民主评议政府部门的工作，达到预期的目的，取得了一定的实效。主要做了以下工作：

（一）出台办法，做到有章可循。

按照中共中央“积极推进人民政协的民主监督”和省委、市委有关“明确民主监督的内容和形式”、“完善民主评议工作制度”的要求，借市委、区委召开政协工作会议之际，结合我区实际，在认真学习借

鉴，多次调研论证的基础上，协助区委出台了《关于开展政协民主评议政府部门工作的实施办法》，明确了区政协民主评议工作的指导思想、目的要求、形式内容、方法程序，从而为民主评议工作提供了制度保障，使这项工作有据可依、有章可循。

（二）着力重点，明确评议对象。

立足全区工作大局，深刻认识建设“五区金牛”面临的形势和任务，深刻理解区委对新形势下加强社会管理和做好人民群众工作的要求，同时在广泛收集社情民意、征求社会各方意见后，拟定将区政务服务中心作为评议对象，并编制了评议方案。在与区政府沟通协商取得一致意见后，报区委批准同意，最终确定区政务服务中心为区政协首次民主评议工作的对象。这样，也在事实上将民主评议工作纳入了全区工作大局。

（三）加强领导，精心组织筹备。

建立民主评议工作领导小组，由区政协主席担任组长，区政府联系政协工作的常务副区长和区政协副主席任副组长；领导小组下设办公室和六个工作小组，精心选择了18名政协委员担任评议员，将其划分到六个评议工作小组，明确了责任分工、工作标准和具体要求，并在评议启动阶段组织参评人员了解、熟悉区政务服务中心工作。认真组织筹备，制定了详细的实施流程，确定了评议内容、具体时间、方法步骤、程序要求，保证了评议工作有序开展。

（四）分步实施，扎实有序推进。

评议分为准备动员、收集意见、组织评议、整改落实四个阶段，主要采取视察、调研、走访、座谈等方式实施。准备动员阶段，召开了民主评议工作动员大会，为评议工作双方统一思想认识打下了基础。收集意见阶段，由各评议小组发放调查问卷，深入基层群众、深入服务对象，走访各界人士、街道、社区和相关部门、单位，充分听取意见建议，了解情况。组织评议阶段，由各评议小组分别对区政务服务中心及各分中心进行视察，在各自联系的街道、社区发放调查问卷，在相关部门、单位召开座谈会，分别形成评议的基础材料。汇总各评议小组的基础材料，经进一步的协商、讨论、充实、完善，由主席会议审议通过，并报领导小组审定后，形成正式民主评议报告。整改落实阶段，召开民主评议总结会，公布评议意见，听取评议对象制定的整改措施，并组织整改落实工作。

（五）效果良好，取得一定实效。

在评议过程中，委员们站在公正的立场，说实情，讲真话，充分肯定成绩，直言存在问题，帮助查找原因，力求做到正视问题不回避，批评中肯不偏颇，措辞适当不过激，有理有据，使区政务服务中心乐于接受，勇于改正，达到了评议双方满意。民主评议报告从五个方面对区政务服务中心建设和发展以及下一步工作提出了建议，既简明又管用，得到了评议双方的认同。区政务服务中心根据这些建议，相应制定了五个方面的整改措施。通过不同渠道对各有关方面、办事群众、服务对象的回访来看，这次民主评议对于改善我区政务环境，提高服务质量，密切党政与人民群众的联系，促进区政务服务中心建设起到了积极的作用。

二、民主评议政府部门工作的重要意义

这次评议取得了初步的效果，归纳起来至少具有三个方面的意义。

（一）民主评议是人民政协履行民主监督职能的有力探索。

如何开展民主监督是具有挑战性的课题，民主监督一定程度上缺乏具体实现形式和操作模式，实践中民主监督工作不同程度存在随意性、不确定性，有时出现不便于实施、效果不理想的情况。而民主评议工作以政协章程和区委文件为依据，其监督对象、目的、手段等与政协章程有关规定相符合，由此，可以认为民主评议是新形势下对民主监督职能履行的探索创新和具体体现。评议的对象包括区政府经济管理部门、社会管理部门、执法监督部门和公共服务部门等，内容覆盖部门工作的各个方面，涉及各部门对国家宪法、法律和法规的执行情况；对区委、区政府重大方针政策和重要工作部署的贯彻执行情况，对重大改革、重要事项、重点建设项目的实施情况。实践中目标明确、相对易于实施，能够取得较好的效果，从而实现良好的政治效益和经济效益，对于推进和完善基层民主政治建设是有力的促进。

（二）民主评议可以促进政府部门正确行使权力。

民主评议给广大人民群众提供了评判政府部门工作，对政府部门工作充分发表意见的平台，可以促成人民群众有效的对政府部门决策过程、执行过程和其他需要监督的行为进行监督。具体来说，通过广泛倾听各界群众的意见和呼声，对区政府各部门在工作中是否执行上级的各项方针政策、政令是否得到落实，是否充分履行职责，是否有不作为和乱作为，是否文明执法、公正执法，是否依法依程序办事，是否廉洁从政等问题进行有效监督，有利于区政府各部门及其工作人员践行“权为民所用，情为民所系，利为民所谋”的执政宗旨，正确对待和行使手中的权力，切实改进工作作风，不断增强区政府各部门的决策力、执行力、公信力。

（三）民主评议能够扩大人民政协的影响。

民主评议与区政协履行职能的其他工作相比，从形式看层次高，由区政协主席会议和区委、区政府有关领导共同组织开展；范围广，涉及政协委员、群众代表、各界人士代表、有关部门。从实质看指向区政府部门工作，关系人民群众切身利益，因而是区政协服务全区工作大局的一项具有全局性、综合性的履职活动，备受各方关注。这次区政协民主评议区政务服务中心工作，采取设置意见箱、发放调查问卷、召开座谈会、个别走访与分片联系相结合等多种形式深入调研，在掌握大量情况、获取大量数据的基础上，邀请各界人士公开进行评议，真实地反映人民群众意见，发言有力、建言有据，对区政务服务中心工作客观公正给予评价，积极有益提出建议，达到了区政务服务中心满意，服务对象和群众满意的良好效果，从而扩大了区政协的社会影响。

三、开展民主评议政府部门工作还需完善的环节

当前，区政协民主评议政府部门的实践有三个方面需要引起重视。

（一）认识有待进一步深化。

首先，个别参评委员对民主评议的重要性、必要性认识不够，不能从发扬社会主义民主、监督政府部门工作、提高执政能力、密切同人民群众联系出发对待这项工作，仅仅是将民主评议简单地与委员视察、特约监督、专项监督、应部门邀请担任行风评议员、监督员等履职活动等同，没有从更高的层面、从全局的角度加以重视。因而在调研走访时不够深入，在思考问题时不够全面，在总结评议时缺乏有见地的意见建议。其次，有的群众、有的服务对象对民主评议工作不够理解，片面地认为评议是搞形式主义，不会触及问题，不会动真格，从而出现不配合、不愿意提供意见的情况。第三，个别部门、单位不能从讲政治的高度将民主评议与完善基层民主政治建设、规范执政行为、自觉接受监督、促进工作开展、维护全区工作大局紧密联系起来，以简单的思维、形式主义的态度对待评议，出现对评议理解重视程度不够，工作支持力度不大，敷衍应付的情况。

（二）效果有待进一步增强。

首先，有的评议人员没有坚持正确的评议态度，有“怕”的心理，怕得罪人，怕被评议单位的同志听不入耳、产生反感。因而评议时说好得多，批评意见往往笼统含糊，过于原则。其次，受各种条件制约，民主评议的组织化程度还需要提高。这次对区政务服务中心工作的评议历时近4个月，发放了1300多张调查问卷，与全区15个街道、20多个社区以及相关12个部门、单位交换了意见，组织召开了20多次座谈会，由于受一些因素制约， 因而有的工作没有完全达到预期效果，存在一些评议活动被简化、被形式化的情况。第三，整改措施的跟踪监督不够，一定程度上存在着“重调研、重评议”的工作现象，而整改落实效果反馈的工作还跟进监督不够。第四，评议人员的整体素质需要进一步提升，包括对评议内容涉及的政策法规和相关知识的理解把握也需要提高。

（三）参与面有待进一步拓宽。

这次评议，区政协组织了18名委员为评议员，现在看来委员参与面还不够广泛。民主评议的本质就是要广泛听取意见，需要来自各界的声音，因而应该有更多的委员参与评议，发表意见，也只有参与委员更多，才能更多更广地收集各界人士、人民群众的意见，使了解的情况更为全面、翔实、准确。当然，这也就对民主评议的组织以及如何引导政协委员愿意参与评议、乐于参与评议，激发其主动性、积极性，在评议中提出真知灼见等工作提出了更高的要求。

四、民主评议要在不断探索和创新中完善

民主评议对区政协而言是履行职能新的探索，需要在总结实践经验的基础上不断完善。

（一）加强党的领导，坚持民主评议的政治性和严肃性。

民主评议同区政协其他履行职能的工作一样必须坚持围绕中心、服务大局的正确方向，必须在区委的领导下开展工作、组织实施，这样才能使民主评议融入区委工作全局，与全区经济社会发展大局紧密联系起来。一是坚持区委领导。要以邓小平理论和“三个代表”重要思想为指导，深入贯彻落实科学发展观，坚持区委领导、政府支持、部门配合的工作格局，以实事求是、发扬民主、客观公正、注重实效为工作原则，严格按照区委批准的评议方案全力实施。二是严肃评议态度。区政协委员要以高度的政治责任感、履职责任心，郑重对待评议工作。认真开展调查研究，客观了解情况，公正发表意见。被评议部门与

相关部门单位要有主动接受民主监督的态度，从推进基层民主政治建设、密切部门与人民群众联系、加强人民群众对部门工作的沟通了解出发，主动配合支持民主评议，认真倾听评议意见，切实加强整改，促成评议取得实效。社会各界人士、广大人民群众要以主人翁的态度正确看待民主评议，在区政协委员的引导下，积极反映情况、提出意见。区政协机关要切实加强服务，采取有力措施调动政协委员、各界人士、群众代表参与评议的积极性，扎实做好民主评议的组织筹备、宣传发动等工作，为民主评议打好基础。

（二）着力建言献策，坚持民主评议的实效性和针对性。

民主评议要取得效果，必须立足于发挥人民政协建言献策的作用，围绕被评议部门的工作建务实之言，献睿智之策。一是把握住评议指向。要以人民群众满意为标准，促进部门工作为目标，突出效能建设和政风、行风建设的重点内容和关键环节，把重点放在总结工作经验、转变工作作风、提高工作效率、优化服务质量、方便群众办事、树立良好形象上。二是把握住评议目的。要在广泛收集了解人民群众对部门工作意见的基础上，提出合理化意见建议。同时通过督促整改将从群众意见转化来的建议逐步落实，这样才能确保政协民主评议达到“促工作、顺民意”和“评出部门干劲、评出干部精神、促进政府工作、提升政协形象”的良好效果。

（三）优化工作流程，坚持民主评议的规范性和广泛性。

民主评议政府部门工作因其政治性、严肃性以及范围广、程序多，工作要求高，因而要特别注重讲求工作方法。一是科学制订方案。要选准评议课题，明确评议内容，成立组织机构，制定具体流程，细化职责分工。二是据实开展调研。特别注重到被评议部门服务对象当中走访调研，以服务对象的意见建议为评议的重要基础，同时公开信息渠道，面向社会各方广泛征求意见，了解社会各界对被评议部门工作的意见建议。从而通过采取“点面结合、深广结合”的方法确保调研情况的真实性，信息内容的可信性。三是公开评议行为。评议要向社会公开，变闭门评议为开门评议，组织评议者、被评议者、评议双方的关联者以及社会各界加强面对面的接触交流，充分尊重群众的知情权，充分利用媒体引导宣传，为实现评议工作公开、透明创造条件。四是组织各方参与。既要组织不同界别、不同方面的政协委员参加调研、发放问卷、收集情况、座谈、召开评议见面会等多种评议活动，又要广泛深入群众、深入服务对象，采取多种办法调动群众参与积极性，使评议工作真正成为发扬民主、倾听民意的过程。

全局统筹强法制　固本强基促规范

金牛区法制办公室

金牛区将依法行政作为贯彻依法治国基本方略、落实全省“两个加快”、全市建设世界生态田园城市发展战略的基础性重要工作，坚持经济市场化、社会公平化、管理民主化，在全局统筹中强化依法行政意识，在组织机构中强化依法行政保障，在制度建设中强化依法行政举措，在攻坚破难中强化依法行政根基，在促进和谐中强化依法行政作用，为推进金牛统筹城乡、转型发展、科学发展提供规范、高效的政务环境和法制环境。

一、统筹实施“三个融合”，创新推进依法行政

依法行政是事关全局的系统工程。金牛区坚持将推进依法行政与创新行政管理、加强社会管理、提升服务效能有机结合起来，不断探索体制机制优化与创新，为经济又快又好发展、社会和谐稳定提供了良好

的法制保障。

（一）依法行政与创新行政管理相融合。

结合规范化服务型政府建设，创新行政管理方式，以群众需求为中心，导入“顾客”为中心的服务理念，率先在全国区（市）县实现ISO14001环境管理体系、ISO9001质量管理体系、OHSAS18001职业健康安全管理体系三标认证，通过PDCA（策划、实施、检查、改进）循环模式实施过程管理，将依法规范行政的理念融入行政管理的全过程，将体系标准与政务管理和服务实际相结合，将依法行政的推进措施具体化、制度化、程序化，在深化规范化服务型政府建设中强化依法行政。行政管理的规范高效，助推区域在调整转型中实现又好又快发展。投资金牛区的世界500强企业和知名跨国公司达到10家；社会建设取得新进展，金牛区先后被评为全国可持续发展示范区、全国和谐社区建设示范城区、全国科技进步考核先进区。

（二）依法行政与社会管理相融合。

充分发挥行政调解在“大调解”中的独特作用，首创“三向”并进的行政调解机制，通过依法引导和柔性调解，尽力化解群众的矛盾和纠纷，尽力帮助群众解决实际困难，促进社会和谐稳定。依托联动工程横向推进，在与群众生活密切相关的物业管理等6个领域建立以行政主管部门为导向的行业调解组织，实现调解统筹联动；依托三级网络纵向推进，建立区、街道、社区三级纵向联动工作体系，实现调解快速反应；依托效能建设垂向推进，加强内部岗位评估和外部绩效监督，实现调解责任到位，促进社会矛盾化解。2010年，全区18件重大信访积案得到化解，省级平安区创建工作通过验收，治安状况明显好转。

（三）依法行政与公共服务相融合。

以规范行政促便民高效，用心做好“三个服务”（即：服务辖区居民群众、服务辖区单位、服务辖区纳税人）。在全省率先实现行政审批“两集中、两到位”，率先推行企业和个体工商户开业登记并联审批，推进行政审批制度改革，近3年共精简审批113项目；再造优化行政审批流程，全区行政审批及服务事项510项，合计承诺时限2088个工作日，比法定时限缩减10781个工作日；行政审批授权率和现场按时办结率均为100%。建立健全公共服务平台，构建区政务服务中心、街道便民服务中心、社区公共事务服务站三级政务服务网络，严格执行首问责任制、限时办结制和责任追究制，实现政务服务向社区延伸，政务服务在社区全面覆盖、全程代办。

二、建立健全“六大机制”，全面推进依法行政

推进依法行政，制度的完善和执行是关键。金牛区以持续加强制度建设为突破口，针对关键环节和重点工作建立健全工作制度和督查机制，积极构建集重大决策、行政执法、争议化解、考核监督、学法宣传、持续改进“六位一体”的依法行政制度体系，筑牢依法行政根基。

（一）建立健全重大决策机制。

先后制定《金牛区人民政府工作规则》《金牛区人民政府关于对重大行政决策实施合法性审查的有关试行规定》《金牛区重大行政决策事项调研、咨询、公示、听证暂行办法》《金牛区重大行政决策事项咨询专家管理暂行办法》《金牛区重大行政决策社会稳定风险评估机制》等系列制度，将重大行政事项集体决策、合法性审查、风险评估纳入制度化轨道。完善“三会开放”制度、新闻发布会制度、“金牛阳光政务”制度，利用接待日、区长信箱、公开电话、政务网站、政务互动等多种方式，对土地整理、旧城改造、民生工程、干部竞争选拔等与群众利益密切相关、对经济社会发展可能产生重大影响的行政决策，充分征求人大代表、政协委员、市民代表和专家意见，对重大涉稳事件进行社会稳定风险评估。

（二）建立健全行政执法机制。

突出行政执法这个重点，从执法主体、执法程序、执法方式、执法效能、案卷组织等方面强化工作规范，细化自由裁量标准，避免不作为、慢作为、滥作为现象。加强行政执法人员资格准入和培训教育，探索行政执法人员计分制等监管方式，确保行政执法人员严格、公正、文明执法，全区行政执法错案率始终保持在0.2%以内。针对土地房屋征收、食品安全监管等较为复杂的行政事务，建立联合执法协调机制和行政争议协调机制，从源头上解决多头执法、重复执法、执法缺位问题。针对街道执法权限缺失困境，探索属地管理为主的行政执法专员制试点，行政执法重心下沉、街道属地快速反应的基层联动执法机制初步形成。

（三）建立健全争议化解机制。

推进行政复议规范化建设，严把受理畅通关、审查合法关、裁决公正关和事后监管关“四个关口”，推行行政复议机构配置规范化、经费保障规范化、场地设置规范化、权力告知规范化、文书送达规范化、裁决规范化、案件归档规范化、重大行政复议报备规范

化，充分发挥行政调解的柔性疏导作用，妥善处理政府涉法事务，有效化解行政争议纠纷。

（四）建立健全考核监督机制。

将依法行政工作纳入区政府向区人大报告制度，纳入全区年度工作目标和绩效考评目标，将考核结果作为对领导干部综合考核评价的重要内容，强化依法行政的目标引导和约束，依法行政整体合力不断增强。严格落实行政执法责任制，将行政问责纳入党风廉政惩防体系建设内容，对行政执法机关及其执法人员行使职权和履行法定义务情况实行年度评议考核。全面推进政府信息公开和行政权力网上公开透明运行，建立网上政务大厅，全面推进5类、4182项行政权力网上公开透明运行，实现权力网上公开、网上监察和网上交流，2010年全省政府网站绩效评估中金牛区位列第一。

（五）建立健全学法宣传机制。

一方面，加强党政干部学法守法。建立健全区政府常务会议学法制度、领导干部任职法律知识考试制度、执法人员资格考试制度，通过普法读本、主题培训、专题讲座、以考促学、以会带训等多种方式，不断增强全区党政干部依法行政的意识和能力。另一方面，加强公众普法和法律援助。将普法与科普和社区教育紧密结合起来，推进法律援助宣传进社区，安排执业律师（法律服务工作者）进驻全区所有街道、社区，为群众免费提供法律咨询，营造全社会依法诉求、依法维权、依法监督的良好氛围。

（六）建立健全持续改进机制。

推行行政执法案卷评查制度，每年开展行政执法案卷集中评查和行政执法单位案卷交叉抽查，动态剖析存在问题，规范行政执法行为，提高行政执法水平。严格规范性文件备案制度、清理制度，及时公开规范性文件适用年限和废止情况，主动接受公众监督，从源头上促进行政规范。建立政府法律顾问制度，实施政府对外签订合同合法性审查和备案管理，发挥法制部门的参谋助手作用，坚持做到事前预防、事中化解、事后改进，加强政府涉法事务能力建设，为区域统筹城乡发展和转型升级中矛盾化解提供坚强的法制支撑。

三、大力落实“三个保障”，强力推进依法行政

（一）加强组织建设保障。

实行依法行政首长负责制，成立以区长为组长，常务副区长为副组长，区政府办、区法制办、区目督办等14个有关单位主要负责人为成员的成都市金牛区依法行政工作领导小组，健全部门、街道依法行政工作网络，形成行政一把手负总责、分管领导具体抓、专兼职人员抓落实的工作格局。依法行政工作纳入区政府重要议事日程，区政府常务会多次研究依法行政工作，出台《金牛区人民政府关于加强法治政府建设的实施意见》，依法行政工作经费纳入全区财政预算，年度落实工作经费180万元，为依法行政工作深入推进创造良好条件。

（二）加强机构建设保障。

创新机构设置理念，率先在全省独立设置区级政府法制工作部门。根据经济社会发展需要，2010年全区进行机构改革，在机构编制相对趋紧的情况下，率先在全省将区政府法制办公室作为区政府工作部门单列，内设科室4个、配备人员编制10个，积极引进专业人才，不断充实强化法制队伍建设，打造政治素质高、专业知识强、业务能力精、复合型年轻化的依法行政工作队伍，截至12月，在编人员本科以上学历100%，平均年龄33岁。

（三）加强作风建设保障。

认真落实省委“四个特别”要求和市委求真务实“八项规定”，倡导讲大局、比奉献，讲实干、比实绩，讲执行、比效率，讲团结、比协作的“四讲四比”作风，开展“创先争优”主题教育活动、推进规范化服务型政府建设，实施中心工作落实情况效能督察，全区党政干部依法行政和规范自律意识不断增强，政府执行力和公信力不断提升。金牛区公众公共服务满意度连续3年在90%以上，居成都市前列；政务服务评价率99%，在行风政风第三方评议中，综合满意率97%。

以清产核资和股份量化为抓手 推进农村产权制度改革深化确权工作

金牛区统筹城乡工作局

按照市委、市政府《关于实现生产要素在城乡之间自由流动的意见（试行）》和全市农村产权制度改革联席会议第十、十一次会议的要求，为深化农村产权制度改革，加强集体经济组织资金、资产、资源管理和监督，金牛区按照“试点引路、稳步推进”的原则积极开展集体经济组织清产核资和股份量化工作，切实提高集体资产效能，促进集体经济健康发展，夯实生产要素在城乡之间自由流动基础。

一、成立合作社，巩固集体经济组织法人地位

2008年开始，金牛区在没有明确的集体经济组织管理方面的法律法规可引用和支撑的情况下，采取逐级申报、政府批复同意的办法，在涉农社区和涉农居民小组成立集体经济合作（联）社，赋予其集体经济组织法人地位，解决集体土地所有权“主体缺位”的问题，破解农村产权制度改革的难题。集体经济合作社在完成备案登记后，持区人民政府的批复办理组织机构代码证、公章和开办银行账户，履行集体经济经营和集体资产管理职能，这样一来，集体资产管理由“村改居”前自治组织代管变为集体经济合作社自我管理，也使农村生产要素流动的主体更加明确。

二、理清家底，开展清产核资和股份量化

为构建归属清晰、股权固化、流转顺畅、分配合理的农村集体经济组织产权制度，在成立集体经济合作社后，通过开展集体资产清产核资和股份量化工作，保障集体经济组织及其成员的合法权益，为生产要素在城乡之间自由流动奠定坚实基础。

（一）清产核资的主要做法。

1. 明确目标任务和范围。

制订清产核资工作方案，明确集体资产清理的目标任务和范围。清查集体所有的未确权到户的土地和房屋、设备设施等固定资产及属于集体所有的全部流动资产、无形资产、债权债务、股权与收益等集体经营资产。通过全面清查集体所有的各项资产，全面摸清集体资产的存量、结构、分布和使用效益情况，做到账款一致、账实相符；依法对集体资产所有权进行界定，按照“谁投入、谁所有、谁受益”的原则，理顺产权关系，维护各集体经济主体的合法权益；通过对集体资产的全面清理，建立健全集体资产管理的各项规章制度，加强集体资产的监督。

2. 集体资产全面清理界定。

按照“三步工作法”对各涉农社区的集体资产进行全面的清理界定，第一步“初查”，通过现金盘库、实物盘点、债权债务往来核对等多种方法，填制集体资产明细表和负债表，确保账款一致、账实相符；第二步“初审”，在两委会（组委会）上报告集体资产的初查情况，经两委会（组委会）初审；第三步是“会审”，召开居民代表大会，经居民代表大会确认后进行公示，公示期内如无异议才能作为集体资产核算管理的依据。

3. 中介审计确保清理质量。

为确保集体资产清理的质量，采取“清产核资+中介审计”的方式，对集体资产清理确认结果做出硬性规定，要求必须在经过社会中介机构审计监督的基础上才能作为资产核算管理依据，并报告财务审计的结果，由代理核算中心的账务人员对账务按相关制度要求进行调整。通过聘请中介机构参与集体资产清理的方式，确保集体资产清理的公信力和权威性。

（二）股份量化，建立合理的分配机制。

集体经济组织成员的集体资产所有权和收益分配权，实行静态和动态管理两种模式，对“117”范围内的集体经济组织或即将征地拆迁和拆迁面积较大的涉农社区，采取按一个时间节点锁定集体经

济组织成员享有集体资产所有权和处置分配权的静态管理模式，有利于集体资产清算或投资经营管理；对“198”范围内的集体经济组织采取半动态或动态管理模式，在一定时期或一个时间段内锁定集体经济成员的集体资产所有权和收益分配权，也可按照集体经济组织成员资格认定办法，对自然增加和自然消亡成员的资产所有权和收益分配权进行调整。

（三）发挥群众主体作用，确保工作质量。

在开展清产核资和股份量化过程中，充分尊重农民群众的意愿，切实保护农民群众的权益，对涉及集体经济组织成员切身利益的事项，都通过召开会议、张榜公示等方式广泛征求本集体经济组织成员的意见，保证各个工作环节都做到公开、公平、公正、透明，真正做到让群众满意、让群众放心，保证改革经得起农民群众的检验，经得起历史的检验。

三、理顺合作社与其他基层组织的关系

集体经济合作社的成立剥离社区的集体经济管理职能，破解过去涉农社区党组织、居民自治组织、集体经济组织“三位一体”的治理方式带来的职能交叉、权责不明等问题，使基层自治职能得到强化，农民的主体地位得到有效保障。

（一）理顺合作社与社区自治组织关系。

“居社分离”是城市化进程的必然要求。当前涉农社区居民的成分和来源发生根本性的变化，社区居民和社区集体经济组织成员的身份不能同等。集体经济组织成员是指拥有土地共有权、土地使用权、土地承包经营权、集体收益分配权等完整权利，并承担相应义务的集体经济组织成员和按集体经济组织章程规定，因出生、婚姻或收养等关系迁入的公民，是以经济利益为纽带的群体。而社区居民不仅包括了集体经济组织成员，还包括因住房、工作单位等户籍属地管理规定，享有该社区公共服务和社会管理的全体公民，是按居住地划分的群体，也就是说，社区居民和集体经济组织成员在权利义务的属性上完全不同，居民侧重于民主自治方面的权利义务，集体经济组织成员侧重于物质经济利益方面的权利义务。

推进社区自治组织和集体经济组织的分离，有利于加强基层党组织的领导，有利于明确集体经济组织市场主体地位，有利于规范社区自治组织的社会管理和公共服务职能。社区党组织将具体事务交由居委会、集体经济合作社和各种群团组织负责，将更多的精力放在指导和协调各方面关系、组织动员群众、保障群众利益等方面，更容易得到群众拥护；将集体资产经营管理从社区分离出来，可以促进集体各类经济要素市场化配置，激发城乡经济发展潜能，从而实现土地资本化、居住集中化、就业多元化，加快城市化进程和城乡人力资源自由流动；社区居委会成为社区自治组织的法人，可以集中精力搞好公益事业，提升社区公共服务质量和社会管理水平，同时其公共服务和社会管理由政府、社会、公众分工负责、协作配合，可以进一步整合社会资源，吸引民间力量参与社区公共产品投入，为群众提供更多便民惠民服务，促进社会和谐稳定。

（二）特殊问题的处理。

1. 理顺合作社与原有公司性经济组织关系。

在成立集体经济合作社之前，原涉农社区和部分居民小组用集体经营性资产出资组建有限责任公司（俗称新型集体经济组织）进行经营性活动，但其不具备集体经济组织法人作用，只能认定为集体经济合作（联）社管理或投资与合资兴办的从事经营活动的实体。

2. 保证“居社分离”的平稳过渡。

在涉农社区向城市化社区过渡的特殊时期，集体经济合作（联）社法定代表人和机构工作人员可专职聘任，也可由社区相关人员兼职担任，同时，集体经济组织成员或成员代表大会也可委托社区管理和经营本组织的集体资产，集体经济组织按约定从集体收益或集体资产处置费用中提取一定数量或比例作为服务和委托管理费给居委会，为工作人员提供补贴和处理事务性支出。

构建立体监管网络
建立涉农社区文化市场长效监管机制

金牛区文化旅游和体育局

金牛区地处四川省成都市城区的西北部，是西南地区最大的交通枢纽和物资集散地。全区文化市场经营单位70%在涉农社区。近年来，金牛区致力探索构建涉农社区文化市场长效监管机制建设，逐步建立“出台刚性支持政策、健全立体监管网络、完善运行保障机制”相结合的“金牛模式”，取得显著成效，获“全国服务农民服务基层全国文化市场管理先进集体”等荣誉。

一、出台刚性政策破解涉农社区文化市场监管难题

（一）出台政策加大经费支持。

制定出台《金牛区涉农社区文化建设专项经费管理办法》，要求从2009年起，每个涉农社区街道文化工作经费按辖区常住人口每人10元的标准，纳入区财政预算。2009—2010年，金牛区用于涉农社区文化市场监管专项经费达到100万元，2011年经费达到120万元。

（二）出台政策充实监管队伍。

一方面，积极协调区人事局，专门针对涉农街道开展文化工作专职人员招聘；另一方面，制定出台《关于开展涉农社区文化市场管理延伸执法的实施意见》，充分整合各涉农社区街道的工商所、城管执法中队等执法资源，壮大文化市场监管队伍。

（三）出台政策理顺管理体制。

制定出台《关于进一步加强涉农街道文化建设的实施意见》，将涉农社区文化市场监管工作列入涉农街道的考核内容。同时，对各涉农街道专职工作人员的管理实行月考评制度，并将考核结果作为年底评优评先及是否续聘的重要依据。

二、“五支队伍”建起涉农社区文化市场立体监管网络

（一）建立片区综合执法小分队，突出“职能监管”。

由区文化市场管理工作领导小组牵头，联合区文化、新闻出版、广播电视、公安、工商、卫生、消防、城管等相关职能部门，确定专人组建4支涉农街道文化市场监管片区综合执法小分队，落实分片包干，实行网格化管理责任到人。

（二）健全涉农社区基层监管队伍，落实“属地监管”。

依托各涉农街道、社区就近管理实际，建立街道层级的文化市场管理工作领导小组，领导和协调所辖区域文化市场管理工作，并协助对文化市场违法违规行为开展及时有效查处工作。

（三）组建监督协管员队伍，加强“社会监管”。

按照一社区配备一名文化市场监督协管员的标准，聘请人大代表、政协委员、学生家长等作为监督协管员，由各片区综合执法小分队统一归口管理。全年聘用监督协管员52人，及时劝导、纠正违规行为600余件。

（四）指导建立行业协会分会组织，强化“行业监管”。

协调区文化市场管理协会在各涉农街道设立行业协会分会，并分片区成立业主维权小分队。2011年，全区4个涉农街道共设立包括网吧、娱乐、音像等行业分会16个，业主维权小分队4支，会员近600家。

（五）培育壮大新闻媒体宣传队伍，深化“舆论监管”。

定期在金牛有线电视台、《新金牛》、区政府公众信息网等新闻媒体和舆论阵地开设专题栏目，同时邀请省、市各主要媒体记者参与报道涉农社区重大执法行动。对一些违法违规的文化市场经营单位通过设置曝光台、上黑名单和采取红、黄牌警告等形式进行公布，接受社会各界广泛监督。

三、“三大机制”提升涉农社区文化市场监管能力

（一）建立系统规范的提升保障机制。

一是按要求对执法车辆、执法设备、执法人员服装、执法证件、执法文书等进行统一配置、更换。二是统一印制《金牛区文化市场管理工作手册》《金牛区文化市场管理监督协管员工作手册》等，作为指导全区文化市场监管人员的工作范本。三是建立定期培训制度。定期对涉农社区文化市场经营业主、执法人员、监督协管员进行培训。四是建立完善基础管理台账。分别建立《金牛区涉农社区文化市场经营单位审批（审核）台账》《金牛区涉农社区文化市场日常巡查管理台账》等基础台账。五是组织开展对守法经营、文明经营场所的星级评定、表彰工作。六是邀请人大代表、政协委员、行风评议员对年度内涉农社区文化市场监管工作进行效能评估，对不作为或乱作为导致出现重大事件的责任人严肃追究责任。

（二）建立灵敏准确的快速发现机制。

一是通过“常态查”发现。按照功能作用不同构建的“五支队伍”立体监管网络，对涉农社区文化市场保持高频率的常态监管，以确保对违法违规行为做到及时发现。二是分行业开展“错时查”发现。对网吧监管，着重节假日和学校周边地带查违规接纳未成年人；对歌舞娱乐场所，着重查处超时营业和接纳未成年人行为；对非法音像制品经营，则着重检查涉农社区物流基地、仓储库房、出租民房等重点部位。三是通过“举报查”发现。除全国统一开通的“12318”举报电话外，金牛区还要求各有关职能部门、各涉农社区街道向社会公布文化市场管理举报电话和电子信箱，确定专人值守，并对经查实的举报按规定兑现奖励。

（三）建立运转高效的整体联动机制。

一是定期召开涉农社区文化市场监管联席会议，及时研究解决全区涉农社区文化市场监管工作中出现的各种问题。二是建立良好的信息通报制度。有关部门、街道在日常检查中发现的文化市场重要情况和查处的重大案件及组织开展专项整治、集中行动等有关工作信息，及时通报相关部门、街道。三是协调建立省、市、区三级文化市场联动机制，及时组织开展集中整治行动。

弘扬传统中医药　服务社区健民众

金牛区卫生局

金牛区满足群众多层次卫生服务需求，发展社区中医药服务工作，区委、区政府高度重视，关注支持基层中医药工作，在推广中医药适宜技术、宣传中医药文化、提升社区中医药服务能力方面做了大量工作，全面促进社区中医药服务的科学发展。12月，被国家中医药管理局评为全国社区中医药工作先进单位。

一、政府主导，创建全国社区中医药工作先进单位

金牛区按照“中医发展，谋划在先”的思路，将卫生和中医药事业纳入《金牛区“十二五”经济社会发展总体规划》和政府年度工作计划，使中医药事业与区域经济同步推进、协调发展，创建工作做到“五到位”：一是组织领导到位。成立分管区长为创建组长，区政府相关部门和各街道负责人为成员的金牛区创建全国社区中医药工先进单位领导小组，建立创建工作例会和创建工作重要活动报告制度。在区卫生局设立创建办公室，建立健全各级创建机构和网络，形成政府、部门齐抓共管、协调配合、运转良好的创建工作局面。二是责任落实到位。印制《金牛区创建“全国社

区中医药工作先进单位”实施方案》，分解创建任务，逐级落实责任，各级机构也分别制订创建实施方案，落实专人负责创建工作，保障创建目标任务的顺利实施。三是配套政策落实到位。印制《关于进一步加强城市社区卫生服务工作的实施意见》《金牛区社区卫生服务机构中医药规范化建设实施意见》《金牛区中医药“十二五”发展规划》等政策措施，为发展社区卫生和中医药事业提供切实可行的政策支撑。政策措施中明确将社区中医药服务项目纳入城镇职工和城乡居民基本医疗保险范围，参保人员在社区卫生服务机构就诊的自付比例低于其他医疗机构的自付比例。对599种国家、省基本药物实施零差率销售。四是经费投入到位。金牛区将卫生事业作为公共财政重点投入领域，确保社区卫生专项经费的不断提高。2009—2011年，区财政列支中医药相关经费1504.2万元，中央、省、市、区各级社区公共卫生投入5013.2万元，其中299万元投入社区中医药工作。五是监督机制落实到位。区委、区政府将创建工作目标纳入政府的年度目标考核，区卫生局将创建目标纳入对社区卫生服务机构的目标考核内容。组织召开动员会、培训会、推进会，解决创建实际问题，组织省、市、区专家督查指导创建开展情况，确保各项工作的落实。

二、完善体系，提高中医药服务的可及性

以社区卫生服务网络为基础，加强社区中医药服务体系建设，提高社区中医药的可及性。一是提升社区卫生服务机构的服务能力。投入477万元在全区20个机构打造中医馆、康复理疗室等中医特色诊区，配齐针灸器具、中药熏蒸设备等中医诊疗设备；社区卫生服务中心配备300种以上的中药饮片、80种以上的中成药，8个社区卫生服务站也配置相应药品。二是加强中医药服务队伍建设。落实师承一批、培训一批、引进一批的“三个一批”措施，开展名老中医专家学术经验继承工作，13名师承人员经考试合格取得执业医师资格。建立社区中医药从业人员继续教育培训制度。组织开展中医类别全科医师转岗培训、《国家基本药物临床应用指南（中成药）》《中成药临床应用指导原则》等行业规范培训，71人通过省级中医类别全科医师转岗培训；中医药服务人员参加各级各类培训1452人次，2006—2009年组织参加全省首轮中医“四部经典”统考，考试合格率100%，引进中医药人才，截至2011年12月，全区有省名中医2名、市名中医3名、区名中医2名，全区社区中医服务人员135人，其中中医医师104人，占社区医师总数的32.3%。三是开展辖区中医药资源共享工作。组织各社区卫生服务中心通过与辖区的综合医院、中医医院签订双向转诊协议，构建中医药服务“绿色通道”，初步实现区域内中医资源共享。四是推广中医适宜技术。2009年在西安路社区卫生服务中心建立区级中医药适宜技术推广基地，由经省、市培训组建区级适宜技术推广师资队伍和专家指导组，先后组织开展4期区级中医适宜技术培训，推广14项中医药临床适宜技术，有200余人次参加。五是规范社区中医药管理。印制《金牛区中医药工作人员手册（上、下）》500册，保证社区中医药人员人手一册。开展创建省、市中医药特色社区卫生服务机构工作，规范组织管理、人员配置及科室设置，基本建全社区中医药医疗质量管理、药品质量管理等制度。

三、突出特色，深化社区卫生服务

坚持将中医药服务融入社区“六位一体”功能，发挥中医药“简、便、效、廉”的优势，深化社区卫生服务。一是普及中医药保健服务，印发《关于积极发展中医预防保健服务的通知》《金牛区社区重点人群中医药保健服务指导方案（试行）》《金牛区社区常见慢性病中西医结合防治一体化及菜单式服务项目指南》等文件，针对社区老年人、妇女、儿童、慢性病病人、亚健康人群等重点人群开展优生优育、生殖保健、慢性病管理等中医药健康指导管理服务，普及食疗、运动功法，培养群众健康生活方式。二是参与疾病预防控制，在居民健康档案中加入中医体质辨识内容，运用“冬病夏治”“治未病”等方法，重点开展各类常见病、慢性病的预防和干预；并根据季节变化，开展传染病中医预防工作，中医中药在全区防治“甲流”等传染病工作中发挥积极作用。三是开展常见病、多发病的中医诊疗。将敷贴、刮痧、熏洗、穴位注射等事宜技术运用于临床适应证，在发挥中医药特色反面各机构各有特色：人民北路社区卫生服务中心在中医药治疗嗓音，西安路社区卫生服务中心在中医骨科、天回镇社区卫生服务中心在中医儿科、荷花池社区卫生服务中心在中医妇保、儿保方面特色突出。四是开展中医康复工作，在全区建立五类残疾人康复技术指导中心，在12个社区卫生服务中心设置社区残疾人康复指导室，应用中医药康复手段，结合现代理疗方法，为卒中后遗症、肢残等群众提供个性化的康复治疗和服务。2006年创建全国残疾人社区康复示范区。

四、广泛宣传，为中医药事业发展营造良好氛围

坚持多渠道、全覆盖宣传中医中药服务。一是普及中医药知识，通过开展中医药保健知识讲座、义诊咨询、播放中医养生宣传片、制作中医药宣传展板、发放中医健康处方等形式，宣传中医药的特色和优势。2009—2011年，全区编发《健康手册》5期共50万册，中医健教处方39种、80万份。开展全区性的大型中医药健康咨询义诊活动6次，“中医进社区”健康教育宣传活动300余次，并制作各社区及社区卫生服务机构宣传专栏50余期，《健康报》和市、区媒体多次对金牛区社区中医药工作进行报道。二是实施名医进社区战略，在天回镇、人民北路、九里堤街道等中心建立名老中医工作室，组织开展“名中医进社区”义诊宣传活动，提升社区中医药的服务能力和影响力。三是弘扬中医药文化，在中医馆悬挂古代名中医画像、健康养生诗词；在建筑风格、设施配置、人文理念等方面融入中医中药文化元素，营造浓厚的中医药文化氛围和就诊环境。

五、取得成效

金牛区具有深厚的中医药服务底蕴，区内有成都中医药大学、成都中医药大学附属医院等中医药教学科研中心；占地142亩的成都国际商贸城荷花池中药材专业市场于2011年4月被商务部正式批准为“中国·成都中药材指数”的发布平台；全区能提供中医药服务的医疗机构245个，占医疗机构总数的39.8%；全区拥有各级各类医疗机构503个，建有12个社区卫生服务中心、10个社区卫生服务站。注册中医师585人，占医师总数的24.9%；建有市级中医药特色社区卫生服务中心12个，建成率100%，其中营门口、沙河源社区卫生服务中心为省级中医特色社区卫生服务中心；在10个社区卫生服务站中有8个能提供中医药服务。一是社区卫生服务体系更加完善。全区基本建立以市、区中医院为龙头，社区卫生服务中心为支撑，社区卫生服务站为补充的社区中医药服务网络，中医药服务基本实现社区全覆盖，中医药切实走进社区，走进小区。二是社区中医药能力明显提升。全区中医药服务软硬件设施得到全面提升，社区“六位一体”服务功能得到强化，群众知中医、爱中医气氛浓厚，中医药服务利用率不断提高，每年的社区中医药门诊量占总门诊量的50%以上。三是社区中医药服务的满意率大幅提高。中医药在社区的认可度不断提升，群众的中医药常识知晓率91.3%，对社区中医药服务满意率87%，社区机构人员对中医药政策知晓率88.7%。中医药在深化医疗卫生体制改革，提高群众健康水平，弘扬中华文化，促进全区经济和社会协调发展方面发挥积极作用。

因体育充满活力　因体育增添魅力

——金牛区创建国家全民健身示范区

金牛区文化旅游和体育局

2011年，金牛区在推进试验区建设实践中，围绕城乡统筹、“四位一体”科学发展总体战略以及建设世界生态田园城市的部署，坚持以人为本，以推广科学生活方式、提高全区人民身体素质为出发点，着力打造全民健身活动品牌，推进全民健身运动均衡发展，构建“政府主导、体育牵头、部门协同、社会参与”的工作机制，采取体育搭台、活动吸引、运动凝聚等措施，促进全区全民健身运动蓬勃开展，逐步形成城乡一体的“全民健身工作组织化、全民健身设施多样化、全民健身活动社会化、全民健身产业市场化、全民健身指导科学化”的全民健身事业共创共享局面。

9月12日，金牛区被国家体育总局确定为“全民健身示范城市（区）”试点单位，四川省仅有金牛区入选。

一、建立健全全民健身事业保障体系

金牛区高度重视全民健身事业发展，按照《全民健身条例》要求，结合全区城乡统筹、“四位一体”科学发展总体战略，把全民健身事业纳入金牛区国民经济和社会发展规划、列入政府重要议事日程，保障全民健身工作经费。年初，为确保“运动成都·活力金牛——金牛区2011年全民健身400惠民工程”活动有效组织实施，区财政安排400万元的全民健身活动资金，达到人均6元标准，并根据财力增长情况逐年增加。区级各单位也专门安排全民健身活动经费，形成财政拨款、单位投入、企业赞助、个人资助的多渠道全民健身经费投入机制。同时，逐步推进全民健身公共服务供给方式创新，尝试政府向社会专业机构为社区居民购买公共体育服务（如健身路径维护、维修、体育相关培训等），建立一套完整的全民健身事业发展经费保障机制，促进全民健身活动蓬勃开展。

二、构建规范化全民健身工作组织体系

通过打造“运动成都·活力金牛”品牌，建立起区、街道、社区三级全民健身组织体系；形成体育行政部门牵头，教育、民政、工会、共青团、妇联、残联等部门协同配合的工作格局；构建以街道全民健身指导中心为主导、以体育社团为主线、以社区体育指导站为基点的点线结合、覆盖面广的群众体育健身网络；加大对社会体育指导员的培训力度，加强社会体育指导员队伍建设；举办金牛科学健身大讲堂45场，为近5000人次进行体育科普讲座和体育咨询服务。截至2011年12月，全区有1673名三级社会体育指导员，达到全国文明城市规定“每万人拥有20名社会体育指导员”的指标。

三、全面推进全民健身设施全覆盖

金牛区坚持“政府主导、社会参与”的方针，采取多种模式，通过多种途径，培育、发掘、整合全民健身资源，全面推进全民健身场地设施建设。截至12月20日，全区安装健身路径150条，建有16千米的健康绿道，拥有各类公共体育设施面积98.2万平方米，人均拥有体育设施面积1.37平方米，达到全国文明城市规定“人均拥有公共体育设施面积1.08平方米”的指标。同时，金牛区还采取经验交流、典型示范的模式和评估检查、表彰奖励的方式推进学校体育场地设施向社会开放工作。

四、打造全民健身活动品牌

2011年，金牛区创造性地举办“全民健身400惠民工程”。活动从3月3日举行启动仪式一直持续到12月30日，分春夏秋冬4个季节，分别举办趣味体育、健身路径、广播体操和乒乓球比赛4个主题的全民健身活动，每个主题活动都有100个社区的群众参加，全年有400余个社区的群众参加丰富多彩的体育活动，故称为“全民健身400惠民工程”。每季度的主题活动都分社区初赛选拔、街道复赛竞优、区级决赛争名次三个阶段，旨在让体育机构、体育人员、体育设施和体育活动真正走入基层，深入街道、社区和楼栋，促进全区群众养成体育健身的良好习惯，树立终身锻炼的理念。全年全区有3800余支队伍参加各种主题的比赛和活动，参加活动20万人次，受到全区广大社区居民的好评。通过举办一系列的内容丰富、形式多样的全民健身活动，金牛区基本形成“年年有主题、月月有特色、周周有亮点、天天有活动”的全民健身氛围，不断动员和引导广大社区居民参与体育、享受健身，增强全区广大社区居民的全民健身意识，让老百姓真正感受到运动的快乐，幸福的生活。

（审读：黄智太）

政 治
POLITICS

中国共产党

会议和活动

【区委全委会议】 2011年1月9日，中国共产党成都市金牛区五届二十六次全委会议召开。会议审议区第五次党代会第六次全体会议议程、区委2010年工作报告、区纪委2010年工作报告、区党代会任期制工作情况报告。

1月9日，中国共产党成都市金牛区第五次代表大会第六次全体会议暨区委工作会召开。会议传达贯彻省委经济工作会议和市委工作会议精神，总结“十一五”时期及2010年工作，分析当前形势，安排部署2011年工作。全区323名党代表出席，30名列席代表参加会议。会议期间，召开区五届二十七次全委会，审议通过两委工作的报告决议（草案）。

9月26日，中共成都市金牛区五届二十八次全委（扩大）会议召开。会议审议《关于召开中国共产党成都市金牛区第六次代表大会的决议（草案）》，作出召开党代会的决定。区委委员、候补委员出席，区人大常委会主任、区政协主席，区第六次党代会筹备工作领导小组成员列席。

12月22日，中国共产党成都市金牛区五届二十九次全委（扩大）会议召开。会议的主要任务是学习贯彻党的十七届六中全会、省委九届九次全会和市委十一届九次全会精神；审议并原则通过《中共成都市金牛区委关于推进文化大发展大繁荣努力建设全国文化强区的意见》；审议通过五届区委工作报告和区第六次党代会日程（草案）、选举办法（草案）及相关建议方案，审议区纪委工作报告等，决定于12月24—25日召开中国共产党成都市金牛区第六次代表大会。

【中国共产党成都市金牛区第六次代表大会】 12月24—25日，中国共产党成都市金牛区第六次代表大会召开。全区正式代表319人、列席人员34人、特邀人员6人，共359人参加会议。区委书记杨林兴代表中国共产党成都市金牛区第五届委员会向大会作《坚持科学发展，着力“头雁高飞”，为加快提升区域产业品质、城市品质和生活品质而努力奋斗》的工作报告。报告回顾区第五次党代会以来的工作，客观分析面临的形势，全面部署今后五年和未来一个时期全区经济社会发展和党的建设各项工作。今后五年全区工作的总体要求是：高举中国特色社会主义伟大旗帜，突出科学发展这个主题，贯穿转变经济发展方式这条主线，按照市委“领先发展、科学发展、又好又快发展，奋力打造西部经济核心增长极”的战略部署，围绕中心城区“全面现代化、充分国际化”的主要使命，全面加强经济、政治、社会、文化和生态文明建设，不断提升党的建设科学化水平，着力构建新型产业形态、新型城市形态和新型社会形态，努力打造产业品质更高、城市品质更优、生活品质更好的现代金牛。今后五年，全力做好以下工作：1.大力提升产业品质，着力构建新型产业形态。2.大力提升城市品质，着力构建新型城市形态。3.大力提升市民生活品质，着力构建新型社会形态。4.全面深化改革开放，着力增强高端发展动力。5.全面加强和改进党的建设，为推动金牛高端发展提供坚强保证。

【金牛区第六届党代会第一次全体会议】 12月25日，中国共产党成都市金牛区六届一次全委会举行。会议选举杨林兴、苏鹏、陈麟、王洁、胡斌、姚凯、张兵、戴延峰、潘雪松、魏柯、朱国新为中共成都市金牛区委常委。杨林兴当选区委书记，苏鹏、陈麟当选区委副书记。同时，审议通过中共成都市金牛区纪委检查委员会第一次全体会议的选举结果。杨林兴作题为《新班子要有新作为》的讲话。

【领导干部大会】 2月9日，金牛区召开领导干部大会暨区委中心组（扩大）学习会议，区委书记杨林兴主持大会并要求：1.切忌思想麻痹挨晃事。2.切忌以烂为烂不做事。3.切忌违背规律做蠢事。4.切忌脱离群众做反事。会议邀请中国国民素质教育训练学院院长张英雄为全区领导干部作题为《突破思想禁锢、提升创新意识》讲座。区四大班子领导，区法院院长、区检察院检察长，正、副区级干部，各街道、区级各部门主要负责人参加会议。

4月29日，金牛区召开领导干部大会，学习传达《关于全面深入持久推进城乡一体化实施成都市国民经济和社会发展第十二个五年规划纲要的决议》精神。区委书记杨林兴要求全区干部要认真学习、深刻领会决议精神，全面深入持久推进城乡一体化，坚定不移地深入实施《成都市国民经济和社会发展第十二个五年规划纲要》，坚定不移地加快试验区改革发展和建设世界现代田园城市，为全力推进金牛加快发展、科学发展、又好又快发展而不懈努力。

【党建工作会议】 3月13日，金牛区召开2011年度党建工作会议，安排部署2011年度党建工作。区委书记杨林兴围绕纪检、组织、宣传、统战工作，要求全区各级党组织和党员干部要进一步增强凝聚力、战斗力、创造力，围绕区委确定的转型发展要求，不懈奋斗，以优异成绩向建党90周年献礼。区委常委，区人大常委会主任，区政协主席，各街道、区级各部门主要负责人参加会议。

【金牛区－西南交通大学双方领导“两长会谈”】 3月14日，金牛区－西南交通大学双方领导“两长会谈”正式启动并举行首次会议，双方就产业发展规划、项目实施情况以及校园周边环境综合整治等相关事宜进行交流探讨。

【中国·成都中药材价格指数发布】 4月16日，商务部正式在成都启动发布中国·成都中药材指数，该指数由商务部定期通过城乡市场信息服务体系发布平台商务预报网络版每周发布一次，发布平台除总站外，有169个省会级、地市级子站。该指数是全国首个中药材指数和西部地区的首个国家级商品指数。中央电视台二套《全球资讯榜》栏目、凤凰卫视资讯台《金石财经》栏目及四川、石家庄、青岛等地方电视台定期播报信息。《经济日报》《国际商报》《中国商报》等报纸定期发布有关信息。

【庆祝中国共产党成立90周年大会】 6月26日，金牛区召开中国共产党成立90周年庆祝大会，会上对先进基层党组织、优秀党组织书记、优秀共产党员和优秀党务工作者进行表彰，区委书记杨林兴代表区委作重要讲话。区四大班子领导，区法院院长，区检察院检察长，正副区级干部，区长助理，各街道、区级各部门主要负责人及部分党代表参加会议。

【协调服务】 文稿工作 区委办撰写区第六次党代会报告、区五届六次党代会报告、区委工作会报告等大型会议材料20余篇；完成《向春城书记的工作汇报》《金牛区关于统筹城乡发展存在问题的自查报告》等10余篇重要汇报和上报材料。编发《工作通报》18期、《工作研究》40期。

信息采集 全年向上级党委报送信息500余条，被市委办公厅采用300余条，其中《金牛区推进城乡创业就业工作的做法》作为交流经验被市委办公厅《综合信息快报》采用。编发《金牛要情》90期、《金牛要情》（增刊）13期。

会务服务 加强常委会会议室、区委接待室的日常管理，规范会议服务工作，全年服务9000余人次；筹备和组织区委全委会4次、常委会23次、专题会40余次，工作会及其他重大会议和活动30余次；协调和安排区委主要领导调研活动50余次，印发常委会议纪要23期、专题会纪要12期。坚持会议申、预报制度，切实精简会议。

接待工作 全年接待宾客20批、200余人次，其中

一、二级接待任务8次，省、市领导和市委办公厅交办的重要接待任务3次。

（王 燕）

区委和工作部门

中国共产党成都市金牛区委员会

区 委 书 记：杨林兴
区委副书记：苏 鹏
李 燎（12月离任）
陈 麟（12月任职）
区 委 常 委：王 洁
胡 斌
刘印勇（12月离任）
辜学斌（12月离任）
申 勇（12月离任）
吴石泉（12月离任）
吴明举（12月离任）
姚 凯（12月任职）
张 兵（12月任职）
戴延峰（12月任职）
潘雪松（12月任职）
魏 柯（12月任职）
朱国新（12月任职）

金牛区委工作机构

区纪委
书 记：王 洁

区委办公室
主 任：宋东升（12月离任）
魏 柯（12月任职）

区委组织部
部 长：辜学斌（12月离任）
姚 凯（12月任职）

区委宣传部
部 长：刘印勇（12月离任）
潘雪松（12月任职）

区委统战部
部 长：申 勇

区委政法委
书 记：吴石泉（12月离任）
张 兵（12月任职）

区直机关工作委员会
书 记：李文龙

区委、区政府信访和群众工作局
局 长：张 林（3月离任）
刘斌蓉（6月任职）

金牛区委、区政府议事协调机构

区机构编制委员会办公室
主 任：朱贵军

金牛区委直属事业单位

区委党校
校 长：辜学斌（12月离任）
姚 凯（12月任职）
常务副校长：乐 斌

新金牛采编中心
主 任：邓 熠

（王 燕）
（审读：杨枝苍）

组织建设与党的建设

【干部队伍建设】 2011年，金牛区委组织部坚持“人品正、干实事、真爬坡、敢破难”的评价取向，注重在统筹城乡发展、重大项目推进、疑难问题解决等实践中选干部、配班子。在班子配备中，坚持有利于改善班子结构、有利于增强班子活力的原则，推进干部轮岗交流，加大年轻干部的选拔力度。全年提拔处级领导干部40人、交流7人、改任7人。开展好2009—2010年度“四好”班子先进集体创建表彰活动，组织“四好班子”的自荐、推荐、测评、评比等工作，表彰2009—2010年度创“四好”活动先进集体30个。坚持把重点工作、重大项目作为干部实践锻炼的主战场，加大干部到上级机关和基层一线学习锻炼力度。选派15名优秀机关干部充实到征地拆迁办工作；选派3名后备干部到区信访局锻炼；选派6名机关干部参与文明指数测评督查工作；选派1名后备干部到国家信访总局锻炼；选派3名处级领导干部到市级部门挂职锻炼。

【干部公开竞争性选拔】 2011年4月，金牛区组织对区级各部门、各街道空缺的31个副处级领导职位进行竞争性选拔，区域内街道、区级部门、社区及市直属管理部门的77个单位符合条件的280人报名参加。选拔程序坚持“三审三选一票决”层层遴选原则，即通过单位推荐、组织部门初审、领导小组审定“三审”，确定参加笔试人选；通过笔试筛选、面试筛选、差额考察“三选”，确定参加面试人员和组织考察差额人选；通过区委常委会“差额票决”，确定任职人选，做到环环相扣、科学规范。选拔创新选择考题内容，按照“干什么、考什么，用什么、选什么”的原则，结合区情实际和发展实际，打破常规做法，改从传统题库抽题为自主命题，注重遴选出真才实学人才，笔试和面试试题紧密结合金牛转型发展的区情实际和工作实际，注重测试干部对“六个一体化”“五区金牛”“三个服务”等市委、区委决策部署精神的理解和把握程度，特别是运用理论政策认识问题、分析问题、解决实际问题的基本素质和实际能力，使考试更加符合客观实际和发展要求。选拔过程中扩大群众参与面，广泛吸纳区党代表、人大代表、政协委员、机关干部、基层代表等各个层面的干部群众参与笔试出题、面试评分、民主监督等工作环节，笔试出题人员为6名区级领导、5名部门领导和基层社区党组织书记；面试评委由40人组成，有区委委员，有随机抽选的区党代表、人大代表、政协委员和机关干部。经过公布参加笔试人员名单、笔试成绩、参加面试人员名单、面试成绩、总成绩前10名光荣榜、差额考察对象人员名单、组织考察，正式对31名拟任人员进行任前公示。

此次竞争性选拔干部，是金牛区转型发展特殊时期公开选拔干部的一次大胆探索和有益尝试，为干部选拔任用工作提供宝贵经验。

【干部监督】 区委组织部严格执行中纪委、中组部“5个严禁、17个不准”的换届纪律要求，把严格监督、严肃纪律贯穿换届工作全过程。制定《金牛区局级领导干部提拔任用工作纪实暂行办法》，印制《干部选拔任用工作纪实表》，将干部选拔任用程序细化分解为若干环节，明确各个环节的责任主体和责任内容，由相关责任人进行详细记录并签字，解决责任不明确和用人失误失察无人负责、无法追究的问题，规范选拔的各个环节和部内运作程序；在全区竞争性选拔副处级领导干部拟任人选工作中，对进入考察的62名人选实行一人一表，进行全程记录；做好领导干部报告个人有关事项工作，按照中纪委、中组部两项法规规定和市委组织部工作部署，对36名市管干部和600余名处级干部进行个人有关事项集中报告工作。加强日常管理，全年收到67名处级干部报告的外出、培训、休假等情况。做好领导干部经济责任审计工作，委托区审计局审计领导干部16人。

【干部教育】 区委组织部贯彻《干部教育培训工作条例（试行）》，制定干部教育培训计划和全区大规模培训干部专项目标，完善干部教育培训工作机制。坚持理论教育，举办局级领导干部、中青年后备干部、党外干部、妇女干部、街道基层干部培训班及全区各条战线的业务培训班，组织培训干部1万人次。

【人才工作】 坚持党管人才原则，建立和完善人才工作制度；深化党政一把手抓第一资源和第一生产力目标责任制和重点人才工作目标，抓好人才“产销”衔接工作；印制《成都市金牛区中长期人才发展规划纲要（2011—2020年）》和《成都市金牛区引进培养高层次人才实施办法（试行）》；加大区级有突出贡献的优秀专家的管理和服务力度，组织专家体检1次、疗养1次；实施“一社区一名大学生（涉农社区两名大学生）”计划，对32名服务期满的大学生志愿者进行年度考核，补充大学生志愿者29名，举办专题培训3次；推荐入选四川省“百人计划”专家1名、成都人才计划专家3名。

【创先争优活动】 区委组织部按照中央和省、市委要求组织全区各级党组织和党员开展“四讲四比”主题实践活动，设立党员示范岗、党员责任区306个，规范化服务型党组织、党员示范店98个，开展党员志愿服务2万人次，服务人数5万人次；开展“三亮、三比、三评”主题活动，区政务服务中心开展“树文明形象，建满意窗口”主题创建活动的经验和做法，《中国组织人事报》以《擦亮窗口创先争优》为题进行报道；围绕庆祝中国共产党成立90周年，表彰在创先争优活动中涌现出来的80个先进集体和249个优秀个人。

【联系服务群众工作】 区委组织部印制《服务群众工作队2011年工作要点》，组织4057名涉农街道、社区党员干部联系群众30497名（户），走访群众58760人次，发放党群连心卡3万张，收集群众各类诉求近2000个，回应并解决影响群众生产生活的具体问题400余个；全面实行“月例会、月督查、月通报”工作制度，回访党员群众1170人，召开工作例会7次，编印《金牛区服务群众工作队工作动态》8期。

【党员干部管理服务】 区委组织部全年分3批组织社区书记参加市委组织部集中培训，分涉农街道、城市街道举办社区书记、主任培训班，培训350余人次；落实区委关于激励社区干部的工作措施，社区干部固定补贴标准增加10%；做好金牛党员干部远程教育网建设工作，更新视频课件420个、发布图文信息1123条，网站注册党员1.7万人，点击率超过1356万次；坚持实施党员证制度，开展入党积极分子培训工作，培训入党积极分子720人，新发展党员220余人。

【基层治理机制建设】 *城市社区治理机制建设* 推行“党支部建到院落（小区），党小组建到楼栋”，围绕划小管理单元，培育“利益”关注点，成立以党员骨干为核心的院落自治组织，初步形成“社区自治带动院落（小区）自治，院落（小区）自治促进社区自治”的良性互动治理格局。

“两新”党建工作 推行园区统筹、片区统筹等区域建党模式，党组织在非公有制经济组织中覆盖面60%，其中规模以上企业（包括新增）全部建立党组织；在新社会组织中的工作覆盖面60%以上，其中律师事务所、会计师事务所党组织实现全覆盖；实施联合党支部孵化工程，推进企业单独建立党组织，提高建党质量，“孵化”出8个党支部；开展“两新”党组织规范化建设，建立党建示范点10个。

【基层民主政治建设】 围绕召开区第六次党代会深化党代表任期制工作，新选举产生326名党代表，确立今后5年全区的目标任务，选举产生新一届区委、区纪委班子；为党代表发挥作用创造条件、搭建平台，各代表小组组织开展视察调研活动20余次，办理代表提案、提议14件，代表满意率100%；完善和落实公推直选、党务公开、社会评价等各项制度，调动党员群众民主参与的积极性，全区基层民主政治建设在常态化、规范化、制度化的轨道上不断推进。落实《金牛区基层党建工作专项述职实施办法》，组织召开2011年上半年基层党建工作专项述职报告会，26个街道、系统党（工）委分管党务领导向区委基层党建工作领导小组进行专项述职。

【党史工作】 区委组织部完成《2010年党史大事记》《2010年组织工作大事记》共10万字的资料收集、整理和编写工作；查阅中华人民共和国成立至1978年的历史卷宗千余卷，摘抄复印档案2000余份，收集整理原始资料300万字，参考资料50余种，将理证（用推理的办法核实）、文证（利用文件进行考证）、旁证（通过调查和其他的渠道查证）三者有机结合，反复考证核实大量资料，完成30万字的党史资料长编，完成《中国共产党成都金牛历史（二卷）》初稿编写工作，初稿24万字。专题调研文章《改革开放以来，金牛区基层民主的发育和发展》被中共成都市委党史研究室《岁月留痕》采用，为《成都党史》网上报送党史信息134篇。

【机关党建】 2011年，区直机关工委所属有63个基层党组织，其中党委4个、总支16个、党支部43个，全区有党员2437名，其中离退休党员628名。

全年配合机构改革，指导、督促区直机关相关党组织理顺党组织关系，及时按有关规定换届选举，确保各党组织的工作顺利进行。全年，区直机关新成立党支部（总支）12个，党组织换届和调整12个，发展党员27名，预备党员转正38名，培训入党积极分子33名。

【机关精神文明建设】 2011年，区直机关工委牵头抓好城乡环境综合治理“进机关”活动；开展以“创文明机关、做人民满意公务员”为主题宣传教育和实践活动、“文明礼仪进机关”活动、“道德讲堂”和“我为文明城市添光彩”志愿服务活动。

围绕文明城市复查工作开展主题志愿服务活动，注册区级机关志愿者1500名，志愿队伍43支。动员机关党员干部职工志愿者开展多种形式的志愿服务活动。

（李永强　何　谦　黄谷子　黎泽媛　崔大勇）

（审读：邓开龙）

宣　传

【概　况】 2011年，金牛区宣传文化系统获中国民间文化艺术之乡等5项国家级表彰；区文联被评为2011

年度全省文联系统先进单位和成都市文联系统先进单位；区社科联获2011年度成都市先进区（市）县社科联称号；区委宣传部获全市2011年宣传思想工作特色先进单位表彰，获2011年工作目标任务先进单位等区级表彰奖励6项。完成全年党报党刊征订发行工作任务。

【党委中心组学习制度】 金牛区制定2011年全区党委（党组）中心组理论学习计划，明确全年全区各级党委（党组）中心组理论学习的主要内容和要求等。做好区委中心组服务保障工作，为区委中心组成员筹备学习资料，做好记录和档案材料的收集整理工作。全年，区委中心组组织开展党的十七届六中全会、统筹城乡、产城品质、社会管理、舆论引导、反腐倡廉等13个专题、13天的集中（扩大）学习，出勤率96%以上。加强对街道、部门党委（党组）中心组理论学习的指导、督促和考核，定期提供学习参考资料，党员干部特别是领导干部的理论学习不断规范。利用《金牛要情》《新金牛》《金牛宣传》等载体，及时宣传全区党员干部理论学习教育情况。

【理论学习】 区委宣传部围绕贯彻党的十七届六中全会和省委九届九次全会、市委十一届九次全会、区五届二十九次全委会、区第六次党代会精神，通过中心组学习、编印学习资料、网络在线学习、社区教育大讲堂等方式，抓好全区党员干部理论学习教育，重点开展《长征》《党史》《重燃中国梦想》《提升同媒体打交道的能力》《正在爆发的互联网革命》等的学习宣传，统一干部群众思想、凝聚发展力量。整合区内学习资源，设置必修课程、选修课程、学习参考、党风廉政4个远程网络轮训栏目共40余个专题讲座，以在线收看方式组织局级领导干部参与远程网络学习。

【新闻宣传】 区委宣传部围绕提升产城品质、基层人做基础事、社会管理创新及民生工程等区委中心工作，以重大节会活动为契机，策划开展新闻宣传和专题报道，在中央、省、市媒体开展新闻宣传。区教育局3千米之内骑车办事被《人民日报》报道，区委书记杨林兴的《警惕"四大危险" 争做"四种人"》被新华社的《内参选编》刊登。全年在中央、省、市主流媒体上推出报刊新闻宣传600条、电视新闻宣传1400条，其中在中央电视台推出新闻报道10条，中央（含行业报刊）、境外平面媒体推出新闻报道40余条。

【新闻发布制度】 全年组织新闻发布会、新闻通气会、集中采访60余次，建立金牛区专业新闻发布厅，成为成都市第一个建立专业新闻发布厅的区（市）县，实现新闻发布工作常态化、专业化。

【新闻宣传载体管理】 区委宣传部加强对新金牛采编中心、区有线台、区政务网等区内媒体的工作指导。改版金牛政务网新闻页面，在金牛政务网设"新闻中心"板块，由"金牛要闻""街道动态""部门动态""金牛周刊""视频金牛"和"图片金牛"6个部分组成，全年发布各类信息1626条；开设新浪"看金牛"和腾讯"交子故里-现代金牛"两大官方微博，分别获年度成都市政务微博最佳务实奖、最勤快微博奖；建立大容量的区新闻信息资料库，收集涉及区情和重点工作的文字、图片、视频资料，由专人负责录入、管理。

【新闻宣传队伍】 调整宣传部的内设科室，组建宣传科、新闻发布科和新闻联络科3个科室，细化科室分工；以政府雇员形式从成都电视台招聘一名主持人作为区政府的专职新闻助理，负责新闻媒体的联络、协调和新闻发布主持工作；抽调区级媒体骨干成员、外宣工作骨干和区内相关部门工作人员组成区委媒体宣传策划组，定期进行新闻宣传策划；重组网评员队伍，对全区各街道、部门网评员进行分组管理，全区形成120人的网评员队伍，其中核心网评员60人。

【舆论引导】 区委宣传部严格执行传统新闻媒体监看制度，建立网络舆情监看报告制度，制订突发事件舆情处置预案，成功处置影响较大的舆情事件40余起。

规范舆论引导流程 整合编发突发公共事件、热点敏感事件、突发新闻事件处置工作流程图和新闻通稿、新闻发布会方案、舆论引导工作方案模板下发全区，以简洁明了的图文和规范统一的范本，帮助各单位迅速掌握相关工作技巧。

举办突发公共事件新闻发布模拟演练 选取区内热点事件为模拟背景，创新举行新闻发布模拟演练，邀请资深媒体专家和市委宣传部领导现场指导，对相关职能部门进行现场实战培训，提高应急发布能力。针对成都国际商贸城小商品市场铺位抽签和试营业、荷花池区属市场调迁、两河城市森林产业升级和配套

设施改造等可能引发社会广泛关注的敏感事件进行舆情预判和应对准备，形成舆论引导工作预案。

【区属媒体互联网管理】　区委宣传部加强对区政务网的管理，提高对外宣传工作的统筹性、系统性和舆论引导水平。5月4日，在新浪开通"看金牛"官方微博，9月1日，在腾讯开通"交子故里-现代金牛"官方微博，两大微博在打造区域品牌、提升区域形象、服务民生、营造和谐舆论氛围方面起到较好宣传效果。同时，开通网络文明博客，开展网络文明宣传。

【文化产业发展】　金牛区做好2011年度成都市文化产业专项资金项目申报工作，申报大型原创音舞诗画《天府蜀韵》、电视连续剧《大川商》等9项专项资金项目；牵头完成全省文化创意产业企业2009年度和2010年度网上统计直报工作；会同区文旅体局对全区15个街道进行文化旅游产业发展情况调研，为全区文化旅游工作的开展奠定基础；做好华侨城欢乐谷《天府蜀韵》剧目、华侨城主题旅游区项目、茶店子茶文化综合体、金牛创意创业中心等重点文化创意产业项目跟踪服务工作。

【文联工作】　金牛区文学艺术界联合会履行联络、协调、服务的工作职责，开发金牛文化资源，繁荣和发展金牛文学艺术，被评为2011年度四川省文联系统、成都市文联系统先进单位。全年财政拨付工作经费23万元，从人、财、物等方面保障文联工作。

队伍建设　区文联抓好文联系统队伍的思想政治工作。重视文艺协（学）会的专业学习和业务培训，在培训经费上给予大力支持。注重后备人才培养。在涉农街道组织开展"城乡共融，托梦明天"涉农地区免费少儿素质培训等公益活动，有效实现文艺服务群众、文艺服务社会，促进城乡文化均衡发展，提高城乡青少年文化素质，培养一批文艺后备人才。

文艺创作平台　区文联组织召开年会和优秀文艺作品表彰会，制作2010年金牛区文联系统获奖作品集——《秋声》，激励创作文艺精品。搭建平台，举办金牛区文联系统个人艺术成就展，吸引更多的爱好者投身基层文艺建设，更好地发挥文艺作品的社会效益。围绕中心工作，鼓励采风创作。摄影协会两次组织会员到成都国际商贸城等重点项目区域采风创作，拍摄"最美金牛"作品，并汇集成册对外展示交流。继续办好《锦西文化》，支持区级各文艺协（学）会办好《金牛书画》《金牛群文》《金牛摄影》等协会刊物。

文艺活动　配合区委宣传部、区文旅体局开展好"建五区金牛·为党旗添彩"、文体直通车、交响金牛、书香金牛等各项群众文化系列活动。组织参与"大地民生"文学写作行动、"我们的节日"主题活动、四川省第二届社区优秀文艺节目展演活动等，取得良好成效。

【社科联工作】　金沙讲坛·交子金牛分讲坛　交子金牛分讲坛立足基层，惠及民众，主要采取与区级各部门、街道、有关组织和协（学）会联合举办的形式，区社科联负责确定主题、邀请专家，部门和街道、有关协会和学会负责场地、组织听众，使以前针对性不强、观众组织难等问题得到有效解决，优势得到互补。全年，交子金牛分讲坛开讲11次，听众近3000人，授课主题涵盖文明礼仪、社会建设、大学生创业、反腐倡廉、党的建设、家庭教育、儿童阅读、疾病预防等多方面。

文化沙龙　区社科联围绕区委中心工作，自主组织5次针对性较强、规模较大的学术沙龙，主题分别为"立足服务基层、创新社会管理""新形势下的舆论引导与舆论监督""《交子故里、现代金牛》区域营销方案研讨""打造特色文化街区""弘扬交子文化、建设全国文化强区"，专家学者们围绕主题发表意见，为金牛区的社会经济发展建言献策。

理论研究　区社科联组织区内各街道、部门和各学会、协会、研究会参加省、市哲学社会科学课题申报并获准立项。区社科联申报的重点课题《传媒对青少年道德影响的研究》（专著）获四川省"十二五"规划立项；区社科联申报的课题《网络交往的泛化性与精神文明的深化——成都网络精神文明创建研究》、区红十字会申报的课题《红十字志愿服务保障机制研究》获市级立项。区社科联在全市各区（市）县中首次组织区级社科研究课题立项工作，推动全区各街道、有关职能部门和广大社科研究者更好地立足区域发展实际，创新开展研究。此次课题涉及面广，包括7大版块，共38项研究课题。根据申报情况，经过专家评定，最终立项11项研究课题，对成功申报立项并经专家组评审，结项成果优秀的课题组区社科联给予一定的经费资助。

表彰情况　区社科联获2011年度成都市先进区（市）县社科联称号。

（姚大巍　谭　霞　黄珊珊　陈静思　何　锐　厉　娜　徐　华）

统一战线

【民主党派工作】 2011年，金牛区发挥民主党派人才荟萃、智力密集的优势，加强民主党派基层组织的思想建设、组织建设、制度建设。坚持爱国、民主、团结、求实的优良传统，以创建先进基层组织活动，提高民主党派成员的自身素质。引导全区民主党派成员围绕中心工作，开展基层调查研究、民主监督、参政议政、建言献策，提出富有建设性的意见建议近100条，部分被省、市、区三级政府采纳。发挥民主党派的优势，加强精神文明建设，鼓励民主党派热心公益事业、服务社会，农工支部与天回镇街道万圣社区签订定点帮扶协议，民建金牛总支全年捐款捐物累计200万元。开展纪念中国共产党成立90周年和“辛亥革命”100周年纪念活动。引导各民主党派支部（总支）加强自身建设，民革支部成功换届。召开党外干部攻坚破难座谈会，引导统一战线广大成员深入实施攻坚破难战略。

【党外干部工作】 全区有党外领导干部17人，其中民主党派8人、无党派9人；女领导干部6人，平均年龄45岁；区级领导干部5人、正局级领导干部3人、副局级领导干部9人。有26名党外局级后备干部，其中民主党派9人、无党派17人，平均年龄37岁。全年选派6名民主党派人士参加省、市社会主义学院举办的学习培训，选派2名无党派人士参加省社会科学院学习培训，提高党外代表人士的能力素质。党外干部在做好本职工作的同时，围绕区委中心工作和社情民意深入调研，提出大量有价值的意见建议。推荐民建会员吴军任区工商联主席拟任人选，推荐民进金牛区支部主任胡方廷任民进成都市委会副主委，同时还推荐部分党外人士担任区纪委、监察局的特约监察员，推荐3名党外人士担任区慈善会监事会成员，拓宽党外人士民主监督、参政议政渠道。

【民族宗教工作】 区委统战部巩固创建和谐宗教活动场所成果，开展各种宣传教育活动，利用民族宗教节日庆典等契机，提升全区民族宗教知识和相关法律法规、政策的宣传普及度和影响力。加强宗教活动场所的规范化、制度化管理，加大对非法宗教活动的制止和取缔力度。规范宗教活动场所的财务管理，土桥上寺获成都市“创建和谐寺观教堂”达标单位。加强食品安全管理，对全区寺庙和清真食品店逐一排查，确保民族宗教领域食品安全。加强对凤凰山至真观用水供电工程指导、协调工作，解决至真观用水供电困难。重视民族团结工作，维护少数民族的合法权益，协调处理3起涉及少数民族人员的矛盾纠纷和治安案件。

【侨台事务工作】 区侨台办加强与港澳台同胞和海外侨胞的交流联系，贯彻落实《反分裂国家法》，促进侨务、对台交流工作的深入开展，建立一系列完整的外联网络和交流渠道。贯彻落实《归侨侨眷权益保护法》《台商投资保护法》，与全区各部门形成齐抓共管的良好局面，维护归侨侨眷和台商的合法权益。协调解决涉侨涉台矛盾纠纷6起，办结率100%。主动为全区涉侨涉台企业和个人服务22件次。搭建海外招商引资引智平台，拓展侨务工作的海外联系渠道，采取“走出去、请进来”和主动上门服务等办法，促进“以侨引侨”“以台引台”，12人赴台进行经贸、文化等交流活动。

【民营经济工作】 金牛区加强对工商联党组的领导，发挥工商联（总商会）职能作用，落实民营经济优惠政策，帮助解决企业发展中遇到的困难和问题。根据人员变动情况，及时调整民营经济工作领导小组成员。引导非公企业参与社会公益事业和光彩工程，加强非公有制经济代表人士综合评价体系工作。截至11月，金牛区企业新登记数3229家，其中有限公司3122家、个人独资企业81家、合伙企业13家、其他企业13家。个体工商户新登记数15097户，其中注册资本超过1亿元的公司5个，较上年同期递增66.7%；500万元—1亿元的公司181个，较上年同期递增83%；企业的平均注册资本由2010年的86万元增至116万元，递增35%；大型企业数量迅速增长，企业规模显著扩大。截至12月，全区民营经济增加值322.88亿元，同比增长16.3%；民营经济增加值占全区GDP比重54.5%。

（何梦海）

政法工作

【“平安金牛”创建】 金牛区坚持把平安金牛创建工作纳入区一级目标管理和重要议事日程，作为全区各级党政主要领导的“一把手”工程，层层签订责任书，落实创建责任。深化平安细胞工程建设，在全区广泛开展平安街道、平安社区、平安学校、平安市场、平安家庭、平安单位等基层平安创建活动。加大宣传发动力度，以“平安金牛、共建共享”为主题，在全区设立200余块固定式创建宣传牌；综合治安防范、文明道德等内容，编辑出版《平安金牛·共建共享》宣传漫画集，通过《新金牛》等渠道连续刊载宣传，使共建共享平安金牛理念深入广大群众心中。

截至12月，全区15个街道市级平安街道创成率100%；荷花池、抚琴、沙河源、金泉、西安路、人民北路6个街道率先成为成都市二星级平安街道；五块石、茶店子、营门口、凤凰山、驷马桥、九里堤6个街道申报创建成都市二星级平安街道；成都市第三十三中学校等27个单位申报创建成都市平安建设先进单位。

【社会治安综合治理】 金牛区出台《关于进一步加强社会治安综合治理工作的实施意见》，强化综治工作措施，实现“发案少、秩序好、社会稳定、群众满意”奋斗目标。

综治工作考核 创新完善社会治安综合治理工作考核办法，在保持刑事立案数据作为考核依据的同时，引入群众社会治安满意度和安全感测评、公安预警信息作为综治考核重要指标，建立健全以提升群众安全感为核心的社会治安综合治理工作考评体系。

社会治安防控体系建设 加强综治干部队伍和群防群治队伍建设，由各街道组建不少于50人的街道治保巡逻队伍，协助公安机关开展网格化巡逻防控，有效加强队伍的规范化、专业化建设。加强和完善人防、物防、技防、联防“四防一体化”防范体系，推行治安防控整体联动。

加强严打和社会治安重点整治 坚持把严重暴力犯罪、“两抢两盗”等严重影响群众安全感的犯罪行为作为打击整治重点，控制全区治安局面。加强社会治安重点地区滚动排查整治，依据公安机关接警情况通报（红、橙、绿三级预警机制），建立对街道辖区治安督办整改、挂牌整治长效工作机制。有针对性地开展川陕路新川陕停车场周边少数民族商贩违法占道经营综合整治、打击入室盗窃等侵财性犯罪专项行动等治安集中整治行动，维护重点区域治安秩序，增强群众安全感。2011年全区刑事发案同比下降10.5%；破案3521件（绝对数），查获犯罪集团90个、涉及362人；发现受理行政案件9634件，查处7295件。

【见义勇为保护和奖励】 金牛区高度重视对见义勇为的保护和奖励，将该项工作纳入全年综治工作目标，年初及时补足见义勇为经费100万元，使全区见义勇为行为得到及时保护和褒奖。全年全区表彰见义勇为先进典型两起两人，使用见义勇为专项经费3.2万元。各街道分别建立见义勇为专项资金或对见义勇为经费实行财政实报实销。

区综治办与区教育局多次协调，解决外来务工人员、成都市见义勇为勇士尹超子女入学就读问题，尹超子女免费就读于金牛区营门口小学校。经市综治办和市见义勇为基金会同意，金牛区继续为见义勇为先进典型李传聪建立爱心账户（2011年已期满），并为家庭困难的见义勇为人员邓军建立爱心账户，两人每月可得到生活困难补助700元。为5名获得“见义勇为公民”以上称号的见义勇为人员支付社保个人部分，共计7000余元。

【“大调解”组织体系】 *完善区、街道、社区三级“大调解”组织体系* 区矛盾纠纷“大调解”工作领导小组由区委书记任组长、区委副书记为第一副组长。建立以区委常委、政法委书记为主任的金牛区矛盾纠纷“大调解”协调中心。建立健全区行政调解指导中心、区司法调解中心、区人民调解指导中心、区信访群众疏导调解中心和公安接访中心。在全区15个街道全部建立“大调解”协调中心、人民调解委员会和调解室；全区102个社区全部建立人民调解委员会和调解室，街道和社区温馨调解室建成率100%。按全市统一部署做好“‘大调解’五进”，即“大调解”组织网络进小区、进车站、进景区、进市场、进企业工作。在较大规模企事业单位建立调委会，有条件的小区、市场、车站、景区和企事业单位建立调解室，提高“‘大调解’五进”覆盖率。在荷花池综合市场、金府机电城、中药材市场等大型市场均建立调解室，开展卓有成效的调解工作。

完善司法调解、行政调解与人民调解衔接联动工作机制 完善诉调对接、检调对接机制；规范和推进区物业纠纷调解委员会、交通事故纠纷调解委员会、劳动纠纷调解委员会等行业调解组织建设，及时依法将矛盾纠纷引入调解渠道解决。在荷花池街道试点建立派出所、司法所、律师事务所“三所联调”机制，并推广至沙河源、金泉、天回镇街道。“三所联调”采取警室合署办公，有效整合资源，提高基层调解工作水平和调解成功率。在总结抚琴街道西南街社区矛盾纠纷调解“案例工作法”基础上，编制《人民调解案例工作法》手册并组织培训，将“案例工作法”推广到全区各街道，有

效提升基层矛盾纠纷调解规范化、科学化水平。

完善“大调解”保障机制　区“大调解”工作领导小组办公室（协调中心）配备专职副主任及工作人员2人；各街道配备1—3名专职调解工作人员，建立不少于50人的街道调解员数据库；各社区按照50户居民配备1名调解员的比例建立调解员数据库。经费保障方面，设立“大调解”工作专项基金367.6万元，纳入全年区财政预算，实现“一街道一法律服务机构，一社区一律师”，保障“大调解”各项工作有效推进。

【维护稳定工作】　正确处理改革、发展、稳定的关系，以“源头治理”为重点，以“事要解决”为核心，狠抓维稳工作基层基础和长效机制建设，做好涉稳重点、难点、热点问题的排查和化解工作，完善相关维稳工作预案，涉稳群体性事件得到有效预防和成功处置。

全年完成全国、省、市“两会”、建党90周年、中国西部国际博览会、成都国际商贸城商铺抽签定位等重要会议和重大活动期间的维护稳定工作任务；调处群体性事件74件、86起，未发生因处置不当而产生较大影响的群体性事件。金牛区被成都市委、市政府评为维护稳定工作先进单位。

（黄　涛）

人民武装

【党管武装】　2011年，金牛区人民武装部落实党管武装工作制度、双重领导制度、军地双向兼职制度、党委议军制度、武委会暨国动委会和国教委会例会制度、现场办公制度、军事日制度、第一书记述职制度，推进党管武装工作的经常化、制度化、规范化。全区落实《金牛区党管武装工作意见》，各级党委、政府积极议武装、管武装、抓武装，党管武装制度有效落实。

【思想政治建设】　把思想政治建设摆在首位，开展“七一”主题演讲，结合党委中心组带机关理论学习，开展“加强党性修养，锤炼思想作风”教育，开展纪念建党90周年和建军84周年系列活动。落实思想政治工作条例，坚持落实党委中心组和机关干部理论学习制度。组织中心组成员学习24天以上，出勤率90%以上，举办辅导讲座21次，参观见学6次，班子成员撰写调研文章2篇以上。开展党建基本知识竞赛，邀请老红军座谈红军光荣传统。

【全民国防教育】　贯彻落实《国防教育法》有关规定，结合年度各重大事件、活动，采取多种宣传形式，开展全民国防教育活动；全年为区领导、街道、部门订阅国防军事报刊590余份；组织班子成员和干部职工学习有关法律法规并带头宣讲执行兵役法规和国防法规。

【兵员征集】　抓好征兵准备工作，完成6500余名适龄青年调查摸底和兵役登记，健全全区应征公民征兵数据库；完成省政府、省军区在专业技术人员中征集士官工作和各级各类院校应届毕业生登记统计工作；贯彻执行市政府2011年冬季征兵命令，做好年度征兵工作；在应征青年中组织开展征兵心理检测工作，全面了解应征青年的心理素质和人格品质；征集兵员251名。8月，全区从非军事部门直招士官入伍8人。

【民兵组织整顿】　坚持“建好、训好、管好、用好”民兵队伍，着力在“编实队伍、强劲素质、发挥作用”上下工夫。按照民兵应急分队、专业技术分队、对口专业分队类别要求，对全区各类民兵分队进行科学编组，构建城市防空、参战支前、应急维稳力量体系，完成预备役人员和军事专业对口技术人员的登记统计工作，规范工作制度，明确职责任务，完成行动预案；根据总参谋部的战略部队预备役重点人员的登记统计核对工作，对全区民兵组织进行结构调整；街道（社区）建立民兵连（排），企事业单位建立民兵对口专业技术分队，建立反恐民兵连，调整出入转队人员，科学构建全区民兵组织框架体系；加强街道民兵战备物资库建设，10个街道完成民兵应急连战备物资库规范化建设；完成2011年度民兵预备役登记统计工作，对261名退伍军人全部进行转服预备役士兵登记，102名转业干部办理转服预备役军官登记统计；规范“五个一”活动，组织开展全区国防动员业务培训，完成年度国防动员潜力调查任务。

【民兵军事训练】　5—6月，区人武部组织为期45天的民兵队伍训练，重点强化民兵应急分队、民兵专业分队、军兵种保障分队和人防医疗专业分队的专业训练工作，按照警备区年度民兵军事训练要求，完成市委和警备区赋予的245名应急民兵年度军事训练任务，提高民兵参与应急处突维稳和完成多样化军事任务的技能水平。

【民兵政治教育】 区人武部在部队、专武干部、民兵队伍中开展“坚定理想信念，忠实履行使命”和培育当代革命军人核心价值观主题教育，弘扬“听党指挥、服务人民、英勇善战”的优良传统，增强全区广大民兵预备役人员高举旗帜、听党指挥、履行使命的自觉性和坚定性，抓好党管武装和国防教育工作各项制度的落实。

【民兵武器装备管理】 加强对区民兵武器装备仓库和5个企业单位武器存放点的管理力度，确保武器弹药安全和装备性能完好率达到规定标准。

【民兵参建参治】 街道调整充实民兵治保巡逻队，加强治保巡逻点防范监控。结合形势发展需要，组织民兵预备役人员参加战备执勤，修订完善《民兵应急防洪抢险救灾预案》《驻区部队支援地方防洪抢险救灾预案》《民兵收拢集结预案》《民兵应急动员预案》《民兵维护社会稳定预案》；发挥民兵队伍职能作用，组织4500多次民兵参与涉藏、涉疆，“两会”期间的维护社会稳定工作；开展文明城市创建活动，搞好宣传工作，张贴宣传标语，发挥连接军地桥梁纽带作用，开展双拥共建，协调驻区部队先后出动1100余人（次）参与文明城市创建工作；2月26日，组织民兵150人参加2011年春季党政军领导义务植树活动；6月汛期以来，成都市多次发生强降雨的恶劣天气，区人武部组织480余名民兵深入一线进行抢险，重点开展转移群众、排除积水等工作；7月，为保障全省军事设施保护会的顺利召开，出动260名民兵执行巡逻警卫、交通疏导等任务；在重大节日和重要会议期间，共出动民兵1300人次、车辆70辆次，执行巡逻执勤、守卫重要目标等任务。

【应急维稳工作】 全年组织民兵6300人次、车辆190辆次，维护全区安全稳定。召开安全稳定工作形势分析会5次，坚持每月排查一次不稳定因素。落实信访工作责任制，坚持部领导信访接待制度，群众来信31件，接待来访76人次，办结率100%。成立应急维稳工作领导小组，建立健全共管制度，设立应急维稳工作办公室，与街道（社区）、派出所共同管控，对重点人员和聚集点实施监控。完成“两会”等维稳执勤任务。通过发挥民兵“一队多用”特点，建立民兵治安巡逻联防队，设立民兵治安执勤点，组织民兵开展“护路、护院、护站”活动，加强军警民联防，配合公安机关处理违法事件，有效维护社会稳定。3月，出动民兵1800人次，车辆80辆次，完成重要目标守卫及应急处突任务，配合地方完成应急维稳任务。重点人员实行由党委委员分头负责、机关干部分别为联络员的工作责任制。坚持与区应急、公安、人事、民政、政法等部门和街道互通情报，第一时间掌握涉军人员的稳定工作。对企业军转干部进行身份认定，办理认定手续320余份，办理在乡复退军人身份认定280余份。协调驻区部队开展平安创建活动，街道成立军地预防犯罪共建平安工作站。

【街道武装建设】 加强街道武装部正规化建设，规范统一街道武装工作硬（软）件建设标准。9月，对全区58名街道、企事业单位专武部长（干事）进行军政业务培训。加强社区武装工作，加大对社区武装工作兼职干部培养管理力度。

（胡 航）

信访群众工作

【来信来访办理】 2011年，金牛区受理人民群众来信、来访、来电话1.31万人次，到期办结率100%，其中区信访和群众工作局受理人民群众来信、来访、来电话1089批（件）、4825人次，到期办结率100%。按照《关于对群众信访事项实行网上公开受理和公开回复的工作意见》，对网上信访事项实行公开受理、公开回复，全年全区受理网上信访件251件，到期办结率100%，信访事项网上公开率和回复率100%。

【信访逐级负责制】 落实信访逐级负责制，强化主要领导负总责、分管领导具体负责、其他领导“一岗双责”“一级抓一级、一级对一级”负责的信访工作领导机制。年初，与街道、部门签订《信访目标责任书》，把信访工作任务和工作责任逐级分解落实到区级部门和街道，并组织工作组适时进行检查督导，促进工作措施的落实，推动信访工作的深入开展。

【领导干部定期接访约访】 金牛区把领导干部定期接访约访制度化、规范化和常态化。专门行文对区委、区政府领导周三定期接待群众来访工作进行安排，公示接访领导姓名、职务和接访时间。坚持实行区级重点职能部门领导参与，采取统一登记、分类接谈、现场调处工作模式，及时有效处理群众信访问题。全年区委、区政府领导接访、约访279批、1439人次，接访、约访问题处理率100%，区主要领导和其他领导阅批群众投寄给本人的信件阅批率100%。

【信访积案化解】 坚持实行领导干部包案化解信访突出问题工作制度，按照“把问题解决在基层，把矛盾化解在萌芽状态”的原则，将信访积案纳入区、街道、部门领导包案处理，包案领导亲自调查研究，反复核查案情，制订化解方案，促进大批信访突出问题的有效化解。

【信访工作机制】 完善矛盾纠纷排查制度，健全区、街道部门、社区三级排查网络，促进矛盾纠纷就地得到化解。按照市、区关于社会稳定风险评估工作的要求，对涉及群众利益的重大事项全面实行社会稳定风险评估，有效从源头预防和减少矛盾纠纷隐患。规范信访事项复查复核工作流程，复查信访事项备案率100%。

（王代成　方　燕）

目标管理督查

【目标体系改革】 2011年，金牛区目标管理督查办公室对各单位目标体系进行改革，将各单位目标分为承办市区重点工作目标、单位自拟重点工作目标、目标督查日常监管3部分，突出市、区两级重点工作，各单位职能工作原则上不纳入目标体系，便于各单位集中精力、财力抓好目标的实施。首次编制目标绩效考核体系框架图，并将目标框架体系中的重点工作予以分解下达，确保各项工作责任分解到位。

完善工作绩效评估体系，新增街道社会公众评价、部门互评内容，以促进街道与部门、部门与部门、街道与社会公众之间相互监督、推动工作作用；将目标运行过程情况纳入考核，在计分体系中设置过程管理基本分值，对未达到计划进度、被问题通报的进行扣分处理。

【目标运行监控】 在目标运行监控中，以市委、市政府下达目标和区“五区金牛”建设为主线，发挥督查督办作用，有重点、有中心地进行目标运行管理。按月对民生工程进展情况进行运行监控，对经济指标进行跟踪督查，对区重点项目推进不力的进行通报批评。

定时对目标运行情况进行全面梳理排查。在一季度、半年、三季度、10月等重点时段对市下达各项工作目标和金牛区自拟的各项工作目标进行全面督查，促进区委、区政府2011年各项工作目标顺利实施。

【决策督查】 适时开展重点督查，对基础设施建设、新居建设、民生工程、旧城改造、统筹城乡田园城市建设、产业发展、包装储备等全区107个重点项目进行重点督查。将重点项目分解到人，采取专人跟踪、各负其责的方式，每月到现场了解项目进展情况，分析项目存在的问题，及时会同相关牵头单位研究推进措施并抓好落实，定期向区委、区政府领导报告进度，并对推进缓慢的单位进行通报，促进金牛区重点项目的进行。

【专项督查】 对20项市、区领导批交办事项进行立项督办，督办率100%。牵头承办市委、市政府对金牛区农民集中居住区村民自治、物业管理、基础设施配套、公共服务设施配套等的专项督查；牵头完成市委、市政府关于超期过渡安置工作的督查；完成市委目督办关于金牛区经济发展及目督办工作情况的专项督查调研，金牛区创新督查督办工作的举措受到市委目督办主任、市委副秘书长李宁的肯定。

【日常管理】 及时分解下达《关于印发〈市下达金牛区2011年目标绩效考核体系责任分解表〉的通知》；印发《关于印发金牛区民生工程责任分解表的通知》；对2011年经济指标分别下达“开门红”“双过半”和全年目标任务的通知；分解下达市下达专项目标12项，设置区自拟专项目标10项，责任书5项；编制并印发《金牛区2011年目标管理工作资料汇编（一）》《金牛区2011年目标管理工作资料汇编（二）》；为完成市对区2011年目标考核工作，11月区目督办专门就市下达各项重点工作考核要求对各牵头单位进行培训，督促其加大工作力度，加强市、区各单位工作协调，确保年底完成各项工作；对涉及党群系统的8件政协提案进行转办并要求各承办单位于6月底前办理完毕；对35件党代表提案进行转办；完成市委、市政府对区2010年目标完成情况考核的各项工作和区对区内各街道、部门2010年目标考核奖惩工作；做好2011年市、区两级目标考核各项筹备工作。

（徐璐珊）

（审读：袁代树）

政策调研

【调研课题】 2011年，金牛区委政研室为贯彻落实区第五届六次党代会精神，围绕区委提出的进一步解放思想、坚定信心、抓住机遇、加快发展，为推进金牛转型发展、科学发展而努力奋斗的主题，确定全区2011年重点调研课题104个，其中区级领导调研课题30个、街道部门调研课题74个，以文件形式下发各单位。区委政研室研读形成质量好、针对性强的调研文章，全年有40篇优秀调研课题在《工作研究》上刊发，供全区广大干部职工学习交流。12月，评选出全区街道和部门优秀调研论文54篇。

【文稿起草】 做好区委、区领导各类文稿起草工作，高标准完成区第六次党代会报告、区第五届六次党代会报告、区委工作会等大型会议讲话稿二十余篇；完成《向春城书记的工作汇报》《向新初书记的工作汇报》等重要汇报和上报材料十余篇；撰写《深化党的宗旨意识，努力搞好“三个服务”》《强化四大措施，提升执行效力》等十余篇调研报告。

【调研活动】 全年组织和参加各种调研活动和调研专题会40余次。及时掌握全区经济社会发展主要情况和工作动态，重点对全区产业转型发展、土地拆迁、如何提高干部执行力等项工作进行专题调查，形成一批情况准确、有针对性建议的调研报告，如《金牛区涉农社区书记主任反映的城乡一体化建设面临的问题》《金牛区创新群众工作推进两河片区建设的实践与思考》《强化四大措施，提升执行效力》等，同时配合上级部门完成城市组织结构及社区治理机制、社会组织培育发展情况等多项专题调研。

【成果转化】 坚持对全区重大调研活动形成的报告、意见认真研究讨论，采取多种方式转化、应用。由区委政研室牵头和组织起草的多篇调研报告转化为金牛区的调研成果，如《金牛区产业结构调整战略分析》被区社科联评为2011年度社科联重点课题优秀奖；《五块石街道“惠民基金”实施情况的调查报告》得到区委主要领导的肯定，并作出重要批示；区委政研室撰写的《金牛区推选领导干部竞争性选拔让有见识有能力的人脱颖而出》《警惕“四大危险” 争做“四种人”》两篇文章在中央、省、市多家刊物上发表。

（崔　蓉）

干部培训

【干部教育培训】 区委党校发挥干部教育培训主渠道作用，按照区委提出的“党校培训要有创新”的要求，创新培训内容和方式，在教学内容上首次引入“媒体沟通”和“应急管理”实训课程、对科级干部开展拓展训练；在考核方式上，将网络学习情况纳入主体班的培训考核内容；在培训过程中，加强学员“动脑、动手、动口”等方面的能力培训。3月，举办涉农和城市社区书记、主任培训班各1期，培训学员160人；5月，与区委组织部联合举办入党积极分子培训班两期，培训学员460人；9月，举办局级干部进修班、青年干部理论培训班和局级干部专题培训班各1期，培训干部100人；10月，举办社区大学生志愿者培训班1期，培训人员127人；11月，围绕“网络舆情与媒体沟通”“提高行政效能建设”和“拓展实训”等专题，举办科级干部培训班3期，培训科级干部660人次，首次实现全区科级干部培训全覆盖。同时，充分发挥理论宣传主阵地优势，选派骨干教师到街道社区举办“社区阳光心态建设”“社交礼仪”“公文写作”等专题讲座17场，培训人员1410人次。

【干部远程网络教学】 利用金牛区党员干部远程教育网开设局级领导干部在线培训专栏，针对干部需求和缺什么补什么的原则，上传《中国共产党执政兴国60年》《利比亚战争与中美关系》《抓住重要战略机遇就能大发展》等3个必学课程、5个选学课程和6个参考学习课程，及时更新所设栏目专题内容。针对远程网络教学的特点，金牛区党校按学分制管理要求，严格对全区干部远程网络学习实施后台考核，并将考核情况通报相关部门，促进学习型机关建设。

【科研工作】 结合世界生态田园城市和功能区建设，加强对全区经济社会发展重点难点问题的调研，完成《金牛区中长期人才发展规划纲要》《新形势下基层干群关系状况的调查与思考》《涉农社区组织体系建设的调查与思考》《提高选人用人公信度的机制创新》《基层干部化解社会矛盾的调整与思考》等省、市、区课题和发表理论文章共计15篇，其中1项获得市委党校优秀调研课题、3项获得区社科联优秀课题、2项获得区政研室奖项。获2011年全市党校系统调研工作先进奖。撰写各类信息报道20篇。

【党风廉政建设】 区委党校领导班子贯彻党风廉政建设工作精神，加大党风廉政建设工作力度，将党风廉政建设工作纳入干部培训计划。结合党校职能，开展党风廉政建设和预防职务犯罪各项工作，坚持开展“四比一表率”活动，严格按照《廉政准则》和领导干部廉洁从政的相关规定行政从政，班子和个人均无违法违纪行为发生。

（唐光荣）

（审读：邓开龙）

纪检监察

【纪委换届选举】 12月25日，中国共产党成都市金牛区纪律检查委员会第一次全体会议选举产生新一届区纪委领导班子，中国共产党成都市金牛区第六届委员会第一次全体会议通过区纪委常委、书记、副书记的选举结果。王洁（女）为区纪委书记；鲁健、何敏为副书记；王洁（女）、鲁健、何敏、刘燕（女）、田梅（女）、王业斌、刘毅为纪委常委；马德良、王军、王林、王洁（女）、王业斌、方弟均、邓开龙、田梅（女）、朱昆、向烈、刘毅、刘燕（女）、刘明书、杨岳、杨正奇、何英、何敏、陆军、罗焕钧、周嘉树、桑蓉（女）、黄家云、鲁健、谭洪奎、魏强为区纪委委员。

中国共产党成都市金牛区纪律检查委员会

书　记：王　洁（女）

副书记：鲁　健　　何　敏

常　委：王　洁（女）　鲁　健　　何　敏

刘　燕（女）　田　梅（女）

王业斌　　刘　毅

区纪委委员25名（按姓氏笔画为序）：

马德良　　王　军　　王　林

王　洁（女）　王业斌　　方弟均

邓开龙　　田　梅（女）

朱　昆　　向　烈　　刘　毅

刘　燕（女）　刘明书　　杨　岳

杨正奇　　何　英　　何　敏

陆　军　　罗焕钧　　周嘉树

桑　蓉（女）　黄家云　　鲁　健

谭洪奎　　魏　强

【监督检查】 区纪检监察机关围绕加快转变经济发展方式7个方面重点内容加强监督检查，强化市场通胀预期监管、全力抓好住房保障、严格实施环境影响评价和“三同时”制度、坚决落实耕地保护和节约用地政策，推动全区加快转变经济发展方式进程；加强对人居创业优选区工作的监督检查，保证建筑业、房地产业经济指标任务按计划推进，全力推进成灌路两侧500米和土桥场镇改造工作；加强对金牛城市广场项目建设、安全生产、文明城市创建和城乡环境综合治理等重点难点工作的监督检查，对6名相关责任人员进行严肃处理；加强对换届纪律的监督检查，宣传换届纪律，严肃执行换届纪律要求，督促领导干部严格自律，确保全区换届工作风清气正。

【源头治腐】 区纪检监察机关深化行政审批制度改革，10个部门的13个事项由承诺件调整为即办件，巩固“两集中、两到位”成果；深化干部人事制度改革，对全区竞争性选拔31名副处级领导干部工作开展全程纪律监督，对科级干部竞争上岗和教师公招开展重点巡查，提高选人用人透明度和公信力。推进专项治理，开展“小金库”专项治理，纠正十余个单位财务管理不规范问题；开展公务用车专项治理，清理超编、超标、违规借用车辆127辆；开展工程建设领域突出问题专项治理，重点排查223个政府投资项目和国有资金项目，发现和督促整改问题4个，通过公开招标（比选）的89个政府投资项目累计节约预算资金4865万元，通过政府采购节约资金644万元。

【反腐倡廉宣传教育】 区纪检监察机关加强反腐倡廉宣传教育，抓好党员干部理想信念、优良传统、法规知识和道德修养教育。结合反腐倡廉典型案例开展警示教育；结合岗位职责和岗位风险深化岗位廉政教育；结合纪念建党90周年，举办“金沙讲坛·交子金牛分讲坛”反腐倡廉形势报告会，邀请心理学专家就如何有效预防贪腐进行专题培训。强化廉政意识教育，组织全区5750名党员干部参与反腐倡廉知识竞赛活动，将廉政知识考试纳入选拔任用科级干部的必经程序。加强廉政文化建设，开展廉政文化“六进”工作，打造金牛区地税局、解放北路第一小学校等6个示范点，在文化金牛大擂台等文艺活动中植入廉政文化元素；加大反腐倡廉舆情网络宣传力度，网络评论工作名列全市前列。

【党内监督】 区纪检监察机关严格执行党内监督制度，推进《廉政准则》学习贯彻专项活动，坚持廉政谈话、诫勉谈话、民主生活会、述职述廉和个人重大事项报告等制度，对59名领导干部进行任前廉政谈话，对3名局级领导进行诫勉谈话，领导干部报告个人有关事项682人次。落实厉行节约各项规定，有关节约措施被《中国纪检监察报》采访报道；加强预算管理，严格因公出国（境）报批管理，开展规范津补贴专项督查，大幅削减行政成本。

【纠正损害群众利益不正之风】 区纪检监察机关抓好纠风专项治理，解决教育、医疗、食品药品安全等方面损害群众利益的突出问题，继续开展争创“医德医风示范医院”活动，上缴或退还病人红包19个共计1.2万元；严格执行药品集中招标采购制度，7个区属医疗机构网上集中采购药品4976.3万元；建立完善食品药品安全监管工作机制，开展食品药品安全专项整治，查处药品违法案件7件；强化行业协会、中介组织监管，查处各项经营违法案件156件，案值1276.9万元；严格社保基金、扶贫和救灾专项资金监督，严肃查处套取基本医疗保险基金行为，发出限期整改通知书16份，减少医疗保险基金损失15.8万元；开展“深化完善共创共享机制，维护群众合法权益”主题活动，发挥纪委牵头协调和效能监察作用，督促解决征地拆迁、土地整治、旧城改造和信访积案遗留问题；开展清理和规范庆典、研讨会、论坛活动，清理上报6项；开展民主评议政风行风工作，开通“金牛阳光政务热线”，构建有线电视、政府网络、热线电话和纸质媒介四位一体的政风行风热线网络，拓宽群众反映诉求渠道。

【违纪违法案件查办】 区纪检监察机关全年受理检控类信访举报54件，立案9件，结案9件（含跨年度案件），移送司法机关5人，给予党纪政纪处分11人，挽回直接经济损失185.7万元，为反映失实的6名党员干部澄清是非；严格依纪依法办案，重点查处某涉农社区两委会成员贪污和职务侵占等典型案件，取得良好社会反响；坚持依纪依法审理，帮助发案单位深入剖析、查找制度上存在的薄弱环节，全区通报1起典型案件，发出纪检监察建议书3份，督促发案单位剖析原因、完善制度、堵塞漏洞。

【惩防体系建设】 区纪检监察机关开展惩防体系基本框架构建工作，围绕教育、监督、预防、惩处，牵头抓好反腐倡廉制度的完善、改革和创新，清理、评估、废止规范性文件70个；加强廉政风险防控机制建设，在区财政局、金牛工商局、西安路街道等7个单位试点基础上，全面推进廉政风险防控机制建设，区、街道两级初步建成惩防体系基本框架；抓住权力运行的关键环节和重点领域，强化制度建设，率先在全市实行重大行政决策合法性审查、政府投资项目网上公示、拆迁资金“预算审核+结算抽审”监督，形成“不能为、不敢为、不易为”的有效制度防线。

【软环境建设】 区纪检监察机关用心做好“三个服务”，即为辖区居民服务、为辖区单位服务、为辖区纳税人服务，开展作风督查6次，督促问题整改10余个；深化行政效能建设，将所有行政审批事项纳入电子监察系统，实现逐环节逐岗位全程实时同步监控，查核异常办件5起，行政审批电子监察效能评估名列全市前列。

【基层党风廉政建设】 区纪检监察机关推进基层党风廉政建设，全面规范实施基层党务公开，协调推进政务、居务公开，办理依申请公开事项19件；贯彻《农村基层干部廉洁履行职责若干规定（试行）》，先后两次组织新一届社区两委成员集中轮训，学习政策法规、明确纪律要求、增强法纪意识；加强国有公司党风廉政建设，完善“三重一大”议事规则，督促国有公司领导人员廉洁从业；探索“两新”组织反腐倡廉建设的途径和方法，推进以“诚实守信、崇廉尚洁”为主题的“两新”组织廉洁文化建设。

（方 伟）

人民代表大会

会议和活动

【区人大常委会会议】 2011年，区人大常委会召开常委会会议4次，审议议题22项。市人大代表、区人大代表、区政协委员和市民代表63人旁听会议。

区五届人大常委会第三十三次会议　3月16日，区五届人大常委会第三十三次会议召开。听取区政府2011年1—2月工作情况汇报；听取和审议区政府关于进一步推进电子监察建设的情况报告、区政府贯彻执行《中华人民共和国专利法》情况报告；审议决定有关人事事项。

区五届人大常委会第三十四次会议　5月31日，区五届人大常委会第三十四次会议召开。对区法院副院长刘福建，区公安分局、国税分局、地税分局、国土分局、规划分局、工商分局、工商二分局、金牛质监局、粮食分局进行工作评议，同时进行满意度测评。

区五届人大常委会第三十五次会议　7月29日，区五届人大常委会第三十五次会议召开。听取区政府2011年5—6月工作情况汇报；听取和审议区政府关于2011年上半年国民经济计划执行情况报告、区政府关于2011年上半年财政预算执行情况报告；审议决定有关人事任免事项。

区五届人大常委会第三十六次会议　9月29日，区五届人大常委会第三十六次会议召开。听取区政府2011年7—8月工作情况汇报；听取和审议区政府关于2010年财政预算执行和其他财政收支审计情况报告、区政府关于成都市金牛区2010年财政决算的报告、关于区政府2011年财政预算调整情况的报告。

【区人大常委会主任会议】　区人大常委会全年召开主任会议24次，听取、审议区政府关于安全生产工作、西北村旧城改造项目、新居工程安置工作、物价监管工作、金牛城建投资有限公司工作、职业教育工作、招投标工作、“198”功能区规划建设工作、民办医疗机构监管、残疾人托养工作、计生家庭奖励扶助工作、文物保护工作、区机关事务管理局工作和区政府贯彻执行《中华人民共和国环境保护法》情况报告，视察优生优育早教中心、“断头路”建设、万达广场建设、国际商贸城建设、民生工程、劳动就业和万达七中学校等；听取、审议区人民法院司法为民工作、区检察院控告申诉等工作，并就各项工作提出相应意见、建议，推动“一府两院”工作开展。

【协调服务】　区人大常委会机关继续加强与省、市人大和各区（市）县人大、区级各部门、街道的沟通协调，提高机关服务质量。

会议服务　围绕人民代表大会、常委会会议、主任会议等会议议题，常委会各办公室加强同“一府两院”对口联系部门的协调，深入开展调研，并形成调查意见供会议审议时参考，为会议决策当好参谋助手。全年筹办常委会会议4次、主任会议24次、主任办公会议45次、人大街道工作委员会和军队代表小组工作会1次、代表培训会议1次、组织市人大代表金牛代表团参加市十五届人大四次会议。

文秘服务　规范办文程序，提高文稿质量和水平。常委会各办公室全年起草、撰写常委会工作报告、领导讲话、会议材料等文稿701篇；起草、印发各类文件148件，其中金牛人发68件、金牛人党发8件、金牛人办发42件、金牛人党支发2件、金牛人办函6件，编发会议纪要4期、金牛人大（简报）18期。

后勤保障服务　全年接待全国各地到金牛区考察的人大代表团21批次，组织老干部学习考察活动4次，开展机关工会及学习活动12次。

（刘翔飞　张立博）

区人大常委会和工作部门

【人大机构设置】　2011年，人大常委会机关有办事机构6个，其中常委会办公室、财经城建城管办公室、法制办公室、教科文卫办公室和代表联络办公室为5个正局级机构；信访办公室为副局级机构。

成都市金牛区人民代表大会常务委员会

主　任：张文友

副主任：田孟奎　陈晓娟　刘福统　邓　举　李家乐

委　员：张　鼎　陶德清　吕超群　雷仕同　凌再明　杨志禄　袁治中　林绍光　高承义　常　勇　孟国平　黄志宏　喻　强　周继璁　钟永昭　石　飞　石建辉　李时蓉　张明生　何　莉

金牛区人大工作机构

区人大常委会办公室

主　任：张　鼎

区人大常委会财经城建城管办公室

主　任：雷仕同

区人大常委会法制办公室

主　任：陶德清（7月离任）

刘智中（7月任职）

区人大常委会教科文卫办公室

主　任：吕超群

区人大常委会代表联络办公室

主　任：秦　鸣

区人大常委会信访办公室（副局级机构）

主　任：刘翔飞

【人大街道工作委员会】 2011年，因金牛区换届选举及街道党工委人事调整等原因，部分人大街道工作委员会主任和专职副主任待调整任命；各人大街道工作委员会工作由相应调整到位的街道党工委书记负责，并落实专人负责日常具体工作。

（刘翔飞　张立博）

人大工作

【人大监督】 围绕推进经济运行良好发展加强监督 2011年常委会高度重视对全区经济运行情况的监督，听取和审议区政府关于2011年上半年国民经济计划执行情况报告、2011年1—8月财政预算执行情况和调整2011年财政收支预算情况报告、2010年财政预算执行和其他财政收入审计情况报告、2010年财政决算报告、2011年上半年财政预算调整情况报告，并作出相应决议、决定和审议意见。

围绕深化“立城优城”战略加强监督　常委会和主任会议重视旧城改造建设、拆迁居民安置、城乡环境综合治理等工作。听取和审议区政府关于西北村旧城改造项目情况汇报、区城建投资有限公司工作情况汇报、鑫金农发投资有限公司“198”功能区建设情况汇报、沙西线改造工程进展情况汇报、新居工程建设和安置工作情况汇报；视察万达广场建设进展情况和区内“断头路”建设和交大路综合改造情况，并作出相应决议、决定和审议意见。

围绕依法治区建设法治城市开展监督　为促进区政府坚持依法治区方略，建设法治城市，常委会和主任会议听取和审议区政府贯彻实施《中华人民共和国专利法》《中华人民共和国环境保护法》《中华人民共和国文物保护法》、政府投资项目招投标工作、安全生产工作、物价监管工作、行政监察工作和推进电子监察建设工作情况、区法院司法为民工作、区检察院控告申诉工作情况报告，并作出相应决议、决定和审议意见。

围绕推进干部和部门履职行权开展监督　组织区人大代表对区政府、区法院和区检察院2011年上半年工作开展评议；区人大代表为促进“一府两院”搞好各项工作，在经济建设、城市管理、社会发展、城乡统筹、法律宣传、司法公正、执法为民等方面提出建议、批评和意见共53条；常委会对区法院副院长刘福健，区公安分局、区规划分局、区国土分局、区国税局、区地税局、区工商分局、市工商二分局、区质监分局和区粮食分局进行工作评议，同时进行满意度测评。

围绕保障和改善民生问题开展监督　常委会和主任会把保障和改善民生问题摆在重要位置，听取和审议区政府民生工程建设工作、残疾人托养工作、社保和就业工作情况、幼儿早期教育工作、职业教育工作、民办医疗机构监管工作、计划生育家庭奖励扶助工作、文物保护工作、万达七中学校建设和民生工程目标进展工作情况报告，并实地视察区政务中心社保分中心、区就业局、天回镇街道“阳光家园——爱心益智学堂”、人民北路街道马家花园社区养老服务中心和西安路街道“文明院落”整治情况。

水环境综合治理和主要污染物总量减排是保护生态环境、保证居民安居乐业的一项重要工作，食品安全又事关人民群众身体健康、生命安全，对这两项为民办实事的民生工程，常委会分别制订《成都市金牛区人大常委会2011年水环境综合治理和主要污染物总量减排联合监督检查工作方案》和《2011年金牛区人大常委会开展〈中华人民共和国食品安全法〉实施情况执法检查工作方案》，督促区政府狠抓落实。为保障监督检查工作有序开展，成立以区人大常委会主任张文友为组长、常委会副主任田孟奎和刘福统为副组长的区人大常委会2011年水环境综合治理和主要污染物总量减排联合监督检查工作领导小组，和以区人大常委会副主任邓举为副组长的区人大常委会2011年《食品安全法》实施情况执法检查工作领导小组。通过市区人大代表集中检查、区人大重点抽查、听取专题汇报、明察暗访、人大街道工委分散检查等方式，对2011年中心城区河道治理专项行动中13条中小河道和8条重点治理河道、石材加工企业的关闭搬迁工作、城区河道排水管道精细化管理、城区污水配套管网建设、城区排水执法工作情况和区政府建立健全食品安全全程监管工作机制、相关职能部门履行食品安全监督管理职责等工作情况，开展深入的监督检查。

【工作调研】 常委会坚持把加强调查研究作为履行职能、开展工作的基础。参与市人大组织的工作调研和各种培训，配合市人大开展执法检查及调研视察；结合常委会会议和主任会议审议议题进行调查研究，促进审议质量提高；围绕全区重点工作、人大工作和社会普遍关注的热点、难点问题开展专题调研。全年围绕常委会会议和主任会议议题开展调查研究42项，形成调查报告42篇；围绕全国十二城区人大工作研讨会开展专题调研，形成《关于如何进一步发挥好闭会期间代表作用的思考与实践》《关于提高地方人大常委会执法检查实效的思考》2篇调研文章；常委会领导还有针对性地开展专题调研6项，形成调研文章6篇；区人大还组织省、市人大代表调查研究形成《关于我市中心城区交通“缓堵保畅”》调研文章1篇。

【人事任免】 常委会坚持正确处理党管干部和依法任免干部的关系，将党委向国家权力机关推荐干部人选与人大依照法定程序任命干部有机结合。全年依法任命干部21人，依法免去职务10人，依法暂停代表职务1人；组织21名拟任命干部参加任前法律知识考试，对区法院、区检察院提请任命的18名干部进行任前考察。

3月16日，根据区人民政府区长苏鹏的提请，区第五届人大常委会第三十三次会议表决通过，决定任命潘雪松为成都市金牛区人民政府副区长。

7月11日，区人大常委会主任会议研究决定，免去张蓉的成都市金牛区人大常委会法制办公室副主任职务。

7月29日，区第五届人大常委会第三十五次会议表决通过，免去陶德清的区人大常委会法制办公室主任职务、张蓓的区经济和科学技术局局长职务、王援建的区人民法院审判执行监督庭庭长、王燎的区人民法院刑事审判庭副庭长、侯彤的区人民法院立案庭副庭长、李玲的区人民法院洞子口人民法庭副庭长、臧庆的区人民法院民事审判第一庭副庭长、李旭的区人民法院执行局副庭长职务、王燕的区人民检察院检察委员会委员职务；任命刘智中为区人大常委会法制办公室主任、王堃为区经济和科学技术局局长、王燎为区人民法院刑事审判庭庭长、侯彤为区人民法院立案庭庭长、李玲为区人民法院洞子口人民法庭庭长、臧庆为区人民法院金泉人民法庭庭长，李旭为区人民法院天回人民法庭庭长、裴诚为区人民法院刑事审判庭副庭长、舒旭东为区人民法院民事审判第一庭副庭长、甘海涛为区人民法院民事审判第二庭副庭长、陈平为区人民法院民事审判第二庭副庭长、周峰为区人民法院行政审判庭副庭长、官犍为区人民法院洞子口人民法庭副庭长、付丽霞为区人民法院金泉人民法庭副庭长、周廉书为区人民法院天回人民法庭副庭长、程曼和杨宁为成都市金牛区人民法院审判员；任命李薇薇、尹林、廖殿雄为区人民检察院检察委员会委员。

9月15日，区人大常委会主任会议依法暂时停止金牛区人大代表晋良元执行区人大代表职务。

【人大信访】 常委会坚持把人大信访工作作为维护稳定和构建和谐社会的大事来抓，把人民群众来信、来访作为了解社情民意的重要渠道。坚持常委会领导阅批信访件制度，对重点信访案件亲自协调解决，全年受理群众来信、来访112件，1832人次，其中来信76件、1758人次，接待来访36批、47人次。来信、来访中，涉法信访7件次，接待上访群众8人次。来访人对处理结果均表示满意。

【代表工作】 *创新代表工作新机制* 探索建立“代表之家”。为畅通人大代表与广大选民的联系渠道，搭建代表履职及发挥作用的平台，探索建立人大代表基层联系点制度，各街道人大工委建立“代表之家”和代表接待选民办公室，主要形式是接待选民，主要内容是了解社情民意，听取意见建议，帮助群众反映和促进一些实际问题和困难的解决。

提高代表履职能力 组织代表学习法律法规和人大业务知识，参加执法检查、视察调研等活动，并开展专题讲座，拓宽代表知情知政渠道，促进提高代表履职水平；组织驻区市代表和区代表参加成都市社科院副院长陈家泽主讲的题为“战略性新兴产业的发展与田园城市建设”的报告会；组织驻区市代表听取金牛区政府关于食品安全的情况汇报，并实地视察通威集团；成立驻区省、市人大代表专题调研活动小组，充分调动各级人大代表参加专题调研，调研活动小组通过调研市规划局、市交委、市交管局等十多个单位和地段，写出《关于我市中心城区“缓堵保畅”调研报告》

的调研文章，得到省、市人大认可；组织6个选区的16名区人大代表向选民述职。

代表服务工作 为市人大代表金牛团人大代表小组开展活动提供服务保障，指导各人大街道工委组织区人大代表开展代表小组活动；组织驻区市人大代表出席成都市第十五届人大四次会议；组织区人大代表对“一府两院”半年工作进行评议；组织市、区人大代表近200人次参加市委、市政府、区委、区政府及有关部门召开的各种会议和活动，推荐代表担任各部门、各行业政风、行风监督员。

办理代表建议、批评和意见 征求代表对建议、批评和意见办理工作的意见，提高办理质量，凡是代表不满意的，及时要求区政府承办单位重新办复，直到代表满意为止。区五届人大五次会议收到的44件代表建议、批评和意见全部办结。区人大直接承办代表建议1件，代表对办理情况表示满意。通过确立“畅通城市交通”“食品安全卫生”两个备受市民关注的专题，开展“我为成都发展献一策”活动。全年收到驻区市代表提出的“献一策”建议9件，均以常委会文件转交市政府研究办理。

【自身建设】 区人大不断加强机关思想、组织、作风建设，按照省、市、区委的要求，开展领导干部作风整顿、机关行政效能建设活动；开展向文建明同志学习活动，区人大结合自身实际，要求机关全体干部职工认真学习文建明同志的奋斗精神、爱民精神、创新精神、敬业精神，并邀请人大机关创先争优先进典型、年度考核优秀公务员和机关先进个人介绍工作学习经验，相互交流，促进人大各项工作的开展；推进“四讲四比”活动，区人大机关开展“四讲四比”主题实践活动，强化具体措施，确保活动取得预期成效；常委会党组增强机关党员干部反腐倡廉的意识和遵守党纪党规的自觉性，通过开展示范教育、警示教育和岗位廉政教育，机关党员干部立党为公、执政为民的思想基础和勤政廉政意识得到强化。人大机关从8月开始，在机关开展为期4个月的廉政风险防控机制建设工作，并整理出14个风险点，审核确定风险级别，制定相应的防控措施；开展学习调研，不断提高审议质量，常委会高度重视机关干部的学习，创造学习条件，营造学习氛围，建设学习型机关；组织干部职工学习贯彻《关于全面深入持久推进城乡一体化实施成都市国民经济和社会发展第十二个五年规划纲要的决议》，并要求要把学习所得贯彻落实到人大工作中去；组织机关干部参加区委中心组、党组、党校、远程网络教育和机关会议的学习，参加省、市人大举办的法律法规、业务知识培训，特别注重通过参加每年举行两次全国十二城区人大工作研讨会的机会，学习兄弟市、区人大的先进经验，机关干部的综合素质得到提高。

（刘翔飞　张立博）

（审读：邓开龙）

人民政府

政务会议和活动

【区政府五届六次全体会】 2月10日，区政府五届六次全体会议召开，主要内容是安排部署全年工作，强化各部门、各街道的责任意识、效率意识和赶超意识，推动各项工作取得明显成效。

【区政府常务会议】 1月12日，区政府第133次常务会议审议并原则同意金牛区进一步推进城乡环境综合治理工作会有关文件，2011年安全生产消防安全工作会建议方案，市属退管工作站管理的破产改制企业离退休人员移交实施方案，金牛区经济工作会方案及金牛区2010年度经济发展贡献突出企业通报办法，金牛城投公司关于余家新居拆迁安置房工程采用EPC总承包模式招投标和电力配套工程整体委托建设管理的请示，区流管办关于划拨2010年度流动人口协管员相关经费及调整补充流动人口服务管理工作机构人员的请示，西华街道关于拨付沙西线一期、二期过渡费及土地租金的请示，成都金科创业投资有限公司关于在农商银行1.49亿元贷款资金展期的请示，成都鑫金工投公司关于向成都建工集团借款的请示；通过有关人事任免事项。

1月15日，区政府第134次常务会议审议并原则同意区发改局、区经科局、高新技术产业园区（金牛区北部新城现代商贸综合功能区）、区商务局、区投促局、区统筹局、区文旅局、区信息办、区财政局、区国税局、区地税局、区统计局、区建交局、区旧改中心、区国土分局、区规划分局、区房管局、区统建办、区环保局、区城管局关于2011年工作思路的汇报。

2月24日，区政府第135次常务会议审议并原则同意区卫生局2011年文明院落建设工程实施方案、区国土分局关于6号点位拆迁安置房基础换填经费的请示、区公安分局对网监大队办公用房进行改造和组建机动处置大队的请示、区教育局关于中铁二院移交离退休教师补发2009年度待遇差额的请示。

3月11日，区政府第136次常务会议审议并原则同意《金牛区2011年违法建设整治工作实施意见（代拟稿）》，金牛城投公司关于成都市金牛区政务中心（市民服务中心）、黄忠公园、茶店子公园建设项目报批的请示，区管理局关于采购戴尔电脑产品相关工作的请示，区建交局关于2011年乡村道路惠民工程建设的请示；通过有关人事任免事项。

3月24日，区政府第137次常务会议审议并原则同意《金牛区防火安全委员会成员单位消防工作职责》《金牛区消防工作目标考核实施办法》、区国土分局关于成都医药物流中心项目支付沙河公司安置房建设资金的请示、沙河源街道关于继续以白马寺市场的产权抵押贷款的请示、金牛城投公司关于向成都量力钢材物流有限公司借款的请示、鑫地公司关于向中铁八局借资1.5亿元用于全兴酒厂片区规划道路建设和参照中铁五局投资方式向社会借资1亿元的请示、区国资办关于将“金璐天下”楼盘区属房产及43个车位配置给成都市鑫金资产投资经营有限公司的请示、鑫金资投公司关于变更成都铁中项目贷款抵押物和万达七中建设项目基础换填经费的请示。

4月9日，区政府第138次常务会议审议并原则同意《金牛区安全生产约谈制度》，租赁用地建筑消防安全专项整治方案，2011年区国税局、地税局工作经费核定建议方案，2010年街道财政管理体制分配实施方法，成都市金牛区2011年财政收支预算编制说明（送审稿），区教育局关于接收市级机关二幼、市级机关三幼相关事宜的请示，区建交局关于安排水利普查专项工作经费的请示，区信息办关于网真视频会议系统建设经费的请示，金牛城投公司关于向成都富森美家居股份有限公司借款的请示，区旧改中心关于拨付黄忠大道（茶店子段）基础设施建设拆迁启动资金的请示。

4月22日，区政府第139次常务会议审议并原则同意2011年为民办实事民生工程实施方案、华西集团曹家巷片区居民住房改造方案、金牛区重大行政决策实施合法性审查的有关规定、鑫金资投公司关于将区政府办公楼所属资产配置给公司的请示、鑫金工投公司关于开发建设兴盛国际商务总部有关问题的请示、区卫生局关于区域卫生信息化项目建设工作的请示、区有线台关于15楼演播室改造有关事项的请示、凤凰山街道关于将原赖家店小学校改建为省市信访分流中心的经费请示。

5月3日，区政府第140次常务会议审议并原则同意金牛区进一步加强园林绿化工作的实施意见（代拟稿）、企业外迁（变迁）会审制度（送审稿）、区政府法律顾问工作规则、区城管局关于2011年环卫作业招投标工作、区直管公厕第二轮保洁任务管理招标工作的请示、抚琴街道关于解决西北街社区办公用房建议方案的请示、鑫金农投公司关于金牛大道（一环路至金牛宾馆）特色街区整治工程重新立项的请示、鑫金农投公司关于府河苑安置房二期工程设计变更增加费用的请示、区国资办关于追加国有资本经营预算的请示；通过有关人事任免事项。

6月2日，区政府第141次常务会议审议并原则同意《成都市金牛区创新型城区建设规划（2010—2015）（送审稿）》《金牛区关于应急救援队伍体系建设的实施意见（送审稿）》《成都市金牛区电子商务产业发展专项资金管理暂行办法（送审稿）》，2011年政府投资项目立项计划，深化医药卫生体制改革2011年重点工作和总体方案，2011年金牛区对口支援甘孜州石渠县工作方案，区发改局关于营门口广场拆迁经费的请示，区统筹局关于支援甘孜州石渠县干部培训中心项目经费的请示，区高科办关于瑞博、天一项目用地及周边地块建渣清运有关事宜的请示，区高科办关于产业园二期兴川路1027号地块评估情况及相关建议的请示，区人社局关于追加重点产业企业人力资源招募专项经费的请示；通过有关人事任免事项。

6月24日，区政府第142次常务会议审议并原则同意《金牛区重大食品安全举报线索奖励办法（试行）》《贯彻落实成都市基层食品安全问题发现及处置工作制度实施方案》《关于落实成都市金牛区国民经济和社会发展第十二个五年规划纲要主要目标和工作任务的通知（送审稿）》，区统建办关于金牛区人民医院过渡装修工程和新建成都市金牛区人民医院项目采用（EPC）总承包模式的请示，鑫地公司关于对石材城片区约130亩商业用地向社会进行招商的请示，区公安分局关于对西华派出所过渡用房、五块石派出所办证室进行改造的请示，鑫金农投公司关于群星路环境整治及特色街区打造工程立项的请示，金牛城投公司关于红色菜市场及高家菜市场建设项目报批、伊厦成都国际商贸城股份有限公司借款到期续借、与四川省蜀通建设集团有限责任公司签订《项目投资建设框架协议》的请示，鑫金资投公司关于引进资金用于高家2组土地整理项目的请示，区投促局关于对宏华集团资产重组项目相关费用进行扶持和对2011年我区外贸企业实行扶持奖励的请示；通过有关人事任免事项。

7月13日，区政府第143次常务会议审议并原则同意金牛区机关事业单位编外用工管理暂行办法及相关配套文件，金牛区公共卫生与基础医疗卫生事业单位绩效工资实施方案，鑫金资投公司关于金牛区妇幼保健院新建项目采用总承包模式EPC招投标有关问题的请示，区教育局关于拨付教育技术装备、中小学修建及七中万达学校建设资金的请示，鑫地公司关于金牛中学校及金泉小学校改扩建相关情况的请示，区国资办关于进一步完善公司治理结构的请示，区国资办关于引进社会资金参与政府投资总回报率调整的请示；通过有关人事任免事项。

7月29日，区政府第144次常务会议审议并原则同意金牛区迎接国家卫生城市暗访复审考核工作方案、《金牛区政府投资项目管理办法》（送审稿）、2011年第二批策划包装项目工作计划和经费计划（送审稿）、《金牛区策划包装项目咨询机构管理暂行办法》（送审稿）、《金牛区人民政府关于进一步推进行政复议规范化建设的实施意见》、金牛城投公司关于国际商贸城110千伏变电站通道建设工程项目报批和引进社会资金参与黄忠公园建设的请示、鑫金工投公司关于明月锦苑三期A地块安置房项目的请示、区国资办关于北海资产处置的请示、鑫金农投公司关于两河片区清淳家园二期工程重新立项的请示、区统建办关于锦西人家安置房缓交报建费的请示；通过有关人事任免事项。

8月10日，区政府第145次常务会议审议并原则同意2010年度职工带薪年休假情况汇报、金牛城投公司关于泉水三期B区拆迁安置房建设项目基础换填经费的请示、鑫金工投公司关于万圣村新居（A、B地块）工程有关问题的请示、区国土分局关于区政府与军区图库的土地置换协议请示、区公安分局关于设立涉案财物保管中心的请示、鑫金农投公司关于剥离鑫金农投公司下属子公司的请示、区市场中心关于处置所持成都和祥实业有限公司股份的请示、区国资办关于金牛区房地产综合开发总公司转增注册资本的请示。

8月25日，区政府第146次常务会议审议并原则同意金牛区推进依法行政工作有关文件，鑫金农投公司关于一斗渠改造工程、清淳家园二期公建A路工程、清淳家园二期公建B路工程、淳清路道路改造工程、两河片区清水河社区土地复垦工程、两河片区淳风桥社区土地复垦工程立项的请示，区国资办关于追加国有资本经营预算的请示，鑫地公司关于上缴土桥场镇国有土地拆迁安置房建设用地出让金的请示，区人武部关于追加办公营院正规化建设工程经费及概算调整的请示，区北部功能办关于拨付成都国际商贸城建设用地指标返还费用的请示。

9月7日，区政府第147次常务会议审议并原则同意对4个主要涉农街道有关城建税返还和农村税费改革补助的建议方案，金牛城投公司关于万圣新居安置房建设有关问题的请示，鑫地公司关于公建配套设施项目建设方案及投资费用、成灌路两侧500米及土桥场镇城中村改造项目电力改迁方案及费用、成灌路两侧500米及土桥场镇城中村改造全兴及石材城片区基础设施和公建配套设施建设采用设计、勘察、施工一体化承包模式的请示，区旧改中心关于拨付基础设施建设拆迁安置补偿资金的请示。

9月26日，区政府第148次常务会议审议并原则同意《金牛区进一步加强和落实安全生产工作行政监管责任制的有关规定》《金牛区安全生产事故隐患管理规定》、完善动物防疫检疫工作站编制体制建议意见、府河体育休闲公园项目审计清算结果报告、2011年全区财政收支预算调整方案、金牛城投公司关于与置信实业有限公司项目合作建设西部酒业之都项目的请示、金泉街道关于街道地块内构建筑物拆除及办事处搬迁过渡事项的请示；通过有关人事任免事项。

11月3日，区政府第149次常务会议审议并原则同意金牛区深化消防安全“五大”活动开展“清剿火患”战役实施方案、金牛区突发公共事件总体应急预案修订稿、区规划分局关于申请城市设计专项工作经费的请示、鑫金农投公司关于成都市现代农业发展投资有限公司投资“余家社区新农村建设项目”的请示、区旧改中心关于解决金牛城市广场项目拆迁安置补偿资金缺口和解决黄忠大道基础设施建设工程区人民医院拆迁补偿款的请示、区流管办关于划拨2011年度流动人口协管员相关经费的请示、区建交局关于交大路下穿金府路隧道工程有关事项的请示、金牛城投公司关于向伊厦成都国际商贸城股份有限公司借款和向成都量力钢材物流有限公司借款到期续借的请示。

12月1日，区政府第150次常务会议审议并原则同意贯彻落实2012年省、市防灾救灾大演练工作实施方案，区属国有公司代建项目资金拨付流程，区属国有公司融资管理暂行办法，区国资办关于与华西集团公司和成都木材综合工厂签订子弟校移交协议的请示，鑫金农投公司关于借款给金泉街道办事处缴纳近郊民居用地土地报征配套费的请示，鑫金资投公司关于黄忠大道（茶店子段）基础设施建设拆迁安置房项目采用总承包模式（EPC）招投标有关问题和万达七中建设项目施工二、三、五标段部分重大变更经费的请示，区人社局关于调整纪委、监察局等部门特殊岗位津贴补贴和加强全区劳动就业保障公共服务平台建设经费的请示，区旧改中心关于拨付黄忠大道基础设施建设拆迁补偿安置款的请示；通过有关人事任免事项。

12月22日，区政府第151次常务会议审议并原则同意金牛区社区建设“十二五”规划（2011—2015），金牛区“十二五”科技规划（2011—2015），贯彻落实成都市委市政府关于加快科技创新促进经济发展方式转变的意见的实施意见，法治金牛建设暨“六五”普法规划，“五五”普法表彰方案，区政府办关于曹家巷片区一、二街坊危旧（棚户区）房屋自治搬迁改造的请示，金牛城投公司关于公开竞选钢铁贸易城项目合作单位的请示，区国土分局关于6号点位拆迁安置房外墙保温材料变更的请示，鑫金农投公司关于一环路北三段铺面改造工程立项的请示，区城管局关于车辆及设备报废和生活垃圾外运服务实行市场化运作的请示，区建交局关于拨付国际商贸城项目基础设施建设资金的请示。

（毛　斌）

区政府和工作部门

成都市金牛区人民政府

区　长：苏　鹏

副区长：陈　麟　胡　斌　张新宇　张明英
　　　　王　峰　戴延峰　潘雪松　刘　泽

金牛区政府工作部门

区政府办公室
主　任：廖安春

区发展和改革局
局　长：钟培松

区教育局
局　长：肖剑书

区经济和科学技术局
局　长：王　堃

区监察局
局　长：鲁　健

区民政局
局　长：罗焕均

区司法局
局　长：付　霞

区财政局
局　长：夏　珂

区人力资源和社会保障局
局　长：王运兰

区环境保护局
局　长：陆　军

区建设和交通局
局　长：任　务

区房产管理局
局　长：马德良

区城市管理局
局　长：钟昌林

区统筹城乡工作局
局　长：郭　馨

区商务局
局　长：程明刚

区投资促进局
　局　长：向　烈

区文化旅游和体育局
　局　长：胥厚全

区卫生局
　局　长：杨正奇

区人口和计划生育局
　局　长：王　萍

区审计局
　局　长：郭兰涛

区安全生产监督和管理局
　局　长：刘明书

区统计局
　局　长：马　昆

区人民政府法制办公室
　主　任：王　军

区机关事务管理局
　局　长：周嘉树

金牛区政府直属事业单位

区档案局（馆）
　局　长：张竞越

区供销合作社联合社
　主　任：缪青成

区信息化办公室
　主　任：王世兴

区民用建筑统一建设办公室
　主　任：王　炘

区有线电视台
　台　长：田小渝

区旧城改造中心
　主　任：崔生全

区市场开发服务中心
　主　任：张　喜

金牛区政府部门管理县级事业单位

区地方志编纂委员会办公室
区军队离退休干部服务管理中心
区统筹城乡功能区发展中心
区国家投资项目评审与招标中心
区大学、中专招生委员会办公室（自考办公室）
区教育研究培训中心
区老龄工作委员会办公室
区法律援助中心
区财政集中收付中心
区就业服务管理局
区社会保险事业管理局
区医疗保险管理局
区城市管理指挥监督中心
区城市管理行政执法大队
区疾病预防控制中心
区机关服务中心
区政府采购服务中心
金牛高新技术产业园创新中心

（张　蓉）

协调服务

【办文办会】　文稿工作　区政府办公室全年完成报告、讲话、汇报材料等重要文稿50余篇；加强机要文件办理，全年办理网上收文1591件、发文554件，开通运行市政府办公平台公文二维条码综合系统，通过政务内网收发各类文件、材料6671份，实施领导批示件电子转办736件、1143份，举办13次800余人的公文处理培训。

信息工作　提升信息工作质量，成都市《政务信息》全年采用信息129条，《金牛区成立全市首家优生优育服务中心》等2条信息获市政府相关领导批示，编辑《金牛观察》52期，向区委办报送信息得99分。

会务服务　注重“细节管理”“过程管理”和“痕迹管理”，持续提升会务接待水平。筹备和组织召开区政府全体会、常务会、党组会、专题会和工作会1200余次；牵头完成金牛万达广场开工仪式、中国西部中药材指数发布会、第十二届中国西部国际博览会万贯分会场暨中国西部五金机电博览会开幕式等重大活动；接待济南市、宁波市、达州市等省内外调研考察28次、820余人。

重点难点工作协调　完善推进拆迁的指挥联运和保障促进机制，督促协调推动茶店子公园、黄忠公园建设以及交大路扩能改造、锦西澳林绿化广场施工等项目；推进土桥、天回旧场镇改造，中铁二局片区、成灌路两侧500米拆迁及川陕路物流企业搬迁。协助建立并落实全区统筹协调工作联席会议制度、食品安全管理工作例会制度；协调解决社会治安综合治理、维护社会稳定、流动人口服务管理、城乡环境综合治理等重点工作；参与完成国家文明城市复查迎检工作，牵头组织参与完成全国城乡社区数字化学习实验基地、四川省第三轮敬老模范区、四川省养老服务社会化示范社区、四川省人口和计生综合改革示范区等创建工作。

成立行政效能建设办公室，负责协调办理发改、物价、城市管理、园林、民政、信息化等方面的文电、会务、事务工作，注重用心服务、健全机制、强化保障，不断提升行政效能；成立政策研究督查科，做好区政府政务信息的收集、整理、制发上报工作和牵头全区民生工程的立项、监督和宣传统筹等工作。

（雷少军）

依法行政

【人大代表建议、政协委员提案办理】　区政府全年收到并办理省政协提案1件、市人大代表建议3件、市政协提案14件、区人大代表建议43件、区政协提案131件，办结率100%，满意率100%。督促办理市、区人大代表建议46件，省、市、区政协委员提案146件，受理公开电话交办件3150件，办结率100%；市长、区长信箱受理交办1847件，办理1847件，其中市长信箱841件、区长信箱1006件，办结率100%。

【省级依法行政示范区创建】　金牛区坚持推进依法行政与创新行政管理，探索体制机制优化与创新。统筹实施“三个融合”，即依法行政与管理创新相融合、依法行政与社会管理相融合、依法行政与公共服务相融合；建立健全“六大机制”，即建立健全重大决策机制、行政执法机制、争议化解机制、考核监督机制、学法宣传机制、持续改进机制；落实“三个保障”，即加强组织建设保障、机构建设保障、作风建设保障。全区在全局统筹中强化依法行政意识，在组织机构中强化依法行政保障，在制度建设中强化依法行政举措，在攻坚破难中强化依法行政根基，在促进和谐中强化依法行政作用。推动全区统筹城乡、转型发展、科学发展提供规范、高效的政务环境和法制环境。12月，被四川省政府授予创建省级依法行政示范区称号，是全市唯一获此殊荣的区（市）县。

【法制工作】　金牛区贯彻落实《全面推进依法行政实施纲要》《国务院关于加强市县政府依法行政的决定》，以创建四川省依法行政示范区为引领，完善依法行政制度体系，规范行政行为，强化行政执法监督，深化政府信息公开，全区依法行政意识取得新提高、规范行政行为取得新成效，优化政务环境取得新突破、促进社会和谐取得新进展，被评为四川省依法行政示范区。

依法行政制度体系　针对关键环节和重点工作建立健全工作制度和督查机制，印发《金牛区人民政府关于加强法治政府建设的实施意见》《金牛区人民政府关于对重大行政决策实施合法性审查的有关试行规定》《成都市金牛区行政执法案卷评查办法》《关于进一步加强行政执法人员培训工作的意见》等一系列制度规定，集重大决策、行政执法、争议化解、考核监督、学法宣传、持续改进“六位一体”的依法行政制度体系基本形成。

法律顾问工作机制　5月，金牛区在全市率先出台政府法律顾问工作规则，标志着政府法律顾问工作机制正式建立，规则明确法律顾问对口服务制度，对法律顾问选聘条件、聘任方式、任职期限、服务方式等做出规定。法律顾问主要工作职责是为区政府重大决策、规范性文件提供法律意见，为招商引资提供法律服务，协助处理行政复议、诉讼、调解等法律事务。

重大行政决策合法性审查规定　5月，金牛区出台重大行政决策实施合法性审查规定，严格规定合法性审查的启动程序、审查内容、审查时限和方式及审查结果的处理和应用。同时，明确7类重大行政决策范围，包括本区经济社会发展重大政策措施、国民经济和社会发展规划、重要专项规划、重大投资项目等内容。凡是涉及全区经济社会发展全局、社会涉及面广、专业性强、与人民群众利益密切相关的行政决策事项，必须进行合法性审查，审查未通过的，应暂停或终止该事项决策程序，不得付诸实施。

执法监督　严格落实行政执法责任制，实行行政执法主体资格合法性审查制度，加强执法人员管理，全面推进IC卡新式执法证换证工作，2011年领新证90个，换证66个；强化对行政执法人员的教育培训，全区各部门执法人员全部通过专业法律知识考试；加强对重大行政处罚的备案审查工作，保障公民、法人和其他组织的合法权益；开展案卷评查工作，通过案卷评查，加大培训和监督力度，有效促进执法水平和办案质量提高，全年行政执法错案率0.2%。在全市2011年区（市）县行政执法案卷评查活动中，金牛区以综合得分94分的成绩位列全市20个区（市）县第一。

行政复议规范化建设　加强行政复议职能履行规范化、行政复议机构设置和职能配置规范化、行政复议专职人员配备规范化、专职行政复议人员资格规范化、行政复议制度建设规范化、行政复议经费保障规范化、行政复议办案现场规范化等7个方面建设，行政复议渠道更加畅通、行政复议工作水平不断提升，代表省、市接受国务院法制办专项检查。全区全年收到行政复议申请64件，受理办结复议案件64件，其中维持32件、驳回2件、变更1件、调解21件，和解6件、自愿撤回申请1件、未审结1件。

行政调解　发挥行政调解在“大调解”中的独特作用，完善行政调解中心配套建设，探索完善“三向”并进工作机制（即依托“联动工程”横向推进，在与群众生活密切相关领域建立以行政主管部门为导向的行业调解组织，实现调解统筹联动；依托“三级网络”纵向推进，建立区、街道、社区三级纵向联动工作体系，实现调解快速反应；依托“效能建设”垂向推进，加强内部岗位评估和外部绩效监督，实现调解责任到位），得到市依法行政工作领导小组充分肯定，作为经验在全市交流。

（余伟岸　刘红兵）

政府机构

【行政管理体制改革】　理顺政府部门职责　金牛区以机构改革为契机，通过对24个部门及2个事业单位的“三定”，转变政府职能，理顺职责关系，划入职责21项、划出职责16项、加强职责61项、增加职责30项。初步建立起权责一致、分工合理、决策科学、执行顺畅、监督有力的行政管理体制。

重点领域机构编制保障　为加强全区社会建设工作，在区精神文明办增挂社建办牌子；为加快金牛区医院管理体制改革，在五城区率先成立医管办；为理顺金牛区城管体制，会同区城管局在天回镇街道试点转变执法中队管理模式；为规范管理网络媒体和有效引导网络舆论，成立区网管中心，明确负责全区网络及新媒体宣传工作的职责。

街道职能转变　总结黄忠街道试点工作成果，转变经济管理思维方式，加大统筹协调机制创新，创新社区治理机制建设，强化社会管理和公共服务职能，加快区就业和社会保障公共服务体系建设，将街道社区服务中心所挂的劳动保障与人才开发所更名为就业和社会保障服务中心。

【机构编制管理】　统筹编制资源　研究编制向统筹城乡发展的公共服务、社会事业、民生保障及安全生产监督管理等重点领域倾斜机制，完成全区“七类”机关的行政编制调整工作；配合市政府配套建设，为成都七中万达学校筹建，机关二、三幼划转提供机构编制保障。

机构编制实名制管理　按照中央、省、市的安排和部署，联合组织部、人社局开展机关事业单位机构编制实名制管理数据汇总上报工作。

中学教职工编制调研　按照市委编办要求，制订课题研究方案，成立课题研究领导小组，多次召开区重点高完中、普通中学、实验中学及涉农学校校长、专家座谈会，形成调研报告，为省、市编办核定学校教职工编制提供较为翔实、可靠的参考依据。

【事业单位登记管理】　网上登记工作　创新培训方式、开展在线答疑、推进联合年检和窗口集中办理，有效推动网上登记管理工作的开展，率先在全市实现事业单位网上年检100%目标。

中文域名首次申报注册　统一命名规则、严格资料审核把关、强化注册业务指导等措施，率先在全市完成251个党政群机关中文域名申报注册工作。

长效管理机制　及时修订《金牛区事业单位登记管理暂行办法》，出台《金牛区事业单位网上登记系统使用管理试行办法》《金牛区政务和公益专用中文域名管理暂行办法》，为两项新增工作纳入常态管理提供制度保障。

事业单位改革分类推进　按照全区“统筹考虑、重点把握、稳步推进”的总体要求，成立区分类推进事业单位改革领导小组，全面完成全区204个事业单位基础数据摸底调查工作。

【自身建设】　干部队伍　政府机构改革，编办列入党委机构序列，及时完成人员、固定资产划转等相关工作，做好人才的选拔和培养，促进干部队伍结构优化，力求干部队伍的精干、高效。区编办配备行政人员6名，借调干部2名。

机关效能建设　完善机关内部管理制度，建立健全考勤、收发文、会务、财务、保密等18项规章制度，组织党员干部学习机关效能建设相关文件和各项效能制度，参与区委、区政府相关政务活动，加强自身宣传工作力度。

（赵　飏）

政务服务

【概　况】　2011年，全区共有28个部门进驻，集中办理审批和服务事项（包括分中心）500余项，有工作人员125人，办公面积1400余平方米。下设税务（含国税、地税）、公安、民政婚姻登记、国土、社保、房管7个分中心，各分中心有工作人员110余人。全年，各窗口共受理行政审批及其他服务项目144371件，现场办结率100%，按时办结率100%。区政务服务中心在全市政务审批服务效能评估排名中得分第一，被省政府办公厅授予2011年度县级政务服务标准化建设先进单位。

根据部门职能调整情况，全年有烟草专卖、食药监、计生、投资促进等4个部门的16个事项正式入驻中心窗口并对外开展服务。

【政务并联审批】　区政务服务中心按照“三定”规定，对涉及职能有变化的窗口进行调整、整合，对行政审批和电子监察系统的数据（包括部门撤并和服务事项、内容迁移调整等）进行更新维护，确保“两集中、两到位”，市规服办结合全区率先实现行政审批工作“两集中、两到位”、各类事项比较完善的实际情况，以《金牛区行政审批服务事项目录》为样本形成《成都市中心城区行政审批服务事项目录》，规范全市行政审批服务事项。

组织工商、质监、税务等涉及并联审批的相关窗口工作人员开展并联审批办件流程培训，加强窗口工作人员的规范操作，确保并联审批等便民高效服务机制落到实处，全年开展并联审批6029件。

【行政资源整合】　区政务服务中心撤销区民政局、区经科局窗口，其审批和服务事项实行委托办理。联合区事登局、区质监局，对区内120余个事业单位的相关证照实行联合年检，方便事业单位办理年度检查、换发相关证照。全年参加联合年检的事业单位占应参加年检事业单位的70%以上。

【金牛区市民中心建设】　区政务服务中心在向社会各界广泛征集意见建议的基础上充分调研，提出《金牛区市民中心建设建议方案》。经区政府同意，市民中心拟修建在黄忠大道与长庆东一路交汇处，项目业主单位为金牛区城建投资公司，并作为跨年度工程纳入《金牛区2011年重点项目计划》。全年完成市民中心设计方案竞赛、合作单位比选、设计方案优化等。

【街道政务服务体系建设】　区政务服务中心对各街道现有社会事务服务中心现有场地规模、组织机构、服务项目、运行机制等基本情况进行充分调研，反复论证，并在广泛征求各街道和区级相关部门意见的基础上，初步提出《政务服务向社区延伸的实施意见》和《金牛区街道便民服务中心和社区公共事务服务站（点）标准化建设实施方案》，明确政务服务向社区延伸的总体目标、主要内容和保障措施，细化街道便民服务中心和社区公共事务服务站（点）标准化建设的各项内容和具体标准。按照“试点先行、典型引路”的工作思路，选定九里堤、西安路、西华3个街道进行试点。

【“为民服务创先争优”活动】　区政务服务中心制定实施意见和进度表，各科室、各窗口围绕“树文明形象，建满意窗口”主题，明确“热情、规范、效能”三个重点，以群众满意为最终目标，将创建与标准化建设和管理相结合，打造规范服务标杆单位；将创建与组织再造和流程再造相结合，建设高效服务示范窗口；将创建与党员“三亮”相结合，争创为民服务党员示范岗；将创建与全员“三比”相结合，争当优质服务明星，为推动全区经济社会的全面发展提供有力的政务服务保障。

（张　翼）

应急管理

【机构调整】　2011年5月，金牛区新一轮机构改革实施后，区应急办作为保留机构增挂成都市金牛区委、成都市金牛区人民政府总值班室（简称区总值班室）牌子，内设应急保障科、应急指挥科、民意诉求科3个职能科室，其中民意诉求科为新增科室，负责区委、区政府应急值守工作和各类突发事件情况的收集、整理、报送及应急指挥的联络工作；建立和完善全区突发事件信息报送体系，收集分析有关社会安全的情况和信息，发布有关预警信息；负责组织修订全区突发公共事件总体应急预案，审查专项应急预案、部门应急预案，督促检查预案的演练；指导基层应急预案编制、修订及宣传培训、演练；负责组织协调应急救援队伍和物资保障，协调安排有关突发公共事件的宣传、培训工作；负责“市（区）长信箱”“市（区）长公开电话”有关民意诉求方面的处理工作。

【应急指挥平台建设】　金牛区在国家防灾减灾专项资金的支持下，全年投入156万元启动区应急指挥平台二期项目建设，重点建设户外移动指挥车、街道应急系统、备用通讯系统、手持视频监控设备等，经过系统调试、人员培训等组织工作，12月，户外移动指挥车和街道级应急指挥系统投入试运行。

【突发事件预防和处置】　完成“突发事件信息在规定时限内上报率达100%，领导赴突发事件现场处置出场率达100%”的“双百”目标。全年全区未发生较大以上的突发事件，接到101条一般性的突发事件信息报告，向市委、市政府总值班室上报信息43条，向区委、区政府报送《值班报告》周报51期、《值班专报》8期，无迟报、漏报、谎报、瞒报的情况发生。在一般性的突发事件处置中，严格执行应急管理“一岗双责”制度，对到达现场开展处置的领导和相关工作人员进行严格督查，确保第一时间到现场、第一时间开展处置。

【应急救援队伍体系建设】　金牛区从统筹规划、整合资源、按需发展的角度，就全区应急救援队伍建设拟订《金牛区关于建立应急救援队伍体系的实施意见》。按照意见，应急队伍采用“1+3”模式，“1”是成立区综合应急救援联动队，将全区应急队伍作为一个整体，统一领导、统一指挥、统一部署，区政府分管副区长任联动队指挥长，区应急办作为联动队办公室承担日常管理工作；“3”是队伍组成分3类，共22支队伍，第一类是区综合应急救援大队，是区抢险救援工作的主要力量，第二类是各专业队伍，分别是卫生、环保和动物疫情应急救援大队，其他专业领域如安监、建交、民政等部门，在条件成熟后将逐步增加，第三类是各综合性队伍，分别由相关部门和各街道组建，共18支分队。联动队成立后，总人数1800人。制定常态管理和紧急状态下的工作运行机制，主要由应急救援指挥、响应，联席会议和信息资源共享机制组成，在应急救援全天候响应制度健全后，确保2个小时内集结1800名应急救援人员。

【应急预案修订】　启动新一轮应急预案修订工作，经过基层调研、征求意见、专家评审等环节，修订《金牛区突发公共事件总体应急预案》，根据新形势、新要求，调整各成员单位工作职能职责，新增较大、一般突发公共事件分级标准（试行），解决基层单位报告突发事件信息无统一标准的难题。《金牛区突发公共事件总体应急预案》（2011修订版）下发后，17个专项、45个部门、15个街道应急预案相继完成修订，全区三级应急预案体系可操作性、实用性增强。

【宣传教育培训】　2011年5月12日是全国第三个防灾减灾日，区应急办在和谐金牛广场组织开展“防灾减灾现场访谈暨万人观影活动”，邀请应急救护专家、消防救援专家、社区民警与现场200余名群众进行面对面交流，现场放映灾难类影片两部，印发宣传单5000张。5月12日—6月11日，轮流在28个涉农社区放映电影26场，观影人数1.3万人。11月1日，在突发事件应对法宣传日活动期间，免费发放环保手提袋4万个，设置宣传点15个，散发应急相关知识宣传单1万份。

【应急专业培训】　区应急办组织15个街道应急综合救援队队长（负责人）和安监、建交部门应急管理人员18人参与中德政府“第一响应人”教官培训课程；组织部分街道和有关部门分管领导赴上海浦东干部管理学院学习国际国内应急管理专业知识，开拓干部视野，提升应急管理知识水平。7月31日，在成都市新成石化有限公司102油库内举行金牛区大型化工企业灭火演练，出动消防车15辆，参战官兵和环保、卫生应急救援人员、治保队员200余名。全年在区内街道、社区、学校、企业开展应急演练100余次。

【社会应急管理】 完善应急信息网络体系，以区应急办为突发公共事件情报信息中心枢纽，建立部门、街道和社区信息基点，将信息基点向社区各单元延伸；健全应急联动机制，从风险评估、预警预测、信息报告等关键环节入手，建立协调联动各项制度，加强与相关处置部门合作，形成工作合力；做好应急保障准备，整合全区应急人员队伍、物资装备、避难场所等应急资源信息，完善 “一网五库”（应急信息网、应急预案数据库、人力资源信息库、物资保障信息库、风险防范信息库、避难场所信息库），实现应急资源数字化管理；加大应急科普知识宣教力度和范围，多层次、多方式开展应灾心态、应灾技能等宣教活动。

【区长公开电话网络化改革】 区应急办对区长信箱的处理过程进行网络化改革，在充分调研的基础上着手构建金牛区区长信箱网上办理系统，5月1日，区政府改版升级后的电子信箱系统正式投入运行。在金牛区政务网站上建立区长信箱投递点，从通过复印、传真、纸质信件交办的人工方式升级为网络系统统一受理、登记、转办、催办、查办、反馈、统计及最后回复，缩短办理时间，从根本上提高工作效率和办理质量。全年，市（区）长公开电话办公室受理群众通过热线电话、网络信箱反映、咨询、投诉、建议6598件，其中市长公开电话转办767件、区长公开电话受理3548件、市长信箱交办1002件、区长信箱受理1281件。在数量增多、难度增大的情况下，区应急办严格按要求完成任务，直接回复群众的3258件、交办转办的3340件，编发《政务督查》10期，办理办结率100%。

（杨　熙）

人事管理

【公务员审核报批与信息管理】 金牛区贯彻实施公务员法，公务员管理步入科学化、法制化新阶段。全面做好调任（进）公务员及政府系统参照《公务员法》管理机关（单位）人员的参公登记，完成97名新进人员的登记报批。加强公务员信息系统建设，加强在职财政供养人口的信息化规范化管理，初步开发全区人力资源管理信息系统人员数据库，完善公务员信息系统的管理；进行事业单位人员的信息采集工作。健全完善公务员考核机制，以严格要求、严格管理、精心培养为核心，建立健全激励和约束干部真爬坡、敢破难的管理制度，对2010年度考核结果为优秀等次的1195人予以嘉奖和记三等功。

【编外用工管理规范】 10月，区人社局按照“科学设岗、合理配备，控制适度”的原则，对全区编外用工进行规范，合理设置编外用工岗位，联合区财政局、区监察局、区审计局印发《金牛区机关事业单位编外用工管理暂行办法》及其相关配套文件，将全区编外用工纳入实名制管理，对编外用工管理提出新要求。

【事业单位收入分配制度改革】 区人社局全面推进事业单位绩效工资实施工作。继续实施义务教育学校绩效工资制度，完善绩效考核体系，建立科学、规范、有效的绩效考核分配机制。全面推进公共卫生与基层卫生事业单位绩效工资实施工作，在12月底前全面完成。按照国家、省、市“分步实施、稳慎推进”的总体要求，启动其他事业单位绩效工资实施工作。

【人才开发与干部教育】 坚持人才优先，实施人才强区战略，提供人才智力支持。继续开展科级干部轮训和自主选学，举办全区人社系统干部和科级干部3期专题培训班，培训科级实职领导干部1200余人次。做好服务基层项目大学生志愿者的管理和培训工作，举办全区123名服务基层大学生志愿者培训班，调整并落实全区高校毕业生服务基层项目志愿者生活补贴标准。组织开展全区15名政府雇员、54名机关事业单位编外聘用专业技术人员2011年度绩效考核。对齐佳等17个自主创业成功项目予以2010年高校毕业生创业成功一次性奖金奖励8.2万元。开展重点企业和重大产业化项目所需高层次人才的跟踪服务，为6名高层次人才发放成都市政府2010年安家补贴和财政奖励7.7万元。全年认定、推荐评审已办理并发文242人。

【人才服务与高校毕业生创业就业】 区人社局做好主导产业人才需求状况调查，汇总全区实情编入当年成都市六大企业人才开发目录；提高单位、个人档案管理和人事代理服务质量，全年为存档人才提供证明、办理手续530人次，转进流动人员档案2221份，转出档案563份；继续抓好政策衔接配套和贯彻落实，树立以发展促就业、以就业促发展的理念，加强组织机制保障，千方百计拓宽高校毕业生就业创业渠道；完善就业服务体系，优化毕业生报到接收办理流程，全年接收高校毕业生1357人，举办系列人才招聘会，实现本辖区生源高校毕业生就业2561人，就业率94.3%；营造自主创业氛围，以青年（大学生）创业园和创业示范街为基地，筑巢引凤，加强扶持，实现55名高校毕业生自主创业。

【军转安置与服务】 全年军转工作平稳运行，接收安置计划分配军转干部43名，自主择业军转干部31名。做好507名自主择业军转干部和3407名企业军转干部的服务管理工作；做好企业军转干部解困维稳工作，2011年用于解决企业军转干部生活困难资金333.8万元，为“五难”人员争取救助资金4.9万元。

（林 威 王 涯）

信息化建设

【概 况】 2011年，金牛区加强软件及信息服务业（含电子商务）建设，完善区政府门户网站建设及运维管理制度，制订《金牛区政府门户网站建设及运维实施方案》，明确相关部门的责任分工，规范区政府门户网站建设和管理，完成“新闻中心”“政务公开”等版块移交工作。重点打造“两站一网一产业”（两站：金牛区综合门户网站、数字化社区网站；一网：以政务审批为主的便民服务网络延伸；一产业：软件及信息服务业）。

【软件及信息服务业】 *产业统计* 全年有42家软件及信息服务业企业纳入成都市统计，较2010年新增7家，上规模企业（销售收入超千万元）17家，实现销售收入84亿元，从业人员1.2万人，实现利润5.2亿元、税收1.2亿元。有金亚科技、三泰、宏天电传等5家软件及信息服务企业全口径税收均突破千万元以上；一批成长型企业艾普金牛公司、长虹科技公司等全口径税收增长较快，地方税收实现7000万元。

产业招商 华域数字科技有限公司入驻金牛区，该项目成为市、区重点项目之一。

产业发展 争取企业发展资金，全年为天光科技、金算盘、夏尔数码等企业进行CMMI（软件企业能力资质评估）认证申请资金补贴；同时协调有关部门和街道，帮助新进企业尽快投产。加强载体建设，解决限制产业发展瓶颈问题，艾普总部大楼和天融信基地加紧建设。

正版软件及版权申请与保护 面向全区软件企业开展版权申请宣传工作，使企业提高对版权申请的重视，认识到拥有自有知识产权和版权的重要性，并提供相关政策咨询服务；指导区级各部门、街道使用正版软件，上半年对全区实施正版软件使用检查。

电子商务 四川移动金牛公司推出手机电子商务支付平台；华域数字公司研发并推出都市online系统；艾普金牛分公司开发的电子商务支付系统，在区内开设20个便民支付点，为社区群众生活提供很大便利，对全面提升社区服务品质，打造“宜居城市、幸福生活”服务品牌起到推动作用。

【第四媒体功能发挥】 区信息办继续加强利用网络媒体进行对外宣传的工作。全年区政府门户网站根据区委、区政府工作需要，制作感恩栏目《因为有你》及精神文明建设、人口普查、食品卫生督察、工程项目建设公示、党风廉政建设及软环境治理、行风政风热线等专题网页，及时宣传全区重点工作开展情况；上报市级网络媒体信息230余条，采用210条，采用率90%以上。做好网络舆情的监督上报工作，整理外宣情况报告12期。重点抓好信息安全工作，及时审核、审查上网信息，全年无失、泄密事件发生。处置网络突发事件，做到处置迅速、彻底。

【区域信息化】 在全区信息化建设项目上严把审核关，分析建设的目标、需求、规模，坚持从实际需求出发确定建设方案，坚持统一技术标准，做到降低建设成本的同时实现资源共享。高标准完成网真视频会议系统硬件及机房建设，移交两办使用；推进基层党务、事务公开工作，指导基层政务公开系统建设，初步拟订基层政务公开平台技术方案，后续工作陆续铺开；初步拟订区域卫生信息化建设方案。

指导部门、街道、社区信息化，年内为金牛质监局网站制作提供技术支持和虚拟主机域名服务，区有线台网站改版提供技术支持，区文广局网站建设提供技术支持。

【网络基础建设】 全年完成建设3G基站114个；“光进铜退”（覆盖住户数）协调量5.8万户；建设金璐天下第二办公区综合布线系统，确保第二办公区网络正常运转。

全年实施24小时网络维护服务承诺，及时排除和处理网络及工作站故障，保证全区政务网络的正常运转，全年排除网络及工作站故障800余次，有效保障区政府网络系统的畅通。

【电子政务】 4月，在全省政府网站绩效评估中，金牛区政府网站在县（市、区）综合排名第一；在评估结果发布会上，金牛区作经验交流发言。11月12日，区信息办代表四川省区县级政府网站建设单位，接受国务院办公厅信息公开办副主任一行关于贯彻落实《国务院办公厅关于进一步加强政府网站管理工作的通知》（国办函〔2011〕40号）文件精神的情况检查，参观区信息办电子政务外网中心机房和社区呼叫中心，并听取相关汇报，区政府网站建设工作和社区“呼叫”服务模式得到检查组的肯定。

推进行政权力公开透明运行，完善电子监察，提高行政权力监控效果。区信息办创新网络运维机制，在推进行政权力网上公开工作和电子监察系统延伸工作中发挥重要作用，迅速建立电子监察系统，评价器及网络维护都做到24小时呼叫服务，确保电子监察系统网络的正常运转。

（何晓晓）

人民防空

【人防工程与管理】 2011年，金牛区人民防空办公室对辖区7个公共人防工程和13个单位人防工程进行防渗堵漏、设施维修、加固改造，面积3950平方米；编制《金牛区人防工程安全生产应急预案》，完善《金牛区人防工程平时使用管理实施细则》和《金牛区人防工程平时开发利用实施细则》；强化安全生产管理责任落实，全年未发生任何人防工程安全事故；参与市人防办组织的对金牛区范围内结建工程的技术交底、质量监督检查和竣工验收工作。全年参与结建人防工程技术交底项目18个；竣工验收结建工程项目12个，面积8.7万平方米；对21个结建工程（面积19.7万平方米）和地铁2号线在金牛辖区内的6个站点兼顾人防工程进行质量监督和技术服务；参与地铁1号线的竣工验收工作。

【组织指挥与通信建设】 金牛区防空警报体系建设稳步推进。为检验和提高区人防应急准备和警报防空防灾预警快速展开、快速响应能力，促进警报预警应急专业队队员掌握人防应急指挥程序、响应等级和警报设备操作方法，9月9日，组织各设台单位警报维护管理操作人员46人开展人防预警应急专业队集结演练。新增防空警报器3台，更新改造1台，使全区城警报信号覆盖率95%以上。9月18日，组织全区47台固定警报、2台车载警报和1台拖挂式警报参加全市应急语音预警试鸣演练，鸣响率100%。人防专业队整组和训练工作扎实开展，7月10—16日在崇州怀远成都军区兵种训练基地对20名医疗救护专业队员进行为期7天的封闭式训练，通过训练，全体参训人员了解四川、成都的防空防灾形势以及人防应急救援所面临的任务，增强人防和群众防空组织的责任感和使命感，提高人防专业队员的准军事化素质和应急救援的基本救护技能。组织区建交局80名道路抢险专业队员进行整组训练；修订全区《防空袭方案》；指导成都联通金牛分公司拟制防护方案；疏散地域建设工作加强，为疏接双方之间在资金、技术、劳动力的合理流动配置等方面疏通渠道、搭建平台，促进双方更加深入地开展广泛的经济建设合作，疏散地域的综合保障能力不断提高。

【人防宣传教育】 区人防办利用各种媒体多形式、多手段、多渠道地开展人防宣传，增强全民国防观念和人防意识，推进人防工作更好更快发展。为区委、区政府主要领导订阅《中国人民防空》杂志，赠送《防空防灾知识读本》等法律法规宣传册，不断增强领导干部的国防意识和人防意识；拓宽对市民的宣传面，以警报试鸣为契机，在区有线电视台通过插播字幕信息和播放防空防灾、减灾救灾知识专题片，并在人群密集地刊出2期人防专栏，系统宣传人防知识。全年向房地产开发商、学校、社区等单位发放《安全应急与防空知识读本》2000余本、法律法规宣传册500余份，通过宣传提高广大群众应对空袭和自然灾害的认识及自救能力，加深对人防工作的了解和支持。分别在区委党校、大专院校、街道社区、初中学生中开展人防知识宣传教育。6月12日，结合全国“安全生产月”咨询活动日，在和谐金牛广场设点宣传人防安全生产和防护知识，向群众散发宣传资料400余份，工作人员向来访群众解答有关人防工程安全生产方面的疑惑，并提供法律咨询服务。

（吴锡升）

外事管理与活动

【因公出国（境）管理】 2011年，金牛区严格执行副区级以上领导出访常务会报审制度，副区级以上领导的出访计划、临时新增出访任务，需提前报区委常委会审议同意。实行专办员制度，严格按程序和规范办理相关手续，注重手续办理环节，向出访团组宣传和强调外事纪律和有关规定。严格执行出访报告制度，对回国后的团组及时催缴护照、出访总结和《因公出国（境）团组出访情况检查登记表》。全年因公出国（境）登记68人，其中党政干部28人、事业单位39人、企业1人。

【对外交流】 金牛区强化外事服务职能，成功承办2011成都国际青年音乐周·金牛分场活动；完成2011成都国际友城周重大接待工作，受到市外办的书面表扬；巩固和拓展与澳大利亚威乐比市、英国索尔福德市等友好城市的友好往来，完成澳大利亚威乐比市副市长巴瑞一行、几内亚共和国社区邻里文化节、亚太区日本棒球赛到访金牛区的重大外事接待任务。全年接待外宾300余人次。

（任薇薇）

机关事务

【国有资产管理】 2011年，完成金璐天下办公区办公用房的分配工作，为满足入驻单位（部门）办公需要，做好办公用房改造和空调安装工作。同时，按照全区机构调整后的部署，对金牛政务中心办公用房进行调整。

【公共机构节能】 区机关事务管理局推动公共机构节能工作。按照《公共机构节能条例》及有关工作职责，加强区公共机构节能监督管理工作，打造节能示范机关；突出抓好节约用电、节约用水和用气，推行政府节能采购，减少公务费用支出，推广和应用节能降耗新产品，降低行政成本；完成全区170个公共机构2011年度能耗数据统计汇总、复核、对比和分析工作。全区全年用电1920万千瓦时、用水147.5万立方米、天然气128.9万立方米、汽油车辆用油及其他用油170.7万升、柴油车辆用油及其他用油131.3万升；开展节能宣传周活动，倡导机关干部树立节约意识。

【车辆管理】 区机关事务管理局加强和规范全区公务车配备使用管理，全年按规定审批购买33辆工作用车，按规定报废54辆工作用车，新购的工作用车全部由区政府采购服务中心实行政府采购，全区机关事业单位的工作车均实行定点加油、定点维修、定点保障，并按时将全区公务车辆费用在区党政网上进行公示。完成2011—2012年度公务车定点维修招标工作。5月，开展全区公务用车问题专项治理，至12月，清理违规公务车132辆，其中超编车1辆，超标车40辆，违规借用、换用公务车91辆，按照《关于印发〈党政机关违规公务车处理办法〉的通知》（中车治〔2011〕4号）文件精神，第一批处理违规借车、换车49辆，第二批处理违规借车、换车42辆，违规借车、换车全部处置完毕。

【政府采购】 区政府采购服务中心加强政府采购服务工作，狠抓党风廉政建设，落实采购政策，严密采购程序，做好协议供货、定点采购，完善采购流程。全年完成集中采购项目99项，预算36529万元，实际成交35058万元，资金节约率4.03%。全年无有效投诉和违规违纪情况发生。

【机关后勤服务】 区机关事务管理局继续实施机关后勤服务社会化，通过公开招标委托四川民兴物业管理有限公司对机关大楼秩序维护、环境维护和会议服务实行物业管理。加强对会议服务的监管，提高办会质量。全年完成全区大型、综合性会议服务947次，接待参会人员3.32万人，并长期保持会务中心各会议室的绿化置景。

做好区政务中心、金璐天下办公区和纪工委办公区工作人员提供膳食供应服务的工作。全年为区政务中心机关干部提供早餐4.01万人次、午餐23.14万人次，为值班、执勤人员提供盒饭1.68万人次；为金璐天下办公区提供午餐3.53万人次；为纪工委办公区提供午餐5717人次。

继续推行机关办公区规范化管理，强化内保防范。加强对政务中心大楼进出人员和车辆管理，严格执行外来办事人员登记等各项制度。11月，与区应急办联合举办一期针对统管区各单位消防、安全管理人员的消防知识培训，有效增强各机关单位的消防管理意识和能力。同时，加强宿舍区日常管理，全面完成区直机关宿舍区的社会治安综合治理、消防、安全工作。做好政务中心大楼内水、电、气及空调冷暖风的正常供应工作，定期对电梯、锅炉、防雷设施、二次供水等进行检查和维护保养，确保政务中心大楼正常运转。

（陈 霞）

（审读：黄智太）

人民政协

主要会议

1月，区政协第四十九次主席会议召开。会议审议通过《政协成都市金牛区委员会2011年工作要点》《区政协2011年常务委员会议、主席会议和民主评议会安排》《区政协2011年重点调研课题与分工》《2011年民主评议工作计划》《区政协2011年专题视察安排》《2011年区政协各专委会主要工作安排》；听取提案专委会关于提案工作情况的汇报；审定重点提案并明确主席、副主席督办分工。

2月，区政协第五十次主席会议召开。会议专题学习区党代会精神。

3月，区政协第五十一次主席会议召开。会议审议区政协五届二十六次常务委员会议议程及有关事宜；视察并协商讨论安全生产规范化企业创建工作。区政协第二十六次常委会议召开。会议专题学习、传达贯彻全国“两会”和省、市“两会”精神；听取并协商讨论区民政局关于社区换届选举工作情况的通报。

4月，区政协第五十二次主席会议召开。会议视察并协商讨论人口早期教育工作。

5月，区政协第五十三次主席会议召开。会议视察并协商讨论青年（大学生）创业园建设工作。

6月，区政协第五十四次主席会议召开。会议研究、讨论民主评议工作，并形成民主评议报告。

7月，区政协第五十五次主席会议召开。会议审议区政协五届二十七次常务委员会议议程及有关事宜；视察并协商讨论外来流动人口治安管理服务工作。区政协第二十七次常委会议召开。会议听取并协商讨论区政府上半年工作及上半年财政预算执行情况的通报。

8月，区政协第五十六次主席会议召开。会议视察并协商讨论交大路综合改造工作。

9月，区政协第五十七次主席会议召开。会议听取民宗侨台和地区联络专委会、办公室关于五届区政协委员履行职能统计情况的汇报；考核评定五届区政协委员履行职能成效。

10月，区政协第五十八次主席会议召开。会议审议区政协五届二十八次常务委员会议议程及有关事宜；听取区法院、区检察院工作情况的通报；审议优秀提案表彰工作有关事宜。区政协第二十八次常委会议召开。会议听取区政府办理提案工作情况的通报；表彰2009年以来优秀提案。

11月，区政协第五十九次主席会议召开。会议审议区政协五届二十九次常务委员会议议程及有关事宜；听取并协商讨论区发改局关于2011年重点项目推进工作情况的通报。

12月，区政协第六十次主席会议召开。区政协第二十九次常委会议召开。会议听取区纪委（监察局）关于党风廉政建设工作情况的通报；审议区政协六届一次会议有关事项。

（张 森 孙立菲）

区政协委员会和工作部门

中国人民政治协商会议成都市金牛区委员会

主 席：李凯威

副主席：范友才 郑道选 邓道义 谢 俊 张晓静 补 健

秘书长：马雪清

金牛区政协工作机构

办公室

主 任：邓 岗

社会工作办公室

主 任：周 波

经济工作办公室（经济专委会）

主 任：邬世才

法制群团专委会

主 任：周 波

教科文卫体文史专委会

主　任：蓝　红

民宗侨台和地区联络专委会

主　任：韩　莉

城建城管环保专委会

主　任：王朝华

提案专委会

主　任：曾文莉（7月离任）

黄　胜（7月任职）

（张　森　孙立菲）

政协工作

【协商议政】　全体会议期间，政协委员认真协商政府工作报告和其他重要报告，围绕统筹城乡发展、建设“五区金牛”、实现“十一五”规划目标、制定“十二五”规划等提出意见和建议，区委、区人大、区政府领导与政协委员参加全会分组讨论40场；区委、区政府各部门负责人积极参加大会和讨论，认真听取委员发言，尊重和支持政协工作。全体会议闭会期间，召开10次专题协商会，组织30次重点调研，开展50次专题视察，就政治、经济、文化、社会建设各方面工作同区委、区政府领导及各部门负责人充分交流、认真协商，为促进区委决策部署的贯彻落实提供广泛的民主支持。会议和活动集中展示五届区政协履行职能的重要成果。

【调查研究】　区政协关注重大项目和重点工作，发动有关界别和委员围绕重点项目引进、基础设施配套建设、项目运行发挥效益等开展工作；按照区委提出的适时调整发展战略，实现止滑提速、加快发展的要求，就优化区域规划、加快基础设施建设、调整产业结构、完善体制机制等问题进行深入调研和探讨，为制定《金牛区经济发展战略纲要（2010—2014）》积极建言献策。五届十次主席会议围绕重大产业化项目天府华侨城引进落户金牛区的工作，广泛收集各方面意见；五届十四次常务委员会议对华侨城及其配套的全市重点旅游产业项目欢乐谷建设进行议事协商，提出以欢乐谷项目为带动，通过完善规划，提升服务，突出“美食天堂、欢乐金牛”主题，提升金牛区都市文化旅游品牌效应的建议。组织对工业园区建设和区域合作进行专题视察；协助市政协对总部经济发展课题展开专项调研，提出“打造具有区域经济特色的总部经济汇聚区”的提案，被列入市政协重点提案。

【专题视察】　区政协根据金牛区年度民生工程安排，组织委员专题协商、专题视察、专题调研。对推进城乡一体化过程中如何解决失地群众就业、加强劳动监察、促进企业依法用工、维护劳资双方权益等课题进行专题协商，提出有益的建议。组织委员对创建全国文明城市、城市垃圾清运问题、城市管理数字化建设等进行专题视察。分别就未成年人犯罪预防与保护、外来流动人口管理开展专题调研；围绕社会治安综合治理，召开不同会议对建立社会矛盾大调解机制、青少年维权、加强基层警务建设等提出建议。安排三次常务委员会议听取区纪委、区法院、区检察院工作通报，就加强党风廉政建设和法制建设工作进行民主协商。

【社情民意】　区政协健全和完善社情民意工作机制，充分反映人民群众身边事、关切事、急难事，推动和促成民生问题的解决。反映有关城市环境综合治理的社情民意《城市绿化华而不实危害多》被《人民政协报》反映社情民意专栏刊登；针对单位房改房存在安全隐患的反映，经市政协转报市委后，市委主要领导高度重视并作出批示，市、区两级有关部门采纳建议，促使有关问题得以解决；城隍庙小沙河流域受到污染的情况反映，引起市政府主要领导的重视，批转市级相关部门解决问题；反映交大路综合整治工作、妥善处理年末民工讨要工资有关建议和兴盛小区群众出行不便的意见，得到区委主要领导的重视和批示并被相关部门采纳办理。2007—2011年，编报《社情民意专报》70期，向省、市政协反映各类情况65条，向区委、区政府反映各类情况537条。社情民意已经成为人民群众与党政沟通、与部门交流的重要渠道。

【提案工作】　五届政协以来，区政协经审查立案797件提案，按提案的内容分类，涉及经济建设方面的122件，占总数的15%；城市建设管理、环保方面的279件，占总数的35%；科技、教育、文化、卫生、体育、精神文明等方面的176件，占总数的22%；政法、政务、劳动人事等方面的204件，占总数的26%；统战、民族宗教方面的16件，占总数的2%。2007—2011年，提案办结率100%，委员对提案办理结果满意或基本满意率99.5%

以上。区委、区政府高度重视政协提案工作，各承办部门加大办理力度，提高办理质量，充分发挥提案的重要作用，使提案工作取得显著实效。

【机关建设】 政协理论建设 认真学习胡锦涛总书记在庆祝人民政协成立60周年大会上的讲话和《中共中央关于加强人民政协工作的意见》提出的一系列重大理论观点，结合基层政协工作实际，坚持不懈抓好理论学习和思想武装，以理论指导实践，以实践深化理论，每年均选取重要的理论课题进行研究，取得关于基层政协民主监督、协商议政、民主评议、反映社情民意、发挥委员主体作用等方面的调研成果，为履行职能打下理论基础。比如，根据对政府部门工作实施民主评议的理论探索，对区政务服务中心工作进行民主评议。

制度机制建设 协助区委召开政协工作会议，出台《中共金牛区委关于进一步加强人民政协工作的实施意见》和《关于开展政协民主评议政府部门工作的实施办法》《关于政协参政议政成果督办和反馈的规定》两个重要配套文件，为区政协履行职能在制度上提供重要保证；探索委员视察、专题调研、反映社情民意信息、新闻宣传等工作的特点和规律，先后制定加强和改进相关工作的意见、办法、规则；建立健全提案工作协调办理机制，重点提案由区政府领导与区政协领导联系督办；加强专委会建设，完善政协专委会机构设置和干部配备；坚持并完善区委、区政府各部门与区政协专门委员会对口联系的工作机制，加强对各地区政协委员活动组的工作指导。

（张　森　孙立菲）

（审读：杨枝苍）

民主党派与群众团体

民主党派

【中国国民党革命委员会成都市金牛区支部】 2011年，支部有党员56人。支部党员积极参政议政，党员李葆奎提出的《关于提高社区管理人员工资待遇的建议》《关于营门口路247号公交站台后面脏乱差的建议》，杨学用提出的《关于农转非房产证的办理问题》《关于人行道被侵占的问题》《窨井盖被盗的问题》，丛爱文提出的《关于幼儿教育纳入义务教育的建议》，肖行健提出的《关于数码五金机电城房屋产权纠纷引发的社会不安定因素的问题》，李琪提出的《关于加强民办学校管理与指导以促进城乡统筹的建议》《关于公办学校与民办学校教育资源共享的思考》及关于环境保护、城乡建设等方面的建议，都得到相关部门的回复。辛亥革命100周年之际，党员们自带设备为银发老年公寓的老人免费拍照，受到老人们的称赞。结合支部实际，经常组织有特长的党员送文化下基层，送去书法和摄影作品。利用民革党员大多与原国民党有历史渊源的特点，加强与民革成都市委组统办的联系和沟通，推动海峡两岸交流。作好“三胞”亲属的工作，共同遏制“台独”势力，推进祖国和平统一。先后选送党员肖行键参加中国社会主义学院民革青年干部培训班、张行全参加成都社会主义学院民主党派骨干培训。

【中国民主同盟会成都市金牛区支部】 2011年，支部有盟员46人。支部加强制度建设，制定和修改《民盟金牛支部干部分工及工作职责》《民盟金牛支部会议制度》《组织发展程序和制度》《支部档案管理制度》《支部财务管理及内部审计制度》等各项规章制度；加强党盟联系，走访盟员集中的区教育局党组织，通过交换意见，增进相互了解。支部调研报告《关于石室外语学校周边交通环境综合治理》，盟员石飞提出的《在育苗路和育人路口安装红绿灯的建议》，白建飞撰写的调研报告《创新调解工作机制，全力化解社会矛盾》，徐宁提交的《关于西华大学周围的治理》《建议在老成灌路奥林路口建人行天桥》，郑多派提出的《关于育苗路道路交通整治的建议》等都得到相关部门的采纳。盟员吕晨钟在2011年IEEE（美国电气和电子工程师协会）经济学国际研讨会上发表《农业实用人才队伍建设的思考——基于博弈论的视角》《基于多阶段博弈动态模型的合作社社员投资行为研究》两篇论文。盟员徐宁被评为2011年金牛区先进体育工作者、成都市田径优秀教练员。

【中国民主建国会成都市金牛区总支部】 2011年，支部有会员162名。总支主任谢俊参加全国政协干部培训班、省人大代表党外人士培训班；总支委员谢丹、杨晓琴、张军参加省社会主义学院第九、十期支部主任培训班，总支班子的组织协调能力和政治理论水平得到提高。全年围绕各级政府中心工作深入基层开展社会调查20余次，参加各种会议发言30余人次，提交议案、提案50多件，被省、市、区政府采纳20余件。谢俊在省人大十一届四次会议上提交的《关于农村拆迁过程中应该注意的一些问题及建议》等5件提案均得到肯定，其中《关于加大劳动监察力度确保依法用工的建议》被市政协办公厅采用。会员罗知斌的《关于打造成都金牛医药物流中心的建议》，涂勇的《关于加快修建黄忠大道B段道路的建议》等11件议案被区政协评为优秀提案。会员企业全年实现销售收入、产值合计33亿元，完成税收1.2亿元。会员投身公益慈善活动，捐款捐物总金额200万元，安置下岗工人和吸纳失地农民再就业800余人。

【中国民主促进会成都市金牛区支部】 2011年，支部有会员44人。支部开展学习《国家中长期教育改革和发展规划纲要》活动，持续创建学习型、实践型和创新型组织。全年撰写提案10余件，会员胡方廷的《进一步加强青少年法制宣传教育工作的建议》，马昌怀的《关于建立巴蜀历史文化博览中心的建议》《建设天回古镇现代田园城市示范小镇建议》，梁建武的《关于在茶店子花照片区重建子云亭的建议》等建议，分别刊登在《金牛统战》和《成都民进》等刊物。开展“学习‘七一’讲话，积极推动金牛科学发展”“庆祝建党90周年”活动。支部有9名会员被聘为民进四川省委工作委员会委员，1人被聘为民建成都市委专委会委员；支部主任胡方廷在民进成都市第十一次代表大会上当选民进成都市委会副主委，支部副主任杨伟被任命为区人口和计生局副局长，黄康毅调入成都市天回实验第二小学校任德育副主任，副主任梁建武被聘为区特邀监察员，胡方廷继续被聘为金牛区文化旅游和体育局行风监察员。在民进市委会基层组织工作表彰大会上，支部被评为2007—2011年度先进基层组织和2007—2011年度调研工作先进基层组织，会员胡方廷、马昌怀、梁建武、杨熙、刘丽、陈龙刚、罗小维被评为先进个人。

【中国农工民主党成都市金牛区支部】 2011年，支部有党员45名。加强组织建设，成立退休小组，定期走访慰问老同志，组织老同志开展活动；开展调研，撰写调研报告、提案及议案，支部主委石建辉及党员黎志勤、高红、崔柯、胡蓉等提交的《关于加快新建区中医院的建议》《关于为社区卫生服务中心增设特殊疾病门诊的建议》《关于三环路道路改造的建议》《关于我市主城区公交车的几点建议》等十余条提案、议案被相关部门采纳，部分项目实施完毕。开展定点帮扶等惠民活动，支部联合金牛区中医院对天回镇街道万圣村卫生站开展定点帮扶工作，定期到卫生站义诊并捐赠价值5000余元的物资；支部与金泉街道迎宾路社区两户困难户建立对口帮扶关系，定期捐助生活必需品；组织党员到金泉街道开展义诊1次，受惠群众200余人；支部党员高红到社区开展健康讲座6次，受惠群众600余人。主委石建辉被市司法局聘为法律援助爱心大使。

【中国致公党成都市金牛区支部】 2011年，支部有党员35人。支部开展调研活动，支部委员吉茂德提交的《关于加强对荷花池市场贩卖仿真枪的检查管理》得到金牛区公安分局的高度重视，副主委张昕萦参与市区政府“社会主义新农村建设中的环境保护现状与对策”“区域发展竞争力”“金牛‘198’项目”“武侯‘198’项目”“青羊‘198’项目”“温江‘198’项目”等重点课题的调研，提出针对性强、有价值的建议。支部的市、区政协委员、人大代表通过调研、考察等活动方式提交提案、议案、社情民意累计12件。支部加强制度建设，组织支部党员看望生病住院的老同志，定期组织退休老同志开展文娱活动等。组织参观建川博物馆等系列活动，增强支部的凝聚力和战斗力。

（何梦海）

工 会

【工会组织建设】 *工会组建和会员发展* 金牛区落实全国总工会“两个普遍”（依法推动企业普遍建立工会组织、依法推动企业普遍开展工资集体协商）的要求，依法推进工会组建和会员发展工作，新建工会组织400个，发展会员2.02万名；完善“党建带工建、工建促党建、党工共建”等长效机制，将党工共建纳入各街道工会工作目标，及时研究部署和总结党工共建工作；选树成都红杏酒家有限责任公司、四川徽记食品产业有限公司、西南建材（集团）有限公司作为金牛区的党工共建创先争优示范点。

“示范企业工会”创建　按照中华全国总工会主席王兆国“高度重视和切实加强企业工会工作”的指示精神和省、市总工会“抓示范、树典型”的有关要求，区总工会结合本区实际，研究制定《金牛区示范企业工会标准》，对工会组织建设、经济技术创新、维护职工合法权益、劳动安全卫生、困难职工帮扶、女职工工作、工会财务经审、职工培训教育等工作做出具体要求，继续在全区企业中开展“示范企业工会”创建活动。全年有13个企业工会被授予金牛区示范企业工会称号。

社区工会建设　新建社区工会服务站3个；继续推进社区工会规范化建设达标工作，16个社区工会通过区总工会验收达标，截至12月，全区有49个社区工会达到规范化建设标准。

“职工之家”建设　创建成都市模范“职工之家”4个，分别是四川安大体育用品有限公司工会、成都中汇制药有限公司工会、四川神坤装备股份有限公司工会、四川通惠实业集团有限公司工会；成都市模范“职工小家”2个，分别是成都市第二十中学校物理教师工会小组、成都睿祥科技发展有限公司储供部工会小组。

工会干部培训　5月27日，在区政务中心会议室举办金牛区推进“两个普遍”社区工会主席培训会，会上就依法深入推进普遍建立工会组织，依法深入推进普遍开展工资集体协商，社区工会规范化建设，社区劳动争议调解等项工作进行专题培训，区内各街道社区工会联合会主席、街道专职工会干部110多人参加培训。

街道总工会建立　12月16日，黄忠街道召开工会第一次代表大会，选举产生黄忠街道总工会第一届委员会和经费审查委员会。这是自2005年全市在街道建立总工会试点以来，金牛区建立的第6个街道总工会。

工会管理与服务体制创新试点　9月22日，在人民北路街道马家花园社区举行人民北路街道工会管理与服务体制创新试点启动仪式，标志着金牛区社区工会属地化管理试点工作正式启动。作为市总工会试点单位，区总工会通过调研和总结，在马家花园社区正式启动工会管理与服务体制创新试点工作，在结合民政部试点撤销城市街道办事处强化社区居民自治的工作方向基础上，将区总工会和社区工会联合会工作直接对接起来。区总工会赋予马家花园社区工会联合会在社区进行工会组织组建、工会会员发展审核审批职能，街道工会将其管理的基层工会按属地交由社区工会实施管理和服务；社区工会帮扶工作和重要工作直接向区总工会汇报；区总工会直接将补助经费下拨到社区工会；区总工会的重要会议和活动直接通知社区工会参加，不再由街道工会转发。

区域性、行业性工会联合会（联合工会）建设试点扩大试点范围。在西安路街道建立全市首个酒店行业工会联合会，同时在该辖区建立白果林社区百货批发市场联合工会和金琴南路社区小食品批发市场联合工会；在五块石街道建立大西南茶叶市场联合工会；在抚琴街道建立农贸市场行业联合工会；在天回镇、荷花池、茶店子街道建立7个区域性的小型企业联合工会。

【职工民主管理】　职工代表大会制度　区总工会继续加大非公有制企业厂务公开民主管理扩面工作，全区已建工会的非公有制企业93%建立职代会、厂务公开等民主管理制度，推进区“世界500强”企业建立职代会制度、厂务公开等民主管理制度。

厂务公开　完善区厂务公开工作联席会议制度。8月25日，召开全区厂（事）务公开工作成员单位联席会议，联席会议成员单位区纪委、区教育局进行述职，研究确定本年度全区厂（事）务公开民主管理工作要点，并就金牛区2011年厂（事）务公开的自查、检（抽）查作具体安排。9月，全区各级厂务公开领导小组及其办公室对实行厂务公开情况进行自查，自查率85%，职工对厂务公开的满意度90%。9月28日，在所属基层单位普遍自查的基础上，由区厂务公开联席会议成员单位组成检查组，分别对金牛区文化馆、成都市五块石小学校、成都骨伤医院、成都市鑫金资产投资经营有限公司、四川省长征机动车驾驶培训学校有限公司（非公）、金牛山庄（非公）实行厂（事）务公开情况进行检查。

劳动关系和谐企业创建　5月13日，金牛区创建劳动关系和谐企业工作例会就创建步骤和工作责任分工进行安排部署，各责任单位按照创建实施意见分头抓落实。6月21日，由区总工会、区委组织部、区委宣传部、区人社局、区建交局、区发改局、区安监局、区工商局、区国资办、区工商联、区企业家协会组成考核验收小组，对全区75家非公企业和2家国资公司劳动关系和谐企业创建工作进行检查评估。全年获省模范劳动关系和谐企业称号1个、市模范劳动关系和谐企业称号5个、市劳动关系和谐企业29个。

平等协商集体合同 区总工会深入推进集体合同、工资集体协商协议和女职工专项集体合同签订工作，督促指导企业（用人单位）与职工签订工资集体协商协议，已建会企业工资集体协商协议和集体合同签订率85%。

【职工维权】 5月25日，2011年区职工维权工作领导小组会议召开。会议总结2010年全区职工维权工作，并商讨确定2011年全区职工维权工作重点。8月26日，区职工维权工作领导小组成员单位第二次联席会召开，各成员单位汇报半年维权工作情况。区总工会全年直接受理因薪酬引发的劳动争议纠纷3件，均及时妥善进行处理，涉及金额4万元；区职工法律援助中心对符合法律援助条件的困难职工给予法律援助，办理职工维权案件49件，其中办理农民工维权案件41件、其他职工维权案件8件（含群体性纠纷案件3件），职工维权案件占所有民事法律援助案件的56%，受援人数200余人，对符合条件的职工提供援助率100%；劳动争议仲裁委员会受理劳动争议案件547件，结案495件，结案率90%。

【民生工程】 *新市民素质教育* 与团区委、区妇联共同承办2011年市、区民生工程“对2000名农民工实施新市民素质培训”任务，根据工作分工，区总工会全年举办4次、8个专题的培训，包括国学、礼仪、家庭教育、法律维权、城乡环境综合治理等相关内容，培训714人。

下岗失业失地就业援助 区总工会采用多种方式扩大就业规模，提高就业质量。全年加大创业实岗培训工作力度，根据就业转失业人员和返乡农民工的需求，结合创建创业型城市要求，进行家政服务、计算机文字处理、餐厅服务等专业的技能培训298人次；通过全国工会千万农民工援助行动，完成农民工培训1000人次；通过各种渠道提供就业岗位750余个，完成城乡失业人员再就业200人。

“春风行动” 联合区就业局连续举办7场社区招聘会，来自区内76家企业提供岗位1700余个，1256人签订意向性用工协议。

民营企业招聘周 联合区就业局在黄忠街道开展“民营企业招聘周”活动。围绕“为高校毕业生就业搭桥，为民营企业招聘人才服务”主题，开展多种就业服务活动，为民营企业、高校毕业生、农民工提供就业服务。20多家企业参加招聘周活动，提供就业岗位1600多个，帮助35名求职人员与用人单位达成就业意向，签订职业技能培训意向120人，印发政策宣传品1万册。

工会小额贷款 为19户创业人员提供5.7万元小额贷款贴息，为2户创业人员提供0.6万元创业援助金。

【服务职工】 *劳模管理* 全年慰问各级劳模80人次，慰问金额8.4万元；向71名离退休劳模发放荣誉津贴6.3万元。

职工互助保险 全年参保职工1.25万人次，参保资金69.6万元；355名职工获得赔付，获赔金额37.8万元。

协调劳动关系“三方”会议 6月27日，金牛区协调劳动关系三方召开第十九次会议，调整协调劳动关系三方会议的代表，审议通过街道建立企联分会及劳动关系三方协调机制、创建劳动关系和谐街道等内容，并总结上半年开展工资集体协商协议签订工作及创建劳动关系和谐企业活动情况，对积极参与推动工资集体协商、劳动关系和谐企业创建工作提出具体意见。11月8日，金牛区协调劳动关系三方召开第二十次会议，通报金牛区2011年和谐劳动关系街道创建工作情况及推进“两个普遍”工作情况；明确金牛区开展创建劳动关系和谐企业示范点的有关工作要求及工作步骤。

【送温暖工程】 *“送温暖”活动* 区总工会全年为63名建档困难职工发放慰问金（慰问品）3.8万元；为245名其他困难职工和农民工发放救助金30万元；慰问社区困难户10户，慰问金额0.2万元；送800名农民工平安返乡；慰问残疾人企业白马印务有限公司残疾职工50名，慰问品价值1万元；3月5日，开展为女职工“送知识、送健康”活动，向全区20名建档困难女职工赠送保障金额48万元的女职工特殊疾病互助保险，同时为全区各界女职工代表赠送500套健康知识书籍；中秋节慰问一线企业职工2000多人，送月饼等慰问品价值4.3万元。

“惠民助学” 8月26日，在天回镇街道举行2011年“阳光助学”金发放仪式，为34名在读学生代表发放助学金2.7万元。7—8月，在对全区困难职工（含农民工）在读和新入学子女进行摸底调查的基础上，自筹资金对全区175个家庭的201名在读学生（大、中、小学生）进行助学救助，救助金额17万元。

“清凉送一线” 7月20日，区委常委、区总工会

主席申勇率区总工会等有关部门负责人慰问四川神坤装备股份有限公司、兴盛皮革2家企业的670名职工，送去价值3万元的防暑和降温物品。全年，区总工会通过“送清凉”活动对区内20余家企业、公安、城管和重点建设项目的近5000名一线职工进行慰问，发放慰问品、慰问金共计21万元。

【工会重要活动】 职工技能比赛　9月7—9日，在小四川酒楼举办成都百万职工（金牛赛区）技能大赛暨金牛区第八届职工技能比赛，比赛项目设中餐厅服务员摆台、艺术插花、厨艺（冷拼、立体雕刻）等，参赛职工220名，评选出技术能手36名，区总工会向获得技术能手的选手颁发证书和奖金。9—10月，与区公安分局共同举办警察职业技能比赛，比赛项目设警察基础业务、警察搜查带离技能、警察射击技能、警察负重越野比赛，参赛选手472人，32名选手获得区优胜选手奖励，其中12名获成都市总工会优胜选手奖励。6—9月，与区教育局和区教育工会共同举办教育系统教师教学技能大比武活动，参赛教职工1234人，获个人一等奖256人、二等奖332人、三等奖362人。继续推进技师培养五年行动计划，培养技师32名。

“安康杯”竞赛　组织465家企事业单位报名参加成都市第十三届“安康杯”竞赛活动；表彰区级“安康杯”竞赛活动优胜单位126个、优秀组织单位15个。获2011年度成都市“安康杯”竞赛优胜单位3个、优胜班组3个，区总工会、区安监局被评为优秀组织单位。

调研活动　6月，全区开展一次非公企业工资集体协商工作问卷调查，就非公企业签订工资集体协商协议情况和企业职工的工资、福利状况及职工对工资集体协商的看法和期望值等问题，编制下发《金牛区非公企业工资集体协商工作调查问卷》和《金牛区非公企业签订工资集体协议情况调查表》。此次调研活动历时1个月，调查企业70家，收回调查问卷420份，调查统计表14份。通过统计分析，区总工会形成一篇题为《切实加强工资集体协商，建立工资正常增长机制——关于我区工资集体协商工作情况的调查报告》，被成都市总工会《成都工运》2011年第53期采用。

城乡环境综合治理“进企业”　开展相关宣传工作，指导督促企业开展治理内部环境、加强职工教育等工作，为社区、企业职工群众放映坝坝电影33场，检查指导企业22家，56家城乡环境治理进企业先进单位受到表彰奖励。

庆“五一”职工文艺演出　4月26日，区总工会与区文化旅游和体育局联合举办劳动者之歌——金牛区庆“五一”职工文艺演出，来自基层工会的400余名职工代表参加活动。

（何文杰）

共青团

【青年大学生创业园】　2011年，“一园多点”创业体系日趋完善。金牛区创业园面积9744平方米，配套建设创业公寓4320平方米，设置会议室、阅览室、食堂等公用设施；建成夏尔、盖亚游戏动漫专业孵化基地、国际商贸城中药材加工销售基地，“一园多点、立体支撑”的创业园区基本形成。中心园区硬件设施保障、运行、建设共投资230.8万元，新增创业园面积624平方米；新增入园项目45个，在园孵化项目141个，园区承载能力大幅提升。

园区项目跨越发展　截至11月，海南天元基地实现销售额3100万元；国际商贸城基地实现销售额1900万元。重点项目运行质量明显提高，1月，卓文华讯引入200万元投资成立控制子公司成都移联创科技有限公司，获得时尚集团两年千万级别合同订单、时尚集团及某报业集团的参股、申请6个系统软件著作权；奇赢网络科技网络运营和推广日趋成熟，主要业务双虎家私实现平均每月线上产值60万元；与厂商合作创建化妆品牌上线运营，预计实现产值600万元—700万元；拓成工业产品设计新建300平方米的产品制造基地，实现从设计到生产的流水线作业。

创新型人才项目集聚　创业园引进博士、硕士等国内外高层次人才50余人；项目涉及电子商务、游戏动漫、金融外包、创意软件等多个行业，其中6个被团市委授予重点项目。全年新增专利21个，累计有42个国家专利，拟申请专利7项。

创业促就业成效凸显　创业园初步形成以电子商务、先进制造、服务外包、工业设计、中药材销售为主导的集群，中鑫网络科技、拓成工业产品设计等一批高新技术企业实现规模化发展，创业促进就业成效凸显，全年带动灵活就业800余人，新增就业200余人。森盛智能科技、卓文华讯获成都市人社局颁发的成都市高校毕业生创业示范项目奖。

【组织建设】　基层团组织格局创新　在全区14个街道选配编制外街道团工委副书记和委员，选聘人员采取街道自主选择与团区委下派相结合的方式，从共驻共建青年志愿服务联盟、区教育局系统、区公安系统、非公团组织等不同青年群体代表中选配副书记，拓宽基层组织联系青年和整合资源的渠道，解决基层团组织普遍存在的工作力量不足、缺乏组织活力、联系青年渠道单一等问题，探索“使团的基层组织网络覆盖全体青年，使团的各项工作和活动影响全体青年”的实现路径；与区委组织部、区创先争优活动领导小组办公室联合西南交大、中医附院、川大锦城学院遴选37名优秀青年在11月正式到岗，其中硕士研究生学历11人、研究生在读14人，平均年龄26岁，87%以上是中国共产党党员。

“两新”组织团建　全区非公建团采取灵活设置，在原有独立建团、联合建团、依托建团、园区建团的基础上，推进行业建团、产业建团等非公团建新模式。全年，“两新”组织新建团组织90个，其中规模建团3个、青年（大学生）创业园新建团组织20个。

团干培养　团区委全年发展新团员1123名，推优入党106名。举办2011年度团干部培训班，邀请省委党校教授讲解十七届六中全会精神，全区各级团干部100余人参加培训，新任职团干培训率100%。

【青年文化建设】　文化活动　举行金牛区纪念“五四”运动92周年青春歌咏会暨第六届青年文体节、“我感恩 我快乐”青年演讲比赛、“我运动 我快乐”辖区单位羽毛球团体友谊赛三大版块活动，参加青年300余名。健全信息网络，“创业金牛”网站、“金牛共青团”微博、“金牛团干之家”QQ群成为全区团员青年交流、学习的平台及全区共青团工作对外宣传的窗口。

“五老”志愿者义务监督　全区有近百名“五老”志愿者参与，持金牛区网吧与游艺娱乐场所义务监督员证在全区网吧和游艺娱乐场所开展监督活动，引导青少年文明上网、健康上网、安全上网。“五老”义务网吧监督团的124名老同志联合相关部门对全区150余个网吧进行4次大型监督巡查，对存在问题的30余个网吧及时通知职能部门予以处理。

【民生工程】　就业促进工程　帮助农民工就业创业，举办新市民素质培训4期、8讲，培训农民工808人；农村青年技能培训40人；推进青年（大学生）创业，发放青年创业小额贴息贷款60万元，全年实现青年（大学生）就业226人、创业120人。

社会保障工程　全年，新增12个标准化社区志愿服务站，每个站每月开展活动不少于两次；新招募青年志愿者1000余人，培训骨干志愿者100余人次。

（蒲雨薇）

妇女联合会

【“巾帼建功”活动】　金牛区开展“争创巾帼文明岗，创先争优在金牛”主题活动，命名区级“巾帼文明岗”30个；人民北路街道新村河边街社区劳动保障服务站被评为省“巾帼文明岗”，驷马桥街道曹家巷社区卫生服务中心综合病区、九里堤街道康禧路社区居民委员会被评为市“巾帼文明岗”；李晔被授予省“三八”红旗手称号。联合举办2011年金牛区女干部培训班，积聚女干部工作动力，促进生活质量与综合素质的提升。

【统筹城乡女性发展】　策划组织女性淘宝网上创业培训班，联合举办2011年“春风行动”现场招聘会，帮助妇女创业就业；组织家庭就业技能培训832人，指导基层妇联实施女性创业就业技能培训1270人次，帮助774人次实现就业创业；培树区级女性灵活就业示范基地1个、巾帼就业致富带头人17人；做好小额贴息贷款政策的落实，提供小额贴息贷款60万元。

【家庭教育】　推进“让我玩”体育公益项目，实施“新市民”培训计划，推进“春蕾计划”，承接“社区妇联艾滋病防治能力建设”项目；完成全区留守儿童基本情况摸排和区内11名留守儿童走访慰问工作。发挥区家庭教育指导中心作用，举办“父母有智慧　孩子更成功”系列家庭教育讲座5场，编印《教子有方》（青春篇）家庭教育系列读本1万册；组织母亲节征文活动；指导基层妇联开展家庭教育讲座36场，6000余名家长受益；组织开展家庭教育实践活动31次，参与人数1500余人次。

【女性权益维护】　通过构建“机制社会化、阵地长效化、人员专业化、服务品牌化”工作模式，形成覆盖面更广、社会化格局更鲜明的妇联维权工作网络体系。全年调处信访案件228件，实施免费法律援助4件，新建“流动妇女平安之家”1个，举办法律知识讲座5期。

【和谐家庭建设】 组织开展“三八”国际劳动妇女节系列纪念活动，展示现代女性新风采；推进“文明家庭”创建活动，先后组织开展“星级文明家庭”评选、“书香金牛”——金牛区全民阅读暨“十佳阅读之星”选拔赛、承办市妇联“分享阅读，感受快乐”家庭读书活动暨首个家庭读吧授牌仪式、社区巾帼志愿服务站建设、全民健身好家庭、“锦程·红标”爱心卡接力活动、“巾帼齐参与、共创洁美家”城乡环境综合进家庭、“三新”结对活动等工作，各类文明家庭典型不断涌现。

【“两规”工作】 履行妇儿工委办公室职责，组织对全区“两规”完成情况进行全面、系统、科学的评估。区内妇女6个领域、儿童4个领域可量化的78项指标中，有75项全部达标，达标率96.2%；编印画册《走在幸福的大道上——金牛区2001—2010年妇女儿童发展规划纪实》，向社会全面展示金牛区“两规”实施10年来区内妇女儿童事业发展取得的成果，广泛调研和征求意见，着手编制未来10年妇女儿童发展纲要。

【妇联组织建设】 完成社区妇联换届工作，并在全区106个社区妇联全部建立“妇女之家”，建设率100%；探索基层妇联“一社区一品牌”工作模式，指导14个社区“妇女之家”开展示范建设，其中3个社区“妇女之家”被市妇联命名为优秀“妇女之家”。由于工作成效显著，区妇联被省妇联授予基层组织建设先进集体称号。举办2011年街道、社区妇联干部培训班，编印《街道、社区妇联工作手册》，加强对基层妇联干部的业务能力培训。创建“金牛妇女儿童”博客和微博，拓宽工作平台。

（李　晔）

工商业联合会

【组织建设】 2011年，金牛区工商联召开区工商联（总商会）四届九次执委会，增补16名金牛区工商联（总商会）副会长、常委和执委；成立金牛区汽车商会、金牛区盐亭商会、金牛区达县商会，发展新会员300余人；深入街道分会调研十余次；召开街道分会常务副会长和秘书长会；先后对50家会员企业进行走访调研和摸底考察。

【民营经济】 区工商联贯彻《国务院关于鼓励和引导民间投资健康发展的若干意见》和《中共中央、国务院关于加强和改进新形势下工商联工作的意见》精神，履行区民营经济领导办公室职能职责。全年全区民营经济增加值322.88亿元，同比增长16.3%，民营经济增加值占全区GDP比重54.5%，全区民营经济发展态势良好。

【服务工作】 区工商联举办“境内企业境外上市及融资”“日本海啸对亚洲经济的影响”“海外经济形势分析”等专题讲座，并组织会员企业参加省、市联和其他相关部门主办的各种会议和培训，参加人员上千人次；协调解决金牛区民营企业融资贷款，在民生银行获得5000万元的贷款受信额度；结合会员企业反映的困难和问题，专门邀请全国政协委员到企业调研，并将调研成果以提案形式提交全国政协，引起国家相关部门的重视。

【光彩事业】 区工商联组织、动员会员企业参与光彩、公益（慈善）活动，6家会员企业向省内外受灾和贫困家庭、贫穷落后地区捐款捐物。

组织会员企业捐资修建南充市仪陇县度门小学校和彭州市丹顶小学校；组织会员企业成立爱心基金，每年出资30万元—50万元帮助修建希望小学；组织会员企业捐献希望小学4所，公益捐款共562.6万元。

（袁　平）

（审读：邓开龙）

司　法

JUDICATURE

审　判

【法院管理】 2011年，金牛区审判执行工作在全省基层法院质效综合评估中排名全省第五、全市第一；推进廉政建设，严格责任，落实领导干部党风廉政建设责任制，坚持从严治院，一岗双责，强化教育，引导法官树立“公正、廉洁、为民”的核心价值观；严肃查处，开展“百万案件评查”活动，被市法院评为2011年党风廉政建设工作先进单位；强化司法能力建设，整合人力资源配置，优化队伍结构，持续推进“人民法官为人民”等主题实践活动，开展“四最型”法院队伍建设，坚持开展岗位练兵和技能竞赛，提升法官司法能力，被市法院评为2011年队伍建设工作先进单位。

【案件审判】 2011年，金牛区法院受理各类案件11589件，结案10497件，结案率90.6%。

刑事审判　受理一审刑事案件1681件，审结1678件，结案率99.8%。作为最高人民法院开展量刑规范化办案系统试点法院，运用规范量刑标准软件等多种手段，全面开展量刑规范化工作。

民商事审判　受理一审民商事案件7631件，审结6721件，结案率88.1%。审理房地产、买卖合同等事关经济发展的案件1142件，发挥司法对经济社会秩序的规范引导作用；审理劳动就业、医疗教育等涉民生案件988件，增强人民群众幸福感。开展“大调解”工作，民事案件调撤率65.1%。

行政审判　受理一审行政案件76件，审结67件，结案率88.2%。拓展行政审判职能，开展“百项司法建议”活动，加强与行政机关良性互动，取得良好效果。

执行工作　受理执行案件2201件，执结2031件，执结率92.3%。加大执行工作力度，采取强制措施1243件次，司法拘留13人，对1名拒不履行生效法律文书的被执行人依法追究刑事责任，对4名经济确有困难的申请人予以司法救助，被省法院评为“百日执行会战”优秀单位。

金牛区人民法院洞子口法庭

【审判监督】 区法院全年受理再审案件3件，发挥审判监督程序的纠错功能，纠正裁判确有错误的案件。

【人民陪审员】 区法院设立人民陪审员工作专门管理服务机构，落实人民陪审员增选工作，严格标准，全年选聘人民陪审员46名。人民陪审员参与案件审理1807件，其中刑事案件562件、民事案件1127件、行政案件118件。

【人民法庭建设】 建成金泉、天回镇、洞子口3个人民法庭。加强信息化建设，全面实现法庭与法院本部联网办公，人民法庭集法律咨询、立案、诉前调解、审判等多种功能于一体，审理各类民商事案件4041件，充分发挥前移矛盾调处关口，便民利民，构建纠纷解决的全覆盖网络的作用。

【司法服务】 民意表达渠道 强化信访接待，打造院长"四公开"平台，落实信访逐级负责制；完善信访突发性事件处置机制、责任倒查机制。全年接待来访2126批次，处理群众信访件37件，办理信访督办、自办件26件，同比下降43.5%。

便民利民措施 推进立案窗口建设，创新开展特殊群体上门立案、网络预约立案等服务，方便群众参与诉讼活动。

"绿色通道" 对进城务工农民、伤残和低保人员等起诉的案件，实现立案、审理、执行三优先。

司法救助 全年减、缓、免交诉讼费67.7万元，发放司法救助金7.9万元，依法为11名被告人指定辩护人。

法治宣传 开展巡回审判、法官联系社区和"四进"活动，到社区、企业学校现场开庭、调解125件次，以丰富生动的方式宣传法律知识。

【司法公开】 区法院开展"走进法庭听审判""法院开放月""集中视察日"等活动，邀请356名人大代表、政协委员、社区干部、大中专院校学生走进法院亲历司法活动；制定《审判信息网络公开工作规程》，稳妥推行"6+1"审判公开模式，在互联网上搭建专门审务公开平台，公开办事流程，公开立案、裁判文书、执行等信息10479条，公开率80%；借助信息化手段，实现所有一审普通程序案件的同步录音录像，探索建立庭审录播及直播工作机制，提升司法透明度。

（曾广春）

检　察

【检察职能】 2011年，金牛区检察院依法打击犯罪，维护全区稳定，履行批捕、起诉职能，全年批捕各类刑事犯罪嫌疑人1871人，起诉2332人，推动社会治安环境的好转。保持对"两抢一盗"、敲诈勒索、绑架、强奸及聚众扰乱社会秩序等严重暴力犯罪行为的严打高压态势，打击此类犯罪1212人；依法从重从严打击破坏社会主义市场经济秩序的金融诈骗、制假售假、侵犯知识产权等犯罪行为，成功办理"8·19"销售盗版光碟大要案，被评为全国扫黄打非工作先进集体并获全国查处侵权盗版案件有功单位一等奖。在打击犯罪的同时，贯彻宽严相济刑事司法政策，对未成年犯、过失犯、初犯、偶犯及其他危害性不大的罪犯依法从宽处罚。全年不批捕150人，微罪不起诉38人，有效减少不和谐因素，促进社会稳定。

【预防职务犯罪】 区检察院把群众反映强烈、影响发展和稳定的职务犯罪作为工作重点，全年依法立案侦查贪污、贿赂、渎职等各类职务犯罪23人，其中查办贪污贿赂犯罪16人、渎职犯罪7人，起诉13人，判决6人。推进职务犯罪预防工作，开展多种形式的职务犯罪预防活动，编印上万册《预防职务犯罪知识读本》向全区干部和群众发放，组织全区机关、学校、企事业单位参加职务犯罪预防专题讲座，到成都监狱、金堂监狱接受警示教育，观看全国检察机关惩治和预防渎职侵权犯罪成就展四川巡展4000余人次；向工程投标单位、建设主管单位提供行贿犯罪档案查询245件，及时发现并果断处置一起陪标事件。

金牛区人民检察院预防职务犯罪宣传

金牛区人民检察院法制流动讲座

【诉讼监督】 区检察院全年纠正漏捕44件、54人，纠正漏诉38件次，监督侦查机关立案52件、81人，纠正不当立案12件、19人，监督行政执法机关向公安机关移送犯罪线索18件；提出量刑建议1301件，法院采纳率97.6%；提出刑事抗诉2件；提请市检察院提出民事抗诉2件；提出再审检察建议2件。对成都监狱668名罪犯的减刑、假释和暂予监外执行进行检察；加强对监外服刑人员刑罚执行情况的监督，辖区内监外服刑人员再犯罪率不断下降；加强对超期羁押的监督，全区继续保持“零超期”。

【社会矛盾化解】 区检察院坚持把化解矛盾贯穿执法办案始终，落实首办责任、检察长接待、领导包案、“三长”接访制度，做好群众来访接待工作，院信访接待室被最高人民检察院继续授予文明接待室称号。依托全区“大调解”工作格局，开展“检调对接”，成功调解16件刑事案件的民事部分，有效化解矛盾。全年接待群众来信、来访114件次，办理的各类案件基本上做到案结事了人和，无一例到省到京涉检上访。

建立刑事被害人救助机制，对15名被害人及其近亲属进行救济金救助和法律援助，发放救济金10万元；探索附条件不起诉和合适成年人参与制度，加强对未成年人权益的保护；依托检察工作点，开展送法送服务活动，全年在15个街道、53个社区走访干部、群众240余人次，发放检察官联系社区卡1000余张，发放宣传资料7200余份，开展法制宣传11次，带案下访15次，了解社情民意，积极化解矛盾。

【社会管理创新】 区检察院加强与全区各职能部门的联系沟通，协助公安、卫生检验、产品质量、安监等部门开展社会治安综合治理、打击假冒伪劣产品、查处“地沟油”、促进安全生产等专项活动。在执法办案过程中注意分析查找社会管理存在的问题，及时向区卫生局、区公安分局等有关职能部门提出强化管理的检察建议6份，督促相关部门及时整改。

【公正廉洁执法】 区检察院落实党风廉政建设责任制和“一岗双责”责任制，加强对干警的教育、管理和监督；开展“反特权思想、反霸道作风”、规范检察人员与律师交往行为作风教育活动，强化干警文明执法意识；运用检务督察、诫勉谈话等方法，加强对干警落实工作和遵章守纪等方面情况的监督检查，无违纪违法行为发生。

坚持把党的领导与依法独立行使检察权统一起来，自觉将各项检察工作融入党的工作大局之中，在执法办案过程中贯彻执行党的路线、方针、政策，坚决执行区委各项工作部署和要求，坚持重要工作部署、重大案件办理和重要改革措施及时向区委报告，确保党对检察工作的绝对领导和工作的正确方向。落实党内要案请示报告制度，及时按要求完成区委督办、交办工作。

增强人大监督意识，落实重大事项报告制度，2011年向区人大常委会专题报告控申工作，并依据审议意见整改落实；办理区人大督办、转办件；加强工作联络，邀请代表、委员参加座谈视察、观摩庭审、附条件不起诉案件听证和检察开放日等活动；走访人大代表、委员，并根据代表、委员意见建议加强和改进检察工作。

（李薇薇　李胜宾）

公　安

【概　况】 2011年，金牛区公安分局践行成都公安“忠诚、责任、公正、民生”的核心价值理念，为金牛区经济呈现止滑上扬态势、社会保持总体和谐稳定做出贡献。全年打击处理2502人，同比上升10.1%；行政拘留3653人，同比上升9.7%。全局有76个集体、481

名民警受到各级党委政府和上级公安机关表彰、授奖。

【维护社会稳定】 区公安分局全年刑事拘留涉稳违法犯罪人员30人、逮捕9人、行政拘留7人。维稳工作机制有效运行，实现应急式维稳向常态化维稳的转变，最大限度预防和减少突发群体性事件的发生。全年出动警力2000余人次，妥善处置各类群体性事件415起；发现各类不稳定因素460起，妥善解决各类小矛盾、小纠纷、小隐患300余起。基层派出所充分发挥维稳主力军作用，80%的矛盾、纠纷、事件处理在基层，化解在萌芽状态。

【严打刑事犯罪】 区公安分局围绕“打击预防各类违法犯罪”中心业务，履行公安机关的主责，“春季攻势”“夏季会战”全市综合排名第一，“清网行动”中完成市局85%的清网目标，“冬季战役”取得良好成绩，全局提前一个月超额完成打击主体目标任务。全年破获各类刑事案件3527件，命案破案率96.4%，破获“两抢两盗”案件1419件，同比上升74.1%；禁毒工作稳步推进，破获毒品刑事案件296件，同比上升9.2%，逮捕465人，同比上升33.6%，行政拘留407人；破获经济案件211件，同比上升97.2%，逮捕77人，同比上升37.5%，挽回经济损失6022万元。

【治安防控】 区公安分局坚持警力跟着警情走的原则，深化三级预警防控体系建设，以提高见警率为核心，通过整合警力资源，构建显性防控网络，全方位、经常性地展示“警力存在”，提高社会面控制力和人民群众的安全感；加快推进“天网”智能化升级改造，完善综合卡口管理监测系统，健全行业场所分

金牛区公安分局维稳工作会

金牛区公安分局警营文化长廊

级管理制度，坚持治安查处“零容忍”，加大对各类娱乐服务场所的管理和查处力度，从严查处“黄赌毒”违法犯罪，治安管理工作更加有效。全年行政拘留3653人，同比上升9.7%，其中涉黄涉毒1669人，同比上升17.1%。完成上级布置的各类警卫安保任务92起。

【社区警务】 区公安分局立足社区警务建设，将全区109个社区的2000余个小区划分为4类，通过分类差别化管理，打造“零发案”小区，力争实现不重复发案；在全区科学规划设置26个夜间临时占道停车场，综合运用消防管理等手段，促进小区、单位防范措施的落实，以小区院落、单位、场所防范能力的提升带动全区治安的整体好转；强化对实有人口、出租房屋的管理，加强与街道、社区的协调，有效整合各类群防群治力量，提升社区安全防范能力和水平。“冬季战役”中，全区涉案警情3742起，环比下降27.1%，同比下降24.7%。通过流动人口、出租房屋管理，抓获在逃人员31名，通过“大情报”系统抓获在逃人员121名，发挥基础工作服务主责、强化防范的作用。

【热点整治】 区公安分局落实治安热点部位滚动排查、滚动整治和挂牌整治工作机制，在分局层面设置茶花片区、荷花池地区、金泉辖区城郊结合部3处、各派出所辖区各设置1处共计21处治安严管区；明确整治组织形式，采取“打击先行、整治跟进、管理巩固”的方法，剥离警情分析发案原因，刑侦、治安、防范各司其职，实现严管区外围封堵和内部综合治理的有机结合；加大整治片区管控力度，逐步解决各区域存在的突出问题，实现“整治一处，巩固

一处，构建一处，见效一处”的工作效果。通过持续不断地综合治理，治安严管区及周边警情和案件大幅下降，街面无明显突出治安问题，各派出所列建的“严管区”整治效果明显，群众满意率均达85%以上。营门口辖区茶花片区“城中村”整治工作得到市委领导的肯定。

【执法规范化建设】 区公安分局树立“抓执法就是抓队伍”的理念，“专派结合”法制员制度的推行为全局的执法质量提升打下基础；涉案财物集中管理中心的设立有效化解基层执法的难点，成为全省亮点；执法功能分区规范基层执法办案硬件建设，得到上级肯定。分局执法质量和执法水平率先达到市局“四个全面实现”的要求，被市局评为2011年度执法质量优秀单位，被成都市劳动教养管理委员会评为劳动教养工作先进单位。同时，被市局评为基层法制员制度建设先进单位，成为唯一获此殊荣的城区分局。

【民意引导警务】 区公安分局坚持民意为先，以群众满意为导向的测评体系初步建立，联系群众更加紧密。以“大走访”开门评警、“警民亲”活动为载体，领导带头，全局参与，广纳民意，帮贫问苦，把群众是否满意作为第一评判标准和最高准则，回应群众期盼和要求，全区社会治安群众满意度、公安工作群众满意率不断攀升。分局全年收到群众赠送的锦旗、感谢信106件，第三方调查测评总体满意度下半年比上半年上升16.4%，全省181个基层公安机关或派出所工作群众满意度测评结果在全市城区分局排名首位。

金牛区公安分局清查茶花片区治安情况

（彭 奕 王 飞）

司法行政

【人民调解】 2011年，金牛区以化解社会矛盾和维护社会稳定为主线，开展“三案”（积案、难案、大案）攻坚克难活动、“四无社区”创建活动，突出行业调解，创新建立“三所”联调机制；建立并完善物业纠纷人民调解委员会、交通事故纠纷人民调解委员会、劳动保障和建设行业纠纷人民调解委员会、荷花池市场矛盾纠纷人民调解委员会；区行业调委会全年受理纠纷686件，调解成功679件，调解成功率99%。

6月1日起，区司法局分别在荷花池、天回镇、沙河源和金泉4个街道公安派出所试点设立人民调解室，聘请专业律师参与派出所在接处警和受理群众求助的部分治安类纠纷调解工作。截至12月，4个驻派出所调解室受理纠纷330件，调解成功287件，调解成功率87%，缓解基层警力不足的压力，“三所”联调机制在全区范围内推开。

全区各级调解组织全年调解各类民间纠纷3150件，调解成功2945件，调解成功率93.5%；全区102个社区中成功申报“四无社区”57个，“四无社区”创建率55.9%。

【全民法制宣传教育】 2011年是“六五”普法工作启动之年，金牛区以“发挥一个阵地、利用两大载体、落实三条措施、开展四项活动”为工作思路，深化全民法制宣传教育工作。“发挥一个阵地”，即以社区法制宣传栏为普法阵地，及时更新宣传内容，方便社区居民就近学习法律知识。“利用两大载体”，即以免费发放法制宣传环保袋和《居民法律知识读本》等法律书籍为载体，开展全民法制宣传教育活动，提高社区居民参与全民法制宣传教育活动的积极性。“落实三条措施”，即工作督查措施，不定期对各街道工作情况进行督查；目标考核措施，将文明城市复查迎检工作纳入全年目标考核；信息交流措施，各街道每周要以信息形式上报进展情况，保障创建各项指标落实到位。“开展四项活动”，即“流动宣传站”进院落活动，坚持每周在每个社区的不同院落开展一次流动法制宣传活动；“律师法律咨询日”活动，集中社区律师每周分别在每个社区开展一次“律师法律咨询日”

活动；“社区法制讲堂”活动，组织社区律师通过“社区法制讲堂”活动，针对居民最关注的法律热点、难点问题，进行讲解、案例分析或答疑；“送法入户”活动，组织法制宣传志愿者队伍深入社区院落开展“送法入户”活动，确保全民法制宣传教育活动的覆盖面。

【法律援助】 5月，区司法局在全省范围内率先开展“法律援助一小时服务圈”专项活动。通过此次活动，一方面在全区102个社区建立由律师、基层法律服务工作者参与的法律援助联络点，健全法律援助工作网络，将法律援助直接办到社区群众身边，让群众在一小时内就能够就近申请到法律援助服务；另一方面将法律援助初审权下放到法律援助工作站，加强对工作站人员的培训，使法律援助工作站承担起审核、受理事项的功能，向符合条件的申请者提供“一站式服务”，压缩法律援助各个环节的时间间隔，减少法律援助等待时间。区法律援助中心全年受理法律援助案件227件，对城乡人群提供法律援助1134人次，其中受理民事案件110件、刑事援助案件127件；接待来电、来访咨询680余人次，其中受理农民工援助申请32件，对农民工法律援助率100%。

【法治城市创建】 金牛区以“六五”普法启动为契机，按照“一区一特色，一部门一亮点”的工作思路，狠抓法治城市创建工作，通过严格依法行政、加快司法体制改革、加强依法治理等工作，打造出“金牛区法治文化一条街”“法律援助一小时服务圈”“三所联调化纠纷”等特色、亮点工作，推动全区普法和依法治理工作深入开展。

【安置帮教与社区矫正】 区司法局开展安置帮教各项工作，解决“三无”刑释解教人员的实际困难，减少重新违法犯罪，维护社会稳定，全年接收刑释解教人员150名，其中刑释人员96名、解教人员54名。区各级安帮组织开展帮教150人，帮教率100%，无重新犯罪人员和重新劳教人员。

9月9日，区司法局到成都监狱探望27名金牛籍服刑人员，送去生活用品，将安置帮教和社区矫正工作前移。10月，区司法局围绕“警民亲”活动开展“亲情帮教大走访”，重点走访22名家庭困难的帮教人员及其家属，展示司法行政机关开展“警民亲”活动的良好形象。

社区矫正试点工作正常有序开展。区3个社区矫正试点单位在茶店子、五块石和荷花池3个街道进行，截至12月，在册的社区矫正人员27人，其中缓刑21人、假释2人、暂予监外执行3人、剥夺政治权利1人；累计接收社区矫正对象69人，解除矫正42人。

【法律服务进社区】 区司法局完善“一街道一法律服务机构”和“一社区一律师”的对口法律服务制度，采取每周定期到社区和院落坐班、根据社区需要随叫随到等形式，安排律师（法律服务工作者）进驻所有街道、社区，为群众免费提供法律咨询，直接参与矛盾纠纷及涉法涉诉涉访问题的调处。同时，区司法局制定《社区人民调解工作实施细则》和《社区律师工作细则》，明确街道司法所的考核主体地位和责任，严格调解专项经费使用范围，完善考核程序和奖惩办法。截至12月，全区有21个法律服务机构的79名律师（法律服务工作者）为全区15个街道的102个社区提供对口法律服务，100%建立街道、社区人民调解组织。

【公证服务】 区司法局围绕区政府重大项目推进，为城乡统筹发展做好公证服务。全年办理沙河源、天回镇、西华街道集中居住房屋抽签公证5000余套；为成都国际商贸城2万个商位抽签定位办理现场监督公证。全年办理各类公证861件，其中经济类公证144件、民事类公证702件、涉外公证15件；办理退休士兵安置协议公证138件、区采购中心招标现场监督公证19件；公证援助191件，其中免费咨询51件、减收公证费138件、援助中心指派2件。

【律师服务】 全区律师全年办理各类法律事务1490件，其中刑事诉讼辩护及代理576件、民事诉讼代理595件、行政诉讼代理15件、非诉业务304件；担任法律顾问单位293个，参加公益事业和社会活动3674次（包括参加调解和咨询）；提供法律援助3070件，其中刑事诉讼112件、民事诉讼67件、非诉讼2891件。

（杜俊平　谢正伟　李　莹　王　妍）

（审读：邓开龙）

城市管理

URBAN ADMINISTRATION

人口管理

金牛公安分局结合“春风2011”行动、门(楼)牌集中清理、地址编码、城中村整治等工作，以实有人口管理为基础，以流动人口管理为重点，以重点人员管控为核心，狠抓基础信息采录、网上核查比对、落地查控管理等环节，依托社会资源力量，创新便民服务举措，提升实有人口管理水平；夯实公安基础工作根基，提高公安机关驾驭社会治安的能力。全年换发二代身份证47737个，办理迁入21679人、迁出15862人，完成身份证号码纠重变更590个，开展上门办证、送证，延时办证，进社区采集等活动2093人次，纠正清理门(楼)牌信息5793条；登记流动人口信息404384条，登记出租房屋24287户；列建重点人口1574名、管控监外执行人员285名，通过流动人口信息核查比对抓获上网在逃人员31名；登记散居外国人员788名，查处“三非”人员3名。

2011年金牛区人口情况

常住人口(万人)	户数变更数(人)			
	出生	死亡	迁入	迁出
120.17	4573	3733	21679	15862

城市日常管理

【长效管理机制】 2011年，金牛区制定和完善多项加强环境治理、环境卫生、市容市貌和行政执法的长效管理措施。城乡环境综合治理工作加强目标管理和效能问责，确保治理工作有序、有效推进；充分发挥城乡环境综合治理各推进组的监督作用和督查效力，对城乡环境综合治理工作开展情况进行跟踪督查，保障目标任务的进度和质量；严格督查通报制度，考核结果纳入年度目标考核；定期对城乡环境综合治理通报问题进行抽查；区监察机关按照相关办法启动效能问责程序，对政令不畅、执行不力、行动迟缓、效率低下的相关单位和人员进行问责查处；完成新一轮环卫招标，实施“4311”环卫作业标准，提高机械化清扫作业和道路冲洗力度，将涉农街道垃圾清运和院落周边清扫保洁纳入市场化管理，环境卫生管理达到全覆盖；完善“门前三包”工作，将承诺转化为沟通、理解、互助的实际行动和良性平台，调动商家和单位参与城市管理的积极性，形成“双向互动、多元参与、共同管理”局面；城管行政执法工作严格落实城管网格单元执法责任制，落实城管执法人员、城管劝导员责任路段，坚持守点巡线，不断加强对违反城市管理法律法规行为的日常劝导、制止和查处力度。

【数字化城管系统】 全区数字化城管主要承担发现和指挥处置城市管理问题，为及时主动解决群众身边城市管理问题发挥积极作用。全年受理数字化城管监督员上报案件13.2万件，占全市有效立案数的29.2%。加强区数字化城管处置部门的协调工作，建立紧急监管案件应急处置机制，加强数字化城市管理监管案件立案、处置与结案等标准及处置责任的学习，加大对街道数字化城管考核指导、培训。

【“12319”城管服务热线】 区城管指挥监督中心全年受理并处置“12319”城管服务热线1411件，市长公开电话、市长信箱、局长信箱555件，成都文明热线“96110”730件，及时解决群众反映的城市管理热点、难点问题。

【城管与公安交警整体联动】 区城管局加强与公安、交警整体联动，设立城管公安警务室、城管交警勤务室，开展联合执法；在区城管执法大队设立警务室，按照联合执法模式，将公安、交警城管联动模式上升为联合执法，通过加强执法合力、前置管理、执法监督、执法措施，加强城管执法力度；重点联合公安、交警开展市容秩序、违规施工工地、渣土运输车辆、入城脏车整治工作；探索建立城管、公安、交警、数字化城管、城管劝道员共同参与、协调指挥、联合执勤的街面综合管理平台，使城市管理工作做到宣传、发动、教育在第一线，发现、处理、解决在第一时间。

【道路养护管理】 区建交局制定道路维修计划，严格按计划实施，完成对天斑路、土龙路、侯罗路、全兴路、天丰路、陆家大道、荷丰路、王贾大道、古柏大道、金周路、子云路、沙西线下穿隧道、川建路等进行路面修补工作，共计1万平方米；配合全国文明城市复查工作，突击修补天回海滨园，银杏园，抚琴西北街3号、30号、32号小区，黄忠大道内光荣、沙湾东路、圃园路、泉水村等道路，共计1500余平方米；确保管养道路完好率，保证道路发挥正常作用。

（龚　庆　吴锡丹）

市容管理

【城乡环境综合治理】 *全面谋划部署，有序推进* 召开全区进一步推进城乡环境综合治理工作会、全区深化城乡环境综合治理工作会，印发《加强城乡环境基层基础管理工作的实施意见》《加强城乡环境基层基础建设工作的实施意见》等文件，贯彻落实省、市、区城乡环境综合治理工作的新部署、新要求，确保全区治理工作有序推进。

强化目标管理，有效推进 充分发挥城乡环境综合治理各推进组的监督作用和督查效力，对城乡环境综合治理工作开展情况进行跟踪督查，开展经常性、高密度的明察暗访，保障目标任务的进度和质量；严格督查通报制度，考核结果纳入年度目标考核，确保工作有效推进。全年发出《督办通知》337期，督促城乡环境综合治理问题920个，整改率99%。

严格效能问责，高效推进 定期对城乡环境综合治理通报问题进行抽查，及时与责任单位沟通协调，对存在的问题按时督促整改，确保不反复；纪检监察机关根据省市区监督检查、城乡环境电子监察系统“问题库”等各种渠道反映出的问题，按照相关办法启动效能问责程序，对政令不畅、执行不力、行动迟缓、效率低下的相关单位和人员进行问责查处。开展城乡环境治理专项效能监察4次，提出整改意见建议9条，帮助协调和督促整改问题58个，严肃处理1起媒体曝光事件，对1个街道办事处和3名工作人员进行效能问责，促进区城乡环境综合治理各项工作的推进。

广泛发动群众，纵深推进 加强城乡环境综合治理宣传发动工作，加大对不文明行为的劝导和制止，通过各种宣传形式倡导文明健康生活方式，增强市民环境卫生意识，提高市民公共卫生道德水平，让更多群众参与城乡环境综合治理。在全区15个街道的109个社区开展“院落龙门阵——城乡环境综合治理大家谈”活动32次；实施“六进”活动，牵头单位制作发放宣传袋、宣传扇等各类宣传品12万份、宣传海报9200余张，易拉宝500余个；开展“除陋习、树新风”活动和治理“三乱”活动，发放《成都市市容环境和卫生管理条例》等相关法律法规宣传资料2.2万份，现场教育乱扔垃圾3060人次、乱吐口痰2926人次、乱丢烟头3640人次；深化“五个一活动”制度，整治道路128条、小区院落142个、菜市场51次，处理管理顽疾82个。

坚持排名通报，有力推进 按照“每天检查、每周通报、半月排名、季度小结、半年评价、年终考核”方式，实施城乡环境综合治理排名情况通报，分别在《新金牛》和金牛有线台公布。对排名连续3次最后两名的街道，要以街道办事处名义向区城乡环境综合治理领导小组报整改意见和书面检讨。每月在金牛有线

台、《新金牛》公布环境管理最差道路、院落、菜市场和工地。

加大治理投入，提供保障 全区治理工作通过周密部署，发动群众，区、街两级加大城乡环境综合治理投入，确保基础设施建设、纯居民院落治理、标准化菜市场建设、特色街道打造资金投入；增加城乡环境治理基础设施建设经费，全面保障城乡环境综合治理各项经费开支。全年城乡环境综合治理工作投入2.59亿元，其中区财政投入2.29亿元、其他资金3000万元。

【城市环境"七乱"治理】 金牛区开展治理垃圾乱扔、广告乱贴、摊位乱摆、车辆乱停、工地乱象、河道乱污、违章乱建的"七乱"治理，全区脏乱差现象得到遏制；完善环卫基础设施建设，加大清扫保洁力度，完善网格执法单元，加强市容秩序网格化管理，重点对花照村，跃进村，兴盛、清水农民集中居住区，曹家巷，工人村，沙洲路，新二村，城隍庙电子市场，天回场镇等城郊结合部、城中村、老居民院落、背街小巷、市场区域、场镇周边等薄弱环节和盲点死角区域开展综合整治，逐步消除卫生死角。

"垃圾乱扔"环境卫生专项治理 加大环境卫生问题的排查力度和处置效率，每月定期开展各辖区环境卫生问题的排查工作，将排查重点继续向中心城区中小道路、背街小巷、社区院落、涉农地区城郊结合部、出入城通道、铁路沿线等地区进行延伸，形成较为完善的发现处置为一体的管理模式，避免积存垃圾和卫生死角问题的出现，同时，做好日常生活垃圾收集转运的指导协调工作，不断提高垃圾收集率和准点率，保障全区垃圾清运及时，无积压；加大"门前五包五承诺"责任制工作的落实，加强日常检查与处置力度，针对临街商铺立面乱张贴"牛皮癣"、出摊占道等难点问题，督促相关街道及时整改，推动全区"门前五包五承诺"知晓率、签约率、履约率的提高。

"摊位乱摆"市容秩序专项治理 持续开展市容秩序管控工作，督促街道执法中队严格落实城管网格单元执法责任制，按照城管"量化五定"工作措施落实城管执法人员、城管劝导员责任路段，并坚持守点巡线，错时轮班上岗等城管执法日常监管长效机制；继续深化城管与公安、交警、工商、卫生等部门的整体联动，建立长效联动机制；完善错时执法工作机制，整合城管执法力量，对节假日和上下班时间出现的空当，延长有效执法时间，使辖区城市日常管理长效机制落到实处。

"工地乱象"环境综合治理 建筑工地严格执行建筑工地扬尘防治管理和标准，强化工地出入口管理，落实各项扬尘防治措施，加大行政处罚力度，将违规制尘工地报市建委实行曝光和扣分；拆迁工地建立扬尘管理工作联络制度和施工工地档案，签订拆迁工地扬尘管理责任书，明确相关责任和要求，并确定一名负责人，跟踪监督检查；组织对部分扬尘较重的拆迁工地开展扬尘专项整治行动，召开扬尘协调会，现场解决工地周边打围、施工现场渣土覆盖、拆除旧房、湿法作业等问题；待建工地管理增加投入经费，实施待征待建地块扬尘综合治理，实施修补围墙，清理建筑垃圾，绿化施工场地外围，规范现场材料堆放，拆除待供地块违规搭建，聘请专门看护人员24小时值守，有效杜绝乱倒渣土、扬尘等情况的出现。

"河道乱污"水环境综合治理 严格检查、监督、考核制度，制定《金牛区河道长效管理作业规范》《金牛区河道长效管理监督检查考核办法》和《金牛区河道长效管理作业扣分扣款标准》；成立区河道管理站，专门从事河道管理的监管考核工作，坚持实施河道长效管理，明确河道管理工作内容，坚持实施河道长效管理，清掏河道沟渠8500米，规范污水排放150起，打捞清运河道漂浮物及两岸生活垃圾870立方米、枯枝树叶600余立方米、建渣27立方米，完成河道清淤2.7万立方米，修复河堤护栏3处共150余米，修剪河堤苗木13条次，植绿1400余平方米，集中对河堤绿化施加杀虫药物两次；全面推进区中心城区河道下河排污口专项治理工作，完成全部下河排污口点位核实、拍照、编号并存档，挂牌公示150个，完成33个下河排污口治理任务。

"广告乱贴"专项治理 抓好商招、店招的管理和整治工作，制定招牌规范整治工作计划，对永陵路、沙湾路、西月城街、花牌坊街和一环路西三段实施招牌打造，规范整治招牌1300余个，整改夜景灯饰92处，拆除不规范设置招牌237处；拆除各类违法户外广告牌304个，规范设置便民告示栏1163个；清理乱张贴广告3.1万个，拆除各类横幅（布幅、标语、充气物）3970条，清除张贴式"牛皮癣"44.1万张，清除书写、喷涂"牛皮癣"23.2万处。

"车辆乱停"专项治理 区城管局与交警二分局，街道与交警大队建立联动平台；开展城乡环境综合治理宣传教育，营造治理社会氛围；坚持疏堵结合，规范车辆停放秩序，清理整顿辖区内设置的机动车临时占道停车场，对未经审批擅自施划、占用盲道和影响道

路通行的停车位进行撤除或调整；按要求规范车辆有序停放。全年规范各种车辆停放4.9万辆，新增停车场19处，撤除辖区内临时占道机动车停车场5处，并根据道路交通的变化，取缔临时停车点7处。

“违建乱搭”违法建设治理　分解治违工作目标，明确治违工作职责，印发《关于印发金牛区2011年违法建设整治工作目标考核办法的通知》；完善治违工作制度，理顺治违工作机制，印发《关于印发金牛区新增违法建设巡查发现和制止处置工作制度的通知》，完善新增违法建设巡查发现和零报告制度及新增违法建设迅速拆除制度；严格责任追究，确保执行到位，印发《关于报送街道违法建设整治工作责任网络表的通知》，有效将发现、查处、制止责任落实到人；强化基层自治，形成工作合力，强化社区基层自治组织、辖区单位、小区物业服务企业的治违责任，广泛发动辖区居民群众主动参与制止违法建设行为。

【小游园小广场建设】　小游园小广场建设在加强政府资金投入的基础上，拓宽建绿渠道，改变单纯依靠政府财政投资的模式，倡导社会办园林，引进社会资金建设完成新桥游园等小游园、小广场共计2.3万平方米。

【破墙透绿】　金牛区破墙透绿工作广泛动员全社会力量，通过动员、协调辖区内单位、群众广泛参与，挖掘潜力，在有条件的临街主干道的空地、建筑工地、学校等围墙墙面实施破墙透绿工程，完成成都市人民北路小学校、青少年科技园等点位破墙透绿2046米，城市景观更加优美，市民居住环境得到提升。

【街面市容秩序】　区市容秩序管理将越门经营、出摊占道、流动商贩作为整治重点。3月1日—4月31日，开展以整治出摊占道为重点的市容秩序专项执法整治工作；4月18日—5月31日，开展流动商贩专项集中整治工作；7月，开展“奋战40天，全力以赴保创建”集中整治。全年组织开展市容秩序大型专项整治，街道开展区域性整治行动4020余次，其中夜间整治850余次，查处规范商家越门经营3.5万处，取缔流动商贩占道经营2.8万处，其中流动无证餐饮1.2万处、夜间占道餐饮8320处，拆除各类布幅、标语、充气物3970条，批评教育6.31万人次。

【环境卫生管理】　新一轮环卫招标提高环卫作业标准，实施“4311”环卫作业标准，提高机械化清扫作业和道路冲洗力度；将涉农街道垃圾清运和院落周边清扫保洁纳入市场，环境卫生管理达到全覆盖；强化对环卫作业公司的监督指导，健全环卫作业长效管理机制，深化环卫作业精细管理；定期开展街道辖区环境卫生问题的排查工作，重点加主干道、出入城通道、农贸市场周边、背街小巷等难点区域的环境卫生问题的排查力度，及时发现处理卫生死角问题，下发《环境卫生整改通知书》42份；强化对环卫作业公司的监督指导，坚持每日检查、半月考核，每月通报制度，按照环卫作业标准和考核办法对环卫作业公司严格考核检查；抓好新（扩）建道路的环卫清扫保洁移交工作，接收天回镇片区（高科技产业园西区周边道路）、沙河源片区（金丰高架底层）、凤凰山片区（韦家碾）等50万平方米新建道路清扫工作，争取清扫保洁移交过渡经费，有效杜绝环卫管理空当问题，避免环境污染；整治扬尘污染，做好全区扬尘治理牵头工作，突出抓好道路冲洗除尘工作，提高道路清扫机械化作业率，发挥机械化吸尘、冲洗除尘作用，减少道路扬尘污染问题发生；超额完成扬尘治理“三大工程”任务，实施硬化道路接口、露土植绿覆盖、覆盖树池、绿化带提档降土等智力措施。

【生活垃圾清运】　区城管局完善中心城区夜间垃圾收集转运管理措施，针对夜间7点以后道路两侧垃圾堆放积压清运不及时问题，采取增派收运车辆、增加收运次数、提高装车速度等办法，提高生活垃圾收运能力，生活垃圾清运的收集率和准点率得到提高，保障全区各垃圾站、垃圾点清运及时，无积压。全年清运生活垃圾35.9万吨，其中清运大件杂物积存垃圾1545吨。

【公共厕所】　加强直管公厕管理，做好72座直管公厕保洁服务日常监督管理工作，指导公厕管理公司在卫生保洁管理、设施维护管理、文明作业管理方面达到规范要求标准，全面保障公厕的正常运转。在全市开展的两次城乡环境综合测评活动中，区城管局直管公厕代表区级公厕接受公开测评，分别取得全市第三名和第一名的好成绩，巩固直管公厕综合管理成果，继续保持全市中心城区公厕管理一流水平。对驷马桥街道哑巴桥公厕等9座直管公厕进行升级改造。

【广告整治】 做好景观规划工作，对区内主街干道的户外广告和招牌进行分类、分段、分年度规划，分步实施打造，力求实现一街一景，一楼一色的金牛景观特色；加强临街立面整治及对不规范商招店招楼名和违规户外广告的整治力度，坚决拆除违法户外广告，清理乱张贴3.1万处，拆除取缔各类违法广告304个。

【城管行政执法】 3—4月，区城管局重点开展“出摊占道”专项执法整治，取缔乱摆摊和占道经营220处，整改乱牵挂和违章广告招牌65处，纠正乱堆放和违规占道作业48处，清理乱张贴和散发广告传单2380处，查处乱挖掘和占道施工6处，全区市容秩序得到明显改观。4—5月，重点开展“流动商贩”专项执法整治，以大、中、小街道流动水果摊点，餐饮摊点，农贸市场周边流动菜摊，校园周边餐饮摊点占道经营为整治重点，采取先加强疏导，引导入市经营，后严格处罚，依法收缴和扣押经营工具的整治方式，在整治期间，依法收缴、扣押和没收流动商贩的三轮车、烧烤架、台秤等各类经营工具500余（辆）个，通过整治，全区各主街干道和大、中街道的流动商贩明显减少。7—8月，重点开展“奋战40天，全力以赴保创建”集中整治，每天整治到夜间11点，确保检查、执勤力量不中断，完成全国文明城市复查工作。9—10月，开展修车店、洗车店、汽车美容店专项清理整顿，下达《城市管理行政执法案件调查通知书》70余份，暂扣违规占道作业工具50余件，立案调查违法占道作业案件90余起，有效规范修车店、洗车店、汽车美容店的经营行为。6—12月，重点开展扬尘整治，对违规施工工地、渣土运输车辆及入城脏车等开展联动执法整治工作，劝导脏车清洗366辆次，检查各类工地1999处次，开出调查通知书233份，现场纠正240处次，查处违法违规运渣车323辆次，罚款1850元。

【违法建设治理】 组织召开全区违法建设治理工作会，调整区治违工作领导小组成员，明确2011年工作目标，建立违建发现和制止处置工作制度，完善目标考核和责任追究制度，调动街道办事处、社区自治组织、辖区单位和居民群众参与治违工作的主动性和积极性，全区治违工作形成机制健全、责任落实、齐抓共管的良好局面，全年拆除违法建设33.4万平方米。金牛区治违工作的做法受到上级主管部门的肯定，市规划执法监督局转发金牛区治违工作相关文件，在全市治违工作大会上将金牛区作为先进典型，区政府作交流发言。

【扬尘污染治理】 金牛区突出抓好道路冲洗除尘工作，提高道路清扫机械化作业率，发挥机械化吸尘、冲洗除尘作用，减少道路扬尘污染问题发生；硬化道路接口25处，露土植绿覆盖密目网18万平方米，覆盖树池2151个，绿化带提档降土150米；绿带冲洗降尘工作1609车次，冲洗面积455万平方米；完善夜间扬尘值班制度，坚持采取“专人值守+机动巡查+联动执法”方式开展夜间扬尘整治；开展联合执法，加强对违规施工工地、渣土运输车辆包括入城脏车等开展联动执法整治工作。

【城市“牛皮癣”治理】 全区城市“牛皮癣”治理工作落实“属地管理、日癣日清”的“打非”（除癣）长效机制，坚持“以块为主、条块结合”的方针，针对散发小广告、乱张贴、乱书写等现象，各街道严格落实专业“打非除癣”人员（或保洁公司）并明确工作责任；成立“打非除癣”应急队伍，处理大面积城市“牛皮癣”突发情况；继续抓好“违规号码”的取证、甄别报停工作；增加和规范便民告示栏；协助、配合市交委、市公交集团清除辖区内公交站牌、机动车道、人行横道斑马线上少量易清除的“牛皮癣”。全年清除各类乱张贴“牛皮癣”44.1万张；清除、覆盖各类书写、喷涂“牛皮癣”9.3万处（次）；清理、整治商家店铺“窗式牛皮癣”4.2万余处次；清理、覆盖店铺各类“涂鸦”1700余处（次）；申请报停“违规号码”149个；收缴沿街散发小卡片、宣传单等23万张，挡获制“癣”、散发小卡片人员160余人，其中移交派出所处理32人（其他均为未成年人）。

【执法队伍建设】 区城管局组织执法队员参加政治学习和业务培训，提高全队队员的思想素质和业务水平，开展新上岗执法队员和城管劝导员培训工作；开展五步程序，针对市容秩序管理中突出的坐商占道经营问题，创新执法方式，在全区推行城管执法“五步程序”（上门宣传、群众监督、预约谈话、媒体曝光、依法查处），倡导群众积极参与城市管理，发挥群众监督、舆论导向的作用，破解坐商占道经营屡禁不止的执法难题；强化工作作风，坚持每日街面巡查和街道联系人制度，做到发现问题及时处置并反馈给街道中队加以巩固，杜绝“执法不出门，出门就坐车，坐车不下车”的不良风气；加强纪律管理，严格按制度进行管理，队员的组织纪律性、工作效率及规范着装、办公室内务管理等方面都有所提高，大队全年无一人出现违法乱纪行为。

（龚　庆）

环境保护

【建设项目环境管理】　金牛区环保局落实环评审批制度，确保全区新、改、扩建项目符合产业政策、符合规划、符合总量控制要求；优化审批流程，按照承诺时限办理环保审批。全年完成环评审批242件，否决90余件；完成17个项目环保竣工验收；发放排污许可证3个。

【大气和水环境综合整治】　区环保局推进全区油烟整治工作，敦促全区1586家餐饮企业、商户完成油烟净化装置安装工作，完成全区总量的100%；继续巩固中心城区禁煤工作，全年投入246万元实施居民清洁能源改造；完成8个加油站、储油库油气回收治理工作；完成150个下河排污口整治。

【工业污染防治】　区环保局执行环境影响评价和“三同时”制度，遏制新增污染源；开展打击违法排污企业保障群众健康专项行动，定期巡查和监督监测各污染排放单位；加强工业固废的监督管理，严格执行危险废物转移五联单制度，全部实现安全转移和处置，工业废气和工业粉尘排放稳定达标率100%。全年未发生环境污染事件。

金牛区启动生活垃圾分类处理试点工作，100名小学生在白色环保袋上绘制垃圾分类处理的宣传画（5月26日）

【饮用水源保护】　区环保局依法进行新建项目的审批，杜绝在饮用水源保护区内新建污染水源的项目；加强饮用水源保护区范围内企业的巡查，坚持每月一次对饮用水源保护区范围内河道的巡查；完成自来水二、五厂二级保护区标牌设置工作，设置标志、标牌27个。

【环保宣传】　金牛区人大、区政协分别于6月16日和9月8日听取审议金牛区对《环境保护法》的贯彻实施情况，并给予充分肯定；ISO14001环境管理体系通过北京华夏认证中心的复评审核；区环保局结合地球日、环境日宣传环保法律法规，发放宣传资料900余份。

垃圾分类处理宣传

【环保产业】　全年环保产业产值4608万元，同比增长41.1%。

【环境监察与环境信访】　区环境监察大队与全区357家企事业单位签订环境保护责任书；全年开展燃煤集中整治15次，现场取缔燃煤灶186口；立案查处违法排污企业30家；污染因子数字化管理工作取得进展，完成3家重点排污单位在线监控设备安装工作，全区数字化管理覆盖率处于全市领先水平。全年收缴排污费220万元；环境信访投诉315件，政协提案1件，处理回复率100%。

【水环境质量】 区环保局对流经区域内的府河、沙河、沱江河、摸底河、海滨河、东风渠6条河流及其支流的入境中的10个断面进行水质监测，获取数据2000余个。沙河-八里桥、摸底河-黄金路、东风渠-大湾桥断面全年氨氮浓度均值≤1.0毫克/升，达到地表水Ⅲ类标准，府河-西北桥断面全年氨氮浓度≥1.0毫克/升，未达到地表水Ⅲ类标准。

【空气环境质量】 全年空气质量优良天数310天，优良率84.9%。二氧化硫年平均浓度由2010年的0.035毫克/立方米降至0.033毫克/立方米，下降5.7%；二氧化氮年平均浓度由2010年的0.059毫克/立方米降至0.055毫克/立方米，下降6.8%；可吸入颗粒物平均浓度由2010年的0.108 毫克/立方米降至0.106毫克/立方米，下降1.9%；全年API平均值由2010年的79降至77，下降2.5%。

【声环境质量】 全区92个网格点的噪声等效声级均值54.2dB（A），达到国家标准。

（李 政 余 敏 熊晓东 叶迁国 王明霞 田 羽）

交通安全

【概 况】 2011年，成都市公安局交通管理局第二分局有警力225人，其中党员101人，大专以上学历221人，占98.2%，由8个科级建制单位组成，担负着成都市金牛区道路交通管理工作，主要交通管制道路422千米。

交警二分局全面落实“严格管理、科学管理”各项措施。面对日趋复杂的交通环境和日益尖锐的交通矛盾，结合自身工作实际艰苦奋战，坚持“严格执法、严格管理”不动摇，牢固树立“守土有责”意识，从具有分局特色的特色化管理、精细化管理、人性化管理入手，狠抓深化文明城市建设、中心城区缓堵保畅、城乡道路交通安全综合治理、“保平安·护民生”冬季战役交通秩序整治会战、“警民亲”“清网行动”等重点工作。

【违法行为纠正】 截至12月20日，区交警二分局纠正机动车违法36.6万件，非机动车、行人违法67.1万件；办理一般程序案件2395件，行政拘留涉嫌无证驾驶、使用伪造机动车牌证的违法人员454人，刑事拘留醉酒驾驶11人，破获交通事故逃逸案件3件，抓获清网行动网上逃犯3名，依法暂扣非法营运“火三轮”、电三轮车9296辆。

交警六分局全年受理各类交通事故案件2.5万件，其中处理简易程序2.2万件、一般程序2347件，死亡事故79件（死亡84人），移交事故处210件，排除事故“黑点”隐患33处。现场纠正各类机动车违法行为15.6万件，其中货车违法行为2.7万件、进入一般程序1093件，非机动车违法行为4.4万件；非现场处罚机动车违法行为17.6万件，查扣各类违法车辆1948辆，处罚酒后驾驶250人，拘留193人，办理醉酒驾驶刑事案件9件。

【警风警纪建设】 交警二分局完善制约机制，构筑廉政安全防线，形成民警违法违纪“不能为、不敢为、不想为”的良性机制；分局先后制定队伍管理、业务管理和后勤管理相关规章制度，对民警执法执纪、纪律作风、工作职责、言行举止和仪表着装等各方面的行为作出详尽规定，同时，实行岗位目标绩效管理制度，对各部门和民警进行经常性、不定期考核，同时将考核、考评结果与评先创优、立功受奖、晋升挂钩，有效规范民警的执法执纪行为，带动交警工作和队伍建设的发展。

【民警素质提高】 交警二分局以练兵强素质、向素质要警力，按照支队要求，制订《2011年教育训练实施方案》，并按照“见实效、强实力、促实战”的原则，对45周岁以下民警分批进行集中强化训练，保证每位参训民警的学习、训练质量。

成都市交警六分局开展“大走访”开门评警街头接访活动

春运期间，成都市交警二分局民警为即将出站的客运车辆贴春联

【缓堵保畅】 交警二分局针对道路路面施工改造、市政重点工程建设对辖区道路交通带来的影响，将城区缓堵保畅作为业务工作的重中之重，全警动员，落实严格管理、科学管理各项措施，确保辖区没有发生长时间、大面积、瘫痪性交通拥堵。

强化指挥疏导，高效疏堵保畅 推行全警上路机制，早晚高峰期间除勤务大队内勤及办公室、事故、车管保留必要的警力外，其余警力全体上路，充实到路面一线，加大对重点时段、路段及区域指挥疏导力度，最大限度减少因警力不足造成的人为拥堵，同时实行"双干部带班机制"，做到交叉重叠管控，确保易堵点位管控无缝化和精细化。

精细组织交通，提高通行效率 6月，管辖区划调整后，一方面外派科规小组全面调查辖区所有道路基础数据、车流量，并采取增加护栏、渠化路口等措施精细交通组织，深挖道路交通潜力，提高通行效率；另一方面在高峰限行分流点推出"提前预告、逐级分流"为主的人性化分流方式，通过提前分流预告和逐级分流措施，既减少群众的无效出行，又体现交警的柔性管理服务。

狠抓依法严管，减少因乱致堵 按照"管理出秩序"的目标，紧盯影响安全、危及畅通的突出交通违法，以公交车、出租车、货车、电动三轮车等"六类车"为重点，坚持依法严管不动摇，用现有执法手段，不断增强管理的强度和力度，营造严管重罚的高压态势，杜绝无序拥堵和因乱致堵现象。

【道路交通安全】 健全严重违法整治长效机制 交警二分局持续开展严重交通违法行为整治，采取日常管理与机动三轮车、"三超一疲劳"、涉牌涉证及酒后驾驶等专项整治相结合方式，加大对严重交通违法的惩处力度，增强执法处罚的约束作用，同时保持对酒后驾驶、超速、超载、超员等严重违法行为的严查严管态势，发挥专项整治带动作用，推动严重违法整治常态化机制建设。

解决交通秩序突出问题 开展道路交通拥堵节点、秩序乱点排查，制订治理方案，解决一批群众反映强烈、影响道路畅通安全的突出问题；开展占道车清空、公交车护航整治行动，不断强化非机动车、行人交通秩序管理工作，加大城市中心区违法停车、拥堵路段不按序排队、违法在公交车道行驶、违法变道和占道等影响交通秩序违法行为的查处力度，查处私自施划停车位、占用非行车道、人行便道等违法停车行为。

加强校园交通服务保障 建立健全校车安全管理台账，定期开展安全隐患排查，落实对校车驾驶人安全教育管理责任，严查校车"带病上路"及驾驶人违法行为，杜绝低速货车、三轮汽车及其他非法营运车辆违法用于接送学生；开展"护卫天使行动"，组建"女子护学岗"，承担学生儿童上学、放学期间的护学任务；加强校园周边交通秩序治理，完善道路安全设施，协调有关部门清理校园周边道路违法停车、占道摊贩，定期开展交通秩序整治行动，严厉查处严重交通违法行为，改善校园周边交通秩序。

【文明交通行动计划】 文明交通劝导活动 在文明城市复查迎检工作中，交警二分局组织中小学生、社区居民、专职驾驶员成为文明交通志愿者，在辖区各个迎检路口和路段，配合执勤民警、协警员和劝导员，重点针对非机动车、行人交通违法及机动车不礼让行人等行为进行纠正劝导，倡导文明交通出行习惯，开展文明交通志愿者劝导服务活动，营造文明交通氛围。

阵地宣传 交警二分局利用交通违法处理窗口、交通事故处理室、学习教育室作为宣传阵地，在服务大厅、事故群众休息室及学习教育室设置文明交通行动计划宣传资料栏，让驾驶员及群众在办理业务的同时受到教育；对每一名前来处理交通违法、交通事故及办事的驾驶员进行交通安全再教育，要求民警在驾驶员、群众业务办理完毕时，送上"请您遵守交通安全法律和法规"等温馨提示语，增强交通违法者、交通事故当事人的安全意识。

"五进"宣传 交警二分局以中小学校、客运企业、居民小区为重点，通过摆放交通安全宣传展板、悬挂宣传图片、发放宣传资料等形式全面宣传、普及文明交通常识，促使广大群众自觉养成文明参与交通的良好习惯。

交警六分局创新宣传形式，开展“文明交通进校园”“文明交通进驾校”“文明交通进企业”等活动，通过组织民警深入学校给学生讲解交通安全知识，举办讲座21次，将驾校作为文明交通宣传的先头阵地进行宣传，深入企业组织驾驶员开展交通安全知识讲座等形式，提高广大交通参与者的文明交通意识；集中开展法律规章宣传报道，4月利用立体、平面等新闻媒体，向社会各界宣传《刑法修正案（八）》和修改后的道路交通安全法有关规定，宣传酒后驾驶等违法行为的危害及法律后果。到社区、乡村开展宣传9次；深入辖区多车单位、企业、部队举办知识讲座19次；定期组织客运驾驶员培训15期；发放各种宣传资料5万份，通过报刊报道1239篇、电视报道1209次、广播报道1100次、网络报道143次，其中省级媒体96篇、市级媒体1076篇。

【专项活动】 2011年网上追逃“清网行动”开展以来，交警二分局完善追逃工作机制，创新追逃工作方法，建立起迅速高效的追逃体系，取得突出战果；完成文明城市复查迎检工作，分局先后召开文明城市复查迎检冲刺部署会，开展技能练兵、机动车乱停放整治、非机动车静态交通秩序管理等专项活动；推进“保平安·护民生”冬季战役交通秩序整治会战；开展运输车治超、占道车清空、公交车护航、机动车亮牌、战地慰问和各项督战保障工作。

【车辆管理】 交警六分局全年办理驾驶证业务27172件，在用机动车业务11621件，机动车上户38472辆。

春运期间，成都市交警二分局民警在火车北站广场开展交通安全宣传

【事故整体防控体系】 交警六分局完善事故整体防控体系，全力压事故、保安全；推进轻微道路交通事故快撤快处快赔工作，缓解日益严重的交通拥堵；结合辖区道路交通特点，采取有效措施，做好雨雾恶劣天气事故预防，做好道路交通安全管理工作；每周将危险路段事故发案情况通报给属地大队并共同分析研讨治理工作，确保危险路段（点）的有效消除；坚持重、特大交通事故“一案一析”制度，最大限度降低交通事故的发案率；完善辖区施工工地的道路交通安全设施，逐步消除道路事故隐患。对危险路段（点）重新漆划热熔标线，补齐停车让行标志和反光柱，增设事故多发段的警告标志及限速标志；邀请人民调解员和人民法官进驻设在分局的办公点，每周固定一天受理案件，每周固定两天实行调解，每月至少开庭一次，确保事故当事人享受更加专业的法律咨询服务。

（谭箭平　雷　霆　黄　柳　周　林　胡文韬）

消防安全

【专项治理】 重点单位火灾隐患排查　2011年，金牛区公安消防大队摸底排查辖区二级消防安全重点单位264个，发现整改火灾隐患65处，发出《责令改正通知书》36份，有效清除一批重点单位火灾隐患。

消防产品专项排查　大队加强对消防产品质量的监督管理，将消防产品质量纳入建设工程验收及公众聚集场所开业前的前置条件予以落实，开展对辖区内消防产品的销售和使用领域的消防产品的抽样检查；检查自动消防设施外观、运行情况、维护保养等情况，对排查发现的隐患督促整改到位；对由业主单位消防安全管理不善、消防安全责任制不落实等导致自动消防设施无法使用、瘫痪等违法行为，共处罚款17.5万元。

租赁用地专项整治　大队多次联合辖区街道，对涉及生产、经营、储存、使用“三品”的生产经营单位和住宿、餐饮、娱乐等从业单位进行排查整治，落实安全管理主体责任，强化日常安全管理，及时排查整改安全隐患，加强应急管理。

【消防装备建设】 区财政落实大队本级消防事业经费2494.2万元，同比增长325.6%，创历史新高。经费投向上，加大基础设施和车辆装备投入，投入1500万元修建成都国际商贸车消防站，购置360万元的个人防护装备和消防车辆，购置35万元的专业防汛装备器材，先后购买2辆水罐车、1辆豪沃泡沫车、1辆依维柯抢险救援车，按照标准配齐配强个人防护装备和救援装备。

【监督执法】 大队围绕加强社会消防安全防控，找准切入点和监管面，夯实消防安全防控基础，消除一批火灾隐患。4月3日，对存在严重火灾隐患、不及时消除将严重威胁社会安全的京蓉宾馆发出全市消防部队首张“红牌”警告。大队干警全年对辖区内2462个单位进行消防监督检查，发现火灾隐患2453处，发出《责令改正通知书》1216份，责令“三停”70个，强制执行3起，罚款326.9万元；办理消防行政许可178件，其中建设工程消防设计审核46件，竣工验收20件，公众聚集场所开业前消防安全检查112件。

【消防安全保卫】 大队全年完成春季糖酒会、中国西部国际博览会等消防安全保卫工作以及春节、中秋、国庆等节假日期间等保卫任务，在灭火抢险救援、执勤备战等方面发挥重要作用，确保人民群众生命财产安全。

【消防安全宣传】 大队利用各大商场、街道、路口处的LED显示屏，滚动播出消防宣传标语和消防公益广告，并制作消防展板、横幅，宣传方式更加多样化。1月20日，大队印制10万份消防年历随《成都商报》免费发放到广大群众的手中。5月12日，组织开展防灾减灾知识宣传。7月31日，举行大型石油化工灭火救援实战演练，成都电视台《今晚800》栏目组进行专题报道。11月9日，在成都市青少年活动中心举行“创建平安校园，争当消防小卫士”活动启动仪式。大队全年免费发放新《消防法》2000余册、《防灾减灾知识宝典》1万册、消防知识光碟650张。中央电视台，省、市媒体，区有线电视台播放、刊登相关新闻30余篇。

【便民服务】 加强社区消防安全教育，把进城农民工分期分批纳入社区消防夜校教育，定期上门指导宣传；消防服务窗口前移，在各街道、社区警务室设置便民服务箱，将服务、咨询、申领材料放在群众触手可及的地方；向群众发放便民服务卡，方便群众了解审批程序、联系责任干警和办事；对特殊群体提供特别服务，对下岗再就业人员和低保人员实行消防行政审批优先办理和回访服务，主动为残疾人员上门服务；结合开门评警“大走访”活动，广泛开展“送温暖、献爱心”活动，在节假日主动走访慰问辖区困难群体，大队每位干警确定一名帮扶对象，并与SOS儿童村、四川省林业医院等企事业单位签订《警民共建协议》，开展一系列助穷帮困、便民利民的活动。

【执法规范化建设】 大队通过完善和健全“1441”工作机制（即抓住一个关键、探索四个方法、完善四个机制、争创一个满意），消防执法队伍素质不断增强、监督执法工作成效显著提高、群众满意度不断增加。1月12日，省公安厅党委委员、副厅长岳德松视察大队工作时，就大队“1441”工作机制给予高度评价。4月6日，省厅“三项”办全省公示，将大队“1441”工作机制作为特色亮点工作在全省公安机关中进行推广。

【火灾事故和灭火救援】 全区全年发生火灾167起，无人员伤亡，无重特大火灾和群死群伤恶性火灾事故发生，直接财产损失283.5万元。

（罗富军　冯言宪）

（审读：王裕伟）

城市建设

CITY CONSTRUCTION

生态环境建设

【雨污分流】 2011年，金牛区与市政府签订的下河排污口150个，重点治理河道19条，涉及的雨污分流整治目标为53户，数量为中心城区最多，占中心城区总任务的约30%。截至11月，整治目标全部完成并通过验收。

【河道长效管理】 2007年11月起，金牛区开始对纳入的24条（段）、长86.64千米的河道进行长效管理。长效管理采取市场化管理模式，按照政府公开招投标程序，确定3家中标的专业化管理公司，具体负责河道的日常维护管理。2011年，各专业化管理公司到位管理及作业人员113名，清运河道及河道两岸各类垃圾1870立方米、枯枝树叶600余立方米、建渣227立方米，完成河道清淤2.7万立方米，修复河堤护栏3处共350余米，修剪河堤苗木13条次，植绿1400余平方米，集中对河堤绿化施加杀虫药物两次，设置拦漂网3处。

【重点河道管理】 区建交局在加强河道长效管理工作的同时，实施中心城区重点治理河道下河排污口治理工作。全年打捞清运河道及两岸生活垃圾1320立方米、枯枝树叶400余立方米、建渣165立方米，完成河道清淤1.9万立方米。

【茶店子公园】 茶店子公园是成都市第一个以茶文化为主题的市政公园，位于茶店子片区，西侧邻育仁东路，南侧近育苗路，面积72亩，总建筑面积约8300平方米，其中地下停车场7500平方米、地面建筑800平方米，2011年9月中旬开工，12月31日完工，公园总投资5300万元，免费向市民开放。公园内建设约6000平方米的“茶山”，种植有野生茶、福鼎大白、千年茶树、早白尖5号、老鹰茶等品种繁多的茶树；从南侧进入茶店子公园，外围种有茶花；公园有3个圆形广场，地面由鹅卵石组成祥云图案，广场连接带设有“陆羽论茶”的雕塑，在竹简壁画上刻着《茶经》。茶店子公园的建成为喜爱赏茶品茶的市民们提供一个好去处。

【黄忠公园】 黄忠公园位于黄忠片区摸底河边，项目投资1000万元，面积73亩，9月中旬开工建设，12月20日完工并向市民开放。公园地处金沙片区，整体风格较为现代，在文化构建方面引入金沙文化元素——在公园内设置一些代表金沙文化的标志性图案，如太阳神鸟地雕等。公园分为展示区、休闲运动区、临河景观带3部分，园内栽种各种高大的乔木、矮小灌木和草坪；栽种约200株樱花树，面积占整个公园的三分之一；园内安装健身设施、休闲座椅、路灯等公共设施。

【新桥公园】 新桥公园位于九里堤北路，北邻金府路，南面小学，东靠锦江，西邻兴元绿洲小区，金泉路将地块分为南北两个片区，占地164.5亩，投资2800万元。公园主题定位为府河上游的现代风景新源，分为生态草坡区、休闲雅趣区、夕阳主题区、朝阳活力区4大板块，着重以特色花卉和乔木营建疏林草地、健康绿道，生态与功能并重，以多样性的植物群落改善地块生态系统状况。桐花夕照节点以老年养生为主题，设置健身器材，为老年人提供锻炼和休憩的场所。

【健康绿道建设】 区建交局牵头编制《金牛区健康绿道总体规划》，规划分近、中、远期，初步规划建设健康绿道140余千米，建成后将把区内的主要景点、绿地和人口密集小区串联起来，形成叶状的旅游休闲路网。2011年健康绿道建设从3月开工，12月底建成，完成29千米，其中三环路外侧10千米、沙西线北侧7千米、绕城高速两侧12千米。健康绿道工程在全市首次采用暗红色天然的露骨料透水混凝土材料作为面层，做到美观与环保的统一。

（吴锡丹）

道路建设

【交大路综合改造工程】 2011年，交大路改造工程列入市政府重大建设项目，道路规划红线宽40米，混合交通，双向6车道，改造包括平面部分的道路拓宽、220千伏高压线迁改下地、金牛五斗渠改造及绿化、路灯、交安设施等附属配套工程及临街立面整治，同时实施金府下穿改造，工程投资7.1亿元。截至12月，完成红线内拆迁工作和绿化移植及线路迁改；220千伏电力隧道施工基本完成；五斗渠改造完成50%；交大路下穿金府路工作通过立项，全年完成投资3亿元。

【货运大道建设工程】 货运大道（沙西线至绕城）是成都市主要交通干道3.5环的重要组成部分，兼具交通、货运、污水干管、虹桥工程等重要功能，货运大道的建设对拉动沿线经济发展，特别是对北部商贸功能区发展有十分重要的意义。货运大道道路全长12103米，总投资6.95亿元，其中金牛区段（“198”范围）主要包括成彭高架东侧–郫县界段、郫县界–交大路段、宝成铁路–大天路段，总长3382米，道路红线宽40米，含道路、桥梁（含货运大道跨府河桥）、排水、电力、通信、自来水、煤气、路灯、交通设施、绿化等市政配套设施，需拆迁企业66家、农户1022户。截至12月，完成设计工作；拆迁企业49家、农户728户，涉及西华、沙河源及天回镇街道。

【黄忠大道2.5环茶店子贯通工程】 黄忠大道2.5环茶店子贯通工程将黄忠大道B段与一品天下大街连接起来，与同和路、一品天下大街（黄忠路）、花照壁街共同构建西北向的2.5环快速通道，在满足交通功能定位的同时，兼顾与茶店子片区交通转换的功能需求，作为成都市2.5环西面一个重要组成部分，是成都市“缓堵保畅”工程之一。道路全长428米，宽40米。金牛区负责道路红线范围内的拆迁工作，全年拆除企业3家、住宅334户，拆迁资金6亿元。道路建设由成都市新成公司负责，计划投资2000万元。截至12月，完成建设方案设计。

【“117”基础设施建设工程】 “117”基础设施建设工程（打捆项目）主要包括成都国际商贸城2、3号线未实施段配套工程，成都国际商贸城1号线延线，成都国际商贸城5、6号线，横二西延线，规划六斗渠、古柏大道平改立工程，龙湖城北天街1、2号线，王贾8组规划道路，道路总长1.4万米，红线宽20米—40米，沟渠长2000米，建设年限为2011—2013年，建设总投资2.32亿元，由金牛城投公司负责实施。截至12月，“117”基础设施建设工程项目全部完成招投标工作，古柏大道平改立工程完成过半，龙湖城北天街1、2号线基本完工。

羊西线全线恢复通车

【市政道路整治】 金牛区城区道路建设时间早，建设标准低，已达到设计使用年限，且车流量越来越大，对道路的损坏严重，部分道路路面破损较多，人行道砖损坏严重，盲道缺失。金牛区投资1710万元，对九里堤北路、安蓉西路等17条市政道路进行整治改造，修复道路路面7.4万平方米、人行道面积8.5万平方米、路沿石1.2万米，清除路面设施残留物204处，增设隔离桩2144根。

【乡村道路升级】 为解决涉农地区道路的通达性和通畅性问题，实现到达性交通，基本实现城乡道路管养、体制、标准一体化，提升乡村道路的通行能力、安全标准和服务水平，带动涉农街道交通末端路网结构的完善，促进涉农地区人、物、车的快速流动，增大对土地的承载力，促进农民增收和区域经济发展。金牛区对涉及居民生产生活出行的道路进行改造，由区建交局牵头并负责设计工作、沙河源、西华、金泉、天回镇4个涉农街道具体负责工程实施，对辖区内127条道路共计33.82千米进行提档升级，区政府投资1915万元，改善沿线居民的出行问题。

【公路管养】 区建交局加强区管公路管养，制定全年养护计划，对天斑路、土龙路、侯罗路、全兴路、天丰路、陆家大道、荷丰路、王贾大道、古柏大道、金周路、子云路、沙西线下穿隧道、川建路等进行路面修补工作，共计1万平方米。配合全国文明城市复查工作，突击修补管辖外的天回镇海滨园、银杏园，抚琴西北街3号、30号、32号小区，黄忠大道内光荣、沙湾东路、圃园路、泉水村等道路，共计1500余平方米。

（吴锡丹）

旧城改造

2011年金牛区棚户区点位统计

序号	许可证号	拆迁人	拆迁实施单位	项目名称	项目地址
1	（2006）第032号	成都市泰昌房地产开发有限公司	成都市建西投资管理有限公司	奥林春天	二环路外老成灌路南、北侧规划红线
2	（2009）第30号金	成都市金牛区民用建筑统一建设办公室	成都市鑫地投资有限责任公司	站西桥东巷10号5栋城市房屋附条件拆迁工程	五块石站西桥东巷10号5栋
3		成都市金牛区旧城改造中心	成都市鑫金资产投资经营有限公司	黄忠大道茶店子段（2.5环）	北起成灌路南侧，南至一品天下大街北段，与茶店子正街相交
4	（2009）第032号金	成都市金牛区旧城改造中心	成都金腾房屋拆迁有限责任公司、成都祥鹤房屋拆迁有限公司等	金牛城市广场项目	东至东一路、西至人民北路、北至肖三巷、南至一环路

【天回旧场镇改造】 天回旧场镇“城中村”改造建设项目是市、区两级政府的重点建设项目，金牛区房管局具体负责拆迁工作。改造范围为东至川陕路，西至海滨堰，南至20米规划道路，北至新居工程明月锦苑，该范围涉及明月村4、5组，被拆迁住户1794户，单位18家，拆迁面积9.8万平方米。2009年12月，天回旧场镇“城中村”改造建设项目正式启动。截至2011年12月，有1643户签订拆迁补偿安置协议，其中货币终结1104户、产权调换539户，完成拆迁总量的93%，使用拆迁资金6.2亿元。

【营门口广场改造】 营门口广场项目位于二环路外老成灌路南、北侧规划红线范围内，拆迁总户数596户，以老成灌路为界分为南北两部分，其中路南侧拆迁总户数548户；北侧拆迁总户数48户。

老成灌路南侧主要用于返迁房及其他房屋修建，自开展拆迁工作以来，签订协议540户，剩余8户，截至12月，该项目建成，并交付使用。老成灌路北侧主要用于市政公用设施及绿化建设，3月，区发改委牵头，区鑫地公司实施拆迁，截至年底拆迁完毕。

【成灌路两侧500米及土桥场镇“城中村”改造】 成灌路两侧500米及土桥场镇“城中村”改造全年完成拆迁32万平方米，土桥幼儿园，农贸市场，中、小学办理工程建设前期手续，拆迁安置房鑫房名苑开工5.7万平方米；河滨森邻安置房竣工10.7万平方米；整理出具备上市条件土地230亩，其中第一批100亩土地上市手续办理完毕（其中约40亩通过市土地拍卖中心供地会审会），第二批130亩土地办理上市手续；完成总投资3.03亿元。

【金牛城市广场改造】 金牛城市广场旧城改造建设项目是全市“两轴四片”旧城改造的重要项目，金牛区委、区政府确定为全区一号工程。项目位于荷花池街道人民北路与一环路交汇处，东至火车北站东一路、西至人民北路、南至一环路、北至肖家村三巷，占地203.6亩，涉及拆迁面积29.7万平方米，涉及居民住户（包括营业房）3162户，部、省、市、区企事业单位17家。拆迁范围内建筑多为20世纪60年代—80年代修建的多层房屋，部分住房被鉴定为D级危房，是近年来成都市实施的最大体量的拆迁项目。

金牛区负责项目拆迁。2009年11月24日召开动迁会，11月27日正式开展拆迁签约工作。项目按照全市统一城市房屋拆迁安置补偿政策，坚持公开、公平、公正、规范的原则。2010年11月19日，万达集团摘牌取得项目土地出让权。2011年1月动工建设，截至12月，完成投资47亿元，完成全部17家企业和3162户居民补偿安置，其中货币终结900户、住房安置2262户，住房安置中原地安置2100户、就近安置162户。项目总建筑面积112万平方米，用于安置居民和企业的原地返迁房屋28万平方米，包括住房17万平方米、写字楼8万平方米、营业房3万平方米。完成项目的全部搬迁签约工作，返迁房建设进入外装、内装、景观园林施工阶段。建成后将是成都市最大的城市商业综合体，并对提升城北片区产城品质、改善人居环境起到重要作用。

（吴锡丹　黄　怡）

居住区建设

【鑫房名苑项目】 土桥场镇片区鑫房名苑安置房建设分为南北两个区，总体规划建筑面积15.6万平方米，预计投资5.7亿元，建成可提供安置房1400余套，安置人口4000余人。先期开工建设北区安置房，建筑面积5.9万平方米，预计投资1.5亿元，建成后可提供511套住房，安置人口约1500人。

9月，鑫房名苑安置房建设北区项目完成立项、规划设计、规划许可、控制价评审、施工、监理公开招投标等前期准备工作，10月1日开工建设，截至12月，进行基础和地下室施工。

2011年金牛区新建居住小区

序号	小区名称	建筑面积（平方米）
1	新熙门	112942.69
2	鸿锦汇	28272.18
3	润扬·金沙院子	33391.83
4	名人国际公寓	17948.88
5	金牛万达广场	1128570.00
6	万基·蘭御	42241.28
7	泉水人家二期A区	258498.35
8	泉水人家二期B区	160194.422
9	龙湖北城天街（东地块）	242215.07
10	龙湖北城天街（西地块）	745275.09
11	金沙·别致	22626.00
12	九峰花园	45332.95
13	人居·锦城世家	305053.98
14	河滨森邻A、B区	135738.92
15	河滨森邻C、D区	225747.70
16	万通·金府路	179926.08
17	侯家新区A区（组团一、二）	124250.92
18	远洋朗郡	154712.42
19	环球广场	105944.29
20	尚瑞西三环项目二期	123784.28
21	金沙御苑	54680.32
22	五合苑	98262.40
23	海天名阁	4051.08
24	西西里（公园前）	134675.00
25	老沙湾·现代城	293342.77
26	绿地世纪城一期（1-15号楼）	324476.55
合计		5102155.45

（钟元明　林婷婷　黄　怡）

市政、能源建设

【街区整治】 金牛区实施金牛大道、解放北路、羊西线及蜀都大道特色街区整治，整治内容包括临街建筑、广告、商招店招、光彩工程等立面部分，建设概算总投资4.47亿元，区建交局为牵头单位，各街道负责实施建筑立面整治，区城管局负责实施广告、商招店招、光彩工程整治。截至12月，完成解放路立面巴爷干锅、静意茶楼等7楼栋整治；金牛大道立面完成西都家私1、2、3、4号楼，千喜之春等10楼栋整治；羊西线立面有3栋进行施工；蜀都大道（中医药片区）有两栋完成清单编制，1栋设计调整。

【火车北站扩能改造项目】 成都市火车北站扩能改造是省委、省政府实施西部交通综合枢纽的重点项目。火车北站扩能改造后将比现有规模至少扩大1倍，旅客在站内就可以实现地铁、公交、长途汽车和火车多种交通方式的自由转换。截至12月，完成立项、规划、办理国土函以及入户调查等工作，并与市交投集团签订《拆迁工作协议》，将《拆迁安置方案》报送市交投集团审查，完成预评估工作。

【成都国际商贸城音乐喷泉广场】 7月，成都国际商贸城音乐喷泉广场投入运行，成为成都北部具有地标性意义的建筑。广场建设面积20万平方米，主广场9万平方米，汇集1080套LED灯、最高水柱40米，为四川乃至整个西南最大的音乐喷泉广场。7月23日晚，音乐喷泉广场首次亮灯。

【国际商贸城专用变电站】 成都国际商贸城项目是省、市、区重大建设项目，用电总负荷20.16万千伏安，需新建两座110千伏专用变电站。2011年，1号变电站开始土建，变电站设备招标；2号变电站进行规划调整；大丰220千伏变电站至国际商贸城110千伏专用变电站输变电通道天回镇街道段进行拆迁工作，区政府就新都段用地与新都区政府协调用地事宜。

【肖家村变电站】 肖家村110千伏变电站是金牛万达城市广场和人民北路片区旧城建设的公用配套项目，区旧改中心为建设业主，该变电站占地10.97亩，建筑面积1.7万平方米，拆迁涉及居民149户、营业房23户、办公房2户。截至12月，完成选址、立项、调规、公示、定点等工作，启动企业摸底及住户摸底调查。

【山王庙110千伏变电站】 山王庙110千伏变电站建设列入市政府重点电力建设项目。2008年12月，配电综合楼主体完工，2010年10月，完成220千伏斑竹园变电站至110千伏山王庙变电站的金牛区承建部分的电力通道排管建设，2011年，220千伏大丰变电站至110千伏山王庙变电站输变电工程全部完工，变电站投入运行。

【营门口110千伏变电站】 营门口110千伏变电站站址确定在金府路旁沙河源街道与营门口街道交界处，面积约2660平方米（4亩），截至12月，街道进行拆迁工作。

【公建配套】 根据成都市公建配套安排，金牛区全年完成两个菜市场、3所学校建设，即完成茶店子和高家菜市场建设、七中万达中学建设（建筑面积7.6万平方米，投资2.65亿元）、铁中综合教学楼建设（面积1.5万平方米，投资3500万元）、花照小学建设（面积8465平方米，投资2500万元）。

（吴锡丹）

城市园林绿化

【义务植树】 2月26日，省、市党政军领导在凤凰山公园开展“发展珍贵林木，造福子孙后代；开展义务植树，共建美好家园”为主题的义务植树活动。省委书记、省人大常委会主任刘奇葆，省委副书记、省长蒋巨峰，省政协主席陶武先，省委副书记、省人大常委会副主任、党组书记李崇禧等省、市、区领导与机关干部、部队官兵、少先队员、基层群众约500人一起参加义务植树活动，同时在全区开展“建设世界现代园林城市、建设五区金牛，提升产城品质”为主题的“3·12”义务植树和宣传活动。全年完成义务植树98.4万株（含折合数）。

【林政管理】 区城管局强化林业监管，加强街道林业日常管理检查、指导、督促和考核，严格“月检查、

人人参与，建美好家园

季通报”的检查考核制度。全年累计检查木材经营加工企业67家、木竹材经营加工企业539家次；加强木材运输证和植物检疫证办证点的规范管理，办理木材运输证7975份、办理植物检疫证8820份，办理木材方量16.5万立方米，收取植物检疫费32.9万元；完成林业产业总产值1.40亿元；加强林业有害生物防治检疫工作，每季度预报主要园林病虫害发生趋势，测报准确率85%以上；加强林业和园林病虫害防治工作，确保全区无公害防治率85%以上，林业有害生物成灾率控制在3‰以内。

【绿化宣传】 区城管局加强绿化宣传，广泛宣传党和国家对植树造林、生态环境建设的方针政策，展示金牛区的绿化建设成果，激发市民植绿、护绿的参与热情。围绕全民义务植树运动30周年，组织驻区单位、学校、部队、社会团体和广大干部群众，采取认建认养、军民共建、栽植纪念树等群众乐于接受和参与的方式，开展植树、清除垃圾、松土、除草、浇水、擦洗绿化护栏等活动。植树节期间，全区开展“鲜花进院入户”活动，杜鹃、三色堇、雏菊等1.5万盆成品鲜花赠送给社区居民，在全区范围内掀起新一轮的养花热潮；在主要路口、重要地段设立宣传站点，以宣传展板、文艺表演、发放绿化宣传资料等形式，各街道共设立义务植树宣传点117个，出动宣传车辆54辆，悬挂宣传标语976幅，办板报178面，发放宣传资料2.4万份，宣传面19.8万人次。

（龚　庆）

迎宾大道

（审读：王裕伟）

工 业

INDUSTRY

概 述

2011年，全年实现工业增加值102.83亿元，同比增长12.9%；规模以上工业企业完成总产值285.90亿元，增长26.8%；实现增加值68.47亿元，增长12.5%，总量列五城区第三位，增幅列五城区第三位；利税总额24.11亿元，增长11.2%；利润总额14.56亿元，增长20.5%；工业投资30.02亿元，增长38.1%。技改投资21.73亿元，技术创新投入3亿元。

高科技产业园区累计实现规模以上工业总产值230.29亿元，同比增长27.6%；利税总额20.99亿元，增长10.0%；利润总额12.80亿元，增长18.9%。

2011年，全区工业逐步走出低谷，增势较好，对全区经济增长起到重要作用。但按照成都市中心城区"退二进三"战略，三产业为五城区发展重点，金牛区二产业优势将逐渐弱化。全年，规模以上工业企业比2010年减少48家，全年无新增规模以上工业企业。

2011年成都市五城区规模工业增加值

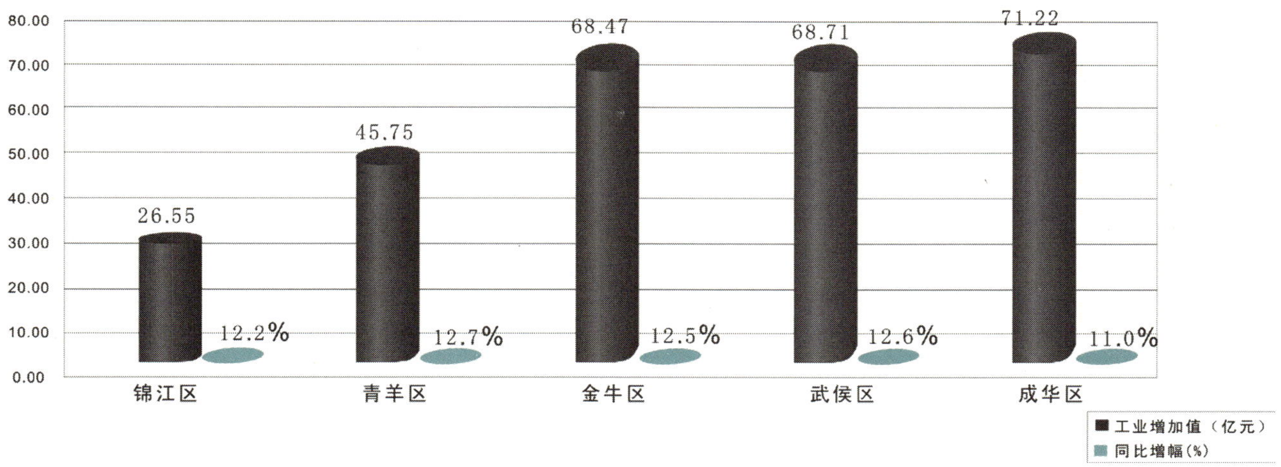

2011年金牛区规模以上工业增加值增速走势

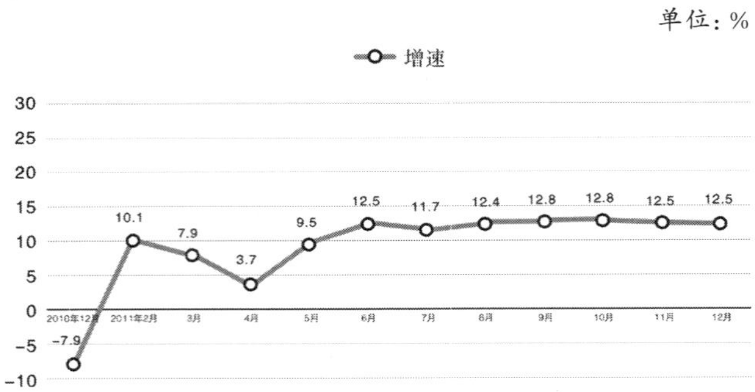

【支柱产业】 2011年，全区规模以上工业增加值增速较2010年提高20.4个百分点。四大支柱产业发展良好，总产值占全区规模工业总产值比重为61.9%，其中电子通讯、机械工业、医药工业、食品饮料业总产值占全区规模以上工业总产值比重分别为13.8%、24.6%、7.8%、15.7%。电子通讯、机械工业、医药、食品饮料业总产值增幅分别为43.1%、29.8%、61.6%、19.3%。四大支柱产业利润总额同比增长7.2%，其绝对值占全区规模工业利润总额比重为71.6%，其中电子通讯业、机械工业、医药工业、食品饮料业利润占全区规模工业利润总额比重分别为8.2%、21.4%、8.3%、33.6%。

全年全区86家规模以上工业企业中属于四大支柱产业企业有60家，虽然较2010年减少12家，但是比重却比2010年增加4.9个百分点，为69.8%。其中机械工业企业31家，占四大支柱产业企业总数一半，占四大支柱产业总产值的40%。增长最快的是医药工业，同比增长66.5%。

2011年金牛区四大支柱产业工业总产值同期增长情况

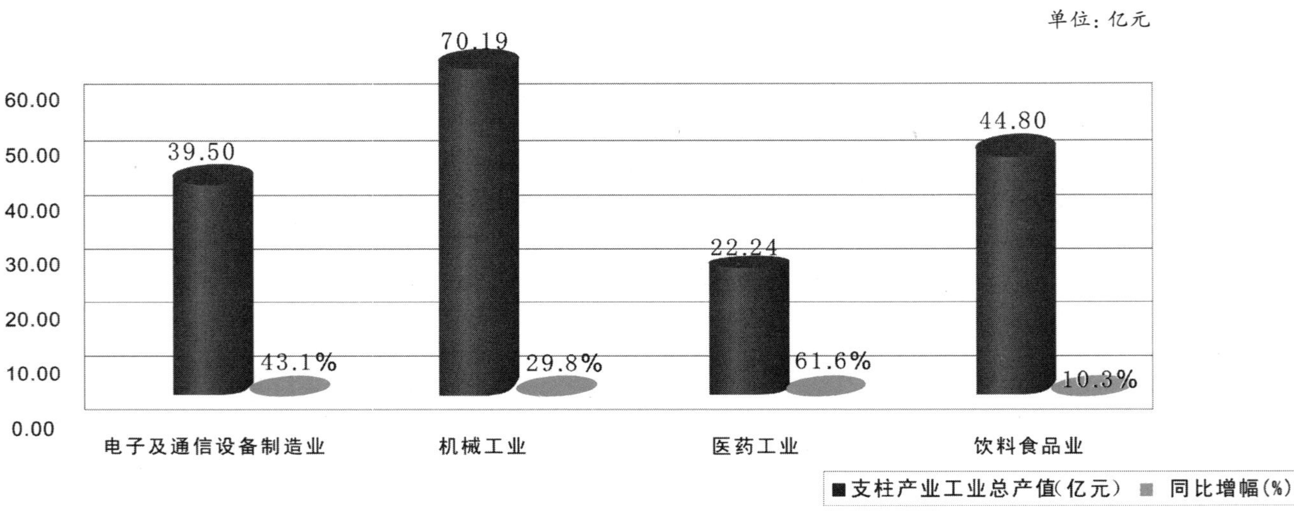

【规模工业企业】 全年有规模工业企业86家，其中工业总产值10亿元以上的8家，分别是成都金瑞通集团公司、四川水井坊股份有限公司、成都鑫牛线缆有限公司、成都铁公鸡钢筋加工有限公司、中国石油成都润滑油厂、四川徽记食品产业有限公司、四川金星压缩机制造有限公司、四川蓝灵（集团）有限责任公司。5亿元—10亿元的10家，分别是成都汇利包装实业有限公司、成都大西南制药股份有限公司、成都市国泰实业有限责任公司、成都中汇制药有限公司、四川警服生产服务中心、成都建丰饰材有限公司、四川神坤装备股份有限公司、四川建设机械（集团）有限公司、成都宏天电传工程有限公司、四川金炜集团有限公司。1亿元—5亿元的28家，分别是成都彩艺钢制品有限公司、成都三泰电子实业有限公司、四川远航焊管有限公司、成都前锋工贸有限责任公司、四川兴盛皮革制品有限公司、成都金亚电子科技（集团）有限公司、成都高步制衣有限公司、成都铸信企业（集团）有限公司、四川华工石油钢管有限责任公司、成都兴顺风塑胶有限公司、成都自力实业发展有限公司、中铁二十三局集团成都工程有限公司、成都国嘉联合制药有限公司、四川建辉门窗装饰有限公司、成都宏基骏业商品混凝土有限

公司、成都赛乐化新机电有限公司、成都恺兴实业有限公司、四川现代建设机械有限责任公司、成都市嘉洲新型防水材料有限公司、四川成发普睿玛机械工业制造有限责任公司、四川兴天隆印务有限公司、四川锦城建筑机械有限责任公司、成都市黄忠养殖实业有限公司、成都营门电缆有限责任公司、成都天回气门导管制造有限公司、成都蜀光石油化学有限公司、成都华西化工科技股份有限公司、成都市康华药业有限公司。全区工业总产值上亿元的规模企业46家，工业总产值总额占全区规模工业企业工业总产值的比重为91.8%。

2011年金牛区规模以上工业总产值结构比例

【工业重点跟踪项目】 区经科局全年牵头重点项目12个，其中省重点2个、市重点3个、区重点12个（包含1个前期储备项目），分别是娇子创意产业园项目、特拉克斯总部基地二期项目、成都前锋电子电器集团股份有限公司总部项目、成都迪舒生物总部项目、四川顺通集团总部项目、中铁轨道交通高科技产业园区项目、成都三泰电子扩产技术改造项目、成都殿丰公司总部项目、万江总部基地项目、岷江总部基地项目。全年重点项目完成投资11.55亿元。

贡献突出的高新产业企业

成都康弘药业集团股份有限公司
成都金瑞通实业股份有限公司
四川徽记食品产业有限公司
成都宏天电传工程有限公司
成都市国泰实业有限责任公司
四川建设机械（集团）股份有限公司
中国石油成都润滑油厂
成都中汇制药有限公司
成都金亚科技股份有限公司
成都三泰电子实业股份有限公司

名牌企业

成都三泰电子实业股份有限公司
成都国际会议展览中心有限公司
成都市康华药业有限公司
成都建丰饰材有限公司

科技型先进企业

中国中铁二院工程集团有限责任公司
成都康弘药业集团股份有限公司
中国建筑西南设计研究院有限公司
四川建设机械（集团）股份有限公司
成都三泰电子实业股份有限公司
四川徽记食品产业有限公司
成都天奥电子股份有限公司
四川金星压缩机制造有限公司
四川新生命干细胞科技股份有限公司
成都市鑫牛线缆有限公司

质量管理先进企业

成都通力集团股份有限公司
四川徽记食品产业有限公司
成都康达电缆有限公司
成都宏天电传工程有限公司
四川成塑电缆有限公司
成都营门电缆有限责任公司
成都乡王食品有限公司
成都市鑫牛线缆有限公司
成都三泰电子实业股份有限公司
四川华园金属建设工程有限公司
成都天府华侨城实业发展有限公司
　欢乐谷旅游分公司

外贸出口先进企业

四川宏华国际科贸有限公司
攀钢集团国际经济贸易有限公司
四川省川化新天府化工有限责任公司
攀钢集团成都钛业贸易有限公司
四川建设机械（集团）股份有限公司
四川全兴集团有限公司

（以上名单来自金牛区2011年度突出贡献企业表彰大会）

2011年金牛区国有及限额以上工业企业分行业主要经济指标

单位名称	企业单位数		工业总产值(现行价格)		产品销售收入		利税总额		利润总额	
	2011年(个)	所占比重(%)	2011年(万元)	增幅(±%)	2011年(万元)	增幅(±%)	2011年(万元)	增幅(±%)	2011年(万元)	增幅(±%)
总　计	86	100	2859001	26.8	2522258	21.1	241128	11.2	145622	20.5
其中：四大支柱产业	60	69.77	1768849	32.9	1487749	25.2	171470	4.3	104206	7.2
电子及通信设备制造业	14	16.28	395457	43.1	353802	49.3	16775	−20.5	11912	−15.1
机械工业	31	36.05	701909	29.8	623101	24.8	45631	27.3	31196	40.8
医药工业	7	8.14	222408	61.6	153498	26.3	25062	−7.8	12040	−17.7
饮料食品业	8	9.30	449075	19.3	357347	8.2	84001	4.7	49057	5.8
饮料工业	1	1.16	189212	32.9	138460	20.3	63327	4.5	33379	9.3
食品工业	7	8.14	259863	11.0	218887	1.7	20675	5.5	15678	−1.1
其中：纺织业	0	0.00	0	0.0	0	0.0	0	0.0	0	0.0
服装、鞋帽、制造业	3	3.49	286651	8.9	268533	6.4	36766	5.3	20645	7.3
皮革、毛皮、羽毛及其制品业	1	1.16	33030	−5.6	33043	−2.7	264	−2.4	234	−4.1
木材加工及木、竹、藤、棕、草制造业	0	0.00	0	0.0	0	0.0	0	0.0	0	0.0
家具制造业	0	0.00	0	0.0	0	0.0	0	0.0	0	0.0
造纸及纸制品	0	0.00	0	0.0	0	0.0	0	0.0	0	0.0
印刷业	2	2.33	18438	50.1	18436	3.2	704	0.0	498	0.0
文教体育用品制造业	0	0.00	0	0.0	0	0.0	0	0.0	0	0.0
石油加工、炼焦及核燃料加工业	2	2.33	161455	22.9	159587	74.2	4606	0.0	4108	0.0
化学纤维制造业	0	0.00	0	0.0	0	0.0	0	0.0	0	0.0
非金属矿物制品业	9	10.47	195618	31.6	169703	26.2	17530	41.5	12418	72.7
工艺品及其他制造业	0	0.00	0	0.0	0	0.0	0	0.0	0	0.0
非金属废料和碎屑的加工处理	0	0.00	0	0.0	0	0.0	0	0.0	0	0.0
污水处理及应用	0	0.00	0	0.0	0	0.0	0	0.0	0	0.0
冶金工业	4	4.65	233732	11.9	231100	9.7	5496	8.5	1516	17.6
化学工业	5	5.81	151299	29.1	148297	0.7	3927	−33.6	1873	−49.7

2011年金牛区国有及限额以上工业企业分组情况

单位：万元

	企业单位数(个)	其中：亏损企业	亏损面(%)	工业总产值(当年价)	资产合计	负债合计	主营业务收入	利润总额	亏损企业亏损总额	利税总额	本年应交增值税	主营业务税金及附加	全部从业人员年平均人数(人)
总　计	86	10	12	2429907	1728135	806531	2516448	145498	8011	240764	71984	23282	23211
一、按登记注册类型分组：													
内资企业	82	9	31	2218108	1704651	799596	2448791	146010	6940	235187	70212	23135	22734
国有企业	5	1	20	167259	82389	54507	175286	4266	228	5600	1095	240	1357
集体企业	1	0	0	14313	802	380	3940	9	0	9	0	0	44
股份合作企业	3	0	0	5480	32910	21703	131186	3959	0	−44	0	167	796

续表：

	企业单位数（个）	其中：亏损企业	亏损面（%）	工业总产值（当年价）	资产合计	负债合计	主营业务收入	利润总额	亏损企业亏损总额	利税总额	本年应交增值税	主营业务税金及附加	全部从业人员年平均人数（人）
股份制企业	72	8	11	1905483	1579687	721100	2078755	132445	6712	220081	64908	22728	20177
其他企业	1	0	0	125572	8863	1906	59625	5332	0	9542	4209	2	360
外商和港、澳、台商投资企业	4	1	25	211800	23484	6935	67656	-512	0	358	724	146	477
二、在总计中：亏损企业	10	10	100	206709	153684	85765	166897	-8011	8011	-2253	5188	570	2531
在总计中：国有控股企业	13	10	77	212837	223145	141661	336790	7822	6409	15891	6421	1648	3097
在总计中：中型企业	17	4	23	1206529	869920	351264	932014	90568	4628	151885	45141	16176	11232

2011年金牛区规模以上工业分街道工业企业主要经济指标

单位：万元

单位名称	工业总产值（现行价格）		产品销售收入		利税总额		利润总额	
	2011年	增减（±%）	2011年	增减（±%）	2011年	增减（±%）	2011年	增减（±%）
茶店子街道	0	0.0	0	0.0	0	0.0	0	0.0
黄忠街道	3100	36.6	985	0.9	42	4.2	10	-1
九里堤街道	17295	39.4	12379	2.6	3190	-4.7	2337	-7.5
人民北路街道	10812	-31.2	12230	3.0	391	-69.2	305	-58.5
五块石街道	14711	36.6	12502	-2.3	1496	26.5	1335	30.5
西安路街道	22002	29.4	16876	20.1	801	38.9	447	71.9
驷马桥街道	6000	15.4	4824	0.0	323	3.2	113	6.6
营门口街道	3000	51.9	2798	39.8	189	-77.6	62	-91.6
沙河源街道	187863	30.3	182115	32.6	6640	-10.9	3363	-21.2
天回镇街道	295500	32.8	282489	42.3	7671	-16.5	3614	-28.6
金泉街道	66052	27.5	57484	37.9	3780	85.0	1188	63.0
高科园区（小口径）	1222986	32.3	1024399	23.6	70648	17.1	43427	40.6
凤凰山街道	0	0.0	0	0.0	0	0.0	0	0.0
抚琴街道	3102	54.4	1894	-5.7	88	-50.1	47	-45.1
荷花池街道	3127	39.4	3127	39.4	197	-18.8	53	-65.8
西华街道	1003451	19.0	908156	11.7	145672	12.3	89321	20.3
高科园区（大口径）	2302928	27.6	1991504	23.6	209853	10.0	127982	18.9

（梁 平 赵 翔）

国家开发银行四川省分行为华西化工等3家企业提供总额1100万元的贷款。

（梁　平）

工业园区建设

【经济指标】　2011年，园区实现工业集中度87.3%，49家规模以上工业企业实现总产值230.29亿元，同比增长27.6%；工业增加值59.78亿元，同比增长13.8%；主营业务收入199.15亿元；利税总额20.99亿元；主导产业聚集度提高4.99个百分点；亩均主营业务收入增长24.3%，亩均利税增长15.3%。

【园区建设】　2月，产业园二期起步园第一批征地1311亩完成征地工作程序；起步园第二批征地840亩获得征地批文。大北区第一批1239亩土地获得征地批文；第二批1352亩土地（涉及中铁首期项目）获得征地批文。园区金科南三路、药业北路、兴顺东路、隆安路等4条道路竣工验收并通车；西城国际开关站、金牛科技园变电站投入运行；兴科南路-金牛斗渠电力浅沟工程完成并解决康弘项目用电问题；振兴中路预计年底可建成通车；投入40万元对园区绿化、市政设施等实施综合整治。

【项目引进】　全年引进工业总部项目50个，其中投资上亿元的项目5个，分别是成都工业典当有限公司、成都博瑞传播股份有限公司、成都华域数字科技有限公司、四川汇尔帮投资有限公司、成都路桥有限公司；引进项目协议投资总额21.03亿元，完成到位资金12.03亿元。

【企业科技创新】　金牛区协助天奥电子等2家企业认定为省级企业技术中心，华西工业等3家企业认定为市级企业技术中心，全年新认定技术中心数量居五城区第一；三泰电子被科技部认定为国家第一批现代服务业创新发展示范企业（四川省仅此一家）；金星压缩、鑫牛线缆建立院士（专家）创新工作站；协助16个企业获省市700万元财政资金支持；8个项目获科技成果转化项目立项支持，获得无偿资金610万元。

【企业服务】　以兴金担保公司为载体，为华盟实业等6家企业提供总额2390万元的融资担保服务，争取

工业项目

【工业总部项目】　2011年，金牛区建成方信科技一期、宝悦总部、娇子创意产业园一期等总部项目6个，建成总部楼宇面积18.6万平方米；新开工三泰电子、岷江总部等总部项目8个，新开工总部楼宇面积22万平方米。

【重点项目选介】　*中铁轨道交通高科技产业园项目*　项目位于金牛高科技产业园二期，项目总投资40亿元，占地1432亩，首期500亩。建设综合交通科技产业中心，包括综合交通智能化产业、综合交通软件信息产业、综合交通节能环保产业、综合交通光机电一体化产业、综合交通新材料制造产业、综合交通技术服务产业、综合交通配套产业等。2011年完成投资3亿元。

轨道交通国家实验室项目　项目位于西南交通大学九里校区，项目总投资4亿元，建高速列车基础研究实验平台及厂房；数字化仿真平台及平台场地改建；服役性能平台相关设备购置。2011年完成投资3.08亿元，实验厂房完工，实验设备完成招标并安装到位和调试。

海南天元总部经济二期项目　项目位于金牛高科技产业园一期，项目总投资3亿元，修建3幢商务办公大楼，面积15.2万平方米。2011年完成投资2亿元，全面竣工。

成都三泰电子扩产技术改造项目　项目位于金牛高科技产业园一期，项目总投资8546万元，通过新建厂房、新增设备使公司网络化，系统产能从0.8万套扩大到1.4万套。2011年完成投资8320万元，进行主体结构施工。

西南交大创新大厦项目　项目位于九里堤中路2号，项目总投资1.2亿元，占地13亩，拟建建筑面积4万平方米的科技孵化楼。2011年完成投资5000万元，进行基础工程施工。

娇子创意产业园一期项目　项目位于金牛高科技

产业园一期，项目总投资0.8亿元，总部楼宇建筑总面积15万平方米。2011年完成投资4200万元，进行外墙施工及装修。

岷江总部基地项目 项目位于金牛高科技产业园一期，项目总投资8000万元，总建筑面积5.4万平方米。2011年完成投资5627万元，进行地下室一层施工。

特拉克斯总部二期项目 项目位于金牛高科技产业园一期，项目总投资8000万元，建设企业总部大楼面积1.5万平方米。2011年完成投资5000万元，办理竣工手续。

万江总部基地项目 项目位于金牛高科技产业园一期，项目总投资5000万元，建设科研办公楼面积2.5万平方米。2011年完成投资4010万元，项目主体封顶。

成都前锋电子电器集团股份有限公司总部项目 项目位于金牛高科技产业园一期，项目总投资1.5亿元，建设16层总面积3万平方米的总部大楼。2011年完成投资2600万元，进行幕墙、总平施工。

（梁　平）

制造业

2011年，金牛区电子及通信设备制造业总产值39.55亿元，同比增长43.1%；机械制造业总产值70.19亿元，同比增长29.8%；医药制造业总产值22.24亿元，同比增长61.6%；食品制造加工业总产值44.91亿元，同比增长19.3%。

【规模以上工业企业】 截至12月，全区有规模以上工业企业86家，其中工业总产值上亿元企业46家、产值上5亿元的企业18家。2011年全区规模以上工业企业完成工业增加值68.47亿元，利润总额14.56亿元，分别同比增加12.5%和20.5%。

【电子及通信设备制造业】 金牛区电子及通信设备制造业主要包括输配电及控制设备制造和电线、电缆、光缆及电工器材制造。区内拥有成都宏天电传工程有限公司、成都鑫牛线缆有限公司、成都营门电缆有限责任公司等知名企业。截至12月，全区规模以上电子及通信设备制造业工业总产值占规模以上工业的13.8%。

【机械制造业】 金牛区机械制造业主要以汽车零部件配件制造业、汽车修理业和建筑工程设备制造业为主。从事汽车零部件配件制造的有成都天回配件有限责任公司；从事建筑工程设备生产的有四川建设机械（集团）有限公司、四川现代建设机电集团有限公司等企业。截至12月，全区规模以上机械制造业工业总产值占规模以上工业的24.6%。

【医药制造业】 金牛区的医药制造业主要由化学药品制造业、中药材及中成药加工业、生物制品业组成。金牛区医药制造业在开发新产品、争创名牌产品上成效突出，如胆维他（茴三硫）片、糖脉康、乌体林斯注射液、生柴颗粒等品牌已发展成为全区医药制造业中的优势特色产品。截至12月，全区规模以上医药制造业工业总产值占规模以上工业的7.8%。

【食品制造加工业】 金牛区的食品制造加工业主要包括饮料制造业和食品、农副品加工业。饮料制造业主要以白酒制造业为主，区内最大的白酒生产企业是四川水井坊股份有限公司，白酒设计生产能力3.5万吨，已陆续开发出“水井坊”“天号陈”等中高档系列酒，在全区工业经济中占有举足轻重的地位。区内的食品、农副品加工业门类较多，主要由饼干制造，蔬菜、水果和坚果加工，调味品制造和饲料加工等组成；在农业产业化方面，拥有年产值1亿元以上的农副产品加工企业——四川徽记食品产业有限公司；在产品品牌上，四川徽记食品产业有限公司生产的徽记牌瓜子、坚果系列，成都国泰实业有限公司和成都金宫味业食品有限公司生产的国泰和金宫牌系列调味品，都是金牛区的优势品牌，在行业中享有一定的知名度。截至12月，全区规模以上食品制造加工业工业总产值占规模以上工业的15.7%。

（赵　翔）

（审读：杨枝苍）

建筑业·房地产业

BUILDING AND REAL ESTATE INDUSTRIES

建筑行业管理

【概　况】　2011年，金牛区加强全区建筑业管理，加强对企业的业务指导和行业管理，确保建筑企业稳步健康发展。全年三级以上的建筑业企业315家，其中总承包特级企业2家，总承包和专业承包一级企业55家、二级企业150家、三级企业79家。

全年建筑业总产值542.27亿元，同比增长24.1%；完成房地产固定资产投资130.08亿元。

【建筑工程质量监督】　金牛区加强建筑工程质量监督，办理区政务中心并联审批的新建工程12个，建筑面积65.6万平方米；受理手续不全但有政府纪要的区建工程14个，建筑面积51.7万平方米；监督建设单位组织的竣工验收42个，建筑面积219.9万平方米。向建设行政主管部门报送质量监督报告，办理建设工程竣工验收备案30个，建筑面积48.5万平方米；成都华侨城纯水岸A组团工程（A2区）48、67号楼和智业·世纪加州二期被成都市评为优质结构工程。

【建筑工程安全监督】　金牛区新增报监工程数量67个，建筑面积120万平方米；竣工53个，建筑面积150万平方米，其中优良工程13个。区建交局严格履行建筑工程安全监督手续，建筑工程开工前执行现场勘验制度，未达到开工条件的，不允许开工建设；在日常巡查检查过程中，对施工现场安全生产、文明施工、消防安全、资料、实体防护进行抽查，对各方责任主体安全生产行为、履职记录进行检查，对查出的问题或隐患，督促相关单位进行整改，并进行复查。全年到施工现场巡查检查1100余人次，发出整改通知书9份，复查率和合格率均为100%。全年未发生较大及以上级别安全生产生产责任事故。

【行政审批】　区建交局驻区政务服务中心窗口负责办理建筑业企业、劳务分包企业新办、增项、升级和变更的初审事项，按照简化、减少行政审批申报材料和环节，提高行政审批工作效能，规范行政审批行为和自由裁量权，促使建设领域行政审批依法、高效、公开、公平、公正运行的精神，对本行政区域内经金牛区工商部门注册登记的建筑业企业和劳务分包企业行使初审权。按照已核定的办事指南收取申请资料，核对企业提供的资料原件并加盖原件审核印章。申请材料符合法定形式、内容符合要求的，初审后报市建委审批；对申请材料不符合法定形式或内容不符合要求的，一次性告知申请人需要补正的全部内容。全年办理建筑业企业、劳务分包企业新办、增项、升级49个，办理建筑业企业、劳务分包企业资质变更26个，按时办结率100%，评价满意率100%。

【建设工地扬尘治理】　金牛区加强施工工地扬尘整治，建立辖区工地管理联络制度和信息报送制度，完善日常巡查、执法、社会监督和综合协调4种机制。区建交局由执法大队专门负责扬尘建设工地扬尘整治工作，同时聘请6位扬尘协管员，将全区建设工地分成3个责任片区，责任到人，对建设工地进行监管，对制尘行为及时给予劝告，对不听劝告和扬尘污染严重的工地，执法人员到现场行政执法，做到发现一起处理一起，力争从源头上控制扬尘污染，确保建设工地扬尘污染总体受控。全年检查建筑工地6000余次、市政工地300余次，张贴建设工地扬尘整治宣传画200余幅，现场责令整改1000余次，发出《责令限期整改决定书》30份，扬尘污染罚款3.3万元。

（吴锡丹）

建筑市场

【概　况】　金牛区有建筑企业290个，其中具有施工总承包、专业承包、劳务分包一级资质的31个，具有施工总承包、专业承包、劳务分包二级资质的149个，三级及三级资质以下的企业110个，拥有四川华西集团有限公司、川铁国际经济技术合作有限公司、中铁二局集团建筑有限公司、中铁八局集团建筑工程有限公司等一批实力雄厚、管理先进的企业。

【建筑工程重点项目管理】　金牛区督促全区范围内的建设项目进入全市有形建筑市场交易，严格实施建设工程项目招投标备案制度，全年办理政府投资项目招标备案43项、中标备案28项、比选文件备案73项、中选备案75项、工程监理招标备案21项、工程监理中标备案19项、工程设计招标7项、工程勘察招标6项、非政府投资项目工程备案17项。

【建筑工程企业管理】　金牛区加强区属建筑业企业资质动态管理，帮助企业提档升级，全年办理建筑业企业、劳务分包企业新办、增项、升级49个，办理建筑业企业、劳务分包企业资质变更26个。

2011年金牛区建筑业基本情况

指标名称	单　位	2011年实际	2010年实际	2011年比2010年（±%）
建筑业总产值	万元	5422688	4368743	24.12
其中：建筑工程	万元	4922551	4144063	18.79
安装工程	万元	374623	168072	122.89
其他产值	万元	125514	56608	121.72
企业总产值	万元	6160391	4405836	39.82
竣工产值	万元	2409268	1688577	42.68
从业人员年末数	人	150425	154445	-2.60
企业个数	个	315	311	1.29
其中：一二级企业	个	215	215	0.00
工资总额	万元	346129	173846	99.10
资产合计	万元	7392907	3548933	108.31
流动资产	万元	3984767	3222351	23.66
固定资产	万元	307905	221024	39.31
累计折旧	万元	214141	148534	44.17
负债合计	万元	6561719	3025822	116.86
流动负债	万元	6447717	2956874	118.06
长期负债	万元	#	68948	#

续表:

指标名称	单位	2011年实际	2010年实际	2011年比2010年(±%)
实收资本	万元	571213	378910	50.75
所有者权益	万元	831189	523110	58.89
管理费用	万元	127580	88808	43.66
财务费用	万元	25544	14666	74.17
营业利润	万元	79118	40699	94.40
利润总额	万元	84221	40801	106.42
应交所得税	万元	19375	11962	61.97
亏损企业个数	个	63	16	293.75
亏损额	万元	8768	7307	19.99
房屋建筑面积	平方米	44911773	33992314	32.12
本年新开工面积	平方米	18426913	14753732	24.90
房屋竣工面积	平方米	10345828	14093845	−26.59
其中:国有及国有控股	平方米	8276662	11275076	−26.59
自有机械台数	台	10773	7152	50.63
自有机械设备净值	万元	145412	126101	15.31

注:部分建筑业指标自2011年建筑业年报起,按新报表制度不再纳入建筑业报表统计。

2011年金牛区总产值前50名建筑企业

四川华西集团有限公司
四川省第六建筑有限公司
中铁二局集团新运工程有限公司
中铁二局机械筑路工程有限公司
中铁八局集团第二工程有限公司
四川省第一建筑工程公司
成都市第二建筑工程公司
中铁二十三集团第四工程有限公司
中铁八局集团建筑工程有限公司
中铁二局集团建筑有限公司
中铁二局集团电务工程有限公司
成都市第六建筑工程公司
四川省住业建设有限公司
成都市第八建筑工程公司
中铁二局第三工程有限公司
四川省场道工程有限公司
中铁八局集团电务工程有限公司
四川省送变电建设有限责任公司
四川省高标建设工程有限公司
四川宏大建筑工程有限公司
成都市第五建筑工程公司
西南铁路房屋建筑公司
四川宏山建设工程有限公司
中铁八局集团第四工程有限公司
四川永存建筑工程有限公司
四川泰兴装饰工程有限责任公司
成都市第九建筑工程公司
川铁国际经济技术合作有限公司
中铁二局集团装饰装修工程有限公司
四川长城建筑(集团)有限公司
成都市金统建设工程有限公司
四川明德石化建设发展有限公司
四川金鼎建设工程有限公司
成都市信高工业设备安装有限责任公司
四川新中消防工程有限责任公司
成都铁路兴达建筑公司
成都九天建设工程有限公司
四川易园园林集团有限公司
成都铁路兴达工程公司
四川省通惠送变电有限责任公司
中国电子系统工程第三建设有限公司

四川瑞海建设工程有限公司
四川汇昌建设工程有限公司
四川磊石建筑工程有限公司
成都西川送变电工程有限责任公司
四川沃特市政工程股份有限公司
四川省昌兴建筑工程有限公司
四川瑞通工程建设有限公司
四川中船钢结构工程有限公司
成都金电电力有限公司

（吴锡丹　巫俊一）

房地产市场

【概　况】　2011年，金牛区有房地产开发企业201家，其中具有一级资质的房地产企业2家、二级资质的41家、三级及三级资质以下的企业100家；拥有成都金房集团有限公司、成都天府华侨城实业发展有限公司等一批实力雄厚、管理先进的企业。

按项目地计算，全年完成房地产开发投资130.08亿元，按注册地计算，完成施工面积1177万平方米，其中新开工面积222万平方米、销售面积242万平方米，完成销售额213.47亿元。

2011年金牛区房地产市场

名　称		单　位	2011年	同比增减（±%）
商品房	供应面积	万平方米	238.22	30.1
	成交面积	万平方米	120.83	-29.2
	成交均价	元/平方米	9027	26.6
商品住房	供应套数	套	16294	3.1
	供应面积	万平方米	163.45	17.5
	可售套数	套	14922	79.8
	可售面积	万平方米	145.75	92.3
	成交套数	套	8747	-40.1
	成交面积	万平方米	82.03	-35.7
	成交均价	元/平方米	8980	19.1
二手房	成交面积	万平方米	69.80	-29.2
二手住房	成交套数	套	6641	-29.8
	成交面积	万平方米	54.37	-29.1

【房地产投资】　国家房地产调控政策在金牛区得以体现，2010年成都市中心城区商品房限购政策极大遏制投资性购房，进入2011年，开发企业资金链逐渐紧张，投资者购地愿望不强，项目投资进度变缓，房地产投资明显下降，商品房成交量下滑，消费者处于观望状态。2011年底，成都市企业家信心指数中房地产企业家信心指数仅为61.9%，较2010年年底下降33.1个百分点。土地要素保障不足，房地产投资缺口较大，2011年全区招拍挂成交的土地面积295.36亩，同比下降53.9%；成交土地价款1.79亿元，同比下降87.3%。全区成交的招拍挂土地中无一宗房地产用地。全区已征收未供土地面积1.2万亩，均存在不同程度的拆迁障碍，直接影响土地上市。

【房地产重点项目】　全年全区房地产重点项目投产达产2个：金牛智业世纪加州项目全年累计完成投资5000万元，基本完工；环球广场项目全年累计完成投资8400万元，全面完工。

加快建设4个：抚琴街道“老会展·现代城”老会展中心一期改造项目全年累计完成投资4.3亿元，截至12月，建设至地上7层；金牛绿地·世纪城项目全年累计完成投资8.35亿元，截至12月，进行结构施工；瑞安-金牛中心项目全年累计完成投资5287万元，截至12月，基本完成，进行抗浮锚杆施工；金牛龙湖城北天街项目全年累计完成投资19.3亿元，8月，东地块（小地块）封顶，12月1栋—7栋交房，8栋—9栋内装，西地块（大地块）6月开工建设，8月开盘，30号、31号楼6层结构施工完成，27号楼B区负二层施工，32号楼筏板基础验槽完成。

促进开工1个：嘉信茂二期项目全年累计完成投资5000万元，截至12月，开始结构施工。

贡献突出的房地产开发企业

成都天府华侨城实业发展有限公司
成都金牛万达广场投资有限公司
成都金牛蓝光和骏置业有限公司
成都龙湖北城置业有限公司
成都万科国宾置业有限公司
成都泓华信联合置业有限公司
成都华宇业瑞房地产开发有限公司
成都顶峰房地产开发有限公司
成都中铁锦华置业有限公司
成都飞大置业有限公司

（以上名单来自金牛区2011年度突出贡献企业表彰大会）

2011年金牛区房地产投资基本情况

指标名称	单位	2011年实际	2010年实际	2011年比2010年(±%)
单位个数	个	201	196	2.55
计划总投资	万元	8927769	8675611	2.91
本年新开工	万平方米	222	243	-8.64
本年新增固定资产	万元	636308	706949	-9.99
本年土地购置面积	万平方米	13	14	-7.14
本年完成投资	万元	1300825	1452358	-10.43
施工面积	万平方米	1177	977	20.47
其中：本年新开工	万平方米	222	243	-8.64
竣工房屋面积	万平方米	167	165	1.21
竣工房屋价值	万元	579547	500040	15.90
实际销售面积	万平方米	242	198	22.22
实际销售额	万元	2134748	1322333	61.44
本年资金来源小计	万元	2687235	2662113	0.94
其中：国内贷款	万元	430595	196993	118.58
自筹资金	万元	619827	947614	-34.59
其他资金	万元	862402	806342	6.95
本年各项应付款	万元	287352	273287	5.15

注：本表除本年完成投资为按项目地外，其余指标均按注册地。

2011年金牛区房地产销售、待售情况

单位：平方米

指标名称	实际销售面积			预售面积			待售面积		
	2011年	2010年	(±%)	2011年	2010年	(±%)	2011年	2010年	(±%)
合计	**2426416**	**1983232**	**22.35**	**3085719**	**4067585**	**-24.14**	**313917**	**216656**	**44.89**
1. 住宅	2033058	1759602	15.54	2608081	393818	562.26	135334	64666	109.28
2. 办公楼	171567	93996	82.53	119093	348837	-65.86	45381	40406	12.31
3. 商业用房	132792	49826	166.51	238117	166282	43.20	25647	19379	32.34
4. 其他	88999	79808	11.52	120428	310805	-61.25	107555	92205	16.65

注：本表指标均为按注册地分。

2011年金牛区房地产开发企业施、竣工情况

指标名称	施工面积(平方米)			竣工面积(平方米)			竣工价值(万元)		
	2011年	2010年	(±%)	2011年	2010年	(±%)	2011年	2010年	(±%)
合计	**11776333**	**9772853**	**20.50**	**1670168**	**1646454**	**1.44**	**579547**	**500040**	**15.90**
1. 住宅	8208397	7122275	15.25	1420648	1294110	9.78	488145	393818	23.95

续表：

2. 办公楼	880099	515607	70.69	15928			8365		
3. 商品营业用房	1262007	530267	137.99	31572	107223	-70.55	20071	29256	-31.40
4. 其他	1425830	1604704	-11.15	202020	245121	-17.58	62966	76966	-18.19

注：本表指标均为按注册地分。

2011年金牛区房地产投资完成前50名企业

成都金牛万达广场投资有限公司
成都龙湖北城置业有限公司
成都天府华侨城实业发展有限公司
上海绿地集团成都金牛房地产开发公司
成都瑞发置业有限责任公司
成都国际会议展览中心
成都阿坝宾馆有限责任公司
成都万科国宾置业有限公司
爱美高房地产（成都）有限公司
成都金牛蓝光和骏置业有限公司
成都新普瑞实业发展有限公司
成都市同益房地产开发有限公司
成都顶峰房地产开发有限公司
成都泓华信联合置业有限公司
成都泽瑞房地产开发有限公司
成都翔龙房地产有限公司
成都人居置业有限公司
成都广地置业有限公司
成都有为置业有限公司
成都金牛蓝光和骏置业有限公司
华润置业（成都）金牛有限公司
中房集团成都房地产开发有限公司
中国水电建设集团房地产（成都）有限公司
成都长江紫东企业（集团）股份有限公司
成都尚瑞置业有限责任公司
成都市明阳房地产开发有限公司
成都万通时尚置业有限公司
成都兴元房地产开发有限公司
成都万裕投资有限公司
成都市捷帝置业有限公司
成都市金港房屋开发公司
成都成达房地产发展有限公司
成都天仁房地产开发有限公司
四川名人房地产开发有限责任公司
成都信德实业有限公司
成都智业房地产开发有限公司
成都嘉园房地产开发有限公司
成都城投地产有限公司
四川润扬房地产开发有限公司
成都统建城市建设开发有限责任公司
成都万贯房地产开发有限公司
四川金山臣科技实业有限公司
成都筑成投资开发有限公司
成都上品资产管理有限公司
成都市泰昌房地产开发有限公司
成都市三联制桶有限公司
成都中关国交商务服务有限责任公司
成都金房集团有限公司
成都瑞阳房地产开发有限公司
成都新和房地产开发有限公司

（巫俊一　黄　怡）

房产管理

【公共住房保障】　2011年，金牛区贯彻落实市委、市政府《关于全域成都统一户籍实现城乡居民自由迁徙的意见》文件精神，加快推进城乡住房保障制度建设，建立以廉租住房、公共租赁房、经济适用房、限价商品房等方式解决城乡居民住房困难问题体系，全面构建城乡住房保障体系，着力解决中低收入家庭住房困难问题。全年办理廉租住房租金补贴户数2554户，新增209户；办理廉租住房实物配租申请审核347户，安置实物配租房屋341户（6户放弃）；完成历年补贴协议年审1785户；受理经济适用房申请登记2819户，审核通过1362户；受理限价商品房申请登记513户，审核通过392户。

【直管公房电子系统建设】 直管公房电子管理系统及书面档案系统初步建成并投入使用。全年为公房住户提供查询服务120余次，提高公房管理的效率。

【安全管理】 区房管局制定《关于深入开展“百日安全生产活动”的通知》《关于开展国庆节安全生产大检查的通知》和《关于开展高层建筑消防安全大检查的通知》等33份文件；开展隐患排查整治工作，全年开展安全生产各类检查26项、254次，出动车辆254辆次、人员600人次，查出安全隐患105处，下达整改通知书105份，并及时责令责任单位进行整改，其中受理房屋违规装修投诉99起、房屋装修安全检查99次，出动车辆123辆次、人员280人次，查出安全隐患47处，下达整改通知书47份，处理投诉率100%；开展物业建筑区划“安全督查”各类检查80次，查出不安全生产隐患43处次，查出消防隐患11处次，并下达54份整改通知书。

【物业管理】 全年新增物业管理面积39.3万平方米，选聘物业服务企业实施专业化物业管理的建筑区划558个，总建筑面积2625.1万平方米，其中住宅310个，总建筑面积1716.4万平方米；新设立业主大会15个，业主委员会换届选举16个，成立业主大会筹备组7个；办理建筑区划划分18个；新建住宅附属设施设备交付使用备案7件；招标备案22件，中标备案18件，协议核准4件。

【公房管理及维修】 金牛区有直管公有住房6465户，建筑面积30.4万平方米，计租面积22.2万平方米，除去不在清理普查范围内的拆迁户、破产移交等户数，采取住户自行填表和入户走访填写等措施，填写登记表4274户，在市产权监理处完成对住户登记表查档4274户。为确保成都市顺利通过文明城市复查工作，投入18.2万元用于直管公房的消防设施设备及“四防”设施设备的补充配置。开展直管公房范围内的建筑隐患排查整治工作，全年系统组建各级“两安全”组织机构5个，55人组成。开展“两安全”工作各类检查34次，召开安全会议、安全教育23次，参加人员240人次；岗位培训108人次，开展安全活动3次，参加活动300余人次；张贴宣传标语15幅。在检查过程中，查库房10处次，查各类办公用房15处次，查资料室9处次，查居民院落240处次，查出不安全生产隐患19处次，查出消防隐患7处次，截至12月，全部限期整改完毕。

【拆迁管理】 区房管局整治拆迁工地脏乱现象，要求各单位严格按照房屋拆迁相关程序施工，对旧房拆除必须打围、保洁，采取湿法作业法，拆除旧房产生的建筑垃圾必须在规定的期限内采用密闭式运输车辆清运；对待建工地必须实行硬围打筑，达到围墙景观化；建立“扬尘”管理工作联络制度，层层签订《拆迁工地“扬尘”管理责任书》，明确责任和要求；对部分扬尘污染较重的拆迁工地，组织开展扬尘污染集中整治专项行动，有效改善城区环境和空气污染质量；对辖区范围内的在建、待建拆迁工地，坚持每周检查一次，节假日适时巡查，对重点工地不定期检查。

【行政裁决】 区房管局坚持“调解为主、裁决为辅、以裁促拆”的原则，做好城市房屋拆迁行政裁决工作，加快城市房屋拆迁工作进度。截至12月，组织调解60户，通过调解达成协议50户；受理行政裁决8户，裁决4户，上报强拆2户。

（黄　怡）

（审读：黄智太）

商贸业·服务业

BUSINESS & TRADE AND SERVICE INDUSTRIES

概　述

【电子商务】　2011年，金牛区正式出台《金牛区电子商务产业发展专项资金管理暂行办法》，继续推进全区电子商务产业发展。截至12月，全区实际注册的电子商务中小企业700多家，其中电子商务应用企业超过300家，中小企业的电子商务应用普及率超过40%；B2B电子商务平台成交额30亿元，B2C企业的销售额3亿元，电子商务企业发展势头迅猛。组织企业申报2011年度申报省、市电子商务扶持资金工作，全年区内电子商务企业获省、市级电子商务专项资金201万元，资金额度在成都市所有区（市）县中位列第一。

【中国·成都中药材价格指数发布】　4月16日，商务部正式在成都启动发布中国·成都中药材指数，该指数由商务部定期通过城乡市场信息服务体系发布平台商务预报网络版每周发布一次，发布平台除总站外，有169个省会级、地市级子站。该指数是全国首个中药材指数和西部地区的首个国家级商品指数。中央电视台二套《全球资讯榜》栏目、凤凰卫视资讯台《金石财经》栏目及四川、石家庄、青岛等地方电视台定期播报信息；《经济日报》《国际商报》《中国商报》等报纸定期发布有关信息。

【中国·成都五金机电指数】　5月，中华全国工商业联合会正式复函批准“中国·成都五金机电指数”立项编制。该指数由中华全国工商业联合会五金机电商会、金牛区、成都万贯集团（实业）公司于4月18日联合提出立项申请报告，此次获得立项编制将填补中国五金机电产业在标准数据体系建设上的空白，是全省继中国·成都中药材指数编制发布后的第二个国家级标准数据体系，标志着成都市取得全国五金机电行业价格话语权。截至12月，编制单位基本完成五金机电产品分类，完善机电指数数据采集系统，完成分类后尽快确定指数计算方法。

【服务外包】　金牛区服务外包产业发展迅速，完成服务外包离岸接包合同签约6254万美元；离岸接包合同执行金额1386万美元；新增登记服务外包企业5个。组织夏尔数码科技有限公司申报市商务局服务外包发展专项资金50万元。

【肉类蔬菜流通追溯体系建设】　金牛区全年投入20万元，完成13个大型超市（商场）肉类蔬菜流通追溯体系建设，实现肉类蔬菜来源清、去向明，购销数据一致，经营户（摊）销售数量台账建立并完善；建立培训机制，对企业负责人、专职工作人员集中培训两次、现场培训3次；出动车辆18辆次、人员48人次，对13个大型超市（商场）肉类蔬菜流通追溯建设的落实情况进行督查，刷卡率、数据录入率、信息上传率均为100%。

【宏正商业广场】　*改造市场硬件设施*　为提升市场物态水平和业态层次，公司以大型商场为标准，逐步改造提升场内硬件设施，变摊铺位商位，变市场为商场，2011年公司改造批发卖场面积2.4万平方米，配套咖啡吧、体验馆等休闲购物设施，按照现代都市的风情格调，对外立面进行重新设计。

规范市场业态 改变市场经营状态，适度剥离市场仓储、物流等功能，在低楼层打造品牌店铺开展商品零售，在较高楼层采取全开架式设计，实行集中收银、统一管理的商场化经营模式。

优化商源组合 运用电子商务模式提升市场交易手段改变"三现交易"给市场带来的诸多不便，公司在进行企业内部信息化管理的同时，启动场内的电子商务网站建设，以优质的实体市场为载体，发展网上交易；打造家居软装修设计中心，建立售前、售中、售后服务于一体的"一站式"销售模式；引进现代商贸专业人才，拓宽培训渠道，用星级标准规范市场人员的言行举止，建立高素质的企业团体。

延伸服务内涵 企业充分利用楼宇型市场的特点，引进圣大保罗、华伦天奴、金利来等国内外知名品牌的区域总代理、总经销、特约经销商等入驻。

贡献突出的现代商贸企业

四川苏宁电器有限公司
成都国美电器有限公司
成都万友经济技术开发总公司
成都红杏酒家有限公司
成都谢氏红高粱餐饮管理有限公司
成都九正科技实业有限公司
四川文轩在线电子商务有限公司
成都夏尔数码科技有限公司
伊厦成都国际商贸城股份有限公司成都荷花池中药材专业市场分公司
成都万贯五金机电市场经营管理有限公司

（以上名单来自金牛区2011年度突出贡献企业表彰大会）

（何文南　刘　彬）

批发·零售业

【社会消费品零售总额】 2011年，金牛区累计实现社会消费品零售总额405.46亿元，同比增长18.7%，其中批发零售贸易业累计完成357.28亿元，同比增长18.5%，占社会消费品零售总额的88.1%；住宿餐饮业累计完成48.18亿元，同比增长20.7%，占社会消费品零售总额的11.9%。

【批发零售贸易业】 金牛区批发零售贸易业中限额以上四大支柱行业发展较好，医药、汽车、钢材、家电行业增长仍较为快速，分别累计实现限额以上销售额138亿元、186.32亿元、381.21亿元和86.10亿元，同比分别增长11.5%、17.6%、45.1%和35.4%。

金牛区重点调查批发零售业继续保持稳定增长的良好态势，累计实现销售收入1363.27亿元，同比增长20.1%。

2011年销售额前50名限额以上批发企业

攀钢集团国际经济贸易有限公司
中铁物资集团西南有限公司
成都西部医药经营有限公司
中铁二局集团物资有限公司
中国石油天然气股份有限公司四川销售油料分公司
四川华星天然气有限责任公司
四川宏华国际贸易有限公司
四川康弘医药贸易有限公司
四川金利医药贸易有限公司
成都西联钢材有限公司
成都市蓉锦医药贸易有限公司
成都江海贸易发展有限公司
四川本草堂药业有限公司
成都科讯药业有限公司
成都铁公鸡电子商务有限公司
成都市医药工业有限公司
东方电气（四川）物资有限公司
四川省工艺品进出口公司
成都新汇源医药有限公司
成都巨川物资有限公司
成都众业达电器有限责任公司
四川康百年药业有限公司
成都宝龙钢铁有限公司
四川省天奇药业有限公司
成都宝润物质贸易有限公司
四川金仁医药有限公司
四川新兴华业工程机械有限公司
成都西联钢铁有限公司
成都市天山明珠石化有限责任公司
四川省印刷物资有限责任公司

成都(太钢)销售有限公司
成都岷汇商贸有限公司
四川省宏济药业有限责任公司
成都金牛制冷有限责任公司
成都华隆食品产业有限公司
成都联美实业有限责任公司
四川恒远医药发展有限公司
四川九华益生医药有限公司
四川大众医药有限公司
四川省华英进出口有限公司
四川正大纸业商贸有限责任公司
成都新隆石油化工有限公司
四川金峰工贸有限公司
成都康祺药业有限责任公司
成都兴业三立铝业有限公司
四川省地矿物资总公司
中国二重集团东方重型机械有限公司
成都青祥工贸有限公司
四川化孜药业有限公司
成都联兴行建筑材料有限公司

2011年销售额前50名限额以上零售企业

四川苏宁电器有限公司
成都国美电器有限公司
四川华星锦业汽车销售服务有限公司
四川华星名仕汽车销售服务有限公司
成都万友经济开发总公司
成都宝悦汽车有限公司
四川省川物汽车进出口贸易总公司
新百丽(深圳)有限公司成都分公司
成都华星西蒙汽车销售服务有限公司
四川明嘉销售服务有限公司
成都市强生实业有限责任公司
成都欧尚超市有限公司
成都中道成丰田汽车销售服务有限公司
四川新东信汽车服务有限公司
成都吉翔汽车贸易有限公司
成都三和银杏汽车贸易有限公司
成都三和丰田汽车销售服务有限公司
成都市滔博商贸有限公司
成都吉翔汽车销售有限公司
四川一汽贸易有限责任公司
成都万友汽车销售服务有限公司
四川江铃汽车销售服务有限责任公司
四川灵通嘉驰汽车销售服务有限公司
成都摩尔百盛百货有限公司
四川港宏车辆贸易有限公司
成都万星汽车销售服务有限公司
成都百翔汽车销售服务有限公司
成都吉驰汽车销售服务有限公司
成都西星长安铃木汽车销售服务有限公司
四川安捷汽车技术服务有限公司
成都圣象木业有限公司
成都明友西物汽车贸易有限公司
成都众合华晨汽车销售服务有限公司
成都成铁汽车销售服务有限公司
四川西部庆铃汽车销售服务有限公司
成都摩尔百盛阳熙商贸有限公司
成都摩尔百盛营销管理有限公司
成都市土桥加油站有限公司
成都布克购书中心有限公司
成都捷豪汽车贸易有限公司
成都锦通药业连锁有限公司
成都爱莲超市有限公司
四川宏申经济发展有限公司
成都永宏加油站
成都捷泰汽车有限公司
四川永乐家用电器连锁有限公司
成都市康福隆药品零售连锁有限责任公司
成都三友百货有限责任公司
成都强阵科技发展有限公司
成都市银桂桥加油站

2011年金牛区批发和零售业商品销售情况

指标名称	单位	2011年商品销售总额	2010年商品销售总额	2011年比2010年(±%)	2011年零售额	2010年零售额	2011年比2010年(±%)
合计	**万元**	**13115969.0**	**10215988.0**	**28.4**	**3438499.9**	**2934412.6**	**17.2**
一、批发业	万元	9410324.0	7235928.0	30.0	193876.9	261379.6	-25.8

续表：

指标名称	单位	2011年商品销售总额	2010年商品销售总额	2011年比2010年（±%）	2011年零售额	2010年零售额	2011年比2010年（±%）
1.限额以上	万元	6269469.0	4842003.7	29.5	10552.7	6774.3	55.8
2.限额以下	万元	3140855.0	2393924.3	31.2	183324.2	254605.3	-28.0
二、零售业	万元	3705645.0	2980060.0	24.3	3244623.0	2673033.0	21.4
1.限额以上	万元	2928422.1	2393683.9	22.3	2814773.8	2218555.8	26.9
2.限额以下	万元	777222.9	586376.1	32.5	429849.2	454477.2	-5.4

2011年金牛区限额以上批发零售业商品销售总额分类情况

指标名称	单位	2011年实际	2010年实际	2011年比2010年（±%）
1.粮油、食品、饮料、烟酒类	千元	1698203	1282597	32.40
（1）粮油、食品类	千元	523700	423941	23.53
其中：粮油类	千元	60461	45467	32.98
肉禽蛋类	千元	54294	73413	-26.04
水产品类	千元	18577	22881	-18.81
蔬菜类	千元	11683	8285	41.01
干鲜果品类	千元	26004	18091	43.74
（2）饮料类	千元	170616	131508	29.74
（3）烟酒类	千元	1003887	727148	38.06
2.服装、鞋帽、针纺织品类	千元	2387994	1847460	29.26
（1）服装类	千元	816130	713354	14.41
（2）鞋帽类	千元	1503492	1032779	45.58
（3）针、纺织品类	千元	68372	101327	-32.52
3.化妆品类	千元	30253	28354	6.70
4.金银珠宝类	千元	54002	44596	21.09
5.日用品类	千元	207876	157434	32.04
其中：洗涤用品类	千元	47747	40041	19.25
儿童玩具类	千元	6227	4807	29.54
6.五金、电料类	千元	39186	33472	17.07
7.体育、娱乐用品类	千元	179511	259470	-30.82
8.书报杂志类	千元	66659	42659	56.26
9.电子出版物及音像制品类	千元	3784	8417	-55.04
10.家用电器和音像器材类	千元	7952679	5948029	33.70
11.中西药品类	千元	13804314	12376772	11.53
其中：西药类	千元	12031147	10437387	15.27
中草药及中成药类	千元	1721944	1359024	26.70
12.文化办公用品类	千元	793625	547209	45.03
13.家具类	千元	13514	11545	17.06
14.通讯器材类	千元	491792	380340	29.30
15.煤炭及制品类	千元	7737932	4543518	70.31
16.木材及制品类	千元	0	0	0.00
17.石油及制品类	千元	4171082	2890992	44.28

续表：

指标名称	单 位	2011年实际	2010年实际	2011年比2010年（±%）
18.化工材料及制品类	千元	385953	485583	-20.52
其中：化肥类	千元	0	0	0.00
19.金属材料类	千元	31437274	23599154	33.21
20.建筑及装潢材料类	千元	1674318	1330656	25.83
21.机电产品及设备类	千元	1682243	1899024	-11.42
其中：农机类	千元	0	0	0.00
22.汽车类	千元	18634542	15846540	17.59
23.种子饲料类	千元	0	0	0.00
24.棉麻类	千元	0	0	0.00
25.其他类	千元	775511	254563	204.64

2011年金牛区限额以上批发零售业商品零售额分类情况

指标名称	单 位	2011年实际	2010年实际	2011年比2010年（±%）
1.粮油、食品、饮料、烟酒类	千元	487797	356143	37.0
（1）粮油、食品类	千元	398368	277347	43.6
粮油类	千元	60461	44457	36.0
肉禽蛋类	千元	54294	37839	43.5
水产品类	千元	18577	22881	-18.8
蔬菜类	千元	11683	8285	41.0
干鲜果品类	千元	26004	18091	43.7
（2）饮料类	千元	21931	15339	43.0
（3）烟酒类	千元	67498	63457	6.4
2.服装、鞋帽、针纺织品类	千元	1768032	1199547	47.4
（1）服装类	千元	358558	305908	17.2
（2）鞋帽类	千元	1377617	867800	58.7
（3）针、纺织品类	千元	31857	25839	23.3
3.化妆品类	千元	30253	28354	6.7
4.金银珠宝类	千元	54002	44596	21.1
5.日用品类	千元	178068	134040	32.8
其中：洗涤用品类	千元	47747	40041	19.2
儿童玩具类	千元	6171	4807	28.4
6.五金、电料类	千元	2922	2176	34.3
7.体育、娱乐用品类	千元	179357	114075	57.2
8.书报杂志类	千元	66659	32498	105.1
9.电子出版物及音像制品类	千元	2797	3151	-11.2
10.家用电器和音像器材类	千元	7640919	5664272	34.9
11.中西药品类	千元	100728	87523	15.1
其中：西药类	千元	32763	27617	18.6
中草药及中成药类	千元	66472	58637	13.4
12.文化办公用品类	千元	267739	150428	78.0
13.家具类	千元	2414	1692	42.7
14.通讯器材类	千元	455841	336985	35.3
15.煤炭及制品类	千元	0	0	0.0

续表：

指标名称	单　位	2011年实际	2010年实际	2011年比2010年（±%）
16.木材及制品类	千元	0	0	0.0
17.石油及制品类	千元	636736	445410	43.0
18.化工材料及制品类	千元	0	0	0.0
其中：化肥类	千元	0	0	0.0
19.金属材料类	千元	0	0	0.0
20.建筑及装潢材料类	千元	181446	207065	-12.4
21.机电产品及设备类	千元	5494	3711	48.0
其中：农机类	千元	0	0	0.0
22.汽车类	千元	17532629	14259027	23.0
23.种子饲料类	千元	0	0	0.0
24.棉麻类	千元	0	0	0.0
25.其他类	千元	2554	1106	130.9

（李沁纹　何文南　刘　彬）

住宿·餐饮业

2011年，金牛区限额以上住宿餐饮业营业额22.5亿元。餐饮业是金牛区第三产业发展的重要支撑和优势产业，近年来，金牛区为提升全区餐饮业发展水平，在深入引导一品天下特色街的餐饮企业规模化发展和积极打造华侨城高端餐饮聚集发展的同时，注重均衡发展、多点布局，依靠政策支持引进新企业发展如四宿天元、迎宾一号、鼎宴等高档餐饮会所，使全区餐饮业发展日渐规模化、高端化、特色化，同时为餐饮企业争取资金扶持，为区内7家大中型餐饮企业争取扶持资金300万元，占全市餐饮支持资金的38.5%。居全市之首，为提升全区产业品质和生活品质提供良好支撑，夯实建设现代商贸聚集区的产业基础。

金牛区重点调查住宿餐饮业累计实现营业收入29.37亿元，同比增长7.9%，增幅较上年同期下降1.5个百分点。

2011年金牛区住宿和餐饮业经营情况

指标名称	单　位	住宿业			餐饮业		
		2011年实际	2010年实际	2011年比2010年（±%）	2011年实际	2010年实际	2011年比2010年（±%）
总　计	**万元**	**99180.0**	**77158.6**	**28.5**	**551005.0**	**436543.0**	**26.2**
（一）限额以上营业额	万元	71279.3	58698.6	21.4	153710.1	114763.8	33.9
1.客房收入	万元	36591.2	30751.9	19.0	9417.9	8069.7	16.7
2.餐费收入	万元	20728.0	17466.9	18.7	133145.4	97072.8	37.2
3.商品销售额	万元	2148.4	1854.5	15.8	3085.5	2603.2	18.5
4.其他收入	万元	11811.7	8625.3	36.9	8061.3	7018.1	14.9
（二）限额以下营业额	万元	27900.7	18460.0	51.1	397294.9	321779.2	23.5
其中：餐费收入和商品销售额	万元	7221.4	9309.0	-22.4	313270.7	270065.6	16.0

2011年营业额前50名限额以上住宿餐饮企业

成都红杏酒家有限责任公司
成都国际会议展览中心
成都大蓉和酒店有限公司
成都金牛山庄有限责任公司

四川省人民政府金牛宾馆
成都谢氏红高粱餐饮管理有限公司
四川文杏餐饮管理有限责任公司
成都西藏饭店
成都会议展览中心股份有限公司
四川成都西北餐饮管理有限公司
成都尚成酒店管理有限公司
成都虾佬鼎汤餐饮管理有限公司
成都润邦国际酒店有限公司
四川铁道大酒店有限责任公司
成都市易园实业有限责任公司
金牛区锦迪小吃部
成都瓦缸餐饮有限公司
成都白芙蓉宾馆
金麒麟（成都）酒店有限公司
成都柴门餐饮管理有限责任公司
成都市金牛区临邛商贸中心
成都天仁大酒店有限公司
成都喜马拉雅大酒店有限公司
四川红照壁餐饮有限责任公司
成都虾佬鲍鱼圣汤火锅有限公司
成都潮皇阁餐饮有限公司
四川大笮风餐饮有限公司
成都翰都酒店有限公司
成都钟鲢鱼餐饮管理有限公司
成都阳光酒店
成都宇豪金港湾酒店有限公司
成都咏瓦罐罐餐饮有限责任公司
成都攀钢大酒店有限公司
成都写庭阁圣马罗酒店有限公司
成都格林普兰特投资有限公司
成都淳枫园休闲娱乐有限公司
成都富美轩餐饮有限公司
成都西南交大镜湖宾馆
金牛区长萤饭店
成都帝伦大酒店有限公司
四川芙蓉丽庭酒店有限公司
成都天湖宾馆
成都喀秋莎实业有限公司
成都味道江湖菜餐饮娱乐管理有限公司
成都城北大蓉和餐饮有限公司
成都南台月实业有限责任公司
成都群星缘酒店管理有限公司
成都芙蓉锦汇餐饮管理有限责任公司
成都泰逸酒店有限责任公司
成都埃丽特酒店管理有限责任公司

（李沁纹）

物流·市场

【成都量力钢材物流中心】　成都量力钢材物流中心是西南地区最大的现代钢材物流中心和最大的现代钢材物流企业，以“现代仓储、产品展示、电子商务、加工配送”为主体，集钢材信息发布、展示、交易、加工、物流配送、精品仓储、物流金融等功能为一体。中心占地470.3亩，总建筑面积43.6万平方米。2011年，改造原交易区，量力钢铁国际交易大厦塔楼内装全面完工，建设国际交易大厦和电子交易大厅共计40万平方米，量力商务大厦主体施工完毕；仓储用房完成水、电、消防和门窗玻璃的安装。全年完成投资3.31亿元。

【成都西联钢材物流中心】　成都西联钢铁物流港位于金牛高科技产业园，是成都市重点现代物流项目，由成都西联钢铁有限公司投资建设，建成后将形成仓储中心、加工配送中心、钢铁交易中心、电子商务中心、中转分拨中心、融资担保中心、钢材总部基地，项目占地415亩，建筑面积21万平方米，截至12月，商务大楼主体工程封顶，在装修阶段。全年完成投资2.17亿元。

【万贯五金机电城】　2011年，按照金府片区提档升级的总要求，先后修建商住大楼金府银座及电子商务大楼，截至12月，投入营运；建成环球生资网，截至12月，投入营运。

（吴锡丹　何文南　刘　彬）

展会业

【第八届中国国际美食旅游节】　9月28日—10月8日，

在一品天下、华侨城两个区域开展美食互动体验活动，辖区企业结合现有的品牌美食资源，以精品川菜为主，突出自身特色，制作精美菜肴，与成都美食风光之旅专业考察团进行交流互动。华侨城在第四城、成都吃喝玩乐网发布“好吃令”，征集百名好吃嘴当场免费品尝绝世美味，同时开展“玩儿周”及“哆啦A梦”等大型主题活动；羊西线、一品天下大街内的各餐饮企业在店前开展特色风味小吃展出、销售等活动，均取得良好的市场效应。美食节期间人流量突破50万人次，销售额850万元。

【第十二届中国西部国际博览会万贯分会场暨第七届中国西部国际五金机电博览会】 10月18—22日，由成都市人民政府、四川省工商业联合会、全国工商业联合会五金机电商会共同主办，成都市金牛区人民政府、四川省工商联五金机电商会、成都市工商联五金机电商会、成都万贯（集团）置业股份有限公司共同承办的博览会召开。本届博览会为期3天，主会场设在万贯五金机电城，以“机电盛会、财富盛会；辐射西部、影响中国”为主题，设5个会场，占地2000余亩，经营商家2万户，参展企业（商户）2万家，邀请和吸引全国各省、市五金机电协会、商会及商家代表、采购商、观展商参加。

【2011年中国西部国际照明电器博览会】 3月25日，中国照明电器协会对金府灯具商圈“中国西部第一城”称号进行复评，复评专家组成员对金府灯具商圈的建设发展给予肯定，并对商圈的发展提出宝贵建议。4月15日，举办2011年中国西部国际照明电器博览会，本届博览会以“节能、环保、创新、发展”为主题，深化西部机遇、打造西部合作平台，实现行业持续共赢，继续推行“市场+展会”的模式，推动照明电器行业生产、市场、销售、信息互动，为全国厂商搭建更为广泛的交流与合作平台，参观人数8万人次。

（何文南　刘　彬）

软件业

【概　况】 2011年，金牛区有42个软件及信息服务业企业纳入成都市统计，较上年新增7个，上规模企业（销售收入超千万元）17个，实现销售收入84亿元，从业人员1.2万人，实现利润5.2亿元、税收1.2亿元。

金牛区通过软件认证的企业名录

成都三泰电子实业股份有限公司
成都金亚科技股份有限公司
成都华好网景科技有限公司
四川汇源科技发展股份有限公司
成都夏尔数码科技有限公司
成都长虹网络科技有限责任公司
大庆金桥信息技术工程有限公司成都分公司
四川金算盘软件有限公司
成都银湖信息技术有限公司

金牛区通过系统集成资质认证的软件企业名录

企业名称	集成资质情况
成都三泰电子实业股份有限公司	二级
四川汇源科技发展股份有限公司	二级
成都四威电子股份有限公司	二级
四川省天光科技实业有限责任公司	二级
大庆金桥	二级
成都市经济信息中心	三级
四川金算盘软件有限公司	三级

金牛区通过CMM/CMMI国际认证的企业名录
（共五级，五级为最高级）

企业名称	集成资质情况
四川金算盘软件有限公司	四级
大庆金桥信息技术工程有限公司成都分公司	三级

金牛区软件及信息服务业上市企业名录

企业名称	上市市场	代码
成都三泰电子实业股份有限公司	国内创业板	002312
成都金亚科技股份有限公司	国内创业板	300028

【重点软件企业选介】 成都三泰电子实业股份有限公司　公司1997年注册，2005年整体变更为股份有限公司，是国内领先的金融电子产品及服务提供商，专业从事金融电子设备及系统软件的研发、生产、销售及服务。2009年12月在深圳中小板成功挂牌上市，截至2011年12月，注册资本增至1.78亿元，公司有员工832

人，专业研发人员120人。公司有北京、广州、成都等地有10个分公司及数十个办事处，销售服务网络覆盖全国。

公司先后于2001年2月、2008年2月、2008年9月通过软件企业、高新技术企业和企业技术中心认定；2010年被认定为国家规划布局内的重点软件企业、2010年度创新软件企业。通过自主研发，专利申请量达到98项，取得有效授权专利59项，其中包括8项发明专利，计算机软件著作权192项、软件产品登记56项。除此之外，公司获得质量管理体系、信息安全管理体系、环境管理体系、职业健康安全认证，多项产品也获国家强制性产品认证。

公司主要产品包括多功能电子回单系统、ATM监控系统、银行数字化网络安防监控系统及金融服务外包业务，其中多功能电子回单系统、ATM监控系统市场占有率居全国第一，银行数字化网络安防监控系统处于行业龙头地位。2007年正式开展金融服务外包业务，处于行业领先地位。

2011年，公司总资产10.43亿元，实现营业总收入4.39亿元，实现利润总额5898万元，上缴税金3163.6万元。

华域数字科技有限公司　成都华域数字科技有限公司是2011年初由美国华域数字娱乐有限公司（CTC Digital Entertainment Inc）在华投资的全资子公司，公司主要开展网络游戏研发及影视后期制作两方面的业务。在网络游戏方面，推出适合中国中小网游企业的Amber 3D网络游戏引擎0.8技术测试版；与青城山-都江堰旅游景区合作开发大型实景多人在线网络游戏《青城》；首款利用Amber引擎开发休闲类网游《猫和老鼠》。在影视制作方面，展开影视培训工作，以补充外包团队，加快外包业务的进度。

3月，金牛区引进成都华域数字科技有限公司，首期注册资金2980万美元，建设数字化制作基地，业务包括游戏软件开发、游戏制作、技术培训、电子商务平台建设，动漫和影视制作等，6月正式运营。

（何晓晓　郭建忠）

旅游业

【概　况】　2011年，金牛区完成“五区金牛”建设文化旅游新兴区统计监测系统，利用“美食天堂、欢乐金牛”的品牌效应，发展区内旅游业。成功举办2011“活力之城·欢乐金牛”都市休闲旅游节，利用四川新闻网和旅游门户网等网络媒体立体宣传营销，提升金牛旅游的知名度和美誉度。全区旅游总收入79.28亿元，同比增长22%，其中国内旅游收入78.78亿元、外汇收入780.8万美元；接待国内外游客550万人次，其中国内游客546.59万人次、入境游客4万人次。全区星级以上宾馆19个，星级饭店客房总数2822间。

【旅游营销】　节会营销　7月2日—8月28日，华侨城啤酒狂欢节在成都欢乐谷举办。9月28日—10月8日，第八届中国国际美食旅游节系列活动在华侨城、一品天下街区举办，美食节期间人流量突破50万人次，销售额850万元。10月18—20日，中国西部国际博览会分会场——第二届中国国际自驾游交易博览会在欢乐谷举办。

组织参加第十五届中国重庆都市旅游节暨第三届中国重庆城际旅游交易会，与重庆市渝中区签署《共建成渝旅游经济示范区协议》，并围绕旅游牵引共建成渝旅游经济示范区，构建“政政、政企、企企”体制机制，推进成渝旅游一体化，打造中国第四增长极等问题与川渝两地旅游主管部门、市区（县）政府领导、企业负责人共同探讨，促进城际互动上档升级。华侨城欢乐谷代表金牛区在旅交会上进行营销。组织区内重点旅游企业参加2011中国重庆城际旅游国际交易会等推介活动。

【2011“活力之城·欢乐金牛”都市休闲旅游节】4—12月，金牛区启动2011“活力之城·欢乐金牛”都市休闲旅游节，该节会利用“美食天堂、欢乐金牛”品牌效应，整合区内旅游资源，促进消费，扩大内需，提升旅游品质，拉动区域旅游经济、度假经济的长足发展。

【旅游景区】　指导成都国际商贸城创建国家4A级旅游景区；指导景区创建星级旅游厕所，经过评定，成都欢乐谷华侨城大剧院厕所被评为三星级旅游厕所；开展星级饭店年度复核及评定性复核，经过复核检查，全区4个二星级饭店中攀钢大酒店、成都铁路酒店和金牛山庄通过年度复核；成都天府华侨城实业有限公司欢乐谷旅游分公司、成都明珠国际酒店有限公司、四川西南铁路国际旅行社总社和成都熊猫旅游集团国际旅行社股份有限公司区内4个试点企业通过省级旅游标准化试点企业验收。

【旅游行业管理】 区文旅体局全年出动检查人员100余人次，检查区内旅游企业50余家，发放各种安全生产宣传资料500余份，完成42个旅游门市部、4个旅行社分社备案工作；开展行业监管人员和企业从业人员培训，全年培训1153人次。

【文化旅游新兴区建设】 金牛区制订旅游工作方案，成立工作机构，完善工作机制，着力抓好重点项目。全年负责牵头重点项目3个，其中华侨城欢乐谷主题旅游项目中欢乐谷二期项目于10月举行奠基仪式；公园广场等商业新项目部分投入使用，住宅三、四期开发建设。建设一品天下环境综合整治和电缆下地建设项目完成文案策划、方案设计和施工图纸设计。作为责任部门负责的重点项目有3个，其中成都话剧院片区改造项目因没有通过模拟拆迁而终止；金牛创意创业中心项目按计划推进；凤凰山酒店项目与台湾乡林集团洽谈，进入开工前期准备阶段。金牛区图书馆建设项目是2011年区级重点项目，因项目选址待定，区政府同意项目延期，项目结转为2012年度区级重点项目。

全年为成都天府华侨城实业有限公司欢乐谷分公司、伊厦成都国际商贸城股份有限公司、成都梦苑蜀绣工艺品有限责任公司、成都大雍科技有限公司等4家辖区大型文化旅游体育企业申报相关政策奖励和扶持资金16项，申请金额7119.2万元，兑现奖励和补助资金700万元。

八大旅游企业

成都天府华侨城实业发展有限公司欢乐谷旅游分公司
成都博物院金沙遗址博物馆
四川易园园林集团有限公司
西藏饭店（成都）
成都金牛山庄有限责任公司
成都润邦国际酒店有限公司
成都铁道大酒店有限责任公司
成都熊猫旅游集团国际旅行社股份有限公司

（以上名单来自区文旅体局）

（安学海）

邮　政

【概　况】 金牛区邮政局于2007年底由原沙湾分局和火车站分局合并而成，地处沙湾会展中心商圈，服务面积108平方千米，服务人口100万人，是成都市邮政局所辖范围内最大的邮政区局。2011年，区局有员工200余人，其中领导及管理团队20人。区局下设综合办公室、监督检查部、市场部、代理电子商务中心、代理金融业务中心；所辖片区设8个营业支局，2个大宗邮件处理组；有网点31个，其中自办25个、代办点6个、代售邮票点1个。

【邮政运营】 区邮政局经营范围包括传统邮件寄递、邮政汇兑、邮票销售、报刊收订等普遍服务业务，还包括企业贺卡、个性化邮票、形象年册、代理电子商务、短信、空中充值、保险、酒水、火车票、彩票等业务。全年实现收入4700万元，完善营销体系建设，成立函件分局、集邮中心，函件收入909.4万元，同比增长7%，集邮业务完成收入419.7万元，同比增长28.5%，全局业务稳步发展。

（王　红　杨　烨）

银行·保险

【中国银行股份有限公司成都金牛支行】 支行成立于1994年4月，位于三洞桥路20号附7号。支行内设综合管理部、公司业务部、中小企业部、个人金融部、营业部、重点项目办6个部门，管辖15个网点。截至2011年底，支行有员工285人，其中大学本科以上的有216人，占75.8%，平均年龄32.7岁。

支行主营传统商业银行业务，包括公司金融业务、个人金融业务和金融市场业务，公司金融业务基于银行的核心信贷产品，为客户提供个性化、创新的金融服务；个人金融业务主要针对个人客户的金融需求，提供基于银行卡之上的系统服务；金融市场业务主要是为其他银行、证券公司和保险公司提供国际汇兑、资金清算、同业拆借和托管等全面服务。截至12

月，支行本外币存款余额110.41亿元，同比增长23.75亿元；各项贷款余额91.31亿元，同比净增19.85亿元，增幅28%，公司类不良贷款余额为零。

【中国建设银行股份有限公司成都第四支行】 支行成立于1987年。经过历年机构调整，2011年有内设部门10个、网点型支行4个、储蓄所柜10个，有员工212人。支行顺应市场形势变化，开拓业务发展思路，拼抢市场份额，加快业务转型。截至12月，支行本外币存款余额123.4亿元；各类贷款余额87.5亿元；中间业务创收7898万元，实现利润总额3.13亿元，多项业务指标创历史新高。

支行注重社会效益与经营效益的共同发展，着力提升客户服务水平，开展对公网点转型和对私网点二代转型工作，不断优化业务流程，缩短客户业务办理时间，提高客户服务质量，客户满意度较上年增长近5个百分点；主动履行社会责任，持续开展资助小金县贫困学生活动，为小金县崇德小学学生每天提供一个鸡蛋，向学校捐赠教学用电脑8台及其他教学文体用具、书籍，同时将客户单位、全国知名民营企业新希望集团引荐给学校，联合开展向学生捐赠饮用牛奶的活动。长期坚持的捐资助学活动在当地获得社会广泛好评，支行以此为题材拍摄的党员教育电视片《那片蓝天下 我们再相逢》获建行总行党员教育电视片评比一等奖。支行被建设银行总行授予第三届中国建设银行文明单位称号。

2011年，支行继续深化与金牛区人民政府的银政合作，支行下辖网点型支行中国建设银行股份有限公司成都金牛支行，继续重点面向金牛区政府机关、企事业单位和个人客户，提供包括结算、社保代发、政府代发工资、代收费等方面的金融服务，为金牛区政府招商引资项目和政府融资项目提供信贷支持，为金牛区地方经济的持续稳定增长做出贡献。

2011年中国建设银行股份有限公司
成都第四支行在区内设置营业机构情况

营业机构名称	地 址	联系电话
中国建设银行股份有限公司成都第四支行	金仙桥路7号	87674891
中国建设银行股份有限公司成都金牛支行	乡农市街59号附17号金港商城一楼	87673231
中国建设银行股份有限公司成都第四支行蜀光路储蓄所	成都市蜀光路1号	87529121
中国建设银行股份有限公司成都第四支行九里堤南路储蓄所	九里堤南路78号北丽苑底楼	87642003

【中国工商银行股份有限公司成都金牛支行】 支行成立于1984年，位于沙湾路258号附1号。2011年，有员工535人，内设7个部门，辖1个营业室、20个支行、12个分理处。金牛支行实现拨备前利润6.17亿元，拨备后利润5.83亿元，中间业务收入2.36亿元，人均利润122万元。

各项贷款余额（不含票据）122.46亿元，其中法人贷款余额78.23亿元；办理票据贴现业务13笔，贴现金额0.23亿元；个人贷款余额44.23亿元，较年初净增4.06亿元。不良贷款余额8361.2万元，不良率0.68%，其中法人不良贷款7288.6万元，占不良贷款总额的87%；个人不良贷款1072.6万元，占不良贷款总额的13%。各项存款余额214.84亿元，其中对公存款（含同业存款）余额98.09亿元，储蓄存款余额116.75亿元。

法人客户总数1.7万户，其中法人中高端客户4533户；个人客户总数86.8万户，其中个人中高端客户5.7万户。

国际业务方面，实现国际结算量45.93亿美元，国际贸易融资3.42亿美元，结售汇4.91亿美元。

【中国农业银行股份有限公司成都金牛支行】 支行成立于1980年，位于沙湾路75号附6号，紧邻金牛区政府。2011年，支行有员工280人，内设“五部一中心”（即公司业务部、个人金融部、信贷管理部、运营管理部、综合管理部和个人贷款服务中心）和17个网点机构（包括1个营业室、11个二级支行和5个分理处），在四川省农行系统中属规模大、网点多、效益好的支行。

近年来，不断强化自身硬件和软件建设，建成金钥匙理财中心、洞子口支行、高笋塘支行、蜀西支行、蜀汉路分理处等一批旗舰网点和茶店子支行、外西支行、成都花园分理处等多个精品网点，能够为公司客户和个人客户提供国际、国内通行的资产、负债、中间业务三大类上百种金融产品和金融服务。服务对象囊括各个行业和各类用户；服务手段包括柜台服务、上门服务、电话银行、网上银行、自助银行等。除常规国内国际金融产品外，还为客户在证券、保险、基金等行业架设沟通桥梁；推出的小企业简式贷款和个人助业贷款，可快速满足中、小企业，个体经营户和工薪阶层的融资需求；专业的理财师队伍，更可为客户提供多层次、个性化的理财服务。

支行不断改善金融服务，提升经营层次，提高风险防范能力，支持一大批在各行业处于国内领先地位的优良客户，形成银行与客户紧密合作、共同发展的良好局面。2011年，支行被农行四川省分行授予先进支行称号，获得经营绩效一等奖和优胜奖，优质文明服务先进集体、业务营销先进支行、先进基层工会等荣誉。

2011年中国农业银行成都市金牛区支行辖属网点名录

网点名称	网点地址	联系电话
成都市金牛支行营业部	沙湾路75号附6号	87655657
成都市茶店子支行	茶店子东街103号	87538587
成都市蜀西支行	蜀西路73号	87313120
成都市西郊支行	十二桥路37号	87766772
成都市外西支行	花牌坊北街2-6-8-10号	87651947
成都市蜀蓉支行	成华西街32号	83189776
成都市高笋塘支行	二环路北三段120号	83363025
成都市高笋塘分理处	解放路一段83号	83330235
成都市天回支行	天回镇上街158号	83572560
成都市大湾分理处	天回路270号陆军军区总医院大门侧	83571660
成都市五福支行	蓉北商贸大道一段22号	83117364
成都市洞子口支行	蓉北商贸大道二段199号	83113505
成都市荷花池支行	肖家村6号	83331780
成都市蜀汉路分理处	蜀蓉路6号	87524428
成都市星辰支行	九里堤星辰路中段58号	87604652
成都市花园分理处	青羊大道8号	87385372
成都国际商贸城分理处	成都国际商贸城荷花池中药材市场	62825786

【中国人寿保险股份有限公司成都金牛支公司】 公司是中国人寿保险股份有限公司四川省成都市分公司下属分支机构，位于金牛区解放西街6号。2011年有员工14人、营销代理人139人。

金牛支公司在业务发展和经营管理方面，强化制度建设，加强制度执行力，实行规范管理；提升员工培训，坚守内控合规经营；加强团队建设，以服务客户为中心，开展“低碳出行”“国寿大讲堂”“国寿鹤卡”等一系列客户活动。截至12月，公司总保费收入9971万元，其中10年期及以上首年期交保费600万元、短险保费357万元。公司连续两年获中国人寿四川省年度标保排名前50名县支公司。

【中国人民财产保险股份有限公司成都金牛支公司】 公司是从事财产保险的专业国有保险公司，隶属中国人民财产保险股份有限公司成都市分公司，位于一环路北四段168号。2011年，公司有员工32人，大专以上学历占87.5%。公司下设经理室、综合部、电销部、大客户业务一部、大客户业务二部5个部门，其中业务人员18人。公司经营范围涵盖机动车辆保险、企业财产保险、货运险、产品质量责任及产品质量保证险、公众责任险、家庭财产险等险种，同时以专业的技术、丰富的经验竭诚为客户提供不同险种的投保、风险查勘及咨询服务，并可根据客户的具体需求设计配套的保险服务方案。

2011年，公司保费收入2.2亿元，缴纳税金1143万元，代扣代缴个人所得税35万元；获人保财险成都市公司经营管理先进单位称号；公司党支部被评为创先争优先进党支部；公司工会获人保财险总公司工会表彰的中国人民财产保险股份有限公司模范职工之家称号；公司营业室被人保财险四川省分公司评为2010年度“青年文明号”、被人保财险成都市分公司评为优质服务窗口。

（高峻康　唐世杰　杨利霞　程　钢　石　涛　张　静　陈　敏　石雪琴　杨雪艺）

（审读：黄智太）

产业化项目与功能区建设

INDUSTRIALIZATION PROJECTS AND FUNCTIONAL AREAS CONSTRUCTION

北部新城现代商贸综合功能区

【功能区规划】 2011年3月，成都市规划设计院完成北部新城现代商贸综合功能区总体规划，并经市规委会审查通过，同时完成功能区国际商贸城片区的控制性详细规划编制，并经市规划局及市规委会审定通过；启动北新大道两侧市土地储备中心所属地块金牛区部分规划调整工作，由市土储委托专业公司按相关规范完成城市设计初步方案；对金牛高新技术产业园区二期大北区的工业用地进行规划调整，除保留一定数量工业用地外，其余土地调整为住宅用地性质。

【重点片区】 城北商业中心 在建金牛万达广场、深度策划人民北路东侧地块、结合铁路局旧城改造，打造人民北路-一环路路口黄金商业四角，形成城北商业门户，构建人民北路-北新干线商业主轴起点站。

城市西北副中心 以一品天下大街贯通、城市绿岛规划、环线地铁站点设立等多种方式，打造城市西北副中心，向70余个开发商推荐茶店-花照片区。

北部功能区核心区域 中铁轨道交通高科技产业中心项目在市级相关部门备案通过，年内挂牌解决用地问题；功能区6个启动项目经市政府专题会议研究确定挂牌起始价格并实施报征；年内促进乡林集团涵碧楼酒店及西片区商住项目签约，促进凤凰山片区开发。

羊西-国宾板块 向60余家企业重点推荐国宾上城商业中心、西芯大道商业中心等项目，启动主城区西北城郊开发，打造羊西-国宾板块。

【配套基础建设】 启动万石路下穿工程建设、金牛高新技术产业园区二期大北区纵三线、纵四线、纵五线等7条主要道路建设。纵三线北段完成700米污雨水管道铺设及连砂石路床、电力浅沟、煤气、通讯施工，南段完成300米污雨水管道安装及电力浅沟、煤气、通讯、水泥稳定层路床施工；纵四线道路工程完成420米污雨水管道安装及土路床施工；纵五线完成施工临设的搭建及600米路段施工降水井建设；启动货运大道连接绕城高速转盘道路建设。

完善水、电、气等基础配套设施建设。加快变电站建设，完成1号变电站场地拆迁，并将场地移交施工单位；2号变电站进行排洪沟迁改，同步进行站址方案设计。成都国际商贸城片区公交临时场站建成，具备初期营运条件，开通成都东站、百花中心站、荷花池、火车北站、春熙路、北湖、昭觉寺到达成都国际商贸城的7条公交线路。

【项目建设】 金牛区按照着力引进一批、跟踪落实一批、新增储备一批的原则强化产业促进和项目引进工作，项目促进取得良好成效。全年，新引进汇尔邦投资有限公司温州总部经济园、晟鑫国际商业广场项目2个亿元以上的重大项目，实际到位资金16.29亿元。功能区亿元以上商品交易市场实现商品交易额300.44亿元。

投产达产项目1个：成都国际商贸城小商品市场A、B区建成并于9月28日开始营业。

加快建设项目3个：成都国际商贸城小商品市场二期基本建成，西联钢铁物流港B座商务大楼封顶，绿地世纪城红星美凯龙旗舰店两栋商住楼主体建筑封顶，旗舰店进行基础开挖。

促进开工项目2个：中铁轨道交通产业中心于12月28日动工。功能区配套工程——余家新居70万平方米安置房及10万平方米商业配套房和学校、社区配套等设施开工建设。

加快促进项目5个：德尔家居集成体验中心西部总部基地、成都华贸精品商业中心、晟鑫国际商业广场、北部新城温州总部经济园区、成都三泰电子现代服务产业基地。项目用地纳入2011年报征计划上报市国土局，已经国土资源部批准，各项目完成概念性规划方案。

前期储备项目7个：兰花草项目、成都国际名酒文化城建设项目、成都通源汽车文化广场项目、瑞星集团西南地区总部项目、中汽南方西南总部项目、粤海集团西部平板电脑研发基地项目、世纪互联与电信通金牛云智慧基地项目。

【高端功能培育】 建立成都中国中药材价格指数和国内首个中药材商品分类标准。4月16日，正式向全国发布成都·中国中药材价格指数，该指数定期在商务部官方网站上对外公布，这既是四川省第一个商品指数，也是全国第一个中药材指数。《中药材商品分类标准》通过专家论证，对扩大成都在中药材行业的影响力、巩固成都商贸中心的定价权和话语权具有重大意义。

建立电子商务交易平台。成都荷花池中药材专业市场电子商务平台运行良好，成都国际商贸城数字商城进行内部测试，日用品市场开业后，每个实体店铺将和日用品市场电子商务平台的网络店铺实行1∶1上线。

成都国际商贸城试营业现场（9月28日）

【成都国际商贸城商铺抽签】 8月15日，成都国际商贸城小商品市场一区、二区商铺举行抽签仪式。成都国际商贸城小商品市场一区、二区建筑面积120万平方米，商位总数2万个。商铺抽签工作从8月15日开始，8月30日结束，抽签现场每天采取“当众抽签、当众开签、当众公示”的方式，确定商铺具体位置。商铺只租不卖，为防止炒作，维护业主合法权益，3年内不办理商铺使用权变更手续。来自浙江省、江苏省、云南省、贵州省、江西省、重庆市等省、市的商家和各地30多家商会的代表共计3万人参加抽签定位，最终实际抽签定位17218个，涉及女装、男装、领带、童婴装类、牛仔装类、运动休闲装类、专业服装类等15个行业。9月28日开始试营业。

（尚旺盛　杨　周　马爱群）

“198”生态及现代服务业综合功能区

【概　况】 金牛区“198”地区是《金牛区土地利用总体规划（2006—2020年）》和《金牛区城市总体规划》（2003—2020年）中规划的非城市建设用地区和城市生态绿地区，是城市重要的通风口和生态屏障，以农业用途为主的区域。金牛区“198”地区作为体现成都世界现代田园城市形态的重要组成部分纳入全市13个功能区，定位为“生态及现代服务业综合功能区”，是以生态保护和旅游休闲为主的区域，重点发展以文化创意、文博旅游、总部经济为主的高端现代服务业。区内土地利用以农用地为主，少量的建设用地须发展具有“世界现代田园城市”特色的现代高端服务业。该区域的农用地将作为城市的“绿心、绿带”，与城市建设穿插布局，使耕地保护与生态建设有机统一、田园形态与城市产业协调发展，以实现建设世界现代田园城市的目标。

金牛“198”范围用地规模21.86平方千米，整个区域内的建设用地指标为5.17平方千米，生态绿地面积15.85平方千米，主要涉及金泉、西华、沙河源和天回镇4个涉农街道、22个社区、132个组，需安置人口33515人（考虑到自然增长）。全区“198”区域建设用地指标517公顷，其中产业用地142.78公顷，占总建设用地指标的27.62%。

【土地综合整治规划】 农地整理 金牛区“198”生态及现代服务业综合功能区内保留的农用地同时又是生态保护用地，根据生态建设规划，在确保耕地保有量的前提下，对现有农用地进行沟、路、渠和格田整理，使农田质量得到提高，发挥“198”生态及现代服务业综合功能区农地的生态、社会、经济效益。

建设用地整理 以金牛区2009年土地利用现状数据为基数，按照市委、市政府的目标要求，将需保留的建设用地之外的其他建设用地全部进行整理复垦。“198”生态及现代服务业综合功能区内农民居住分散，企业点多规模小，土地利用率较低，生产条件差。根据成都市规委会确定的金牛区“198”生态功能区建设用地总规模517公顷，扣除农民集中居住用地面积74.66公顷，节余442.34公顷作为城镇建新区用地，整理后，复垦退出472.65公顷建设用地作为农用地使用。

农用地整理及农村建设用地整理分两个阶段实施，2010—2012年实施金泉街道两河片区、沙河源片区；2012—2017年实施西华街道上府河片区、天回镇街道向海片区和天回镇街道绕城片区。

【新型社区布局规划】 布局原则 金牛区“198”生态及现代服务业综合功能区农村居民点大多分布零散，缺乏统一规划，且建筑形式不规范，建筑质量不高，农村人均占地面积大，超过国家规定标准。对分散的居民用地进行整治搬迁集中居住，建设布局合理的农村新型社区是“198”生态及现代服务业综合功能区土地利用规划的重点之一。

“198”生态及现代服务业综合功能区应在结合产权制度改革、明晰农村产权、尊重农民意愿和农民自愿的前提下，按照统筹城乡的思路和办法实施土地综合整治，促进农民集中居住，改善农民居住环境、生产条件。

布局规划 区域布局新型社区4个，占地74.66公顷，集中农户6523户、21528人。

新型社区建设 “198”功能区新型社区建设全面展开，投入资金4.54亿元；新开工15.1万平方米，其中清淳家园二期A1地块8.8万平方米，府河苑二期6.3万平方米，安置入住1783人，基础配套设施同步建设，府河苑农贸市场主体施工完成，配套道路府河苑B线竣工。

2011年金牛区“198”生态及现代服务业综合功能区新型社区汇总情况

编号	保留新型社区项目		用地规模（公顷）	建筑规模（万平方米）	规划安置人口（人）	实际安置人口（人）	备注
1	清淳家园	安置房一期	14.59	24.7	3850	3849	
		安置房二期	15.22	25.31	3900		在原控规基础上增加4公顷安置用地
		公建配套	2.07				
2	府河苑	安置房	15.87	46.85	7502		
		公建配套	5				
3	踏水社区	安置房	10.05	26.11	4000		
		公建配套	1.9				位置调整
4	银杏园社区	安置房	8.13	13.64	2276	646	按照实测修正边界，在原控规的基础上新增2公顷
		公建配套	1.83				根据现状调整位置
合计			74.66	136.61	21528	4495	

【产业发展】 编制完成《金牛区“198”生态及现代服务业功能区招商方案》；4月，两河片区签约引进保利集团参与土地整理，打造“和乐田园”高端养老产业项目；踏水片区拟打造以高科技文化旅游产品研发基地、旅游商品创意研发基地和文化演艺创作基地为核心的创意发展中心，与意向企业华侨城集团洽谈并

初步达成一致意见；犀湖片区按照打造欧洲名品设计定制中心及民族酒店院落集群的意向进行优化方案设计，展开合作谈判；绕城片区、银杏园片区完成策划包装并进行招商推介。

【土地整理】 清水河、淳风桥、银杏园社区土地增减挂钩整理项目正式立项组织实施；踏水片区、犀湖片区签订土地整理委托协议。

【绕城生态带建设】 金牛区“198”功能区绕城生态带全长6.65千米。2011年，6.65千米长、50米宽的防护林带全线贯通；建成0.5千米长、200米宽的生态示范带；制订田园风光保护带方案；基本完成绕城健康绿道建设。

【“198”功能区土地整理】 清水河、淳风桥、银杏园社区土地增减挂钩整理项目正式立项。签订踏水片区、犀湖片区土地整理委托协议，立项资料准备工作全部完成。

（钟玥华）

产业化项目

【中铁轨道交通高科技产业园项目】 项目由中铁置业集团公司和中铁二院双方共同出资建设，投资总额40亿元人民币，总面积500亩，首期启动面积150亩。项目采取“以产业运营为基础，以资本运营为核心”的一体化运营模式，通过股权、资金、技术、人才等合作方式，引进国内外交通领域优秀企业，最终形成轨道交通领域高科技企业的集群和基础创新中心。12月28日，中铁轨道交通高科技产业园项目在成都北部新城现代商贸综合功能区正式动工。该项目由世界“双五百强”企业中国中铁旗下的中铁置业有限公司和中铁二院工程集团有限责任公司共同投资打造，占地500亩，建筑面积33万平方米，打造全国首个以科技研发、技术服务、总部商务、园区配套为主要功能的综合性、国际性交通产业园，发展轨道交通领域上下游关联产业，与美国天宝、法国阿尔斯通、NEC公司及日本电装、NTT、永旺、日本东忠、南车集团等多家跨国公司和国内知名企业签订意向入驻协议。截至12月，意向入园企业34家，其中已注册2家。

【台湾乡林集团凤凰山酒店及西片区商住项目】 项目由台湾乡林集团投资3亿美元开发，项目用地由凤凰山公园里预留的85亩酒店用地和凤凰山西片区部分商住用地（总面积不超过300亩）两部分构成，包含五星级商务度假酒店涵碧楼、大型卖场、写字楼、住宅等。截至12月，加紧推进地块挂牌的各项前期工作，并与乡林集团就项目投资协议多次进行磋商。

【富森·美家居法国风情家居长廊项目】 项目由成都富森美家居股份有限公司投资30亿元人民币开发，占地137亩，规划建筑面积50万平方米，总体定位为集购物中心、国际公寓、高级商务办公、高档住宅等为一体的城市复合建筑群和大型城市综合体。截至12月，基本完成项目规划调整，待地块拆迁完成后，可实现供地。

【茶店子茶文化综合体项目】 3月30日，金牛区与厦门水务集团有限公司签订合作协议，双方对茶店子街道育仁北路以南育仁西路地块进行合作开发，建设茶文化主题公园综合体项目，包含金牛茶文化公园及高档商业项目。项目总投资4亿元，占地88亩，打造以茶

金牛区与台湾乡林集团签订金牛区涵碧楼酒店综合项目合作框架协议（4月2日）

成都市金牛区茶文化主题公园综合体项目签约仪式，厦门水务集团有限公司与区政府现场签约，签约金额4亿元人民币（3月30日）

文化为主题，集市政公园、创意产业办公楼、展示交易中心为一体的综合体。截至12月，公园按计划建设。

【云集国际技术服务聚集广场】 项目由深圳市瀚鳌投资有限公司投入15亿元人民币建设，占地52亩，规划建筑面积22.5万平方米，是集高档商业、酒店、甲级写字楼、高档住宅为一体的现代城市综合体，成为金牛区现代技术产业服务集聚区。截至12月，项目的城市设计方案、拆迁补偿安置方案及相关工作实施方案在项目协调会上获得原则同意。

【和乐田园保利两河项目】 项目为保利集团出资对金泉街道两河森林公园面积6081.6亩的土地进行整理及高端养老康乐产业开发。截至12月，保利两河项目累计到位资金6.3亿元人民币（含注册资本2亿元人民币），取得土地整理立项批复，项目区域拆迁户的安置房建设于11月29日正式启动，截至12月，进行已实施产业项目回购及其他区域的拆迁工作。

【东忠集团对日服务外包科技园区项目】 东忠集团拟与中铁二院合作，在中铁轨道交通产业园内建立服务外包基地。项目拟用建筑面积4万平方米。12月，金牛区与该企业签订框架性投资协议书。

【成都博瑞传播股份公司总部基地项目】 项目由成都博瑞传播股份公司投资建设，拟将分布于成都各地的印刷业务统一归整，形成印务总部基地。项目拟用地面积120亩—150亩，可实现年税收4000万元。截至12月，企业在区内正式成立成都博瑞数码科技有限公司，注册资本1亿元人民币。

【国宾领域壹号总部基地项目】 4月27日，由成都殿丰投资管理有限公司投资8000万元的国宾领域壹号总部基地项目正式动工。该项目位于金牛高科技术产业园区一期，建筑总面积3.5万平方米。项目建成后将作为公司集总部办公和商务于一体的综合性总部大楼。截至12月，完成地下室施工。

【健欣医药总部基地项目】 7月，位于金牛高科技术产业园区一期的健欣医药总部基地项目正式动工。健欣医药工业研究有限公司总部基地项目总投资6000万元，占地10亩，建筑面积3万平方米，建成后为该公司集总部办公和商务于一体的综合性总部大楼。截至12月，完成基坑施工。

【招商美冷西部总部项目】 6月7日，由招商美冷物流公司投资5亿元的招商美冷西部总部项目正式落户金牛区，双方签订投资协议。招商美冷物流公司成立于2010年，是中国招商局国际有限公司与全球最大的冷链物流服务商Americold （美冷公司）成立的合资公司。

【三泰电子金融服务外包基地项目】 三泰电子公司拟投资2.1亿元，在公司现址原网络化监控扩产项目的基础上，新增建筑面积2.7万平方米，建设面向全国银行的金融服务外包运营管理中心，为金融机构提供从票据收集到处理的一条龙数据服务，并拓展海外金融服务外包，6月开工。该项目开创行业先河，建成后将成为国内最大的金融服务外包基地之一。

【蓝海中心总部基地项目】 3月17日，由顺通集团投资2亿元建设的总部基地项目——蓝海中心项目正式开工。项目位于金牛高新技术产业园区一期，建筑面积 6万平方米，将建成高科技、智能化、生态型总部楼宇，利用紧邻地铁2号线及国宾馆的优越地理位置，吸引电子信息、生物医药等企业总部、研发中心入驻，成为西部首个艺术与办公相融合的甲级商务办公楼宇。截至12月，完成地下室施工。

【成贵铁路项目】 3月，成贵铁路有限公司落户金牛区，公司由省铁路产业投资公司、成都铁路局、贵州铁路投资公司、云南省铁路投资公司共同出资成立，注册资金1亿元，修建长512千米、时速350千米的成都至贵阳铁路。

【迪欧时代总部经济项目一期】 4月，由四川省方信科技发展有限公司投资兴建的迪欧时代总部经济项目一期正式建成运营。该项目位于金牛高科技产业园一期，占地面积20亩，总投资7000万元人民币，总建筑面积2.9万平方米。截至12月，完成13幢4层建设主体封顶，另一幢进行基础施工。

【物流业重点项目】 金牛区重点推进成都量力钢材物流中心建设、西联钢铁物流中心建设和川陕路物流企业拆迁等3个物流业重点项目。成都量力钢材物流中心建设项目涉及拆迁户150户，截至12月，完成拆迁149户，剩余1户签订拆迁协议。西联钢铁物流中心项目进入施工阶段。川陕路沿线涉及拆迁企业十余家，截至12月，拆迁1家。

（杨　周　马爱群　梁　平　何晓晓　吴锡丹　陈　睫）

成都国际商贸城日用品市场

（审读：杨枝苍）

统筹城乡发展

INTEGRATED DEVELOPMENT OF URBAN AND RURAL AREAS

农村集体资产清产核资和股份量化

【集体经济联合社组建】 金牛区在推进农村产权制度改革和集体资产清产核资过程中，针对农村集体经济组织存在的集体土地所有权主体不清晰、集体资产管理不规范、集体经济组织法人不明确、基层治理机制不完善等问题，把建立涉农社区集体经济合作联社和组集体经济合作社、建立完善合作社管理体系作为农村产权制度改革的重点工作，解决集体资产归谁所有、由谁来经营管理的问题。明确集体经济合作（联）社作为以土地为核心财产的集体资产管理主体，代表集体经济组织成员行使集体土地等集体资产所有权和经营权。集体经济合作联社与集体经济合作社是集体资产管理主体，负责土地承包发包和集体建设用地使用权流转管理，协助办理农村房屋权证，并按照章程规定经营管理集体资产。集体经济合作（联）社管理体系的建立完善了集体经济组织法人治理的组织架构，形成较为完善的法人治理结构和内部运行机制，体现集体经济组织成员的主体地位和利益均等。

截至10月，金牛区在拥有集体土地所有权的涉农社区成立集体经济合作（联）社210个，其中社区级33个、小组级177个。集体经济合作联社和集体经济合作社均制定章程，选举产生法定代表人、社委会和民主理财小组，明确对集体资产的管理职能，完善法人治理机制。

【集体资产清产核资】 全区组建33个村集体经济合作社承接原村民委员会代管集体经济权益，组建177个组集体经济合作社承接原生产队集体经济权益。从5月开始在金泉街道淳风社区、沙河源街道踏水社区、西华街道富家社区、天回镇街道太华社区4个“198”范围内的集体经济合作（联）社进行清产核资工作试点，在总结试点经验和解决共性问题的基础上，全面推开全区的集体资产清产核资和股份量化工作。集体资产清产核资和股份量化工作在坚持“依法依规、尊重历史、因地制宜”的基础上，尊重和发挥集体经济组织及成员的主体作用，保障集体经济组织成员行使民主权利。清产核资工作小组的组成、资产核实、产权界定等涉及成员切身利益的重大决定，均由集体经济组织成员或成员代表大会审议通过。

集体资产清产核资和股份量化工作小组由熟悉集体资产情况、具有一定文化程度、能够得到集体经济组织成员公认的人员组成，承担发挥集体经济组织与集体成员之间的沟通桥梁作用，逐项清查资产，重点是土地等资源性资产、房屋等固定资产及集体投资兴办的企业、公司及合资与股份合作形式投入的集体资产。对资产清查结果进行复核和相应的财务处理；对债权债务进行收回和清偿或提出债权债务处置意见；对产权进行重新界定；对合资和投资的股份按比例进行认定；对账面价值与实际价值背离较大的主要固定资产进行价值重估。公示清产核资结果，对于无法进行价值认定或暂时不能确定其价值的资产，按照便于操作和群众易懂的原则，采取数和量的方式进行公示，公示方式由集体经济组织决定。集体资产清产核资明细表和资产负债表，经集体经济合作（联）社成员大会或成员代表大会审议，形成清产核资结果决议，上报街道办事处和区统筹局备案登记。在集体资产清产核资结束后，对集体经济合作（联）社的组成、工作机构、资产情况等进行备案登记，并发放《集体经济合作社证明书》（正、副本）。

截至12月，全区34个涉农社区和258个涉农居民小组全部完成集体资产清产核资；通过设立集体经济合作社，剥离社区居委会集体资产经营管理职能，理顺公共财政转移支付渠道，实现社区居委会组织和集体经济组织相对分离。

【集体资产股份量化】 集体资产股份量化是深化农村产权制度改革、推进农村集体资产股权自由流动、保护集体经济组织成员合法权益、实现生产要素在城乡之间自由流动的基础性工作。集体资产股份量化的主要任务是在全面完成集体资产清产核资的基础上，将集体资产折股量化到集体经济组织成员，并由集体经济组织以户为单位颁发农村集体资产股权证到股权人予以确认。股份量化的农村集体资产为按照清产核资工作程序清理核实的资产，主要包括集体所有的未确权到户的土地和房屋等固定资产、集体所有的现金与银行存款和有价证券等流动资产、集体所有的商标和商誉及专利权等无形资产、以集体名义投资或合资入股形成的股权及收益、集体所有的债权和债务等。

集体资产股份量化工作实施方案包括工作程序、股份量化人员条件、股份量化资产、股份设置形式、时间安排等内容，经集体经济组织成员或成员代表大会讨论通过后实施。由集体资产清产核资工作小组提出股份量化到人的草案，提交集体经济组织成员或成员代表大会审议并公示无异议后，形成决议。集体资产清产核资和股份量化工作小组结合股份量化资产、股份设置原则及股份量化人员，形成农村集体资产股份量化明细表。农村集体资产股份量化后，由集体经济组织统一到街道办事处办理股权登记，以集体经济组织为单位，建立农村集体资产股权登记簿，并由集体经济组织以户为单位向股权人颁发农村集体资产股权证，完成集体资产清产核资和股份量化的清理核实确股权颁证的全部程序工作。

截至12月，除“198”范围内取得土地整理批文的3个涉农社区和“117”范围2个组卷报征外，完成股份量化的社区级集体经济组织29个、组级集体经济组织221个，完成应量化数的100%。

【涉农街道集体经济组织】 *金泉街道* 街道各社区集体经济组织均已量化并进行清产核资，与社区经济脱钩，实行公司化运作，除郎家、高家、金桥、清水河、金科苑社区集体经济动作良好外，其余社区均无实体。

天回镇街道 街道的杜家碾、金华、余家巷、大湾、明月、甘油、木龙湾、白塔、太华、银杏园、万圣、宝年、长胜、金华、土门、红星、石门17个社区均建立集体经济组织，全年集体资产总量5282.3万元，负债3937.5万元。

沙河源街道 街道有集体经济组织84个，没有规模和产业，大部分已经拆迁。

（庞华锋　宋志宏　侯曾梅　张　伟　周　杨）

农村产权制度改革

【集体土地所有权】 2011年，金牛区集体土地所有权“暂缓确权”范围包含30个居民小组，其中金泉街道清水河社区13个、淳风桥社区10个，天回镇街道银杏园社区7个。按照“五个一致，程序规范，群众满意”的要求，完成“暂缓确权”的处理工作，6月通过市督查组的综合验收。

【农村土地承包经营权】 完成“暂缓确权”问题处理并通过实际部门检查验收，其中金泉、天回镇街道8个居民小组完成确权颁证，金泉街道6个居民小组完成征地。金泉、天回镇街道22个居民小组纳入土地整理范围。

【集体农用地（自留地）使用权确权颁证】 全区全年完成3995宗、面积887亩集体农用地（自留地）确权颁证工作，确权颁证完成率100 %。

【集体土地（建设用地）使用权确权颁证】 全区开展集体建设用地（公益设施占地、集体企业占用土地等）修补测10平方千米；对提出申请的211宗集体建设用地进行宗地界址测量、符合性审查，全区集体建设用地均不符合登记发证条件。

【集体房屋确权颁证】 根据市、区农村集体房屋确权登记办法，依据“先地后房”和“房地一致”的原则，严格按照确权要件要求逐一进行符合性审查。截至12月，全区集体房屋都不具备登记要件，没有符合确权颁证条件的集体房屋。

【涉农街道农村产权制度改革】 *金泉街道* 6月30日，街道全面完成农村土地承包经营权、集体建设用地（宅基地）使用权、房屋所有权“暂缓确权”清理工作，共32个组，其中“117”范围9个组，分别是何家8、9组，互助1、2、3组，金桥13组，高家1、2、3组；“198”范围23个组，分别是清水河1组—13组，淳风桥1组—10组。“117”范围9个组除何家8组和金桥13组外，其余全部报征；“198”范围23个组处于土地整理阶段，待土地整理并权属调整完毕之后再进行确权颁证；集体房屋完成摸底调查和企业告知，涉及2个社区、15家企业，面积8640.1平方米，指导淳风桥社区完成集体经济合作社社长、社委会成员选举，新组建淳风桥社区集体经济合作社。

天回镇街道 街道实地核实变更4186个耕保地块，进行自留地确权，开展农村集体资产清产核资和股份量化工作。

【耕保基金发放】 完成2010年度耕保基金数据库信息变更工作，并通过市国土局审核入库。2010年度耕保基金发放涉及143个组（不含建城区），7394户，13372亩，发放金额361万元。

（黄　怡　庞华锋　宋志宏）

涉农地区基层治理机制

【基层治理机制】 金牛区自2009年开展村级公共服务与社会管理改革（简称“村公”）以来，按照“有钱办事，民主议事”和建设“五大机制”的要求，全面推进金泉街道、沙河源街道、西华街道、天回镇街道共53个社区（其中涉农街道村改居社区41个、城市社区7个、筹委会5个）的改革工作，实现涉农街道基本公共服务全覆盖；构建以社区党组织为领导核心，居民代表会议、居民议事会、社区居委会、集体经济合作（联）社和其他社会组织广泛参与的多元治理机制，完善涉农社区组织体系建设，明确职能职责，理顺社区基层治理机制，强化民主决策机制，实现社区规范运转；初步建立起一套基层治理、经费保障和民主管理机制，基层服务队伍基本成型，以金科苑社区、新桥社区、长胜社区和侯家社区等为代表的“村公”工作成效显著。

在实际运行中，部分社区自治组织与集体经济组织关系尚需进一步理顺，主要表现在党组织、居民自治组织、集体经济组织从体制上尚未完全实现法人治理和财务经费分设，还有“三同”（同人、同办公、同开支）的现象，导致明确职能、权责、分工和外部监督的体制还未完全落实到位；社区自治组织与集体经济组织资产权属不明晰，存在办公场地、资产、经费混用现象。另外，部分“村改居”社区仍然主要将原村民作为参与主体和服务对象，没有完全树立“村公”服务是社区居委会对“社区属地居民提供服务”的理念。

【民主管理机制】 金牛区规范涉农社区居民议事会相关，以规范选举、规范授权、规范议事、强化宣传、强化培训、强化督查“三规范三强化”为抓手，深化议事会建设。全区共成立社区居民议事会42个，组建小组居民议事会341个，选举议事会成员1193人，涉农街道社区居民议事会和居民小组议事会全覆盖，同时建立党务、居务、财务“三公”公开标准推荐模版，创新公开方式，丰富公开手段，提高公开效果、公开时效，加强社区事务公开规范化建设。按照“村公”专项经费“开设专账、专款专用”要求，实行专项经费审计制度，完善经费管理制度。

【人才队伍建设】 社区人才队伍建设不断完善，涉农社区5—7人的“两委”成员队伍落实到位，完善管理制度，做到“有人办事”；落实社区大学生志愿者计划，优化社区人才队伍知识结构、年龄结构；培育扶持各类社会组织、中介组织和专业协会，壮大社会化服务人才队伍。

【金泉街道基层治理机制建设】 街道辖10个社区、2个筹委会，其中7个涉农社区、5个城市社区，分别是郎家社区、高家社区、清水河社区、淳风桥社区、金桥社区、何家社区、互助社区、土桥社区、迎宾路社区、金科苑社区、两河社区筹委会和蜀西社区筹委会。截至12月，除2个筹委会外，10个社区均成立居民议事会，通过选举产生有居民议事会成员234名。各社区狠抓居民议事会的规范化、制度化和常态化管理，坚持做到所议项目议事记录规范、完整，围绕社区公共服务和社会管理项目经费支出、产权制度改革、土地综合治理等事项开展民主议事活动，依法行使社区自治事务议事权、决策权和监督权，并在每季度都召开居民议事会。全年各社区共召开议事会40余次，议事成员参会率90%以上。5月31日，金科苑社区召开居民代表大会，选举产生议事会成员29名。西线阳光两河锦地成立业主委员会。在议事活动中，社区注重发挥党员的带领、引导作用，使议事过程变成党员发挥作用的平台。

【天回镇街道基层治理机制建设】 根据市、区关于加快推进基层治理机制建设有关要求，街道以规范选举、规范管理、规范议事为重点，全面规范落实社区居民议事会学习培训、管理考核、议事决策等各项制度。截至12月，街道17个涉农社区有居民议事会成员593人，社区和组干部所占比例在50%以下。17个涉农社区召开社区居民议事会68次，议决事项主要有沟渠掏修、环境卫生整治、道路维护、综治巡逻、“三八”节活动、“重阳”节活动、计生等，群众知晓率、满意率均在90%以上。街道有4个示范议事会、4个十佳议题和5名十佳议事员受到区委组织部表彰。5月，街道代表金牛区接受区、市、县委组织部的专项交叉检查，发挥议事会的议事、决策和监督作用，理顺社区党组织、自治组织、集体经济组织和其他社会组织的关系，18个社区都建有党员志愿者队伍，每支队伍成员在20人左右。在各社区党组织的领导下，社区议事会成员联系走访群众，倾听民情民意，参与社区建设，充分发挥议事会议事、决策、监督作用，推动基层民主政治建设，强化基层组织保障。

天回镇街道议事会成员议事、决策

天回镇街道议事会成员联系服务群众

【黄忠街道基层治理机制建设】 街道全年有居民议事会28个，其中社区居民议事会1个、院落（小区）议事会27个；有议事会成员193人，其中社区居民议事会成员21人、院落议事会成员168人；全年召开会议60次，其中社区居民议事会4次、院落议事会56次，对社区好主人评比、小区物管费上涨、小区停车纠纷等33件事项做出决议，其中社区居民议事会12件、院落议事会21件。

【沙河源街道基层治理机制建设】 街道全年召开议事会12个，参会人数252人，议决事项56项，具体事项包括城市管理、社会事业等方面。

（李永强　何　谦　侯曾梅　张　伟　潘仲明　周　杨）

涉农地区公共服务和社会管理改革

【社区公共事务服务】 2011年，金牛区完善公共服务配套设施规划。根据农民集中居住区与城市社区联片建设的实际情况，按照“标准统一、统筹规划、资源共享”的原则，完成公共服务配套设施建设专项规划。加快配套设施建设，截至12月，涉农街道建成社区公共服务站11个，建筑面积1000平方米；建成社区卫生站5个，建筑面积7300平方米；建成社区综合文化活动室48个，建筑面积3360平方米；建设农贸市场 11个、垃圾转运站15个、公厕16个、健身小广场50

个、幼儿园43个；在建公共服务项目8个，总投资超过1.3亿元。完善服务平台建设，各涉农社区设有劳动保障站、人口计生服务站、警务室等公共服务机构，但由于涉农街道现有社区存在“村改居”型、集中居住型、商品房偏重型“三类”社区，其中“村改居”型大部分处于拆迁过渡阶段，比照“村公”和集中居住区建设配套标准还有差距，主要表现为部分社区居委会办公用房不达标和部分社区公共卫生服务站、全民健身设施、综合文化活动室、劳动保障站、计生服务室等相关配套设施不完善。

【社会管理专项资金】 金牛区围绕“四个有”目标，以完善分类供给机制、经费保障机制、设施统筹建设机制、民主管理机制、人才队伍建设机制为着力点，严格按照“六步工作法”推进村级公共服务和社会管理改革工作。全区纳入村级公共服务和社会管理改革的41个涉农社区、12个其他社区（即涉农区域集中居住区、商品房小区）均按照每个社区25万元的标准，由区财政安排专项资金拨付，共计1325万元。村公专项资金实行专账管理并对使用情况加强监督。实现涉农地区推行村级公共服务和社会管理改革工作全覆盖，推动涉农社区过渡转型。“村公”补贴经费按照全市标准，实际运行中普遍存在用集体收益补贴“村公”的情况。

【天回镇街道公共事务服务站】 街道18个社区建立5个社区公共事务服务站，主要为辖区居民办理民政、计生、残联、劳动保障、社区综合治理、物业管理、代收水电费等业务，大部分服务站运行良好，但由于辖区处于大面积拆迁过程中，大部分拆迁居民在周边和外地过渡，部分服务站起不到服务居民的作用。另外，服务站没有相应的机构授权，增加居民办事的程序和成本，居民意识和服务站的工作人员业务能力有待加强。全年制定和实施社区公共服务和社会管理项目133个。

【金泉街道社区公共服务和社会管理】 街道按照村级公共服务和社会管理改革工作落实“六步工作法”。开展宣传发动工作，通过党员大会、村民代表大会、议事会、院坝会的形式广为宣传；严格民主化程序，从收集民意到议事会讨论梳理项目，再到拟定项目和表决公示，每一步都指导到位，工作落实到位；坚持专项资金使用、公示制度和群众满意度测评制度，确保专项资金发挥最大效益。全年确定公共服务项目123个，全部完成，其中文体类项目资金71.9万元、科普教育类项目资金4.5万元、医疗卫生类项目资金10.4万元、就业及社会保障类项目资金20.4万元、基础设施和环境建设类项目资金94.7万元、社会管理类项目资金96.2万元、农业生产服务类资金1.9万元，同时加强对社区档案资料的检查整理工作。

随着村级公共服务和社会管理改革的加快推进，街道为方便群众办事，2009年4月，在两河片区成立第一个清淳家园社区公共服务站。2010年，在人员相对集中的金科苑和迎宾路片区分别成立第一公共服务站和第二公共服务站，主要包括计生、就业、劳动保障、低保救助等10多项服务内容，实现政府公共服务的全覆盖。

【黄忠街道社区公共服务和社会管理】 街道有公共服务站3个。2011年服务站新增服务事项2项，服务事项5大类、74项，全年办理公共事务件23597件，其中救助保护类17517件、健康服务类6061件、文体教育类6件、安全与秩序类10件、社区基础信息类3件。

（庞华锋　宋志宏　彭念贵　李洪兵　张　伟　侯曾梅　潘仲明）

世界现代田园城市示范线建设

金牛区世界现代田园城市示范线重点项目、重点改革年度目标任务分别为沙西线沿线风貌整治项目、成都国际商贸城项目、成都七中万达学校项目、新型社区建设项目、村级公共服务和社会管理改革。2011年，目标项目全面完成。

【成都国际商贸城项目】 项目主体进度顺利，完成荷花池中药材专业市场、日用品市场和大型音乐广场建设，累计竣工建筑面积140万平方米；中药材专业市场和一、二期日用品市场开业运营。配套设施建设加快，道路通达能力得到提升，开通7条公交线路，片区两座110千伏专用变电站启动建设，强化基础能源保障。

【沙西线沿线风貌整治】 绿化生态带建设管理顺

利，完成华侨城电力下线项目后期工程；道路中央绿化隔离带、两侧绿化带维护和道路管养管护纳入常规管理；完成道路沿线“198”范围内拆迁，风貌整治全面实施；建成总长7千米的沙西线健康绿道。

【新型社区建设】 兴盛世家新居工程安置工作全面完成，安置涉农居民1675户、5463人；社区服务管理工作全面展开。府河新居工程建设加快，竣工29幢，面积26.9万平方米，安置528户、1781名涉农居民入住，全力推进后续建设；配套设施中的社区用房和小学交付使用，投入80万元的农贸市场主体4楼完工。

【成都七中万达学校】 联手成都七中和万达集团，总投资2.5亿元、占地122亩、建筑面积7.8万平方米，建制60个教学班的七中万达项目完工并投入使用，2011年招生1032人，初一10个班，高一9个班。

【公共服务和社会管理配置】 全区已入住农民集中居住区12个，安置24488人。世界现代田园城市示范线沙西线的新居工程共2个，即府河新居和兴盛世家，共安置涉农居民2203户、7244人。高水平配置兴盛世家公共服务配套设施，兴盛世家世家社区成立党组织、筹委会、居民议事会；公共服务和社会管理各项配套设施均按照新居工程“1+11”标准进行配套，社区物业管理管理、社会治安、绿化保洁工作全面开展，年度专项补贴经费25万元经过民主议决用于实施社区全民健身广场改扩建、社区综合文化活动室环境整治等项目。小区放心店、就业服务站、综合文化活动室、全民健身广场、物业管理用房、农贸市场、生活垃圾压缩转运站、公厕、停车场投入使用。府河新居建设项目与配套设施同步实施，一期安置涉农居民1781人。

（庞华锋　宋志宏）

农村土地综合整治

【征后实施】 金牛区全年开展征地拆迁项目16个，包括茶花项目、成灌路两侧500米改造、成都国际商贸城、何家互助片区、量力钢材城等，需拆迁农户2676户，企业549家，截至12月，拆迁农户920户、企业200家。泉水人家、小北区项目全部完成拆迁安置工作；川陕路改造项目基本完成拆迁工作；“543”项目和29个村组储备项目进入拆迁收尾阶段；污水处理厂完成土补支付和人员安置；武警仓库完成土补支付并按要求补签安置补助协议。

城乡一体化安置房6号点位全面封顶，王贾3组完成安置点位的方案规划审批和交评工作；5号C区项目完成土地整合、调规、设计及招投标工作，五福2、5组点位完成项目立项审批，进行勘察设计及监理合同的签订。住房安置方面，启动兴盛新居，郎家2、3号点位，高家4号点位和明月一期住房安置工作，住房安置8631人，住房安置面积57.7万平方米；泉水人家二期安置房竣工并达到入住条件，拟安置3134人，安置面积19.1万平方米；河滨森邻主体竣工验收，完成住房人员名单公示，拟安置4562人，安置面积29.7万平方米。

按照《征地补偿安置方案》中已批准的村组，全年安置农转非人员4205人。

【金泉街道农村土地综合整治】 启动两河片区土地挂钩整理，组织清水河、淳风桥社区两委会成员、各生产组骨干及群众进行学习、培训20余次，1000余人次参加；在清水河社区、淳风桥社区宣传清淳家园二期建设情况，制作宣传广告牌3块；制作2011年土地挂钩整理台历宣传资料2500份，下发给农户；组织清水河、淳风桥社区制作宣传专刊《两河明天》7期；制定农投公司与社区土地挂钩整理委托协议，1月31日，清水河社区、淳风桥社区与区农投公司签订《金牛区“两河片区”集体土地挂钩整理框架协议》；印制《清淳家园二期建设农户代表监督实施办法》下发清水河、淳风桥社区；由审计局牵头回购中国小镇B区，签订部分回购协议，共30户（面积48588.4平方米），截至12月回购24户，面积39040.9平方米，交房24户；完成对两河片区土地挂钩整理安置农户户型调查统计，街道向农投公司报送房屋户型的建设需求预测，制订两河片区土地权属调整方案。11月29日，清淳家园二期举行开工仪式。

（谢统军　侯曾梅）

涉农集中居住区建设

【河滨森邻】 河滨森邻项目位于金泉街道何家村，

紧邻中海国际社区，规划总用地面积21.9万平方米，其中住宅建设用地面积7.7万平方米。项目于2009年开工，2011年12月全面竣工，总建筑面积36.6万平方米，其中安置住房面积32.3万平方米、其他建筑面积4.3万平方米（包括地下室，底层商业，物管用房等），分为A、B、C、D4个区。项目有房屋3925套，容积率约3.96—4.4，绿地率31.01%—32.02%，建筑密度24.1%—24.95%。

【兴盛世家】　项目位于西华街道盛兴路55号、255号、256号，盛发街159号，盛金路200号，规划总用地面积45.2万平方米，其中住宅建设用地32.3万平方米。该项目于2005年开工建设，于2007年全部取得竣工验收报告，于2009年综合验收完毕。兴盛小区修建建筑面积50.9万平方米，其中住宅面积46.4万平方米，住宅6432套，公建配套4.5万平方米，建成小学1所、幼儿园1所、农贸市场1个及公共服务设施等，容积率约1.8，绿地率约30%，建筑密度约30%。截至12月，安置5629套，安置 5378人，安置面积40.6万平方米。

【侯家花园】　项目位于西华街道侯家桥二街55号、38号。规划总用地面积26.6万平方米，其中住宅建设用地22.9万平方米。项目2005年开工，2009年全部取得竣工验收报告，于2010年综合验收完毕。侯家花园修建总建筑面积38.5万平方米，住宅面积33.3万平方米，住宅4611套，公建配套5.2万平方米，建成小学1所、幼儿园1所、农贸市场1个及文化活动中心等。该项目容积率约1.8，绿地率约30%，建筑密度约30%。

【明月锦苑一期】　项目位于天回镇街道明月社区10组，原由街道办事处自主实施。工程实际开工时间为2004年10月8日，2006年4月20日竣工。金信源公司于2008年7月底正式接手明月锦苑A区项目，2010年4月对整改工程进行公开招标，5月1日正式进场施工，2011年1月正式竣工，并通过验收。规划建设净用地面积2.3万平方米，建筑总面积4.5万平方米，容积率约1.8，绿地率约30%，建筑密度约30%，建成住宅502套。小区于2011年10月25日开始安置，截至12月，安置810人，住房442套，安置面积3.8万平方米。

西华街道农民新居工程兴盛世家

西华街道农民新居工程侯家幼儿园

【明月锦苑二期】 项目总建筑面积22万平方米，其中住宅建筑面积18.3万平方米，总投资5.5亿元，由中建三局中标担任施工方。1月正式开工建设，5月完成基础工程，截至12月，项目12幢单体建筑，A地块6幢，其中5幢断水封顶；二次结构填充墙砌体分别施工至9层—21层，各幢施工电梯全部安装完成。5、6号楼（无地下室）基坑土回填完成95%。

B地块6幢主体结构施工有4幢断水封顶，剩余1幢进行施工屋顶花架，1幢施工至21层；其中2幢进行填充墙砖砌体施工，施工电梯全部安装完成。

【明月锦苑三期】 项目总建筑面积52.6万平方米，其中住宅建筑面积41.3万平方米，可安置5898人，总投资13.1亿元，中核二十二公司与鑫金工发投资公司签订合作框架协议。10月，项目正式开工，截至12月，完成基础工程进度的50%，完成35户农户和20家企业的拆迁，剩余20户农户和2家企业未拆迁；A、B地块准备立项。

【泉水人家二期】 项目分为A区和B区，位于沙河源街道嘉泽路2号（A区）和郎润路2号（B区）， A区总建筑面积25.9万平方米，净用地面积6.9万平方米，住宅面积22.6万平方米，容积率约3.38，绿地率约30%，建筑密度约22.8%，总户数2980户；B区总建筑面积16万平方米，净用地面积4.6万平方米，住宅面积14.4万平方米，容积率约3.22，绿地率约30%，建筑密度约22.3%，总户数1938户。截至12月，泉水人家二期安置3022人，住房2857套，安置面积21万平方米。

【泉水人家三期B区】 项目位于灵润路以西，江泽路以北，朗润路以东，北接建机厂，总建筑面积7.6万平方米，其中住宅面积6.4万平方米，总投资2.27亿元，截至12月，完成总工程进度的65%。

【万圣新居C、F地块】 项目总建筑面积22.3万平方米，其中住宅面积18.8万平方米，总投资5.6亿元，由中国华西集团中标担任项目施工方，项目于5月正式开工建设。

C地块现场8幢主体建筑全面进入主体结构施工阶段，其中1幢断水封顶，施工至7层，2幢施工至8层，3幢施工至13层，1幢施工至14层。

F地块现场4幢主体建筑基本全面进入主体结构施工阶段，其中3幢施工至5层，1幢施工至3层。

【万圣新居A、B地块】 项目总建筑面积25.6万平方米，其中住宅建筑面积21.1万平方米，总投资7.7亿元。项目于8月正式开工，截至12月，A、B地块总承包、监理及项目管理的招标工作完成，剩余6户农户未拆迁。

【万圣新居D、E地块】 项目位于万石路以东，大天路以南，规划建设总建筑面积40万平方米，总投资12亿元，截至12月完成方案设计。

天回镇街道农民新居工程明月锦苑

【余家新居】 项目位于绕城路500米生态带控制线以北，北新大道以西，商业大道北延线以东，北至新都区斑竹园镇。总投资27.5亿元，建设安置房面积110万平方米，其中住宅面积88万平方米，截至12月，一期20万平方米完成场平与临时便道施工，进行基坑土方开挖。

【王贾8组点位】 项目位于沙河源街道王家村8组，占地42亩。地块呈梯形，北临50米宽三环路绿化保护带，东临30米宝成铁路绿化保护带，南面、西面均临灌溉渠及住宅规划用地，一条16米宽的规划道路用地分为A、B两块，总投资2.93亿元，建设安置房面积11.7万平方米，其中住宅面积7.5万平方米，截至12月，完成总工程进度的60%。

（汪慧丽　曹晓雪　魏雨禾）

农业生产

【农产品质量安全】 金牛区加强对农资经营门市、饲料兽药生产经营企业、种子经营等农产品生产源头的执法检查力度，2011年，处理1个饲料生产企业，向市上建议不予备案饲料企业3家。开展农产品生产过程监督检查，主要开展“瘦肉精”等违法添加物检测和蔬菜、水果、食用菌农药残留检测工作，完成全区存栏20头以上生猪养殖户“瘦肉精”快速检测全覆盖，全年对蔬菜、水果、食用菌农残抽样检测24次，检测样品1920个，合格率99% 。全区签订各类《食品安全承诺书》895份。

【动物重大疫病防控】 2011年，金牛区撤销金牛乡、营门口乡、洞子口乡、天回镇乡畜牧兽医站，组建金泉、营门口、沙河源和天回镇4个动物防疫检疫工作站。全年，口蹄疫免疫16608头，其中猪16100头、牛508头，免疫率100%；高致病性禽流感免疫25.69万羽，其中鸽子免疫0.52万羽、鸡24.18万羽、鸭0.99万羽，免疫率100%；猪瘟免疫1.13万头，免疫率100%；高致病性猪蓝耳病免疫7013头；犬只狂犬病免疫17890只，免疫率99.7%，全区全年无重大动物疫情发生。

（王　磊）

种植养殖业

2011年金牛区主要农产品生产情况

指标名称	单位	2011年实际	2010年实际	2011年比2010年(±%)
农作物总播种面积	亩	19405	26459	−26.66
一.粮食作物	亩	3500	5665	−38.22
单产	公斤/亩	435	447	−2.68
产量	吨	1524	2535	−39.88
谷物	亩	3500	5665	−38.22
单产	公斤/亩	435	447	−2.68
产量	吨	1524	2535	−39.88
1.稻谷	亩	2997	5107	−41.32
单产	公斤/亩	460	465	−1.08
产量	吨	1380	2376	−41.92
2.小麦	亩	503	558	−9.86
单产	公斤/亩	286	285	0.35
产量	吨	144	159	−9.43
二.油料作物	亩	3765	4830	−22.05
单产	公斤/亩	148	149	−0.67
产量	吨	559	718	−22.14
油菜籽	亩	3765	4830	−22.05
单产	公斤/亩	148	149	−0.67
产量	吨	559	718	−22.14
三.蔬菜	亩	9838	13470	−26.96
单产	公斤/亩	1074	1050	2.29
产量	吨	10568	14145	−25.29
四.其他农作物	亩	154	2494	−93.83
青饲料	亩	33	558	−94.09

2011年金牛区主要畜牧业产品产量

指标名称	单位	2011年实际	2010年实际	2011年比2010年(±%)
当年出栏肥猪	头	5107	6638	−23.06
当年出栏家禽	百只	431	651	−33.79
全年肉类总产量	吨	434	582	−25.43
猪肉	吨	356	464	−23.28

续表：

指标名称	单位	2011年实际	2010年实际	2011年比2010年（±%）
牛羊肉	吨			
禽肉	吨	78	118	-33.90
牛奶产量	吨	396	409	-3.18
禽蛋产量	吨	322	487	-33.88
蜂蜜产量	吨			

2011年金牛区农林牧渔总产值（按现行价格计算）

单位：万元

指标名称	2011年实际	2010年实际	2011年比2010年（±%）
农林牧渔总产值	4179	5029	-16.90
一、农业产值	3153	3757	-16.08
1.谷物及其他作物	492	718	-31.48
（1）谷物	280	446	-37.22
小麦	25	21	19.05
稻谷	242	406	-40.39
（2）薯类			
（3）油料	212	271	-21.77
油菜籽	212	271	-21.77
（4）豆类			
（5）其他农作物			
饲料作物			

续表：

指标名称	2011年实际	2010年实际	2011年比2010年（±%）
2.蔬菜园艺作物	2648	3021	-12.35
（1）蔬菜	2642	3013	-12.31
（2）花卉	5	5	0.00
（3）其他园艺作物	1	3	-66.67
3.水果	113	18	527.78
梨	2	2	0.00
柑橘	1	1	0.00
4.中药材			
二、林业产值			
三、牧业产值	996	1227	-18.83
（一）牲畜饲养	166	168	-1.19
1.牛的饲养			
2.羊的饲养			
3.牛奶	166	168	-1.19
（二）猪的饲养	436	491	-11.20
（三）家禽饲养	394	568	-30.63
1.肉禽	91	133	-31.58
2.禽蛋	303	435	-30.34
四、渔业产值	30	45	-33.33
淡水鱼类	30	45	-33.33
五、农林牧渔服务业产值			

（王　磊）

（审读：王裕伟）

财税·审计

FINANCE & TAXATION AND AUDIT

财　政

【概　况】　2011年，金牛区地方财政收入36.62亿元，同比增长35%，其中税收收入20.81亿元，占地方财政收入的56.8%；非税收入15.81亿元，占地方财政收入的43.2%。全区街道全口径财政收入79.04亿元，占全区全口径财政收入的82.3%，其中区实得20.66亿元，占全区地方财政收入的56.4%。全区财政总支出46.41亿元，同比增长36.5%。全区街道财政支出6.99亿元，占全区财政支出的17%。

【规模企业税收】　全年纳税100万元—1000万元的企业712家，纳税额20.51亿元，占全口径财政收入的21.4%；纳税1000万元以上的企业121家，纳税额43.04亿元，占全口径财政收入的44.8%。

【“三量”提升工作】　为促进全区经济稳步、健康、可持续发展，以“提升三量”（即提升巩固存量、培育增量、引进变量）为目标，建立金牛区“提升三量”统筹协调联席会议机制，通过区政府统一领导，财税部门主抓，相关部门配合，重点研究解决收入组织工作中面临的问题困难。

【产业发展扶持资金】　金牛区调整完善产业发展扶持资金的相关政策，制定“变量”的确认及相关补助财力核拨办法，最大限度发挥产业发展扶持资金的引导作用，着力体现财政扶持政策的导向性。

【税源结构分析】　区财政局分析五城区2010年产业税源结构，并运用分析成果优化收入组织激励政策，找准挖掘税源增长潜力的着力点。

【“非税”收入】　区财政局结合全区“收支两条线”管理现状，按照“以点带面、以点促面”原则，对建设、环保部门非税管理情况进行专项检查，及时纠正不规范的财务行为。

【财政改革】　区财政局按照上级财政部门的统一部署，加大“金财工程”建设和推广应用力度，强化对“金财工程”大平台改革9个试点单位的指导，为改革扩面奠定基础；规范集中支付改革模式，完善国库单一账户体系，规范支出拨付程序，提高财政科学化、精细化、现代化管理水平；以“金财工程”大平台为支撑，在4个单位启动公务卡改革试点。

【政府采购】　区财政局细化和完善政府采购预算编制和执行的措施及办法，发布政府采购目录限额标准，优化采购流程，完善采购工作监管，提高采购工作效率。全年，单位申报政府采购预算1.8亿元，单位实现采购金额1.6亿元，节减支出1986万元，节约率11%。

【“小金库”专项治理】　继续推进党政机关、事业单位、社会团体和国有企业“小金库”专项治理。在全面复查的基础上，对全区24个党政机关、事业单位，12个社会团体和7个国有企业“小金库”治理工作进行督导抽查，督导抽查面28.7%，高于市规定比例18.7%。

【财政资金安全检查】 区财政局将资金安全作为财政工作的生命线提上重要议事日程，清理自查43个财政管理的银行账户，重点检查资金的安全完整、制度的贯彻落实、流程的合理设置、财政专户的规范设立。为杜绝资金安全隐患，堵塞资金安全漏洞，共撤销、归并财政资金专户16个。

【津补贴实施】 区财政局开展规范津补贴实施情况检查。由区纪委、区委组织部、区监察局、区政府办、区财政局、区人社局、区审计局等部门联合下发《关于开展规范津补贴实施情况自查工作的通知》，在单位自查的基础上对部分单位进行重点抽查，对抽查中发现的问题进行及时纠正。

2011年金牛区财政收入、支出情况

指标名称	单　位	2011年实际	2010年实际	2011年比2010年(±%)
财政总收入	亿元	95.99	75.78	26.7
地方财政收入	亿元	36.62	27.13	35.0
地方税收	亿元	20.81	15.94	30.6
地方财政一般预算收入	亿元	36.4	26.95	35.1
财政总支出	万元	464132	339958	36.5
一般预算支出	万元	434315	327563	32.6
一般公共服务支出	万元	36974	30207	22.4
教育支出	万元	75813	66717	13.6
科学技术支出	万元	6489	4611	40.7
文化体育与传媒支出	万元	3968	3425	15.9
社会保障和就业支出	万元	21951	19698	11.4
医疗卫生支出	万元	18455	13188	39.9
环保支出	万元	792	882	-10.2
城乡社区事务支出	万元	200956	111574	80.1

（代　桦）

国有资产管理

【国资管理】 2011年，金牛区国有资产管理办公室推进资产管理信息系统的实施应用，做好信息系统的数据统计、技术服务等工作，逐步实现对国有资产由静态管理转变为动态管理，加快提高资产管理效率和信息化水平。按照资产处理管理程序要求，对全年

金牛区国有资产办公室对区属国有公司进行经营业绩考核

处置的67辆车辆、无偿调拨的12辆车辆、528.5万元办公设备、无偿调拨办公用品127.8万元等全部进行严格审批，有效防止国有资产流失。创新管理方式，对全区经营性资产资源实行统一管理，完善资产出租、出借制度，建立统一、公开、透明的定价机制。组织国资收益，制订《关于完成2011年非税收入任务的工作方案》，各公司共缴纳非税收入7亿元，全年国资收益9.38亿元。

【民生工程】 做好民生工程、重大项目等建设的资金筹措，实现融资7.08亿元，引进社会协议资金52亿元，实际投入30亿元，确保明月锦苑二期、万圣村新居、王贾8组、泉水三期、余家新居、鑫房名苑、府河苑等安置房及万达七中、金泉法庭、天回法庭、沙河源法庭和市民服务中心等项目工程建设顺利推进，促进全区经济、社会、民生的发展建设和产成品质的提升。

【公司监管】 为实现平台公司向一般经营性公司转型，从改善资本结构、完善治理结构、强化政府监管三方面入手，形成《关于进一步完善公司治理结构的思路》；加强对公司领导人的管理，指导公司探索规范决策层、执行层、监督层的职能分工和协调机制，促进法人治理结构的完善，按照出资人方式履行监管职责；印发《关于进一步规范公司银行账户管理的通知》，规范国有公司银行账户的管理；修订《成都市金牛区区属国有公司2011年企业负责人年度经营业绩考核暂行办法》；调整完善考评指标，强化激励约束机制；印发《关于区属国有公司对外拆借资金申报审批流程的通知》，规范各公司对外拆借资金行为。

【金融管理】 在金融管理工作中建立三层联动机

制，实行银政合作联络员制度；针对实际需求，召开扶持小微企业发展、推进现代服务业发展等4次银政座谈会，使银行、政府、企业之间都能及时进行政策、业务等信息交流；针对融资难的问题，撰写《最新银行信贷政策分析及对策建议》的专题分析报告，为解决投资资金提出多项解决办法；依托国资投融资平台，在银行信贷政策全面紧缩的情况下，实现融资7.08亿元，归还银行到期贷款10.27亿元，确保重大项目资金需求和政府信用；指导国有公司与国海、中信、国金证券就发行企业债券进行合作，协助鑫地公司实现信托融资2亿元；会同区目督办联合印发《2011年金牛区金融产业目标考核办法》，加快推进市级新兴产业目标任务的顺利完成；印发《关于加强地方准金融机构管理的通知》，加强对准金融机构的引进提供全程无缝政策支持服务；对新设小额贷款、融资担保公司严格审批，初审材料完整规范，市级审批通过率100%，截至12月，区内两家小额贷款公司为230多家中小企业累计发放贷款8.2亿元，有效解决中小企业融资难题。

（任晓宏）

国家税务

【概　况】　2011年，金牛区国家税务局组织入库全口径税收收入35.91亿元，同比增长25.4%，增收7.26亿元；组织入库区政府实得收入4.26亿元，同比增长35.9%，增收1.12亿元。

企业给金牛区国税局赠送锦旗

金牛区国税局纳税服务科理论培训（8月）

【征管主业】　税源专业化管理　区国税局根据金牛区税源分布、产业结构、行业等特点，于2011年11月1日起全面实行税源专业化管理。截至12月，各项工作事项流程调试到位、岗位人员全部到位，149项涉税业务全部前移至办税服务大厅。

纳税评估实效　结合省、市局下达的绩效评估和重点专项纳税评估工作要求，通过强化评估团队建设、强化数据分析比对、强化税企沟通交流，提升评估工作质效。全年对汽车、医疗用品及器材批发、饮料及茶叶批发、钢材等151家企业开展纳税评估，共入库税款2204万元，其中通过评估入库增值税2076万元、企业所得税128万元。

税种管理　以“三面四率”为核心，开展企业所得税核定征收和汇算清缴等工作，全年入库企业所得税11.19亿元，增收2.26亿元，所得税核定面35%，汇算面99%；全年区国税局入库增值税23.67亿元，比上年同期增收5.11亿元。

发票管理　开展新《发票管理办法》专题讲座并为企业进行针对性答疑，并推广网络在线开票系统；开展普通发票验旧金额大于申报专项清理工作。全年清理3600余家企业发票使用情况，整改疑点数据6700条。

【税收信息化建设】　征管指标质量　区国税局全年清理、修正征管疑点数据2618条。在全市国税系统征管质量考核中，区国税局多数月份保持在五城区前三位，主体征管质量指标平均得分98.21分，其中区国税局第一税务分局全年平均分98.4，全年新增欠税为零，在全市51个税源管理单位中排名第五。

多元化申报工作　按照税源专业化管理要求，强

办税大厅工作人员向纳税群众发放电子纳税宣传资料

力推进网上认证、网上申报和个体户批量扣税工作，其中区国税局在全市首批推行增值税一般纳税人网上认证取得显著成效。在有效巩固多元化申报方式的基础上，为纳税人安装远程认证系统4638户，开通并投入使用4293户，使用率92.6%，通过远程认证增值税专用发票91933份，占所有发票的81.6%。

【纳税服务】 区国税局全面推进税收征管服务“两化”建设（规范化标准化建设）工作。完成征管服务规范化标准化工作项目的编写和学习、培训工作，在完善办税服务大厅硬件设施的基础上针对纳税自助服务区、涉税引导岗、窗口工作人员的礼仪规范、业务技能、应急处理等方面开展专题培训。11月1日开始，在全区范围内开通同城通办业务，设立专项窗口5个，截至12月，受理“同城通办”业务近百起。

金牛区国税局进市场宣传（4月）

【依法治税】 区国税局为区内企业减免企业所得税1.41亿元、增值税0.15亿元，办理出口企业免抵退税1.92亿元，同时全面落实财政部第65号令关于起征点调整政策，组织税收管理员深入街道和市场，搞好税源调查。增值税起征点提高到2万元后，仅1.07万户个体工商户达起征点，占总户数的29%，全区有2.6万户个体工商户不再缴纳增值税。

【规范性服务型机关建设】 在全省国税系统纳税人满意度调查中，区国税局办税服务大厅测评得分97分，在20个区（市）县中排名第三，在环境秩序、硬件设施、投诉机制方面公众满意率100%。

（杨　敏　黄　琴）

地方税务

【概　况】 2011年，金牛区地方税务局组织税收收入49.77亿元，同比增长32%，增收12.05亿元，其中实现区级实得税收收入16.56亿元，同比增长35.7%，增收4.36亿元。

【税收征管】 区地税局创新征管举措，全面提升征管质效，以信息化建设为依托，加强税收征管。在税收专业化管理上以项目管理为突破口，对房地产项目报建、开工、预售及税收清算各环节信息录入一体化管理软件系统进行监控，房地产经营纳入税收专业化管理的各个环节，有效提高该行业税收征管质效。完善社会化综合治税网络体系，以社会职能部门为依托，全面发挥社会力量协税功能，互通信息，搭建社会协税护税网络体系，形成社会综合治税合力。实现优质高效的纳税服务体系，以计算机网络为依托，在加强地税网站等纳税服务平台建设的基础上合理设置办税服务厅，创新纳税服务方式，建立纳税服务机制，确保纳税服务优质高效。利用现代信息技术，向企业推行网上申报方式，对个体工商户实行批量扣税。全年实行网上申报的企业20786家，占企业总数的73.7%，实行批量扣税的个体工商户33942户，占个体工商户总数的58.5%，为纳税人提供更多便利。

成都地税纳税人学校金牛分校培训现场

【税收执法】 区地税局树立法治观念，贯彻《税收征管法》，按照公正执法、严格执法、规范执法的要求，推进依法治税，着力在规范执法行为、加强执法监督、防范执法风险上下工夫；推进税收执法责任制，有效提高规范执法保障水平，重点完善税收执法责任制岗位职责、办理流程以及责任追究办法，采用事前提醒、事中监督、事后检查的方式，减少事发过错率，提高执法水平；强化执法监督，有效防范执法风险；完善税收执法预警机制，对内开展规范性文件清理检查、税收执法检查，对外定期发放调查问卷，广泛接受纳税人监督。

【税收服务】 区地税局优化细化纳税服务工作，创建和谐征纳环境，同时结合“服务群众、服务单位、服务纳税人”的工作理念，提升全局纳税服务水平。

优化办税流程　坚持推行一窗式、扁平式的纳税服务方式，简化涉税事宜办理流程，节约办税成本，持续推进服务环境、服务设施、服务制度、服务手段建设。

推进信息化建设　区地税局不断加强办税服务厅标准化建设，发挥24小时自助办税服务厅功能，推进网上自主打印完税凭证、网上开具发票等工作，让纳税人得到更多优质高效的纳税服务。

开展税收服务宣传　针对辖区特点，利用区域优势环境，扩大宣传范围，增加宣传内容，有效提高纳税人依法纳税的遵从度。全年在市级以上刊物刊登稿件8篇，被四川电视台、成都电视台等媒体采访报道15条，市局系统采纳稿件12条，区级刊物采纳稿件30篇，配合区有线电视台组织报道2条，组织税法宣传活动12次，其中题为《金牛区地税局优化办税程序获实效》的报道在2011年10月31日的《四川日报》刊发后，区委书记杨林兴作出重要批示，给予肯定。

做好纳税人学校金牛分校培训及辅导工作　开设实效性强、定位准确的纳税人学校课程，为纳税人提供更全面的政策培训、更权威的纳税辅导和更贴心细致的纳税服务。全年举办各类纳税人培训、辅导班11期，培训辅导纳税人1500余人次。

2011年金牛区纳税额前20名企业

成都金牛万达广场投资有限公司
成都龙湖北城置业有限公司
成都天府华侨城实业发展有限公司
中铁二院工程集团有限责任公司
成都金牛蓝光和骏置业有限公司
成都瑞发置业有限责任公司
成都江海贸易发展有限公司
中国建筑西南设计研究院有限公司
成都康弘药业集团股份有限公司
成都万贯房地产开发有限公司
成都铁路局
四川水井坊股份有限公司
成都万科国宾置业有限公司
中国工商银行股份有限公司成都金牛支行
成都国美电器有限公司
中国银行股份有限公司成都开发西区支行
成都市同益房地产开发有限公司
成都量力钢材物流有限公司
成都通和置业有限公司
中国建设银行股份有限公司成都第四支行

（以上名单来自金牛区地方税务局）

（温存逸）

审　计

【概　况】 2011年，金牛区审计局完成审计项目209项，其中预算执行审计3项、固定资产审计189项、专项资金审计1项，经济责任审计16项，通过审计查出管理不规范金额1.94亿元，政府投资建设项目审计金额8.61亿元，为政府节约建设资金1.68亿元，核减率19.5%。

【财政审计】 区审计局预算执行审计工作以加快结构调整促转型、推进十大工程惠民生、保持区域经济稳健增长为主，重点关注财政增收、保障民生、财政监督等政策措施的贯彻落实情况，具体审计2010年度区财政局组织本级预算的执行情况、区地税局税收征管情况、区国有资产处置收益、拆迁补偿资金预算等，同时结合经济责任审计检查14个部门的预算执行情况，对2010年度预算执行存在的部分国有资产处置收益未能及时缴入财政专户；因国税和地税信息未共享，导致随流转税附征的3个税种（城建税、教育费附加、地方教育费附加）未能足额征收；部分企业税款应缴未缴、部分单位经营性房产未缴税等问题进行反映，截至年底，有关单位整改完毕。

【经济责任审计】 区审计局为提升审计工作质量，结合新修订的《国家审计准则》要求，对15个经济责任审计项目执行全过程审理制度，实现审计管理由偏重于形式性审核向实质性审核，由结果控制向过程控制转变。通过执行审计审理制度，于10月全部出具《审计报告》，15个行政单位领导履职情况总体良好。

【国家投资项目审计】 区审计局为配合全区重点项目推进，对重点投资项目开展全过程跟踪审计。截至12月，区审计局正在实施的全过程跟踪审计项目39个，预算控制价47.62亿元，其中拆迁安置房建设（及附属配套设施）工程32.11亿元、道路及给排水配套工程7.18亿元、教育基础设施建设3.08亿元、特色街区打造2.27亿元。针对跟踪审计项目多、金额大、时间长、施工过程中发生签证和变更的可能性较大的特点，完善两项制度加强管理：出台《金牛区审计局政府投资建设项目跟踪审计暂行办法》，规范跟踪审计的程序和行为，明确审计职责，提高审计质量和效率；会同区评审中心共同修订《变更签证管理办法》，明确变更签证程序，针对施工过程中发生的变更和签证逐一确认施工内容和范围，保证工程造价处于可控状态，提高政府资金的使用效率。

【拆迁资金审计】 金牛区拆迁资金审计开始于2009年，在试点审计拆迁预算资金1950万元、审减资金829万元，并总结出对拆迁资金实行“预算审核+结算抽审”审计监督模式的基础上，2010年4月，由区监察局、区财政局、审计局联合印发《关于进一步加强财务管理严肃财经纪律的通知》和以区政府名义下发的《金牛区国有公司负债资金审批拨付管理办法》分别规定拆迁总经费预算必须报区审计局预审，标志着拆迁资金审计全面推开。2011年4月，区审计局拆迁审计科成立，科室配置4人，与区国土分局征地办新成立的拆迁审计科合署办公，对应全区所有征地项目开展拆迁资金跟踪审计。拆迁审计科的成立，表明区审计局从组织机构及人员配备上建成一支专业审计队伍，并和区级有关部门形成全程联动的工作机制，以保障拆迁资金的公平、透明、高效运行。

【“小金库”检查】 由区审计局牵头，与区纪委、区财政局结合津补贴检查工作，开展“小金库”专项治理工作。全局30多名干部全部投入检查治理工作，对15个街道及其下属公司、30个部门、卫生系统9个医院及2个下属单位、教育系统11所学校的现金管理、票据使用、非税收入、经费支出等情况进行突击检查，检查内容包括库存现金突击盘点、票据使用及管理、国有资产的经营管理、津补贴发放、奖金发放和工会财务收支等6个方面。检查后发现部分部门和街道存在基础工作薄弱，部分单位会计、出纳人员无从业资格证，未及时足额向区财政上缴经营性房产及市场租金非税收入，票据使用不规范，少数街道借款金额较大等问题。针对突出检查暴露出的问题，区审计局与区纪委、区财政的工作人员配合到存在问题的部门、街道与主要领导交换意见，核实问题，督促积极整改，开展跟踪复查。

（陈　波）

（审读：邓开龙）

综合管理
COMPREHENSIVE MANAGEMENT

发展规划

【《金牛区城乡基本公共服务均衡发展机制建设实施方案》】 为加快金牛区城乡基本公共服务均衡发展机制建设，依据《成都市城乡基本公共服务均衡发展机制建设实施纲要》《成都市金牛区国民经济和社会发展第十二个五年规划纲要》，结合区情实际，制订实施方案。方案的总体目标是按照全市统一部署，2015年，全区城乡居民平等享受基本公共服务均衡发展机制初步建成，基本公共服务水平和质量不断提高，均衡发展水平在全市处于较高位置。方案的主要工作措施是完善基本公共服务体系，包括深化教育改革创新，加快卫生事业发展，统筹推进城乡劳动就业和社会保障一体化，大力发展文化、体育及广电事业，不断提高社会福利和救助水平，创新公共服务供给体制，建立人才队伍保障机制；提高城乡群众安全感、宜居感和便利度，包括加强生态环境建设、加强食品药品安全监管、加强城乡交通建设管理、建设世界现代田园城市生态本底；强化对重点群体的服务和保障，包括强化重点群体就业援助、保障重点群体接受教育的权益、大力发展城乡养老托残事业、开展"法律援助惠民生"行动、开展"特殊人群共帮扶"行动。每一项具体的措施都有明确的责任单位负责实施，确保达到方案设定的总体目标。

【101个重点项目】 2011年，金牛区研究确定由区领导联系重大项目101个，出台项目推进制度，每一个重大项目明确区级领导、牵头部门和街道的工作责任，调动各级责任主体的积极性和责任感，有效推进全区重大项目建设。全年，101个区级重大项目完成投资174.89亿元，其中区属16个市级重点项目完成投资95.93亿元；区属5个省级重点项目完成投资27.27亿元。

【政府投资项目监管和招投标】 金牛区规范政府投资行为，强化政府投资项目的计划性，规范决策程序，完善监督环节，政府投资行为的监管程序规范有序。

拟定全区政府投资项目年度计划 2011年1月，收集汇总11个部门、14个街道、6个政府投资公司共31个单位申报的199个项目，总投资95.07亿元，拟定2011年度投资计划57.75亿元。

完善政府投资项目管理办法 区发改局根据省、市下发的关于政府投资项目管理的若干文件精神及区政府投资项目管理工作现状，牵头草拟《金牛区政府投资项目管理办法》（征求意见稿），广泛征求各相关部门和街道意见，经区政府常务会审定并以文件形式下发全区执行。

做好政府投资项目招投标（比选）监管工作 全年，公开招标的政府投资项目29个，节约政府资金4470.6万元；进行比选的政府投资项目66个，节约政府资金330.9万元。

政府投资项目评审 区评审中心全年对129个项目招标（预算）控制价进行审核，送审招标（预算）控制价总额21.50亿元，经评19.13亿元，审减2.36亿元。

项目监管 中心全年对142个项目实施变更签证管理，对45个已竣工项目出具《变更签证确认函》，参

加96个新开工项目的图纸会审，对42个项目进场标高进行抽测，节约变更签证资金662.3万元。

【项目策划与包装】 金牛区围绕全区的产业发展重点和重点区域进行策划包装，增强策划包装的实效性、针对性。全年安排策划包装经费393万元，重点对35个项目进行策划包装。成功引进富森法国风情家居长廊项目、深圳瀚鳌城市商业综合体项目、CTC国际集团数字科技产业基地项目等16个重点项目。截至12月，完成35个策划包装项目编制工作，其中概念性策划项目10个、初包装项目18个、精包装项目7个。

【固定资产投资指标】 区发改局在收集全区全社会投资项目的基础上，对固定资产投资情况进行分析，做好投资目标任务的分解下达工作。全年完成固定资产投资282.63亿元，同比增长16.9%，重点关注的指标中，技改投资完成21.73亿元，同比下降4.7%；基本建设投资完成91.46亿元，同比增长53.4%；房地产投资完成130.08亿元，同比下降10.4%。

【节能减排】 区发改局针对国家对节能减排工作提出的新要求，草拟《成都市金牛区2011年节能减排工作要点》，明确各单位的工作职责和任务，印发《关于分解下达2011年度节能减排目标任务的通知》《关于转发市发改委等六委局〈关于集中开展限制生产销售使用塑料购物袋专项行动的通知〉的通知》及《关于开展2011年财政补贴高效照明产品推广工作实施意见的通知》，牵头召开节能减排工作会议，解决工作中遇到的问题。

【公有制企业改革】 金牛区妥善处理西郊商场改制遗留问题；解决红星仪表厂土地查封后的遗留问题；驷马桥街道红花社区原成都牙膏厂两名职工对企业破产不满，长期上访，经过热情接访，耐心解释，12月与破产清算组达成协议，解除劳动关系，解决长达8年的上访积案；成都机动车厂破产清算结案工作稳步推进。

【行政审批工作】 区发改局全年完成政府投资项目立项261个，总投资74.52亿元（含拆迁类项目）；概算批复186个，总投资4.78亿元；招标和比选核准136个，总投资88.63亿元；企业备案13个，总投资22.51亿元；企业核准项目1个，总投资5亿元；外资核准项目1个，总投资39.8万美元。及时受理、办结价格审批500件。

【软环境建设】 区发改局按照区规服总体要求，全力做好两集中、两到位，严格执行“三项制度”。全年对外受理行政审批接办件1041件，接待窗口咨询1450人次，办结率100%，群众满意率100%。

（刘二双）

整顿和规范市场经济秩序

【概　况】 2011年，金牛区通过整规工作网络的健全和完善，及时掌握第一手资料，合理安排执法人员，有效利用执法资源，从而使整规的召集、组织和协调职能充分发挥，整顿规范市场经济秩序，为全区的经济止滑提速、加快发展保驾护航。全年各专项整治活动出动执法人员5500人次，查获案件379件，捣毁窝点150个。

【整规制度建设】 金牛区落实整规工作责任制和责任追究制，1月，与全区各街道、区级有关部门签订《整规工作责任书》，将整规工作列为专项目标进行考核；健全区、街道（部门）、社区三级整规工作监管网络体系和整规工作预警机制；建立健全整规工作长效机制，整体联动机制逐步健全，加强市场监管力度。对重点市场监管面100%、举报案件接转、查处、回复率100%；投诉案件结案率95%以上；重特大事故及大要案件的及时查处、上报率100%；国家、省、市督办案件查处率100%；公布全区各执法部门举报电话，建立各相关执法部门案件查处抄告制度，完善行政执法与刑事执法衔接机制。

【中药溯源系统试点工作】 6月，由成都中医药大学、成都国际商贸城等6个单位共同研发的中药溯源系统获商务部、国家食药监局、国家中医药管理局批复同意，率先在四川省开展中药溯源试点工作。该系统完成中药材商品分类标准制定，中药溯源编码体系制定，中药溯源系统软、硬件平台开发，通过省科技成果鉴定，并在雅安三九药业、新荷花中药饮片有限公司、成都国际商贸城、成都中医药大学附属医院等单位进行试点。该系统能与国家基本药物电子监管系统接口，是电子监管在未覆盖到的中药材种养殖、收购源头、中成药生产等环节的补充。

【酒类流通市场管理】 做好酒类商品流通管理备案登记、酒类随附单的发放，加大对酒类专卖市场的日常监管，确保酒类市场健康有序。全年出动车辆240辆次，人数400人次，清理整顿农贸市场42个，检查酒类经营户1672户，发放禁止向未成年人出售酒类商品警示标语1672张，查获涉嫌仿冒国家名白酒956瓶，查获假冒优质酒527瓶，涉案金额54.5万元。

（何文南　刘　彬）

粮油购销管理

【概　况】 2011年，金牛区粮食分局获得省粮食系统先进集体、省粮食系统执法大检查工作先进单位称号；区人大常委会及各方代表对全区8个“分字号”单位2007—2011年整体工作进行评议，区粮食分局在评议中获得满意单位称号。国鑫公司获得成都市劳动关系和谐企业称号。

【粮油价格监测网络】 区粮食分局创立3个120户的调查模式，为供需平衡调查数据和报告的科学准确搞好决策服务。与区发改（物价）局合作，建立覆盖全区的粮油价格预警监测网络，按类别分设12个监测点，新增2个全国粮油监测点，做到信息共享，预警及时。

【保供稳价】 粮情监测分析准确全面，据情及时上报，分局撰写的《关于节后粮油价格走势分析》被《金牛观察》采用并作为政府有参考价值的优秀信息在全区被宣传点评。分局修订的《金牛区粮食应急预案》纳入区应急工作统一管理。投入3.9万元维修网点，满足应急需求。抓住“食盐盲目抢购风波”事例，3次深入社区，正向适度地宣传粮食供求形势及国家应急建设工作，教育群众理性消费。

【执法工作】 全年在各大节日及专项执法和“12·4”法制宣传日前开展执法活动6次，新增统计对象6家，收回1家粮食收购证，做到动态监管。开展粮食法律规范的普法培训9次。在全区建立粮食联合执法机制，争取地方政府的执法经费保障，每年牵头与工商、物价对辖区进行粮油专项大检查，做到不缺位、不越位、无投诉，全年行风测评满意率100%。坚持食品安全宣传周活动，在全区欧尚广场的活动中，粮油展板及资料最受欢迎，获领导充分肯定。全年签订《企业诚信经营责任书》112份。

【企业监管】 全年出台12条规定强化财务管理的规范性，并邀请税务、法律顾问在经营活动前进行全员培训，流程优化，预防风险。实行预决算分局审核制度和超预算向职工大会通报并上报分局备案制度。构建责权明确，鼓励开拓创新的《国鑫公司经营性目标考核的管理办法》。指导企业通过吞并、改造和提租，实现资产的最大化收益，实现国资保值增值。7—12月，增加收益21万元，年增幅33%。销售粮食近千吨，利润同比增长30%，职工工资同步增加，厂务公开满意率100%。

【创新创优】 区粮食分局聘请专家“三下社区”，进行粮油安全知识培训，提升群众辨析优劣粮油产品的自我保护能力，媒体多次报道。开展“粮食职能职责进社会”活动，改变当前复杂的食品安全形势，让社会上大多数人了解粮食部门，争取社会对粮食工作的理解和支持。聘请两位市人大代表为分局粮食工作监督检查员，扩大社会对粮食工作的关注和重视。同时，搭建信息共享平台，积极配合，主动履职，加强网络及媒体报道，让群众及时知晓粮食工作最新动态。打造“放心粮油工程”，与五常市粮食局签署战略合作协议，构建产销对接平台，服务农民、服务企业、服务消费者，指导公司与军供中心配合实现从田间到餐桌的一条龙高端服务。该举措被五常市作为成都西博会的重要成果在市级媒体上专题报道。

（贺广辉）

价格管理

【市场价格监测】 2011年，金牛区发改局针对副食品价格高位运行，及时对粮、油、肉、蛋等主副食品价格开展应急监测，对成都市灾后重建相关商品及钢材、成品粮、有色金属、重点小农产品、猪肉、茶叶、汽车、货运、生资商品、成都市房屋价格、西药、电动车、手机等16类、500余种商品价格开展常规应急监测，截至12月，上报各类监测报表492期、分析材料33份。

【价格收费管理】 区发改局对全区行政事业性和服务性收费许可证（含副本）进行年审，在年审过程中，加强对下岗职工、失地农民、高校毕业生等从事个体经营涉及行政事业性收费优惠政策的落实，全区享受收费优惠政策的下岗职工、失地农民、高校毕业生等19160户（人），减免行政事业性收费优惠金额54万元。

【价格鉴定服务】 全年办理涉案物品鉴定1170件，完成法院委托的涉案评估件14件，为司法机关打击犯罪量刑提供合理依据。在“12·28”金府机电城火灾事故发生后，区发改局工作人员多次到相关市场采价、电话咨询供货商，实地调查纳税情况等，最终评估金额3600万元，评估结果得到市场、商家双方认可。

【市场价格秩序】 区发改局围绕群众关心、社会反映强烈的价格收费热点，开展生活必需品、医疗药品、教育、涉农、机动车及非机动车停放、物业管理服务收费检查。全年出动检查人员1296人次，检查各类企事业单位、经营户3130个，查处各类价格违法案件254件，其中责令整改241件、立案查处13件，罚没入库16.2万元，退还消费者7.9万元。“12358”价格举报中心受理消费者价格举报（投诉）、咨询1573件，其中上级部门交办43件，办结率100%，立案查处24件，办结率100%。

价格诚信单位

四川苏宁电器有限公司
四川华星名仕汽车销售服务有限公司
四川徽记食品产业有限公司
成都欧尚超市有限公司
成都量力钢材物流有限公司
成都摩尔百盛百货有限公司
伊厦成都国际商贸城股份有限公司成都荷花池中药材专业市场分公司
成都三和丰田汽车销售服务有限公司
成都嘉宝商业物业经营管理有限公司
成都汉润科技发展有限公司

（以上名单来自金牛区2011年度突出贡献企业表彰大会）

（刘二双）

统计管理

【第六次全国人口普查】 2011年，金牛区做好第六次全国人口普查后续工作，严格按照人口普查工作的程序、标准和期限，完成第六次全国人口普查数据处理、上报、评估工作，发布《金牛区第六次全国人口普查主要数据公报》，查清10年来全区人口在数量、结构、分布和居住环境等方面的变化情况。区统计局、营门口街道、黄忠街道获省级先进集体称号，驷马桥街道等13家单位获市先进集体称号，全区有85人分别获国家、省、市级表彰。

【统计服务】 统计统筹　区统计局发挥统计职能作用，依法履行统计调查权、报告权和监督权，协同区目督办、区发改局制定全区经济发展目标，做好对行业主管部门的目标任务分解，做好反映全区经济发展水平主要经济指标运行情况的监督，按时向区委、区政府主要领导汇报全区经济运行情况。全年刊发《统计分析》47期，印发《金牛统计》《企业专刊》各11期，向《金牛观察》《金牛要情》和《新金牛》等刊物提供信息70余条，及时发布《金牛区2010年国民经济和社会发展统计公报》。

企业清理　通过财税、招商引资等渠道，做好“三上”企业清理工作，新增企业名单录入、备案等工作。全年清理“三上”企业388家。

专项统计调查　开展劳动力、城镇住户、农村住户等统计调查；做好妇女儿童发展纲要、旅游产业、节能降耗等统计监测；开展文化产业调查，全年抽中551家文化产业单位进行调查；开展人力资源调查，协同区组织、人社部门，共同开展全区人才资源调查工作，区统计局完成非公有制领域589个样本的调查；开展金牛区城镇居民消防意识、保障性住房建设、文化需求及建设、城镇居民对商场、超市诚信度等多项民生专题调查。

【统计培训】 区统计局完善基层统计组织，强化对各街道、有关部门统计数据质量、基础工作的认定、量化及考核工作，完善适应新形势的统计构架，针对统计工作的重点、难点，加强对基层统计人员的业务指导。继续开展统计从业资格和继续教育培训。6—9月，区统计局举办统计人员培训班3期，培训739人，继续教育培训考试合格率100%。

【统计法制建设】 *法制宣传教育和学习* 区统计局全年印制统计法律法规宣传手册1万份；组织统计法律法规专题讲座两次，组织统计从业人员培训，参加人数1000人次以上，向各街道分管领导、街道统计人员和企事业单位基层统计人员宣传《统计法》和《统计违法违纪行为处分规定》，营造良好的法制环境。

统计从业资格专项执法 按照省、市统计局关于开展统计从业资格的专项执法检查的通知精神，金牛区500多家限额以上单位全面开展统计从业资格自查工作。

统计法和统计违法违纪行为处分规定贯彻执行情况大检查 区统计局联合区监察局、区司法局、区政府法制办印发《关于开展统计执法大检查，提高统计数据质量的通知》，检查工作从3—12月，分为自查、抽查、处理和总结4个阶段。全年开出《统计催报通知书》16份，检查基层单位108家，其中对两家违法事实清楚的企业实施经济处罚。

（胡雪蕾）

土地管理

【土地报征】 金牛区国土分局全面完成金牛区2011年建设用地报征计划编制及上报工作，并获国土资源部批准，报征51个村民小组、约5080亩土地，涉及兴盛、侯家、万圣新居工程，货运大道，北部功能区，区“198”配置地，磨床厂搬迁用地，陆军总医院等重点项目用地；完成成蒲铁路组件报征工作，涉及6个村民小组、32亩土地；跟踪落实取得2009年第4、5批城市建设用地，2009年第4、5批乡镇建设用地及2010年第7批城市建设用地批文，批准征收土地面积6661.7亩，保障成都国际商贸城、高科北区、中铁二院轨道交通项目一期等重大建设项目用地。

【土地规划利用】 区国土分局加快推进全区土地规划利用修编，《金牛区土地利用总体规划（2006—2020年）》经相关部门审议通过。按照总量控制、整体推进、分期实施的原则，结合金牛“198”生态功能区建设用地总体布局，编制完成《金牛区“198”功能区土地利用规划（2010—2020年）》，并上报省国土资源厅备案。

按照土地利用规划目标和成都市规委会确定的用地规模，结合金牛区各功能区发展定位和重大项目规划情况，严格执行土地资源节约集约利用，全年通过招拍挂方式完成4宗土地的出让，其中工业用地2宗、商业用地2宗，出让面积295.36亩，保障重点项目用地。基本完成成都国际商贸城、中铁轨道项目范围内7宗国有地块出让前期资料准备工作，其中中铁轨道项目涉及万圣社区2、3、9组，石门社区4、7、8组3宗地，面积481亩，于12月底挂牌出让。

【“198”土地整理】 金泉街道清水社区、淳风桥社区和天回镇街道向海社区3个灾后重建城乡建设用地增减挂钩项目获省国土资源厅立项审批，批准周转指标888.3亩。项目区规划农民集中安置点2个、面积628亩，计划安置户数2800户、1万人，截至12月，安置1300余户、4540人，其中清淳家园二期安置房开工建设，银杏园D区安置房续建工作进入施工前期准备阶段。

【土地执法监察】 区国土分局全年开展土地动态巡查83次，出动217人次，发现违法用地10宗，依法立案查处违法违规用地24宗（含“卫片”执法立案查处案件），涉及土地面积832.58亩，收缴罚款1505.2万元。现场调查核实全区2010年度“卫片”监测到的120宗土地；清理闲置土地15宗，面积343.88亩。全年妥善处置违法举报7件，办结率100%。

【农村产权制度改革】 区国土分局印发《成都市金牛区产权制度改革领导小组关于开展金牛区集体农用地使用权确权登记的工作方案》《成都市金牛区产权制度改革领导小组关于进一步清理行政界线、权属界线、飞地权属的工作方案》。9月，全区2010年集体土地使用权（宅基地）和集体土地所有权“暂缓确权”的20个组，通过市局检查组的综合检查验收。12月，完成集体农用地（自留地）4232宗地籍调查工作，并进行公示和符合性审查，对符合颁证条件的3995宗地颁发集体土地使用证。

【信访维稳】 区国土分局全年受理群众来信、来访149件次，涉及1232人次，其中群众来信41件，其中领导批示12件、市区交办21件、自办8件，涉及78人次，来访108次，涉及1154人次。对来访群众反映的问题均按相关政策登记、核查及回复，对收悉的信访件均在《信访条例》规定时间内回复，限时办结率100%。

【耕保基金发放】 区国土分局印发《金牛区2010年度耕保基金发放工作方案》。根据2010年度土地利用变更调查成果，全面完成全区耕（园）地变化涉及的143个村民小组、3313户农户、4766个耕地地块的数据叠加及耕保地块变更外业调查、耕保基金数据变更、台账公示确认、数据审核入库等工作，发放耕保基金360万元。

【基础业务】 区国土分局全年受理办结开发公司分摊登记发证22875户，个人国有土地使用证变更登记发证4449户；办理涉及土地资源管理方面的党代表提案3件、人大代表建议3件、政协委员议案7件，按时办理率、回访率、满意率均为100%。

（谢统军）

工商行政管理

【市场准入】 2011年，金牛区工商局建立包括市场经营主体发展分析报告制、重大项目清障服务机制和综合治税协助机制的“三项机制”，持续优化注册登记服务，助推全区“三量提升”，促进市场主体规模扩大和质量提升。全年新登记企业3594家，其中注册资本超亿元的企业5家、500万元以上181家，个体工商户15914户，较往年均有明显增长。

金牛区工商局与相关部门联合进行校园周边整治

【商标品牌战略】 区工商局以商标战略进园区为突破口，制定建设规划，搭建平台举办交流会，启动园区商标品牌普查工作和“商标升级行动”，建立执法部门与知名企业的联动机制，抓好商标企业的培育、考察和服务工作。全年指导11家企业完成省、市著名商标复审，指导12个申报省著名商标和市著名商标认定的企业通过省、市两级的公告或实地考察，1个企业商标获中国驰名商标，7个企业商标获成都市著名商标。

【支持创业就业】 区工商局落实惠民政策，为66家企业办理股权出质登记，担保金额7.96亿元；办理动产抵押登记87家，担保债权数额31.98亿元；办理零首付出资登记1656家，注册资本1.7亿元；免收个体登记费40万元，免收查询服务费70万元，减免1508家微型企业登记费11万元。

【行政执法】 区工商局以创建全国文明城市复查迎检为主线，开展城乡环境综合治理、黑网吧整治等专项整治31项；查处一批商标侵权、制假售假等违法行为；以综治维稳为目标，打击传销、废旧金属行业、危化品、百日安全生产等工作成效明显。全年立案查处各类违法案件156件，其中代表区政府参加市政府组织的全市各区（市）县案卷评查，获得评比第一名，获优秀行政执法案卷称号；办理的1件传销案件入选市工商局首届“十佳”执法案件，并获首届“十佳”执法案件办案单位称号。

【食品安全】 区工商局开展33类食品市场准入，生猪产品质量安全可追溯体系建设，蔬菜，水果和食用菌可追溯体系建设等工作。全年开展食品安全专项检查16项，发放食品流通许可证3041份，抽检粮油、蔬菜、调味品等食品2189批次，开展35大类、542批次商品质量专项抽检。在全市率先推行食用油经营行业“挂牌公示经营承诺、公示质检报告、公示消费者维权渠道”等“三公示”制度，得到市委常委、副市长赵小维和市工商局局长杨洪举的肯定。

【工商所标准化建设】 区工商局制订工商所标准化建设方案，完成7个工商所的维修改造和9个工商所的VI形象（即工商所的统一的外观、标志、名称、标准色）打造工作，通过市工商局初步验收。

全国二十六城区第二十届工商行政管理工作研讨会在金牛区召开（10月12—14日）

【网络经营行为监管】 区工商局加强电子商务网络监管，摸清全区745家电子商务企业基本情况，同时围绕课题“基层工商部门对互联网网络经营行为的监管”开展调研，明确思路，健全组织结构，完善体制机制，从网络经营行为监管、网上消费维权、网络交易经营主体准入3个方面入手，依靠政务信息公众网站与电子商务经营主体监测及监管系统两个平台，采取巡查监管与案件查办两种方式，以网络售假和黑网吧为主攻方向，在全省工商系统内首次查处网络售假案件2件，实现网络监管“零”的突破。

【全国二十六城区第二十届工商行政管理工作研讨会】 10月12—14日，金牛区工商局承办的全国二十六城区第二十届工商行政管理工作研讨会在金牛区举行。全国26个城区工商局的102名代表参会。会议以践行科学发展观，落实“五个更加”，发挥工商职能，促进经济社会又好又快的发展为主题，就食品安全监管、无证无照、网络交易行为监管等当前工商工作的热点难点问题进行深入探讨。

（黄　俊　吴雪松）

质量技术监督

【质量监管】 2011年，金牛区质监局宣传贯彻国家《质量振兴纲要》，健全质量兴区工作宏观指导机制，完成重点企业的质量指标统计工作，形成质量指标季度分析及建议报告，全年产品质量等级品产值率89.6%，其中优等品产值率56.3%，一等品产值率35.6%，工业产品销售率94.4%，新产品产值率25.6%。做好工业产品生产企业建档工作，对列入工业产品生产许可证和强制性认证目录范围内的产品生产企业100%建档；开展品牌提升服务工作，帮助规模以上企业健全管理制度、提升产品质量，完成5家企业的第十届省名牌产品评选测评；截至12月，全区有省名牌产品企业23家、产品25个；开展“质量监管、质量提升”示范试点工作，确定徽记食品公司为示范试点企业，指导企业开展质量安全培训、主体责任梳查、生产流程关键点审核等活动，帮助企业完善14个大项、78个小项管理制度，完成省质监局的示范试点工作考核验收，为全区生产企业树立提升质量管理水平的学习标杆。

【食品生产监管】 区质监局开展食品生产安全专项整治，组织打击食品非法添加行为，加强食品添加剂监管等专项整治十余次，累计出动执法人员1500余人次，检查企业710余家次，消除安全隐患20余起；开展食品质量安全宣传培训工作，组织宣传培训班9期，培训企业人员800余人次，发放资料1500余份，增强企业的安全责任和诚信经营意识；加大食品监督抽查力度，对60余家取证食品企业进行两轮次的产品覆盖抽查，抽查产品164个批次，合格率97.5%以上；严厉打击食品违法行为，办理食品违法案件23件，处罚金额39万元；完善部门、街道、社区三级食品安全联络网络，制定定期会议通报制度，建立信息交流平台，接报有价值信息30余条，联合查处食品违法案件8起。

【认证认可】 区质监局加强全区强制性产品认证的管理工作，全面清理取得3C认证的生产企业，100%建立质量档案，全区通过3C强制认证的企业47家，证书269张；深化认证认可执法监督，全年开展认证有效性检查3次，抽查取证生产企业26家，检查证书41张，涉及发证机构27个，依法查处认证认可违法案件3起；强化认证认可执法及管理检查中的服务意识，加强认证执法后处理工作，有效规范辖区内生产、销售、经营活动中产品取证行为，促进认证认可工作的健康发展；指导企业加强认证认可工作，提高产品总体质量水平，全年通过质量管理体系认证的企业210家，通过环境管理体系认证的企业17家，通过职业健康安全管理体系认证企业9家，通过食品安全管理体系认证企业2家，通过HACCP认证企业3家，通过测量管理体系认证企业1家。

【标准化工作】 区质监局加强企业标准工作监管，出动执法人员80余人次，对210余家企业进行产品标准执行情况检查，促使企业严格执行标准生产；探索食品执行标准申报制度，制定《金牛区食品添加剂和食品生产企业产品执行标准申报管理办法（试行）》，通过企业申报和监督检查，建立55个食品生产企业标准数据库；开展国际、国内先进标准的“采标”工作，全区有12个产品获得采标证书，9家企业的9个产品参与国家标准制定，20个产品参与行业标准制定，9个产品参与地方标准制定，提高全区工业产品的标准化水平。

【计量管理】 区质监局推行固定集贸市场计量管理主体责任，与市场主办方签订《计量监管承诺书》36份，指导评选先进诚信市场16个、诚信达标市场20个、诚信经营户520余户；实施集贸市场计量器具免费检定，检定计量器具7800余台，检定率100%，公平秤配备率100%，责令30余台不合格计量器具退出市场；开展商业计量监督，检查大型超市40余个次、眼镜制配企业30余家次、加油（气）站27个次，检查计量器具230余台、定量包装商品60多个，检查加油（气）机83台、加油（气）枪157支；开展重点耗能单位计量服务，协调两家重点用能单位制定能源计量改进计划，指导成都自力实业公司将标煤消耗由每年3790吨下降到3000吨；开展“推进诚信计量、建设和谐城乡”行动，引导30余个餐饮店和9个超市进行诚信计量承诺。

【特种设备安全监察】 区质监局促进特种设备使用单位落实安全主体责任，督促重大危险源单位签订《特种设备安全使用承诺书》28份，全面落实“三落实、两有证、一检验”等规章制度；组织特种设备定检“消红”工作，发放《锅炉定检通知书》860余份、《电梯定检通知书》2250余份、定检“消红”锅炉320余台、电梯4500余台、压力容器250余台；严密组织特种设备专项整治，出动执法人员320余人次，检查锅炉、电梯等特种设备使用单位600多家次，发出《特种设备监察意见书》43份，排除安全隐患23处，查处特种设备案件3起，有效规范特种设备安全管理。

【组织机构代码】 区政务中心质监窗口开展组织机构代（条）码办理及年检工作，全年总接办量4.4万件、证书打印1.7万份、资料扫描15.1万页，平均日办件量240余件、扫描量600余页，其中年检组织机构代码证2.5万个，新办9500余个、变更7400余个、迁入300余个，废置1900余个；代码年检率61.4%以上，完成商品条码注册数8个、标准备案50余个，代码电子档案覆盖率97.3%以上，代码数据质量合格率99.7%以上。

【行政执法】 区质监局开展普法宣传教育，定期组织法律法规学习，完成年度培训计划，健全以党组书记、局长负总责，副局长分工负责，科室队按职能负责的行政执法责任体制，推进行政执法与服务指导相结合，开展案后服务工作，促进企业增强依法经营意识；规范行政处罚办理程序、行政处罚自由裁量权，全年结案行政案件1900余件，其中现场案件1850余件，立案案件53件，案件结案率100%，准确率99%，对年内已结案件进行两次自查评审，公开审案15件，制作说理执法文书20余件，比例均为30%以上，全年无一起案件行政复议、行政诉讼或错案发生。

【打假治劣】 区质监局执行食品、家电、建材、家具、妇儿用品等涉及人民群众身体健康和生命安全等产品质量抽样计划，完成产品抽样200余批次，抽样计划完成率100%，完成抽样后处理10余件；做好上级督办件及质量投诉调解工作，高度重视“12365”消费者申诉举报信息，督办件完成率100%，投诉调解率100%，为广大消费者挽回经济损失50万元；保持打击假冒伪劣产品的高压态势，逐级签订《打假工作目标责任书》，建立以相关部门、街道社区和生产企业为主体的打假治劣联络网络；加大对重点产品违法大案要案的查处力度，同时对危害社会安全、人身健康的制假、售假案件予以公开曝光，全年出动执法人员860余人次、车辆300余辆次，组织食品、农资、建材、家电、妇女儿童用品等专项整治行动12次，规范市场经济秩序，营造良好市场环境、投资环境和规范市场秩序奠定基础，保障人民群众生命财产安全。

（刘的明）

食品药品医疗器械监管

【概　况】 2011年，金牛区有药品生产企业9家、药品批发公司115家、连锁公司11家、药品零售企业546

家（其中零售连锁门店427个、零售单店119个）、医院39个、门诊部27个、卫生服务中心13个、卫生站10个、个体诊所409个、医疗器械生产企业3家、医疗器械专兼营企业390家，化妆品批发零售单位约3000家，保健食品经营单位2500家以上，社会餐饮服务单位2950家（无证社会餐饮服务单位1317家）；学校幼儿园食堂212个，医院和单位食堂36个。

【特殊药品监管】　区食药监局对特殊药品实行严格审查，指定经营，并实施专项检查，对辖区内的39家麻醉药品、一类精神药品使用单位，23家二类精神药品经营企业建立信息档案，对特殊药品使用单位每年检查一次，对阿片类物质成瘾者社区维持治疗检查每季度一次，对特殊药品经营单位每年检查两次，监管覆盖面100%。通过监管，使用单位对特殊药品管理意识明显增强，建立健全管理制度，全年未发生特殊药品的流弊事件。

【整顿和规范药品市场专项行动】　区食药监局加强对生产企业的专项检查，严格按GMP（优良制造标准）要求检查药品生产企业，全年完成对全区9家药品生产企业（含基药2个）、3家医疗器械生产企业进行日常监督全面检查和专项检查，覆盖面100%；完善药品生产企业质量授权人制度，通过常规和突击监督检查，督促关键岗位人员有变动时及时进行备案，药品生产企业的法律意识普遍增强；通过对药包材企业的日常监督检查，纠正药包材企业管理混乱的现象。

【经营企业专项检查】　区食药监局以城区及城乡结合部为重点整治区域，以广告药品、狂犬疫苗、麻黄碱经营作为重点检查内容，结合零售药店GSP追踪检查工作对152家药品零售企业进行跟踪检查，对新开办29家企业进行跟踪检查，总体情况良好；对基本药物配送企业监管覆盖面100%，115家药品批发企业监管覆盖面100%；加强医疗器械经营企业合法性、质量管理实施情况检查及变更情况的清理，监督重点是区内223家医疗器械专营企业，同时扩大监管覆盖面，逐步消灭监管死角，全年完成医疗器械变更、换证、新开办97家，其中新办52家，对26家企业进行跟踪检查，跟踪率50%，医疗器械经营企业监管面90%，监管档案建档率100%，不断完善信用等级评定。

【行政许可审查】　区食药监局严格执行公布实施的行政审批流程，在政务中心窗口办结时限内办理；严格执行行政许可标准化管理文件要求，按标准进行行政许可审查工作，规范管理行政许可资料档案，行政许可审查差错和退件率在5%以下。

【中药材专业市场监管】　区食药监局承担监管中药材专业市场的任务，按照国家《继续推进中药材专业市场、中药饮片专项整治工作的通知》（国食药监市〔2004〕102号）精神，区食药监局2名执法人员长期派驻中药材市场实行全天候监管；在市局稽查队带领下，会同工商、市场管理方对中药材专业市场开展集中整治2次，杜绝假劣中药材、药品、中成药、毒性中药材等场内禁止销售的药品在市场内流通。对荷花池中药材专业市场的1600户经营户进行巡场检查，全年中药材专业市场未发生重大质量事故。

【医疗单位药械使用情况专项检查】　区食药监局根据《关于开展查处制售假冒人用狂犬病疫苗等专项整治活动的通知》要求，对基层医疗机构的监督检查覆盖面大于30%，对区疾病预防控制中心、39个区内医疗机构、13个政府举办的基层医疗卫生机构、8家疫苗批发企业进行专项检查，监管覆盖面100%；对疫苗储存、运输、供应、分发和使用等环节尤其是疫苗购进渠道和冷藏、冷链运输管理状况进行专项检查。

【惠民药店】　全区全年有社区惠民药店7个，加强对惠民药店负责人进行政策宣传和培训，会同区民政、社保部门对7个惠民药店进行综合检查2次，确保辖区内低保对象覆盖率达到100%。全年在惠民药店低保购药4132人次，社区惠民药店零利润销售总额732188.4元，让利总额8721.1元。

【食品安全】　区食安办做好食品安全综合监管工作，开展并完成生猪产品质量安全可追溯体系建设工作；开展地沟油专项整治工作；实施肉类蔬菜流通追溯体系建设；组织召开区食品安全会议11次；建立完善政府、部门、企业三级食品安全责任体系，强化政府负总责、相关部门各负其责、企业是食品安全第一责任人的意识，完善并落实食品安全监管责任制和责任追究制，并将食品安全工作纳入政府目标考核；对各部门、各街道共150名食品安全协管员、信息员进行培训；发挥“区-街道-社区”三级工作网络的监督作用；发挥区食安办食品安全工作综合协调职能，先后

金牛区规范火锅店使用食用油专题工作会

组织食安委各成员单位开展食品安全专项检查6次，保障人民群众的饮食安全。

完善举报投诉快速处理系统，加强食品安全信息体系建设，1—11月编发食品安全工作动态29期；解决群众关注的食品安全问题，处理举报案件8件，处理及时率100%。

【重大食品安全案件举报线索奖励】 7月，金牛区食药监局出台《重大食品安全案件举报线索奖励办法》，设立举报奖励专项资金，鼓励社会公众参与食品安全监督管理。凡是通过书面材料、电话、传真、电子邮件等形式举报的发生在本区行政区域内的危害食品安全活动，一经调查核实，将根据举报违法事实确凿程度和举报人配合情况，给予案件货值金额1%—3%的奖励，奖励金额最高不超过2万元。

【餐饮服务环节安全监管】 6月起，区食药监局投入大量人力和物力，对全区餐饮服务单位开展“文明城市”复查迎检专项整治，截至12月，整治餐饮服务单位3500余家，发放文明城市复查资料3500余份，全面达到“文明城市”复查迎检要求；发放餐饮服务许可证279个，其中新申请餐饮服务许可证54个；取缔无证餐饮店1个；在全区开展火锅店油料专项整治，检查火锅店146个；与区教育局联合对全区80余个学校食堂管理人员进行蔬菜溯源专项培训；对10家大型餐饮单位和16个星级宾馆进行单独培训。区内蔬菜溯源试点单位121家，因市场建设原因，大部分试点单位无法刷卡购菜，区食药监局逐步引导餐饮单位人工录入，以提高刷卡购菜率。

（徐　兵）

安全生产

【概　况】 2011年，金牛区发生生产安全事故1起、死亡1人，占市政府下达全年控制指标的20%，未发生较大及以上级别的生产安全事故，实现全区安全生产形势的稳定向好，全市安全生产目标考核获得满分，在中心城区中名列前茅。

2月24日，金牛区政府被成都市政府表彰为2010年度安全生产先进集体。

【安全目标管理】 区安监局根据《金牛区2011年安全生产工作意见的通知》的总体部署，严格落实安全生产责任制，以健全“区级部门、街道、社区”三级安全生产管理机构为内容及时修订责任制，区政府与40个区级部门及15个街道办事处签订目标责任书，明确区级有关部门和各街道的安全生产监管职责与年度目标任务，继续实行负有直接监管职责的安委会成员单位定期例会制度和对各街道、区级行业监管部门季度考评通报制度，强化工作督查，及时通报安全监管中好的做法和存在的问题。坚持把安全生产工作纳入综合目标考核内容，区政府安委会出台《金牛区安全生产目标考核实施办法》，把季度考核与年终目标考核有机结合，从目标管理上推动安全生产责任制的落实，确保国家、省、市安全生产工作决策部署全面落实。

根据政府机构改革后区级有关部门职能变化，区政府及时调整区安委会成员单位，修订《金牛区进一步加强和落实安全生产工作行政监管责任制的有关规定》《金牛区安全生产事故隐患管理规定》，完善各级领导、区安委会成员单位和街道的安全生产行政监管职责，并在“三定”方案中明确，健全完善全区安全生产行政监管责任体系，为突出重点行业的安全监管，分别建立由区级行业监管部门牵头，区级有关部门和有关街道办事处参加的建筑、交通、消防、危化品等高危行业安全监管联席会议制度的基础上，分别建立房屋管理和职业健康安全监管联席会，每季度召开一次联席会议，互通信息，及时总结并改进，开展联合执法，形成监管合力，提升监管实效。

【隐患整治】 金牛区吸取京珠高速河南信阳

"7·22"特别重大道路交通事故和甬温线"7·23"动车追尾特别重大事故教训，7月27日—8月17日，在全区开展安全生产大检查活动，出动执法人员3500余人次，对区内6000余家企业、商户进行执法检查，发出《隐患整改指令书》185份，并督促隐患整改到位。高度重视国庆期间安全生产工作，区政府安委会印发《成都市金牛区人民政府安全生产委员会关于开展国庆节安全生产大检查的通知》，对全区国庆节期间的安全生产大检查工作作安排，9月16—26日，区安监局联合相关部门及街道办事处，对荷花池百货市场、成都府河桥市场、成都伊厦国际商贸城等人员密集场所进行节前大检查；9月19—26日，区建交局对区属国有公司项目建筑施工工地进行安全检查，并结合事故案例进行"关注生命、关注安全"宣传教育，区文旅体局对全区娱乐场所、演出场所、电影院等人员密集场所进行拉网式消防安全生产大检查，对存在消防安全隐患的场所进行督促整改；区工商局针对行业内密集型场所开展专项检查，出动人员235人次，检查经营户430户，检查市场33个、商场46个，下达《整改通知书》26份，并通过联合执法取缔黑网吧11个。在持续开展安全隐患排查的同时，严格落实安全生产隐患管理规定，督促各单位落实隐患整改措施、责任、资金、时限和预案。划拨公共安全隐患整治资金23万元，对4个街道的5处公共安全隐患进行整治。

【燃气安全监管】 金牛区吸取西安"11·14"液化气罐泄露爆炸事故教训，加大联合执法和打非力度，强化全区公共场所的消防安全及餐饮企业的燃气安全监管工作，区政府安委会印发《关于进一步加强燃气安全监管工作的通知》，要求全区各单位履行职责、加强日常安全监管，加强宣传教育、营造良好社会氛围，加强执法检查、督促落实主体责任，加强组织领导、严厉打击违规非法行为。11月23日起，全区开展"蓝色行动"，各街道牵头辖区公安、工商、城管、综治等力量强化燃气安全监管，严厉打击非法充装、非法经营和非法储存液化石油气行为。区安监局会同市能源办、市交委执法总队四大队、区质监局等部门联合查处成都市华鑫燃气开发公司充气站内一辆非法运输石油液化气的运输车及为部分过期钢瓶充装石油液化气的违法行为。全年开展"打非"联合执法行动10次，查处非法运输燃气行为1起，取缔非法燃气经营点12处，安全转移城镇燃气607件（瓶）；查处有关燃气安全群众举报6起，均及时回复群众并得到好评。

【安全检查】 突出元旦、春节、劳动节、汛期、国庆节、西博会等重要时段和建筑施工（含房屋拆除）、危险化学品、烟花爆竹、中小学校（幼儿园）、中小型生产企业、社区公共设施、涉旅企业、公共聚集场所、道路运输等重点行业领域，及时组织开展专项安全检查，严肃查处安全生产违法行为。全年组织开展全区性安全生产大检查9次、安全生产专项整治14次；开展各类检查9120次，检查单位企业3.8万家，出动检查人员1.93万人次，发出整改通知403份，排查安全隐患2430处，整改率99.2%；开展危险化学品（含石油液化气）"打非"联合执法行动39次，查处非法运输危险化学品（含石油液化气）行为5起，取缔非法危险化学品（含石油液化气）经营点63处，安全转移危险化学品（含石油液化气）2565件（瓶）；拘捕违法人员9人，发放举报奖励2500元，立案查处安全生产违法行为18起（委托执法3起），入库安全生产行政罚没款15.2万元。

【教育培训】 *"全国安全生产月"活动* 按照国家、省、市的统一部署，结合金牛区特点，由区安监局牵头，联合区委宣传部、区公安分局、区总工会、团区委、区有线台、区妇联等6部门联合制发《关于在全区开展2011年"全国安全生产月"活动的通知》和《关于全区开展2011年"全国安全生产月"活动方案的通知》，对全区开展第十个"全国安全生产月"活动进行安排，并组织开展以"安全责任，重在落实"为主题，29个区级部门参加的安全生产集中咨询日宣传活动，展出各种宣传展板60余个，发放各类宣传单2万份、宣传壁报6万份、宣传图画4000余张、宣传小册子6000余册，接待咨询群众3000余人，15个街道在各辖区分别设置咨询点，以发放小礼物、现场解答安全问题等形式，宣传安全生产法律法规及安全生产小知识，近万名群众参加咨询宣传活动。

企业安全生产全员培训 在区内选择基础条件较好、安全管理水平较高的企业进行协调指导，帮助企业组织开展全员安全生产培训，以增强企业各类人员的安全意识和安全技能，提升企业安全生产的本质水平。1月，区政府安委办将企业全员培训任务下达给各街道，并纳入目标考核。全年开展企业安全生产全员培训30期，涉及16个领域，8520人参训。

监管人员及从业人员培训 1月，完成全区600余份《中国安全生产报》订阅工作，同时开展安全生产宣传教育培训，同月，举办烟花爆竹从业人员上岗培训1

副区长潘雪松视察区“全国安全生产月”咨询日宣传活动（6月12日）

期、269人参训；5月，举办全区特种作业人员培（复）训两期；6月，举办危化品从业人员培（复）训两期、432人参训，举办职业健康管理人员培训会1期、198人参训；10月，举办全区安全生产行政监管工作培训会1期、165人参训；全年分批参加国家总局和省、市安监局组织的行政监管培训，共21人参训。

【规范化创建活动】 巩固创建成果　区政府安委办督促指导各街道严格落实“八有”建设要求，健全机构、充实人员并保证安监工作所需的经费和相关办公设施设备，加强对社区安全生产监管工作的督促指导，建立适应安全工作需要的社区专兼职安监员队伍并抓好业务培训，保证社区安全生产监管水平稳步提高。在不断巩固各街道属地监管责任落实成果的基础上，突出加强负有直接监管责任的区级部门安全监管工作，督促指导负有直接监管责任的区级部门按照《金牛区负有直接监管责任的区级部门开展安全生产管理规范化创建活动的实施方案的通知》要求，继续开展安全生产管理规范化创建活动，规范行业安全生产监管工作，履行好行业监管责任，提高行业（系统）安全生产管理的水平和实效，夯实监管基础，构建安全监管长效机制。结合区情实际，开展企业安全生产规范化创建活动，督促、指导区内18家企业开展安全生产标准化、安全生产文化、安全生产管理规范化和职业安全健康管理规范化创建达标活动。

严格行政审批　做好安全生产行政审批工作，严格依照法律法规办理烟花爆竹（零售）经营行政许可、危险化学品经营行政许可初审、非药品类第三类易制毒化学品经营备案和新建、改建、扩建工程项目的安全生产和职业卫生“三同时”审查，提高行政审批工作的质量与效率，把好安全生产准入关。全年办理危险化学品经营许可证初审66件、危险化学品经营许可证换证初审86件、非药品类第三类易制毒化学经营备案件3件、烟花爆竹经营（零售）许可证134件，办理建设项目安全设施“三同时”备案15个，按时办结率100%，群众满意度100%。

职业健康安全监管　加大作业场所职业危害健康监管，按照市安监局下达区内20家企业职业危害因素申报的目标，督促企业开展申报。全年完成23家企业职业危害因素申报，申报企业涉及冶金、机械制造、家具企业、工商贸企业、制药、加油加气站、汽车销售4S店等行业。在推进职业危害申报的同时，加大作业场所职业健康宣传培训和监督检查力度，制发《金牛区安监局关于开展家具制造企业职业危害专项整治工作方案》，展开对全区28家家具企业的职业危害专项整治。

【安全监管】 生产安全事故应急处置基金　为贯彻落实《国务院关于进一步加强企业安全生产工作的通知》（国发〔2010〕23号），金牛区制定《金牛区进一步加强企业安全生产工作的实施意见》，针对国家提高工伤事故死亡职工一次性赔偿标准的实际，区政府继续设立公共安全隐患整治资金，通过区财政预算并经区人大常委会审议通过，在全省率先设立成都市金牛区生产安全事故应急处置基金160万元。

安全生产约谈制度　金牛区印发《金牛区安全生产约谈制度》。6月23日，由区政府分管领导及相关单位人员组成约谈小组，对荷花池街道、天回镇街道、区商务局、区房管局等单位新任分管安全领导进行约谈。在听取相关单位安全生产管理工作基本情况、安全隐患治理情况等方面的陈述后，约谈小组对相关单位提出工作建议，效果十分明显。

“上门”服务企业　区安监局研究和探索新形势下安全生产监管工作方式，把监管与服务有机结合起来，主动“上门”帮助企业解决困难和问题，指导企业提高安全生产管理水平。区安监局主要领导带领相关工作人员到成都康弘药业集团股份有限公司和中石油四川销售仓储分公司等企业进行安全生产咨询服务，为企业送《安全生产法》《四川省安全生产条例》《四川省生产经营单位安全生产责任规定》等法律法规读本及安全生产宣传挂图，并现场进行有关安全生产政策宣传和答疑解惑，特别是根据上门服务收集的意见建议等，为企业办理专家咨询、土地转征、红绿灯设置等实事12项。

安全生产预警工作　开展安全生产预警，结合春节后复工和夏季及冬季的安全生产时令特点分别发布各具重点、针对性强的安全生产预警通知4期；2月，印发《春季安全生产预警通知》；8月，印发《高温防暑职业健康安全》；11月，印发《冬季安全生产预警通知》，针对易发事故行业领域作出预警，并提出加强监管的预防措施及工作要求。此项工作受到省、市安监局的肯定。

【“打非治违”】　9月26日，经金牛区政府五届148次常务会审议通过《金牛区安全生产事故隐患管理规定》，明确区政府相关部门和各街道隐患排查、治理的职责，规范区内生产经营单位及公共场所、公共设施安全隐患的监督管理。突出“打非治违”治理重点，加大执法监察、强化惩处力度。突出重要时段和重点行业领域及重点区域，及时组织开展专项安全检查，严肃查处安全生产违法行为；事前违法立案处罚20起、街道委托执法当场处罚4起，罚款16.75万元。齐抓共管，严厉打击非法违法生产经营行为，各街道和区级有关部门按照“行业排查和属地排查相结合”的原则，开展金府西部五金市场、金府机电城等市场非法经营危险化学品专项整治，规范经营19个，取缔非法经营点4个；开展校园周边文化和娱乐市场检查行动，取缔及要求限期办证网吧、电子游戏厅等无证无照经营户38户，扣缴电脑52台；定期开展危险化学品“打非”行动，取缔液化气非法销售窝点22个，收缴非法充装气瓶1166只。

挂牌督办，落实责任。区政府强化公共安全隐患整治，对较大的安全隐患或者危害性较大的非法、违法生产经营事项进行挂牌督办。从2007年起，每年专门通过区财政预算并经区人大常委会审议通过，设立公共安全隐患整治资金50万元。2007—2011年，全区累计支出隐患整改资金202万元，配套资金1400万元，累计花费1600万元，整治公共安全隐患198处。

“打非治违”工作成果分别在省《安全生产简报》（80期）、市《安全生产简讯》（23期）上予以刊载。

【烟花爆竹监管】　金牛区自2009年起，坚持实行从每年11月底到次年3月的打击非法烟花爆竹巡查制度。各街道负责根据各自实际情况临时设立烟花爆竹安全巡查员，负责排查、发现和报告辖区内非法生产经营烟花爆竹行为，重点加强对废旧厂房、闲置校舍、出租房等空置场所的巡查力度，做到巡查有记录、排查有签字，确保不留死角。区安监局负责对各街道安全巡查员进行培训并按50%给予工资补贴共10万元，同时设立专项经费并建立有奖举报制度，向社会公布举报电话，有效规范烟花爆竹生产经营秩序提供保障。2011年12月，金牛区安委会印发《关于加强烟花爆竹安全监管暨“打非”工作通知》。全年开展烟花爆竹“打非”活动954次，查处非法经营点17个，没收非法、违规烟花爆竹产品648件（箱），全年未发生烟花爆竹安全事故。

【道路交通综合治理年活动】　各街道和区级有关部门按照《成都市金牛区人民政府办公室关于印发金牛区加强道路交通安全监管工作实施意见（试行）的通知》的职责划分，开展道路交通安全综合治理工作。建立乡镇派出所参与道路交通管理机制，定期组织召开道路交通安全联席会，并根据交管部门通报的交通事故多发路段和公路危险路段排查情况和提出的预防事故、消除隐患的建议，制定隐患整治计划，安排专项资金，及时整治隐患。

开展行政区域内的道路交通事故“黑点”排查和整治，形成由公安、交警、交通、建设、安监等部门共同参与的交通安全大检查机制，整治期间出动执法人员397人次，出动执法车辆135辆次，暂扣非法营运车辆5辆，驱赶学校周边“火三轮”47辆，制止和驱赶违规喊客拉客人员589人次，收缴“火三轮”32辆。此项工作得到市政府安委会的专项表彰。区城管局加强对区内道路段两侧生产经营单位、个体工商户出摊占道、乱搭乱建等影响交通安全的问题及脏乱差现象进行规范和整治。

全年投入1700万元对为民路、五里墩支路、黄苑东路等20条市政中小街道进行全面整治，并对区内400多条道路进行日常维修，修复人行道2.4万米、路沿石2.5千米、车行道1.9万平方米、清淘污雨水管174.1千米、清淤275立方米；投入1900万元对天回镇、金泉、沙河源、西华4个涉农街道的123条乡村道路进行改建，并完成王贾大道、陆家大道、古柏大道、金周路、土龙路、全兴路、老成彭路、紫云路、茶花路、天斑路、川建路等道路路面修补约4000平方米，清理道路边沟1800米，施划道路路面标线标志1000平方米，安装安全标志标牌8个、凸透镜2个，铺设减速带89米。

【油库周边安全隐患治理】 5月，协助104油库将租用地转为征用地；区安监局、天回镇街道会同市安监局、市政府安全专家对西联钢铁市场新建铁路专用线和建筑与中石化天回油库存在严重安全隐患的情况反映存在的问题进行调查处理，成功消除安全隐患。

9月，区安监局、天回镇街道会同市安监局、市政府安全专家联合对104油库修建303铁路专用线火车装卸油栈桥棚可能存在安全隐患事宜进行协调处理，成功消除安全隐患。

【事故查处】 区安监局按照“四不放过”原则（即事故原因没有查清不放过；事故责任者没有严肃处理不放过；广大群众没有受到教育不放过；防范措施没有落实不放过），处罚与教育相结合，既严肃处理事故责任单位和责任人，又热心帮助企业制定整改措施。全年未发生较大及其以上级别生产安全事故，立案查处的一般生产安全事故均严格遵循有关法律法规实施调查与处罚，做到事实清楚、依据充分、处罚得当，全年办理和受委托办理的事故调查处理均在规定时限内办结，按时结案率100%。

（高玉蓉）

供销合作社联合社

【再生资源网络建设管理】 2011年，金牛区供销联社加强和规范行业管理，对全区再生资源社区收购站实行分片区（4个片区）管理，收购网点通过统一建设、统一制度、统一标志、统一服装、统一衡器等，规范全区再生资源的回收和利用，全年未发生违法违规治安事件。为深化再生资源回收体系建设和运营，区供销联社根据市政府办，市、区商务局有关要求，建设与“96118”家政网络服务平台协作运营项目，开展在线回收、上门回收工作。项目建设总投资66.7万元，9月建成运行，有效促进资源节约与综合利用。再生资源回收利用取得明显成效，废旧物资收购6万吨，交易额2.45亿元，解决劳动就业1350人，为循环经济发展做出贡献。

【供销系统房屋拆迁安置】 区供销联社重点配合天回场镇改造项目和成灌路土桥两侧500米的拆迁项目。成灌路土桥两侧500米的拆迁工作涉及金牛区饲料厂拆迁，因该处厂房仍在生产经营中，原签订租赁协议未到期，工作难度大。区供销联社配合相关部门，做好宣传解释和沟通工作，10月20日，完成涉及生产经营户的搬迁工作。

【系统维稳工作】 区供销联社创新工作方式解决问题，确保全系统基本稳定。落实信访逐级负责制和领导包案制，加强矛盾纠纷排查化解工作，着力从源头上预防和减少矛盾；针对上访现象，探索接访新方式，和企业班子一道共同接访，畅通职工上访渠道，同时保持联社和企业乃至整个系统对同类事件处理口径的一致性，避免上访职工在提出诉求时出现与实际情况不符的现象；加大法制宣传教育，特别是信访条例学习宣传，引导职工群众依法反映合理诉求；转变工作方式，通过宣传教育、沟通交流、主动解决实际困难、认真处理热点问题，让职工更好地共享发展成果；做到来信、来访“件件有回音、事事有着落”，全年处理群众来信5件次，处理率100%，接待上访8次、165人次。全年全系统无上京，省、市上访事件发生。

（梁红忠）

（审读：张　蓉）

教育·卫生

EDUCATION AND HEALTH

教　育

概　述

【教育规模】　2011年，金牛区有小学50所（民办5所）、普通中学27所（民办10所）、职业中学4所（民办2所）、特殊教育学校1所、幼儿园114所（民办95所），其中省级示范性幼儿园4所、市级示范性幼儿园3所、市级学前教育集团1个、市级义务教育示范学校3所、市级义务教育优质名校教育集团4个、国家级示范性普通高中1所、国家级示范性职业高中1所；有四川省示范性普通高中5所、成都市示范性普通高中1所，在园幼儿29301人（民办22003人），在校中小学生113775人（民办24521人），其中小学生64175人（民办13796人）、初中生30983人（民办9019人）、普高生10823人（民办1381人）、职高生7755人（民办325人）、特教生39人；适龄儿童入学率100%，3岁—5岁幼儿入园率98.9%，"三类"残疾儿童入学率96%以上，小学生毕业率100%，初中生毕业率99.7%，普高生毕业率99.5%，职高生毕业率100%，职高生就业率（含升学率）99.8%；全区在职普通中学教职工3856人，小学教职工2946人，职高教职工266人，学前教育教职工3564人，特殊教育教职工4人（以上数据包括民办学校）；小学专任教师大专以上学历占96.9%，初中专任教师本科以上学历占86.4%，高中专任教师研究生学历5%。

【素质教育】　区教育局坚持育人为本、全面实施素质教育的战略主题，开展阳光体育运动、"区域性推进青少年儿童性健康教育"研究、小学生阅读行动计划、廉政文化进校园、"红歌唱起来"等主题实践活动，系统先后获全国"1+1心联行动先进集体"、四川省五四红旗团委、司法部全国青少年普法教育先进单位等称号。5月，金牛区组队参加成都市第二届小学生综合运动会，取得金牌总数团体第一名，组队参加全国排舞大赛总决赛，获单项和团体一等奖、最佳组织奖；6月，金牛区组队参加全市中职学生文明风采大赛，获一等奖41项、二等奖4项、三等奖7项，财贸职高学生代表四川省参加全国中职学生烹饪技能大赛，取得3金、4银、5铜的成绩，金牌总数全国第三、奖牌总数全国第一。6月22日，毕业于成都市金牛中学校的学生兰兴在德国慕尼黑50米步枪三姿项目比赛中，以1277.8环的成绩夺冠，并为中国赢得该项目在伦敦奥运会的参赛席位。

【重点项目建设】　区教育局以抓好重点项目建设为契机，以优化校点布局为重点实施标准化建设，整体改善和提升区域学校的办学条件，推动区域教育事业快速发展。完成成都市铁路中学校新建综合楼及变压器增容改造工程，投资3300万元，建筑面积1.5万平方米，10月完工并投入使用；完成成都市人民北路小学校新建艺术楼工程，工程拆除原有艺术楼，新建学校艺术楼，建筑面积2500平方米，投资550万元，5月完工并投入使用。加快推进成都市第四幼儿园改扩建工作，建设规模约2400平方米，其施工设计图于11月完成，截至12月，在招投标阶段；加快启动成都市财贸职业高级中学校黄忠实训基地建设，区教育局加紧与市、区有关部门协调该项目相关工作事宜。全年完成区财政投资新建、改建及维修排危项目64个，增建校园警务室30个，投资1050万元。

【“校安工程”建设】 全年完成“校安工程”项目：成都市沙湾路小学校食堂加固工程，工程加固学校厨房、餐厅，投资60万元，加固规模200平方米，8月底全面完工并投入使用。

全年启动“校安工程”项目：成都市抚琴小学校拆除重建教学楼及原有教学楼综合改造工程，建设规模1467平方米，截至12月，工程投资230万元，进行主体施工；成都市通锦中学校拆除重建教学综合楼、食堂、宿舍及原有教学楼综合改造工程，建设规模4630平方米，截至12月，投资500万元，进行主体施工；成都市驷马桥小学校拆除重建综合楼改造工程，建设规模1255平方米，截至12月，工程投资220万元，完成主体施工；成都市洞子口职业高级中学校拆除重建行政综合楼、学生宿舍、大门及教室综合改造工程，建设规模4198平方米，截至12月，工程投资450万元，进行主体施工。

【校点布局调整】 金牛区教育局根据《金牛区“十二五”校点布局调整规划》的总体要求，按照“整合资源、调整结构、优化布局、提升内涵”的工作思路加大校点布局调整的工作力度，促进区域教育资源的有效整合与教育品质的快速提升。高标准开办成都七中万达学校和成都二十中花照学校；新建韦家碾小学校，建设规模约9700平方米，投资2800万元，工程于10月全面启动；推进成都市金牛中学校、成都市金泉小学校改扩建工作，规划建设面积2.3万平方米，截至12月，成都市金牛中学校改扩建工作进入施工图设计阶段，新建成都市金泉小学校工程进行规划设计；停止成都市金牛中学校高中招生，实施成都市四十四中学校普职分流，在促进普职协调发展的同时，提升区域学校的教育质量和办学品质；新增成都二十中花照学校、成都铁中府河学校两所九年一贯制学校，解决外来人口子女接受义务教育学位严重紧缺的问题，促进义务教育高位均衡与公平发展。

【拆迁工作】 区教育局全年牵头完成4项拆迁工作：1月24日—3月22日，完成成都市英才学校土桥校区分流拆迁任务，分流学生1054人、教师38人；6月20—30日，完成蜀星实验外语学校分流拆迁任务，分流学生126人、教师9人；8月3—27日，完成成都市金牛中学校、成都市金泉小学校48间铺面的拆迁任务；10月12日—12月30日，完成占地面积800平方米、建筑面积500平方米的金泉橡塑厂的拆迁工作。

【教师队伍建设】 区教育局围绕全国、省、市中长期教育改革发展目标，采取多种措施和途径，深化人事制度改革，全系统公开招聘中小学幼儿园教师133名，其中中学教师81名、小学教师13名、幼儿教师39名，不断优化全区教师队伍结构，增强教师队伍活力；举办第四期“面向明天”校长培训班，50名学员，毕业合格率100%，提高金牛区校长队伍的管理能力和专业化水平；加强班主任队伍建设，对全区220名中小学班主任开展“成都市学校心理辅导员C级资格”培训，并创新举办金牛区首届中小学班主任技能大赛，增强全区班主任队伍的专业素质能力；开展“赢在课堂”教师课堂教学设计与反思大赛，推荐幼儿园市级骨干教师培养对象177名、中小学省级骨干教师选拔培养对象57名，选拔省级教学名师10名、市学科带头人4名、市优秀青年教师6名、市教坛新秀5名，培养和造就一批新的名优骨干教师群体，整体提升金牛区教师队伍的专业能力和水平；在全省率先从建制地选派15名中小学英语骨干教师赴英国进行为期1个月的学习进修，选派24名校（园）长、书记分别赴新加坡、美国和欧洲学习考察，拓宽金牛区教师队伍的教育视野，加快金牛教育的国际化进程。

【教育改革创新】 根据《成都市教育体制改革试点方案》，承担“区域性教育信息化推进城乡教育均衡发展的机制创新”等11项市级教育体制改革试点项目，探索建立金牛区素质教育特色学校发展共同体，完成成都市金牛实验中学校、成都市第二十中学校、锦西外国语实验小学校、成都市北站小学校、市级机关第三幼儿园等5所首批成都市素质教育试点学校的申报工作；推进成都市铁路中学校、成都市金牛实验中学校、成都市第三十三中学校、成都市蜀西实验学校、成都市财贸职业高级中学校、成都市沙湾路小学校、成都市解放北路第一小学校、成都市泉水路小学校、成都市迎宾路小学校9所学校开展现代学校制度建设试点工作，探索依法治校、自主办学的有效途径；在省内首创普职衔接模式，充分开发和利用区域职业学校的实习实训资源，为普高学生践行新课程改革要求提供有效服务，破解普高课改面临教育资源不足的发展难题；深化名校教育集团建设，完善金邛教育联盟的长效合作机制，从人员、经费、政策等方面给予名校教育集团和金邛教育联盟足够的发展空间。

【教育经费】 全区全年投入教育经费8.52亿元，同口径同比增长4.1%，其中预算内教育事业费财政拨款6.82亿元，同比增长22%，高于财政经常性收入10%的增长比例12个百分点；预算内生均教育事业费8854.8元，同口径同比增长856.1元；预算内生均公用经费1987.3元，同口径同比增长379.8元。

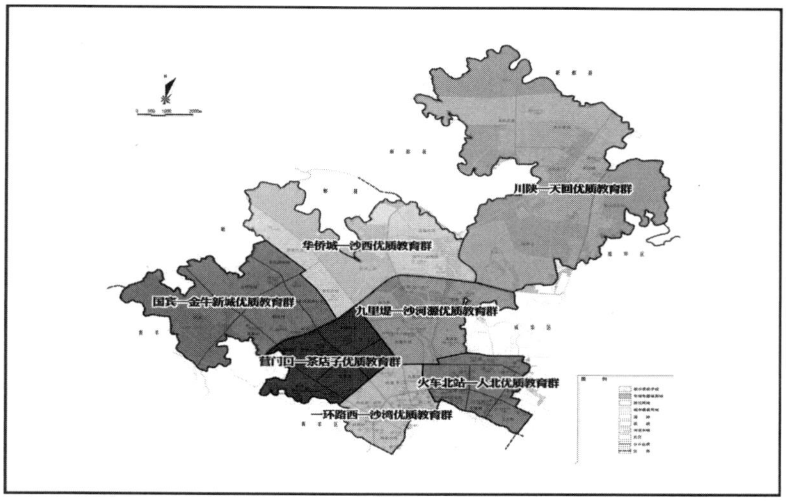

金牛区七大优质教育群

【校园安全】 全面落实安全管理工作责任，主要措施是区教育局和学校均成立校园安全工作机构，为确保校园安全提供组织保障和工作指导。区教育局坚持每月定期召开局长办公会，专题研究解决校园安全问题；坚持每年度与学校签订《安全工作目标责任书》，层层落实安全工作责任；坚持将校园安全工作纳入学校管理工作绩效考核体系，构建安全工作人人有责的管理网络。区政府将校园安全经费列入教育财政预算，从经费上保障校园安全基础建设。各学校通过财政拨款、自筹经费等方式，筹措校园安全经费，不断加大投入，基本保证学校安全工作的需要。2009—2011年，区教育局在校园安全经费上的投入累计1.5亿元，主要用于安装视频监控系统、配备专职保安、建设安全教室、购买校方责任险、安装电子门禁系统、建设校园警务室等项目建设，校园安全基础建设得到极大改善和提升。健全校园安全管理制度，一方面狠抓齐抓共管的校园安全综合防控体系建设，协调综治、公安、文化、工商、城管等部门和街道，通过"扫黄打非"专项检查、取缔黑网吧专项行动、打击涉校刑事犯罪、查处威胁校园安全事件治理校园周边环境；主动争取食品药监和卫生部门的支持，通过严把采购关、贮藏关、加工关保证校园食品卫生安全；争取安监、交管、物价等部门的支持，通过车辆备案、驾驶员资格审查、行驶路线及学生乘载人数的核定来加强校车管理。另一方面，推进校园安全长效机制建设，安全工作制度化，学校逐步建立和完善学生安全管理制度、学校设施定期检查制度、重大事故报告制度、师生集体外出审批制度、流行病预防隔离制度、安全隐患排查制度等，使各项工作有章可循，依法办学；安全教育日常化，教育系统广泛开展"平安校园""平安宿舍""交通安全进校园""治安防范进校园""消防常识进校园"等主题教育活动，对学生进行交通安全、人身安全及消防安全的教育，同时把安全教育纳入地方课程管理，做到"教材、课时、教师、教案"四落实；安全培训常态化；安全应急规范化。由于区教育局的校园安全工作富有创新和借鉴的价值，11月30日，成都市教育局《学校安全工作简报》第8期以《健全体系保证投入 教学渗透——金牛区教育局整体推进校园安全工作》为题，报道金牛教育系统校园安全工作的成效和做法。

【七大优质教育群建设】 区教育局通过科学调整校点布局、推进"校安工程"、建立素质教育特色学校共同体和加强名校教育集团建设等有效途径，深化打造和强力提升"七大"优质教育群，即营门口-茶店子优质教育群、国宾-金牛新城优质教育群、华侨城-沙西优质教育群、九里堤-沙河源优质教育群、火车北站-人北优质教育群、一环路西-沙湾优质教育群、川陕-天回优质教育群，使每个优质教育群都形成幼儿园—小学—初中—高中"一条龙"优质教育全过程服务，基本实现区域内优质教育满覆盖。

【教育现代化】 区教育局根据推进教育现代化和"两基"迎国检的工作要求，以教育信息化推动教育现代化，全年投入3200万元，完成全区教育技术装备和金牛

金牛区教育局推行3千米内骑自行车出行办理公务的做法被众多国内媒体关注和报道（4月）

教育专网的升级改造，建成成都市石笋街小学校、成都市人民北路小学校、成都市第八中学校、成都市第二十中学校、成都市金牛实验中学校、成都市茶店子小学校、锦西外国语实验小学校、成都市铁路中学校8所学校视频录播互动教学系统和金牛教育在线“校长荐书”网站。全面启动中小学幼儿园教师教育技术能力培训、校级干部信息化领导力培训、教研员和骨干教师电子白板使用培训；开展教师博客、网络教研和教育资源库建设，提高金牛区教育现代化水平。截至12月，全区校园网普及率及互联网接入率100%，生机比9.6∶1，师机比1∶1，中小学多媒体教学设备到班率1∶1，金牛教育信息化建设达到成都市领先水平。

【教育宣传】　区教育局加大教育宣传工作力度，全年向市、区政府，教育主管部门报送教育信息251条，《中国教育报》《成都日报》等市级以上平面媒体报道金牛区重大教育活动105次，电视媒体报道41次，其中《高效快捷办事，金牛教育局3公里内骑自行车》被《人民日报》《中国青年报》、新华网、凤凰网等上百家媒体报道。

【教育惠民政策】　区教育局坚持教育的公益性和普惠性，落实“两免一补”、资助家庭经济困难学生、小学生鸡蛋牛奶工程、高中生阳光宏志工程、高校毕业生就业促进工程、国家助学金、中职贫困生免除学费、全域成都助学金、中等职业教育券等各项教育惠民政策，建立和完善义务教育阶段残疾儿童随班就读机制，让老百姓真正享受到教育民生工程带来的实惠。全年投入6193万元，受益学生18.29万人次。

【教育对口帮扶】　区教育局继续实施“四川省民族地区教育发展十年行动计划”，选派1名校级干部到石渠县挂职锻炼两年，4名骨干教师开展为期1年的支教工作，并接收甘孜州石渠县两位教师分别到区内成都市第十八中学校和成都市第二十中学校锻炼学习，同时接收13名石渠县中小学生在区内学校就读，金牛区财政划拨34万元专项经费用于交流学习的石渠县师生的住宿、校服、补课等费用；实施“9+3”免费教育计划，接收阿坝州和甘孜州193名学生在区内免费接受中等职业教育；选派两名中层干部到金堂县金堂中学校、慈济韩滩小学校挂职副校长，选派1名骨干教师到富顺县进行为期1年的支教工作。

【金邛教育联盟合作】　区教育局围绕推进统筹城乡教育综合改革试验区建设工作目标，推进金邛教育联盟互动合作，基本形成长效互动交流合作机制，取得明显工作成效。重视沟通与交流，增强互动合作的针对性和实效性。根据两区、市的教育实际，金牛区筛选17所优秀中小学与邛崃市31所中小学结成对子，促进双方的互动交流与共同发展；以多样化活动为载体，做实教育发展联盟工作。金邛教育联盟开展管理互学、文化共建、教学共赢、科研互动、队伍交流、学生联谊等丰富多彩的教育交流活动，促进双方互动合作向纵深发展，全年金邛教育联盟学校管理层定期互访学习交流150人次，结对学校开展教育教学交流活动141次，互派干部教师410人次，开展专题研讨活动20余次。金牛区为邛崃市教师留出约20%的名额，集体参加金牛教师高端培训。邛崃市选派10名中层干部到成都二十中等10所优质名校开展为期半年的挂职锻炼学习，同时金牛区选派两名校级干部到邛崃市进行挂职校长锻炼。以全方位的帮扶形式，做活教育发展联盟工作，主要帮扶形式有4个方面：一是共享儿童阅读成果经验。4月，邀请邛崃市师生参加全区一年一度的儿童阅读活动。暑期，邀请邛崃市儿童阅读骨干教师参加金牛区儿童阅读“少年成长小说高级研修班”学习。二是资助困难学生放飞希望。金牛区继续资助邛崃市10名优秀贫困高中学生，每人每年给予2000元生活补贴，帮助邛崃贫困优秀学生解决上学的经济难题。三是现代教育技术引领发展。继续办好金邛教育互动联盟网站，依托信息技术的便捷优势，搭建金邛教育联盟学校互动交流的宣传平台。四是物质保障确保交流无后顾之忧。金牛区安排最好的学校接待邛崃市教师，并为他们解决生活上的后顾之忧。

2011年金牛区教育事业基本情况

指标名称	单位	2011年实际	2010年实际	2011年比2010年（±%）
1.学校数	所	82	81	1.2
小学	所	50	51	-2.0
普通中学	所	27	25	8.0
职业中学	所	4	4	0.0
特殊教育学校	所	1	1	0.0
2.在校学生数	人	113775	110032	3.4
小学	人	64175	62196	3.2
普通中学	人	41806	39930	4.7
初中	人	30983	29628	4.6
高中	人	10823	10302	5.1
职业中学	人	7755	7875	-1.5
3.毕业生人数	人	24384	25212	-3.3
小学	人	10842	11335	-4.3
普通中学	人	11286	11687	-3.4
初中	人	8033	8214	-2.2
高中	人	3253	3473	-6.3
职业中学	人	2256	2190	3.0
4.教职工人数	人	7127	7153	-0.4
专任教师	人	5794	5701	1.6
小学	人	2905	2875	1.0
普通中学	人	2638	2595	1.7
初中	人	1883	1838	2.4
高中	人	755	757	-0.3
职业中学	人	250	230	8.7
5.招生人数	人	28250	26993	4.7
小学	人	10866	10027	8.4
普通中学	人	14506	14351	1.1
初中	人	10547	10837	-2.7
高中	人	3959	3514	12.7
职业中学	人	2878	2615	10.1
6.学龄儿童入学率	%	100	100	0.0
7.幼儿园数	所	114	112	1.8
在园幼儿数	人	29301	26897	8.9
教职工人数	人	3564	3158	12.9

注：本表数据来自区统计局。

（夏子辉）

基础教育

【概　况】　2011年，全区有幼儿园114所，其中教育部门办园10所、其他部门办园3所、地方企业办园1所、事业单位办园1所、部队办园2所、集体办园2所、民办园95所，在园幼儿29301人；有小学50所，其中教育部门办44所、其他部门办1所、民办5所，在校学生64175人；有普通中学27所，其中教育部门办16所、其他部门办1所、民办10所，在校学生41806人，其中初中生30983人、普高生10823人。全区有省级示范性幼儿园4所、市级示范性幼儿园3所、市级学前教育集团1个、市级义务教育示范学校3所、市级义务教育优质名校教育集团4个、国家级示范性普通高中1所、四川省示范性普通高中5所、成都市示范性普通高中1所。

2011年金牛区各级各类学校基本情况

类　别		校数（所）	在校生数（人）	
小学	小计	50	64175	
	教育部门	44	49347	
	其他部门	1	1032	
	民办	5	13796	
普通中学	小计	27	41806	
			初中	高中
			30983	10823
	教育部门	16	21698	9442
	其他部门	1	266	0
	民办	10	9019	1381
职业中学	小计	4	7755	
	教育部门	2	7430	
	其他部门		/	
	民办	2	325	
幼儿园	小计	114	29301	
	教育部门	10	4900	
	其他部门	3	838	
	地方企业	1	322	
	事业单位	1	606	
	部队	2	362	
	集体	2	270	
	民办	95	22003	
特殊教育	小计	1	39	
	教育部门	1	39	

注：本表数据来自区教育局。

2011年金牛区小学、初中、普高招生情况

单位：人

小学		初中		高中	
招生计划	完成数	招生计划	完成数	招生计划	完成数
8010	8143	7500	7031	2700	3240

注：本数据只包括直属中小学，2011年义务教育段招生实行备案制。

【学前三年行动计划】 学前三年行动计划是区域学前教育阶段性发展的重要指导。金牛区按照市教育局《关于报送学前教育三年行动计划的通知》要求，根据全区发展定位和人口增长规律，结合城乡幼儿园的分布现状，制定幼儿园空间布局专项规划。在此基础上，立足金牛学前教育发展实际，突出针对性和可操作性，科学编制《金牛区学前教育三年行动计划》，计划提出区域学前教育发展总目标和年度目标，出台发展措施，制定推进项目，明确未来3年金牛区学前教育发展的时间表和路线图。

【公益性幼儿园】 9月，金牛区根据《成都市教育局关于加快发展公益性幼儿园的通知》文件精神，按照每个街道必须建立1所公益性幼儿园的工作要求，经幼儿园申请和区教育局审核，确定成都市第九幼儿园、成都市第十八幼儿园等15所幼儿园为金牛区首批公益性幼儿园，在15所公益性幼儿园中，教办园2所、民办园10所、其他部门办3所，其中市一级一等幼儿园2所（九幼为市示范性幼儿园）、市二级幼儿园7所。为推动公益性幼儿园发展，金牛区采取一系列措施，落实财政专项补助，将公益性幼儿园建设和运行经费纳入财政专项予以保证。截至12月，15所公益性幼儿园2011年财政补助专项资金每年生均2000元全部落实到位，区财政另外拨付40万元用于公益性幼儿园建设补贴；提升公益性幼儿园师资队伍水平，区教育局对公益性幼儿园园长全部进行专项培训，并安排7名公益性幼儿园园长参加区教育局组织的“面向明天”校园长培训班，学习管理知识，提高管理水平，同时按照市政府教师全员免费轮训的有关要求，遴选30名公益性幼儿园骨干教师参加国培、省培和市级培训；规范公益性幼儿园管理，区教育局多次安排幼教、安全、卫生、基建等相关人员组成督查小组，对公益性幼儿园进行专项督查，督查小组采取查看资料、听取汇报、个别访谈、实地查看等多种形式，从外观标志、招生情况、收费标准、财政补贴标准、运营情况、师资队伍、保教质量、设施设备、安全管理等方面对公益性幼儿园进行全面督查并提出具体整改方案。截至12月，15所公益性幼儿园有在园幼儿4322人，覆盖全区15个街道，完成市政府关于2011年每个乡镇街道至少1所公益性幼儿园的发展目标。

【区域学前教育质量】 区教育局继续实施“7+1”金牛幼教互动联盟发展模式，将联盟发展纳入区教育局年度目标考核，以园本教研为契机，推进区域园本教研制度建设，在推动各园贯彻《幼儿园工作规程》和《幼儿园教育指导纲要（试行）》的基础上，完成《区域幼儿园本教研制度建设推进》课题，得到评审专家的一致好评；以等级园创建为抓手，逐步扩大优质学前教育资源，通过互动联盟，以核心团队为骨干，对争创等级的幼儿园实行对口帮扶，各骨干园定期到创建园进行指导，联盟组核心团队组成专家视导小组，帮助创建园以评促建，取得良好效果。全年有两所幼儿园通过一级一等园验收，5所幼儿园通过一级二等园验收，8所幼儿园通过二级园验收，全区二级以上幼儿园数量从2009年的31所增至46所。

【“两基”工作】 10月9日，金牛区接受“两基”迎国检市级督导检查评估，检查组认为，金牛区高度重视教育工作，教育优先发展战略地位落实，区政府、街道及相关责任部门认真履职，教育投入力度大，办学条件显著改善；全社会关心支持教育；教育部门尽责尽职，管理水平高；义务教育全区内均衡发展，扎实推进，各类教育协调发展；素质教育成效显著，办学特色不断显现；队伍建设措施有力，整体素质不断提升；全社会尊师重教氛围浓厚，教育惠民政策落到实处；“两基”工作比较扎实，基本达到迎“国检”条件。12月15日，国家“两基”督导检查组到成都市检查部分学校，金牛区通过教育部“两基”迎国检评估验收，检查组副组长、教育部督导办公室主任何秀超充分肯定成都市“两基”工作成果和均衡教育成就。

【成都市义务教育招生新政】 4月起，金牛区落实《成都市教育局关于印发〈成都市义务教育阶段学生按户籍所在地就近入学的实施意见〉的通知》文件精神，依法保障义务教育阶段学生就近入学、公平就学，按照“一费制”标准妥善解决31126名外来人口子女接受义务教育的难题，确保全区顺利实施成都市义务教育招生新政。

【城乡教育均衡发展】 金牛区采取4项措施促进城

乡教育均衡发展：深化教育名校集团建设，促进名优学校、薄弱学校和新建学校互动合作，启动与成都市树德中学校合作办学，高水平建立成都七中万达学校；全面打造和提升七大优质教育群；完善职业学校校内实训基地、公共实训基地和企业内实训基地三级网络，建设集教育实习实训、职业资格论证于一体的财贸职高黄忠实训基地，启动成都市洞子口职业中学校省级重点职业高中创建工作；实施“名师工程”战略，与英国领事馆对华交流处开展教师交流合作等。10月13日，成都市人民政府副市长傅勇林在市政府办公厅《政务信息》2011年第190期《金牛区四项措施促进城乡教育均衡发展》上批示：“此举甚好，望务实推进，同时注意引进国内外优质教育资源。”

【教育资源优化布局】 金牛区提出教育资源优化布局思路：在羊西线文化旅游发展带配套建设财贸职中黄忠实训基地；在金牛新城片区引进优质教育品牌，实施成都七中万达学校、成都市金牛中学校和成都市金泉小学校改扩建项目；利用一环路以内技术服务业发展带优势，将成都市张家巷小学校改建为特殊教育学校，实施铁中改扩建项目；配合火车北站扩能改造工程，实施成都市西一路小学校改扩建项目，并与成都市北站小学校合并；加快洞子口职中改扩建，加强与量力钢材城、万贯五金机电城合作，重点打造机电加工、现代物流等专业；利用天回镇改造对成都市天回小学校进行改扩建，提升办学水平。12月2日，成都市人民政府副市长傅勇林在市政府办公厅《政务信息》2011年第226期《金牛区提出教育资源优化布局思路》上批示：“思路很好，望务实推进。如能又好又快地实施完成，将有效地提升金牛教育资源禀赋，于教育事业发展大有裨益。”

【成都七中万达学校】 5月8日，区教育局与成都天府华侨城实业发展有限公司签订关于共建成都七中万达学校的协议书，引资成都天府华侨城实业发展有限公司1200万元捐赠资金，用于共建成都七中万达学校。

该校是在大连万达集团向成都市捐赠款2亿元人民币的基础上，由区政府投资8700万元，引入成都七中办学品牌，高起点、高品质规划建设的一所寄宿制完全中学。学校建制72个班，建设规模7.9万平方米，建有教学综合楼、实验楼、学生宿舍、食堂、体育馆、运动场、地下停车场、总平及附属用房、网架工程等教育教学设施，10月完工并投入使用。10月20日，成都七中万达学校举行开学典礼，市委常委、宣传部部长何华章，副市长傅勇林，市教育局局长吕信伟及区主要领导出席。初一年级招收10个班、544人，高一年级招收9个班、439人，其中普高招生经市教育局批准享受省级示范普通高中招生政策。

【成都二十中花照学校】 10月，金牛区政府在银沙西街规划建设成都二十中花照学校，投资2600万元，建制18个班，建设规模8691平方米，建有教学综合楼、体育馆、运动场、总平及附属用房等教育教学设施。学校12月投入使用，当年招收初一新生240人（前一学期在二十中黄忠校区过渡），促进区域教育的高位均衡发展，解决外来务工人口子女就近、公平入学的教育发展难题。

【普通高中新课程改革】 区教育局加强对普通高中新课程改革的组织和领导，全面深化普通高中新课程改革，继续加强对普通高中教师新课程培训，按照“先培训后上岗，不培训不上岗”的原则，实行全员培训；各普高中学校按照国家制定的新课程实施标准设置课程安排课时，各学科教研员加强对新教材学习钻研和新课程教学教研的指导，持续开展各级规培和校本培训；以普高开设通用技术课程为契机，在省内首创普职衔接课程教学模式，开发和利用区域职业学校的实习实训资源，为普高学生践行新课程改革要求提供有效服务，从而有效破解普高课改面临教育资源不足的发展难题；以课题研究为载体，开展普通高中与中等职业学校课程认证、学分积累试点研究，探索和完善普通高中新课程改革的创新机制；加强高中教学质量管理和监控，推进城乡教育互动，开展“送教下乡”活动，促进城乡学校教育质量共同提高。

【高考成果】 金牛区高考取得优异成绩，本一、本二、本三上线人数分别为373人、1470人、1876人，本一、本二、本三上线率分别为12.01%、47.3%、60.32%，本科上线总人数和上线率均居中心城区第二。

【现代学校制度建设试点】 金牛区继续深化现代学校制度建设试点工作，全年创建区级依法治校示范校23所、市级依法治校示范校5所、省级依法治校示范校1所，建成区级廉政文化进校园示范学校22所、市级廉政文化进校园示范学校1所，提升区域学校依法办学的水平。

【“激扬红歌，唱响校园”主题实践活动】 为庆祝建党90周年，区教育系统开展“激扬红歌，唱响校园”主题实践活动。5月17日，由区委、区政府主办，区委宣传部、区文化旅游和体育局、区有线电视台承办，区教育局、沙湾路小学协办的红歌唱起来——金牛区庆祝建党90周年群众歌咏电视大赛教育系统选拔赛在成都市沙湾路小学校开幕，成都市第十八中学校、成都市石笋街小学校、成都市沙湾路小学校、成都市西一路小学校、成都市北站小学校、机关第二幼儿园等16个代表队参加选拔，参赛歌曲有《少年少年祖国的春天》《七子之歌》《我爱你中国》《国家》等16首经典爱国主义歌曲。成都市沙湾路小学校代表区教育系统参加全区“红歌唱起来”总决赛获三等奖。

【全国未成年人思想道德建设工作专项测评】 4—8月，区教育局按照市、区创建全国文明城市办公室的工作要求，科学策划、统筹安排，完成2011年全国未成年人思想道德建设工作专项测评工作目标任务，为成都市通过全国文明城市复查做出贡献。

【成都市第二届小学生综合运动会】 4月15日—5月22日，区教育局组成近300名学生的代表团，参加成都市第二届小学生综合运动会11个项目的比赛，获金牌数第二名、团体总分一等奖，并获体育道德风尚奖、优秀组织奖。

2011年金牛区幼儿园园长、专任教师学历情况

单位：人

	合计	研究生	本科	专科	高中阶段	高中以下
合　计	1915	5	301	1116	481	12
园长	214	1	56	133	24	
专任教师	1701	4	245	983	457	12

2011年金牛区小学专任教师专业技术职称、年龄结构

单位：人

	合计	其中女	25岁以下	26—30岁	31—35岁	36—40岁	41—45岁	46—50岁	51—55岁	45—60岁	61岁以上
合　计	2905	2356	344	854	570	477	313	182	141	22	2
中学高级	28	13	1	0	0	7	8	4	5	2	1
小学高级	1452	1211	1	156	379	366	256	147	127	19	1
小学一级	1035	839	169	577	148	74	36	26	4	1	0
小学二级	56	40	6	27	9	5	4	2	3	0	0
小学三级	19	14	13	2	0	3	0	1	0	0	0
未评职称	315	239	154	92	34	22	9	2	2	0	0

2011年金牛区初中专任教师专业技术职称、年龄结构

单位：人

	合计	其中女	25岁以下	26—30岁	31—35岁	36—40岁	41—45岁	46—50岁	51—55岁	45—60岁	61岁以上
合　计	1883	1296	253	356	361	301	325	172	94	20	1
中学高级	299	204	0	0	4	47	95	97	45	10	1
中学一级	799	552	0	46	209	211	209	67	48	9	0
中学二级	578	412	122	265	128	36	19	6	1	1	0
中学三级	21	9	0	10	6	4	1	0	0	0	0
未评职称	186	119	131	35	14	3	1	2	0	0	0

2011年金牛区普通高中专任教师专业技术职称、年龄结构

单位：人

	合计	其中女	25岁及以下	26—30岁	31—35岁	36—40岁	41—45岁	46—50岁	51—55岁	45—60岁	61岁以上
合　计	755	374	33	102	114	160	189	110	39	6	2
中学高级	326	130	0	0	3	56	123	103	34	5	2

续表:

	合计	其中女	25岁及以下	26—30岁	31—35岁	36—40岁	41—45岁	46—50岁	51—55岁	45—60岁	61岁以上
中学一级	293	148	0	27	87	102	64	7	5	1	0
中学二级	115	85	14	74	24	1	2	0	0	0	0
中学三级	1	0	0	0	0	1	0	0	0	0	0
未评职称	20	11	19	1	0	0	0	0	0	0	0

注:金牛区教育局计财科2011年9月统计数据。

(夏子辉)

中等职业教育

【概　况】 金牛区围绕成都市职业教育攻坚目标,推进职教攻坚各项工作,落实藏区"9+3"免费教育计划。全区有成都市财贸职业高级中学校、成都市洞子口职业高级中学校、成都天府职业技术学校、国演艺术学校4所直属中等职业学校。中职在校学生7755人,职高巩固率97.6% ,毕业率100%;招收新生3168人,毕业学生2256人,就业学生2169人,就业率(含升学率)96.1%。12月,洞子口职中数控技术应用、建筑装饰专业,财贸职中会计电算化、酒店服务与管理专业创市级重点专业通过评估验收。

根据《中等职业学校农村家庭经济困难学生和涉农专业学生免学费工作的意见》(财教〔2009〕442号)和《关于四川省贯彻中等职业学校农村家庭经济困难学生和涉农专业学生免学费政策工作的通知》文件精神,金牛区从2011年秋季学期起,对公办中等职业学校全日制正式学籍一、二年级涉农专业学生和农村家庭经济困难学生(艺术类相关表演专业学生除外)免除学费,全年免除中职学费476.4万元,资助学生2289人。

【金牛区职业教育中心】 2011年,金牛区职业教育中心有40个教学班,在校学生2300余人,在岗教师153人,设有学前教育专业、数控与机械加工专业、电子商务、物流服务与管理专业、建筑装饰等专业,其中幼儿教育与管理专业、数控与机械加工专业、建筑装饰专业等是学校的市级重点专业。中心在专业设置方面进行调整,将二产专业设置为重点建设专业,重新规划和部署教育教学硬件资源配置。学校校园面积1.9万平方米,建筑面积1.7万平方米,固定资产2000万元,图书8万册。1月,中心投资140万元新建物流实训室,一期工程结束投入使用,二期工程在建设之中。学校与DHL、成都量力钢材城、成都蚂蚁物流有限公司等联合办学,力争使该专业学生规模突破600人,办成市级重点品牌专业。2009—2011年,校园面积增加近4000平方米,固定资产投资增加1000万元,设施设备投入600万元,投资1000万元,建筑面积4000多平方米的实训大楼于9月开建。中心以就业为导向,创新办学模式,加强产教结合,初步形成以学校为主体,企业和学校共同教育、管理和训练学生的教学模式。中心通过职业短训,完成农村劳动力转移培训、创业培训、幼儿教师培训等任务,为社会培养大量的实用型技能人才,为推进金牛区城乡统筹发展做出贡献。中心先后被授予成都市文明单位、成都市校风示范校、成都市职业教育先进集体、金牛区平安学校、金牛区园林式单位等称号。

【职业教育攻坚计划】 区教育局按照职教攻坚目标要求改善办学条件,加大职高基础设施建设和教学设备购买的资金投入力度。在洞子口职中,投入910万元启动重建学校行政综合楼和修建学生宿舍、实作室项目,投入13万元添置设备;财贸职中(黄忠校区)项目开始启动;在光荣校区投入16万元进行屋面防水改造,并投入54万元添置设备。

【藏区"9+3"免费教育计划】 为推进藏区经济社会发展,维护藏区长治久安,金牛区继续实施藏区"9+3"免费教育计划,接收阿坝州和甘孜州包括藏、羌、回、汉4个民族的藏区学生193人在区内财贸职高接受免费中等职业教育。金牛区加大财政投入,组织精干力量,狠抓细节管理,开展丰富多彩的校园文化活动,确保教育教学工作的开展。4月,金牛区"9+3"中职免费教育计划受到中共甘孜州委来电表扬。

【专业技能大赛】 6月,由教育部、财政部、劳动和社会保障部等国家7部委组织的第二届全国职业院校技能大赛(烹饪项目)在天津举行。金牛区财贸职高学生代表四川省参赛，取得3金、4银、5铜，金牌总数全国第三、奖牌总数全国第一的成绩。财贸职高在省、市职业院校技能大赛囊括动画片制作、综合布线、企业网搭建、校园网搭建4个项目的第一名，在省、市中职学校会计电算化、烹饪、旅游、英语口语、茶艺等比赛中30余人次获一等奖。

2011年金牛区直属中等职业中学专任教师职称情况

单位：人

	合计	正编教师	外聘教师
合　计	377	222	155
正高级	0	0	0
副高级	56	55	1
中　级	93	74	19
初　级	128	84	44
未　评	100	9	91

注：金牛区教育局成职幼教科2011年9月统计数据。

（夏子辉）

民办教育

【概　况】　金牛区加大对民办教育的扶持力度，民办教育得到健康、规范、有序发展。全年有民办教育机构126所，其中学历教育学校18所（含10所民工子弟学校），在校中小学生24462人；非学历培训教育机构108所，年培训30165人次。金牛区民办教育的快速发展，满足社区居民、学生和家长对不同教育层次的需求，有效弥补国家办学投入渠道单一的问题。

【民办教育扶持】　金牛区对接收政府安排义务教育阶段学生的7所民办学校进行办学经费补贴，全年补贴185万元，同时开展“支管支教”，选派直属学校的8名中层干部到民办学校担任校长或副校长，开展民办学校分类管理试点工作，提升民办学校的管理水平和办学质量，促进民办学校规范办学和有序发展。

【民办学校分类管理试点】　金牛区根据《成都市教育体制改革试点方案》开展民办学校分类管理试点工作，探索营利性和非营利性、高端民办学校和中低端民办学校分类管理的实施办法，形成促进民办教育健康发展的有效经验、政策和措施，健全民办教育科学发展的管理体制。试点工作从2011年开始，预计到2015年完成，大体分为调研准备（2011.5—2011.12）、组织实施（2012.1—2014.12）、总结提升（2015.1—2015.12）三个发展阶段。试点工作的改革重点有3个方面：制定促进民办教育分类管理的实施办法，健全民办教育科学发展的管理体制；清理并纠正歧视民办教育的政策和做法，制定促进民办教育发展的扶持政策，改善民办教育发展环境；加强民办学校基层党组织建设，开展“支管支教”工作。为确保试点工作取得成效，区教育局从组织保障、师资保障、经费保障、政策保障等方面予以支持，并进行风险分析，制订应对预案。截至12月，试点工作的前期调研和各项准备工作进展顺利，并取得阶段性的研究成果。

（夏子辉）

成人教育

【概　况】　金牛区按照“立足社区、依托社区、服务社区、建设社区”的原则，整合各类教育资源，教育、劳动、就业等相关部门和各街道密切配合，开展成人教育，利用各级各类教育培训机构开展实用技术和生存适应力等培训活动，为统筹城乡发展服务。全年开展各类培训1194场次，培训人员26.04万人次，培训面42.5%。

【社区教育】　区教育局以争创全国社区教育实验区和全国数字化社区教育先行区为契机，推进金牛社区教育现代化，全力构建全民学习、终身学习的服务支持平台，以社区教育活动为载体，研究学习型社会和终身教育体系的实现形式，满足社区居民多种教育需求，促进社区居民整体素质和生活质量的提高。11月，金牛区被教育部教育管理信息中心和中国成人协会联合授予全国城乡社区数字化学习实验基地——成都金牛基地称号，成为此次接受授牌的全国7个单位之一。

【全国社区教育实验区】　2月15日，区教育局第四次局长办公会决定，以年内争创全国社区教育实验区和全国数字化社区教育先行区为目标，加强金牛区社区教育学院建设，开发金牛区社区教育数字化学习平台。全年建立社区教育学校15所，开发社区教育课程70余门；《社区与生活》创刊；开展7个社区教育实验项目研究；调整金牛区社区教育学院组织机构，加强争创全国社区教育实验区的组织和协调工作。10月29日，成都市“2011年全民终身学习活动周”启动仪式在和谐金牛广场举行，金牛区通过全国社区教育实验区检查验收并获全国城乡社区数字化学习实验基地称号。

（夏子辉）

学校选介

【成都市蜀西实验学校】 学校建于2008年9月，位于黄金东一路116号。2009年9月，学校加入成都市金牛实验中学教育集团，命名成都市金牛实验中学西区。学校占地18亩，建筑面积10558平方米，拥有先进的理化生实验室、阅览室、微机室、音乐教室、形体室、多媒体教室和心理咨询室，每个教学班均配备多媒体教学设备，有容纳240人的阶梯教室和设备先进的室内体育馆。2011年，学校有24个教学班、学生1208人；有教职员工80人，其中研究生学历占10%、本科学历占85%。学校教师以实际行动践行“爱学生讲师德、爱学校讲质量、爱岗位讲职责、爱事业讲奉献”的公开承诺。通过近4年努力，学校环境优美、校风优良、班风纯正，形成“凝聚力量、负重自强、创先争优、奋发向上”的强大精神动力。学校先后被中国慈善总会授予青爱工程师资实践基地，被四川省教育学院授予国培计划2011四川省农村中小学骨干教师短期集中培训项目教学实践基地，获金牛区教育系统党务工作先进集体、金牛区教育系统校务公开先进单位、金牛区校舍达标单位、金牛区教育系统现代学校制度试点学校等称号。学校首届毕业班学生在中考中取得优异成绩，受到上级主管部门的表彰。

【西藏军区成都八一学校】 学校建于1950年3月，位于茶店子八一路22号，是一所集幼儿园、小学、初中为一体的住宿制军队子女学校，面向全社会招收学龄前儿童、小学、初中各段住校生和部分走读生，无户口限制。学校占地79亩，营房总建筑面积4.2万平方米，校园环境优美，文化氛围浓厚，拥有先进的多媒体教学设备、校园广播电视台、校园网站、校史馆、科创室和心理咨询室，有容纳900人住宿的学生公寓楼和1400人就餐的师生食堂，有7600平方米环型塑胶运动场。2011年，学校有30个教学班，学生1345人；有教职员工158人，其中专职教师99人，研究生学历占6%，本科学历占88%，中学高级教师18人，中学一级教师25人，小学高级教师33人，全军、市区级学科带头人、优秀教师41人。秉承“为边防部队服务，为地方经济建设服务”的办学宗旨，以“诚、爱、严、新”为校训，把“学会做人、学会学习、学会生活、学会创造”的育人目标融入学校管理，教育教学质量连年受到成都市、金牛区教育局表彰。学校被评为成都市绿色学校、成都市心理健康教育实验学校、四川省首批小学英语教学试点校、四川省首批小学素质教育社会实践试点校、全军青少年科技活动优秀组织单位、全国青少年科技创新大赛基层赛事优秀组织单位、全国青少年科技活动优秀组织单位。

【成都市实验外国语学校（西区）】 学校2002年创办于郫县犀浦镇，由德瑞集团和万华地产合资创办。2009年，学校整体从犀浦镇搬迁到成都市人民南路南延线麓山大道二段2号（万安镇）麓山国际社区，是西南地区集中学与出国预备教育于一体的全寄宿制学校。学校占地300亩，建筑面积10.9万平方米，2011年有79个教学班，在校学生4500多人，教职工400余人，教师本科学历100%，研究生学历占12%。学校拥有高标准的现代化设施设备，开设有国家必修课、校本选修课、活动选修课程和小语种课程。学校秉持“全人化、生态化、个性化、国际化”的教育取向，倡导教育专家办学，执行全面质量管理，注重中西方文化的融通，培养学生和谐发展、应对未来、走向世界的“学识、人格、能力、素质”四大基础，致力于办外国语窗口学校。学校教学质量优异，连年受到市、区教育局表彰，先后获中国西部十大中小学品牌学校、四川省食品卫生等级A级单位、四川省五四红旗团委、成都市民办教育先进集体、成都市普通高中教育教学工作先进学校、成都市绿色学校、成都市示范性学生公寓学校、成都市教育系统安全工作先进单位、先进基层党组织、成都市大中学生“一专多能”活动先进学校、四川省教科文卫体系统工会工作先进集体等称号。

【成都市人民北路实验小学校】 学校建于2003年，位于李家沱小区，与成都的母亲河——沙河相邻而居，是一所两校合并、三校整合的以“心理健康教育、信息技术教育、绿色环保教育”为特色的新型实验小学。学校占地8600余平方米，拥有先进的科学实验室、师生阅览室、微机室、音乐室、舞蹈室、校园广播电视台、多媒体教室和心理咨询室等。2011年学校有教学班25个，在校学生1200余人；有教师60人，其中高级专业技术人员43人、初级专业技术人员17人。学校始终秉承“为学生可持续发展和终身幸福奠基”的办学理念，坚持科学、民主的办学思想，实施开放、多元的办学策略，成为金牛区一所办学品质优良的窗口学校，先后被授予全国小学首家“青艾小屋”学校、四川省性健康教育示范学校、四川省绿色学校、成都市心理健康实验学校、成都市现代教育技术示范校、成都市科技基点校、成都市家长示范学校、金牛区校风示范学校等称号。

【成都市蜀汉外国语实验小学校】 学校是2006年5月经区政府批准建立的全日制公办小学，位于金沙片区。学校占地8944平方米，拥有先进的科学实验室、师生阅览室、微机室、音乐室、形体室、美术室、书法室、天文室、心理咨询室，有容纳300多人的多功能厅，每个教学班均配备多媒体教学设备。学校环境优美，有供师生休息的屋顶花园、楼建平台，有动静皆宜的英语角，有分属各班的室内室外书橱，是一所宁静的花园式学校。2011年学校有教学班级18个，教职工44人，其中本科学历33人，省、市、区级名优教师21人。学校以“静养心，动有节”为育人目标，并着力培养学生在英语、书法、形体、天文、足球等方面的学科能力和艺体特长，逐渐形成“静心、巧思、善行、创美”的校风，先后被评为全国学生营养与健康示范学校、成都市体育传统项目学校、成都市示范家长学校、成都市校园足球定点学校、金牛区校风示范学校、金牛区书法特色学校、金牛区优秀文明单位、金牛区廉政文化进校园示范校、金牛区依法治校示范校。

【成都市凤凰小学校】 学校原名成都市单石桥小学校，位于北新干线西侧，毗邻风景优美的成都凤凰山湿地公园。学校占地16.59亩，建筑面积1.1万平方米，是直属于金牛区教育局的一所高标准的现代化学校。学校整体布局合理，功能齐备，拥有200米的环形塑胶跑道、室内篮球场和学生食堂。学校教室配备多媒体教学系统，有多功能学术厅、微机室、科学实验室、美术室、音乐室、舞蹈室、仪器室、档案室、阅览室、心理咨询室等专用教室，为学生的特长培养和全面发展提供广阔的发展空间。2011年，学校有18个教学班，学生826名，教职工39名，多名教师被评为市、区级优秀青年教师、优秀班主任、优秀德育工作者、骨干教师等。2009年，学校正式加入成都市人北小学教育集团，与集团龙头校资源共享。

【西南交通大学子弟小学校】 学校1972年建于峨眉，1989年7月随西南交通大学迁往成都，位于成都市二环路北一段111号。学校由西南交通大学主办，占地14亩，建筑面积4000多平方米，拥有先进的自然科学实验室、师生阅览室、微机室、音乐教室、校园广播电视台和心理咨询室，每个教学班均配备多媒体教学设备，建有校园塑胶运动场，是金牛区乒乓球训练基地。2011年，学校有19个教学班，学生1000余人；教职员工48人，其中本科及以上学历占96%（研究生3人）；小学高级教师39名，小学一级教师5名；全国优秀班主任3人；市学科带头人1名，省、市级骨干教师各1名；区学科带头人、骨干教师11人；区教育专家1人；区优秀班主任6人。学校教育科研成绩突出，成功结题课题国家级2个、省市级2个、区级8个。学校先后获全国校园文化十佳示范学校、四川省教师职业技能示范校、成都市校风示范校、成都市健康教育示范校、成都市绿色学校、成都市计算机教学先进学校、成都市乒乓球传统学校、成都市红领巾示范校、成都市信息技术示范学校、成都市语言文字工作示范学校等称号。

【成都市金牛区机关第二幼儿园】 幼儿园建于1957年，位于营通街10号，由成都市人民政府举办，原名“成都市市级机关第二幼儿园”，2011年2月移交金牛区教育局主管，是一所省、市示范性幼儿园，成都市一级一等园。幼儿园占地面积6000余平方米，开设16个教学班，2011年收托幼儿近700名，教职工110名。幼儿园环境优美，硬件设施一流，现代化教学设施、网络设备全园覆盖。园内配套有儿童音乐厅、体育厅、阅读室、科学室、美术室、厨艺室、陶艺室等13个功能活动室。在几十年的机关幼教规范严谨的办园历程中，机关二幼坚持自己独特的教育理想与高品质办园的追求，以创设一切条件让学前的孩子“乐玩”“乐学”“乐交往”为宗旨，用教育的激情与智慧努力实现“让每个二幼的孩子都能尽情享受快乐童年，都能自信面对美好未来”的社会承诺。幼儿园教育文化深厚、教育特色突出、教学成果丰硕、教师队伍精良，成为中国学前教育学会“幼儿情感教育研究”实验基地和在全国具有一定知名度的“幼儿情感教育”特色幼儿园，在全省发挥很好的示范辐射作用。“八五”以来，机关二幼是国家级科研课题实验园所，参与《中国幼儿现代教育观念》《四川省幼儿园教师用书》《成都市灾后课程》等教育专著的编撰，获得全国教育管理科研成果优秀集体、全国科研课题成果二等奖、成都市政府科研成果一等奖等，先后被评为全国教育管理科研成果优秀集体、四川省家长学校、成都市先进托幼园所、成都市绿色学校、成都市国学经典诵读示范园。

（夏子辉）

卫 生

【概 况】 2011年，金牛区推进区域卫生信息化平台建设和区人民医院等新建卫生项目建设，高质量完成100个文明院落亮点打造工程，通过国家爱卫会“国卫”复查评审，被市政府评为成都市爱国卫生工作先进单位，金牛区成功创建为全国社区中医药先进单位，为全区经济建设和社会稳定发展提供卫生保障。

全年有各类卫生机构571个，包括驻区内中央、省、市、区的卫生医疗机构，其中医院43个、门诊部48个、社区卫生服务中心（站）22个、公共卫生机构6个、个体诊所436个、其他医务室16个。全区完成年总诊疗病人645万人次；社区门诊量171万人次，同比增长56.1%；住院病人16万人次。全区有病床6980张，同比增加1115张，每千人口平均占有病床5.8张。全区有卫生技术人员9769人，每千人口拥有卫生技术人员8.14人，其中执业医师、助理医师3773人（同比增加257人），注册护士4304人（同比增加778人）；每千人口拥有医生数3.14人，每千人口拥有护士数3.6人。医生、护士、病人比例为1∶1.14∶37；执业药师641人、技师444人，其他（含见习人员）类607人。区属医疗单位在岗卫生技术人员职称结构为高级（正、副高）50人，占11.4%；中级159人，占36.1%；师级159人，占36.1%；士级72人，占16%。

全年法定报告甲类传染病发病率0/10万，乙类传染病发病率181.96/10万，丙类传染病发病率308.8/10万。孕产妇死亡率0/10万，婴儿死亡率5.74‰。常住居民人均期望寿命76.65岁，其中男性74.73岁、女性78.98岁。

【医药卫生体制改革】 金牛区引导社会资本发展医疗事业，推进多元化办医，鼓励社会资本兴办大型高水平的综合性医院和高精尖的专科医院，在城郊结合部和涉农地区投资兴建医疗机构。新审批成都玛丽亚妇产医院、成都红汇耳鼻喉医院、成都九州中西医结合医院等专科医疗机构，提升全区医疗服务水平。在涉农地区及城乡结合部有针对性地批准一批门诊部、口腔及中医诊所，解决当地群众就医不便的问题。实施国家基本药物制度，全面使用四川省《基本药物调配目录》，实施范围覆盖全区22个社区卫生服务机构，实行零差率销售，基本药物数增加到599种，基本药物年销售704.4万元，为群众节省药品支出94万元。重新制定《金牛区建立国家基本药物制度经费补偿机制实施办法（试行）》，结合辖区服务人口、运行成本、基本药物服务量等因素，由政府对实施基本药物的社区卫生服务机构给予综合补偿，2011年下拨综合补偿经费1778.1万元。积极实施家庭医生服务，印发《金牛区卫生局开展社区基层家庭医生服务模式实施方案（试行）》，制定统一的家庭医生团队组建标准和服务标准，制定《金牛区社区家庭医生服务协议》。6月1日起，在全区12个社区卫生服务中心全面启动基层家庭医生工作，以重点人群、慢性病人、空巢老人等为突破点推进模式，通过签订服务协议，让社区医生走进每户居民家庭，提供个性化的健康咨询和保健服务，努力使每个家庭都拥有家庭医生，截至12月，签约社区居民家庭1486户，上门服务479次。全面开展全民健康体检，按照“全面覆盖、免费提供、自愿参检、城乡均等、方便群众”的基本原则，分年度、有重点地对全区市民进行健康体检，筛查相关重大疾病，完成健康体检12.57万人，其中0岁—6岁儿童1.35万人，在校大、中、小学生9.14万人，6岁—65岁居民（不含在校学生）1.20万人，65岁以上老年人8880人。通过“早发现、早诊断、早治疗”及“未病先防、小病先治”，对发现健康问题的群众及时进行健康宣传和管理，维护群众健康利益，保障群众健康水平。

【全国社区中医药工作先进单位创建】 金牛区坚持以提高中医药服务覆盖面，满足群众多层次卫生服务需求为目标，将中医药事业纳入《金牛区“十二五”经济社会发展总体规划》和政府年度目标，推进中医药事业与区域经济协调发展。出台《关于进一步加强城市社区卫生服务工作的实施意见》《金牛区社区卫生服务机构中医药规范化建设实施意见》《金牛区中医药“十二五”发展规划》等政策措施。2009—2011年，区财政列支中医药相关经费1504.2万元。提高社区中医药服务可及性，提升社区卫生机构的服务能力、加强中医药服务队伍建设，落实“师承一批”“培训一批”“引进一批”的措施，实施名医进社区战略。截至12月，全区有省名中医2名、市名中医3名、区名中医2名，全区社区中医服务人员135人，其中中医医师104人。推广中医适宜技术，将中医药服务融入社区“六位一体”功能，发挥中医药

人民北路社区卫生服务中心到敬老院免费为老人体检

"简、便、效、廉"的优势。普及中医药保健服务、中医康复工作，参与疾病预防控制，开展常见病、多发病的中医诊疗。规范社区中医药管理，印发《金牛区中医药工作人员手册（上、下）》，社区中医药人员人手一册。推进辖区中医药资源共享，组织各社区卫生服务中心通过与辖区的综合医院、中医医院签订双向转诊协议，构建中医药服务绿色通道。社区中医药卫生服务体系日渐完善，社区中医药能力、满意率、认可度提升。12月，被国家中医药管理局评为全国社区中医药工作先进单位。

【社区公共卫生】 全年各社区卫生服务机构严格按照《国家基本公共卫生服务规范》，开展城乡居民规范化建档98.3万份，建档率90.5%，规范化建档69.6万份；全区开展"结核病防治日""儿童预防接种日""无烟日"等主题日宣传活动287次，开展义诊宣传活动1879次，展出各种卫生宣传展板2460块次；举办健康知识专题讲座262次；制作健康教育宣传专栏122期；发放健康教育资料11.6万份，健康教育35.17万人次；为孤寡老人提供呼叫上门服务40人次；0岁—6岁儿童保健13.93万人次；儿童预防接种57.41万人次；妇女保健18.67万人次；老年人保健管理27.67万人次；高血压、糖尿病等慢性病患者健康管理60.28万人次；重性精神病管理1.37万人次；开展"三免四减"29.95万人次，惠民金额66.9万元。

【卫生信息化建设】 区域卫生信息化建设项目工作进展顺利，由区政府第139次常务会议讨论通过，一次性投资600万元，区发改局批准立项及招标核准，完成项目招标代理比选及设计招标。依托成都市卫生信息平台，在全区社区卫生服务站推进"村站系统"建设，实现基层医疗卫生机构信息化管理全覆盖。利用信息化手段加强医疗服务管理，以区人民医院为试点单位，推行电子病历，实施临床项目分类应用、审核处理、质量管控、预警处置和信息共享，为下一步在全区广泛推行电子病历奠定基础。

【全民免费体检】 金牛区全民免费健康体检自2010年7月全面展开，凡金牛区户籍人员和参加了成都市城镇职工、城乡居民基本医疗保险及成都市非城镇户籍从业人员综合保险的非成都市户籍人员（包括在蓉大专院校参保学生）均为免费体检对象。政府按照每人每年20元的经费标准进行补助，当年未参加体检可累加到第二年或第三年，连续3年未参加体检的视为自动放弃。截至12月，全区有22.33万人次享受免费体检。

【金牛区人民医院新建项目】 项目建设地点位于营门口街道茶店社区5组、6组范围内，项目按综合性三级医院预设，占地35亩，建筑面积11万平方米，项目建设年限两年。

【金牛区妇幼保健院新建项目】 项目位于沙河源街道长青路，占地6.5亩，建设规模包括主楼、地下停车场、总平绿化、道路等建筑面积1万平方米，建设总投资6350万元，建设资金来源于自筹。建设采取设计、施工总承包（EPC）模式。截至12月，全额投入土地转让金1169.9万元，完成工程设计招投标工作。

【重大疾病防治】 区卫生局加强对传染病防治的监督、监测、管理和指导，有效控制急性传染病的暴发流行。针对霍乱流行特点，制订下发霍乱等肠道传染病健康教育方案，开展重点场所常规监测，对厕所、各种水源、海产品、腹泻病人等生物样品进行霍乱弧菌培养1059份，对游厨、农家乐及建筑工地食品从业人员等人群进行预防性健康体检及霍乱弧菌检测621人次，未检出阳性。开展从业人员霍乱和肠道传染病防治知识培训5252人次。结核病防控管理工作DOTS覆盖率100%；结核病人报告率100%；病人家属筛查率100%，系统管理率95.1%。开展血吸虫病春秋季查螺5.4万平方米，完成血吸虫查病200例，均为阴性。加强碘缺乏病防治，开展碘盐监测样品288份，碘盐合格率99%。落实医务人员犬伤首诊负责制和人用狂犬疫苗追踪制，加强犬伤门诊管理，全区设立犬伤门诊点8

个，全区犬伤门诊登记8537人，规范处理伤口8525人，注射免疫球蛋白458人，人用狂犬疫苗接种率100%，全年无狂犬病发生。

【突发公共卫生应急体系建设】 区卫生局制订《金牛区突发公共卫生事件应急预案》《金牛区突发公共事件医疗卫生救援应急预案》等预案，完善应急指挥系统、信息报送网络、疫情监测网络、应急专家库、应急处置队伍、医疗救治队伍和卫生执法队伍，公共卫生应急管理体系和应急处置队伍初步建立。全年无一起重大突发公共卫生事件发生。

【免疫规划】 全年新生儿建卡13145人、建证13145人，建卡率、建证率均为100%，完成31种生物制品、40.27万人次的接种，无一例严重预防接种异常反应发生，预防接种异常反应处理率100%。国家免疫规划疫苗报告接种率95%以上，扩大免疫规划疫苗接种率90%以上。开展麻疹疫苗后续强化免疫，为8月龄—14岁儿童麻疹疫苗后续强化免疫及查漏补种活动，全区报告接种率97.3%。针对15岁以下未完成脊灰疫苗免疫程序儿童开展脊髓灰质炎疫苗查漏补种工作，完成34467人、41891剂次接种，报告接种率99.2%。儿童预防接种信息化整体工作顺利推进，实现各接种门诊之间预约登记、疫苗管理、接种信息查询、报表统计等信息共享。

【艾滋病防治】 区卫生局开展“6·26禁毒日”“12·1世界艾滋病日”“女性流动人口预防性病艾滋病知识宣传”等大型宣传活动，干预娱乐场所高危人群3779人次，发放资料8428份、安全套9805只。完成流动人口监测采样400例，社区吸毒人群监测采样400例，娱乐场所高危女性行为学监测采样150例。推进艾滋病抗病毒治疗，做好感染者的审核及免费抗病毒药物使用申请、发放、登记管理等工作，定期开展社区专管医生的培训和工作督导。原成都市安康医院承担的金牛区美沙酮维持治疗门诊工作移交金牛区第二人民医院承担，2011年，该门诊被四川省禁毒委员会和四川省重大传染病防治工作委员会评为全省戒毒药物维持治疗工作先进集体。

【卫生监督监测】 区卫生局按照全市统一部署，将原卫生部门承担的食品卫生监督管理职责划入区食药监局，并完成人员、设备整体移交工作。推行公共场所卫生监督量化分级管理制度，旅店业、游泳场所、沐浴场所量化分级管理率均为100%；美容美发场所实施率45%；其他类公共场所全面按照量化分级工作目标推进。开展公共场所、学校卫生、生活饮用水（二次供水）、职业卫生、放射卫生、医疗卫生、传染病防控等督查整治工作，对全区1525个公共场所，159个二次供水单位，21个农村水厂，218所学校、幼儿园监督覆盖率100%。严格执行卫生行政许可审批准入制度，推进网上行政审批工作，各类卫生行政审批承诺时限内办结率100%。

【妇幼保健】 金牛区全面开展城乡孕产妇住院分娩补助、城乡妇女免费增补叶酸预防神经管缺陷和预防艾滋病、梅毒及乙肝母婴传播三大公共卫生项目，为符合补助条件的175名孕产妇补助6.8万元；叶酸服用率99.4%，叶酸服用依从率76.2%，叶酸服用知晓率96.3%；启动预防艾滋病、梅毒及乙肝母婴传播检测项目，三项检测率均为100%。继续实施结婚登记和优生健康检查“一站式”服务，为7947人实施免费优生健康检查，婚检率48%。对母亲为区内正住户口或非正住户口但在区内居住1年以上并办理居住证的168名新生儿免费进行甲低、苯丙酮尿症的新生儿疾病筛查，新生儿疾病筛查率98.9%；新生儿听力筛查率94.7%；孕产妇系统保健管理率95.9%，高危孕产妇管理率100%；婴儿死亡率5.74‰，0岁—3岁儿童系统管理率98.4%，户籍新生儿访视率99.1%，母乳喂养率90.1%，区属托幼园所健康体检率100%，全区托幼园所卫生保健指导率100%。

【医疗机构质量监管】 区卫生局以病人为中心，在全区开展“医疗质量万里行”大检查和以“服务好、质量好、医德好、群众满意”为核心的“三好一满意”活动。建立健全处方点评制度、医师定期考核制度、抗生素等药品使用动态监控超常预警制度。在区人民医院和区妇幼保健院推广优质护理服务试点工作，在区医院开展单病种的临床路径管理试点工作，取得良好效果。在成都济宏医院等医疗机构实施预约门诊或全年开放门诊。各医疗机构均能结合成都市“双创”复查工作，优化医疗服务流程，为就医群众提供更加优质、便捷的医疗服务。

【非法行医整治】 区卫生局加强医疗执法监管。监督检查医疗机构1011个次，对存在问题的50个医疗机构下达《卫生监督意见书》责令限期整改，警告10个、行政处罚17个，罚款金额2.6万元、吊销证件7个。开展非药品冒充药品专项整治行动、医疗广告专项监督检查、医疗机构抗菌药物联合整治等6次专项整治工作。开展打击非法行医专项工作15次，出动人员141人次、车辆45次，公告取缔无证非法行医34起，维护医疗市场秩序。

【无偿献血】 区卫生局加强无偿献血的宣传、动员、组织工作，全区临床用血100%由无偿献血者提供。利用“6·14”世界献血者日等活动开展大型无偿献血宣传活动，发放宣传资料2万份，张贴公益宣传广告50余处，横幅20余幅。通过金牛有线台、《新金牛》杂志等媒体播放、刊登无偿献血公益广告宣传片及相关知识。加强应急队伍建设，组织应急演练，全区参加无偿献血4549人次，采血量159.5万毫升，其中组织应急献血1000多人次，献血量40万毫升。

【特色专科医疗机构】 2011年9月16日，成都红汇耳鼻喉医院成立，是一家以治疗耳鼻咽喉疾病为特色的民营专科医疗机构，位于金仙桥路10号，营业面积3600平方米。医院有各类医疗技术人员140人，聚集一大批临床经验丰富的名老专家和中青年业务骨干。医院配备有耳鼻喉内窥镜、进口耳测听、美国GE耳鼻喉疾病诊疗无菌工作站、美国核磁共振等尖端技术设备。医院狠抓医疗技术水准，力争成为西南地区综合实力一流的耳鼻喉专科医疗机构。

【爱国卫生运动】 区卫生局以迎接国家卫生城市复审工作为重点，开展以城乡环境综合治理、除“四害”和全民健康教育为主要内容的群众性爱国卫生运动，持续改善全区城乡面貌，提升人居环境质量，提高市民健康水平。全区开展“国卫”各专项整治活动，清除积存垃圾3.4万千克，出动洒水车2万辆次、行政执法人员1.02万人次、执法车辆4484辆次；对400余条、460万平方米中小街道进行整治和维修，完成人行道维修2.8万平方米，车行道2.1万平方米；检查建筑工地5600余次，现场责令整改950余次；检查各类餐饮店铺3115个；组织全区14个街道（凤凰山除外）的1967个社区院落实施“六乱”治理，清理卫生死角，有效消除脏、乱、差现象，并在区有线台和《新金牛》杂志上公布对600余个院落的测评排名；组织开展春秋两季灭鼠、夏秋两季灭蝇灭蚊和常年灭蟑螂工作，发放各类宣传资料8000余份，使用毒饵盒（棚）4000余个，堵塞鼠洞5000余个，投放鼠药4万千克，使用灭蟑螂饵剂2.2万盒，将“四害”密度控制在国家标准以内；组织全区开展“健康教育下街道、进社区”活动26次，发放各类健康知识宣传资料20万份。

【狂犬病预防控制】 区卫生局全面落实犬只“管、免、灭、测”各项措施，有效预防狂犬病疫情的发生。全区有各类犬只存栏数17950只，实际免疫17890只，免疫率99.7%；全区8个犬伤门诊接诊人数6588人，规范处置犬伤患者6580人，注射人用狂犬病疫苗6590人份，接种率100%，注射狂犬病免疫球蛋白367人份；组织开展各类犬只集中整治行动22次，纠正不文明养犬行为1046起，捕杀野犬109只。

【行风建设和纠正医药购销不正之风】 区卫生局落实惩防体系、党风廉政建设责任制和“一岗双责”责任制。加强医德医风教育，搞好对医务人员的医德医风评价，建立医德医风档案。加强医院管理，开展“四讲四比”“三好一满意”和“医疗质量万里行”活动，加大督查力度，推进院务公开，规范医疗秩序，强化各种措施，重点查处滥检查、滥用药、滥开处方和收受“红包”“回扣”，私自外出会诊、手术及向外介绍检查、拿药、从中捞取好处等不正之风。牵头开展《治理医药购销和医疗服务中不正之风》工作等，主动与纪检、检察、工商、物价等部门联系，通力协作，形成纠风工作联动机制。严格落实药品及高值耗材集中招标采购，区级7个医院集中招标采购药品总金额4715万元，占医院用药总金额的96%。加强行风监督与评议，开展财务审计，公务用车和“小金库”清理，发放行风问卷调查1526份，群众对医疗卫生的综合满意率96%。

【卫生宣传】 区卫生局围绕打造金牛健康产业，深化医药卫生体制改革，推进卫生基础设施项目建设，创新公共医疗卫生服务体系，提升医疗卫生服务能力和加快卫生信息化功能平台建设等重点工作，加强卫生外宣工作，在各级新闻媒体上采用反映卫生工作的正面新闻宣传稿件42篇，其中《成都日报》刊用20篇，《成都商报》刊用1篇，《成都晚报》刊用1篇，《大众健康报》刊用9篇，中央、省、市等各级网站、电视台采用12条。维持预警机制的正常运行。

（胡晓丽　付　川　袁尚军　吴万华　俞　强　解明全）

（审读：胥厚全）

科学·文化
SCIENCE AND CULTURE

科学技术

【《成都市金牛区“十二五”科技规划(2011—2015)》】 金牛区为贯彻落实科学发展观，提高自主创新能力，发挥科技对经济和社会发展的支撑和引领作用，根据《国家中长期科学和技术发展规划纲要(2006—2020年)》《四川省中长期科学和技术发展规划纲要(2006—2020年)》《成都市金牛区国民经济和社会发展第十二个五年规划纲要》《成都市金牛区经济发展战略纲要(2010—2014)》等相关规划，并结合金牛区区情，制定《成都市金牛区“十二五”科技规划(2011—2015)》。规划分为发展现状，发展环境，总体思路、发展目标，发展重点，主要任务，重大行动，保障措施等7个部分，其中发展重点是轨道交通、电子信息、生物医药、技术服务业、现代物流业等，主要任务是加强创新载体建设、推动产业高端技术研发、推动科技创新型企业上市融资、深化知识产权促进行动、夯实科技服务民生化的基础。

【科技奖励】 2011年，金牛区企事业单位获国家科技进步特等奖1项，为青藏高原地质理论创新与找矿重大突破项目；二等奖3项，分别为大型及复杂水下隧道结构分析理论与设计关键技术项目、隧道含水构造等不良地质超前预报定量识别及其灾害防治关键技术项目、核桃增产潜势技术创新体系项目。省科技进步一等奖4项，分别为城轨列车虚拟运行环境关键技术及装备项目、经穴效应特异性临床评价及生物学基础研究项目、汽车零部件及注塑机产业价值链协同平台研发和应用项目、青藏高原气候适应性节能建筑关键技术研究项目；二等奖5项，分别为海底隧道钻爆法施工关键技术研究项目、动态交通数据服务技术体系研究及应用项目、基于格值逻辑的智能信息处理理论与方法项目、汽车交通事故分析与鉴定技术研究项目、跨海超大跨悬索桥强台风环境下特殊建造技术研究项目；三等奖18项，分别为红层泥岩路基基床动力学特性试验研究项目、SC6000气相色谱仪控制系统项目、川明参的系统研究项目、孕产的生殖健康与肾的相关性研究项目、基于家系法研究肾阳虚证的遗传属性项目、高速铁路轨道控制网(CPⅢ)测量技术的研究项目、深圳北站工程关键施工技术项目、风积沙隧道施工力学行为及关键技术项目、高原湿地郎川公路修筑及环境保护技术研究项目、ESR-06搜救雷达应答器项目、统筹城乡国土资源综合监管平台关键技术研究与应用项目、四川省城镇土地级别与基准地价图集及信息系统技术方法研究项目、中药复方释药系统的应用基础研究项目、长江上游防护林体系空间配置与结构优化技术研究项目、山地森林-干旱河谷交错带植被恢复与重建技术及示范项目、麻竹无公害高产经营技术研究与示范项目、成灌线无砟轨道抗震特性及适应性研究项目、榆神高速公路风积沙路基施工技术及工艺研究项目。

【科技创新】 金牛区新增市级以上企业技术中心(工程技术研究中心)3个，总数29个；组织企业申报国家、省、市科技创新、技术改造和成果转化项目32项，获国家、省、市科技专项立项资助23项，其中国家科技型中小企业技术创新基金项目6项、市科技攻关计划17项、资助金额955万元；实施区科技创新种子资金项目33项，资助金额240万元；带动企业创新投入1亿元以上。

【高科技产业发展】　全年新增高新技术企业8家，全区高新技术企业总数38家，其中销售收入过亿元的14家。截至12月，全区新上市2个高新技术企业，分别为金亚科技股份有限公司（股票代码300028）和成都三泰电子实业股份有限公司（股票代码002312）。

【科技顾问团】　区科技顾问团发挥多学科、高层次、跨部门的综合智力优势和参谋、智囊作用，为《金牛区经济发展战略纲要》《国家可持续发展先进示范区中长期发展规划》《国民经济和社会发展“十二五”规划》、科技发展“十二五”规划、技术服务业发展规划及其他各行业“十二五”规划、《鼓励企业上市融资暂行办法》等提供咨询和论证50余人次，增强区委、区政府宏观决策的科学性和民主性；对全区2011年度专利转化资金申报项目和种子资金资助项目进行评审；推进区校战略合作，促进产学研深入结合；为全区机关干部和社区居民举办各类科普讲座，使全区干部群众的科学素质得到提高。

【国家可持续发展先进示范区】　按照《成都市金牛区国家可持续发展先进示范区建设规划（2008—2012）》，贯彻可持续发展战略、践行科学发展观，实施示范项目工程，开展可持续发展宣传活动；科技部“863”高科技研究计划课题立项支持的成都市金牛区凤凰二沟湿地生态治污工程水蚯蚓原位消解污泥示范项目、“十二五”国家科技支撑计划课题重点项目立项支持的成都市金牛区典型建筑低碳发展关键技术集成研究与示范项目、四川省科技支撑计划课题和成都市软科学课题立项支持的成都市金牛区国家可持续发展先进示范区指标体系及溢出效应研究项目均启动实施；探索低碳环保技术成果推广应用，完成区发改局重大项目成都市金牛区低碳科技公园初包装项目策划；实施省、市、区共建四川省科技服务民生计划数字化社区示范项目成都市金牛区数字化社区管理信息平台建设与示范；区主要领导应邀作为实验区组5名代表之一参加全国科技工作大会；参加国家可持续发展实验区建设25周年成就展和2011中国可持续发展论坛暨中国可持续发展研究会学术年会；举办西南交通大学-成都市金牛区校区领导“两长会谈”首次会议，牵头协调校区联络工作，完成校区领导议定工作牵头督促和服务工作，协调共建区域可持续发展研究中心；科技部社发司、中国21世纪议程管理中心领导和专家到金牛区调研，示范区建设获得领导和专家的好评。

【专利工作】　全年全区专利申请总量2274件，其中发明专利申请量552件，企业专利申请量1042件，金牛区专利申请量在全市各区（市）、县中位居前列。根据《成都市金牛区关于鼓励发明创造实施专利资助的办法》，全年资助专利748件，金额92万元。

【知识产权保护】　开展“2011年技术服务业重点企事业单位知识产权和品牌创建状况调查及服务活动”，对39家企业开展一对一的知识产权综合服务，有效提高企业知识产权的意识和工作能力。

【科普组织】　金牛区科协有团体会员34个，其中街道地区科协15个，区级学会、协会14个，企业科协5个。

【科普项目】　按照《成都市金牛区科学技术协会科普项目申报与管理暂行办法》，邀请相关专家对申报的12个科普项目进行评审，确定对11个项目给予29万元的资金扶持。

【科普阵地】　全年建有标准科普画廊17处，科普教育（示范）基地7处，其中新建区级科普教育基地1处（成都市植物园科普教育基地），社区标准科普宣传栏105处。全区中小学校建成省级科技示范校1所、市级科技示范校6所（其中成都市北站小学校为2011年新增）、市级科技基点校14所（其中成都市金建小学校、成都市西一路小学校为2011年新增）。

【科普活动】　开展“科普月活动”，以“推动科技创新转变发展方式，开展民生科普共建田园城市”为主题，组织5个街道地区科协组织的57名群众参观体验科普教育基地——极速空间站；开展“科普日活动”，以“科技让梦想飞翔”为主题，开展青少年科技小实验、科技新体验，科技小论文、科技小板报等科普展示活动；举办主题为“建筑业形势政策分析与民生发展研讨”的2011年成都市科学技术年会金牛分会；与西南交通大学出版社合作组织编印科普书《品宅》；

在九里堤街道全民健身指导中心举办“金牛科学健身大讲堂——科学健身与饮食”活动。

5月，金牛区被中国科协命名为2011—2015年度全国科普示范区；区科协被省委宣传部、省科协联合评为播放《科普大篷车》先进单位，被省科协评为中国数字科技馆观测站点先进单位；成都市天回小学校获WRO（世界奥林匹克机器人大赛）中国区选拔赛全国冠军，成都市北站小学校的《我们还有多少耕地可以利用》在第二十六届四川省青少年科技创新大赛上获科技创新实践活动一等奖、在成都市第十四届青少年科普知识竞赛团体二等奖；组织参加成都市第七届社区科普文艺创作汇演，选送的话剧《餐桌上的彩虹》分别获优秀科普节目二等奖和优秀科普作品三等奖，舞蹈《舞动科技之春》获优秀科普节目三等奖。

2011年金牛区科技创新种子资金立项项目

序号	项目名称	申报单位	立项资助（万元）
1	连续管钻机井下电气短节与信息传输系统	成都宏天电传工程有限公司	10
2	徽记食品质量安全管理过程可追溯体系的建立和应用	四川徽记食品产业有限公司	10
3	中医药防治重大疑难疾病——中医验方“脉通复方”防治糖尿病血管病变的新药临床前研究	成都中汇制药有限公司	10
4	银行管控中心系统研发及成果推广	成都三泰电子实业股份有限公司	10
5	铁路固定设施综合维修管理信息系统	中铁二院工程集团有限责任公司	10
6	金亚数字电视条件接收系统	成都金亚科技股份有限公司	10
7	污水污泥深度消化成套技术	中国市政工程西南设计研究总院	10
8	PTP电子时钟同步	成都天奥电子股份有限公司	10
9	溶剂循环吸收法烟气脱硫中脱硫溶剂的加压热再生工艺	成都华西化工科技股份有限公司	10
10	HSP隧道超前地质预报仪	中铁西南科学研究院有限公司	10
11	新型硅橡胶电线电缆的研制及产业化	成都市鑫牛线缆有限公司	10
12	轨道交通双极隔离开关电动控制装置	成都通力集团股份有限公司	10
13	人脐带血来源内皮祖细胞的分离培养	四川新生命干细胞科技股份有限公司	10
14	可应用于高速、高压离心压缩机的新型波纹管式干气密封	成都赛乐化新机电有限公司	10
15	节能型CNG汽车加气子站压缩机	四川金星压缩机制造有限公司	8
16	城市高架桥构造	四川西南交大土木工程设计有限公司	8
17	动车组转向架铝合金牵引梁国产化研发	成都西南交大科技园管理有限责任公司	8
18	钢轨廓形动态检测小车产品化开发	成都西南交大科技园管理有限责任公司	8
19	单极混合冷剂制冷循环液化天然气LNG产业化项目	成都赛普瑞兴科技有限公司	5
20	苦荞饼干的开发	成都川岛食品有限公司	5
21	电气化铁道电气设备绝缘状态检测技术及成套设备	成都智源电气有限责任公司	5
22	一种多重式防伪密码酒瓶盖技术	成都拓成工业产品设计有限公司	5
23	双向无线IPTV电视系统及高效智能化数字电视发射机正向传输节点	成都成广电视设备有限公司	3
24	高速铁路关键桥梁、路基状态安全监测系统研究	成都成运科技有限责任公司	3
25	一体化净水器	成都碧水齐力市政工程有限公司	3
26	第四城——城市化生活消费社区网站	成都第四城科技有限责任公司	3
27	体育计时计分裁判器	成都欧利德电子科技有限公司	3
28	可弯曲包覆的非油漆化涂装树脂浸渍木纹纸的开发研究	成都市科创巴赛科技有限公司	3
29	ATM智能安防系统	四川辰星电子有限公司	3
30	基于移动互联应用数字出版解决方案	成都移联创科技有限公司	3
31	铅锌尾矿资源综合利用关键技术研究	四川晶大矿业科技有限公司	3

续表：

序号	项目名称	申报单位	立项资助（万元）
32	高抗硫低碳钢、低合金钢锻制管配件	成都市科达自动化控制工程有限公司	5
33	交通技术领域中小企业创新服务平台	成都西南交大技术转移中心有限公司	6
合计			230

2011年成都市区（市）县第一批科技计划项目

序号	项目名称	申报单位	经费（万元）
15	去除血小板制剂中白细胞的新型高端滤器的研制与产业化	四川协和生物技术有限责任公司	20

2011年成都市区（市）县第二批科技计划项目

序号	项目名称	申报单位	经费（万元）
11	金融后台服务外包支撑系统产业化	成都三泰电子实业股份有限公司	70

2011年成都市区（市）县第三批科技计划项目（企业自主创新一般项目）

序号	项目名称	申报单位	经费（万元）
88	动力锂离子电池正极材料磷酸铁锂研究　11GGYB680GX	四川省有色科技有限责任公司	15
89	光纤复合低压绝缘电缆的研制及产业化　11GGYB461GX	成都市鑫牛线缆有限公司	20
90	玻璃纤维（GFRP）及其增强复材在城市地铁与隧道工程中的应用研究　11GGYB466GX	成都西南交大技术转移中心有限公司	10
91	三维数字城市消防预控管理系统　11GGYB642GX	成都东哈科技有限公司	20
92	CoreCAD辅助设计公共内核平台　11GGYB369GX	四川超辉建筑设计有限公司	20
93	连续管钻机井下电气短节及传输控制系统　11GGYB289GX	成都宏天电传工程有限公司	20
94	高效、高功率密度LED驱动电源研制　11GGYB444GX	四川瑞安特电子技术有限公司	20
95	活塞式无站用储气系统CNG加气子站　11GGYB264GX	四川金星压缩机制造有限公司	15
96	智能薄膜　11ZHZD011GX	四川省励自生态技术有限公司	50
97	治疗痛风大品种——痛风定胶囊技术改造的系统研究　11GGYB127SW	成都中汇制药有限公司	15
98	彩叶树种种质资源基因库建设与示范　11DXYB233NC/11GGYB174NC	成都立地园林工程有限公司 成都市农林科学院	20
99	新型谷物类粗粮膨化食品科技创新的技术集成和产业化推广　11ZHZD039NC	四川徽记食品产业有限公司	50
100	一种多重式防伪密码酒瓶盖技术　11GGYB541SF	成都拓成工业产品设计有限公司	20
101	铅锌矿选矿废水综合利用技术研究　11GGYB528SF	四川晶大矿业科技有限公司	10

2011年成都市区（市）县第四批科技计划项目（新药资助项目）

序号	项目名称	申报单位	经费（万元）
11	重组人血管内皮生长因子受体抗体融合蛋白注射液	成都康弘生物科技有限公司	40

（梁　平）

文化事业

【公共文化服务阵地建设】　金牛区文化旅游与体育局协调完成沙河源街道陆家社区广场、政通路社区广场（A区、B区），西华街道侯家花园文化广场，金泉街道迎宾路社区精品小区广场的改建工作；完成人民北路、驷马桥、九里堤、黄忠、金泉、沙河源6个街道文化活动中心，抚琴街道西北街社区，西安路街道枣子巷、金琴南路社区等31个文化活动室的硬件设备配置。12月14日，黄忠街道金沙公园社区作为全市唯一受检单位接受市目督办和市民代表的督查视察。完成人民北路、驷马桥街道综合文化活动中心的提档升级打造；黄忠、金泉、沙河源3个街道综合文化活动中心经区推荐，市局复查、公示、验收，6月正式被市文化局命名为一级文化站；区文化馆参加全国第三次文化馆评估定级工作，文化馆于12月再次被文化部评定为一级文化馆。

【政策保障】 金牛区完善《金牛区街道综合文化活动中心2011年目标考核细则》，修改《金牛区街道综合文体活动中心专职工作人员管理办法》。按照考核细则和管理办法，对中心主任、文体专干实行每季一培训、每月一考核制度，强化其综合业务知识和履职尽责能力。

【培训工作】 社区文化辅导员培训会 全年举办全区性社区文化辅导员培训会8次，街道文化专干以及社区文化辅导员600余人次参加，分别是合唱培训（3月23日）、美术培训（3月30日）、广场舞培训（5月18日）、书法培训（6月23日）、民间舞培训（7月22日）、摄影培训（8月10日）、文学培训（9月14日）、民乐和西洋乐赏析培训（11月2日）。

暑期公益性培训班 7—8月，区文化馆面向未成年人举办暑期公益性培训班，开设民族民间舞、流行舞、声乐、美术、书法、写作、民乐知识等培训项目，近200名学生参加培训，同时在黄忠、九里堤、天回镇街道开设声乐、舞蹈、书法公益培训，有300余人次参加。

业务干部下基层辅导 区文化馆业务干部按照《文化馆群众文化辅导员辅导包片制度》的要求，定时、定点到各文化活动示范点、农民工文化活动基地、未成年人文化活动基地开展舞蹈、声乐、器乐、美术、书法、摄影、文学等辅导培训工作；区图书馆协助区老年协会和区纪工委建立图书阅览室，协助社区规范完善社区图书室和全国文化信息资源共享工程基层服务点，集中时间、人员和精力对社区图书室管理员就图书上架、分类、整理和基层服务点管理员等业务工作进行指导和现场培训。全年，区文化馆、区图书馆业务干部下基层辅导人均60天以上。

【文化惠民四大品牌活动】 交响金牛——广场音乐会 金牛区分别于3月18日、5月20日、6月1日、7月22日、8月19日、9月9日，在和谐金牛广场举行6场交响金牛——金牛区文化惠民工程广场音乐会，观众近万人。

文化金牛大擂台——“十佳业余文艺团队”“十佳群文演艺之星”“十佳群文摄影书画之星”选拔赛 3—11月，文化金牛大擂台品牌活动先后开展群众歌咏大赛、群众舞蹈大赛、群众广场舞大赛、群众音乐戏剧曲艺大赛、群众书画摄影大赛，经过街道选拔赛、区级总决赛的层层选拔，有上百支团队（个人）、400余幅书画摄影作品、近万人次参与。3月，正式启动“红歌唱起来”群众歌咏电视大赛，举行社区选拔赛36场，区级选拔赛、决赛共19场，参与群众3万人次。6月29日，在华侨城大剧院举行永远跟党走——金牛区庆祝建党90周年暨“红歌唱起来”群众歌咏电视大赛颁奖晚会。11月19日，文化金牛大擂台颁奖文艺演出在和谐金牛广场举行。

金牛社区公益大讲台

金牛社区电影大看台——坝坝电影放映 全年放映电影572场次，观众28.6万人次。

金牛社区公益大讲台 6—11月，金牛社区公益大讲台活动在区图书馆开展40场，在金泉、沙河源、天回镇、西华4个涉农街道开展主题讲座16场。

【文化下乡】 2010年12月29日—2011年1月14日，金牛区“文化金牛闹新春”活动分别在金泉、西华、沙河源、天回镇4个涉农街道进行。活动包括文艺演出、趣味体育活动和书画、摄影、钱币展览，现场免费拍摄全家福和赠送年画春联。“文化金牛闹新春”文艺巡演活动全年举办4场，送出春联600余幅，拍摄打印全家福1500余张，送图书2000余册。

在天回镇街道开展此活动时，金牛区2010年度“感动金牛每月评”先进典型颁奖仪式也同时进行。

开展观优秀电影放映活动，在4个涉农街道放映9场，进行映前宣传4场，观众5000余人次。

【书香金牛】 金牛区开展书香金牛——金牛区全民

"世界读书日"暨《书香金牛——春之卷》首发仪式(4月22日)

阅读暨"十佳读书之星"评选活动,活动中收到各街道、社区、企事业单位稿件300余篇,出版《书香金牛》(春之卷)(夏之卷)(秋之卷)。

4月22日,在区图书馆举行首发式。区图书馆每月通过馆网页及新书展板,向广大读者报道图书馆动态,发布新书、好书通报,并进行生活小常识宣传,同时开展读书活动。

4月23日,区图书馆会同成都市奥林小学校、九里北路社区等共同举办"世界读书日"系列活动。全年展出展板10余张,开展读书活动3次,900余人参加,评出一等奖20名、二等奖40名、三等奖60名、优秀奖和参与奖若干,在学校开设图书外借室,受到学生、家长和老师的欢迎。

6月,利用一年一度的全国性"图书馆服务宣传周"活动,展出展板15张,举办读者座谈会1次、读书活动2次;活动期间举办猜谜活动,有谜语300条,2000余人次参加;在暑假期间与九里堤南路社区共同举办暑期青少年活动,开展读书活动3次、讲故事比赛2次、参加人数80人次,评出一等奖7名、二等奖9名、三等奖11名。

【中国民间文化艺术之乡(摄影)】 金牛区摄影协会逐年发展壮大,先后组建黄忠、沙河源、金泉等分会,协会会员300余名,开展各级协会展览、创作、交流活动,会员作品参加国际、国内各类比赛并多次获奖。4月,金牛区被省文化厅命名为四川省民间艺术之乡(摄影)。6月,金牛区申报中国民间艺术之乡(摄影)。12月,经过文化部评审,金牛区获中国民间文化艺术之乡(摄影)称号。

【文物保护】 金牛区文物保护管理所做好第三次全国文物普查工作,按时完成金牛区"三普"成果的汇总上报。2—7月,区文管所先后4次组织普查队员对区域内文物认定、文物点名称、文物点坐标、文物的计量、文物的时代等6类不可移动文物按规范、标准反复进行审核,根据专家意见进行修改,确保登录质量。区文管所严格按照国家文物局制定的《第三次全国文物普查工作报告编制规范》《第三次全国文物普查工作报告征文体例》及《第三次全国文物普查工作报告编制大纲》相关规定,组织编写《金牛区第三次全国文物普查工作报告》(初稿),报告共7万字,主要由普查工作背景、普查工作基本情况、普查成果、普查中的文物保护工作、普查中的宣传工作、表彰奖励、体会和建议等7个方面组成。

区文管所更换曾家包汉墓、土桥上下清真寺、九里堤遗址等部分文保单位保护标志;3—8月,拆除九里堤遗址周围的违章搭建,同时修建景观围墙,完成对九里堤遗址的综合环境整治和部分打围保护;全年组织开展规模性宣传专题活动3次,举办展览3次。

【文化活动】 金牛区举办2011年新春团拜会,创作群舞《多彩金牛》、音乐快板《新风》、配乐诗朗诵

文化金牛闹新春

《金牛，向明天奋进》。举办“文体直通车”活动，分别在金泉、沙河源、天回镇、西华4个街道开展“文体直通车”16场次，参与群众1.9万人次。4月，举行金牛区残疾人才艺选拔赛；5月1日，举行劳动者之歌——金牛区庆“五一”职工文艺汇演；6月1日，举行我的节日·我最炫——金牛区庆“六一”文艺汇演；6月29日，举行永远跟党走——金牛区庆祝建党90周年暨“红歌唱起来”群众歌咏电视大赛颁奖晚会；7月1日，参加市文化局组织的成都市庆祝中华人民共和国成立62周年暨“成都文化四季风·欢歌庆秋”大型群众歌咏比赛、成都市特色文艺宣传原创作品巡演活动；结合传统节日开展“我们的节日·清明节”“我们的节日·中秋节”等活动。

【群文协会活动】 金牛区作协、金牛区美术书法协会、金牛区摄影协会、金牛区音乐舞蹈协会全年开展20余场文化活动。区作协（金牛文学创作中心）开展每月一次的文学创作经验交流会活动，为全区文学爱好者创作提供交流平台；区美术书法协会、区摄影协会会员作品多次在和谐金牛广场展出，区摄影协会会员作品在第十三届全国当代摄影艺术邀请赛中获特别奖1个、最佳色彩奖1个、金奖2个、银奖6个、铜奖2个、优秀奖5个，协会获邀请赛组织工作奖，两幅会员作品在由中国文联和中国摄影家协会联合主办的首届全国农民摄影大展中入选；策划、举办“情怀”——2011年金牛区文学艺术界年会。编辑出版《金牛群文》《金牛摄影》《金牛书画》《锦西文化》《金牛社区大舞台》等刊物。

【新闻出版工作】 金牛区获2011年度成都市广播影视新闻出版（版权）工作综合目标考核先进单位；获

牵手·同行——金牛区首届残疾人文化艺术选拔赛

文化市场检查

成都市“扫黄打非”工作、广播电视安全播出、全民阅读活动、农家书屋工作、政务信息调研等单项奖6项。推进“书香金牛—金牛区全民阅读暨‘十佳读书之星’评选”活动，出版优秀征文集《书香金牛》（春之卷、夏之卷、秋之卷）并在《成都日报》推出系列报道。

【广播电视管理】 金牛区做好广播电视管理工作，确保正确的舆论导向，坚持“三贴近”原则，鼓励节目创新，加强安全播出，成立安全播出指挥部领导小组，做好应急技术培训和演练工作，“三电”工作专人负责，坚持安全播出值班制度，按规定完成广播电视安全播出技术防范工程建设任务，实现“零插播”目标。

【印刷发行管理】 金牛区做好农家书屋提升和“示范农家书屋”建设工作，培训农家书屋管理员48人。建成5个示范农家书屋并通过市局检查验收；加强对印刷发行业监管，确保全区2011年印刷发行业的安全稳定；完成2010年度全区177家印刷企业、171个打字复印店、149个书刊零售点的年审工作。

【文化市场管理】 金牛区获全国“扫黄打非”先进集体和国家版权局查处侵权盗版案件有功单位一等奖；完成全区2011年正版软件目标任务，区级各部门采购正版Windows系统软件936套、office软件1189套、杀毒软件48套、服务器（R2）6套，采购经费240万元。做好版权保护工作，全年查获“2·22”“2·28”“7·13”“8·9”“9·29”“12·27”等侵权盗版音像制品地下交易和非法运输案件，收缴侵权盗版音像制品30

万张，7名涉案人员被追究刑事责任。“2·22”案作为四川省2011年重大案件上报文化部，参加全国十大案件查处工作的评选。加强出版物市场的监管，开展“扫黄打非”进社区工作，全年组织开展“扫黄打非”进社区活动6次。

（陈　静　余　华）

刊物·电视

【专题宣传】　2011年，《新金牛》开设《民生工程，春风拂金牛》《金牛·民生》等栏目，刊发区、街道各级政府为民办实事、办好事的动态新闻；每月推出一期反映金牛民生工作的主题性新闻报《民生金牛》，内容涉及各类民生资讯和百姓生活的方方面面，面向社区，服务群众，搭建党群、干群沟通的桥梁。相继推出纪念建党90周年系列栏目“最基层的人做好最基础的事”“我们身边的共产党员”“信念——重温入党故事”“实现双过半，为建党90周年献礼”等专题策划。全国新闻宣传战线开展“走基层、转作风、改文风”活动，中心除定点联系以外，还刊发《走基层转作风改文风——在一线》专栏文章；中心领导撰写调研文章《到基层去，把最基础的事做好》《记录与思考——走转改心得体会》。

【办刊成果】　采编中心围绕区委、区政府中心工作开展宣传，办刊成绩稳步提升。在成都市新闻奖评选中，一篇评论获得专项奖；在2011年市记协区县分会好新闻评选中，获通讯、言论、消息、图片、策划等13个大奖，获奖等级和数量在全市各区（市）县刊中名列前茅。11月8日第12个中国记者节，采编中心总编辑邓熠被市记协区县分会评为优秀总编，江畅等5名记者、编辑被评为优秀新闻工作者。区委书记杨林兴在10月28日视察新金牛采编中心时指出：“新闻宣传为全区转型发展营造了良好的舆论氛围，大家辛苦了。”

【刊物宣传】　采编中心持续、稳步推进对上、对外宣传工作。全年在市级以上报刊刊发文字和图片稿件200条（幅），其中在《四川日报》《成都日报》等党报、党刊刊发81条（幅），多角度展示金牛风采，提升金牛知名度；在《人民日报》4月7日8版发表《公车改革新尝试》一文，介绍区教育局的车辆改革试点工作，在全国引起巨大反响。开展网络宣传，四川新闻网、新浪新闻、网易新闻、腾讯新闻等网络新闻媒体引用采编中心上宣稿件数50余条；通过成都全搜索、《四川日报》网络版等平台刊发《交大路改造　上千行道树搬家》《天回镇街道社区自主保洁工作启动》《黄忠街道的暑假生活：想学什么都免费》《草根弦乐队，奏响社区快乐之音》等稿件20余条。

【刊物发送】　采编中心采取有效措施，确保《新金牛》及时、准确地发送给区领导和区级机关各部门，全区各街道、社区，驻区各企事业单位，省、市四大班子领导和市级各部门主要负责人，做到“送刊及时，不漏发，不少送”。全年发送《新金牛》47期，发送数量37.6万份。协调好《民生金牛》发送，梳理建立全区街道社区发行网络，及时分解发行任务，建立完善《民生金牛》发行及通讯员网络，做好印刷厂和街道联络工作，确保每期《民生金牛》走进千家万户。全年发送《民生金牛》12期，发送数量240万份。

【优秀电视作品】　金牛有线台获国家级广播电视节目奖项3个，省级广播电视节目优秀奖3个、提名奖3个，市级广播电视节目优秀奖12个，获奖档次和数量在全省区县级电视台中位居第一，其中《社区免费体检为何遭冷遇》获2010年度全国县级广播电视作品电视消息类一等奖；《魅力金牛》获2010年度全国县级广播电视作品电视栏目二等奖；《金牛新闻》获2010年度全国县级广播电视作品电视栏目三等奖；电视剧《挪个地方要得不》获四川广播电视节目奖优秀奖。电视消息《社区免费体检为何遭冷遇》获四川广播电视节目奖优秀奖，电视戏曲节目《老城的声音》获四川广播电视节目奖优秀奖。

【电视宣传】　区有线台围绕全区提升“三大品质”和深化“五区金牛”建设，开展形式多样、主题鲜明的宣传报道。

新闻宣传　在新闻中对重大项目、重要部署、重点工作进行重点报道，深入挖掘和宣传全区敢于攻坚破难的先进人物和典型事例，设置《真爬坡　敢破难》《文明城市　共创共享》《金牛警讯》等专栏，推出《聚焦十二五》《惠泽民生　改善民生》《竞争大选拔》《最基层的人做好最基础的事》等系列报道，全方位、多角度地反映全区上下解难题，促发展的新举措、新成效，提升对中心工作的宣传报道力度。全年播出新闻3100余条。

专题宣传　制作成都国际商贸城形象片，反映全国人口普查、双拥工作、创新社会管理等方面内容的专题片；创新形式，打造人物访谈节目，先后有区四大班子领导、各街道部门、专家学者、企事业单位负责人100余人接受区有线台专访，畅谈促进发展的思路和举措；与区企业家联合会联办《财富论道》，对区属重点企业负责人进行专访，宣传重点企业，展示企业风采；与区规服办、区纠风办继续合作办好《阳光政务》节目，搭建政府与群众沟通的平台。

社教节目　从建设全国一流社区电视台的定位出发，深入社区，贴近群众，办好《社区直通车》《欢乐社区大舞台》等栏目，生动展现全区群众积极向上的精神风貌。全年，摄制民生服务类节目《社区直通车》104期、娱乐节目《欢乐社区大舞台》102期，与成都市计生委合作拍摄制作《成都人口》节目40期，在成都电视台CDTV-1播出。

【电视对外宣传】　区有线台密切与中央、省、市媒体的联系与合作，主动策划，挖掘典型，宣传全区转型发展、科学发展的新举措、新成果。首次参与成都市"两会"报道，与成都电视台合作在市"两会"期间推出专题片展示区域形象。全年在中央电视台播出金牛区相关新闻10条，在省级电视台播出124条，在市级电视台播出672条。

【公共频道建设】　区有线台提出公共频道建设理念，围绕新的发展定位，对节目进行全新改版，对《金牛新闻》《魅力金牛》等8档自办节目的节目形态进行精心定位和内容再造。

宣传社会主义核心价值观，围绕公共频道定位，凸显服务性。在新闻节目中加大与群众生活密切相关的报道篇幅和力度，设置《时政要闻》《走进社区》《今日快讯》《今日关注》版块，同时转变新闻语态，在时政新闻民生化表达方面进行积极探索。《社区直通车》栏目的服务信息量扩大，服务功能增强，以走基层、转作风、改文风为着力点，将镜头对准群众。与区文化部门联合组织开展"红歌唱起来"——金牛区庆祝建党90周年群众歌咏电视大赛。

【硬件建设】　区有线台实施演播室改造计划，多次走访调研省、市兄弟电视台的多个演播室，各部室人员反复讨论技术思路及设计意见，最终确定设计方案。为提升区有线台外出录制水平，10月，招标购置外出录制的关键设备并投入使用。

【节目制作】　区有线台倾力打造电视精品，提升节目品质，增强广播电视的社会引领能力。在节目策划、制作、考评和创优等各环节不断完善机制。强化节目精品意识、电视语言意识和观众意识。强化业务培训，加强节目交流，狠抓节目创优，广泛开展合作。创新观念出精品，围绕"纸币故里 商贸金牛"的主题，首次以高清和3D动画的形式，摄制完成金牛区区域形象宣传片《商贸金牛》。由区有线台组织专业团队精心打造的大型电视连续剧《大川商》完成前期剧本创作工作，该电视剧被列为省、市文化事业重点扶持项目。

（唐骏波　曾亚莉　陈雯霞）

档　案

【档案馆基础管理】　2011年，金牛区档案局开展档案工作"基础业务建设年"活动，完成"档案基础管理调研"任务。接收中共成都市金牛区委员会档案257卷，原龙潭乡婚姻档案5卷，共262卷文书档案；整理撤销街道会计档案1064盒、2337卷；向社会开放档案62个全宗、748卷；打印装订卷内目录362本，整理装订资料63本，撰写档案利用典型事例12篇、利用分析报告1篇。区统筹城乡工作成果展全年接待1个单位、14人。

首次开展馆藏档案信息数据异地备份工作，在沈阳市档案馆异地备份数据包括金牛区婚姻档案及网站数据，其中婚姻档案26个全宗、5795卷，全文图片84.9万页，有效防止突发事件、地震、火灾、水灾等各种无法抗拒因素损毁馆藏档案信息。

【机关档案】　区档案局指导全区机关、街道完成2010年度文件资料归档工作，其中文书档案4.7万件、会计档案5614卷、科技档案190盒、照片档案1.7万张、光盘档案225张、各类专业档案5.3万卷、实物档案126件、资料384册；全区各机关、街道2010年共接待档案查阅1.5万人次、提供档案利用2.1万卷次；全年完成机关档案规范化管理省级标准认定3个、复查7个。

【城乡统筹发展专题档案】 金牛区制定《关于进一步做好城乡统筹发展专题档案工作的实施意见》。截至12月，收集整理全区2003—2010年城乡统筹发展专题目录6.2万条，初步建立城乡统筹专题档案目录数据库。2011年，城乡发展专题档案工作目标任务通过市级检查验收，档案目录数据进入全市城乡统筹发展专题档案资源共享体系。

【科技事业单位档案】 成都市第十七幼儿园通过四川省科技事业单位档案工作规范化管理一级标准认定。

【重点建设项目档案】 金牛区制定《关于规范重大工程项目招投标档案管理的实施意见（暂行）》，意见对全区重大工程项目招投标过程中档案资料的收集、整理和归档提出统一的规范化标准、要求，为全区重大建设项目招投标档案规范化管理的实施提供依据；首次理顺和明确重大项目主管部门、项目业主等有关单位工作职责；分解下达全区2011年度41个区政府投资重点项目档案管理工作目标任务。

【档案信息服务】 区档案局开展政府公开信息服务中心查询点标准化建设，做好全区“双重”活动档案资料的收集、管理、利用和政府公开信息服务工作，及时更新金牛档案信息网站内容。全年收集、整理8个单位的3个“双重”活动资料50份，上传政府公开信息文件617条、开放档案7297条；上传信息51条，网站累计访问量14.7万人。

【民生档案利用】 区档案馆按照“与民生相关的档案优先整理、优先数字化”的原则，强化馆藏民生档案数字化，满足民生档案优先利用。截至12月，完成馆藏档案5万卷文件级档案目录录入118万条，完成比例占馆藏总卷数6万卷的83.3%；完成婚姻、农房、知青下乡、独生子女、人事、工龄等民生档案全文数字化工作，共计1万卷、138.4万张。全文档案数量约占馆藏档案的17.2%，其中民生档案利用率最高的馆藏婚姻档案6802卷、8.4万条、87.4万张，全部录入计算机，机检率100%。全年接待查询档案4415人次，提档档案利用2684卷，免费查档406人次，为群众查询婚姻、独生子女、知青下乡、职工精减、招工录用、退伍转业、农村宅基地、司法公证等原始档案2668份，并根据群众及社会需求，提供查无档案证明234份。实现全年零投诉，收到群众表扬信23封。

【档案信息化】 区档案馆承续金牛区数字化档案馆载体项目建设。按照“精心安排部署迁馆前后的档案信息化工作重点，积极争取各方面支持，确保档案信息化建设上新台阶，稳步推进全区档案资料数字化加工”的工作思路，强化档案信息资源建设和开发利用。继续做好馆藏存量纸质档案的数字化工作，继续开展为中心工作服务、利用率较高、珍贵重要档案等存量纸质档案全文扫描录入。全年完成区四大班子建设、民国时期等馆藏档案数字化扫描加工522卷、1.1万页。

【档案继续教育】 全年举办全区机关档案培训、城乡统筹发展专题档案工作培训和重点项目档案工作培训各1期，培训档案员204人；组织参加上级主管部门业务培训讲座6期、15人次。

【档案法制宣传】 金牛区实施《成都市金牛区档案工作“六五”普法规划实施方案（2011—2015年）》。结合档案规范管理和城乡统筹专题档案工作等进行法制宣传，开展“送法进社区”活动18次；开展行政执法检查96次，其中重点执法检查20次；加强全区机构改革过程中的档案管理监督指导工作。

全年发表档案工作信息74篇，其中报送中国档案网、中华档案网档案工作信息7篇，获全省档案“五五”普法先进集体称号，被评为全省档案宣传工作先进单位。

【档案工作调研】 区档案局重点开展政府机构改革档案工作调研、档案基础管理调研、档案信息化建设、档案宣传工作调研、城乡统筹专题档案工作调研、重大工程项目招投标档案管理调研等，提出区政府机构改革相关部门全宗变更的意见，形成《关于规范重大工程项目招投标档案管理的实施意见》《关于进一步做好城乡统筹发展专题档案工作的实施意见》《金牛区档案信息化建设现状问题及建议》《金牛区档案局（馆）突发事件应急预案》等调研成果，为完善全区档案工作标准体系奠定基础。

（吴　玲）

地方志

【第二轮志书编纂工作】 2011年，金牛区地方志编纂委员会办公室按照市志办进度要求继续开展第二轮志书编纂工作，全年对《金牛区志（1991—2005）》进行精细化加工，召开志书专题讨论会6次，4月14日召开《金牛区志(1991—2005)》复审会，7月29日召开《金牛区志(1991—2005)》终审会，顺利通过复审及终审，消化复审终审评审组意见，完善志书质量。

【《金牛年鉴（2011）》】 《金牛年鉴（2011）》是成都市金牛区人民政府主办的综合性地方年鉴，整体反映金牛区2010年度政治、经济、社会发展变化情况，记载时限从2010年1月1日起至2010年12月31日，为金牛区第九卷综合年鉴。年鉴客观、真实、准确、全面记载2010年度金牛区在城乡统筹发展、建设五区金牛中所取得经验及成果，突出金牛地域特色和时代进程，记录全区各街道、部门、各行业的基本情况和年度大事，为各级党政机关、研究部门、社会团体、中外投资者了解认识金牛提供翔实资料。《金牛年鉴（2011）》全书68万字，彩图36页，附表110个，11月正式出版发行。年鉴装帧精美、图文并茂，集资料性、信息性、宣传性于一体，具有极强的实用性和保存价值。在此基础上，年鉴在特色条目的选题上不断探索、创新和完善，力争更加突出年度特色，打造精品年鉴，发挥年鉴存史、资政、育人的作用。年鉴工作无论是从文字内容编辑、版式设计上均走在各区（市）县前列。

（张　蓉）

体　育

【《金牛区体育产业发展规划（2012—2020）》】 规划2011年11月由区政府印发。明确产业发展目标、工作思路和产业发展重点及主要任务，对全区的体育产业项目进行空间布局，疏理前期拟建的体育产业重点项目，完善产业发展保障措施。

【全民健身示范城区试点建设】 2011年，金牛区提出“运动成都·活力金牛”全民健身事业发展理念，全面实施金牛区全民健身400惠民工程。全民健身活动“年年有主题、月月有特色、周周有亮点、天天有活动”。活动从3—12月，分春夏秋冬4个季节，分别举办趣味体育、健身路径、广播体操和乒乓球比赛，每季度的主题活动分社区初赛选拔、街道复赛竞优、区级决赛争名次3个阶段进行。每个主题活动有100个社区的群众参加，全年有400个社区的群众参加体育活动。全年有3800余支队伍参加各种主题比赛和活动，总人数20万人次。区财政安排全民健身活动资金400万元，人均标准约6元，并将根据财力增长情况逐年增加，逐步形成财政拨款、单位投入、企业赞助、个人资助的多渠道全民健身经费投入机制。建立区、街道、社区三级全民健身组织体系，有三级社会体育指导员1673名。安装健身路径170条，每个社区至少拥有1条以上健身路径，建成16千米健康绿道，拥有各类公共体育设施面积98.2万平方米，人均拥有体育设施面积1.37平方米。9月，金牛区被国家体育总局确定为全民健身示范城区试点单位；金牛区文化旅游和体育局被国家体育总局授予全国2011年度全民健身活动优秀组织奖。

【体育活动】 金牛区对15个街道112名社区体育活动积极分子进行第八套广播操培训并注册、登记；结合全市文明指数测评工作，组织体育志愿者到各街道、社区为群众开展科学健身知识讲座和咨询活动，全年举行体育科普讲座45场，参与群众4500余人。组队参加成都市第十二届运动会（青少年组）运动员的选拔和注册工作，截至12月，全区注册青少年运动员1536人。

【竞技体育】 金牛区少年儿童业余体校开设棒球、田径、足球、艺术体操、网球、乒乓球6个体育运动训练项目，训练学员140人，全年向上级专业队输送体育后备苗子37人。全区青少年业余训练共建成48个训练点，开展24个项目的训练。

【学校体育】 全区各中小学校继续进行“体锻一小时”工作，举办足球、篮球、田径、游泳、乒乓球、棋类、模型、排球比赛和“乒乓球活动月”“百日游”等体育活动，全区82所学校的12万名学生参加活动。

【体育彩票】 金牛区采用在各种运动和活动中做宣传，增加销售网点和增大销售覆盖面积等方法，提高体育彩票销售额度，加大对全区体彩销售网点的业务指导和检查，要求商家做到文明经营、规范管理。全区在线销售体彩点251个，全年销售额1.6亿元，名列全市各区（市）县第一。

【游泳场所管理】 金牛区按照《成都市游泳场所管理办法》规定，开展为期一周的救生员培训，培训学员81名，颁发救生员上岗证；对全区46个游泳场所的法人代表及游泳池负责人进行培训，增强游泳场所业主的安全责任意识；联合区卫生、公安、安监、质检等部门对申请开设游泳池的商家进行执法检查，全年开展游泳场所执法检查80次，准予开池32家。

【全民健身体育设施建设】 金牛区全年修建完成“1+2”全民健身工程（即一条健身路径、两张乒乓球桌）15套，全民健身路径10条。狠抓省、市、区体育民生工程的落实，金牛体育中心田径场每天早上向群众免费开放，全年在田径场运动48万人次。截至12月，全区全民健身路径170条，全民健身体育设施进社区覆盖率100%。

【亚太区PONY少年棒球锦标赛】 7月29日—8月4日，由中国棒球协会主办，成都市体育局、成都市金牛区人民政府承办的“金牛杯”2011年亚太区PONY少年棒球锦标赛在金牛体育中心棒球场举行，来自亚太区的中国、日本、印度尼西亚、中华台北、四川遂宁5支代表队的100余名运动员参赛。

2011年金牛区体育竞赛获奖情况

序号	获奖名称	颁奖单位
1	2011年成都市元旦越野赛男子乙组3000米　冠军	市体育局
2	2011年成都市小学生篮球比赛　第一名	市体育局 市教育局
3	2011年成都市小学生综合运动会女子组　一等奖	市体育局 市教育局
4	2011年成都市小学篮球传统校比赛女子组　第一名	市体育局 市教育局
5	2011年四川省“热血少年”足跑比赛　第一名	省体育局
6	2011年成都市小学生气排球比赛　一等奖	市体育局 市教育局
7	2011年成都市乒乓球赛女子团体第一名、男子团体第三名	市体育局 市教育局
8	2011年成都市“幼芽杯”棋类比赛　围棋团体第一名、象棋团体第一名、国际跳棋团体第一名	市体育局 市教育局
9	2011年四川省少年棒球比赛　第一名	省体育局
10	2011年亚太区PONY少年棒球锦标赛　第三名	国家体育总局

（许　军）

（审读：胥厚全）

民生·社会
PEOPLE'S LIVELIHOOD AND SOCIETY

人　口

【概　况】 金牛区人口计生工作坚持“依法管理、居民自治、优质服务、利益导向、综合治理”的原则，着眼“民生”“服务”，一手抓人口数量的控制，一手抓出生人口质量的提升，整合各方资源，全面提升人口计生优质服务水平，推进人口计生工作持续健康发展。2011年，金牛区常住人口120.17万人，户籍人口72.27万人；出生人口4573人，自然增长率1.17‰，符合政策生育率98.3%。

【常住人口】 根据第六次全国人口普查（以下简称六普）数据显示，金牛区常住人口1200776人，同第五次全国人口普查（以下简称五普）2000年11月1日零时的937716人相比，10年共增加263060人，增加28.05%，年平均增加2.50%，占成都市常住人口14047625人的8.55%，和五普一样位居成都市20个区市县之首。在全区所有街道中，常住人口最多的是沙河源街道，有123727人，占全区的10.3%，驷马桥、西华、抚琴街道紧跟其后，人数均超过10万人。人数最少的是凤凰山街道，有4974人，其次是黄忠街道39171人。

全区常住人口密度11085人/平方千米，比五普8519人/平方千米增加2566人/平方千米，增长30.12%，比第四次全国人口普查（以下简称四普）4486人/平方千米增加6599人/平方千米，增长147.1%。五普到六普的10年间全区人口保持快速增长，但相比上一个10年增速有所放缓。密度最大的是驷马桥街道，达到41663人/平方千米，其次是抚琴街道，达到37991人/平方千米，密度最小的是凤凰山街道，为702人/平方千米，其次是天回镇街道，为2554人/平方千米。

【户籍人口】 根据六普数据显示，金牛区户籍人口710030人，占成都市户籍人口11426983人的6.21%，在成都市20个区市县中位居第四，五城区居第一。在全区所有街道中，户籍人口最多的是驷马桥街道，有86061人，占全区的12.12%，人数最少的街道是凤凰山街道，有9415人，其次是五块石街道，有18366人。

【外来人口】 根据六普数据显示，全区常住人口中，居住本街道且户口在本街道的人口为509920人，占42.47%；居住本街道，户口在外乡、镇、街道,离开户口登记地半年以上的人口（外来人口）为687368人，占57.24%；居住本街道，户口待定的人口为2549人，占0.21%；原住本街道，现在国外工作学习的人口为939人，占0.08%。全区人户一致的比重为42.47%，比五普下降4.42个百分点，人户分离情况较五普更加严重。五普外来人口为486855人，六普比五普增加200513人，五普到六普10年间增加常住人口26.3万人，外来人口比例是76.22%。全区外来人口中，户口在本市的72491人，占10.55%；户口在本省其他县、市、区的513132人，占74.65%；户口在省外的101745人，占14.80%，外来人口中来自市外省内的占四分之三。

外来人口最多的是沙河源街道，有95175人，占该街道常住人口76.92%；其次为西华街道，有89045人，占该街道常住人口的79.79%，该比例居全区之首；人民北路街道外来人口比例全区最低，外来人口28991人，占该街道常住人口的37.60%。

【人口自然增长】 全区出生人口4573人，人口自然增长率1.17‰；死亡人口3733人，死亡率5.18‰，同比上升0.18‰。人口性别比（以女性为100）为101：100，出生人口性别比为109:100（以上均按户籍人口计算），在正常范围内。全区人口自然增长较2010年有所上升。

【人口机械增长】 随着城乡一体化进程的加快，经济和社会发展规划的全面实施，金牛区以户籍政策鼓励招商引资和吸纳高素质人才，全区机械人口增长呈逐年上升趋势，全年增长0.58万人。

【农业与非农业户口人数】 全区常住人口中，农业户口人数471157人，比五普增加112408人；非农业户口人数727070人，比五普增加166263人；非农业户口人口占总人口比重60.68%，比成都市平均44.35%高16.33个百分点，与五普的60.99%基本持平。由于非农业户口人数比重在五普时较四普下降9.61个百分点，说明四普到五普的10年间全区外来人口中农业户口人数比重很高，而五普到六普的10年间全区外来人口中农业户口人数所占比重明显低于非农户口人数。

农业户口人数占前三位的街道分别是西华、沙河源、天回镇街道，分别为78349人、77823人、64784人；非农业户口人数占前三位的分别是驷马桥、抚琴、西安路街道，分别为90506人、87941人、72426人。非农业户口人口占总人口比重最高的是西安路街道，为83.32%，黄忠、人民北路、抚琴、九里堤街道均超过80%。非农业户口人口占总人口比重最低的是天回镇街道，为23.78%；其次是西华街道，为29.63%。

2011年金牛区户籍人口构成及变动情况

指标名称	单位	2011年实际	2010年实际	2011年比2010年（±%）
年末总人口	人	722676	717769	0.7
1.按农业与非农业人口分				
农业人口	人	0	0	
非农业人口	人	722676	717769	0.7
2.按城镇人口与乡村人口分				
城镇人口	人	647225	642038	0.8
乡村人口	人	75451	75731	−0.4

续表：

指标名称	单位	2011年实际	2010年实际	2011年比2010年（±%）
3.按性别分				
男	人	362779	361325	0.4
女	人	359897	356444	1.0
人口自然变动情况				
出生人口	人	4573	5554	−17.7
男	人	2381	2864	−16.9
死亡人口	人	3733	5739	−35.0
男	人	1795	3334	−46.2
人口机械变动情况				
迁入人口	人	21679	23860	−9.1
迁出人口	人	14066	15136	−7.1
总人口性别比（以女性为100）	%	100.8	101	−0.2

【利益导向】 金牛区计划生育“三金”（计划生育家庭特别扶助金、计划生育家庭奖励扶助金、独生子女父母奖励金）全部兑现，其中计划生育家庭特别扶助对象967人，发放特别扶助金105.6万元；计划生育家庭奖励扶助对象2201人，发放奖励金158.5万元；符合独生子女父母奖励对象18570人，发放奖励金18.6万元。

【宣传教育】 全区人口计生宣教工作以人口早期发展和婚育新风进万家为重点，以提高出生人口素质为目的，立足健康和实惠，完善优生、优育、优教全程优质服务体系，惠及社区居民群众。全区有计生固定宣传阵地113个、宣传专栏130余个，计划生育宣传品入户率90%以上，群众对人口计生有关知识的知晓率90%。全年累计发放各种宣传资料10万份，避孕药具30万盒，咨询服务5.91万人次。

【优生优育优教】 3月15日，金牛区整合区计生服务站、妇幼保健院优势资源，引进上海的专业教育机构作为技术支撑，打造成都市唯一一个集优生优育优教服务项目为一体的优生优育服务中心。中心有接待咨询室、亲子活动室、视频阅览室等场所，开设孕期大课堂、产前培训、孕期营养评估、婴幼儿生长发育知识等各种培训班，由区妇幼保健院派驻优秀专业技术人员和培训讲师到区计生服务站，重点为新婚夫妇、怀孕夫妇及0岁—3岁婴幼儿家长提供孕前优生健康检查、孕期保健、婴幼儿早期教育等服务。全年为辖区新婚夫妇、已婚待孕妇女举办优生健康培训42期，培训1649人次，发放新婚礼包3030份，发放新生儿礼包2939份；开展生殖健康保健专题讲座2次，培训辖区内计生专（兼）职人员242人次；组织开展早教活动319次，4847个宝宝及家长参加活动，早期教育免费授课6791人次。

【免费技术服务】 全年投入计划生育免费技术服务经费63.4万元；主要依托区计生服务站和辖区内9个社区卫生服务中心计生服务站对37919名辖区已婚育龄妇女开展免费生殖健康普查，为辖区内符合条件的3142对已婚待孕夫妇提供免费孕前优生健康检查，为育龄期妇女免费提供避孕药具和举办生殖健康讲座。

【流动育龄人口】 全年流出育龄人口652人，其中育龄妇女424人、已婚育龄妇女316人；流入育龄人口163999人，其中育龄妇女65158人、已婚育龄妇女49035人。

【管理与服务】 金牛区宣传计划生育法律法规、避孕节育、优生优育和婚育新风等知识，将90%以上的育龄流动人口纳入管理和服务；向33708名已婚育龄妇女提供计划生育技术服务和生殖健康保健服务；查验育龄妇女婚育证明11万人次；建立和完善流动人口计划生育信息管理系统和信息交换平台；帮扶50个流动人口困难家庭。

（谢家令）

劳动与就业

【劳动争议调解仲裁】 2011年，金牛区健全完善集体协商和集体合同制度，贯彻落实“彩虹”计划三年规划；完善劳动关系协调机制，15个街道全面建立“三方协调机制”；成立成都市金牛区劳动人事争议仲裁院；14个街道全面完成和谐劳动关系街道创建工作，实现3年任务两年完成。

全面建立劳动争议调解组织，配备调解员，有效调解劳动争议案件200多件，结案率98%；完成全区企业薪酬调查工作124户。全年劳动人事争议仲裁院受理劳动争议案件565件，维护劳资双方的合法权益。

【行政审批与工伤认定】 加强人力资源和社会保障法制建设，加强行政监督，规范行政行为。区人社局全年办理行政复议14件、行政诉讼16件；受理工伤认定申请382件，结案376件，按时办结率100%；审查办结因病退休3人、因病退职2人、病残津贴1人、特殊工种退休52人；办理特殊工时申请46件；申请综合计算工时岗位人数6276人，申请不定时岗位人数3077人；年检合格的职业介绍机构1个，合格的职业技能培训机构11个；新增培训机构1个；审批27个医疗机构为基本医疗保险定点医疗机构。

【依法行政】 以政府机构改革为契机，加强人社系统法制机构建设，新整合成立法规宣传科、行政审批科、劳动关系争议仲裁科等内设机构，新成立局下属事业单位人力资源和社会保障监察队、劳动人事争议仲裁院，理顺依法行政工作机制，全面推进依法行政。树立程序意识，遵守行政程序，规范行政权力的运行。建立重大案情定期分析研判制度，坚持重大案件定期研究、检查，严格按照法定程序办事。召开成都公交集团新城市巴士有限公司收取员工风险抵押金一案的行政处罚公开听证会，这是自《劳动合同法》实施以来，成都市召开的第一次拟罚款数额较大的重大行政处罚公开听证会，充分体现公正、公开的原则。通过听证会的召开，宣传相关法律法规，维护当事人的合法权益，提高执法人员依法办案能力，在推进依法行政进程中具有标志性意义。

【人社系统宣传】 区人社局创办《人力资源社会保障工作动态》专刊，每月一期，重点宣传金牛区人力资源和社会保障工作的实时动态和创新实践。期刊贴近实际、贴近生活、贴近群众，富有特色，成为人社系统对外宣传和干群交流的平台。重视对外宣传，全年完成外宣稿件98篇，其中中央、省级、市级及以上媒体报道11条，《成都日报》专版刊登报道《便民 惠民 安民——金牛人力资源与社会保障工作大打“民生”牌》。

【劳动保障监察】 金牛区强化劳动保障监察工作，通过主动监察、用工年检、日常巡察、专项监察等方式，督促用人单位依法用工，全年依法受理举报投诉案件639件，结案639件，结案率100%；接待企业和劳动者来电咨询4300余次，累计为48人次清退押金（保

2011年全国高校毕业生就业服务月活动

证金）2.3万元；为225名农民工追讨工资78.1万元；督促2300多家用人单位参加社会保险；主动监察用人单位617家；审查293家用人单位报送的书面材料；妥善处理突发事件22件，突发事件处置率100%，与相关部门配合追讨建筑业农民工劳务费5000万元，涉及劳动者2300余人，及时有效地维护劳动者和用人单位的合法权益；推进劳动保障监察网格化建设，全区全年劳动保障监察网格化中有一级网格15个、二级网格100个，网格中用人单位1935家，职工80933人，网格内用人单位劳动合同签订率99.7%，其中农民工劳动合同签订率99.9%。

【就业服务】 金牛区城镇新增就业19878人，其中城乡失业人员再就业7431人，就业困难人员2145人，城镇登记失业人员再就业率98.4%；农村富余劳动力向非农产业新增转移就业2457人，动态消除零就业家庭；城镇登记失业率控制在4%以内。

业务培训 指导办理就业失业登记证，录入成都市统筹城乡劳动保障四维基本公共服务体系信息管理系统。全市统一办理新就业失业登记证，启用新的信息管理系统，及时对街道和社区工作人员开展培训，确保就业失业登记证发放和系统管理工作顺利开展。

政策宣传 全年加大对促进充分就业各项新政策的宣传力度，通过印发宣传资料，设置现场咨询等方式，广泛宣传促进就业政策。截至12月，通过资料审核及现场核查，办理各类补贴183.4万元，其中企业吸纳就业困难人员就业社保补贴134人、金额29.9万元；岗位补贴51人、金额15.9万元；完成灵活就业人员社会保险补贴申报发放905人、金额137.6万元；办理社区就业实体的小额贷款申请，审核认定社区就业实体77个。

就业信息平台 组织开展就业实名制动态管理信息调查员调研工作，发放调查问卷1323份，收回1288份，结合实地调研情况，形成调研报告，为完善就业实名制动态管理长效机制打好基础。在动态调查工作中建立就业动态分析机制和一套规范的报表制度，严格遵循“报表数据-网络数据-台账数据”三统一，实现网络录入数据与报表数据误差率不超过5%。

开展对灵活就业社保补贴和企业吸纳就业困难人员社保及岗位补贴的核查。对灵活就业社保补贴的核查采取不定期抽查与定期抽查相结合，并进行现场取证、询问周围邻居等方法，做到核查有据。协助税务部门开展享受税收优惠政策资格认定工作，全年为6名创业者进行享受税收优惠政策资格认定。

【就业培训】 金牛区就业培训按照“实力化合作、市场化招生、规范化管理、全面化核查”的思路，开展在岗培训、农民工培训、品牌培训、创业培训。全年发放就业培训券1.1万份，农民工参加培训8818人，其中农民工在岗培训2757人、农村劳动力技能培训5506人、品牌培训555人。

实力化合作 根据全年的培训任务和需求，分阶段选择实力强的定点培训机构签订培训协议，定点培训机构的实力主要从培训设施、师资、质量、生源及支持就业工作等5个方面考察。

市场化招生　选定的培训机构自主与相关街道衔接，在立足市场需求的前提下，组织符合条件的城乡劳动者参训。

规范化管理　为增强就业培训的针对性、有效性和实效性，强化培训管理，提高培训资金使用效益，确保培训目标任务的完成，特别制定风险防范规则。

全面化核查　按照规定，全面核查培训过程、培训结果，对不符合要求的按规定整改处理。区就业局现场对每个培训班至少进行一次随机抽查。培训后，培训机构必须在3个月内申报培训补贴，在规定时间内申报就业补贴；以网上申报培训补贴人员为基准，100%地对每人进行电话、实地抽查。

【统筹失业保险】　全年区属新增领取失业金人员1388人；向区属失业人员9634人次发放失业保险金604万元；向农民工158人发放一次性生活补贴21万元；系统外转移7人，发放6.9万元。

贯彻宣传失业保险政策，通过多种渠道宣传失业保险政策和工作。利用招聘会对失业保险政策进行宣传并发放宣传资料；分别在天回、凤凰山、沙河源和营门口、金泉等街道现场宣传失业保险政策；通过区内媒体多次对失业保险工作进行报道。到十多家企业上门了解和政策宣传，核实劳动关系的真实性，有效保证失业保险基金安全使用。对410名领取失业金人员进行商品营业员培训，均顺利结业。

落实《关于对低收入群体进行价格补贴的通知》，逐一核对享受失业金人员，其中符合享受价格补贴的955人，发放补贴9.6万元。落实《市政府关于扩大失业保险基金使用范围的通知》的文件精神，截至12月，向市局申请的金牛区扩大使用失业保险基金257万元，享受人数1035人。对申请办理失业保险待遇的征地农民进行专人负责，全年有621名征地农民享受失业保险待遇。

为大量裁员的企业提供政策咨询和服务工作，全年分别对兴胜皮革厂、成都市市场管理中心金牛分中心等企业集中办理失业保险审核工作。

【就业配套政策】　4月，在全市率先起草出台《关于印发<金牛区贯彻落实就业优先战略实施意见>的通知》《金牛区促进以创业带动就业工作安排意见》《金牛区创建全国创业型城市工作方案》等相关配套文件，为本区、本市户籍的高校毕业生和藏区“9+3”免费教育计划学生等重点群体创业就业以及吸纳能力较强、就业促进较好的企业提供更加优惠的政策扶持。

【创业培训】　各街道劳动保障所对全区的城乡劳动者进行详细摸底，建立城乡劳动者创业培训需求档案；针对创业培训的特点和要求，选择合适的创业培训机构，与方兴外国语学校共同商讨创业培训工作，制定培训计划，确定创业培训的教学大纲；根据摸底调查情况，结合培训任务制定《金牛区创业培训计划安排表》，保证培训的顺利开展。

在日常管理中，要求培训学校按照制定的计划开展培训，开班前提前一周在成都市劳动力市场管理信息系统报送申请，系统审核合格后才能开班；对每期培训进行检查和不定时抽查，检查老师的教学质量、学员的到课率、教学设施的配置等情况，发现问题限令学校及时整改；丰富创业培训方式，采取专家讲座、创业成功者介绍经验、市场调查、现场观摩等形式，灵活多样地开展培训，并根据学员的经营项目和创业经历进行分类指导，帮助学员修改创业计划书，分析项目的可行性、资金使用的合理性等。

按照“培训、扶持、创业、转变”的思路，建立起创业培训、创业项目开发、开业指导、小额贷款指导、跟踪服务“一条龙”运作的创业服务工作体系。在培训结束后，向准备创业的学员推荐项目，给符合条件的创业者提供社区金融小额贷款和后续跟踪服务，组织创业专家志愿团进行开业指导，帮助创业者实现创业梦想。

【创业平台】　各街道打造创业示范基地，依托农民新居开辟创业孵化（示范）基地，为有创业愿望和创业条件的各类创业者提供创业孵化和创业实习场所。

2011年“春风行动”现场招聘会

在西华街道的兴盛新居社区打造以本区失地农民创业为主的创业示范基地2000平方米。截至12月，有35户本地失地农民在创业示范基地创业，带动就业100余人。

【小额贷款工作】 贷款工作重心由社区金融小额贷款（个人贷款）转向劳动密集型小企业贷款（企贷）。主动与区企业家协会取得联系，将劳动密集型小企业贷款的政策宣传资料发放到企业手中；走访区内重点企业，进行劳动密集型小企业贷款政策宣传；与银行联系筛选符合认定条件的有贷款意向的企业；与区高科办加强联系，筛选符合认定条件的已经贷款的企业。截至12月，18家企业申请劳动密集型小企业贷款认定，认定成都通力集团股份有限公司、成都川岛食品有限公司、成都蓝灵集团公司等16家企业为劳动密集型小企业。

区就业、财政、国资、经科等部门加强沟通协调，拓宽统计渠道，及时对区内其他单位、个人享受财政贴息的贷款情况进行统计，并将符合小额担保贷款政策条件的通过银行统计上报，以期获得中国人民银行成都分行营业管理部的认可，作为金牛区小额贷款的补充。

【就业援助】 全年为707人办理就业困难人员认定，按时分析上报人力资源职业供求状况分析报告，两次被市就业局评为质量较高单位；为下岗失业人员提供岗位31422个，其中公益性岗位4623个；为落实区就业优先发展战略，联系辖区内大中型企业937家，挖掘储备岗位21895个，安置下岗失业人员、高校毕业生、就业困难人员、残疾人等4222人，为沃尔玛等企业招聘员工256人，本地户籍员工241人，残疾人2人；为重点产业企业富士康招募员工5551人。为规范外来务工人员求职和雇主招用雇员工作，在金泉街道建立成都市金牛区外来务工人员零星用工劳务市场，制定服务内容、工作流程、工作流程图和管理规定；把招聘会与就业“四同步”、就业社保巡回服务活动结合起来，全年举办招聘会23场次，其中21次为招聘会和就业社保巡回服务活动，586家用人单位为求职者提供实用的就业岗位18528个，进场求职人数1.52万人次，散发宣传资料8500余份，达成意向性协议2805人。6月，在“残疾人就业服务月”活动中，走访未就业残疾人1077人，帮助残疾人就业21人；藏区“9+3”计划学生除1人生病治疗外，其余86人全部安排顶岗实习；完成招录用备案，动态消除零就业家庭。

【就业互动】 深入辖区企业，了解用人单位的用工需求，宣传市、区就业优惠政策，动员用人单位提供合适的岗位。利用社区宣传栏，及时张贴《就业促进法》《劳动合同法》和企业的空岗信息，让就业法律法规和援助政策家喻户晓。对辖区的就业困难人员进行回访，掌握就业困难人员最新的就业状况，发现再次失业人员有针对性地提供就业援助服务，做到“随时出现、随时帮扶”。逐户走访，排查新出现的就业困难人员，开展“一对一”的就业帮扶活动。组织形式多样的大型就业招聘活动，发挥全区三级就业公共服务平台的作用，搭建就业绿色通道。

区域就业互动 在邛崃市人力资源服务中心举办专场招聘会，针对两地劳动力特点和企业用工需求，两地劳动就业部门组织28家企业到场参加招聘会，提供岗位1600余个，涉及技工、保安、服务、销售等12个工种。招聘会上发放政策宣传资料1000余份，1000余名求职者进场求职，达成意向性协议352人。

工作交流 与邛崃市举行区域互动就业工作研讨会，就现今就业工作中的重点、难点交换意见和经验，并初步确立下一步互动工作的开展计划。开展全方位、多渠道就业合作，街道—镇（乡）就业合作，三方分别选取具有互补性的街道和镇（乡）在就业工作上进行交流与合作，互相学习借鉴创建充分就业街道和镇（乡）经验，形成务实的合作模式。

【就业“四同步”工作】 金牛区实施就业优先战略，强化就业工作联动机制，确保促进“就业四同步”工作的开展，区就业局深入区内大中型知名骨干企业，特别是劳动密集型和商贸等服务型企业，建立长期联系制度，要求各街道劳动保障所对辖区内的引进企业每个月必须进行走访服务一次以上。通过多渠道及时了解掌握引进企业使用人员情况、岗位数量、岗位性质、岗位要求，做好用工岗位储备。

2011年金牛区单位从业人员平均人数

单位：人

指标名称	2011年实际	2010年实际	2011年比2010年（±%）
年末从业人员人数	211335	200196	5.56
全部从业人员平均人数	208270	196949	5.75

续表：

指标名称	2011年实际	2010年实际	2011年比2010年（±%）
其中：在岗职工	157322	191405	-17.81
其中：年末专业技术人员			
一、按企业事业机关分组			
1.企业	148619	142168	4.54
2.事业	49181	45579	7.90
3.机关	9488	9202	3.11
二、按经济类型分组			
1.国有经济单位	129734	128595	0.89
2.集体经济单位	3493	2925	19.42
3.其他经济单位	75043	65429	14.69
三、按国民经济行业分组			
1.农林牧渔业	202	166	21.69
2.采掘业			
3.制造业	25626	22789	12.45
4.电力、煤气及水的生产和供应	921	653	41.04
5.建筑业	87342	86644	0.81
6.交通运输、仓储和邮政业	5004	4749	5.37
7.信息传输、计算机服务和软件	2468	2440	1.15
8.批发和零售业	12091	11426	5.82
9.住宿和餐饮业	6053	5661	6.92
10.金融业	1734	1775	-2.31
11.房地产业	1136	1017	11.70
12.租赁和商务服务业	2220	2187	1.51
13.科研、技术服务和地质勘查业	18128	16886	7.36
14.水利、环境和公共设施管理	2705	2750	-1.64
15.居民服务和其他服务业	1441	1219	18.21
16.教育	23355	16979	37.55
17.卫生、社会保障和社会福利业	8193	7131	14.89
18.文化、体育和娱乐业	2717	2678	1.46
19.公共管理和社会组织	9999	9799	2.04

2011年金牛区单位从业人员年平均工资

单位：元

指标名称	2011年实际	2010年实际	2011年比2010年（±%）
全部从业人员平均工资	43191	39298	9.91
其中：在岗职工	45586	39643	14.99

续表：

指标名称	2011年实际	2010年实际	2011年比2010年（±%）
一、按企业事业机关分组			
1.企业	35614	32359	10.06
2.事业	63399	58573	8.24
3.机关	50940	51030	-0.18
二、按经济类型分组			
1.国有经济单位	51397	44939	14.37
2.集体经济单位	34697	26050	33.19
3.其他经济单位	29602	28802	2.78
三、按国民经济行业分组			
1.农林牧渔业	36272	33687	7.67
2.采掘业			
3.制造业	27597	31001	-10.98
4.电力、煤气及水的生产和供应	37814	33098	14.25
5.建筑业	39020	33426	16.73
6.交通运输、仓储和邮政业	38307	36007	6.39
7.信息传输、计算机服务和软件	36536	40567	-9.94
8.批发和零售业	26964	24751	8.94
9.住宿和餐饮业	27015	21309	26.78
10.金融业	70452	64805	8.71
11.房地产业	37375	38270	-2.34
12.租赁和商务服务业	23644	19546	20.96
13.科研、技术服务和地质勘查业	84329	80034	5.37
14.水利、环境和公共设施管理	31270	28563	9.48
15.居民服务和其他服务业	28731	22524	27.56
16.教育	48986	50016	-2.06
17.卫生、社会保障和社会福利业	55762	48578	14.79
18.文化、体育和娱乐业	34364	35737	-3.84
19.公共管理和社会组织	50016	50098	-0.16

（林 威 王 涯 万 千）

社 保

【概 况】 2011年4月，金牛区完成4万名农民工综合社会保险与城镇职工社会保险并轨接续工作；5月，区社保局整体入驻金牛区政府第二办公区，设立相对独立和适合对外服务的中心，各项硬件设施到位，符合经办工作要求；7月，实现门诊统筹“可选择”和门诊特殊疾病医院联网申请和结算。

【基本养老保险】 全区城镇职工基本养老保险参保人数16.16万人，新增参保人数6.51万人，征收保费86826万元。

【基本医疗保险】 全区城镇企业职工基本医疗保险参保人数21.87万人，新增参保人数6.6万人，征收保费32557万元。

【工伤保险】 全区工伤保险参保人数11.94万人，新增参保人数4.61万人，征收保费1304万元。

【生育保险】 全区生育保险参保人数17.78万人，新增参保人数6.55万人，征收保费1916万元。

【失业保险】 全区失业保险参保人数11.93万人，新增参保人数2.31万人，征收保费7173万元。

【城乡社会保险】 全区城乡居民养老保险参保2.65万人，新增参保人数1.04万人。

城乡居民基本医疗保险参保22.28万人，其中成年人6.07万人、学生儿童12.48万人、大学生3.73万人。

【社保支付】 全区享受基本养老金人员3.55万人，其中城镇企业职工2.34万人，已征地农转非4686人，新征地农转非7425人，城乡居民养老保险22人。离退休人员养老金社会化发放率100%，养老待遇核查验证率100%。

城镇职工基本医疗保险支付6.6万人次，支付总额3.62亿元；城乡居民基本医疗保险支付1.7万人次，支付总额4990.5万元；工伤保险支付185人，支付总额511.4万元；生育保险支付2957人次，支付总额1172.3万元。

【政策宣传】 区社保系统及街道、社区劳动保障工作人员370余人参加全国《社会保险法》知识竞赛及相关政策培训；印制《社会保险法》宣传手册3万册发放至各参保单位及群众手中；利用报刊、社区宣传栏及设立宣传点等方式进行宣传，现场解答难点疑点。在金牛有线台《阳光政务》节目中讲解社保政策，利用社保窗口咨询台和“12333”平台，及时收集问题并答疑；宣传工作与业务经办同步进行，为提高社保政策知晓度，将城镇职工和城乡居民社会保险政策融入参保须知和办事指南中，全年印发城乡居民养老保险参保须知2万份、综保及城保宣传资料4万份、未参保集体企业退休人员基本养老保险参保须知1.2万份。

【征收方式】 做好企业网上经办业务工作的组织和培训，5月，金牛区统一将机关事业单位纳入网上社保业务经办，同时利用劳动保障年检之机宣传网上经办业务，并做好网上申请代办工作。截至12月，全区开通社会保险业务网上经办的参保单位600余家，其中企业320余家、机关单位140余家、学校及医院180余家，让参保单位真正享受到零距离数字化经办服务。

【基金管理】 落实全区参保职工的各项社会保险待遇，确保专款专用，建立社保定期待遇支付资格审查制度，防止基金流失，全区退休人员领取资格验证10.6万人，追回14人冒领养老金15.7万元。

就业和社会保障先进企业

成都金瑞通实业股份有限公司
新百丽鞋业（深圳）有限公司成都分公司
成都自力实业发展有限公司
成都三泰电子实业股份有限公司
成都力业商业清洁有限公司
成都通力集团股份有限公司
成都市鑫牛线缆有限公司
成都中汇制药有限公司
成都市国泰实业有限责任公司
成都宏天电传工程有限公司

（以上名单来自金牛区2011年度突出贡献企业表彰大会）

（王　涯）

残疾人权益保护

【民生工程】 2011年，金牛区为全区1161名贫困残疾人购买基本医疗保险，为772户贫困残疾儿童、少年及贫困残疾人家庭子女购买基本医疗保险；为265名残疾人发放大病统筹医疗保险补贴；发放灵活就业社保补贴66人次，发放价值500元一张的甘露医疗卡287张，价值200元一张的爱心药卡485张；为82名贫困残疾学生及贫困残疾人家庭的学生发放自强助学金11.7万元；为249名残疾人发放代步车燃油补贴6.6万元；全年发放特困残疾人生活补助金249万元，惠及2075户；对因病、因灾造成临时困难的残疾人及家庭给予紧急救助，全年救助7人，救助金3.6万元；开展“温暖万家行”活动，慰问残疾人2075人次；免费发放用品用具781件，免费安装假肢20具，免费提供助听器36个，免费发放轮椅50辆。

【残疾人康复】 全年阳光救助重性精神病人住院71名，在全市率先建立区级重度精神残疾人集中托养中心，集中托养精神类残疾人34名，解决贫困重度精神类残疾人的照料及康复问题；按照“全国白内障无障碍区”标准，为特困残疾人和贫困白内障患者免费实施复明手术10例；完成盲人定向行走训练30人，肢体残疾人康复训练500余人；全年新建九里堤和天回镇街道两个日间托养站，全区9个街道日间托养站共进驻学员148人，居全市街道建站规模之首；为396名智力、精神和重度残疾人按月发放居家安养服务费94.8万元；在成都晚霞社会养老服务中心建立金牛区综合类贫困重度残疾人全日制托养中心。

【残疾人劳动就业】 贯彻国务院《残疾人就业条例》和市政府第87号令，按比例安置残疾人，加大残疾人就业保障金征收工作力度，动员企业安置更多残疾人就业。征收残保金4537万元，按比例安置残疾人劳动就业643名；建立5个社区残疾人就业基地，安置20多名残疾人集中就业；扶持20名残疾人自主创业、60名残疾人在社区就业；免费职业培训185人次。

【残疾人文化体育活动】 金牛区首届“请让我来帮助你”中国手语大赛成功举办，全区各部门、各街道窗口单位工作人员及驻区单位工作人员120余人报名参加，经过培训、初赛、复赛后，经专业机构评选出优秀选手10名，此次手语大赛创意新、影响大，得到省、市残联的高度赞扬和残疾人好评；搭建平台组织开展“放飞梦想·爱在金牛·梦园秀”为主题贯穿全年的系列文化艺术体育活动，推进全区残疾人文化、体育事业取得新发展，输送优秀的文艺节目和艺术作品参加全市比赛，获得一等奖1个、二等奖4个、三等奖3个；组织残疾人开展“品书香”特色读书会，并首次组织盲人朋友听电影《唐山大地震》，扩大残疾人对外交流新渠道；组织开展“我健康·我快乐”残疾人体育活动月活动；培育和选拔优秀残疾人体育人才，在国际国内体育赛事上屡创佳绩，何欢获射击世界杯和亚洲残疾人运动会比赛金牌3枚，麻旭涛获全国残疾人羽毛球锦标赛金牌2枚；在第八届全国残疾人运动会上，金牛区选手邓昌林获蛙泳比赛银牌，何欢获女子运动步枪比赛铜牌，麻旭涛获羽毛球男子双打铜牌。

【残疾人合法权利维护】 坚持区残联理事长接待日制度，免费为残疾人提供法律咨询和援助，完善网上信访工作机制；转变信访维权工作方法，主动上门服务，变被动处置为主动协调，深入社区开展访疾问困，解决残疾人的困难和问题，把问题和矛盾化解在基层。全年办理来信、来访28人次，办结率100%。

【对外宣传】 在办好区残联专网的基础上创新宣传方式，扩大残疾人工作的社会影响力，首次编印简报《残疾人事业工作动态》，及时将工作进展情况、事业发展动态送达到省、市主管部门及全区各部门、街道，提升残疾人工作的影响力和关注度，得到省、市领导的高度评价；更新网站页面，增添《用工信息》《求职登记》《街道工作动态》等栏目，及时向社会发布工作动态，使社会各界对残疾人事业更加关心和关注，为残疾人工作发展营造良好的社会氛围。全年编印《残疾人事业工作动态》22期，在省、市、区各级报刊中刊登信息60条，播出新闻130期，制作专题新闻片5个。

【个性化服务】 在全市率先启动残疾人“量体裁衣”式个性化服务工作，全年为8175人制定个性化服务方案，服务2.5万项次，覆盖率99.7%；落实个性化服务方案8159人，服务2.4万项次，覆盖率96%，残疾人满意率100%，工作得到中国残联、省市残联领导的充分肯定，省残联党组书记、理事长毛大付作出重要批示：“又见金牛残联好‘风光’！望扎实推进‘量服’工作，提升‘量服’工作，多见成效，多出经验。”中国残联网专门对全区深化“量服”工作情况进行报道。首次在全区残疾人家庭中实施“居家无障碍”服务改造项目，投入24万元对234户残疾人家庭实施13个项目的无障碍改造，实现全年残疾人居家无障碍需求改造全覆盖。与成都市和谐社区发展促进会、成都理工大学社区研究中心合作开展区残疾人需求“全域调查”，深入全区15个街道、109个社区发放个人调查问卷7181份，机构调查问卷120份，其中个人问卷调查率按全区现有登记残疾人数7914人计达90.7%，比较全面真实地了解金牛区残疾人生活和需求现状。在此基础上结合辖区资源现状，围绕社会管理新的工作重点，编制出台《金牛区残疾人事业“十二五”规划》。

【残疾人综合服务中心】 中心从残疾人需求出发，转变思路，探索“政府引导、社会参与”的工作模式，引进专业社会机构，开展协作互补，拓展服务项目，创新服务方式。首次引进何氏骨科专业医院与学前教育康复中心开展学前儿童的康复训练，通过专业康复医生的针对性训练，在训儿童的康复训练取得明显效果。为发挥“阳光家园”康复训练与劳动就业相结合、工疗与娱乐相结合的作用，坚持从实用性、可持续性着手，引进成都市风雅堂文化发展有限公司入驻中心，指导帮助金牛区智力、精神、肢体及听力语言残疾人系统开展职业技能训练，为残疾人教育培训就业拓宽渠道，探索出“阳光家园”发展新的工作模式。

（刘　杰）

老年人权益保护

【老龄工作】 金牛区60岁及以上老年人145962人，占全区户籍人口的20.2%。人口老龄化程度高于省、市老龄化水平。全年为90岁以上老年人发放每人每月100元生活补贴，为百岁以上高龄老人发放每人每月200元生活补助金。全年累计发放90岁—99岁老年人补贴255.7万元；100岁以上老年人补贴13.1万元。

构建社区老年人照料服务网络，深化社会化养老服务工作，推进社区养老，推进老年服务社会化、产业化，做好重点保障对象居家养老服务工作，全年发放居家养老补助金87.8万元。

开展创建四川省第三轮敬老模范区工作，创新老龄工作机制，完善老龄工作责任体系，结合创建突出养老社会化服务工作的特色和亮点，完成市委、市政府民生工程目标——养老服务社会化示范社区的创建。11月17日，民政部副部长窦玉沛到金牛区视察养老服务社会化示范社区工作并给予肯定。

【老年协会】 老年协会建设不断适应统筹城乡发展的新需要。发挥老年协会的自我管理、自我服务、自我教育、自我保护、自我娱乐的“五自”作用，老年协会工作规范化、制度化，组织老年群众做到“老有所教、老有所学、老有所为、老有所乐”，在维护老年人合法权益方面发挥积极作用。区老协全年有会员单位68个，“老年人之家”活动基地4个，各级会员5万人。

【老干部工作】 全区老干部工作会于年初召开，明确老干部工作年度工作目标，对相关工作人员进行业务培训；加强目标运行管理，定期走访各街道和各系统党工委，调研全区老干部工作目标运行情况，发现问题及时解决，确保工作有效推进。

老干部沟通交流 落实情况通报制度，在老干部春节团拜会和迎春茶话会上，区委、区政府主要领导向老干部通报全区经济社会事业发展情况，听取老干部对全区经济社会事业建设的建议和意见；到老干部中开展调查研究，听取老干部的意见和建议，全年组织召开老干部代表座谈会4次。

老干部思想政治建设 以组织学习党的十七大，十七届四中、五中全会以及省、市、区重要会议精神为重点，抓好老干部政治理论学习。为离休干部和区级退休干部订阅“两报一刊”（《成都日报》《晚霞报》和《晚霞》杂志），为老干部阅览室订阅报纸杂志8份；编撰《老干部学习园地》4期；组织老干部开展学习活动，全年组织老干部理论学习2次。

【离休干部“三个机制”建设】 落实老干部的生活待遇，解决离休干部的实际困难，落实离休干部“三个保障机制”，确保老干部“两费”（离休费、医疗费）落到实处；做好企业离休干部地方津补贴发放工作；全年走访慰问老干部遗属19人次，走访慰问和探望生病住院老干部47人次，慰问去世离休干部家属6人次；做好建国初期参加革命工作的部分退休干部给予困难补助的审核报批工作，全年新增上报符合条件的退休干部61人；落实信访工作制，全年接待老干部来电、来信、来访102人次；全年组织老干部春秋休闲疗养两次、679人。

【离退休干部服务】 利用社区教育教学资源、服务设施资源、文化活动场所等，为离退休干部“就近学习、就近活动、就近得到关心照顾、就近发挥作用”搭建平台、创造条件，开展利用社区资源为离退休干部服务工作。

【老干部作用发挥】 引导老干部在建言献策、党风廉政建设、社区建设、扶贫助困以及未成年人思想道德教育等方面发挥积极作用。围绕深入推进城乡统筹发展和"五区金牛"发展战略，把老干部的政治优势、经验优势、智慧优势汇聚并发挥出来，在推进金牛转型发展、科学发展的目标进程中，做好重点项目和课题的调研，使老干部全面了解、支持全区经济社会事业发展。5月12日，区老干部调研组在茶店子街道育苗路社区举办社区大讲堂活动。

【老干部活动】 组织开展纪念建党90周年活动，围绕区委确定的纪念主题，结合老干部队伍的实际，突出特色，组织开展书画摄影作品展、诗歌朗诵比赛以及各种主题鲜明、形式多样的纪念和庆祝活动，老干部参与人数300余人，展出书画摄影作品100余件，表演歌舞及诗词朗诵等节目10个；做好"七一"期间老党员的走访慰问工作，组织老干部参加省、市关于庆祝建党90周年系列庆祝活动；在庆祝建党90周年主题活动中，组织各兴趣组开展活动万余人次；老干部舞蹈组、歌咏组在全市离退休干部庆祝建党90周年文艺汇演比赛中分获三等奖和优胜奖。

（彭念贵　李洪兵　汪　琦　周怡然）

红十字会

【概　况】 金牛区红十字会坚持以"四个突破"为重点，传播红十字理念、拓展募集资金渠道、应急救护培训、博爱家园项目建设等工作有新的突破，履行"救灾、救护、救助"等职能，发挥红十字会作为政府人道救助工作领域的助手作用。在全市红十字会系统年度目标考核中获二等奖，其中红十字理念宣传、应急救护培训两项工作被市红十字会评为一等奖。

【宣传活动】 全年在传播红十字理念工作上有新突破，《新金牛》《金牛要情》《金牛观察》、有线台刊登播出红十字工作动态和相关信息54条；编写《金牛区红十字会工作简报》19期；被省、市红十字网站采纳信息57条；在《红旗文稿》新视点专辑、《中国红十字报》《成都日报》《华西都市报》先后刊登信息和文章8次，其中《打造红十字文化养成链》《夯实社会化基础提供可靠保障》《建起生命"防护网"》3篇文章先后在《中国红十字报》刊登。在"5·8"世界红十字日、"5·12"汶川地震3周年、"6·14"世界献血者日、世界急救日等纪念日期间，制作宣传标语45条，展板29个，发放宣传资料18.4万份；组织红十字会志愿者艺术团、合唱团进社区演出24次，观看演出6500余人次。红十字理念宣传工作在全市红十字系统作经验交流专题发言，被市红十字会评为一等奖。

【应急救护培训】 应急救护培训工作是红十字会重要职责之一。全年完成卫生知识普及培训6000人，急救员培训650人，此项工作纳入民生工程目标任务，制订培训方案，明确受训单位、人数和时间，要求受训单位按时落实受训人员；将授课师资分成3个小组，按照资源合理整合、专业搭配、就近组合等原则，分片负责应急救护培训工作；根据受训人员分布情况，采取集中培训和上门培训的办法，确保培训计划落实。全年举办卫生知识普及培训班42期，受训人员1.4万人；举办急救员培训班11期，新增急救员培训978人，应急救护培训工作被市红十字会评为一等奖。

【会员发展】 区红十字会把发展团体会员和个人会员作为加强基层组织建设的一项重要工作，多次分析研究，指定专人负责。全年新增团体会员6个，新增个人会员2951人，其中学校个人会员新增2449人，企业新增个人会员47人，机关、街道、社区新增个人会员455人。

【募捐筹资和救助】 区红十字会全年募集资金613.6万元，其中"5·12"灾后重建项目款353.7万元；日本地震、云南盈江地震、新都大风暴雨灾害募集救灾款4万元；"红十字博爱送万家""5·8"世界红十字日等与红十字有关的重大纪念日活动募集资金75.3万元；日常募集捐款82.5万元；市红会拨款40.5万元；2010年筹资余款57.6万元。以改善最易受损群体的境况为工作目标，开展红十字人道救助行动。在"博爱送万家"活动中，全区红十字系统募集发放救助资金63.9万元，募集发放物资价值38.2万元；在纪念"5·8"世界红十字日暨汶川大地震3周年感恩活动中，全区红十字系统募集发放救助资金11.3万元，募集发放物资价值8万元。在"红标·成都"人道救助活动中，实施紧急人道救助

77人次，救助金额15.3万元；救助先天性心脏病患儿3名，救助白内障患者6名。在开展各类人道救助活动中，惠及人员8562人次。

【博爱家园建设】 全年建成九里堤街道应急救护培训中心1个；开展社区调查及受损能力评估工作；完善社区红十字工作小组，招募会员和志愿者，进行能力建设培训；召开九里堤北路社区博爱家园项目预算审查会和三个机制建设研讨会，推动各项工作有序进行。

【志愿者工作】 抓好志愿者队伍建设和管理，建立一套完善的志愿者招募、培训、管理和使用等工作制度。做好志愿者的登记工作和志愿者数据库的建立，做到数据信息准确。在日本地震、云南盈江地震、成都新都大风暴雨灾害期间及与红十字相关重大公益活动中，组织志愿者参加志愿服务。全年新增志愿者318人，其中注册志愿者88人；组织志愿者服务活动25次，参加活动志愿者1000余人次；有178人参加无偿献血，10人登记成为遗体捐献志愿者。

【学校红十字青少年活动】 将在学校开展红十字青少年活动作为培养青少年“人道、博爱、奉献”精神和助人为乐道德情操的重要途径，扩大创建红十字青少年示范学校面，在2010年开展创建红十字青少年示范学校的基础上，在成都市解放北路第一小学校、金牛区全兴小学校、成都市荷花池小学校、成都市人民北路第一小学校、成都市第三十三中学校、成都市第四十四中学校以及成都市锦西中学校7所中小学开展创建红十字青少年示范学校活动；开展应急救护培训和紧急疏散演习。全年，在校学生应急救护培训9912人，在荷花池小学开展紧急疏散演习一次。通过在学校青少年中开展红十字活动，使学生掌握急救知识和避险常识，营造平安、和谐的校园环境。

【社区红十字工作】 加强社区红十字组织建设，针对社区撤并实际，在全区107个社区完善社区红十字组织。全面掌握救助对象情况，对全区150名“三无”老人进行走访调查；开展红十字服务工作，在抚琴街道西南街社区建立一支较为稳定的应急救援队，一旦遇到重大自然灾害，做到应急救援队伍迅速集结，参加救援；在“博爱送万家”“5·8”世界红十字日、“6·14”世界献血者日、世界急救日等重大活动中开展走访慰问和宣传活动；组织开展急救培训工作，每个社区组织居民进行应急救护知识培训。

（荣　鹤　余　乐）

民政事务

【双拥工作】 召开2011年驻区师以上部队首长春节团拜会，春节走访慰问部队60余支；组织驻区团以上部队参加金牛区“八一”军政座谈会；协调组织驻区部队参与“慈善一日捐”等地方活动；协调有关部门解决军地土地、经济纠纷问题；协调解决部分随军家属就业问题。金牛区作为成都市创建全国双拥模范城的迎检单位接受检查验收。

【优抚安置】 解决优抚对象的实际困难，保障其基本生活；为烈属、在乡复员军人等重点优抚对象办理城镇居民医疗保险参保手续，保证其住院医疗待遇的落实；及时为1级—6级伤残军人报销门诊医疗费用，为优抚对象办理住院医疗补助，各项优待抚恤政策全面落实；针对优抚对象门诊医疗问题，实行医疗费减免制度，全年开具医疗费减免介绍信109人次。

做好退役士兵接收安置工作，全年接收退役士兵316人，发放退伍兵待安置期间生活补助费27.1万元；为142名退伍兵办理自谋职业手续，发放一次性自谋职业经济补偿费394.9万元；为112人办理归口单位安置手续；为110名退伍兵发放技能培训券。

【军队离退休干部服务管理中心】 金牛区军休服管中心设办公室、财务科、管理一科（抚琴服务站）、管理二科（九里堤服务站、黄忠服务站）4个职能科室。中心核定全额拨款事业编制24名，设主任1名、副主任2名。截至12月，中心在职工作人员18人，其中副主任2名、享受正县级待遇1名、管理人员10名、工勤人员5名。中心管理的军队离退休干部605人（离休干部43人、退休干部562人），其中正军职8人、副军职49人、正师职101人、副师职153人、正团职162人、副团职69人、营以下63人。安置在抚琴站管理的军休干部102人、九里堤服务站管理的军休干部218人、黄忠服务站管理的军休干部246人、部队代管的军休干部39人。

【婚姻登记】 全年全区进行婚姻登记18818人次，其中结婚登记8687对、离婚登记2798对，补发结婚证2589对，补发离婚证249对，为4495人出具无婚姻状况证明。

【殡葬管理】 对区内皇恩寺陵园和凤凰故园两个公墓的收费情况进行调研，规范公墓管理和服务。实行殡葬惠民政策，对户籍在区内的低保死亡人员实施殡葬救助，全年为50名低保死亡人员家属发放殡葬救助金4.6万元。开展"殡葬宣传月"活动，宣传殡葬法律法规，引导广大群众春节、清明文明祭祀。

【区划地名管理】 进行金牛区新都区边界联检，并创建省级平安边界，新命名道路9条，命名全区范围内16座（条）桥梁（隧道）；加强地名管理、服务和界线管理，深化地名公共服务工程建设，完善地名数据库，提高地名公共服务水平；对桥梁、隧道进行统计，按要求进行规范；调解区域界线纠纷，依法管理行政区域界线；配合市地名处收集地名信息资料，推进信息化建设，做好地名数据库建设，提高金牛区地名管理和服务水平。

【民间组织管理】 在社会组织登记管理和行政审批工作中，坚持服务与管理相结合，促进社会组织健康、有序、持续发展。截至12月，全区登记各类社会组织442个，其中社会团体法人单位48个、民办非企业单位286个、备案社会组织108个，涉及文化、体育、教育、卫生、财政、物价、交通、建设、科技、经贸、统计等领域。

（彭念贵　李洪兵）

社区建设

【《金牛区社区建设"十二五"规划（2011—2015）》】 规划依托金牛区"六个一体化""四大基础工程"的建设成果，进行全面系统地总结和深入研究，为"十二五"规划提供基础资料、决策参考，重点是在对金牛区近年来的和谐社区建设，主要是社区公共服务体系、社区救助、基层治理等内容进行系统总结基础上，分析、调查金牛区社区建设的现状，吸收国内外社区建设的先进经验，提出未来五年金牛区社区建设的系列举措。

【社区活动】 深化"三新"活动，开展城市社区和居住区结对活动，印发《关于做好深化"三新"活动的通知》，共组织两批次的全区23个城市社区和集中居住区结对帮扶活动，通过文艺汇演、漂流图书、心理辅导、送医疗卡、召开座谈会等方式，促进城市社区和灾区集中居住区双方的文化交流和基层管理经验交流。

开展城市街道社区创先争优活动，促进和谐社区建设工作。印发《关于转发认真做好街道社区领导干部点评创先争优工作的通知》《关于在城市街道社区工作者中开展"走千户、访千人"活动的实施意见》。

【创新评优】 5月，在全区开展"加强社会建设创新社会管理十佳社区"评选活动，经社区自评、街道推荐、专家评审等程序后，区委、区政府于6月26日进行表彰。在《华西都市报》等多个平台主推的大型公益活动——"成都市明星社区"评选活动中，金牛区6个社区入围，3个社区被评为"成都市十大明星社区"，展示金牛区社会建设和社会管理的特色。

【居务公开】 加强居务公开和民主管理，开展廉政文化进社区示范社区评选活动。印发《关于开展2011年度社区三务公开检查工作的通知》，11月，区纪委、区委组织部、区民政局、区审计局、区财政局、区统筹局等部门集中3天时间对全区28个社区"三务"公开进行随机检查，并进行通报；联合区纪委出台《关于进一步深化廉政文化进社区工作的实施意见》，开展廉政文化进社区示范社区评选工作，荷花池街道西北桥社区通过成都市廉政文化进社区示范点验收。

【社区人才队伍】 3月，区民政局联合区委组织部、区委党校分涉农街道、城市街道举办两期社区书记、主任培训班，共培训152人；开展为期3个月的社区干部交流学习活动，有22名社区干部参加跨辖区、横向交流（街道、社区之间不同岗位、职务的交流）学习。

制定《关于调整社区两委会成员及居民小组长固定补贴标准的通知》，从2011年起到2016年，社区"两委会"成员固定补贴每年增长10%，居民小组长每年增长12%，同时发放2010年换届后任职3届以上社区"两委会"成员离任补贴96.9万元。

（彭念贵　李洪兵）

民生工程

2011年金牛区承办省、市民生工程目标完成情况

项目	目标条目	具 体 任 务	完成情况
一、环境提升工程	1．城乡环境治理。	大力推进城乡环境综合治理向基层、村庄、盲点死角延伸，持续深化“七乱”治理和“七进”活动，加大“除陋习、树新风”和“治三乱”力度。深入开展“五十百千”示范工程建设，完善城乡环卫基础设施，夯实基层基础，健全长效机制，提高城乡现代化管理水平。对100个老旧院落实施环境改造。	该项目标完成。全面推进城乡环境综合治理，持续深化“七乱”治理和“七进”活动。通过各项整治活动，提高城乡现代化管理水平，提升了金牛区城乡环境。100个老旧院落环境改造工程验收合格。
		完成健康绿道任务；完成公园开敞改造和公园新建任务；完成块状绿地建设任务。	该项目标完成。完成三环路、绕城、沙西线健康绿道建设、黄忠、茶店子公园新建和郎家7组、高家8组和黄忠块状、九里堤块状绿地建设。
		实施拆墙透绿2千米。实施屋顶绿化0.7万平方米。	该项目标完成。完成拆墙透绿2.05千米，屋顶绿化0.7万平方米。
	2．大气和水环境治理。	加大大气环境和扬尘治理力度，强化运渣车和建设工地监管，深化机动车排气及油气污染治理。空气质量优良天数达317天。API指数年均值下降1%，可吸入颗粒物年均浓度比2010年下降1%，二氧化硫年均浓度与2010年持平，二氧化氮年均浓度与2010年持平。	该项目标完成。各项治理工作进展顺利，中心城区空气质量优良天数322天。
		外环路内加油站、油罐车、储油库油气回收治理任务完成率100%。	该项目标完成。13个加油站完成油气回收任务。
		散装水泥使用率76%。	该项目标完成。
		完成餐饮服务企业油烟污染治理率100%。	该项目标完成。建立油烟治理长效机制，新审批餐饮企业158家，100%进行环境影响评价，并按环评要求安装油烟净化设施，油烟整治率100%。
		加快实施雨污分流改造，加大排水管网建设力度，中心城区城市生活污水集中处理率达91%。继续加大河道治脏治臭力度，完成新增8条河道污染治理，基本实现水清无味。	该项目标完成。完成河道污染治理，实施雨污分流改造工程，加大排水管网建设力度，城市生活污水集中处理率91%以上。
	3．交通缓堵保畅。	协助市上完成立交桥和人行天桥建设任务。	该项目标完成。协助市上完成白芙蓉宾馆、人民北路肖四巷和一环路文化路口人行天桥建设任务。
二、就业促进工程	1．扩大就业规模。	城镇新增就业人数1.37万人，农村富余劳动力向非农产业新增转移就业人数0.22万人，城乡失业人员再就业0.67万人，其中区总工会落实0.02万人。就业困难人员再就业0.19万人。动态消除零就业家庭，城镇登记失业率控制在4%以内。发放小额担保贷款0.27亿元，发放妇女创业小额贴息贷款60万元。	该项目标完成。城镇新增就业人数1.99万人；农村富余劳动力向非农产业新增转移就业人数0.25万人；城乡失业人员再就业0.74万人，其中区总工会落实200人；就业困难人员0.21万人。无新增零就业家庭，动态消除零就业家庭。城镇失业登记失业率控制在4%以内。发放小额担保贷款3430万元，发放妇女创业小额贴息贷款60万元。
	2．促进高校毕业生就业。	本地生源高校毕业生就业率达85%，有就业意愿的困难家庭高校毕业生就业率达100%。促进150名高校毕业生参加就业见习，促进50名高校毕业生实现创业。城镇社区有1名、涉农社区每个社区有2名大学生志愿者。农村中小学特岗教师计划志愿者人数不低于21名。乡镇公立卫生院大学生支医计划志愿者人数不低于7名。团区委促进40名高校毕业生创业。	该项目标完成。本地生源高校毕业生就业率94.06%，有就业意愿的困难家庭高校毕业生就业率100%。确定苏宁电器、三泰电子、成都国际商贸城、华侨城欢乐谷旅游公司、金星压缩机制造、金亚科技、金牛创业园7家企业为大学生就业见习单位，促进166名有就业意向的毕业生参加就业见习，高校毕业生创业55人。农村中小学特岗教师计划志愿者21名、乡镇公立卫生院大学生支医计划志愿者7名。城镇社区有1名、涉农社区每个社区有2名大学生志愿者。
	3．帮助农民工就业创业。	培训农民工0.8万人，其中在岗培训0.25万人，品牌培训0.05万人，农村劳动力技能培训0.5万人，新市民素质培训0.2万人，团区委负责农村青年技能培训40人。	该项目标完成。培训农民工0.88万人，其中在岗培训0.28万人，农村劳动力技能培训0.55万人。品牌培训0.06万人，新市民素质培训工作全面完成，农村青年技能培训40人。
		扶持农村创业20户。培养创业带头人2名，带动就业20人。	该项目标完成。为20户创业人员提供工会小额贷款，培养创业带头人2名，带动就业74人。
		健全建筑农民工权益保障体系，免费发放建筑农民工实名双卡2.4万张。	该项目标完成。免费发放建筑农民工实名双卡2.5万张。
	4．推动青年（大学生）创业。	发放青年创业小额贴息贷款57万元，新增青年（大学生）创业载体500平方米，新增青年（大学生）创业项目20个，引进8个以上创业项目入园发展。实现青年（大学生）就业150人。	该项目标完成。发放青年创业小额贴息贷款60万元，新增创业载体624平方米，新增创业项目97个，入园项目50个，大学生就业226人。

续表：

项目	目标条目	具 体 任 务	完成情况
三、扶贫解困工程	1. 城乡困难群众医疗救助。	按城乡低保人数和农村“五保”人数计算，城乡低保对象和农村“五保”对象年人均医疗救助水平不低于200元。	该项目标完成。救助医疗困难群众1.46万人次，月人均医疗救助水平416.2元。
	2. 城乡困难群众法律援助。	对城乡受援人群提供法律援助900人次，办理公证、司法鉴定法律援助案件200件以上。	该项目标完成。受理法律援助案件907件，向城乡受援人群提供法律援助1134人次，办理公证、司法鉴定法律援助案件216件。
	3. 计划生育扶持和奖励。	给予符合条件的计划生育家庭父母每人每年720元奖励；给予符合条件的独生子女伤残或死亡家庭父母每人每年960元或1200元的扶助金。	该项目标完成。符合农村计划生育家庭奖励扶助条件2312人；符合计划生育家庭特别扶助对象967人。
	4. 帮扶困难职工及子女。	为符合条件的建档困难职工每人每年提供400元—1000元的生活和医疗救助。对新考入大学的建档困难职工子女给予一次性入学补助，资助50人。	该项目标完成。为63名符合条件的建档困难职工每人每年提供600元的生活救助。对全区175个家庭的177名在读学生（大、中、小学生）进行助学救助，救助金额14万元；对全区符合条件的32名大学新生进行助学救助，救助金额3.2万元。
	5. 残疾人关爱工程。	扶持城镇残疾人新增就业210名，为210户残疾人家庭实施无障碍改造，为10名贫困白内障患者实施免费复明手术。	该项目标完成。扶持城镇残疾人就业219名，为234户残疾人家庭实施无障碍改造，为10名贫困白内障患者实施免费复明手术。
		为8例贫困白内障患者减免复明手术费用。	该项目标完成。落实减免8名贫困白内障手术患者的医疗费用，平均优惠手术费用1000元。
	6. 爱心超市建设。	新建慈善爱心超市2个。	该项目标完成。在黄忠、人民北路街道各新建1个慈善爱心超市。
四、教育助学工程	1. 发展学前教育。	对公益性幼儿园按生均经费拨款方式给予补助。	该项目标完成。在全区15所公益性幼儿园按年生均2000元的标准给予财政经费补助并拨付到位。
	2. 义务教育“两免一补”。	继续全面免除城乡义务教育阶段学生学费，免费向符合条件的城乡义务教育阶段学生提供教科书和作业本，做到“应免尽免”；向农村义务教育阶段寄宿贫困学生发放生活补助，做到“应补尽补”。	该项目标完成。全面免除城乡义务教育阶段学生学费、课本费、作业本费，投入资金4081万元，受益学生14.64万人次。
	3. 资助家庭经济困难学生。	对符合条件的学前教育、义务教育阶段及两类高中教育阶段城乡低保家庭和低保边缘困难家庭学生实施教育资助。对普通高中家庭困难学生按每人每年平均1500元的标准给予生活补助，资助普通高中学生2879人。对中等职业学校涉农专业学生和家庭困难的中等职业学校学生（含技工学校学生）免除学费。对非成都户籍在区内中等职业学校就读的一、二年级农村学生、县镇非农户口学生和城市家庭困难学生实施每人每年1500元生活补助；对成都户籍并在区内中等职业学校就读的一、二年级学生实施每人每年1500元生活补助。	该项目标完成。对符合条件的学前教育、义务教育阶段及两类高中教育阶段城乡低保家庭和低保边缘困难家庭学生实施教育资助，受助学生1212人，累计金额24.7万元。对普通高中家庭困难学生按每人每年平均1500元的标准给予生活补助，资助2956人，金额443.4万元。中等职业学校城市家庭困难学生免除学费475.9万元，受助学生2289人。对非成都户籍在金牛区中等职业学校就读的一、二年级农村学生、县镇非农户口学生和城市家庭困难学生实施每人每年1500元生活补助，资助29986人，金额432.2万元。对成都户籍并在区内中等职业学校就读的一、二年级学生实施每人每年1500元生活补助。
		继续实施阳光圆梦工程，确保全区考上高校的低保家庭子女不因贫困失学。	该项目标完成。向87名资助对象发放助学金24.7万元。
	4. 职业教育。	继续实施职业教育攻坚计划，加大中等职业教育基础能力建设，改善中等职业学校（含技工学校）办学条件。中等职业学校招生3150人。对成都户籍就读符合条件的全日制中等职业学校（含技工学校）的一、二年级学生实施职业教育券资助。	该项目标完成。新建成都市洞子口职业中学校4000平方米实训楼，改善中等职业学校（含技工学校）办学条件。完成中等职业学校招生3168人。向就读成都市区域中等职业学校学生发放教育券，每生每年1200元。符合条件的中职学生2893人，拨付资金347.2万元。
	5. 特殊教育。	义务教育阶段在校残疾学生达到146人。义务教育阶段残疾学生实现“应进全进”，达标率98%。	该项目标完成。确定成都市驷马桥小学校作为区特殊教育中心，面向全区符合条件的“三残”小学生进行招生。义务教育阶段在校残疾生147人，实现“应进全进”，达标率100%。
五、社会保障工程	1. 城乡困难群众最低生活保障。	全区城镇低保对象每月人均补助达到241元。	该项目标完成。累计发放低保金7.54万人次、金额2208.9万元，累计人均月补差水平292.98元。
	2. 城乡居民养老保险。	城乡居民养老保险参保人数不低于2.38万人。城镇职工基本养老保险参保人数不低于11.77万人。	该项目标完成。全区城乡居民养老保险参保人数2.65万人。城镇职工基本养老保险参保人数15.98万人。

续表：

项目	目标条目	具 体 任 务	完成情况
五、社会保障工程	3. 城乡居民基本医疗保险。	城乡居民基本医疗保险参保率达97%。	该项目标完成。全区城乡居民基本医疗保险参保人数21.18万人，参保率97%。
	4. 养老服务示范建设。	创建1个省级养老服务示范社区。	该项目标完成。确定人民北路街道马家花园社区为示范社区，通过省级验收。
	5. 关爱未成年人。	在1个社区建成未成年人心理健康教育辅导站。组织家庭教育讲座32场。完成22场文化直通车进校园活动。为30名残疾儿童提供学前教育康复训练。	该项目标完成。建成1个未成年人心理健康教育辅导站——荷花池街道杨柳巷社区示范心理健康辅导室。完成家庭教育讲座36场、22场文化直通车进校园活动。为33名残疾儿童提供学前教育康复训练。
	6. 志愿者服务建设。	新建标准化志愿者服务站12个。新增志愿者服务人员110人。	该项目标完成。新建标准化志愿者服务站12个，新增志愿者服务人员千余人，培训骨干百余人。
	7. 阳光家园计划。	居家托养智力、精神和重度残疾人280人。资助残疾人托养服务机构。	该项目标完成。完成居家托养智力、精神和重度残疾人396人，资助街道日间托养站。
六、医疗卫生工程	1. 完善医疗卫生服务机构。	完成村卫生站信息系统建设，实现基层医疗卫生机构信息化管理全覆盖。	该项目标完成。组织各社区卫生服务机构进行信息化软件使用培训，将基层卫生服务机构终端配置纳入规划，建立并更新基本药物、健康档案等基础信息数据库，完成与市卫生信息化网络的链接，实现基层医疗卫生信息化全覆盖。
	2. 促进公共卫生服务均等化。	实施全民免费健康体检。	该项目标完成。通过各承检机构采取多种形式更好地为群众提供体检方便，开展全民健康体检9.61万人。
		全面推行免费孕前优生健康检查，检查率达50%以上。	该项目标完成。为新婚夫妇提供免费孕前优生健康检查3142对，检查率75.3%以上。
		普及卫生救护知识，新增卫生救护急救员650名。	该项目标完成。完成新增卫生救护急救员978人。
	3. 重性精神病患者救助。	重性精神病患者参保率达100%，社区管理率达80%以上。对71名贫困重性精神病患者实施门诊、住院等医疗救助。	该项目标完成。
	4. 实施孕产妇住院分娩补助。	全面实施孕产妇住院分娩补助政策，孕产妇住院分娩率达99%，高危孕产妇管理率达100%，孕产妇死亡率降低至12.8/10万，婴儿死亡率降低至6‰。	该项目标完成。全区孕产妇分娩补助175人，补助金额6.8万元，住院分娩率100%，高危孕产妇管理率100%。孕产妇死亡率0/10万，婴儿死亡率5.74‰。
七、百姓安居工程	1. 缓解居民住房困难。	发放租赁补贴2553户，其中新增198户。城市棚户区改造307户。	该项目标完成。实施廉租住房租赁补贴户数2554户，新增209户。棚户区改造完成428户，2.4万平方米。
	2. 食品安全监管和市场体系建设。	深化完善33类食品市场准入制度，全域成都的大型超市（商场）、中心城区的农贸市场33类食品市场准入率达100%。	该项目标完成。
		完成9个标准化菜市场信息化改造和蔬菜追溯子系统建设。完成1个批零兼营的农产品二级批发市场信息化改造和蔬菜追溯子系统建设。完成16个大中型连锁超市蔬菜追溯子系统建设。148家大型餐饮连锁企业实现肉菜溯源管理。217个学校食堂全部实现肉菜溯源管理。	该项目标完成。
		加强诚信计量市场计量监管队伍建设，其中涉及市场36个、培训72人次。提升诚信计量市场建设监管水平。 加强巡查监管：制定切实可行的巡查制度和监管措施；对辖区内的所有诚信集贸市场每季度不少于3次的计量巡查和监管；诚信计量市场主办方对本市场每周组织不少于2次的计量巡查；及时反映和处理计量巡查中发现的问题。 加强衡器监管：协调组织法定计量技术机构全年对诚信计量市场在用计量器具开展2个周期的免费计量检定，受检率达100%；诚信计量市场在用计量器具抽查合格率在98%以上。	该项目标完成。组织市场计量监管培训会4次，培训全区36个固定集贸市场的计量监督员154人次。 加强巡查监管，制定切实可行的巡查制度和监管措施；对辖区内的所有诚信集贸市场每季度不少于3次的计量巡查和监管；各诚信计量市场计量器具台账及时更新，每周不少于2次的计量巡查工作得到落实。 全年免费检定计量器具7802台，其中电子秤5324台、度盘秤2478台，检定率100%，合格率99%。处理消费者计量投诉20余次。
		新（改）建标准化菜市场2个。	该项目标完成。盛发综合市场、平福农贸市场通过相关市级部门验收。
	3. 完善应急设施。	利用人防工程标志市民应急避难场所20处。为106个社区配发应急救援器材。	该项目标完成。利用人防工程标志市民应急避难场所26处，为106个社区配发应急救援器材。

续表:

项目	目标条目	具 体 任 务	完成情况
八、基础设施工程	1. 电力设施建设。	配合市上建成电力缴费网点220个。	该项目标完成。
	2. 光纤设施建设。	协助市上完成以下工作：商务楼宇光纤通达50幢；住宅小区光纤到户4.18万户；新建（升级）252个3G无线通信基站。	该项目标完成。与移动、电信、联通三家营运商紧密配合，并与电信金牛分公司签订"智慧城市"合作框架协议，10月底率先完成目标任务。
	3. 邮政设施建设。	协助市上完成恢复（建设）邮政网点20个的任务。	该项目标完成。邮政服务设施、标志配置到位，正常运行。
	4. 电动汽车应用基础配套。	协助市上完成新建电动汽车充电桩10个的任务。	该项目标完成。在九里提街道的沃尔玛超市停车场和抚琴街道摩尔百货停车场共新建充电桩16个。
九、文化体育工程	1. 文化设施建设。	完成6个社区文化中心业务专用设备配送。完成31个文化活动室业务专用设备配送。	该项目标完成。通过政府采购完成6个社区文化中心、31个文化活动室业务专用设备配送。
	2. 文化惠民活动。	城区社区全年放映384场社区公益电影；涉农社区每月免费放映1场公益电影，全年放映552场。	该项目标完成。城区社区放映电影384场；涉农社区放映电影572场。
	3. 农村科技服务。	建设科普基地2个。	该项目标完成。建设科普基地2个，成都天府华侨城公园广场极速空间站被命名为成都市科普基地；成都市植物园被认定为成都市科普基地。
	4. 推动全民健身。	新建全民健身体育设施10套，为农村培训社会体育指导员30名，组织开展各类全民健身活动20次，体育场免费开放体育锻炼28万人次。	该项目标完成。新建全民健身体育设施10套，培训社会体育指导员50名，开展各类全民健身活动27次，体育场免费开放48万人次。

2011年金牛区民生工程目标完成情况

项目	目标条目	具 体 任 务	资金安排	牵头单位	完成情况
一、环境提升工程	1. 深化城乡环境综合治理。	大力推进城乡环境综合治理向基层、村庄、盲点死角延伸，持续深化"七乱"治理和"七进"活动，加大"除陋习、树新风"和"治三乱"力度。深入开展"五十百千"示范工程建设，加大街面清扫保洁力度，夯实基层基础，健全长效机制，提高城乡现代化管理水平。对100个老旧院落实施环境改造。	区财政计划安排5700万元，其中街面清扫保洁3200万元、院落环境改造2500万元。	区城管局	该项目标完成。制定《2011年金牛区城乡环境综合治理工作要点》，全面推进各项城乡环境综合治理，通过"垃圾乱扔""摊点乱摆""工地乱象""河道乱污""广告乱贴""车辆乱停""违建乱搭"专项治理，持续深化"七乱"治理和"七进"活动。开展"五十百千"示范工程建设，确保区环卫设施完好率95%以上。通过街面市政基础设施建设、特色街区风貌建设、菜市场提档升级建设、纯居民老院落环境打造完善城乡环卫基础设施。100个老旧院落环境改造工程验收合格。
	2. 大气环境治理。	加大大气环境和扬尘治理力度，强化运渣车和建设工地监管，全年空气质量优良天数达315天，API指数年均值下降1%。	计划安排376万元，其中争取市级燃煤整治经费196万元、区财政安排180万元。	区环保局 区城管局	该项目标完成。各项治理工作进展顺利，全年中心城区空气质量优良天数322天。
	3. 水环境治理。	加快实施雨污分流改造，加大排水管网建设力度，城市生活污水集中处理率达91%；继续加大河道治脏治臭力度，完成黄门堰、西二环路排洪河、交大排洪河等8条河道的治理。	区财政计划安排400万元。	区建交局	该项目标完成。完成河道污染治理。实施雨污分流改造工程，加大排水管网建设力度，城市生活污水集中处理率91%以上。
	4. 交通缓堵保畅。	启动交大路改造；推进公共自行车服务系统建设，在全区建设135个点位，配备1700辆自行车，基本形成覆盖三环路以内区域的公共自行车网络系统。	交大路为跨年项目，计划总投资6.2亿元，其中2011年争取市级资金2亿元；公共自行车服务系统建设计划引入社会资金4800万元。	区建交局 区城管局	启动交大路改造。累计完成投资额4亿元，完成绿化移植及线路迁改，220千伏电力隧道施工完成90%，五斗渠改造完成50%。公共自行车服务系统建设全部完成。
	5. 街区提升建设。	实施羊西线（三洞桥至高新西区交界段）、蜀都大道金牛段、金牛大道、解放北路道路综合整治工程。	跨年项目，计划总投资13.1亿元，其中2011年争取市级资金9.47亿元，社会资金1.38亿元。	区建交局	均由市重大办负责实施，全力做好相关配合协调工作。
	6. 政务环境提升。	启动金牛区市民中心建设。	跨年项目，计划引入社会资金2.5亿元。	区政务服务中心	12月开工。

续表：

项目	目标条目	具 体 任 务	资金安排	牵头单位	完成情况
二、就业促进工程	1. 扩大就业规模。	城镇新增就业13722人；农村富余劳动力向非农产业新增转移就业2200人；城乡失业人员再就业6700人（其中帮助下岗失业人员实现就业200人以上），就业困难人员再就业1900人；动态消除零就业家庭，城镇登记失业率控制在4%以内。发放小额担保贷款2700万元，其中发放妇女创业小额贴息贷款60万元；为20户创业人员提供工会小额贷款，培养创业带头人2名，带动就业不低于20名。	计划安排845万元，其中争取市级资金94万元、区财政安排746万元，区总工会自筹5万元。	区人社局 区总工会 区妇联	该项目标完成。城镇新增就业人数1.99万人；农村富余劳动力向非农产业新增转移就业人数0.25万人；城乡失业人员再就业0.74万人，其中区总工会落实200人；就业困难人员0.21万人。无新增零就业家庭，动态消除零就业家庭。城镇失业登记失业率控制在4%以内。发放小额担保贷款3430万元。发放妇女创业小额贴息贷款60万元。为20户创业人员提供工会小额贷款。培养创业带头人2名，带动就业74人。
	2. 促进高校毕业生就业。	本地生源高校毕业生就业率2011年8月底达到75%，年底前达到85%，有就业意愿的困难家庭高校毕业生就业率达100%，促进150名高校毕业生参加就业见习，促进50名高校毕业生实现创业；每个涉农社区有2名、城镇社区有1名大学生志愿者；农村中小学特岗教师计划、乡镇公立卫生院大学生支医计划志愿者人数分别不低于21名和7名。	区财政计划安排384万元。	区人社局	该项目标完成。本地生源高校毕业生就业率94.06%，有就业意愿的困难家庭高校毕业生就业率100%。确定苏宁电器、三泰电子、成都国际商贸城、华侨城欢乐谷旅游公司、金星压缩机制造、金亚科技、金牛创业园7家企业为大学生就业见习单位，促进166名有就业意向的毕业生参加就业见习，高校毕业生创业55人。农村中小学特岗教师计划志愿者21名、乡镇公立卫生院大学生支医计划志愿者7名。城镇社区有1名，涉农社区每个社区有2名大学生志愿者。
	3. 帮助农民工就业创业。	培训农民工1万人，其中在岗培训2500人、品牌培训500人、农村劳动力技能培训5000人、新市民素质培训2000人。	计划安排984万元，其中区财政安排24万元、区就业专项资金安排960万元。	区人社局 区总工会 团区委 区妇联	该项目标完成。培训农民工8818人，其中在岗培训2757人；品牌培训555人；农村劳动力技能培训5506人；新市民素质培训2000人。
	4. 推动青年（大学生）创业。	积极为符合条件的青年（大学生）创业者发放小额贴息贷款57万元；建设500平方米青年（大学生）创业载体；新增创业项目20个，引进8个创业项目入园发展，实现青年（大学生）就业150人。	区财政计划安排230万元。	团区委	该项目标完成。发放青年创业小额贴息贷款60万元，新增创业载体624平方米，新增创业项目97个，入园50个，实现大学生就业226人。
三、扶贫解困工程	1. 困难群众医疗救助。	按城乡低保人数计算，城乡低保对象年人均医疗救助水平不低于200元。	区财政计划安排515.6万元。	区民政局	该项目标完成。全年救助医疗困难群众1.46万人次，月人均医疗救助水平416.2元。
	2. 困难群众法律援助。	为全区城乡困难群众受援人群提供法律援助率达到100%。	区财政计划安排21万元。	区司法局	该项目标完成。全年受理法律援助案件907件，向城乡受援人群提供法律援助1134人次，办理公证、司法鉴定法律援助案件216件。
	3. 困难群众生活困难临时救助。	对因患重大疾病、突发重大事件等特殊原因，造成基本生活难以维持的特殊困难群众，给予每户1万元以内的生活临时救助。	所需经费13.8万元由区民政局专项经费安排。	区民政局	该项目标完成。救助临时发生生活困难群众121人次，发放救助金50.7万元。
	4. 计划生育扶持和奖励。	给予符合条件的计划生育家庭父母每人每年720元奖励；给予符合条件的独生子女伤残或死亡家庭父母每人每年960元或1200元的扶助金。	区财政计划安排69.3万元。	区人口和计生局	该项目标完成。符合农村计划生育家庭奖励扶助条件的2312人，符合计划生育家庭特别扶助对象967人。
	5. 帮扶困难职工及子女。	为符合条件的建档困难职工每人每年提供400元—1000元的生活和医疗救助，完成对1300人次的送温暖及帮扶救助。	计划安排30万元，其中区财政安排8万元、区总工会自筹22万元。	区总工会	该项目标完成。为63名建档困难职工每人提供400元现金、200元物资，共计人均600元的生活救助。完成6866人次帮扶送温暖工作，慰问金额25万元。
	6. 残疾人关爱工程。	扶持城镇残疾人新增就业210人；为210户残疾人家庭实施无障碍改造；为10名贫困白内障患者免费实施复明手术。	区财政计划安排62万元。	区残联	该项目标完成。扶持城镇残疾人新增就业219人；为233名残疾人实施无障碍改造；为10名贫困白内障患者免费实施复明手术。
	7. 爱心超市建设。	新建慈善爱心超市2个。	所需经费由区民政局专项经费安排。	区民政局	该项目标完成。在黄忠、人民北路街道各新建1个慈善爱心超市。
	8. 低保家庭清洁能源补贴。	对使用液化气的低保家庭给予每户每月80元补贴。	区财政计划安排135.4万元，其中区级财政安排70万元，余下部分由街道财力承担。	区民政局	该项目标完成。

续表：

项目	目标条目	具体任务	资金安排	牵头单位	完成情况
四、教育助学工程	1. 发展学前教育。	完成5所公益性幼儿园创办。	区财政计划安排200万元。	区教育局	该项目标完成。在全区创建15所公益性幼儿园，并按年生均2000元的标准给予财政经费补助。
	2. 义务教育“两免一补”。	继续全面免除城乡义务教育阶段学生学杂费、课本费和作业本费，做到应免尽免。	区财政计划安排3986万元。	区教育局	该项目标完成。全面实施免费义务教育，投入资金3986万元，受益学生14.64万人次。
	3. 资助家庭经济困难学生。	对全区符合条件的学前教育、义务教育阶段及两类高中教育阶段城乡低保家庭和低保边缘困难家庭学生实施教育资助。对普通高中家庭困难学生按每人每年平均1500元的标准给予生活补助。对非成都户籍在区内中等职业学校就读的一、二年级农村学生、县镇非农户口学生和城市家庭困难学生实施每人每年1500元生活补助；对成都户籍并在区内中等职业学校就读的一、二年级学生实施每人每年1500元生活补助。对区管中等职业学校涉农专业学生和家庭经济困难的中等职业学校学生（含技工学校学生）免除学费。继续实施阳光圆梦工程，确保全区考上高校的低保家庭子女不因贫困失学；继续实施阳光宏志工程，对符合助学条件的低保家庭及低保边缘特殊困难家庭优秀高中生给予每生每年4000元生活补助。为中小学生低保家庭学生每天发放1个鸡蛋和1袋牛奶。	计划安排1267万元，其中全区低保家庭和低保边缘困难家庭学生实施教育资助40万元、国家助学金590万元（中央财政472万元）、中职贫困生免除学费201万元（中央财政）、全域成都助学金205万元、阳光圆梦工程、阳光宏志工程40万元（慈善会资金）、牛奶鸡蛋工程13万元。	区教育局 区民政局	该项目标完成。对符合条件的学前教育、义务教育阶段及两类高中教育阶段城乡低保家庭和低保边缘困难家庭学生实施教育资助。受助学生1212人，累计金额24.7万元。 对普通高中家庭困难学生按每人每年平均1500元的标准给予生活补助，资助困难学生2956人，资助金额443.4万元。 对非成都户籍在区内中等职业学校就读的一、二年级农村学生、县镇非农户口学生和城市家庭困难学生实施每人每年1500元生活补助，资助中职家庭经济困难学生29986人次，资助金额432.2万元。 对成都户籍并在区内中等职业学校就读的一、二年级学生实施每人每年1500元生活补助。 实施阳光圆梦工程，对87名资助对象发放助学金24.7万元。实施阳光宏志工程，确定成都市第八中学校秋季继续举办全区普通高中宏志班，继续配合区民政局对符合条件的宏志班学生给予每年每生4000元生活补贴。2011年秋季招收普通高中宏志班学生3人，全校共12人。 春季为248名中小学低保家庭学生每天发放1个鸡蛋，秋季为230名中小学低保家庭学生每天发放1个鸡蛋，资助金额5万元。2011年10月—2012年6月，为225名中小学低保家庭学生每天发放1袋牛奶。
	4. 职业教育。	继续实施职业教育攻坚计划，加大中等职业教育基础能力建设，改善中等职业学校（含技工学校）办学条件。中等职业学校招生3150人。对金牛区户籍学生就读成都市区域的中等职业学校实施教育券资助，每生每年1200元。对2008年秋季入学的金牛区正住户口的中等职业教育学生实施每学年1000元的学费补贴；对低保家庭、计划生育“三结合”户和烈士、残疾人子女全额补贴。	区财政计划安排635万元。	区教育局	该项目标完成。新建成都市洞子口职业中学校4000平方米实训楼，改善中等职业学校（含技工学校）办学条件。完成中等职业学校招生3168人。对就读成都市区域中等职业学校学生实施教育券资助，每生每年1200元。符合条件的中职学生2893人，拨付资金347.2万元。对2008级金牛区“两后生”职教学费补贴1280人，补贴金额66.9万元。 对低保家庭、计划生育“三结合”户和烈士、残疾人子女实行全额补贴，全部落实到位。
	5. 特殊教育。	义务教育阶段残疾儿童入学实现应进全进。	区财政计划安排10万元。	区教育局	该项目标完成。确定成都市驷马桥小学校作为区特殊教育中心，面向全区符合条件的“三残”小学生进行招生。全区义务教育段在校残疾生147人，实现应进全进。
	6. 中小学校舍安全工程。	完成成都市通锦中学校拆除重建教学综合楼、食堂、宿舍及原有教学楼综合改造；成都市洞子口职业中学校拆除重建行政综合楼及学生宿舍、教室、大门综合改造工程；成都市铁路中学校新建综合楼及变压器增容改造工程；成都市沙湾路小学校食堂加固工程。实施成都市抚琴小学校拆除重建教学楼及原有教学楼综合改造工程、成都市驷马桥小学校拆除重建综合楼工程。	计划安排5500万元，其中区财政安排2000万元、成都市铁路中学校新建综合楼及变压器增容改造工程3500万元由鑫金资投公司贷款解决。	区教育局	成都市铁路中学校工程、成都市沙湾路小学校工程完工。成都市抚琴小学校工程、成都市通锦中学校工程、成都市洞子口职业中学校工程、成都市驷马桥小学校工程在施工阶段。

续表：

项目	目标条目	具 体 任 务	资金安排	牵头单位	完成情况
四、教育助学工程	7．推进学校网点建设。	加快成都七中万达学校项目建设，实现2011年秋季招生。	计划安排1.71亿元，其中区财政安排1250万元、万达集团捐建1.4亿元（2011年到位数）、其他资金1862.5万元。	区教育局	该项目目标完成。教学楼等建筑及田径场竣工并投入使用。招生任务完成，高、初中全体学生于9月1日正式开学。
五、社会保障工程	1．困难群众最低生活保障。	对符合低保条件的生活困难群众，适时纳入低保救助范围，实行应保尽保、分类救助，累计月人均补助水平达到241元。	区财政计划安排2139.1万元。	区民政局	该项目目标完成。累计发放低保金7.54万人次、2208.9万元，累计人均月补差水平293元。
	2．城乡居民养老保险。	新增参加城乡基本养老保险1万人以上。	区财政计划安排4526万元。	区人社局	该项目目标完成。新增参加城乡基本养老保险6.36万人；新增参加基本医疗保险8.52万人。城乡居民基本医疗保险参保率97%。
	3. 城乡居民基本医疗保险。	新增参加基本医疗保险1万人，城乡居民基本医疗保险参保率达到97%。			
	4．实施未成年人关爱。	组织实施“让我玩”等10个为未成年人办好事实事项目。	计划安排2569.2万元（不含其他项目中涉及未成年人关爱的经费），其中区财政安排69.2万元、争取市级资金2400万元、联合国项目基金100万元。	区文明办	该项目目标完成。
	5．志愿服务队伍建设。	新建标准化志愿者服务站12个，新增志愿者服务人员110人。	区财政计划安排10万元。	区文明办 团区委	该项目目标完成。通过全市统一工程验收。
	6．实施老年人关爱。	为生活困难的孤寡和高龄空巢老人提供医疗、护理、家政等居家养老服务；为90岁以上老人每人每月发放100元长寿补贴；为百岁高龄老人每人每月发放200元长寿补贴。	区财政计划安排365万元。	区民政局	为孤寡、高龄空巢等特殊困难老人发放居家养老服务补贴83.6万元；为90岁以上高龄老人发放高龄补贴232.1万元；为百岁以上高龄老人发放高龄补贴11.8万元。
	7．实施残疾人关爱。	实施阳光家园计划，居家托养智力、精神和重度残疾人280人；新建2个街道残疾人日间托养站；为全区2075名特困残疾人提供专项生活救助，为全区1161名精神、智力及其他类一、二级残疾人免费购买城乡居民医疗保险。	区财政计划安排436万元。	区残联	该项目目标完成。实施阳光家园计划，居家托养智力、精神和重度残疾人395人；九里堤街道、天回镇街道日间托养站建成；按季度为全区2075名特困残疾人提供专项生活救助，为全区1161名精神、智力及其他类一、二级残疾人免费购买城乡居民医疗保险。
六、医疗卫生工程	1．完善医疗卫生服务机构。	启动金牛区医院迁建提档升级工程。	跨年项目，计划总投资4.7亿元，由医院自筹、政府贴息解决。	区卫生局	金牛区人民医院搬迁新建地址位于营门口街道茶店社区5组、6组范围内，约35亩（23333平方米）。建设规模：按三级医院标准设计建设。建设总投资：4.7亿元，初步设定500张开放床位。建设时间：2011年10月—2012年12月。截至2011年12月，市卫生局正式批复新建区人民医院土地调规的请示；区发改局批准区人民医院新建项目立项；完成EPC招标，土地平整后即可开工。
	2．促进公共卫生服务均等化。	实施全民免费健康体检。全面推行免费孕前优生健康检查。普及卫生救护知识，新增卫生救护急救员650人。	区财政计划安排280万元，其中实施全民免费健康体检200万元、全面推行免费孕前优生健康检查60万元、培训卫生救护急救员20万元。	区卫生局 区人口和计生局 区红十字会	该项目目标完成。实施全民免费健康体检。全面推行免费孕前优生健康检查。新增卫生救护急救员978人。
	3. 重性精神疾病患者救助。	重性精神病患者参保率达100%，社区管理率达80%以上，对71名贫困重性精神疾病患者实施门诊、住院等医疗救助。	区财政计划安排32.7万元。	区卫生局	该项目目标完成。
	4．实施孕产妇住院分娩补助。	全面实施孕产妇住院分娩补助政策，孕产妇住院分娩率达99%，高危孕产妇管理率达100%，孕产妇死亡率降低至12.80/10万，婴儿死亡率降低至6‰。	计划争取中央、省、市财政资金26万元。	区卫生局	该项目目标完成。全区孕产妇分娩补助175人，补助金额6.8万元，住院分娩率100%，高危孕产妇管理率100%。孕产妇死亡率0/10万，婴儿死亡率5.74‰。

续表：

项目	目标条目	具体任务	资金安排	牵头单位	完成情况
七、百姓安居工程	1.缓解居民住房困难。	棚户区改造307户、1.7万平方米，发放廉租住房租赁补贴达到2553户，其中新增198户，做到应发尽发。	所需经费由市上统筹解决。	区房管局	该项目标完成。棚户区改造完成428户、2.4万平方米。低收入家庭及最低收入家庭办理廉租住房租金补贴发放户数2554户，新增209户。
	2.大力推进农迁房建设安置。	全面建成河滨森邻、兴盛新居、泉水人家二期；加快红色4、5组点位，府河苑二期，泉水人家三期B区，王贯8组拆迁安置房建设；启动清淳家园二期，茶店2、5、6及花照4组（锦西人家），万圣新居，余家新居，黄忠7组，王贯3组，五福2组拆迁安置房建设。府河苑一期、泉水人家二期A区、明月锦苑一期完成人员安置。	跨年项目，计划安排20.07亿元（年度投资），由有关国有公司融资解决。	区发改局	截至12月，河滨森邻进行后续收尾工作；兴盛新居正式接通用电，整改工程完成招标代理机构比选；泉水人家二期A区竣工，具备安置条件，B区办理物业交接；红色4、5组共计6幢主体施工；府河苑（二期）前6幢安置房主体施工，后9幢进行施工图设计；泉水三期B区3幢主体封顶、2幢主体施工、9幢基础施工、3幢基础承台施工完工；王贯8组A地块进行施工，B地块地勘进场；清淳家园二期做进场准备；茶店2、5、6及花照4组拟先动工的2、3、4号点位进行基础施工；首批实施的万圣村新居C地块主体施工，F地块基础施工，（D、E地块）重新设计方案。余家新居一期进场施工；黄忠7组办理施工许可；王贯3组重新制作点位方案；五福2组完成勘察设计及监理招标；府河苑一期2.5万平方米建设完毕在安置阶段；泉水人家二期A区启动安置；明月锦苑一期实施安置。
	3.加大旧城改造力度。	加快推进成灌路两侧500米及土桥场镇、金牛城市广场、西北村等旧城改造项目，其中完成土桥场镇C线道路施工，开工建设安置房；促进金牛城市广场开工建设；促进西北村旧城改造项目主体完工。	计划安排17亿元，其中旧改中心落实融资14亿元（其中金牛城市广场10亿元、西北村旧城改造项目4亿元）、鑫地公司落实融资3亿元（成灌路两侧500米及土桥场镇改造项目）。	区旧改中心 鑫地公司	成灌路两侧500米及土桥场镇：完成总投资14.39亿元，国有土地基本拆迁完毕，集体土地涉及农户920户，企业194家，已签订协议574户农户、87家企业。土桥片区的道路等基础设施建设项目启动，C线道路、安置房北区全面开工建设。 金牛城市广场：截至12月，完成项目全部的签约工作；部分遗留问题解决；该项目部分返迁房施工封顶。 西北村：截至12月，部分主体验收，进行消防、弱电的安装及内装饰；幼儿园封顶施工。
	4.食品安全监管和市场体系建设。	深化完善33类食品市场准入制度，提升生猪产品质量追溯体系建设；完成9个标准化菜市场信息化改造和蔬菜追溯子系统建设，完成1个批零兼营的农产品二级批发市场信息化改造和蔬菜追溯子系统建设，完成16个大中型连锁超市蔬菜追溯子系统建设；在全区148家大型餐饮连锁企业和217所学校食堂实施肉类溯源管理；加强食品及农产品质量日常监管和专项抽查，定期公布检查结果；加强诚信计量市场计量监管队伍建设，提升诚信计量市场建设管理水平，在成都国际商贸城中药材批发市场、全区固定集贸市场开展贸易结算计量专项监督检查和免费检定。新（改）建茶店子、高家菜市场等2个标准化菜市场。	计划安排2363.8万元，其中区财政安排83.8万元、金牛质监局自筹30万元、区建交局落实社会资金2250万元（新改建2个标准化菜市场）。	区食安办（区食药监局） 区建交局	该项目标完成。深化完善33类食品市场准入制度，食品市场准入率100%。完成9个标准化菜市场信息化改造和蔬菜追溯子系统建设。完成1个批零兼营的农产品二级批发市场信息化改造和蔬菜追溯子系统建设。完成大中型连锁超市蔬菜追溯子系统建设。148家大型餐饮连锁企业实现肉菜溯源管理，217所学校食堂全部实现肉菜溯源管理。全年组织市场计量监管培训会4次，培训全区36个固定集贸市场的计量监督员154人次。加强巡查监管，制定切实可行的巡查制度和监管措施；对辖区内的所有诚信集贸市场每季度不少于3次的计量巡查和监管；各诚信计量市场计量器具台账及时更新，每周不少于2次的计量巡查工作得到落实。全年，免费检定计量器具7802台，其中电子秤5324台、度盘秤2478台，检定率100%，合格率99%。处理消费者计量投诉20余次。高家菜市场完成建设，移交给市商投公司经营；茶店子菜市场完成建设，由市兴蓉公司移交给市商投公司经营。
	5.完善应急设施。	利用人防工程标志市民应急避难场所25处，为106个社区配发应急救援器材。	所需资金由市上统筹安排。	区建交局	该项目标完成。利用人防工程标志市民应急避难场所26处，为106个社区配发应急救援器材。

续表：

项目	目标条目	具体任务	资金安排	牵头单位	完成情况
七、百姓安居工程	6．推进平安金牛建设。	强化社会治安综合治理，始终保持对各种犯罪活动的高压态势，对黑恶势力团伙发现1个打掉1个。健全"大调解"体制机制，构建区社会矛盾联调中心，完善法律服务机构对口服务街道、社区工作。	区财政计划安排367.60万元。	区综治办 区司法局 区公安分局	全区立刑事案件5669件，同比下降3.7%，破案3221件，同比上升6.4%，治安局面稳定。有21个法律服务机构的79名律师为全区15个街道、102个社区提供对口法律服务。各级调解组织共调解纠纷2996件，成功调解2825件，调解成功率94.3%。
	7．加强公众防灾减灾能力建设。	加强公共安全和危机文化宣传教育，组织社区群众参与突发公共事件应急演练活动，开展应急救护培训6000人，在涉农社区继续开展万人观影活动。在1个社区试点建设博爱家园项目，提高社区防灾减灾及自救互救能力。	计划安排60万元，其中区财政安排25万元、中国红十字总会援建资金35万元。	区应急办 区红十字会	该项目标完成。街道、社区、学校、企业开展应急演练20余次。5月12日，利用全国第3个防灾减灾日，在和谐金牛广场组织开展"防灾减灾现场访谈暨万人观影活动"，现场放映2部灾难类影片，印发宣传单5000张，活动期间，在28个涉农社区放映26场电影，观影人数1.3万人。 完成应急救护培训14154人。确定九里堤街道北路社区为红十字博爱家园项目试点社区。
八、基础设施工程	1.城乡道路建设。	实施123条乡村道路路面改造、道排完善等提档升级工程；完成龙湖天街1、2号线道路建设工程；启动黄忠大道（2.5环）贯通、货运大道建设工程。	跨年项目，计划总投资9.67亿元，其中2011年争取市级财政资金2亿元，区财政安排3675万元。	区建交局	实施123条乡村道路路面改造、道排完善等提档升级工程；完成龙湖天街1、2号线道路建设工程；黄忠大道（2.5环）贯通工程具备拆迁条件；货运大道沙河源辖区内的拆迁基本完成。
	2.夯实社区基层基础工作。	加强涉农社区公共服务和社会管理，每个涉农社区年度专项补贴25万元；完善社区办公及配套服务用房，完成抚琴西北街社区、拆迁安置房4号点位（金泉街道辖区内）、5号点位（黄忠街道辖区内）等社区办公及配套服务用房移交工作。	计划安排1410万元，其中区财政安排1250万元，鑫金资投公司落实抚琴西北街社区办公用房有偿移交资金160万元。	区委组织部 区统筹局 区建交局	该项目标完成。拨付全区52个涉农社区，每个社区25万元，共1300万元。办公及配套服务用房移交工作完成。
	3.中小街道整治。	实施市政道路21条中小街道整治。	计划安排1870万元，其中争取市级财政资金270万元、区财政安排1600万元。	区建交局	该项目标完成。21条中小街道整治完毕。
	4.危桥加固改造。	加固改造危桥3座。	区财政计划安排255万元。	区建交局	该项目标完成。
	5.环境基础设施建设。	新建垃圾压缩站1座，改造公厕9座。	计划安排450万元，其中争取市级财政资金200万元、区财政安排250万元。	区城管局	该项目标完成。
九、生态建设工程	1.城市绿化建设。	完成电子科大九里堤小区绿地提升改造；新增绿地20公顷；建设2万平方米小游园小广场、义务植树90万株（含折合数）；完成2千米拆墙建绿；完成7000平方米屋顶绿化建设。	计划安排2100万元，其中区财政安排100万元、区城管局落实社会资金2000万元。	区城管局	该项目标完成。完成新增绿地37.2公顷；建设小游园小广场2.3万平方米，完成义务植树98.4万株（含折合数）；完成2.05千米拆墙建绿；完成屋顶绿化建设7130平方米。
	2.城市公园建设。	完成黄忠公园、茶店子公园建设。	计划总投资1.03亿元，由金牛城投公司引入社会资金解决。	区建交局	该项目标完成。
	3.健康绿道建设。	在绕城路金牛"198"区域、三环路金牛段、自然遗产廊道沙西线金牛段分别建成健康绿道12千米、10千米和7千米。	计划安排4350万元，其中争取市级资金1000万元、鑫金农投公司、金牛城投公司融资解决3350万元。	区建交局	该项目标完成。
	4.外环生态带建设。	完成外环路天回段5.65千米两侧各50米防护林带点状植绿。	计划安排3757.3万元，由鑫金农投公司融资解决。	区城乡功能发展中心	该项目标完成。完成5.65千米两侧各50米防护林带建设。
十、文化体育工程	1.文化设施建设。	完成6个社区文化中心、31个文化活动室业务专用设备配送。	争取中央财政资金227万元。	区文旅体局	该项目标完成。

续表：

项目	目标条目	具体任务	资金安排	牵头单位	完成情况
十、文化体育工程	2.文化惠民活动。	开展好金牛区文化惠民四大品牌活动，全年举办交响金牛——广场音乐会6场、开展文化金牛大擂台——“十佳业余文艺团队”“十佳群文演艺之星”“十佳群文书画之星”选拔赛、放映金牛社区电影大看台384场、举办金牛社区公益大讲台40场。举行文体直通车社区大巡演16场。	区财政计划安排50万元。	区文旅体局	该项目标完成。
	3.社区科技服务。	建设2个科普基地，开展日常科普宣传。	区财政计划安排35万元。	区经科局	该项目标完成。建设科普基地2个，成都天府华侨城公园广场极速空间站被命名为成都市科普基地；成都市植物园被认定为成都市科普基地。
	4. 推动全民健身。	实施“运动成都·活力金牛”——金牛区2011年全民健身400惠民工程，新建全民健身体育设施10套；组织开展各类全民健身活动20次，体育场馆免费开放体育锻炼28万人次，培训三级体育指导员30人。	区财政计划安排35万元。	区文旅体局	该项目标完成。新建全民健身体育设施10套，培训社会体育指导员50名，开展各类全民健身活动27次，体育场免费开放48万人次。

（徐璐珊）

生活水平

收　入

【城镇居民收入】 2011年，全区实现地区生产总值（GDP）592.81亿元，同比增长13.1%；城镇居民可支配收入23816元，同比增长17.3%，增幅较GDP高4.2个百分点。构成家庭总收入的工资性收入、经营性收入、财产性收入和转移性收入均呈平稳增长态势。

工资性收入　工资性收入是城镇居民家庭主要收入来源。2011年，全区城镇居民人均工资性收入15764元，同比增长11.8%，其中工资及补贴收入14794元，同比增长8.6%；其他劳动收入970元，同比增长107%。

经营性收入　个体和私营经济是金牛区经济重要组成部分，对于促进就业、繁荣市场经济起到重要作用。荷花池综合批发市场、五块石茶叶批发市场、金府机电城等数个亿元批发市场聚集大量个体和私营企业。2011年全区人均经营性收入2165元，同比增长56.4%。

财产性收入　财产性收入是家庭总收入的重要补充，2011年，全区城镇居民人均财产性收入959元，同比增长16%，财产性收入的增长主要得益于居民投资渠道多元化。居民人均出租房屋收入727.5元，同比增长11%，人均其他投资收入110.6元，同比增长25.9%，人均各类利息收入59.4元，同比增长47.5%。

转移性收入　2011年，居民人均转移性收入6754元，同比增长10.3%。老人赡养收入大量增加。

2011年金牛区城镇居民家庭基本情况

指标名称	单位	2011年实际	2010年实际	2011年比2010年（±%）
调查户数	户	120	120	0.0
人口状况				
平均每户家庭人口	人	2.64	2.84	-7.0
平均每户就业人口	人	1.49	1.61	-7.5
收入状况				
可支配收入	元	23816	20304	17.3
支出状况				
年人均总支出	元	21303.35	18835	13.1
消费性支出	元	16159.53	13928.14	16.0
食品	元	6369.97	5809.73	9.6
衣着	元	1548.41	1229.8	25.9
家庭设备用品及服务	元	1088.1	865.5	25.7
医疗保健	元	768.09	693.76	10.7
娱乐教育文化服务	元	2129.98	1739.5	22.4
居住	元	1544.48	1074	43.8
交通和通讯	元	2270.19	1925.8	17.9
其他商品和服务	元	440.31	590.05	-25.4
年人均借贷支出	元	8001.49	6424.21	24.6
期末人均手存现金	元	2553.94	1964.88	30.0

2010年、2011年金牛区城镇居民家庭人均收入对比情况

单位：元

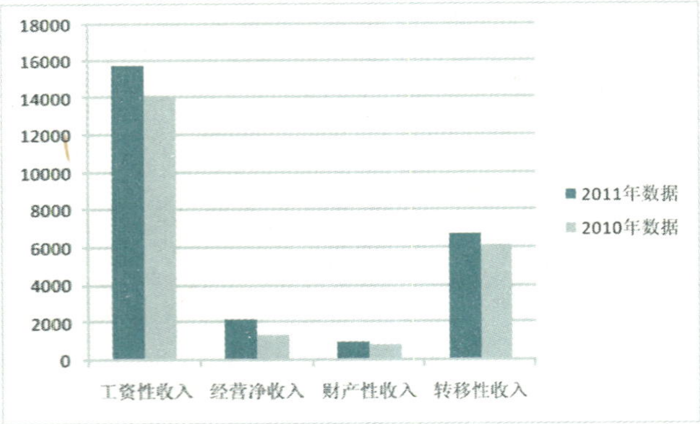

【农村居民收入】 2011年，金牛区农民多元化增收机制逐步形成，农林牧渔生产规模迅速下降，农民收入持续增长。人均纯收入15508元，同比增长19.2%。

2011年金牛区农民人均纯收入构成

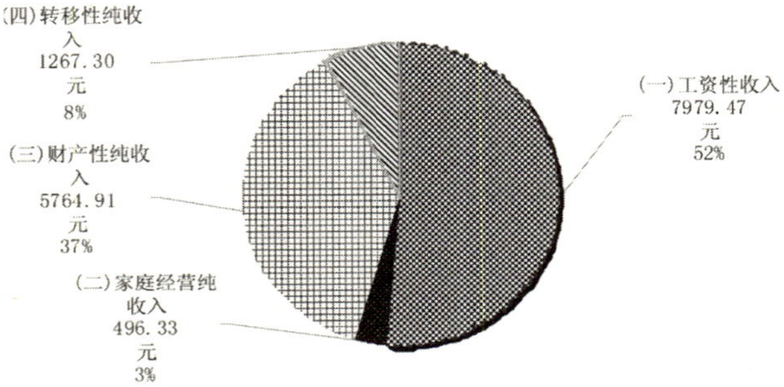

2010年、2011年金牛区农民人均纯收入构成对比情况

单位：元

	2011年度	2010年度	增减绝对额	增减(%)
工资性收入	7979.47	6662.24	1317.22	19.77
家庭经营纯收入	496.33	618.54	−122.21	−19.76
财产性纯收入	5764.91	4588.25	1176.66	25.65
转移性纯收入	1267.30	1145.97	121.33	10.59

工资性收入　工资性收入7979.47元，同比增长1317.22元，增幅19.77%，占农民人均纯收入的52%。

构成农民工资性收入主体的仍为在本乡地域内劳动得到收入，外出从业收入略有减少。工资性收入成为金牛区农民最主要的收入来源。

家庭经营性纯收入　家庭经营性纯收入人均496.3元，同比下降19.8%，在农民纯收入中所占比重下降，其中一产业纯收入人均12.5元，非农产业纯收入人均483.9元，略有增加。

2010年、2011年金牛区农民工资性收入构成对比情况

单位：元/人

指标名称	2011年	2010年	增减绝对额	增减(%)
1.在非企业组织中劳动得到收入	1880.98	1425.23	455.75	31.98
2.在本乡地域内劳动得到收入	4780.51	3856.50	924.02	23.96
3.外出从业得到收入	1317.97	1380.52	−62.55	−4.53

财产性纯收入　财产性纯收入5764.9元，同比增长25.7%，占农民人均纯收入的37%，增速比2010年提高12.5个百分点。农民房屋租金收入大幅增长，成为拉动农民增收的主要渠道。

转移性纯收入　转移性纯收入1267.3元，同比增长10.6%，占农民人均纯收入的8%，增速比2009年有所放缓。

2011年金牛区农民家庭基本情况

指标名称	单位	2011年实际	2010年实际	2011年比2010年(±%)
一、调查户数	户	70	100	−30.00
二、常住人口	人	243.5	348	−30.03
平均每户人口	人/户	3.48	3.48	0.00
三、整半劳动力文化程度构成				
文盲或半文盲	%	0.00	0.00	0.00
小学程度	%	3.60	6.14	−41.37
初中程度	%	46.04	46.93	−1.90
高中程度	%	23.74	23.25	2.13
中专程度	%	8.63	8.33	3.56
大专及以上程度	%	17.99	15.35	17.19
四、居住状况				
人均年末住房面积	平方米	42.83	64.45	−33.55
砖木结构面积	平方米	2.89	5.48	−47.26
钢筋混凝土结构	立方米	39.94	58.97	−32.27
五、生产性固定资产情况				
人均年末生产性固定资产原值	元	3412.73	4713.79	−27.60

2011年金牛区农民家庭人均总收入与总支出

单位：元

指标名称	2011年实际	2010年实际	2011年比2010年(±%)
一、总收入	17148	14970	14.55
1.工资性收入	7979	6662	19.77
2.家庭经营收入	2103	2507	-16.11
一产业收入	26	247	-89.47
二产业收入	132	368	-64.13
三产业收入	1946	1892	2.85
3.财产性收入	5765	4588	25.65
4.转移性收入	1301	1213	7.25
二、总支出	12265	11311	8.43
1.家庭经营费用支出	1379	1574	-12.39
2.生活消费支出	9532	8964	6.34
食品消费品支出	4070	3576	13.81
衣着消费	1036	784	32.18
居住消费	1038	1352	-23.25
家庭设备、用品及服务	533	454	17.50
交通通讯消费	889	863	3.01
文教娱乐用品及服务	1181	947	24.69
医疗保健	575	825	-30.34
其他商品和服务消费	210	162	29.35
3.财产性支出	218	22	890.91

续表：

指标名称	2011年实际	2010年实际	2011年比2010年(±%)
4.转移性支出	1136	750	51.47
三、全年纯收入	15508	13015	19.15

消　费

【城镇居民消费性支出】　2011年，全区居民人均消费支出16159.5元，同比增长16%，恩格尔系数为39.4。构成消费支出的八大类消费项目中，除其他商品及服务下降外，其他各项均保持较快增长。

居住支出快速增长。2011年，人均居住支出1544.5元，同比增长43.8%，其中人均住房装潢支出412.8元，同比增长88.3%；人均租赁房房租支出138.3元，同比增长31.1%。

交通和通信、家庭设备及用品服务增长快速。受国家家电下乡政策和节能补贴政策影响，居民家庭设备、交通工具增长迅速，居民人均家庭设备用品及服务支出1088.1元，同比增长25.7%，人均交通及通讯支出2270.2元，同比增长17.9%。

受物价上涨影响，特别是食品价格上涨影响，食品支出增加，消费量下降。服务性消费支出在消费支出中的比重有所下降，从2010的30.1%降至27.4%。

2010年、2011年金牛区城镇居民人均消费支出对比情况

单位：元

项目	2011年	2010年	增加金额	增长幅度(±%)
消费支出	16159.53	13928.14	2231.39	16
其中:服务性消费支出	4434.93	4199.27	235.66	5.6
一、食品	6369.97	5809.73	560.24	9.6
二、衣着	1548.41	1229.8	318.61	26
三、居住	1544.48	1074	470.48	43.8
四、家庭设备用品及服务	1088.1	865.5	222.6	25.7
五、医疗保健	768.09	693.76	74.33	10.7
六、交通和通信	2270.19	1925.8	344.39	17.9
七、教育文化娱乐服务	2129.98	1739.5	390.48	22.4
八、其他商品和服务	440.31	590.05	-149.74	-25.3

2011年金牛区每百户城镇居民家庭年末耐用消费品拥有量

指标名称	单位	2011年实际	2010年实际	2011年比2010年（±%）
空调机	台	132.28	131.45	0.6
洗衣机	台	100.79	102.42	-1.6
电冰箱	台	100.79	100	0.8
淋浴热水器	台	99.21	101.61	-2.4
彩色电视机	台	141.73	147.58	-4.0
组合音响	套	30.71	25.81	19.0
家用电脑	台	81.89	91.94	-10.9
移动电话	部	222.83	234.68	-5.0
普通电话	部	66.93	81.45	-17.8
家用汽车	辆	24.41	19.35	26.1
摩托车	辆	3.94	1.61	144.7
摄像机	架	14.96	11.29	32.5
照相机	架	58.27	57.26	1.8

2011年金牛区城镇居民家庭人均消费食品情况

指标名称	单位	2011年实际	2010年实际	2011年比2010年（±%）
粮食	元	404.11	391.37	3.3
油脂	元	197.41	198.49	-0.5
鲜菜	元	674.66	612.15	10.2
猪肉	元	809.48	682.69	18.6
家禽及制品	元	357.02	316.2	12.9
蛋类	元	145.44	143.55	1.3
糖类	元	68.17	55.98	21.8
卷烟	元	245.3	338.91	-27.6
饮料	元	128.39	95.88	33.9
白酒	元	70.84	68.48	3.4
干鲜瓜果	元	503.93	389.33	29.4
奶及奶制品	元	342.17	298.45	14.6

【农村居民人均生活消费性支出】 随着农村居民生活水平逐步提高和消费习惯日趋城市化，加上2011年度物价趋高，农村居民消费支出有所增长。2011年农村居民人均总支出12264.9元，同比增长8.4%，生活消费支出9532.5元，同比增长6.3%。

食品类消费增长较快。2011年，食品消费人均支出4069.5元，同比增长13.8%，增幅比2010年同期提高1.75个百分点。食品消费增速加快，主要用于肉禽蛋奶、烟酒和蔬菜等开支上涨及在外饮食费用的增加。恩格尔系数42.69，比2010年度有较大反弹，食品类涨价对生活开支有较大影响。

衣着类消费增幅最高。衣着类消费人均支出1035.8元，比2010年同期增长32.2%,增幅比2010年同期大幅增加，服装购买占支出大半。

文化教育、娱乐消费支出持续增长。文娱类消费人均1181.4元，同比增长24.7%，主要是辖区农民休闲娱乐费用、文娱用品消费及适龄儿童入学费用增长较大。

2010年、2011年金牛区农村居民人均生活消费支出对比情况

单位：元

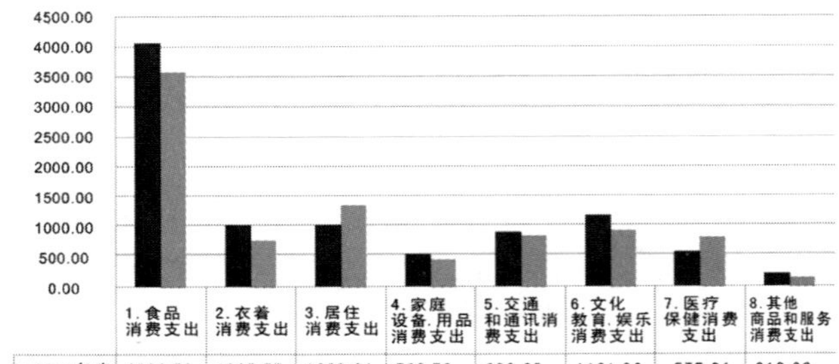

	1.食品消费支出	2.衣着消费支出	3.居住消费支出	4.家庭设备.用品消费支出	5.交通和通讯消费支出	6.文化教育.娱乐消费支出	7.医疗保健消费支出	8.其他商品和服务消费支出
■2011年度	4069.52	1035.77	1038.31	532.79	889.02	1181.36	575.31	210.38
■2010年度	3576.28	783.77	1352.47	453.62	863.02	947.16	825.47	162.35

其他商品和服务消费支出快速增长。其他商品和服务消费支出人均210.4元，比2010年同期增长29.6%，主要是首饰、化妆品及其他服务性支出增加。

2011年金牛区每百户农民期末主要耐用消费品拥有量

指标名称	单位	2011年实际	2010年实际	2011年比2010年（±%）
洗衣机	台	101	97	4.12
电冰箱	台	100	99	1.01
空调机	台	113	110	2.73
抽油烟机	台	89	61	45.90
吸尘器	台	20	4	400.00
微波炉	台	61	57	7.02

续表：

指标名称	单位	2011年实际	2010年实际	2011年比2010年（±%）
热水器	台	116	96	20.83
摩托车	辆	24	19	26.32
汽车（生活用）	辆	37	32	15.63
电话机	部	34	45	-24.44
移动电话	部	299	253	18.18
彩色电视机	台	180	159	13.21
摄像机	架	9	6	50.00
影碟机	台	63	81	-22.22
照相机	架	43	36	19.44
家用计算机	台	91	62	46.77

2011年金牛区农民家庭人均消费食品情况

单位：千克

指标名称	2011年实际	2010年实际	2011年比2010年（±%）
粮食消费量	72.9	82.2	-11.31
植物油	10.3	11.9	-13.45
蔬菜及菜制品	107.3	113.2	-5.21
豆制品	3.5	3.4	2.94
猪肉	25.5	28.1	-9.25
牛肉	1.6	2.0	-20.00
羊肉	0.1	0.1	0.00
家禽	6.7	8.6	-22.09
鲜蛋	6.2	6.9	-10.14
水产品	5.0	5.3	-5.66
食糖	9.5	1.6	493.75
烟叶消费量	0.7	0.2	250.00
酒	9.0	10.3	-12.62
茶叶	1.3	0.6	116.67
水果	25.3	25.6	-1.17
奶和奶制品	17.1	32.1	-46.73

救助·慈善

【低保工作】 全年全区有低保家庭3913户、5967人，全年累计发放低保金7.54万人次、2208.9万元，累计人均月补差水平293元，高于成都市月人均补差241元的补差标准22%，在全市居于较高补差水平。

【医疗救助】 全年救助医疗困难群众1.46万人次，补助医疗费240.8万元，月人均医疗救助水平416.2元，其中门诊医疗救助6749人次，落实门诊医疗费用70.2万元；救助住院困难群众372人次，补助住院费50万元；临时医疗困难群众102人次、46万元；资助低保家庭及SOS儿童村117名大学生参保，缴纳保费4680元；资助823名低保对象参加大病住院互助补充医疗保险补助参保保费5.4万元；资助区内低保家庭及辖区福利机构中小学生1132人、5.7万元；城乡居民低保5259人、63.1万元。

【临时救助】 对因患重大疾病、突发重大事件等特殊原因，造成基本生活难以维持的特殊困难群众，给予每户每年最高不超过1万元生活困难临时救助，解决困难群众在生活中遇到的实际困难。全年救助临时发生生活困难群众135人次，发放救助资金62.6万元。

【价格补贴及调标】 春节前夕，对4290户、6721名低保对象，按每人150元的标准发放2010年度春节过节费100.8万元；为减少物价上涨对贫困群众生活的影响，及时发放1—2月8466户次、1.32万人次，每人每月50元的价格临时补贴66万元，4—6月1.25万户次、1.93万人次，人均每月45元价格临时补贴58万元，7—9月1.17万户次、1.84万人次，人均每月45元价格临时补贴83万元，1—7月2.91万户次、4.52万人次，人均每月15元生活补助68万元；按照《成都市人民政府关于发放城乡低保居民最低生活保障对象生活补助和提高城乡居民最低生活生活保障标准的通知》，8月1日起，低保标准由300元提高到330元。通过适时保障和调标，保障贫困群众的基本生活。

【低保户液化气补贴】 全年分期对使用液化气的城市低保户进行摸底调查统计汇总，按每户每月80元的补贴标准及区、街道财政各承担50%的比例，发放低保户液化气补贴1.42万户次、2.25万人次。

【流浪乞讨人员救助】 金牛区救助站全年救助各类社会流浪乞讨人员45人次，其中男性受助人员40人、女性受助人员5人；残疾人员2人、60周岁以上老年人4人、18周岁以下未成年人3人；提供救助食物及车票经费409.5元。

【慈善事业】 贯彻市委、市政府“一个都不能少”的阳光圆梦工程，8月13日，2011年金牛区阳光圆梦工程首发启动仪式在和谐金牛广场举行。全年向87名金牛区低保及贫困家庭学生发放阳光圆梦助学金24.7万元。

对全区符合助学条件的低保家庭及低保边缘特殊困难家庭的优秀高中生给予每人每年4000元的生活补助，全年向12名宏志班学生拨付生活费4.8万元。

黄忠街道的薛超考上清华大学，因无力支付费用，金牛区阳光圆梦工程向他发放第一笔援助金4000元

6月21日，区慈善会援助彭州市灾后社区建设资金169万元交接仪式举行。7月12日，区慈善会捐助石渠县洛须中学校建设资金138.7万元交接仪式举行。10月18日，启动金牛区2011年“慈善一日捐”活动。截至12月，金牛区慈善会接收各类捐款103.8万元。

（彭念贵　李洪兵）

消费者权益保护

金牛区在全市范围首次开设消费者维权课堂，开通老弱病残、未成年人等弱势群体维权绿色通道，组织开展“食品安全诚信倡议和签名承诺活动”，制订和完善涉及少数民族、群体事件等重大消费纠纷的应急预案。全年受理消费者投诉1778件、举报281件，办结率100%，为消费者挽回经济损失72万元，接受咨询3660余次。

“3·15”国际消费者权益日活动

（黄　俊　吴雪松）

（审读：薄　宇）

街 道
SUB-DISTRICTS

抚琴街道

【概　况】 抚琴街道位于金牛区南部，1987年1月设立，因辖区内抚琴大队、抚琴台而得名，相传抚琴台为西汉大辞赋家司马相如与卓文君的抚琴之地。1991年区划调整后，街道面积1.2平方千米，街巷15条，居（家）委会15个，人口3万人。2001年街道将15个家居委会改建为6个社区。2003年3月17日，区政府对街道进行区划调整，将原乡农市街道所辖的西北街社区、金鱼街社区（乡农市街道成立于1954年1月，面积1.5平方千米，街巷26条，社区10个，人口4.2万人，于2003年撤销）、营门口街道所辖二环路内的金琴路社区划归抚琴街道，同时将抚琴街道抚琴西路以南的抚琴南路社区、抚琴西南路社区和一环路以内的抚琴北路社区划给西安路街道。2004年3月20日，区政府将原光荣街道并入抚琴街道（光荣街道成立于1994年1月，辖区面积1.8平方千米，街巷38条，社区6个，人口4.5万人）。2005年底，抚琴街道西与二环路西三段以西的茶店子街道和营门口街道相连，东与九里堤南路、一环路西三段、北一段以东的荷花池街道、人民北路街道接壤，北与二环路北一段、北二段以北的九里堤街道连接，南与抚琴西路以南的西安路街道毗邻。2011年，辖区面积2.8平方千米，街巷71条，社区居委会8个，常住人口12万人。

抚琴街道地处金牛区中心位置，交通便捷，金牛大道、一环路、二环路、沙湾路、九里堤南路、金沙路、抚琴西路横穿境域。辖区内有国家级生产资料一条街、沙湾国际会展中心、国贸大厦等知名商贸网点；驻有国家审计署驻成都特派员办事处，四川省就业服务管理局，成都市人民政府第四办公区，市中级人民法院，区委、区政府、区人大、区政协及区级大多数机关等中央、省、市、区党政机关；区域内有懋园、人和逸景、丽景湾、成都铁路局宿舍、市国税局和地税局宿舍等中高档住宅小区。街道建有300平方米的社区服务中心有和谐金牛广场、为民路广场、九里南园公园。街道既是金牛区的沙湾城市商业副中心，又是金牛区的政治、经济、文化中心及金牛区乃至省、市对外联系的窗口，是环境优美、适宜居家购物的现代宜居小区。街道办事处驻光荣路19号。

2011，街道财政收入地方实得17497万元。

【社区组织建设】 街道推进党的工作“进院入户”，把党支部建在院落，党小组建到楼栋，形成社区、院落、楼栋三级组织体系；制作共产党员闪光图，让党员以“一名党员一面旗帜”，公开党员身份，在联系服务群众的过程中接受群众监督，在社区自治中发挥骨干引领作用。

完善自治机制，开展“居民议事园”活动。社区党组织为引导更多的社区居民关注、参与社区事务，将社区自治向居民院落、楼栋和物业小区延伸，“居民议事园”活动中，组织居民群众协商解决院落内的具体问题，真正做到自己的事自己议，大家的事大家管，形成社区自治带动院落自治、院落自治促进社区自治的格局。

创新院落管理，社区首创“星级”大院评比，将各大院的环境卫生、治安秩序、邻里和谐和群众文化等作为评比内容，每季度由评委会进行评审，以星级表示大院等次，激发群众文明评比的积极性，院落整体面貌焕然一新。在开展城乡环境综合整治和创建全国文明城市过程中，社区以加强院落管理为阵地，以群众参与为动力，以院落星级提升为手段，建立长效管理机制。

【文化活动】 社区党委以培养居民“阳光心态”为抓手，以党员志愿者为骨干，利用节庆日开展丰富多彩的文体活动，利用社区家长学校、市民学校、心理咨询室等，组织文化知识、思想道德、法律法规学习培训，使社区群众从精神上、情感上得到充实，积极、乐观、向上的“阳光心态”成为社区居民的共同价值取向。

【社会管理创新】 *西南街社区矛盾纠纷调处“案例工作法”* 由社区律师编写案例，市中院担任法律顾问，将楼板漏水、油烟扰民等社区发生频率高、具有普遍指导意义的民事调解成功个案做成规范化案例模块，供调处矛盾纠纷时直接引用。

西北街社区便民“一卡通” 整合社会资源，推行社区家电维修、管道疏通等“一卡通”服务，方便群众生活。

金琴路社区居民说事日 每月开展“居民群众说事日”活动，听取民意社情，共商社区管理服务事宜，有效调动居民群众参与社区管理的积极性。

（张雪梅）

西安路街道

【概　况】 西安路街道位于成都市西部，2003年、2004年全区街道调整，东与青羊区斌升街道、黄瓦街道接壤，西邻青羊区石人街道，南接蜀都大道、成温路，北接区内抚琴街道、人民北路街道。2011年，辖区面积2.75平方千米，有常住人口8.2万人、流动人口1.5万人，辖5个社区、3个社会事务公共服务站，有机关、企事业单位160余个，商家2000余户，是一个适宜居住、投资、旅游、观光休闲、购物的现代化城区街道。街道办事处驻青西路6号。

街道全年实现地方实得1.3亿元，同比增长35%。全年引进企业25家，其中省外注册资金1000万元以上企业9家，到位国内省外资金7.02亿元。

【城市管理】 街道落实“广泛宣传、多方互动、立足长效、标本兼顾”的整治措施，全年完成蜀都大道所辖单位特色街区打造的情况摸底工作和中医药特色片区前期准备工作；完成青羊西路2号院和青羊东二路41号院改造，首创在居民院内铺设健康绿道；拆除违法建设1800余平方米；抓好日常市容管理工作，结合“门前五包”工作开展治理“六乱”活动。5月26日，代表成都市迎接四川省对成都市国家级爱国卫生城市的复查，8个迎检点均达标。11月1日，通过成都市“五十百千”环境优美示范工程创建考核验收。

【综合治理】 街道以巩固市级示范“平安街道”成果为主线，继续深化“平安创建”活动，维护辖区稳定，成立街道平安创建活动领导小组，全面加强基层基础防范工作，强化对“五小”店铺和电玩城的专项治理，加大校园安全保卫工作力度，健全防范网络，有效控制发案率。针对辖区酒店数量众多的特点，对辖区众多酒店推行“同业协会”管理，引起广泛关注。健全维稳工作机制，认真排查，及时有效化解四川省妇幼保健院、中医附院9起医患纠纷引发的群体性事件，1起企业改制群体性不稳定事件，3起地铁施工安全纠纷事件。街道被评为全市法制宣传先进单位。

【社区建设】 街道以特色社区建设为抓手，以实施惠民行动为载体，推进“十佳社区”创建工作，青羊北路社区和金琴南路社区被区委、区政府评为“十佳社区”。完善社区服务体系，规范服务流程，提高社区服务水平和质量。立足社区实际，发挥社区资源优势，指导社区开展特色社区建设，构建和谐文明新社区。

【基层党组织建设】 街道落实党建工作责任制，为党组织、党员发挥作用搭建平台，完善并深化“将党支部建在院落，将党小组建在楼幢，将党员身份亮在居住地”的社区党建工作，使党的工作开展在院落，服务到楼栋。截至12月，街道5个社区党组织下设党支部32个，楼幢建党小组92个。在基层民主政治建设中，重点开展“三联”活动、党务公开活动和居民议事园活动，扩大党员群众的知情权、参与权、监督权。

【“三个进入”促进“三个服务”】 *进院入户，为群众服好务* 开展“登千家门、认千家人、知千家情、解千家困”活动，深入基层了解民情和民生工作实效，切实服务社区居民。

进楼入企，为纳税人服好务 通过召开企业、部门、行业等多种形式的联席会，定人定时走访企业等方式，为企业排忧解难，做到服务企业规范化、制度化。

进门入心，为单位服好务 主动上门了解辖区单位需求，加强信息沟通，推进辖区环境治理、社会稳定等工作有效开展。

【住房安置工作新方法】 *强化领导责任，确保安置工作科学严密* 街道多次召开工委会及工委扩大会、专题会，及时统一工委班子成员、社区书记主任、机关科室负责人的思想认识，讲清分房安置工作的重要性，讲明街道、社区、村组在分房中的目标责任，明确思想要求、工作要求、作风要求和纪律要求，做到步调协调统一；建立健全网格责任体系，实行工委班子成员包社区、社区书记主任包村组、村组长包重点户、居民代表（党员）包重点人员四级责任体系，工作责任、工作要求、工作进度层层落实；围绕高家4号、兴盛小区分房安置中的具体问题和个案，按照“准备”和“实施”两个阶段目标任务，在广泛调研和风险意识评估的基础上制订《分房安置工作实施方案》，明确各时间节点要求；抽调精干人员及时组建住房安置工作领导小组及其办公室，党政主要领导分别担任组长、副组长，班子成员和社区主要负责人分别担任指导小组组长，负责联系、指导和协助社区开展分房安置工作，重点研究解决问题和困难。

宣传发动到位，确保群众思想认识统一 坚持“三讲三不”原则，即“安置前敞开讲不约束、安置时引导讲不放任、个案问题解决时统一讲不放纵”。在安置工作启动前，街道、社区、村组长、居民代表、党员群众骨干上门入户，广泛征求和收集安置对象的意见及建议，了解群众真实诉求；在安置工作启动后，街道、社区分房领导小组成员分片区召开组长、户主大会和群众代表会，按照《分房安置工作实施方案》和分房安置工作有关政策规定，宣讲安置政策，引导群众统一思想认识；处理在安置中突出的个案和难点问题时，采取集中时间和地点，由安置办公室开展统一反复宣讲的方法，防止矛盾激化和群体性事件发生。在安置工作进行的200多天里，街道、社区、村组长、居民党员代表与群众面对面宣传1.8万人次。

细致组织实施，确保安置工作公开公平公正 分房抽签和结算工作是组织实施的重要环节。街道集中统一在高家4号点位及兴盛小区各社区组织设立抽签现场，安置户基本做到服从指挥、遵守秩序，对抽签分到的住房表示满意。结算工作对工作人员的能力水平要求较高，在结算前街道对工作人员进行系统培训，同时按照“一站式、流水线”办理流程，对每个人员的岗位、职责进行明确。街道、社区共同优化办事程序，由社区统一准备申请的范本，做到安置户“来了就办、办就办好”。

攻克重难点问题，确保安置工作稳妥推进 在重难点问题攻克上，采取突出重点、各个击破的工作方法，坚持充分相信群众、依靠群众，注意发挥和调动群众主体作用，坚持用智慧的办法去研究和解决安置的历史遗留问题和各类新增问题。对历史遗留类问题，如跃进社区4队集体资产问题、9队已调查未签协议等问题，一经反映，街道立即研究解决，变被动为主动，赢得群众配合和支持。对个案类问题，特别是群众举报的个案，街道、社区对每户情况认真调查了解、综合分析，并主动与区国土分局共同研究，按照政策性与灵活性相结合的原则，妥善解决绝大多数安置问题。同时，对个别反复无理纠缠、阻挠安置工作的人员，街道与公安机关积极配合，反复进行教育说服，并对重点人物进行谈话、训诫，转化思想，推动后期工作顺利进行。

（牛小安）

人民北路街道

【概　况】 人民北路街道地处成都市中心城区，北面以一环路北一段至北三段为界，东傍川陕路入城通道解放路二段，与抚琴街道、荷花池街道、驷马桥街道相邻，西面以花牌坊街、石灰街、西月城街为界，紧邻西安路街道，南以府河、饮马河为界与青羊区连接，整体呈扇形状分布。2011年，辖区面积2.8平方千米，辖区内有大小街巷52条，社区6个，有常住户数3.1万户，常住人口7.8万人，流动人口1.2万人。街道机关内设党政办公室、经济发展科、社会治安综合治理办公室、司法所、城市管理科、城市管理行政执法中队、社会事务与计划生育办公室、劳动保障与人才开发所、万福公共事务服务站、通锦公共事务服务站10个科室、站、所，有下属事业单位环卫所1个。街道有在职干部职工87人（含环卫所13人），离退休干部85人。

辖区内有中铁二院工程集团有限公司、中铁二局工程集团有限公司、四川省林业厅、四川省商务厅、四川省地质矿产勘查开发局、四川省档案局、四川省乡镇企业局、四川省地方铁路局、四川省丝绸工业研究所、中国建筑西南设计研究院、四川省有色冶金研究院、四川省林业科学研究院、中国建筑西南勘察设计研究院、成都市规划设计研究院、成都市规划局等41家国有大企业、省、市大机关单位及两个派出所（人民北路派出所、北巷子派出所）；有西藏饭店、金麒麟大酒店、喜相逢川菜馆、天指道国际休闲广场、沱江鱼府、外婆乡村菜、西北酒家、芙蓉国等餐饮娱乐特色企业，享有较高知名度的城隍庙电子电器市场坐落于辖区内。辖区商贸网点密布，商贾云集，交易活跃，环境优美，文化繁荣，是集经济、文化、商贸、餐饮休闲为一体的综合型街道。街道办事处驻新村河边街9号。

街道全年全口径税收11亿元，地方财政收入2.39亿元，总量在全区街道中连续8年排名第一。招商引资引进项目9个，引进国内省外资金24亿元，实际到位外资400万美元。规模以上工业企业总产值1.08亿元，工业投资9.6亿元。重点调查限上批零贸易业销售收入89.71亿元，重点调查住宿餐饮业销售收入1.66亿元。

【省级养老服务社会化示范社区】 街道通过整合资源，将社区卫生服务中心、公共事务服务站、文化活动站、残疾人工疗站、“一键通”服务平台等各类社会资源进行全面整合配套，建成750平方米的马家花园社区居家养老服务站（日间照料中心）。完善为老服务设施，调动社区党员群众、志愿者、辖区单位共同参与社区居家养老服务工作。11月，街道马家花园社区创建省养老服务社会化示范社区工作通过省民政厅检查验收，成为全市首个省级养老服务社会化示范社区。

【服务体制创新试点】 街道总工会根据各社区工作实际和街道所辖企业经济结构和经营业态，在马家花园社区工会开展街道工会管理与服务体制创新试点工作，通过社区工会联合会强化以职工为本，维权为重、服务为先的理念，提高社区服务企业、服务职工的能力，同时加大社区内工会组织的组建力度，根据不同的经营业态组建联合工会、行业工会联合会、楼宇工会、市场工会，最大限度地将职工和广大从业人员、农民工、灵活就业人员组织到工会中，推动社区工会服务向多元化、综合化发展。马家花园社区工会联合会发展工会组织143个，发展会员2060名。

【区域发展环境】 街道将辖区划分为6个管理网格，由专人对城市管理、社会治安等问题进行巡查监控；集中开展专项治理，整治新二村农贸市场、城隍庙电子市场等难点区域；加快推进10个示范院和西月城街、花牌坊街风貌打造，全面完成一环路北一段、北二段、解放北路特色街区打造；做好旧城改造拆迁前期介入，妥善处置各类矛盾。

（冯慧淑）

驷马桥街道

【概　况】 驷马桥街道地处成都市北门出城重要通道，北抵沙河，与成华区青龙街道相邻；南至府河，与青羊区草市街街道相邻；东临府青路，与成华区府青路街道相邻；西临沙河排洪河，与荷花池街道相邻。成昆铁路、川陕公路、北新大道、内环路、一环路、二环路等重要交通要道交汇于此，沙河和府河流经辖区。一代文豪司马相如和才女卓文君的爱情故事流传千年，成都三友竹编工艺有限公司（原成都竹编工艺厂）传承并发展着非物质文化遗产——竹编（瓷胎竹编）工艺技术，马鞍东路社区的“粽子一条街”在成都坊间小有名气。2011年，辖区面积2.79平方千米，辖8个社区，1个涉农高笋塘联社，户籍人口9.3万人，流动人口3万人。驷马桥街道由原驷马桥、解放路、曹家巷3个街道整合而成，有在职干部职工63人、离退休干部82人、临时聘用人员133人；有党委（总支、支部）22个，其中党委6个、党总支6个、党支部10个，党员1949名。辖区内有华西集团、成都邮区中心局、北门汽车站、水电七局等67家中央、省、市单位和543家公司、企业。街道办事处驻泰宏路9号。

街道经济平稳增长，1—10月，税收完成实得1.24亿元，固定资产投资3.01亿元，完成工业总产值5000万元，引进国内省外资金5.83亿元。

【城市建设与管理】 街道按照“以测促创”和“以

创惠民”的工作思路，针对创建重点和难点，建立完善“两落实、三联系”创建复查迎检工作机制，在做好文明城市复查迎检工作的基础上，逐步提升城市建设和管理水平。

特色街区打造　做好解放路二段特色街区打造工作，全年完成工程整治4个点位，开工2个点位。

城市管理新模式　以抓好主街干道和院落管理为基础，以抓好北门车站、梁家巷、农贸市场等关键地带为重点，以强化日常管理和集中整治热难点问题为主线，强化公共区域、主街干道、重点区域等督查，有计划地加强背街小巷的日常监管，提高城市管理水平。

【社会治安综合治理】　“大调解”工作　街道开展“大调解”组织网络“五进”专项活动，完善工作体系，加大对不稳定因素排查化解工作。截至12月，排查出不稳定因素案件36件，全年成功处置群体性事件8件，有效推进3件信访历史遗留问题的化解。

社会治安防控　街道深化“平安创建”活动，全年投入21.8万元落实“三防建设”；完成街道、9个市级平安单位、10个区级平安单位的验收汇报工作；投入4万元完成流动人口信息采集工作。

安全生产和消防安全　街道层层签订安全目标责任书，落实责任制，狠抓安全事故预防工作，改善消防安全和安全生产环境，全年辖区无安全生产事故发生。

【社会民生】　街道深化低保规范化管理，提高救助对象的准确性。1—11月累计发放低保金325.5万元，减少享受低保25人；完善残疾人托养中心各项管理制度，深化“量体裁衣”个性化服务工作；全面实施就业优先战略，街道全年新增就业2855人，下岗失业人员就业1236人，再就业援助对象350人，帮助89名有就业愿望的失业人员再就业。

【拆迁安置】　街道联系、配合华西集团和区旧改中心完成一、二街坊旧城改造前期准备工作，做好居民的接待、安抚、政策解读等工作；完成原市委党校及周边地块、北门车站及周边地块等辖区重点旧改地块的基础数据摸底工作；高笋塘安置点位签订拆迁安置协议4户，其房屋全部安全拆除，做好安置房修建过渡期居民农户稳定工作，做好协议签订户的稳定工作和相关档案整理工作。

【“三个服务”】　街道开通“110企业服务热线”，实行24小时全天候服务；制作并发放驷马桥辖区企业联系手册，搭建企业信息资源共享平台；定期收集、整理相关政策、经济信息，通过深入走访形式及时传递到企业中。通过辖区联系会、QQ群等形式，与辖区单位构建政企、党建、综治等联系平台，解决好辖区单位环境整治、治安保卫、院落管理等服务难题。针对低保、就业、计生等政策性较强的工作，组织街道及社区工作人员进行业务培训，提高工作人员业务水平。

【社区自治管理】　整合街道及社区资源，开展“社区自治月”活动，引导群众参与社区自治；实施建立一个自治组织、开展一个特色党群活动、打造一个居民自治典范等“7个一”活动，推动社区自治；成立社区居民自治工作领导小组，要求各社区全年至少完成1个院落试点工作，2012—2014年每年完成20%的社区纯居民院落自治管理，并将自治机构建立、自治院落费用管理等纳入目标考核体系。

（吴　兵）

荷花池街道

【概　况】　荷花池街道位于金牛区东北部，东与驷马桥街道接壤，西与抚琴、九里堤街道相邻，南与人民北路街道连接，北以铁路为界与五块石街道、成华区双水碾街道相望。2011年，辖区面积3.8平方千米，街巷30条，社区居委会6个，户籍住户2.02万户，常住人口6.4万人，暂住人口2.3万人。

辖区内有全国十大商贸集贸市场之一的成都荷花池综合市场及其他38个各类专业市场（区），经营3.5万种各类日用商品，注册经营户3万户，从业人员10万人，日均上市交易人数30万人次，年交易额300亿元以上，商品交易辐射西南、西北和中原地区，远销东南亚、中亚和俄罗斯等国，为西南地区日用商品主要集散地；有全国第五大铁路客运特级站——成都火车北站，年接发旅客2600万人次以上，为西南地区铁路客运交通枢纽；有穿越辖区的一环路、二环路、人民北路等主干道构成现代化交通网。公交总公司火车北站中心站11路、16路、24路、27路等13条公交线路分别通达青羊宫、杜甫草堂、武侯祠、天府广场、春熙路、红星路步行街、文殊院等市内各处。辖区内驻有成都铁路局、四川测绘局、四川建筑科学研究院、成都木材综合工厂等中央、省、市、区单位100余个。街道办事处驻解颐路2号。

2011年，街道被评为全国城市社会工作示范街道、成都市爱国卫生工作先进集体、金牛区完成工作目标任务先进单位、处级领导班子“四好”活动先进集体、金牛区安全生产监管工作先进单位、金牛区工作目标任务先进单位等。

街道全年地方财政收入（地方实得）2.43亿元，同比增长61.5%，总量居全区第一；重点调查批零贸易业销售收入278.23亿元，固定资产投资30.19亿元，工业投资1亿元，建筑业总产值37.42亿元；国内市外到位资金26.10亿元，总量全区第一，实际使用外资6600万美元。

【招商引资】 街道成功引进成都金牛万达广场商业管理公司、成都金牛万千百货公司等各附属公司；引进成贵铁路有限责任公司，注册资金1亿元；引进成都宝兔贸易有限公司，注册资金1000万元；引进四川出版置业有限公司，注册资金1000万元。

【基层党组织建设】 街道开展创先争优活动，分别选出杨柳巷社区党委和四川安大公司党支部示范点，以点带面起到示范作用，街道机关党支部提出认真做好金牛城市广场项目的拆迁工作，杨柳巷社区向社区广大群众做出“六条公开承诺”；西北桥社区以“做党的忠诚卫士，争做群众的贴心人”为主题，开展发挥党组织的战斗堡垒作用、发挥党员的先锋模范作用的活动；安大公司党支部将创先争优活动与促进生产经营结合起来，重点抓好“单店效益提升”活动。党组织公开承诺和落实承诺率100%，党员群众满意率95%以上。围绕“三个服务”开展“四讲四比”主题实践活动。在建党90周年之际，街道党工委被区委评为“四好班子”，杨柳巷社区党委书记杨芳被省委、市委评为优秀共产党员，四川安达公司党支部被市委评为先进基层党支部，街道书记和1名社区书记被评为优秀书记，8名党员被区委评为优秀共产党员，街道副书记被区委评为优秀党务工作者。街道对5个先进基层党组织、90名优秀党员和5名优秀党务工作者进行表彰。

街道探索“三联”形式、拓展“三联”内容，通过“三联”活动的开展，收集党员、群众的意见建议50余条，采纳18条，确保党员群众参与重大事务决策。协调市水务局解决一环路北二段7号院排水堵塞问题。

按照“三务”公开制度的要求及时公开党务、政务、居务情况。街道党工委、社区党组织全年开放会议60余次，提出意见建议33条，采纳意见建议20条，确保党员群众参与重大事务决策。加强文明城市创建复查工作，对东一路10号院、东二路7号—11号院及互助路4号—18号院进行大规模改造整治。

街道党工委所属基层党组织有17个，其中机关支部2个、社区党组织6个（含1个社区党支部、2个社区党总支部、3个社区党委），“两新”党组织8个。代管浙江温岭商会党支部，有党员1174人、预备党员15人。培养入党积极分子21人，发展新党员11名、预备党员转正15名。

【社会事务管理】 *社区救助* 街道全年有低保户257户、323人，实际发放低保金102.8万元；实施医疗救助21人次，发放医疗救助金2.1万元；排查、处理、遣送流浪乞讨人员49起；发放90岁老人长寿金32.5万元，发放居家养老补贴8.6万元；为221名特困残疾人申请家庭专项补助26.5万元；新安置21名残疾人就业；为20名低保贫困精神残疾人申请免费服药项目；为3名低保居民和残疾人申报免费白内障复明手术；为16名贫困残疾人及残疾人家庭子女申报自强助学金2.1万元；发放残疾人辅助器具62件；为34名残疾儿童及残疾人子女购买少儿互助金；为54名智力、精神障碍和一、二级残疾人购买城乡居民医疗保险。

劳动保障 街道全年新增城镇就业1857人；下岗失业人员再就业900人，其中就业困难人员再就业279人；提供岗位2347个；社区金融小额贷款200万元；城乡劳动力就业培训180人，培训后就业率100%；创业培训人数24人，培训合格率100%，创业成功率80%。

计划生育 街道全年符合法律法规生育289人，符合政策生育率99.5%，保证计划生育工作经费及流动人口工作专项经费19万元。城镇低保家庭独生子女父母奖励金兑现率100%；流动人口登记率90%。

【平安创建】 2011年，街道与辖区130个单位、市场签订安全责任书；开展安全执法140次，出动执法检查人员400余人次，对13名在市场吸烟的店主及顾客给予行政拘留处理。全年无重大级别以上安全事故和火灾事故发生。投入290万元打造辖区院落，强化“三防”建设。在加强技防、人防建设的基础上，以物防建设为补充，在辖区各重点部位、重要场所安装铁门、铁窗、铁柜等防范设施，并制作零发案院落公示牌100个、门卫制度牌130个、门卫登记簿2000本，分发到各个院落。开展辖区社会治安突出问题、学校周边集中整治，对荷花池汽车站、菜市场、肖四巷、西三巷市场周边等治安重点区域排查整治，取缔“五小”门店7个，确保重点区域治安面貌好转；以民警为骨干、辖区专职治保巡逻队和单位保安为主要力量，开展打击假发票、假币、电玩、“黄赌毒”问题多项整治行动。1—11月，与北站办联合开展打击假发票、假币的专项整治4次，打击少数民族吸贩毒问题专项整治5次，与城管、工商、文化联合开展校园周边整治8次，与城管、交警联合开展交通秩序专项整治6次，4个重点区域的发案率同比下降16.4%。成功处置不稳定事件9起，成功率100%。街道全年刑事立案723件，同比下降16.5%；“两盗”立案101起，同比上升40.3%；报警总量11449起，同比下降12.8%。

【大调解工作】　街道在辖区38个专业市场内建立市场调解室，维护经济秩序稳定，市场各类纠纷发生数明显减少。全年辖区市场调解矛盾纠纷624起，成功调解623起，成功率99%，辖区商场内对专业市场矛盾纠纷调解工作表示认同。街道开展的大调解工作受到省、市、区领导肯定，工作经验在全区推广。

【重点项目】　*金牛城市广场项目（在建项目）*　该项目是市委、市政府的重点工程，也是区委区、政府的“一号工程”。项目占地203.6亩，拆迁面积29.7万平方米，涉及住户3166户，企（事）业单位17个。成都金牛万达广场投资公司于2010年11月18日摘牌获得该地块。截至2011年12月，项目总体进度良好，一、二期销售完毕，全年纳税1.8亿元。

西北村低洼棚户区旧城改造项目（在建项目）　该项目既是市委、市政府确定的旧城改造重点项目之一，又是区委、区政府实施的重大惠民工程之一，是“5·12”地震后成都市首个大体量拆迁项目。该项目占地119.9亩，楼盘名称府河天城-龙门镇，截至12月，销售情况良好，全年纳税7226万元。

【流动人口管理】　加强流动人口常态化管理，按照每500个流动人口配备1名协管员模式，配强配齐专兼职协管队伍，并落实岗位责任制；以车站、菜市场、企事业单位、大型专业市场为重点区域，组织力量开展摸底排查，实时更新房屋和流动人口相关基础信息；街道和社区配合做好专业市场流动人口法律、法规宣传，聘请律师免费提供法律咨询；协调计生、税务、工商等部门建立信息交流平台，掌握流动人口分布、现状及特点，有针对性地开展服务和管理工作。

（陈　睫　焦小雄）

五块石街道

【概　况】　五块石街道位于金牛区东北部二环路与三环路之间，1998年成立。东与成华区双水碾街道接壤，南以宝成铁路为界与荷花池街道相邻，西以宝成铁路、蓉北商贸大道二段东街沿为界与沙河源街道原五福联社相连，北以沙河为界与沙河源街道相望。2011年，辖区面积2.19平方千米，常住人口5.3万人，其中五块石户籍人口1.3万人；其他成都市人口0.5万人；外来暂住人口3.5万人。

辖区内有五块石、五福、玉局庵和五块石新社区筹委会4个社区、56个居民院落。街道党工委下属18个党支部，其中机关支部1个、社区党支部4个、“两新”企业党支部10个、其他党支部3个，有党员392人，全年发展新党员5人，预备党员转正12人。被区委、区政府评为“四好班子”、先进基层党组织、征兵工作先进单位、平安创建和安全生产先进单位。辖区内有农副产品、电子电器、药品、居家用品、物流等专业市场19个，个体和私营企业5000余家，从业人员1.2万人。街道办事处驻蓉北商贸大道一段7号。

街道全年地方税收1.04亿元，同比增长72%，增幅位居全区街道前列，首次过亿元大关，创历史最高水平。招商引资到位内资19.5亿元，到位外资3000万美元；固定资产投资21.2亿元，实现工业总产值1.47亿元；重点批零贸易业销售收入47.35亿元；限额以上批发零售销售额55亿元，重点住宿餐饮收入9629万元，建筑业总产值12.13亿元。

【税收征管及服务】　街道税收征管站8名税务征收协管员进驻各大专业市场，协助税务部门加强税收征管工作，做好纳税人的服务工作，确保税收应收尽收，最大限度杜绝偷税漏税情况的发生。街道工作人员经常深入企业，研究解决在发展中遇到的问题，为企业排忧解难。

【招商引资】 街道重视招商引资工作，抓重点项目促经济增长。龙湖北城天街和华润银杏华庭两个重点项目的销售对街道税收增长贡献突出，当年纳税7000万元，占全年税收的68%以上。

【惠民基金】 在全区首创惠民基金，利用财政结余资金10万元，为辖区低保群众提供救助，弥补社会救助体系中存在的不足。主要救助对象为已纳入低保和其他专项社会救助制度覆盖范围，但由于特殊原因仍导致基本生活暂时出现较大困难的家庭；在低保和其他专项社会救助制度覆盖范围外、家庭成员人均收入虽高于低保标准，但基本生活仍然难以维持的家庭。惠民基金2008年建立，具有较强的弥补性、及时性和规范性，截至2011年12月，先后救助十多个家庭，累计提供救助资金2.2万元。9月1日，区委书记杨林兴到街道调研，对惠民基金的设立给予肯定，经区委政研室调研后，写入区第六次党代会报告并在全区推广。

【社会管理】 街道在社会创新管理工作中，形成街道、社区、居民小组、物管公司等4个层面的社会管理工作网络，覆盖整个辖区，在社会管理中不留空白，没有盲区，建立健全各居民院落的院委会或管理小组，配齐配强居民小组长（党小组长）、楼栋长。

街道将原城市管理协管员队伍和综治协管员队伍整合成立60人的综合管理大队，履行城市管理和社会治安综合治理的双重职能，实行网格化管理，人员协管范围覆盖全辖区，轮流值班巡逻，加强社会面控制，加强8小时以外和节假日的正常管理。

街道先后出台《街道综合管理大队目标考核管理办法》《社区干部目标考核管理办法》等，以达到奖勤罚懒、奖惩兑现、激励争先的目的。

【流动人口服务管理】 街道针对辖区市场区域流动人口集中、人员情况复杂、市场交易频繁、因交易诈骗等不法行为引发的社会矛盾纠纷和不稳定因素时有发生的情况，在全市率先实行对流动人口开放交易对象信息查询特色服务，主要做法是当买卖商品、签订合同时，在不泄露当事人个人隐私的情况下，通过公安网查询对方当事人的身份真实与否，有无违法犯罪记录等信息。公安部门为经营户聘用的600多名流动人口进行身份甄别。

将3个社区的57个信息采集点划分为16个网格，其中重点型8个、加强型8个，并制作流动人口与出租房屋服务管理网格图，每个网格配备1—2名协管员，并要求专职协管员每月逐户走访责任区。加强非本辖区暂住流动人口服务管理，办理流动人口服务卡，提供法律援助、就业培训、民政计生等服务；强化延伸“以房管人”“以业管人”，与区房管、计生等部门建立流动人口信息资源共享机制，提高流动人口数据统计质量。为16名暂住流动人口解决在劳动报酬、子女就学、社会保障、卫生服务等方面存在的问题，提供均等化待遇和服务，维护非暂住流动人口的合法权益。为暂住的流动人口办理流动人口服务卡，并提供法律援助、就业培训、公安行政、民政、计生、消防安全等服务。

截至12月,辖区内采集人口总数5.36万人、2.56万户，其中采集出租房屋1.66万户、流动人口3.61万人，大型用工单位61个，聘用流动人口1835人。

【人民调解】 街道建立社区、街道、部门三级人民调解组织，壮大联防、联控志愿者队伍，调解覆盖率100%；在4个社区、56个院落分别设立专职调解员和调解信息员，并采取集中授课方式开展针对性培训活动；开展法律进社区、进楼道普法宣传活动；制定社区人民调解工作考评办法，对调解范围、程序、时限等作出明确规定，免费提供调解咨询服务。

（李仕友）

九里堤街道

【概 况】 九里堤街道东以府河东侧河堤为界，南以二环路北二段路沿石为界，西以交大路为界，北以规划路为界。2011年，辖区面积3.1平方千米，有4个社区居委会，常住户1.24万户，常住人口6万人，流动人口1.6万人。街道以居住为主，各种配套设施齐备，学校、商场、餐饮、通讯网络、文化体育配置合理。交通便利，有10多条公交线路首发市内各地。辖区内驻有西南交通大学，有中学2所、小学3所、幼儿园9所，有西南地区最大的青少年活动中心——成都市青少年活动中心；有沃尔玛、人人乐等大型超市；有金牛区人民法院、金牛区人民检察院等机关单位。作为现代居住实验小区，是金牛区锦西民宅的重要组成部分，有交大智能小区1期—7期，佳美花园1期—2期及锦西民园、锦西花苑等商住小区；有蓝色港湾、沁园餐饮等休闲娱乐公司；有星汉路“好吃一条街”等高中低档餐饮娱乐场所，是一个规划合理，布局科学，管理规范且功能较完备的现代居住街区。

2011年，街道有在职职工62人、退休职工15人，下设党政办公室、社会事务与计划生育办公室、社会治安综合治理办公室、经济科、城市管理科、劳动保障所和行政执法中队以及交大社区公共服务站、锦西社区公共服务站，其中事业单位有社会事务服务中心和环卫所。街道办事处驻星辰路东一街8号。

街道全年地方实得4682万元，规模工业总产值1.22亿元；批发零售业收入18.85亿元；餐饮营业收入1.7亿元；技改投资1.40亿元。轨道交通国家实验室、交大科技创新大厦、嘉信茂广场二期等重点项目均取得实质性进展，12月前后开工。

【创建文明城市复查工作】 *创建文明城市*　街道与成都市青少年活动中心联手，4—9月在社区开展94场次的各类文化活动，利用活动进行创建宣传；建立由物管公司、居民小组长、单元楼栋长、志愿者服务队组成的创建宣传网络，深入居民院落进行创建宣传发动，做到家喻户晓。全年发放宣传资料（品）2.7万份，制作宣传展板25块，深入各社区院落巡回展示，张贴创建宣传画1000余张。

环境整治　街道结合创建全国文明城市工作，以提升管理效率为重点，继续深化主动、互动、联动为主要内容的“三动”城市管理新机制，巩固创建成果；解决好辖区机动车非机动车乱停乱放问题；深化“门前五包”联动管理模式和“门前五包”监督员制；按时完成违法建设拆除、义务植树、树池覆盖、收取城市生活垃圾处置费、河道管理、绿化管护、爱国卫生等工作任务；在与西南交大建立联动共建共管机制取得成效的基础上，向辖区大型单位、企业延伸，重点整治交桂巷、老中路市场和西南交大周边环境。开展“五十百千”环境优美示范工程工作，投入140万元完成辖区6个院落“文明示范点建设小区”的环境整治工作，初步建立非物管院落环境卫生管理的长效机制，大幅度提高院落卫生水平。

政府服务　结合开展“创先争优”活动，建设学习型、服务型、和谐型、廉洁型、节约型机关，组织“科学发展、共建和谐”主题创建活动，开展40余场次公务员写作培训、业务培训等培训班，提升干部素质，促进街道机关的社会评价指数不断提升，较好发挥社会示范作用；提升窗口行业服务质量，在街道公共服务站推行“文明用语十规范”，展示窗口服务行业文明礼貌的良好形象。

市民文明素质　通过文明院落的整治，逐步建立文明院落管理的长效机制；推进“文明家庭”和“文明楼幢”的评选活动，发挥社区宣传橱窗和居民代表大会的宣传作用，营造“小区是我家，文明靠大家”的氛围，让文明长驻社区；继续开展形式多样的主题教育活动；利用各种大型节日和传统佳节，开展居民喜闻乐见的文体活动。

【社区建设】　街道加大对新一届社区两委成员、服务站人员的培训工作，先后开展以社区工作业务知识、公文写作为主要内容的培训班8期，受训500余人次，提高社区干部和公共服务站人员的业务水平。

与成都市青少年活动中心等辖区大单位联合开展丰富多彩的文化活动，同时在星科路打造长约200米的法治文化主题街区壁画墙，在星辰路打造长约300米的科普画廊。在成都市“明星社区”的评比活动中，康禧路社区获成都市优美社区称号，九里堤北路社区获成都市和谐社区称号、金牛区“十佳”社区称号。

【民生工作】　全年城镇新增就业人数495人，下岗失业人员再就业261人，农民工培训180人，培训合格率100%，创业培训15人，培训合格率100%，培训创业成功率100%。为6000余人办理企业离退休人员社会保险资格核查验证。计划生育基层群众自治工作走在全市前列，代表四川省接受国家计生委检查验收。

【“四无”工作法】 *社区服务无距离*　依托社区“一站式”服务窗口，为居民群众提供就业、计生、低保等多方面服务，打造“10分钟文体活动服务圈”。

矛盾纠纷无激化　在物管小区建立法律维权工作室，引导居民运用法律手段化解矛盾纠纷；在非物管小区推行岗位合理化、职责双重化、决策民主化等管理方式，着力提升居民群众自治水平和能力。

关爱帮扶无缺失　完善民生档案，实现困难群众跟踪服务全覆盖，发展辖区社会志愿者队伍。

共驻共建无障碍　以联动共建主题活动为抓手，与辖区居民、驻区单位、纳税人共同做好环境卫生治理、平安和谐创建等工作。

【社会管理服务延伸进高校试点】　街道试点社会管

理服务延伸进高校，由街道和西南交大九里校区管委会签订地校合作协议，双方在环境卫生、社会治安、社区建设等领域开展合作，对校园及周边50米区域公共环境卫生实行统一管理，安排街道城管执法人员参与整治校园内店铺越门占道、油烟噪声扰民等违规行为，每周不少于1次；采取分组混编方式对交大北门、东门区域进行夜间治安联合巡逻；成立交大片区流动人口服务管理站，负责该片区流动人口服务管理工作；共同开展文艺活动、科普讲座、就业指导等活动，逐步推进高校图书馆和体育场等公共设施向社区开放。

【流动人口管理】 街道建立流动人口民生档案表，掌握流动人口基本信息，为流动人口免费提供租房、法律援助等服务；健全完善协调管理网络，各社区流动人口服务管理站与物管公司和房屋中介机构签订责任书，协助加强出租房屋和流动人口日常管理工作；整合派出所、街道等多方力量，建立信息采集利用一体化模式。

（胡　瑾）

营门口街道

【概　况】 营门口街道地处成都市西北部二环路与三环路之间，东北以交大路为界，与九里堤街道相邻；东南以二环路北一段为界，与抚琴街道相连；西南以成灌路金牛大道为界，与茶店子街道相靠；西北以三环路为界，与西华街道、沙河源街道相接。2011年，街道辖区面积3.65平方千米（含跃进村、长久村未移交部分），有营门口路社区、银桂桥社区、银沙路社区、长庆路社区4个城市社区，花照社区、茶店社区2个涉农社区，人口8万人，其中常住人口4万人、流动人口4万人。辖区内交通发达，基础设施建设逐步完善，有派出所1个，社区警务室6个，中、小学3所，大专院校1所，医院1所，街道综合文化活动中心1个，社区卫生服务中心2个，幼儿园7所。辖区内有四川省农机鉴定站、中国成都SOS儿童村、解放军总参成都干休所、成都市第四人民医院、成都大学师范学院和金牛公安分局等国家、省、市、区级机关企（事）业单位16个；重点单位35个，包括沙湾、营门等加油站3个，川铁、何兴等加气站3个，顶峰等在建工地等4个，九里堤公交站、金府路货运市场等人员聚集的较大场所8个。街道办事处驻花照壁街105号。

街道全年实现地方财政税收7400万元；规模以上工业总产值3350万元；引进国内市外到位资金9.5亿元；实际使用外资6654万美元。

【城乡一体化统征拆迁】 街道征地拆迁范围涉及茶店2、5、6组和花照4组，需拆迁农户约700户，其中农业人口1606人，住房安置人口2128人，不含原茶店4组和西光工地上居住的非茶店2、5、6组，花照4组居民，企业300多家。街道按照先易后难、先企业后农户的总体思路，总体完成茶花片区企业拆迁，落实好拆迁待建土地管理。完成新居工程点位拆迁，所涉及企业拆迁完毕，施工点位涉及的水厂水源和树木移植移栽工作同步进行，重点解决茶花片区土地租金补偿问题，全面系统调查安置房需求，为区统建办修建新居工程提供可靠依据。4月，先后在社区、组召开动迁会，重点就拆迁和补偿安置政策进行宣传，成立政策宣传小组入驻村组进行宣传和答疑解惑，确保政策家喻户晓。5月，启动入户调查和签订过渡协议工作，成立由街道干部、村组干部和村民代表共同组成的调查小组入户调查。全年完成入户调查408户，签订协议339户，并有269户农户上缴户口簿，274户农户上交农房，签订土地征收农民安置补助费支付和社会保险协议533人。截至12月，累计完成企业调查251家，签订协议227家，拆除198家。

【综治维稳】 街道全年开展创建“无毒社区”“未成年人零犯罪社区”“安全文明校园”“零发案社区”和“零发案院落”等活动；开展突出治安问题、安全隐患排查整治，将电玩城、“五小门店”作为清查重点，重点打击假发票、假币及黄、赌、毒、盗等违法活动，彻底排查涉农社区内利用各类翻牌、投币赌博游戏机的隐蔽赌博活动；为严防校园惨案发生，加强对重点人的清查，围绕学校、幼儿园周边的娱乐场所、出租房、网吧等场所，组织公安、街道流管办、社区干部进行全面清查；突出抓好流动人口的管理，防止流窜作案人员进入辖区，结合流动人口基础数据更新专项工作、人口普查和户口整顿的要求，发动各社区流动人口服务管理站对每个小区、院落的出租房和沿街道商铺进行全面清查，及时采集出租房屋和流动人口的信息，排查各类治安隐患；发动社区、单位和群众广泛收集涉稳信息和不稳定事件苗头，做到及时预警，有效防范，妥善处置；重点围绕敌对势力、高危人员，开展社会稳定情报、当前敏感事件有关情况的收集，开展各项排查、情报收集和处置工作，对各种矛盾进行排查和梳理，每月及时上报各类维稳信息。

【城乡环境综合整治】 街道结合按照“党工委委员包片，科室包社区，干部包院落”的总体思路，完成街道文化活动中心改造、银沙路社区银沙路80号院、怡欣园等10个文明社区示范院落建设等工作；开展“讲文明、树新风”主题活动，用加大投入、创新工作、强化管理等措施提升辖区城市形象，投入数百万元用于完善城市基础配套设施和改善生产居住环境。全年集中打造金房苑路特色街、童叟园小游园、和睦人家小广场，对杨柳河、茅草堰、四斗渠等河道进行水环境整治，加强对在建工地和已拆待建工地的监管，强化扬尘治理。不断优化“五组一中心”的城市管理模式，及时处置群众关心和反映的热点难点问题，全面完成全国文明复查迎检工作。

【民生工程】 街道全面落实各项惠民政策，加大对弱势群体关注力度，推进民生工程建设。全年发放低保金40.8万元，为辖区低保及低保边缘困难家庭申请住院救助2人、3次，共2万元；对64名无军籍职工和26名参战人员按时兑现优抚金，对辖区24名义务兵发放家属优待金15万元；为101名贫困残疾人申请成都市特困残疾人家庭专项补助121.2万元，为17名残疾人进行居家无障碍改造，为20名困难残疾人发放甘露医疗救助卡；加大就业再就业工作力度，全年新增就业594人，动态消除零就业家庭；开展农民工技能培训120人，发放就业培训券120张；开展创业培训9人，新增小额贷款241万元。

【基层文化建设】 街道不断推进公共文化服务，全年购置图书500册、报纸杂志20种；为群众提供图书阅览、电子阅览、健身运动等公共文化服务项目；为银桂桥社区文化活动室和营门口路社区文化活动室新增一批高质量、高品位的文化体育设施，配置音响、乐器、图书、桌椅、相机、打复印一体机、文件柜、电风扇等设施；为方便社区居民就近参加体育活动，在长庆路4号、长久一巷9号、长久一巷51号安装3条健身路径；开展文化辅导员和三级社会指导员培训；以节日为契机开展特色文体庆祝活动，开展迎春书法作品展，举办联欢晚会、新春趣味体育活动、迎春敬老慰问文艺演出、“庆国庆·迎重阳”群众文体活动图片展览和“话说清明”中国民俗趣谈讲座；为庆祝建党90周年举办群众歌咏预赛和比赛，联合驻地部队、企业举办“八一军旗红”文艺联欢会，举办第二十一个“全国助残日”的文艺汇演；国庆节在建筑工地为农民工放映爱国主题电影8部；组织“教你理财”金融知识讲座、“文化进工地”专题活动、美术作品鉴赏讲座、摄影知识培训、声乐培训和舞蹈培训，承办金牛科学健身大讲堂——《科学健身与饮食》和《防止损伤》讲座；以居民健身需求为重点开展健身活动，举办“运动成都·活力金牛”趣味体育比赛和健身路径比赛及第八套广播体操比赛。全年举办各类文体活动31次，参加群众2800余人次；开展培训10次，参加人员600余人次。

【社区大调解体系】 街道成立覆盖辖区院落、单位的信息员队伍，有112人，划分社区包片责任区，明确工作区间、职责，同时开展邻居节、文明家庭创建等活动，营造和谐氛围；每季度组织辖区内老党员、老干部等开展入户走访活动，了解群众生产生活突出问题；设立社情民意反馈箱和受理窗口，及时向相关部门反馈群众反映问题，坚持将人民调解贯穿始终；建立调处联动、分析研判等制度，通过联席会议等方式解决重大矛盾纠纷，社区每周对调解案例进行分析，固化有效方法，提高工作成效。

（陈　科）

茶店子街道

【概　况】 茶店子街道地处金牛区西南部，北以金牛大道（老成灌路）、营门口路北侧路沿石为界，东以二环路西三段西侧路沿石为界，南以蜀汉路北侧路沿石为界，西与金泉街道东侧相邻。2011年，辖区面积3平方千米，有育苗社区居委会、锦城社区居委会、奥林社区居委会、化成社区居委会4个社区居委会，有常住人口4.28万人、暂住人口4.21万人。辖区有驻辖区部队、学校、科研院所75个单位。街道党工委下属党组织33个，党员1585人；有“两新”党组织27支，正式党员97名。7月，街道党工委获金牛区命名的“四好班子”

称号。街道办事处驻安蓉路8号。

街道全年财政收入（实得部分）1.22亿元；固定资产投资14.57亿元；引进企业53家，注册资金9.02亿元；批零销售收入21.85亿元；餐饮业销售收入7.07亿元。

【院落整治】 街道全年投入220万元对锦城社区安蓉路8号、安蓉路10号、南街1号、南街3号、东街69号5个院落和化成社区中二巷1号、中二巷3号、中三巷1号、中三巷2号、中三巷4号5个院落进行改造。

【综治维稳】 街道制订校园周边整治方案，对校园周边进行整治；继续在辖区75个院落开展零发案活动；辖区派出所、辖区巡逻队根据不同的发案情况、特点、时段，采取多种方式打击辖区内的刑事犯罪活动，辖区全年发生刑事案件516件；妥善处理讨要工程款纠纷10起，处理矛盾纠纷6起，维护辖区稳定。

对辖区的不稳定因素进行排查、处置，分析可能出现的不稳定事件，掌握第一手资料，提前介入，控制事态，消除不安定因素。处置化成社区蜀汉路89号花好月圆院内川U牌照的非法营运机动车30辆，主要从事成都到阿坝州、九寨沟等地的非法营运活动。街道及时将情况向区维稳办、茶店子派出所、区建交局进行汇报，并加强该区域的巡逻。

【“三三六”工作机制】 街道开展“两新”组织党建工作，建立非公企业“三三六”工作机制，即“三会三点六个一”活动工作机制，“三会”即建立非公企业党建工作联席会、非公企业党建协调会、党建指导员汇报交流会；“三点”即建立党员领导干部联系点、非公党建指导员联络点、党建典型示范点；“六个一”活动，即要求非公企业党员掌握一门过硬技术、提出一项合理化建议、创一流工作业绩、帮助一名困难职工、培养一名入党积极分子、争做一名优秀共产党员。通过“三三六”工作机制，成立四川悦好美容医院联合党支部，覆盖非公企业42家，“两新”党组织覆盖率65%，在规模以上企业中成立四川永鸿测绘有限公司党支部，完成孵化目标。

【社区党组织建设】 在党员创先争优活动中，街道党工委以“便于党员教育、便于党员管理、便于党员活动”为出发点，提出“三位一体”的构建模式，即社区党委-院落党支部-楼栋党小组的构建模式。2月，奥林社区党委撤销3个不便于党员管理和不便于党员活动的支部，依托重点院落建立3个下属支部。化成社区党委保留原来的7个院落支部，新成立凯丽豪景党支部。在调整党支部架构的过程中，两个社区党委经过选举新增4个支部的书记，每个党支部支委则从院落住户中推选办事公道、作风正派、热心社区公益事业的居民党员担任。各院落支部再选择党员相对集中的楼栋各设置10个党小组，并对党小组人员组成、职能职责情况进行宣传。围绕院落的自我管理和服务，让党小组和党员在楼栋发挥作用，社区以院落党小组为单位，亮明党员身份，组织广大党员开展社区党建创示范“五领先”，即社区服务领先、社区自治领先、社区教育领先、社区文化领先、社区党建领先；院落自治创“四有”，即安全有值守、环保有维护、纠纷有调处、需求有回应。结合创建全国文明城市活动开展党员门栋承诺“八主动”，即门栋卫生主动做、乱堆乱放主动清、乱贴乱画主动铲、乱牵乱挂主动管、邻里有难主动帮、矛盾纠纷主动劝、治安防范主动抓、公益活动主动到活动，将服务居民群众作为院落党建的出发点和落脚点。

（赖雪梅）

黄忠街道

【概　况】 黄忠街道位于金牛区南部，以祀蜀汉“刚候”黄忠所建的黄忠祠而得名，2000年设立，东以二环路西二段北侧路沿石为界，南以摸底河为界，西以金牛区与青羊区区界为界，北以蜀汉路北侧路沿石为界，2011年，面积1.51平方千米，辖金沙公园社区、金沙公园东社区、金沙公园北社区3个社区，辖区人口4.74万人，其中常住人口中3.32万人、暂住人口1.42万人。

黄忠街道具有深厚历史文化底蕴，现代商贸、中高档餐饮娱乐业发达，中高标准住宅小区聚集，城市配套功能完善。辖区紧邻一品天下美食旅游商业街，有被誉为“餐饮文化黄金走廊”的羊西美食一条街及金都银杏、四方阁玉琢金沙、虾佬鲍鱼等知名餐饮企业；有法国独资企业欧尚超市等大型购物中心；有御都花园、金都花园、格林花园等中高档住宅小区；有金沙遗址之金沙博物馆、金沙剧院、研究所等重要建筑物分布在辖区内，有省国资委、省台办、成都市第二十中学校分校、蜀汉外国语学校、成都市营门口小学校等机关事业单位。街道办事处驻黄忠街8号。

街道全年实现地方税收4667万元；完成招商引资7.32亿元，实际使用外资3000万美元；税收增幅名列全区第一。

【城市管理】　街道围绕城乡环境综合整治工作目标，细化网格管理，强化绩效考核，落实管理责任，坚持“三个一样”的城管工作理念，即城市管理要做到检查与不检查一个样、上班时间与下班时间一个样、节假日和平时一个样，依照相关法律法规严格市容市貌管理。全年投入128万元，完成金沙公园东社区蜀汉路瑞西小区8幢、76号、78号，同善街35号、37号等5个非物管院落的整治，聘请10名环卫工人对非物管院落进行专项管护；投入300万元对蜀汉路临街立面进行整治，为辖区群众打造优美整洁的工作和居家环境。城乡环境整治效果明显，辖区城市管理工作连续7年获全区综合评比第一名。配合区城投公司完成占地50亩的黄忠公园建设，对市民开放。

【安全管理】　街道树立“稳定压倒一切”的思想，建设“平安黄忠”。落实人防、物防、技防、消防，全年投入18万元，改善物业小区“四防”设施，有效遏止消防、案件的发生概率和入室盗窃案的上升趋势；健全流口管理机制，落实责任，流动人口信息采集率100%，录入率100%；抓好安全生产，全年进行消防及安全生产培训8次，一般性检查28次，专项检查9次，发出隐患限期整改书5份，整改率100%，消除大小安全隐患7处，确保辖区安全。

【社区建设】　社区党组织换届后，及时对社区两委成员进行系统培训，以提高基层工作队伍的群众工作能力。为保障基层组织党建经费，全年向3个社区划拨党组织党建工作专项经费10.4万元。创新开展“主题型”开放式党组织生活，各社区党组织开展开放式组织生活25次、议事园活动18次，化解群众纠纷8起，为群众办实事30余件次。开展建党90周年宣传表彰纪念活动，表彰一批典型先进个人和先进单位。

【文化建设】　街道坚持文化惠民、文化乐民、文化安民的原则，提高公共文化服务能力，开展基层群众文化活动，塑造文化黄忠“四季歌”品牌。以春之阳光生活季、夏之清凉消夏季、秋之金秋岁月季、冬之传统文化季为主线，举办传统文化讲座、坝坝电影节、文艺汇演等各种文化主题活动，文体旅工作在全区年度考核中名列第一。

【文明城市创建】　抓好全国文明城市复查迎检工作，辖区金沙公园北社区代表全市接受中央文明委组织的实地考查和入户调查测评考核。开展道德模范评选表彰和“讲文明树新风”系列活动，全年开展活动64场次。持续强化未成年人思想道德建设，开展青少年社区实践和“科普夏令营”等系列活动。推进志愿服务工作常态化建设，新建成金沙公园社区标准化志愿者服务站。

（潘仲明）

金泉街道

【概　况】　金泉街道（原土桥街道、金牛乡）地处成都西郊，辖区面积12.73平方千米，2011年，有10个社区、2个筹委会，其中7个涉农社区、3个城市社区和2个筹委会，分别是高家社区、郎家社区、清水河社区、淳风桥社区、金桥社区、何家社区、互助社区、土桥社区、迎宾路社区、金科苑社区、两河社区筹委会和蜀西社区筹委会，常住人口4万人。街道办事处驻两河路555号。

街道全年地方财政收入2.26亿元，工业总产值6.62亿元，完成固定资产投资28.92亿元，批零贸易业及住宿餐饮业销售收入12亿元，实际到位省外内资13亿元，各项经济指标均名列前茅。

【民生工程】　*困难群众社会保障工作*　街道为辖区134户低保对象发放生活困难、医疗救助金3.2万元，走访慰问贫困户、五保户、优抚对象、残疾人90户；为辖区低保户发放最低生活保障金61万元，资助优抚对象98人、低保对象243人参加城乡居民基本医疗保险；开展阳光圆梦工程活动，3名大学生享受帮困助学金8000元；做好公共住房调查，符合住房保障条件33户，享受住房租金补贴28户，享受廉租住房4户；根据“量体裁衣”式个性化服务工作，帮助109名困难残疾人申请特困残疾人家庭专项补助每人每月100元，共计

13.1万元。

工作岗位拓展 街道全年为城镇新增就业人数660人，其中就业困难人员再就业85人；帮助辖区内有就业能力和就业愿望的失业人员实现就业445人，就业型企业安置人数260人，为各类求职人员提供免费职介登记592人次，为下岗人员提供就业岗位3492个，动态消除零就业家庭。全年农民工在岗培训417人，农村劳动力技能培训1000人，创业培训60人。

老龄工作 街道老年大学举办舞蹈班、音乐班、拳剑班，共280人参加；办理老年优待证164个，为45位90岁以上老年人发放长寿补贴金6.4万元；发放居家养老金2.4万元；组织志愿者为空巢老人服务12次。

【党建工作】 街道开展“创先争优”活动和“四讲四比”主题实践活动，多形式、多渠道开展党务公开工作；扩大党组织覆盖面，成立成都济宏医院党支部、蜀西社区临时党支部、成都迎宾一号餐饮娱乐有限公司党支部；服务群众工作有序推进，重点围绕“听取意见建议、理顺群众情绪、解决实际问题、建立长效机制”四方面开展工作；做好《党群连心日志》记录，全年收集意见、建议52条，解决问题12个。

【安全工作】 街道全年出动1000余人，排查企业、工地200余个，检查500余次，查出各类安全隐患1000余处，下发整改意见书300余份，整治安全隐患500余处，发出限期整改指令书6份，并及时进行复查，消除隐患，配合区执法大队进行执法检查2次，召开安全生产、消防安全例会12次，举办培训12次。

【全国第一次水利普查】 为全面了解水利发展状况，提高水利服务经济社会发展能力，实现水资源可持续开发、利用和保护，国务院决定于2010—2012年开展第一次全国水利普查。普查的标准时间为2011年12月31日，时期资料为2011年度。2010年开展前期准备工作，2011年开展清查登记、台账建设和现场调查等工作，2012年1—6月，填表上报、数据处理和审核验收，2012年7—12月，普查成果验收、汇总和资料开发。2011年5—12月，街道调查使用地下水企业8家、公共供水企业1家、工业企业14家、建筑第三产业企业11家，建立每月用水台账，实行日常管理。

【拆迁安置】 街道制订集中居住搬迁实施方案，5月，召开淳风桥社区企业拆迁动员会，一期用地涉及企业8家，签订协议1家；淳风桥社区1组—4组农户216户，调查210户，签订协议203户，交旧房196户，拆除175户。清水河社区8、12组农户完成拆迁201户，企业20家，调查20家，签订协议5家；购地建筑房38户，调查38户，签订协议9户。清淳家园二期点位上的企业、购地建房拆迁，企业10家，调查10家，签订协议5家；购地建房29户，调查29户，签订协议9户。

成都鑫金工投公司用地项目涉及金桥社区4、6、8组和互助4组，完成3户农户、1家企业拆迁；成灌路两侧500米项目完成3家企业、9户农户（属于100亩上市地块范围3户农户、130亩上市地块范围3户农户）拆迁；康弘二期用地项目完成何家中心村内41户农户拆迁，中心村外1家企业拆迁；黄金路扩建完成1家企业、3户农户拆迁；高管委用地项目完成2户农户、1家企业拆迁；解决城乡一体化拆迁2005年遗留的郎家1组2户农户的拆迁；协助清水河社区推进清淳家园二期用地拆迁涉及的17家企业和剩余28户购地建房户的拆迁补偿事宜。

全面启动互助社区4组征地拆迁工作，调查149户农户和34家企业，截至12月12日，街道与139户和7家企业签订拆迁协议；启动互助2组“整体模拟拆迁”工作，全面完成互助社区4、8组，何家社区1、3、4组共计566人的人员安置工作。

开展“198”区域违法建筑的拆迁工作，拆除违章建筑3.3万平方米。

IT大道，黄金路，清水河8、12组部分农户在一期剩余房源中分房136户、136套，淳风桥社区14户、14套，清水河社区122户、122套。

按照《关于加快中心城区新居工程和新型社区项目报建和产权办理工作的通知》，街道在规定时限内全面完成两河社区、金科苑、金卉苑的房屋权产权初始登记工作，并于12月1日启动金科苑、金卉苑分户产权办理工作。

开展河滨森邻分房准备工作，梳理和核对参与分房的5个社区的3323人的情况，与区征地办共同审查3000余人的住房安置资格，并将纳入住房安置人员名单在各社区进行张榜公示。

【平安创建】 街道做好社会治安综合治理基础性工作，及时排查和化解各种不稳定因素；预防和减少群体性事件的发生，提高社会治安整体防范水平；做好“压发案”处理工作，开展重点部位排查整治行动，平均每月组织重点整治行动两次；打击辖区涉及“黄赌毒”的“五小门店”，全年清查“五小门店”69个，销毁各类赌博机93台；更新流管系统6177户，新增用工单位74个，维护用工单位64个，新增流动人口9675人，维护流动人口1.51万人。

2011年，街道被市综治委评为烟草“三级联管”市级先进单位，综治办主任被评为铁路护路市级先进个人，金科苑社区代表市、区接受省综治办、省大调解工作领导小组、省委维稳办年终目标任务检查验收，获得省检查组领导肯定。

深化辖区“大调解”工作，街道调解中心调解矛盾纠纷89件，调解成功83件，成功率93%，有效防止出现非正常纠纷1件，成功化解民转刑纠纷2件，达成刑事和解案件1件；社区调解委员会调解群众纠纷73件，调解成功70件，成功率95%，处置群体性事件8起，同时街道探索信访工作新方法、新途径，解决人民群众关心的各类热点、难点问题，全面实施信访代理制，落实不稳定事件包案制，减少不稳定事件的发生。

【城乡环境综合整治】　街道采取“整体规划、分步整治”方式，完善城乡环境治理规划和基础公用设施，以整治城乡结合部“脏、乱、差”为重点，全年开展各类专项整治68次，建立长效管理机制，全年投入13.7万元购置垃圾桶和果屑箱等，基本实现辖区生活垃圾日产日清、无存积现象。利用数字化城管先进手段，强化数字化城市管理系统管理，建立街面巡查与数字化城管终端动静结合机制。及时有效处置纠正街面存在的市容市貌及违章搭建等违法行为，拆除违章搭建3.4万平方米，在西城星座实施垃圾分类收集处置试点工作，完成分类收集基础设施，进行试运行。加强对路面的洒水冲洗和降尘工作频率，严控扬尘污染。完成小春农作物秸秆禁烧工作，全年辖区无一起燃烧秸秆案例。加强对辖区水环境治理力度，查处河道乱污事件11起，实施下河排污口治理工程5起。

【院落整治】　街道在充分听取民意的基础上发挥群众主体作用，改造近郊民居、金科苑、金卉苑、清淳家园等4个小区环境，其中重点对金科苑社区院落进行综合整治，投资200万元在社区院落安装电子监控器、休闲椅、晾衣架、信报箱等便民设施，改造各院落自行车棚、绿化，垃圾实行袋装化管理。在全区院落整治评比中，金科苑社区获全区第一，列全市第十三名。1月13日，成都市公安局检查组到金科苑社区就社区亲属关系、无违法犯罪记录、门牌号变更等情况进行核对。同时，就社区院落安全防盗、车辆登记以及出租房流动人口登记情况进行检查。

【服务群众工作】　街道全年确定5项服务工作重点，投入321万元改造迎宾路、金科苑2个社区，解决小区违法搭建等问题；完善社区民生档案，构建居民诉求平台，将民生档案和社区监督委员会作为了解民情的有效途径，及时更新相关信息；发挥街道、社区两级服务群众工作队的优势，参与两河片区等重点项目推进工作。

【菜市场管理】　街道组织城管执法人员对市场经营户开展宣传、教育工作，做到合法经营、规范停车；督促市场管理方加强内部管理，责令其在规定时间内对存在的脏、乱、差现象和菜台破损等情况进行整改，彻底清理卫生死角；加大市场清扫保洁力度，充实保洁人员力量，在人员未到位前，暂由街道从三创公司调派人员对市场进行清扫保洁；对市场及周边流浪犬只进行专项整治，严禁犬只入市。

【街道大事记】　1月15日，金牛区迎新春宣传思想走进基层之文化金牛闹新春活动在金科苑社区广场举行。

1月25日，区委书记杨林兴带队到金科苑社区就基层组织建设和管理新模式进行工作调研。区委常委、组织部部长辜学斌陪同调研。

2月23日，区委常委、副区长陈麟一行到金科苑社区研讨社区提升改造工程方案。

3月3日，街道发动辖区干部、党员、群众参与“无偿献血，奉献爱心”活动，来自各个领域、战线上的83名志愿者用实际行动参与到义务献血活动中，献血总量20500毫升。

3月9日，区委常委、宣传部长刘印勇，区长助理钟昌林一行到金科苑社区视察社区升级改造工程项目。

4月20日，中央社会建设专家组到金科苑社区调研基层社会建设工作情况。

4月22日，金牛区2011年世界读书日暨首届图书“漂流”活动启动仪式在金科苑社区广场举行。

5月4日，街道举办“金沙讲坛”娇子分讲坛活动，辖区的机关干部、社区两委会成员、党小组长及部分党员代表共210余人，聆听由市委党委副校长刘益飞主讲的“从革命党走向执政党——中国共产党的昨天、今天和明天”知识讲座。

5月12日，为纪念第64个世界红十字日暨“5·12”汶川地震3周年，金科苑社区、淳风桥社区、金科卫生服务站、清淳家园社区卫生服务站分别在金科苑社区广场和马家场场镇举办义诊活动，免费为群众提供健康咨询、测血压、建立健康档案。

5月13日，街道微博正式开通。

7月9日，中国数码摄影艺术协会全国第一分会——金泉分会成立大会在清淳家园综合楼召开。

8月1日，近郊民居、金科苑、金卉苑3个集中居住区正式实施垃圾袋装化。

8月16日，街道会同区就业局、茶店子街道、成都市宇辉人力资源连锁机构在金科苑社区广场举办金牛区大中型企业现场招聘会，来自富士康、欧尚、仁和春天等70余家企业，向居民提供千余个就业岗位。

8月25日，淳风桥社区召开集体经济合作社土地整理自主搬迁培训暨签约大会。社区两委会成员、未搬迁户党员、户代表、妇女代表和议事会成员共200余人参加土地整理自主搬迁暨签约大会。

8月27日，区委书记杨林兴，区委常委、常务副区长陈麟，区长助理、区城管局局长钟昌林率队到街道调研上半年工作情况。

8月，街道推荐不求回报、义务教英语的退休教师莫若键正式入选中国文明网“中国好人榜”。

9月，街道掀起向莫若健学习的高潮，通过张贴海报、机关政治学习、召开先进事迹巡讲报告会等多种形式，在辖区范围内宣传他的先进事迹，形成尊重先进、鼓励优秀的良好风尚。

10月25日，四川省人力资源社会保障厅党组成员、就业局局长田杰率省检查组一行到街道成都晚霞社会养老服务中心检查金牛区创建四川省第三轮敬老模范区情况，区委副书记李燎、副区长潘雪松陪同视察。

10月27日，区领导苏鹏、陈麟、戴延峰带队到淳风桥社区检查土地挂钩整理及农户搬迁工作情况。

11月23日，区公安分局在清淳家园广场举行打击盗窃犯罪公审大会，公开逮捕犯罪分子12名。副区长、区公安分局局长王峰出席公处大会。

11月24日，金牛区区级平安单位验收汇报会在金泉街道举行。街道代表金牛区接受上级主管部门的考评验收。

11月29日，清淳家园二期工程正式启动。

11月，街道开展治安隐患集中整治行动，对辖区内的流动人口、出租房屋，特别是案件高发住宅小区、居民院落进行大清查、大整治。

12月12日，省检察院副厅级检查员徐鹤岷、市政法委副书记高峰、省维稳办协调督查办处长胡显志率省市综治、维稳目标考核组到金科苑社区检查综治、维稳、“大调解”工作。

12月，街道分别在迎宾路、金科苑、两河社区设置户外阅报栏11个，投入正常使用。

12月，街道绿化管养护工作获全区第一名。

（侯曾梅）

沙河源街道

【概　况】　沙河源街道位于成都北大门府河上游、沙河源头，毗邻成都火车北站，与新都区、成华区、郫县交界。2011年，辖区面积10.2平方千米，辖12个社区（其中9个涉农社区），13个安置小区，有常住人口3.7万人。辖区内有四川建设（机械）集团公司、大西南建材城2个主要单位。街道产业以商贸服务业主导，云集量力钢材城、万贯五金机电城、国融五金机电城、金府灯具城、金府五金机电城、金府钢材城6个大型专业市场及6家医药物流企业。街道办事处驻洞子口路718号。

街道全年财政税收实得1.85亿元。

【产业发展】　产业转型发展步入正轨，新桥公园建成，完成下河排污口整治、铁二局经济适用房、绿地世纪城、华润LAVE风尚、万基蘭御等项目的开工及10余个商品小区入住，亲水、宜居的居住板块粗具规模；量力钢铁交易大厦、新龙花园广场、万贯金府机电物流中心建设，北城天街、五福2、5组拆迁交地，金府量力商圈向现代商贸物流业转变；土地整理委托协议签订和华侨城欢乐田园项目的实施，标志着“198”产业提升发展有项目支撑。

【城乡一体化】　街道全年完成8个社区、78户农户、145家企业的拆迁遗留问题，完成9户农户、47家企业的拆迁工作。

【新居建设安置】　王贯8组点位、泉水人家三期B区安置房建设按计划推进；王贯3组、五福3组点位和踏水新居续建部分进行前期准备；完成新桥逸景B、C区1900余套、13万平方米的安置房分配工作以及泉水人家二期（A区）的安置工作；按“三抓三让”工作法，在全区率先开展新政策下的人员安置工作，完成王贾7组、陆家8组零征及泉水7、8组统征人员社保安置，五福2、5组及王贾3、4、5、6、7组征地人员资料上报区国土局、社保局，进行社保安置。

【综治维稳】 街道开展平安创建活动，辖区全年无重大群体性事件发生，治安面貌持续好转；创新信访工作机制，妥善处理群众信访51件，有效化解各类矛盾；开展“大调解”五进工作，调解矛盾纠纷161件，调解率100%，调解成功126件；辖区内社会稳定，社会治安综合治理各类案件发案下降。

【民生工程】 街道完成民政、计生、助残、社区教育工作目标任务及民生工程目标任务，做到困难群众应保尽保。2011年考取本科以上审批奖励64人，发放捐资助学款6.4万元。文明院落打造、扬尘治理等民生工程按计划完成。

（周 杨）

天回镇街道

【概 况】 天回镇街道位于成都市北部，地处三环路与绕城路之间，东面与成华区青龙街道毗邻，南面与凤凰山街道接壤，西面、西北面、北面分别与新都区大丰、斑竹园、三河镇交界。2011年，辖区面积33.34平方千米，辖18个社区，辖区人口5.8万人。辖区内有110千伏的天回变电站、山王庙变电站和日处理污水10万吨的天回污水处理厂，有“城市绿肺”之称的成都市植物园，有西南地区设施一流、技术雄厚的成都军区陆军总医院，是成都市规划的北部新城的核心区域，也是成都市实施“中调”战略、推进“北改”战略、打造中西部一流现代商贸综合功能区的主战场。街道办事处驻兴川路999号。

街道全年完成税收（地方实得）7650万元，固定资产投资37亿元，工业总产值29亿元，建筑业总产值2150万元，重点调查批零、住宿餐饮业销售收入45亿元，实际到位省外内资16亿元，实际使用外资3000万美元。

【重点项目】 成都国际商贸城项目、万圣新居项目、货运大道项目、绕城项目、余家新居项目、明月锦苑项目、绕城与货运大道互通立交项目拆迁农户1245户、企业41家，拆迁面积2624亩；完成川陕路物流企业搬迁工作；成都国际商贸城项目A、C地块摘牌并开挖建设；中铁轨道项目、成都国际商贸城D地块挂牌，公交场站、消防场站线内拆迁完毕，1、2号变电站及电力通道拆迁完毕。

全年完成明月锦苑一期247户、812人、501套住房安置工作；明月锦苑二期、万圣新居进入主体施工；余家新居一期开工建设；完成川陕路改扩建工程、天回污水处理厂等项目564名征地转非安置人员的土补费和安补费协议签订工作；完成小北区1313名征地转非安置人员的资格审查；完成中铁轨道交通项目和万圣新居项目征地公告和征地安置方案公告；完成成都国际商贸城三期A、C、D、Z地块涉及802名转非安置人员的资格审查。

【基层组织建设】 街道开展服务群众“联户连心”活动，辖区1140名党员干部联系群众1.12万户，实现全覆盖，相关媒体宣传报道街道服务群众工作；庆祝建党90周年活动中进行创先争优表彰，对社区两委会成员进行轮训；完成区第六次党代会代表选举工作，发展新党员14名；非公企业党组织覆盖面60%以上，规模以上非公企业建党率100%；落实党风廉政建设责任制，构建惩治和预防腐败体系基本框架，组织收看和讨论反腐倡廉形势报告、警示教育片；及时公开党务、政务、居务、财务，无党员干部违纪违规现象发生；利用党员干部远程教育网、机关政治学习、社区“党日制”等形式，狠抓党员干部政策理论学习；完成党报党刊征订任务；参与制作《魅力金牛·阳光政务访谈》一期，向《金牛要情》《金牛观察》《新金牛》和《民生金牛》投稿，开通街道官方微博；调整机关内设机构，实行科级干部竞争上岗，机关各个科室、各项工作运转协调；按照“八有”标准规范化建设街道工会，“六有”标准规范化建设基层工会，工会单独建会41个，建立小型企业联合工会1个，发展会员1050人；开展青年志愿者活动、暑期青教工作，未成年人保护工作成效明显；开展妇女节主题活动，巾帼志愿者服务、家庭教育、妇女维权行动；做好侨台统战、民族、宗教工作；持续改进ISO14001环境管理体系、ISO9001质量管理体系和OHSAS18001职业健康管理体系。

【信访维稳】 街道落实维稳工作领导责任，实施社会稳定风险评估，加强影响社会稳定因素的预防和调处，及时妥善处置各类群体性事件；受理群众来信、来访、来电233件，办结率100%；更新综治和城管协管大队装备，组织协调开展治安问题突出区域11次综合整治，净化辖区治安环境；加强防控体系建设，平安创建成果得到巩固提高；受理各类纠纷118件，调处率100%，调处成功率89.8%，无一例转化为刑事案件。

【城乡环境综合治理】 街道完成川天路、杜太路、天新路的垃圾桶更换、垃圾池景观化改造。6米以上道路纳入市场化清扫保洁，6米以下道路纳入社区自主保洁。全年收运垃圾1.5万吨，清运建渣34处、2000余立方米；新增绿地6万平方米，义务植树3.6万株；处理城管案件3000余件，依法查处扬尘污染案件398件，违规车辆168辆；实施26条道路、3864平方米的硬覆盖；加强秸秆禁烧和油烟控制，大气、水环境情况持续好转；完成银杏园文明院落整治；执行城乡规划控规管理，协助“卫片”执法，拆除违法建设7.1万平方米。

【社会保障】 街道全年实现城镇新增就业313人，城镇登记失业率控制在4%以内；农村劳动力转移规模1.21万人，输出规模6807人；新开发城乡劳动力就业岗位2385个；开展城乡劳动力技能培训1124人；完成小额贷款350万元，还款率90%；受理劳动纠纷调解25起，办结率100%，追讨拖欠工资5万元；搭建创业孵化基地，带动228名城乡居民就业；完成市“一号工程”富士康招募123人；累计建立退管人员基本信息3982人；新增城乡居民养老保险参保2952人，城乡居民基本医疗参保率97%。

推进经费保障和服务体系建设，继续稳定低生育水平，符合政策生育率96.8%；落实城市最低生活保障322户、580人；按时足额发放优扶金，政策兑现率100%；开展慈善捐赠活动募集资金1.5万元；受理帮困助学申请10人；按时足额发放90岁以上老人生活补贴和居家养老服务经费；救助医疗困难群众720人。

【社会事业】 街道开展救护培训、无偿献血、困难救助等红十字会工作；开展“量体裁衣”个性化服务，开办“爱心益智学堂”，关心和帮助残疾人的生活；严格审核办理婚迁、分户、18周岁未征地农转居添加农业劳动者手续；建成市、区、街道、社区四级互联互通的基层公开综合服务平台，录入信息2000余条；完成第六次全国人口普查信息录入工作。

举办文化闹新春、社区公益大讲台、文化直通车、文化金牛大擂台、红歌唱起来等大型文体活动；推动未成年人活动场所建设；加强文物保护和文化市场管理工作；集中开展3次集中检查整治行动，查处“黑网吧”7个、收缴盗版光碟40万张，净化辖区文化环境；推进“400惠民工程”，安装健身路径18条。开展各类教育培训100余次，培训1万人次；为进城务工就业农民子女办理义务教育证明698份。

【基层公开综合服务网络体系】 街道在全区率先建成市、区、街道、社区四级基层公开综合服务网络体系，主要做法是确定1名分管领导统筹开展工作，党政办牵头、各科室配合，印制《信息公开审签单》，落实公开责任制；明确信息公开标准和公开程序，公开内容须经街道管理员、分管领导、街道负责人审核，同时选定太华社区开展试点工作；召开平台建设经验交流座谈会，及时总结先期试点经验，组织各社区现场观摩太华社区平台建设情况；立足自身实际先行解决平台办公系统，对各社区开展培训活动，在人力和物力上给予保障。

（张　伟）

西华街道

【概　况】 西华街道成立于2007年6月，位于成都市西北郊，地处府河上游，南与金泉街道交界、北以府河为界、东以三环路为界、西与郫县接壤，2011年，辖区面积16.43平方千米，辖12个社区，其中涉农社区9个，西华大学社区1个，兴盛世家、府河新居社区筹委会各1个，有常住人口4.7万人、流动人口10万人。

按照成都市土地利用总体规划、城市发展总体规划和产业发展规划，辖区土地有国家征地（“283”）8166亩、城市规划建设用地（“117”）7637亩、非城市规划建设用地（“198”）6391亩，其中“117”集中在沙西线和成灌路之间，用地性质为二类住宅和商业；“198”集中在沙西线和府河之间，规划功能为都市旅游、生态休闲度假。区域道路和轨道交通方便快捷，“两横”（三环路、货运大道）、“两纵”（沙西线、老成灌路）纵横交错；成青、成蒲快速铁路、铁路西环线、地铁2号线和7号线纵贯西华。辖区产业主要以总部经济、商贸服务业、房地产开发、旅游休闲及文化创意为主，纳税100万元以上的重点企业28家。街道办事处驻沙西线府河星城内。

街道全年全口径税收8.1亿元，实现地方实得1.9亿元，同比增长35%；招商引资省外内资17.2亿元，限额以上住宿餐饮业营业额2.4亿元，同比增长44%；固定资产投资完成30亿元，同比增长26%。财政税收、招商引资、规模以上工业总产值、固定资产投资名列全区前列。

【重点项目】 街道健全重点项目管理机制、协调机制、运行机制为重点项目推进创造条件。全年22个重点项目，完成投资63.6亿元，其中省级重点项目1个，投资9.1亿元；市级重点项目1个，投资2.5亿元；区级重点项目20个，投资52亿元。区域内重大产业、民生、旧改、新居建设、基础设施项目推进顺利，华侨城公园二期及商业用房加紧建设，生态旅游配套住宅项目三期主体完工；成灌路两侧500米及土桥场镇改造项目40亩地块成功拍卖；七中万达学校教学楼、宿舍、食堂全面完工并交付使用。

【拆迁安置】 街道坚持阳光拆迁和公开、公平、公正原则，把握拆迁风险评估，稳妥解决华侨城、“543”征地方舟铝业、金信源配置地、沙西线二期等拆迁遗留问题；完成华侨城A、B线，兴盛新居D线、成灌路两侧500米打造“100亩”上市地块等重点项目拆迁；货运大道、老成灌路风貌整治、沙西线示范线建设、国宾上城片区等拆迁加快推进。全年调查农户458户、拆除385户，调查企业85家、拆除61家。完成“198”区域集中居住区——府河苑高层电梯一期1781人住房安置工作。

【社会民生】 街道加强农民集中安置区管理服务，成立兴盛世家、府河新居社区筹委会，按照“1+11”标准，加强社区办公和公共服务场所规范建设；打造全区首个农民集中安置区兴盛世家创业示范基地，帮助解决就业人员85人；抓好公共服务专项资金275万元使用管理，召开居民议事会38次，民主议决公共服务项目39个；农村产权制度改革方面，完成7个社区81宗集体土地确权颁证测量、5个社区自留地实测、3个社区清产核资登记；完成843户承包地确权合同签订和承包经营权证颁发；完成省、市“一号工程”富士康招募153人，开展城乡劳动力培训2178人，向非农产业转移2756人、转移就业率96.7%；在全区率先完成金牛大道——西都家私段特色街区打造。

【群众工作】 街道加强服务群众网络建设，建立街道、社区干部联系群众台账，发放党群连心卡5845张，走访联系群众5.80万人次，收集意见建议310条，记录《党群连心日志》1095本、5845人次，解决群众反馈问题127件，化解群众上访95人次。围绕集体资产收益分配、征地拆迁安置补偿、拆迁安置历史遗留等群众诉求重点问题，正确研判群众访求，妥善化解兴盛社区4、5组土补安补，跃进社区5、6组村组利益分配，润漕社区11组石材城片区拆迁补赔偿等群众重大诉求问题。通过深入细致的群众工作较好推动街道重点项目、重点工作的贯彻落实。

【基层基础工作】 街道贯彻执行区委激励和约束干部真爬坡、敢破难的“八条措施”，制定街道、社区干部队伍考核奖惩实施细则，强化干部队伍工作成效、工作作风和工作纪律建设；以创先争优、迎接建党90周年活动为主线，抓好基层组织建设，加强基层民主政治建设，规范制作党务、居务、财务“三务”公开栏，利用基层公开综合服务平台网，公开社区信息1850余条；探索兴盛世家新型社区党建新模式，以“争当新市民、共建新家园”活动为载体，开展公共服务、便民服务、志愿服务，加强农民集中安置区社会管理；开展群众性文化活动，结合纪念建党90年，开展“红歌唱起来”系列群众歌咏比赛。

【农民创业基地】 10月18日，金牛区第三个农民集中居住区农民创业示范基地在西华街道诞生，基地占地面积2000平方米，有35户涉农街道居民带头创业。全区有西华、金泉、沙河源3个涉农街道在集中居住区打造创业示范基地，在相关配套政策支撑下，金牛区发挥创业示范工作，引导失地农民创业，从根本上缓解农民集中居住区居民的就业问题。

（马军国）

凤凰山街道

【概　况】 凤凰山街道位于成都市北郊，东南与成华区相接，西与沙河源街道相连，西北与新都区大丰街道交界，北与天回镇街道相临，2011年，辖区面积约7.02平方千米，辖区有驻区部队15支、公办小学1所，有常住人口9402人，为做好群众返迁工作，成立凤凰山街道办事处金韦社区居民委员会（筹委会），拆迁工作基本完成。街道办事处驻凤凰山山王庙。

街道全年财税收入1008万元，增幅53%；实现固定资产投资14.5亿元，增幅3.5%；引进企业71家，引进资金14.05亿元。

【环境整治】 街道全面实行城管执法错时工作制，完善主街干道街面全时段、全覆盖长效管理工作机制，提升中心城区市容秩序和容貌水平。

环卫管理　全年清除垃圾2600余吨，日清扫道路面积36.5万平方米；对凤凰河、黉门堰等街道河道进行疏淘清淤，清除固体垃圾15吨，清除淤泥1200立方米，完成黉门堰J2726排污口整治工程设计、立项、招投标工作；建立环境卫生管理“门前五包五承诺”长效机制，签订“门前五包五承诺”责任书，知晓率100%，履约率98%。

大气环境整治　街道进行燃煤污染整治，完成辖区禁煤整治工作；巩固秸秆禁烧成果，组织力量进行禁烧值班守候和清运；加大辖区餐饮油烟治理和日常油烟净化设施监控，制订大气污染应急处理方案，严防大气污染事件发生。

“三绿”工程　辖区植树、护树5.5万株，凤凰山公园新增绿地面积10万平方米；完成拥军路、单石桥、兴农公司门前4500平方米绿化带修剪和树木枯枝修剪。

【综治维稳】 街道发挥协管大队在城管、治安工作中的主力军作用，实现人力整合、效能整合，划分3个责任区域落实管理巡查责任，辖区治安形势得到明显改善。辖区全年立刑事案件7件，同比下降97.9%，其中“两抢”案件1件，同比下降50%，整体治安形势良好。

畅通群众信访渠道，排处因拆迁引发的不稳定因素，全年组织调解纠纷8件，调解成功8件，调解成功率100%。

围绕宣教、督查、查处抓生产安全，落实一岗双责责任制，实施建筑工地、拆迁工地安全监管，突出业主主体责任。全年无亡人、无重大火灾、无严重责任事故。

【服务民生】 街道实施城乡困难群众最低生活保障工作，各项民政补助金、救济金发放46.6万元，其中城市居民低保12.8万元，复军补助金3.5万元，残军抚恤、保健金4.7万元，部队参战退役人员生活补助2.8万元，“三属”补助金8608元，无军籍退休职工工资16万元，90岁老人补贴3.2万元，低保调标和物价补贴2.7万元，发放义务兵家属优待金4.2万元。

为残疾人提供“量体裁衣”式个性化服务183人；盲人定向行走训练10人；贫困精神病患者免费服药5人；其他用品用具供应数26件；发放少儿互助金29人；扶持城镇残疾人安置就业32人；组织发放特困残疾人生活补贴37人；为20名残疾人免费购买居民医疗保险；残疾人专项补助4.4万元。“自强助学”帮扶3人，发放助学金3600元。

加强劳动保障工作。全年新增失业125人，就业100人。困难人员9人，灵活就业2人，发放失业金311人次，农民工子女入学26人。办理老年人核查263人次，组织失业人员100余人次参加就业援助月、春风行动、民营企业招聘会。社保延伸窗口办理辖区居民和部队个体代扣社保80余人，补缴社保20人，办理退休手续10余人，制作社保卡70余人。

（洪　滔）

（审读：张　蓉）

统计资料

STATISTICAL DATA

成都市金牛区二〇一一年国民经济和社会发展统计公报

2011 年，全区人民在区委、区政府的正确领导下，牢牢把握“高位求进、加快发展”的工作基调，不断提升区域产业品质、城市品质和市民生活品质，经济发展止滑上扬、社会事业全面进步，实现“十二五”的良好开局。

一、综合

据初步统计，2011年全区完成地区生产总值592.81亿元，比上年增长13.1%，其中第一产业实现增加值0.26亿元，比上年下降17.1%；第二产业实现增加值171.70亿元，增长13.3%；第三产业实现增加值420.85亿元，增长13.0%。三次产业比重为0.04∶28.96∶71.00。

年末全社会从业人员62.84万人，其中第一产业0.53 万人、第二产业21.64万人、第三产业40.67万人。

全年完成全口径财政收入95.99亿元，同比增长26.67%，实现地方财政收入36.62亿元，增长34.97%，一般预算收入36.40亿元，增长35.1%；地方税收20.82亿元，增长35.78%。财政总支出46.41亿元，增长36.53%。

二、农业

全年完成农业总产值0.42亿元，同比下降16.9%。年末实际耕种面积13691亩，下降18.17%。大部分农产品产量继续下降：粮食产量1524吨，下降39.9%，猪牛羊肉产量356吨，下降23.3%，出栏肉猪5107头，下降23.1%。

三、工业和建筑业

全年实现工业增加值102.83亿元，同比增长12.9%。规模以上工业企业完成总产值285.90亿元，增长26.8%；实现增加值68.47亿元，增长12.5%；利税总额24.11亿元，增长11.2%；利润总额14.56亿元，增长20.5%。工业投资30.02亿元，增长38.1%。

高科技产业园区累计实现规模以上工业总产值230.29亿元，同比增长27.6%；利税总额20.99亿元，增长10.0%；利润总额12.80亿元，增长18.9%。

全区建筑业实现总产值546.01亿元，比上年增长37.5%，实现增加值68.87亿元，增长13.9%。

四、固定资产投资及房地产业

全年完成固定资产投资282.63亿元，比上年增长16.9%，其中基本建设投资91.46亿元，增长53.4%；技术改造投资21.73亿元，下降4.7%。

房地产完成投资额130.08亿元，同比下降10.4%；商品房施工面积856.71万平方米，同比增长23.18%；商品房销售面积153.54万平方米，下降0.84%；商品房销售额160.79亿元，增长45.75%；商品房新开工面积206.43万平方米，增长28.29%。

五、商贸和住宿餐饮业

全年累计实现社会消费品零售总额405.46亿元，比上年增长18.7%，其中批发零售业实现零售额357.28亿元，增长18.5%；住宿餐饮业实现零售额48.18亿元，增长20.7%。

限上批零贸易及住宿餐饮业销售（营业）额942.29亿元，比上年增长27.2%，其中家电行业实现销售收入86.10亿元，增长35.4%；医药行业138.0亿元，增长11.5%；汽车行业186.32亿元，增长17.6%；钢材行业381.21亿元，增长45.1%。

六、旅游

全年共接待游客550万人次，同比增长20%，其中国内游客546万人次，入境游客4万人次。全年旅游总收入79.28亿元，增长22%，其中外汇收入780.8万美元，增长9%。全区星级饭店19个，客房总数2822间。1个名胜风景和文物保护区。

七、对外经济

全区新引进内资项目197个，实际到位省外内资149.9亿元人民币，同比增长32.3%。完成外贸出口12.81亿美元。新建（扩建）商贸项目88个，建筑业项目17个，其他服务业项目53个，房地产业项目27个，物流项目7个，其他项目5个。全年实际使用外资5.23亿美元，增长32.16%。新引进（增资）商贸项目6个，其他服务业项目12个。

全区新签约引进重大项目16个，同比增长60%，其中重大服务业项目16个，占全市3.73%。

八、教育、科技

全区共有中小学82所，其中小学50所、普通中学27所、职业中学4所、特殊教育学校1所；幼儿园114所；国家级示范性普通高中1所，国家级示范性职业高中1所，四川省示范性普通高中5所，成都市示范性普通高中1所，省级示范性幼儿园4所、市级示范性幼儿园3所、市级学前教育集团1个、市级义务教育示范学校3所、市级义务教育优质名校教育集团4个。全区共有在校中小学生113775人，其中小学生64175人，初中生30983人，普高生10823人，职高生7755人,特教生39人；在园幼儿29301人，学龄儿童入学率100%；在职中小学教职工7127人，其中专任教师5794人。小学专任教师大专以上学历占小学教师总数96.9%，初中专任教师本科以上学历占初中教师总数86.4%。

2011年，全区共有1个项目获国家科技进步特等奖，3个项目获国家科技进步二等奖，有4个项目获四川省科技进步一等奖。完成专利申请量2274件，其中发明专利完成552件，企业专利完成1042件。全年有33个项目被列入区科技创新种子资金资助项目，资助金额240万元，10个项目列入区软科学科技项目资助，资助金额50万元，全年新认定国家高新技术企业累计38个；新增省级企业技术中心2个，市级企业技术中心3个。

九、文化、卫生和体育

全区电影放映事业单位2个（区电影发行放映公司、群生川剧团），全年组织“社区电影大看台”活动电影放映572场，映前宣传1144场，累计观众28.6万人。公共图书馆1个，总藏书量14.5万册，总流通12.1万人；全区广播电视覆盖率100%，做到安全播报。全面完成全区区域内文物普查和信息录入，在册全国重点文物保护单位2个、省级重点文物保护单位2个、市级重点文物保护单位2个、区级重点文物保护单位（点）9个。藏品总数1058件，其中二级藏品4件、三级藏品203件。

至2011年底，全区共建社区卫生服务中心12个，社区卫生服务站10个，共有医疗机构571个，床位6980张，诊疗病人645万人次。拥有卫生技术人员9769人，其中执业医师3539人，执业助理医师234人，注册护士4304人。甲类传染病发病率0/10万，乙类传染病发病率181.96/10万，丙类传染病发病率308.8/10万。

2011年，全区开展“运动成都·活力金牛—金牛区全民健身400惠民工程”和“金牛区科学健身大讲堂”活动，举办400惠民工程主题活动68场次，参加人数20万人；举办讲座45场次，参加人员约5000人。举办“金牛区中小学生6+6让我玩阳光运动”系列活动，82所学校参加，10万学生参与。

十、人口、人民生活和社会保障

截至2011年年底，全区户籍人口722676人，全年出生4573人，死亡3733人，自然增长率1.17‰，人口性别比（以女性为100）101，出生人口性别比109（以上均按户籍人口计算）；符合政策生育率98.34%，一孩率91.67%，综合避孕节育率90.56%。

2011年，全区城市居民人均可支配收入23816元，同比增长17.3%；农民人均纯收入15508元，增长19.15%。

全年新增就业19878人，其中城乡失业人员再就业7431人，就业困难人员2145人。城镇登记失业人员再就业率98.4%；农村富余劳动力向非农产业新增转移就业2457人，动态消除零就业家庭，城镇登记失业率控制在4%以内。农村劳动力转移规模25757人，劳务转移收入25594.9万元，农村劳动力输出规模18169人，输出收入16584.4万元。

金牛区参加城镇企业职工基本养老保险19.53万人，其中在职职工人数15.98万人，按月领取养老金人数3.55万人；参加城乡基本医疗42.82万人，其中城镇企业职工基本医疗保险21.64万人，城乡居民基本医疗保险21.18万人。参加城乡居民养老保险人数2.65万人。

十一、环境保护和市政建设

截至11月25日，全区空气优良天数298天，空气质量优良率89.2%；出境断面水质达标率居中心城区首位。

全年加强对下河排污口的整治工作，共取缔违法排污口150个。坚持对区内主要断面进行例行监测，1—10月，我区摸底河达标7个月；东风渠达标9个月；府河达标5个月；沙河达标10个月；海滨河达标5个月。继续加强全区油烟整治工作和继续巩固中心城区禁煤工作。截至11月，敦促全区1586个餐饮企业、商户完成油烟净化装置安装工作，完成全区总量的100%。完成加油站、储油库油气回收治理工作，全年累计完成13个。全年发空气质量通报11期，督察通知14份，及时通报工作中的问题，督促责任单位整改。严格依法监管违法排污企业，全年立案查处29起，其中使用燃煤商户18个。推行数字化监管，全年指导3个重点排污单位安装在线监控设备，全区数字化管理覆盖率处在全市领先水平。严格管理涉及重金属和危险废物企业，加大巡查力度和频次，加强危险废物五联单发放管理，截至11月，转移危险废物86.75吨。

截至11月，全区绿地面积2134.44公顷，绿地率38.3%，绿化覆盖面积2309.32公顷，绿化覆盖率41.5%（按建成区55.64平方千米）；公园绿地面积797.17公顷，人均公园绿地11平方米。

十二、社会治安

全年全区立刑事案件6081件，同比下降10.5%；抓获各类犯罪嫌疑人2884人，同比增加17.7%。全区城市级平安街道15个、区级平安单位552个。有6个街道申报创建市“二星级”平安街道；29个单位申创市综治委命名的平安建设先进单位。全区社会治安环境良好。

注：1.地区生产总值、各产业增加值指标绝对数按现价计算，增长速度按可比价计算。

2.公报中数据系初步统计数，实际数据以统计年鉴为准。

2011年金牛区地区生产总值

单位：万元

指标名称	2011年		2010年		比上年增长（%）	
	当年价	2010年价	当年价	2010年价	2011年	2010年
地区生产总值	5928057	5682368	5024990	5024990	13.1	11.0
第一产业	2565	2252	2717	2717	−17.1	−11.6
第二产业	1717006	1648231	1455036	1455036	13.3	7.5
工业	1028311	1005192	890532	890532	12.9	−1.0
建筑业	688695	643039	564504	564504	13.9	26.0

续表:

指标名称	2011年		2010年		比上年增长(%)	
	当年价	2010年价	当年价	2010年价	2011年	2010年
第三产业	4208486	4031885	3567237	3567237	13.0	12.5
交通运输、仓储和邮政业	198429	191911	172640	172640	11.2	9.8
信息传输、计算机服务和软件业	293138	294907	260835	260835	13.1	13.5
批发和零售业	931910	890927	773313	773313	15.2	7.4
住宿和餐饮业	243960	233710	207375	207375	12.7	7.3
金融业	521732	495707	453286	453286	9.4	23.1
房地产业	325220	310858	299728	299728	3.7	-4.6
租赁和商务服务业	322165	309180	248762	248762	24.3	32.2
科学研究、技术服务和地质勘查业	756284	698007	658672	658672	6.0	13.3
水利、环境和公共设施管理业	43207	39877	42731	42731	-6.7	27.7
居民服务和其他服务业	106365	102078	80436	80436	26.9	29.5
教育	194870	202756	143803	143803	41.0	21.1
卫生、社会保障和社会福利业	77440	77215	64620	64620	19.5	10.7
文化、体育和娱乐业	73739	70766	57178	57178	23.8	32.9
公共管理和社会组织	120027	113986	103858	103858	9.8	-0.2
年平均常住人口(百人)	12013		11439		5.0	5.3
人均地区生产总值(元/人)	49347	47302	43929	43929	7.7	5.4

2011年金牛区地区生产总值构成项目

单位:万元

指标名称	增加值	劳动者报酬	固定资产折旧	生产税	营业盈余
地区生产总值	5928057	2629368	651259	1003441	1643989
第一产业	2565	839	1726	0	0
第二产业	1717006	703367	84411	362360	566868
工业	1028311	349806	61486	189803	427216
建筑业	688695	353561	22925	172557	139652
第三产业	4208486	1925162	565122	641081	1077121
交通运输、仓储和邮政业	198429	90869	56556	20139	30865
信息传输、计算机服务和软件业	293138	164009	47567	44985	36577
批发和零售业	931910	430070	35972	318681	147187
批发业	717142	307287	27350	286718	95787
零售业	214768	122783	8622	31963	51400
住宿和餐饮业	243960	188644	24556	23227	7533
住宿业	51268	28981	14170	7234	883
餐饮业	192692	159663	10386	15993	6650
金融保险业	521732	136882	15757	68445	300648
银行业	452695	115318	9849	62980	264548
证券业	62586	19714	4247	3061	35564
保险业	5855	1687	1361	2334	473
其他金融活动	596	163	300	70	63
房地产业	325220	40656	96081	77858	110625
房地产开发经营业	204640	31507	10492	70749	91892
物业管理	23334	3544	250	1435	18105

续表:

指标名称	增加值	劳动者报酬	固定资产折旧	生产税	营业盈余
中介服务	14193	5605	2286	5674	628
城镇居民自有住房	74341	0	74341	0	0
农村居民自有住房	8712	0	8712	0	0
租赁和商务服务业	322165	94006	171700	26810	29649
科学研究、综合技术和地质勘查业	756284	286441	37097	40812	391934
水利、环境和公共设施管理业	43207	20372	17280	1079	4476
居民服务和其他服务业	106365	94248	4120	7005	992
教育	194870	152593	31006	1450	9821
卫生、社会保障和福利事业	77440	62663	9615	1125	4037
文化、体育和娱乐业	73739	56643	6490	9141	1465
公共管理和社会组织	120027	107066	11325	324	1312

2011年金牛区国民经济主要指标

指标名称	单　位	2011年实际	2010年实际	2011年比2010年(±%)
土地面积	平方千米	108	108	0.0
常住人口	万人	120.20	120.08	0.1
户籍人口	万人	72.27	71.78	0.7
社会从业人员	万人	62.84	61.25	2.6
第一产业	万人	0.53	0.52	1.9
第二产业	万人	21.64	21.09	2.6
第三产业	万人	40.67	39.64	2.6
地区生产总值	万元	5928057	5024990	13.1
第一产业增加值	万元	2565	2717	-17.1
第二产业增加值	万元	1717006	1455036	13.3
第三产业增加值	万元	4208486	3567237	13.0
农业总产值	万元	4179	5029	-16.9
规上工业总产值	万元	2859001	2460001	26.8
全社会固定资产投资总额	万元	2826263	2437757	16.9
社会消费品零售总额	万元	4054586	3415250	18.7
引进到位市外内资	亿元	149.9	113.3	32.3
引进到位外资	万美元	52389	39642	32.2
出口总额	万美元	128090	127582	0.4
在岗职工人均货币工资	元	46435	39643	17.1
城镇居民人均可支配收入	元	23816	20304	17.3
农民人均纯收入	元	15508	13015	19.2

注：增加值增幅按可比价计算。

2011年金牛区固定资产投资完成情况

指标名称	单　位	2011年实际	2010年实际	2011年比2010年(±%)
固定资产投资完成额	万元	2826263	2437757	15.94
1.基本建设	万元	914591	596162	53.41
2.更新改造	万元	217290	228065	-4.72
3.房地产投资	万元	1300825	1452358	-10.43
商品房屋建筑面积	万平方米	1177	977	20.47

续表：

指标名称	单　位	2011年实际	2010年实际	2011年比2010年（±%）
商品房屋竣工面积	万平方米	167	165	1.21
商品房屋销售额	万元	2134748	1322333	61.44
商品房屋销售面积	万平方米	242	198	22.22
当年新增固定资产	万元	1442252	1829329	-21.16
1.基本建设	万元	565211	207283	172.68
2.更新改造	万元	240733	169688	41.87
3.房地产投资	万元	636308	1452358	-56.19

注：本表前四行指标投资完成部分含跨区项目数据，细分项按注册地分，新增固定资产部分按项目地分但不含跨区项目数据。

2011年金牛区基本建设投资完成情况

指 标 名 称	单　位	2011年实际	2010年实际	2011年比2010年（±%）
计划总投资	万元	3214873	3113992	3.24
本年完成投资	万元	914591	596162	53.41
按建设性质分：				
新建	万元	839611	559161	50.16
扩建	万元	35794	20125	77.86
改建和技术改造	万元	18332	3804	
迁建	万元	20279	13072	55.13
单纯建设生活设施	万元	575		
按国民经济行业分：				
制造业	万元	126289	98910	27.68
农、林、牧、渔业	万元			
建筑业	万元	620	10390	-94.03
电力、煤气及水的生产和供应业	万元	23140	1020	2168.63
交通运输业	万元	42220	78201	-46.01
批发零售业	万元	131606	135991	-3.22
住宿和餐饮业	万元	25700		#DIV/0!
房地产业	万元	214350	7845	2632.31
租赁和商务服务业	万元	35853	36476	
体育、文化、娱乐业	万元			#DIV/0!
水利、环境和公共设施管理业	万元	218590	157878	38.46
教育	万元	63668	43912	44.99
公共管理和社会组织	万元		800	-100.00
科学研究、技术服务和地质勘察业	万元	60	12993	-99.54
卫生、社会保障和社会福利业	万元	32495	11746	176.65
本年新增固定资产	万元	565211	207283	172.68
施工项目个数	个	89	82	8.54
施工面积	万平方米	450.80	262.33	71.84
竣工面积	万平方米	78.02	86.38	-9.68

注：本表除头三行指标包含跨区数，其余各项不含跨区项目数。

2011年金牛区更新改造投资完成情况

指 标 名 称	单　位	2011年实际	2010年实际	2011年比2010年（±%）
计划总投资	万元	392983	830611	-52.69

续表:

指标名称	单位	2011年实际	2010年实际	2011年比2010年(±%)
本年完成投资	万元	217290	228065	-4.72
按建设性质分:				
新建	万元	60083	36373	65.19
扩建	万元			
改建	万元	8478	52962	-83.99
恢复	万元		550	
单纯购置	万元	148729	138180	7.63
按国民经济行业分:				
制造业	万元	160778	117516	36.81
建筑业	万元	7662	76043	-89.92
交通运输、仓储及邮政业	万元	11096	7714	43.84
信息传输、计算机服务和软件业	万元			#DIV/0!
电力、煤气及水的生产和供应业	万元			
批发零售业	万元			#DIV/0!
住宿和餐饮业	万元		5700	-100.00
房地产业	万元		5200	
租赁和商务服务业	万元			#DIV/0!
居民服务和其他服务业	万元			#DIV/0!
教育	万元	37754	14314	163.76
公共管理和社会组织	万元		1578	-100.00
水利、环境和公共设施管理业	万元			#DIV/0!
卫生、社会保障和社会福利业	万元			#DIV/0!
文化、体育和娱乐业	万元			
本年新增固定资产	万元	240733	169688	41.87
施工项目个数	个	25	44	-43.18
施工面积	万平方米	5.25	12.58	-58.27
竣工面积	万平方米	2.70	7.57	-64.33

注:本表除本年完成投资为市返数,其余各项指标均为上报数据。

2011年金牛区社会消费品零售总额

指标名称	单位	2011年实际	2010年实际	2011年比2010年(±%)
社会消费品零售总额	万元	4054585.8	3415250.8	18.7
(一)按销售单位所在地分				
(1)城镇	万元	4054585.8	3415250.8	18.7
城区	万元	4054585.8	3415250.8	18.7
(2)乡村	万元	0.0	0.0	0.0
(二)按行业分				
批发业	万元	242881.1	296382.6	-18.1
限额以上	万元	59556.9	41777.3	42.6
个体经营户	万元	51.8	0.0	0.0
限额以下	万元	183324.2	254605.3	-28.0
零售业	万元	3329931.0	2719879.8	22.4
限额以上	万元	2900081.8	2265402.6	28.0
个体经营户	万元			

续表：

指 标 名 称	单 位	2011年实际	2010年实际	2011年比2010年（±%）
限额以下	万元	429849.2	454477.2	-5.4
住宿业	万元	32272.1	29246.8	10.3
限额以上	万元	25050.7	20414.7	22.7
个体经营户	万元			
限额以下	万元	7221.4	8832.1	-18.2
餐饮业	万元	449501.6	369741.6	21.6
限额以上	万元	136230.9	99676	36.7
个体经营户	万元	9185.5	2350.6	290.8
限额以下	万元	313270.7	270065.6	16.0

2011年金牛区民营经济增加值

单位：万元

指标名称	按当年价格计算		按2010年可比价格计算		
	2011年	2010年	2011年	2010年	增幅（%）
地区生产总值	5928057	5024990	5682368	5024990	13.1
公有经济	2699295	2345773	2566118	2345773	9.4
国有经济	2593072	2249764	2463658	2249764	9.5
集体经济	106223	96009	102460	96009	6.7
民营经济	3228762	2679217	3116250	2679217	16.3
个体、私营经济	3022904	2502292	2914214	2502292	16.5
外商经济	68883	59779	68220	59779	14.1
港澳台经济	136975	117146	133816	117146	14.2
第一产业	334	336	307	336	-8.6
个体、私营经济	334	336	307	336	-8.6
外商经济					
港澳台经济					
第二产业	1115663	922537	1061759	922537	15.1
个体、私营经济	1091699	901805	1038353	901805	15.1
外商经济	4338	3736	4221	3736	13.0
港澳台经济	19626	16996	19185	16996	12.9
1.工业	708885	594758	681948	594758	14.7
2.建筑业	406778	327779	379811	327779	15.9
第三产业	2112765	1756344	2054184	1756344	17.0
个体、私营经济	1930871	1600151	1875554	1600151	17.2
外商经济	64545	56043	63999	56043	14.2
港澳台经济	117349	100150	114631	100150	14.5
1.交通运输、仓储和邮政业	100692	83545	97385	83545	16.6
2.批发和零售业	826061	657909	789732	657909	20.0
3.住宿和餐饮业	224095	190099	214679	190099	12.9
4.房地产业	286336	260896	273692	260896	4.9
5.其他行业	675581	563895	678696	563895	20.4

2005—2011年金牛区引进国内资金到位情况

单位：亿元人民币

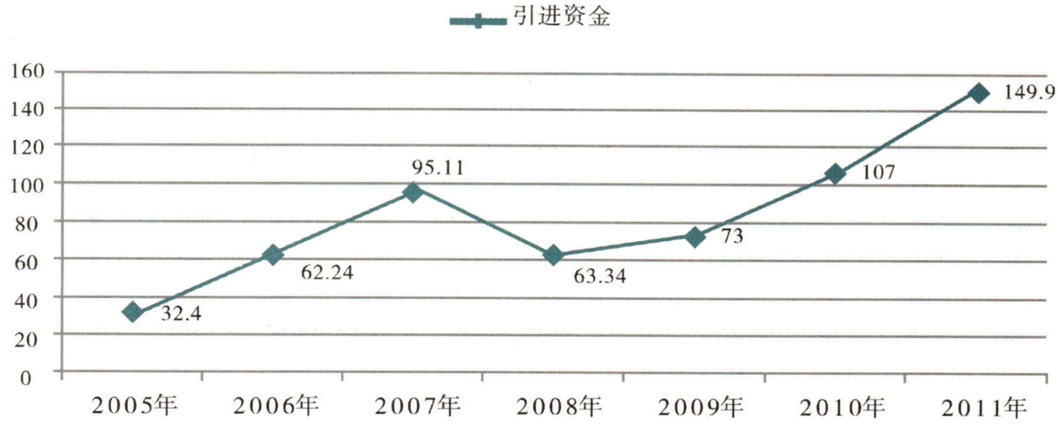

2011年金牛区国内投资企业行业分布情况

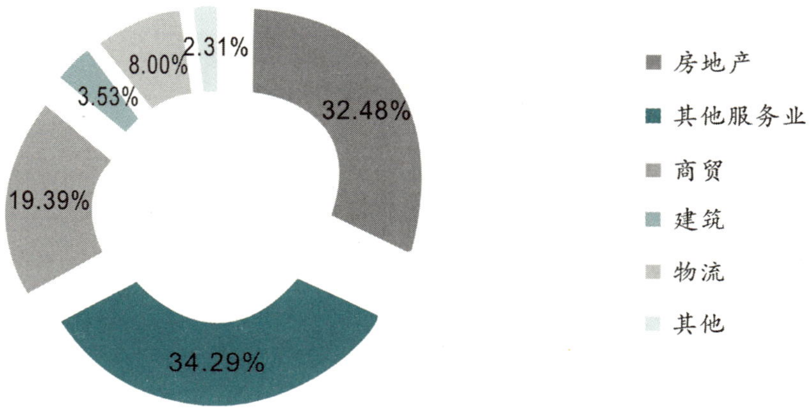

2011年金牛区国内投资主要来源地分布情况

单位：万元人民币

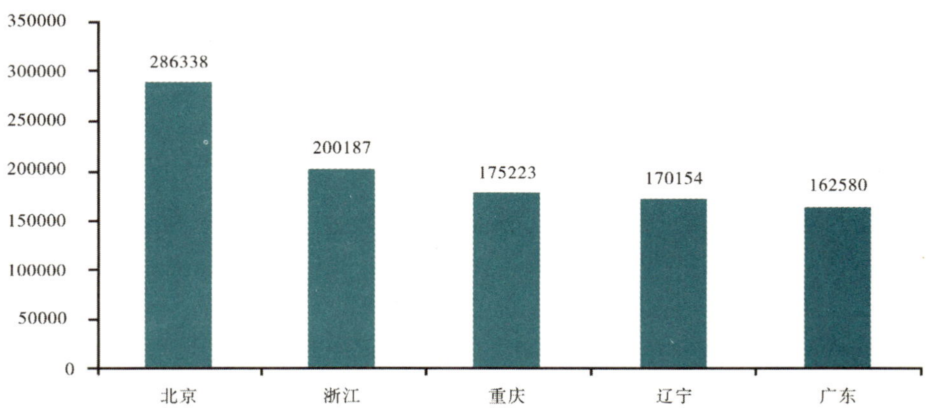

2011年金牛区外商投资企业行业分布情况

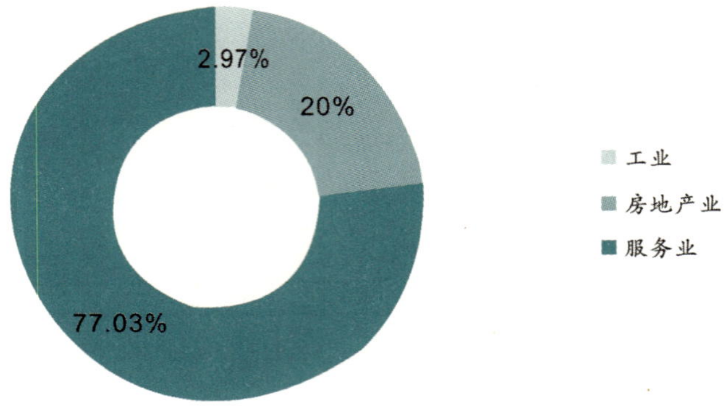

2006—2011年金牛区实际使用外资情况

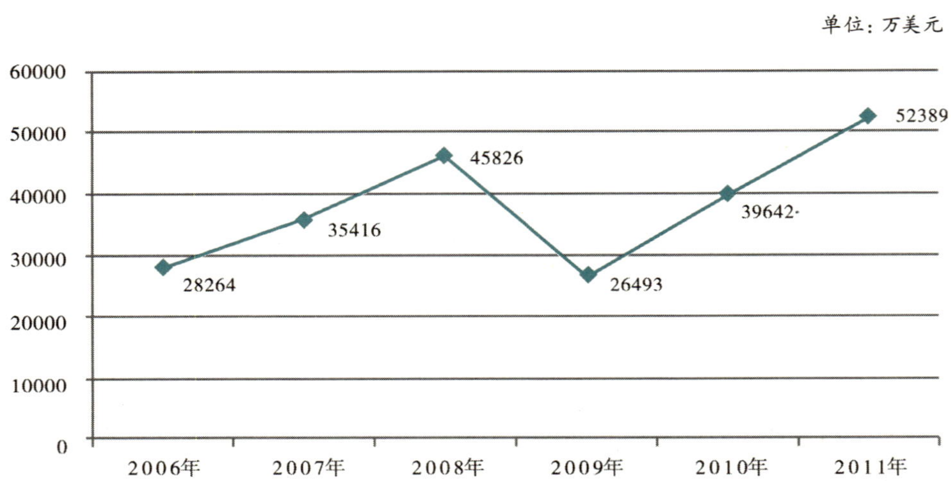

2011年金牛区国外及港、台投资企业资金来源地情况

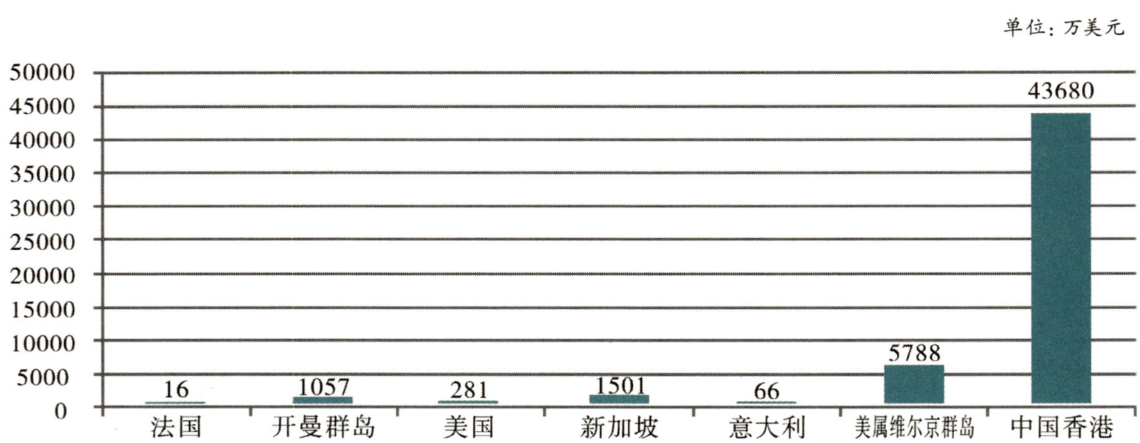

（王　磊　杨　周　马爱群）

（审读：张　蓉）

文献·文件
LITERATURE AND DOCUMENTS

工作报告

坚持科学发展，着力“头雁高飞”为加快提升区域产业品质、城市品质和生活品质而努力奋斗

——在中国共产党成都市金牛区第六次代表大会上的报告

中共成都市金牛区委书记　杨林兴

（2011年12月24日）

各位代表、同志们：

现在，我代表中国共产党成都市金牛区第五届委员会向大会作报告，请予审议。

中国共产党成都市金牛区第六次代表大会，是在金牛进入经济社会转型发展的关键时期召开的一次十分重要的会议。大会的主题是：高举中国特色社会主义伟大旗帜，在上级党委的坚强领导下，团结动员全区各级党组织、广大党员和干部群众，坚持科学发展，着力“头雁高飞”，为加快提升区域产业品质、城市品质和生活品质而努力奋斗！

五年回顾和主要体会

过去的五年，是全区上下认真贯彻市委科学发展总体战略，深入推进城乡统筹发展和“五区金牛”建设的五年；是积极应对国际金融危机和“5·12”汶川特大地震灾害等多重严峻考验，经济社会发展取得新成绩的五年。

五年来，我们坚持以经济建设为中心，经济保持持续增长。预计2011年实现地区生产总值576亿元，年均增长11.5%；地方财政一般预算收入35.1亿元，年均增长24.9%；社会消费品零售总额完成405亿元，年均增长19%。重新认定高新技术企业38家，三泰电子、金亚科技成功上市，全区拥有上市公司8家。北部新城现代商贸综合功能区加速建设，成都国际商贸城荷花池中药材市场、小商品市场成功运营，中国·成都中药材指数成功发布、中国·成都五金机电指数获批立项，欢乐谷成功创建国家4A级景区。对外开放不断拓展，累计引进内资640亿元，实际使用外资20亿美元，成功引进中铁轨道交通高科技产业园等48个重大产业化项目，38家世界500强企业和知名跨国公司到金牛投资。

五年来，我们坚持以城乡一体为重点，统筹城乡持续推进。农村工作“四大基础工程”稳步推进，产改确权颁证全面完成，涉农社区治理结构和公共服务体系不断完善，两河、银杏园片区土地整理立项获批，“和乐田园”高端养老项目成功签约。金牛万达广场、西北村低洼棚户区等旧城改造重点项目加快推进，旧城区域人居环境、城市面貌逐步改观。“198”区域建设不断加强，田园城市综合示范建设初见成效。新居工程累计竣工278.8万平方米、安置29921人。基础设施建设加快实施，北新干道等19条道路建成通车，泰宏路等17条“断头路”全面贯通。城乡环境综合整治持续加强，数字化城管“四大系统”在全市推广，人均

公园绿地面积达到11.2平方米，市容市貌稳步提升，城乡环境明显改善。

五年来，我们坚持以改善民生为目的，社会事业持续发展。民生保障不断加强，“十大民生工程”深入实施，城乡一体的社会保障体系不断完善，预计2011年城镇居民人均可支配收入和涉农地区人均纯收入分别达到23147元和15097元，城乡居民收入差距逐步缩小。“科教兴区”战略全面实施，教育实现高位均衡发展，荣获全国科技进步考核先进区、全国科普示范城区、全省义务教育示范区等称号。医疗卫生事业和健康产业加快发展，社区卫生服务机构标准化建设全面完成。文化体育事业繁荣进步，成功举办区第五届运动会，创新开展“文体惠民”五大品牌活动，被评为全国社区群众文化艺术活动示范基地、国家全民健身示范城区。人口、计生、双拥等工作扎实推进，第二次全国经济普查和第六次全国人口普查顺利完成，老龄工作荣获全国先进，其他各项社会事业取得新的进步。灾后重建和对口援建任务全面完成。

五年来，我们坚持以依法执政为导向，民主法治持续进步。区委制定了加强和改进人大、政协工作的实施意见，积极支持区人大、区政协依照法律和章程履行职能，人大代表、政协委员知情资政和参政议政的作用进一步发挥。爱国统一战线更加巩固，群团工作不断加强，民兵预备役和国防教育工作扎实推进。加强“平安金牛”建设，在全省率先建成应急指挥平台，社会治安形势持续好转，荣获省级平安建设先进区称号。深化规范化服务型政府（机关）建设，在全省率先实现行政审批“两集中、两到位”，政府机构改革顺利完成，以“三个服务”为核心的街道职能调整工作初见成效，行政效能不断提升。投融资体制改革不断深化，区属国有公司完成整合重组。加强和创新社会管理，大力推行服务群众工作队、应急处突别动队和“三所联调”等创新做法，“大调解”工作体系不断健全，社区自治运行机制逐步建立，一批信访积案和遗留问题成功化解，建成“全国和谐社区建设示范城区”。

五年来，我们坚持以队伍建设为保障，党的建设持续加强。强化理论武装和思想教育，在全区905个基层党组织、2.2万名党员干部中，认真开展深入学习实践科学发展观活动，群众满意度达97.9%。坚持崇尚实干用人导向，出台《关于激励和约束干部真爬坡、敢破难的八条措施》，公开公平竞争选拔了31名副处级领导干部。大力倡导“四讲四比”风气，加强作风建设，严格层级管理，领导班子和干部队伍执行力不断增强。深化基层民主政治建设，率先在全市实行党代表任期制，公推直选、“三务”公开等基层民主制度全面落实，新任社区党组织书记公推直选率达100%，党员群众知晓度、满意度不断提高。创新基层党建工作，率先在全省成立社会工委、实行基层党建工作专题述职制度，“两新”党组织作用有效发挥，“创先争优”活动深入开展。纪检监察管理体制改革顺利完成，惩治和预防腐败体系不断健全，党风政风不断好转。

五年的探索与实践，使我们深切认识到，做好最基层的人、干好最基础的事，必须坚持解放思想、更新观念，与时俱进不守旧；必须坚持立足实际、科学发展，扭住中心不动摇；必须坚持以人为本、共创共享，改善民生不含糊；必须坚持创新实干、奋发有为，勇于攻坚不退却；必须坚持依法执政、民主执政，团结协作不折腾。

回顾五年来的工作，我们深深体会到，成绩的取得，离不开上级党委的坚强领导，离不开历届区委、区人大、区政府、区政协奠定的良好基础，离不开全区各级党组织、广大党员和社会各界的团结奋斗。在此，我代表中共成都市金牛区第五届委员会，向所有投身金牛建设发展并付出心血和汗水的同志们、朋友们表示衷心的感谢，向所有关心金牛建设发展并给予支持与帮助的老领导、老同志致以崇高的敬意！

面临形势和奋斗目标

今后五年，是推动金牛高端发展、科学发展、又好又快发展的关键时期。纵观复杂多变的形势，我们既具备良好的机遇和条件，也面临必须应对的困难和挑战。

我们应该正确地判断，未来五年将是金牛实现高端发展的战略机遇期。从宏观环境看，全球产业分工格局的加速调整，国内经济形势的总体向好，外资西进、内资西移的步伐加快，伴随新一轮西部大开发战略的深入实施，特别是成渝经济区上升为国家战略，作为成渝经济区“双核”之一的成都，加速成为西部经贸发展的桥头堡、产业转移的新阵地、跨越发展的新引擎，必将以更快的步伐融入世界经济、以更大的优势吸引各方投资。我们作为中心城区，与全市共享着多个层面的一系列重大机遇。从全市大局看，市委交通先行、产业倍增、立城优城、三圈一体、全域开放"五大兴市战略"的实施，将加速中心城区"头雁高飞"、领先发展，特别是"立城优城"战略龙头项目——"北改"工程的确立，将直接地聚焦金牛、惠及金牛，更是为我们区产业品质、城市品质和生活品质的加速提升带来了前所未有的发展机遇。从金牛自身看，较强的综合实力、良好的产业基础，为我们高端发展、科学发展、又好又快发展提供了基础条件；巨大的旧改体量、广阔的城郊区域，为我们高端发展、科学发展、又好又快发展提供了作为空间；高素质的干部队伍、心齐气顺的良好态势，为我们高端发展、科学发展、又好又快发展提供了组织保障。

我们也应清醒地看到，未来五年仍是金牛面临多元挑战的转型攻坚期。立足金牛看金牛，虽然我们经济发展呈现止滑上扬态势、社会总体保持和谐稳定，但发展速度减缓、转型困难增多仍然是金牛最大的实际，承载能力不足、产城品质不高仍然是金牛最大的区情，民生保障压力大、遗留问题解决难仍然是金牛最大的问题。我们既要提高发展质量，又要加快发展速度，稳增长、调结构、促发展的要求将更加紧迫；跳出金牛看金牛，当前和今后一个时期，世情国情正发生深刻变化，国际金融危机影响深远，宏观政策不断调整，改革攻坚纵深推进，资金资源瓶颈制约进一步凸显。天府新区向南偏东的空间定位，若稍有不慎，就可能使金牛潜藏着被边缘化的危险。我们既要应对新情况，又要解决老问题，惠民生、促稳定、强发展的任务将更加艰巨。现实的困难已经摆在我们面前，不进则退、慢进亦退，加快转型升级、加速高端发展已成为大势所趋、情势所迫。

今后五年，机遇与挑战并存，风险与希望同在。只要我们积极应对挑战，善于抓住和用好机遇，用心防范和化解风险，就一定能够在新一轮竞争发展中赢得先机、争取主动。

今后五年，全区工作的总体要求是：高举中国特色社会主义伟大旗帜，突出科学发展这个主题，贯穿转变经济发展方式这条主线，按照市委"领先发展、科学发展、又好又快发展，奋力打造西部经济核心增长极"的战略部署，围绕中心城区"头雁高飞"的工作要求和"全面现代化、充分国际化"的主要使命，全面加强经济、政治、社会、文化和生态文明建设，不断提升党的建设科学化水平，着力构建新型产业形态、新型城市形态和新型社会形态，努力打造产业品质更高、城市品质更优、生活品质更好的现代金牛。

全区经济社会发展的奋斗目标是：地区生产总值年均增长10%以上，地方财政一般预算收入年均增长20%以上，城镇居民人均可支配收入年均增长10%以上，涉农地区人均纯收入年均增长11%以上。转型跨越、高端发展取得实质性进展，新型产业形态初步形成，新型城市形态初步展现，新型社会形态初步构建。

实现上述目标，我们必须把握以下五个要点。

一要坚持一种取向。始终把最基层的人做好最基础的事作为我们作决策、干事情的工作取向，将上级要求与金牛实际具体地结合起来，与时俱进、开拓创新，立足区情、脚踏实地，全力推动决策高质量低成本地落实。

二要强化两种观念。始终把系统观念、群众观念作为我们谋划发展、解决问题的立足点，增强整体意识，突出系统功效，发挥群众主体作用，尊重群众首创精神，维护群众核心利益，努力实现当前与长远统筹兼顾、局部与整体协调推进、发展与民生共创共享。

三要提升"三化"水平。始终紧跟时代前进的步伐，牢牢把握岗位职责的要求，大力提升以市场化手段优化资源配置、推进高端发展的水平，大力提升以民主化方式组织各方力量、破解发展难题的水平，大力提升以公平化取向整合利益关系、促进社会和谐的水平。

四要倡导四种精神。始终坚持"四讲四比"风气，以奉献尽责任、以实干出实绩、以创新求突破、以团结强合力，苦干实干创新干，直面困难善破难，不断增强各级领导班子和干部队伍的执行力，努力变差距为潜力、变构想为现实。

五要深化"五区"内涵。始终坚持立足基础、优势优先，在"五区金牛"建设中自觉把提升区域产业品质、城市品质和市民生活品质作为我们今后一个时期的主攻方向和着力重点，努力在构建新型产业形态、新型城市形态、新型社会形态上实现新突破。

工作任务和主要举措

建设产业品质更高、城市品质更优、生活品质更好的现代金牛，事关全区人民福祉，事关高端发展成败，事关科学发展全局。今后五年，我们要紧紧围绕这一总体目标和任务，加快实施"北改"优城战略，绷紧"加快发展"这根弦、鼓足"转型跨越"这股劲，勇于开拓，大胆创新，努力开创金牛经济社会发展新局面。

一、大力提升产业品质，着力构建新型产业形态

产业是一个国家和地区实力和竞争力的集中体现。大力提升产业品质、构建新型产业形态，是推进高端发展的核心所在。要按照建设“大而强的产业成都”的要求，坚持“优势优先、高端发展”的基本思路，加快构建特色突出、抢占高端、极具效益的现代产业体系，着力在提升产业品质上开创新局面。

（一）在产业聚集上下工夫。遵循现代产业集群集约发展的基本趋势，着眼“引大项目、搭大平台、育大企业、建大产业、促大聚集”，加速推进市、区级产业功能区建设，促进现代服务业、高科技产业及相关配套产业协同发展。充分发挥国际商贸城的示范带动效应，按照“西部第一、国内一流”目标，高品质建设北部新城现代商贸综合功能区，加快完善综合配套、形成载体支撑、聚集商气人气，着力成就现代商贸聚集发展高地；以“和乐田园”、成都欢乐谷等项目为依托，高起点建设“198”生态及现代服务业综合功能区，推动文化旅游、都市养老等新兴产业加快发展，积极打造都市型养生休闲及文化旅游高地；以金牛万达广场、火车北站扩能改造等项目为支撑，高水平建设人民北路商务商业核心区，加快形成以现代商务和高档商业为主导、商气浓厚、人气云集的现代商圈；以电子信息、生物制药、轨道交通等优势产业为重点，高价值提升金牛高新技术产业园产业能级，努力提高园区单位面积产出水平，积极培育以总部经济为主要业态的“成都北城科技商务中心”。

（二）在抢占高端上求突破。把抢占高端作为增强竞争优势的制胜之道，突出抓好中药材、五金机电、白酒“三大指数”营销策划，高水平打造一批特色专业节会，积极培育贸易运营控制、交易服务、大宗商品价格发现等现代商贸、高端服务、品牌宣传和管理创新功能，努力掌握市场的定价权与话语权，提升“商贸金牛”的影响力；要立足既有产业基础和重点企业，优化资源配置，用心扶优扶强，鼓励科技创新，加快推动核心技术研发和科技成果转化，努力建成一批抢占行业高端关键技术的工程技术研究中心和创新平台，培育一批拥有自主知识产权的高新技术产品和知名品牌，形成一批具有核心竞争力的上市公司和区域总部，提升“科技金牛”的竞争力；要充分挖掘“交子”文化等传统文化价值，更多赋予都市旅游元素，配套完善“吃住行游购娱”六要素，提升发展都市旅游、美食餐饮、休闲娱乐、文化创意等产业，积极打造都市型文化旅游品牌，提升“文化金牛”的软实力；要坚持培育与引进相结合，支持发展金融、证券、保险服务业，加快发展以资产管理、会计审计、咨询法律等为重点的商务服务业，不断优化金牛营商环境，提升“商务金牛”的吸引力。

（三）在提档升级上见成效。主动适应世界城市发展趋势，结合实施“中调”和“北改”，突出运用现代信息技术和现代经营方式，推进传统产业业态提升和经营模式创新。有序引导金府一量力市场带和荷花池、五块石片区专业市场自主改造和调迁升级，积极推动传统批发型市场向现代展贸型市场转型发展。大力发展电子商务、连锁经营等新型流通业态，加快建设中药材、建材、机电、灯具等电子商务平台，促进实体市场与虚拟市场无缝连接、协同发展，拓展市场半径，提高竞争能力。创新推进传统工业结构调整和提档升级，加快生产型、粗放型传统制造业向经营型、集约型生产性服务业转型，探索支持本土企业围绕研发、营销、核算等高端环节延伸产业链条。按照政府引导、市场运作原则，通过规划引导、政策激励、有效服务等手段，培育打造一批主题商务楼宇，加快发展楼宇经济，培育壮大总部经济，促进传统产业特色化发展、功能化集群、总部化提升。

二、大力提升城市品质，着力构建新型城市形态

城市是人口、资源和财富聚集的主要载体。城市的品质越高，其吸引力越大、聚合力越强。要按照建设“富而美的文明成都”的要求，坚持“产城一体、最终宜人”的转型取向，把构建新型城市形态作为推进高端发展的基础工程，下大力气绘好蓝图、建好硬件、优化软件，促进城市科学发展和有机更新，着力在提升城市品质上迈出新步伐。

（一）高水平优化城市规划。“坚持用科学发展的理念照亮城市规划的前景”。按照结构与功能相一致的原则，科学布局城市空间，优化细化重点区域、重要节点的概念性规划和控制性详规，努力形成多中心、组团式、人性化城市空间格局。要坚持“产城融合、品质至上”的理念，着眼现代产业、现代生活、现代都市三位一体协调发展，突出城市业态、生态、文态、形态有机耦合，精心做好城市设计，倡导复合功能，打造特色精品，努力构建产业布局合理、建筑高低错落、色彩灵动变化、配套设施完善、生态环境优美的城市形态。要强化“同步配套、系统集成”的要求，普遍推行“多规衔接”，更加注重功能需求的多元化和系统性，健全统筹整合的规划编制及应用机制，优化完善多规衔接的规划体系，切实强化规划执行刚性，确保规划科学、系统、可行。

（二）高质量推进城市建设。“坚持让科学发展的因子融入城市建设的角落”。加快城市更新改造，力争通过3—5年的不懈努力，初步呈现高品质的城市形态。有序推进旧城改造，发挥金牛万达广场等重大项目的示范带动作用，加快新华印刷厂、五冶林业厅等重点区块成片改造，着力打造人民北路巨型城市门户综合体集群；积极促进中铁二局、成都铁路局实施自主改造，努力提升“铁半城”的城市品质；加快茶店子片区更新改造，构建由“一品天下”产业轴和金牛大道景观轴组成的“十字”核心区，着力打造城西高品质商务区，形成金牛新地标。加快实施新区开发，以凤凰山、天回镇、沙河源等北城片区整体改造为依托，加速成都北大门城市化步伐，全力把“北城”建设成为现代产业、现代生活、现代都市三位一体，城市业态、生态、文态、形态四态合一的现代化新城和更加宜人的城市副中心；以国宾上城、成灌路两侧500米及土桥场镇改造项目等为带动，着力把“金牛新城”打造成为高端产业、高端人群、高端消费汇聚的现代城市精品和宜居宜业典范；统筹推进“198”四大片区建设，努力打造低密度、高品质、生态型的特色化城市区域。大力提升配套水平，坚持“便捷化、可及化、人性化”原则，突出抓好道路配套、市政配套和生活配套，加快完善布局完整、功能完善、运行高效的交通路网体系、市政基础设施和公建配套设施，不断提高城市现代化水平，努力实现在适度空间尺度内充分满足居民生活的多元需求。

（三）高标准抓好城市管理。“坚持把科学发展的要求融入城市管理的细节”。全面推进人性化、精细化、智能化、网格化城市管理。创新管理机制，坚持“建管并重、重在管理”的方针，进一步加强宣传引导、整合管理资源、强化利益导向、创新工作举措，健全快捷高效、群众参与、长效持续的城市综合管理联动机制和管理模式，提高城市管理效能和水平，促进城市有序运转；突出工作重点，深化城乡环境综合治理，深入实施环境优美示范工程和中小街道改造工程，突出抓好主要干道、特色街区立面整治、景观塑造和风貌打造，切实加强城郊结合部、背街小巷等薄弱地区市容环境整治，努力实现治理效果“五个一样”；优化城市环境，按照建设“两型社会”要求，倡导文明、节约、绿色、低碳的生产生活方式，加大大气和水环境治理力度，加强以健康绿道、“198”绿地和园林绿化为重点的生态环境建设，努力创造更加“宜人”的人居环境。

三、大力提升市民生活品质，着力构建新型社会形态

生活是人的一切活动的基本目的。大力提升市民生活品质、构建新型社会形态，是推进高端发展的根本归宿。要按照建设“安而乐的和谐成都”的要求，顺应人民群众过上更好生活的新期待，把社会建设摆到更加重要的位置，加强和创新社会管理，发展和繁荣社会事业，着力在提升市民生活品质上取得新进步。

（一）努力创造幸福安康的生活环境。坚持以人为本、服务为先，以加强城乡居民生命全过程的关爱和服务为主线，健全少有所学、壮有所为、老有所养、病有所医、困有所助、住有所居的社会保障体系，促进城乡群众共创共享改革发展成果。优化教育资源配置，加快教育均衡化、现代化、国际化进程，全力打造“七大优质教育群”，努力满足辖区每一个孩子就近享受“一条龙”优质教育服务的基本愿望；深入实施就业优先战略，坚持以创业带动就业，健全就业服务、就业援助和失业保障等制度，千方百计扩大就业；加快发展养老事业和养老产业，完善养老保险体系和养老服务体系，努力实现人人享有基本养老保险和养老服务；大力发展医疗卫生事业和健康产业，加快区医院、区妇幼保健院和华西（金牛）医院建设，完善城乡一体的公共卫生服务体系和基本医疗保障体系，力保城乡群众方便看病、看得起病、看得好病；大力发展社会福利、慈善和残疾人等事业，健全以“低保”为核心的多层次社会救助体系，探索建立街道“惠民基金”等多渠道临时救助方式，及时有效保障困难群众基本生活；加大住房困难家庭保障力度，加快房地产业健康有序发展，突出抓好安置房建设和公共服务配套，满足城乡居民多层次的住房需求，确保群众安居乐业。

（二）努力创造和谐安宁的社会环境。以解决影响社会稳定的突出问题为突破口，认真实施社会建设“五大纲要”，全面加强社会环境综合治理，有效应对社会风险、促进社会和谐安宁。加快社会管理创新，坚持多方参与、共同治理原则，深化社会管理改革，完善多元治理机制，加快形成党委领导、政府负责、社会协同、公众参与的社会管理格局；健全社会规范体系，深入推进依法治区，加快建设“法治政府”，坚持公正司法，强化法制规范，切实提高党委政府公信力，充分发挥法律维护社会公平正义的基础作用。积极推进政务诚信、商务诚信、社会诚信和司法公信建设，健全诚信体系，完善自律规范，促进社会成员自觉遵守社会规范；加强社会环境综合治理，根据利益格局的深刻变革，健全科学有效的利益协调、诉求表达、矛盾调处和权益保障机制，统筹协调各方利益关系，最大限度增加和谐因素，最大限度减少不和谐因素。深化完善“大调解”工作体系，紧紧依靠绝大多数群众做好少数群众的工作，及时有效预防和化解矛盾纠纷。深化“平安金牛”建设，健全社会治安防控体系、安全生产监管体系和公共安全应急体系，加强重点特殊人群服务管理和网络舆情管理，严厉打击社会丑恶现象，着力营造安定祥和的社会氛围，提高城乡群众安全感。

（三）努力创造积极向上的人文环境。认真贯彻中央十七届六中全会精神，以构建社会主义核心价值体系为引领，加快形成共创共享、和谐向上的良好社会风尚。着力提高社会文明素质，全面推进社会主义核心价值体系建设，广泛开展社会公德、职业道德、家庭美德、个人品德和社会主义荣辱观教育实践活动，加强正面教育、理性启迪和情感激励，提升市民综合素质和城市文明程度，在全社会形成知荣辱、讲正气、尽义务的主流舆论和共同认知；大力培育阳光社会心态，高度重视当前思想观念的深刻变化和多元发展，广泛开展公民意识教育和“新家园、新生活、新风尚”活动，倡导和谐文化，加强人文关怀，注重心理疏导，建设和谐社区，积极培育奋发进取、理性平和、开放包容的阳光社会心态，不断提升辖区居民的归属感、主体感和幸福感；全面繁荣文化体育事业，坚持社会主义先进文化前进方向，推进文化创新，发展文化事业，培育文化产业，加快区图书馆、区档案馆等公共文化设施建设，加强基层文化阵地和载体建设，大力开展群众性文化活动和全民健身系列活动，不断满足城乡群众多层次的精神文化需求。

四、全面深化改革开放，着力增强高端发展动力

深化改革、扩大开放，是推动转型跨越、高端发展的不竭动力。要坚持经济市场化、社会公平化、管理民主化的基本取向，坚定不移地加强改革创新、扩大对外开放、优化发展环境，力争在配套改革实效、对外开放水平、区域发展活力等方面得到新的提升。

（一）提升配套改革实效。发挥市场配置资源的基础性作用和群众的主体作用，深入推进统筹城乡综合配套改革，不断完善有利于高端发展的体制机制。深化资金要素市场化配置，探索多元化资金投入机制和直接融资办法，创造条件吸引更多社会资本投资产业发展、园区建设、土地整理、基础设施、社会事业、金融服务等领域。加大对企业上市、发行债券支持力度，积极培育和推动各类企业上市融资。加强国有公司投资融资、资产经营和实体运作能力建设，做强做大国有公司。深化城乡资源要素市场化改革，统筹运用城乡建设用地增减挂钩等政策，加大土地综合整理力度，深入挖掘“198”区域集体建设用地潜力，推动土地资源节约高效利用。坚持政府引导、企业主体、市场运作、价值共创，清理闲置土地，盘活存量土地，有序推进土地出让，积极探索低效用地二次开发。深化公共服务和社会管理改革，健全城乡统一的户籍管理、文化教育、社会保障等制度，创新公共服务多元化供给机制，确保公共服务和民生保障制度化安排、民主化落实、均衡化推进，有效调动城乡群众共创共享的积极性和主动性。

（二）提升对外开放水平。大力实施“全域开放”战略，以全球视野和战略思维，务实推进区域形象宣传和营销，不断提高金牛的知名度和美誉度，提升金牛的吸引力和竞争力。抓住并用好天府新区规划建设特别是市委实施“北改”工程的战略机遇，高水平优化开放合作环境，多元化构建开放合作平台，多层次创新开放合作机制，努力在更大范围内配置资源。坚持把招商引资作为对外开放的中心环节，以总部经济、现代服务业、高新技术产业等为重点，切实抓好一批能够促进产城品质提升的好项目大项目，着力引进一批能够带动产业转型升级的大企业大集团。要牢固树立“链条招商、借机招商、招商选资”等理念，加强和改进投资促进工作，拓展和构建对外招商格局，有针对性地推荐载体资源，有目的性地选择目标企业，力争引进一个、带动一批，努力增强招商实效，提高引资水平。

（三）提升区域发展活力。推动高端发展，既要开明开放广借外力，又要创新服务激发内力。要着力提高政府服务效能，巩固政府机构改革成果，深化规范化服务型政府（机关）建设，进一步理顺职责关系，明确责权界限，增强服务意识，推动重心下移，健全执行有力、协调运转、高效率低成本的行政管理体制和运行机制。要着力优化投资发展环境，高度重视投资软硬环境建设，积极主动为企业提供全方位服务，务实高效地帮助解决项目建设和生产经营中的实际问题，让投资者放心、让纳税人满意。要着力升华“三个服务”内涵，坚持资源共用、价值共创、财富共享，加强与科研院所、高等院校、金融机构、大型企业等辖区单位的战略合作，最大限度地整合各方资源，不遗余力地搭建合作平台，不断增强“三量提升”实效。要着力营造创新创业氛围，健全有利于主导产业发展的推进机制，打造有利于创新要素聚集的市场环境，完善有利于高端人才创业的服务体系，促进创新激情充分迸发、创造能量充分释放、创业源泉充分涌流，推动经济发展方式向创新驱动、内生增长转变。

五、全面加强和改进党的建设，着力夯实高端发展保障

推进高端发展、科学发展、又好又快发展，关键在党，关键在人。要深入贯彻胡锦涛同志在庆祝建党90周年大会上的重要讲话精神，以执政能力建设和先进性建设为主线，不断提升党的建设科学化水平，为推进金牛转型跨越、高端发展提供坚强的政治保证和组织保证。

（一）加强思想道德建设，不断强化理论武装。坚持解放思想、实事求是、与时俱进，用中国特色社会主义理论体系武装头脑、指导实践、推动工作。按照培养“有思想、有道德、有能力、有品位的学习型、务实型干部”要求，全面推进学习型党组织建设，引导党员干部自觉把学习当做一种精神追求和首要任务，加强对中国特色社会主义理论体系的学习，加强对高端发展重点难点工作的研究，加强对现代经济、科技、管理等知识的培训，真正做到学以立德、学以增智、学以致用。立足区域发展实际，创新宣传思想工作，巩固发展全区人民团结奋斗、共克时艰的共同思想基础，教育引导党员干部争做与时俱进的“明白人”、服务群众的“贴心人”、推动发展的“实在人”、公道廉洁的“正派人”，为转型跨越提供思想保证和精神动力。

（二）加强民主政治建设，不断增强执政合力。严格执行民主集中制，充分发挥党委总揽全局、协调各方的领导核心作用，健全四套班子各尽其责、相互协调、相互支持的领导方式和工作机制，不断提高科学执政、民主执政、依法执政水平。坚持和完善人民代表大会制度、中国共产党领导的多党合作和政治协商制度，支持人大及其常委会依法履行职能，支持人民政协依照章程履行职能，建立和完善社会各界参政议政的机制和平台，建立和畅通各阶层人士反映诉求的传导机制，集中智慧、凝聚力量。积极发展基层民主，完善民主管理制度，丰富基层民主实践，保障人民享有更多更切实的民主权利。加强民宗侨台工作，巩固和发展爱国统一战线。充分发挥工会、共青团、妇联等人民团体作用。坚持党管武装，做好双拥共建和优抚安置工作，巩固发展军政军民团结。

（三）加强班子队伍建设，不断提高执政能力。按照“政治坚定、求真务实、开拓创新、勤政廉政、团结协作”的要求，加强各级领导班子建设，努力建成敢打硬仗、能打胜仗、党委放心、群众满意的坚强领导集体。坚持“重实干、重实绩、重实效”，把那些“肯干事、能干事、干成事、不出事”的干部选拔到领导岗位，让想干事的有机会、能干事的有舞台、作风实的有奔头。深化干部人事制度改革，创新完善干部教育培训、监督考核、选拔任用和奖惩激励机制，统筹抓好“五支人才队伍”建设。坚持公开平等竞争择优原则，加大竞争性选拔干部工作力度，提高选人用人公信度和组织工作满意度。健全干部轮岗交流和下基层锻炼制度，引导干部到攻坚破难的一线去锤炼作风、增长才干。善于培养和使用优秀年轻干部、女干部和党外干部，重视发挥老干部的作用。坚持“干事者受肯定、不事者受批评、成事者受奖励、坏事者受惩罚”原则，加强干部教育管理、考核监督和作风建设，强化层级责任，严格奖惩逗硬，不断提高干部队伍执行力。

（四）加强基层组织建设，不断夯实执政基础。着眼“选好带头人、扩大覆盖面、增强凝聚力”，扎实推进街道社区、机关事业单位和“两新”组织党建工作，探索创新区域党建、网络党建等新模式，努力实现党的组织和党的工作全覆盖。把关心群众、服务群众、做群众工作作为基层党组织的核心任务和基层干部的基本职责，充分发挥其推动发展、凝聚人心、促进和谐的作用，使基层党组织成为联系群众、宣传群众、组织群众、团结群众、带领群众的坚强战斗堡垒。深入开展“创先争优”活动，努力营造“四讲四比”良好风气。全面落实党建工作责任制，健全党员教育、管理和服务长效机制。完善党内激励关怀帮扶制度，加强流动党员教育管理服务，做好新形势下党员发展工作。创新落实党代表任期制、公推直选、党务公开、社会评价等制度，积极探索扩大党内民主的多种实现形式，提升党建工作科学化、民主化水平。

（五）加强党风廉政建设，不断提升执政形象。坚持以人为本、执政为民的核心理念，自觉贯彻党的群众路线，大力加强党的作风建设，注重问政于民、问需于民、问计于民，真诚倾听群众呼声，真实反映群众意愿，始终保持党同人民群众的血肉联系，使我们的工作获得最广泛最可靠最牢固的群众基础和力量源泉。坚持标本兼治、综合治理、惩防并举、注重预防的方针，深化以惩治和预防腐败体系为重点的反腐倡廉建设，整体推进教育、制度、监督、改革、纠风、惩治各项工作。切实加强党纪国法和党性党风教育，促进党员干部廉洁自律、守住底线，始终保持一颗正道而行的“公心”，做到立身不忘做人之本、为政不移公仆之心、用权不谋一己之私，永葆共产党人政治本色。坚持用制度管权管事管人，继续深化改革和创新机制，完善廉政风险防控机制，更加有效地预防腐败。深化基层党风廉政建设，严肃查处违纪违法案件，坚决纠正损害群众利益的不正之风，以反腐倡廉的实际成效取信于民，努力营造风清气正、勤政廉政的良好环境。

同志们，今后五年是金牛爬坡上行的关键五年。转型跨越任务艰巨、推进“北改”考验众多、“头雁高飞”使命光荣。让我们更加紧密地团结在以胡锦涛同志为总书记的党中央周围，高举中国特色社会主义伟大旗帜，以邓小平理论和“三个代表”重要思想为指导，深入实践科学发展观，在中共成都市委的坚强领导下，团结带领广大干部群众，解放思想、创新实干、万众一心、乘势而上，为推进金牛高端发展、科学发展、又好又快发展，奋力打造产业品质更高、城市品质更优、生活品质更好的现代城区而共同奋斗！

名词解释

1. 头雁高飞：市委十一届九次全会提出，实施“三圈一体”战略，其中占地465平方千米的“第一圈层”，是市域经济的“头雁”，“头雁高飞”，“高”要高在发展水平上，就是要推动产业结构向“高端化”升级、城市形态向“高层次”转型。

2. 五大兴市战略：市委十一届九次全会提出：打造西部经济核心增长极，关键是要实施“交通先行”战略、“产业倍增”战略、“立城优城”战略、“三圈一体”战略、“全域开放”战略。

3. “北改”工程：市委十一届九次全会提出，要拿出当年抓“东调”的力度抓“北改”，启动城北片区新一轮全面规划，力争用几年时间实现城北面貌大变化，还城北市民一个畅通城北、安居城北、宜人城北。

4. 成渝经济区：包括重庆31个区县、四川15个市，区域面积20.6万平方千米，空间布局为两核（重庆、成都）五带（沿长江发展带、成绵乐发展带、成内渝发展带、成南遂渝发展带、渝广达发展带）。

5. 天府新区：包括成都、简阳、眉山3市7县（市、区）37个乡镇和街道办事处，总面积1578平方千米，其中，成都占1293平方千米，将建成以现代制造业为主、高端服务业集聚、宜业宜商宜居的国际现代新城区。

6. 北部新城：全市13个市级产业功能区之一，规划面积约64 平方千米，涉及金牛、新都两区，其中金牛部分为25.8 平方千米。

7. 198区域：成都市中心城区内 198 平方千米的非建设用地，主要位于三环路以外、外环路以内。金牛区198区域包括两河、上府河、银杏园和外环路四大片区。

8. 中调：中心城区服务业结构战略调整。

9. 三大指数：中国·成都中药材指数、中国·成都五金机电指数、中国·成都白酒指数。

10. 交子：世界最早使用的纸币，发行于北宋前期（1023年）的成都。据考证，官方发行的“交子”印制地就在城西的净众寺，即现中铁二局处。

11. 金牛新城：所辖面积20.48平方千米，地处金泉、西华街道“283”、“117”区域范围，与成都高新西区相连。

12. 数字化城管“四大系统”：GPS管理系统、油耗监测管理系统、垃圾转运综合管理系统、视频监控系统。

13. 五个一样：城乡环境治理效果实现大街和小巷一个样、平时和检查一个样、晚上和白天一个样、下雨和天晴一个样、乡村和城市一个样。

14. 两型社会：资源节约型社会、环境友好型社会。

15. 社会建设“五大纲要”：社会规范体系建设实施纲要、城乡基本公共服务均衡发展机制建设实施纲要、城乡社区治理机制建设实施纲要、社会组织发展和公民志愿服务机制建设实施纲要、社会矛盾疏导和化解机制建设实施纲要。

16. 十大民生工程：就业促进工程、扶贫解困工程、教育助学工程、社会保障工程、医疗卫生工程、百姓安居工程、道路畅通工程、环境治理工程、公共安全工程、群众文化工程。

17. “文体惠民”五大品牌活动：交响金牛、文化金牛大擂台、金牛社区电影大看台、金牛社区公益大讲台、运动成都·活力金牛—全民健身400惠民工程。

18. 三所联调：派出所、司法所、律师事务所协同完成矛盾纠纷调解工作。

19. 七大优质教育群：营门口—茶店子优质教育群、国宾—金牛新城优质教育群、华侨城—沙西优质教育群、九里堤—沙河源优质教育群、火车北站—人北优质教育群、一环路西—沙湾优质教育群、川陕—天回优质教育群。

20. 惠民基金：五块石街道于2008年5月以财政结余资金10万元设立了街道“惠民基金”，对户口、居住均在辖区且在日常生活中由于各种特殊原因造成基本生活出现暂时困难家庭提供的一种临时性生活救助。

21. “三量”提升：巩固存量、培育增量、引进变量。

22. 四讲四比：讲大局、比奉献，讲实干、比实绩，讲执行、比效率，讲团结、比协作。

23. “两新”组织：新经济组织和新社会组织的简称。

24. 五支人才队伍：党政人才队伍、专业技术人才队伍、企业经营管理人才队伍、技能人才队伍、社会工作人才队伍。

成都市金牛区人民代表大会常务委员会工作报告

——在成都市金牛区第六届人民代表大会第一次会议上

成都市金牛区人大常委会主任　张文友

（2012年3月3日）

各位代表：

我受成都市金牛区第五届人民代表大会常务委员会的委托，向大会报告工作，请予审查，并请列席人员提出意见。

过去五年的工作回顾

过去的五年，是全区上下认真贯彻市委科学发展总体战略，深入推进城乡统筹发展和“五区金牛”建设极不平凡的五年。五年来，区五届人大常委会在区委的领导和市人大常委会的指导下，带领各人大街道工委和全区人大代表，高举中国特色社会主义伟大旗帜，以邓小平理论和“三个代表”重要思想为指导，深入贯彻落实科学发展观，坚持党的领导、人民当家做主和依法治国有机统一，紧紧围绕全区中心工作，以进一步促进依法行政、公正司法、以人为本、科学发展为重点，以党委满意、人大代表满意、人民群众满意为目标，依法履行职责，恪尽职守，攻坚破难，与时俱进，开拓创新，为坚持和完善人民代表大会制度，巩固和发展社会主义民主政治，推动全区经济社会协调发展，推进民主法制，实现人民福祉，促进社会和谐，作出了积极贡献。

一、坚持党的领导，坚决执行区委决策，确保正确政治方向

坚持党对人大工作的领导，是人大工作的根本政治原则，是做好新形势下人大工作的政治优势和政治保证，也是保持和体现党的先进性、加强党的执政能力建设的重要举措。五年来，人大及其常委会切实依靠区委的领导，主动争取区委的领导，始终坚持在区委的领导和支持下开展工作。一是始终围绕区委中心工作履行监督职能，确保区委决策部署的落实。二是坚持向区委请示报告制度。每年人大常委会的工作要点和人大日常工作中的重大事项，都主动及时地向区委请示报告，经区委原则同意后再实施。三是坚持把党管干部原则和人大依法任免干部相统一，通过法定程序，努力保证实现区委的意图。四是积极主动承担区委交办的工作，圆满完成了各项临时性工作任务。五是坚持党领导下的人民代表大会制度，把对党负责与对人民负责有机统一起来，确保了人大工作始终坚持在政治上与区委同向，在思想上与区委同心，在目标上与区委同一，在责任上与区委同担。

二、坚持科学发展观，紧贴中心服务大局，严格依法开展监督

五年来，常委会按照科学发展观的要求，面对国际金融危机和汶川大地震带来的不利影响，始终紧紧围绕区委中心工作，以保民生、保稳定、促发展，加快转变经济发展方式，优化产业结构，促进城乡统筹发展为重点，严格依法履职行权。召开常委会会议40次进行重点审议，召开主任会议111次进行专题审议，共审议议题212项，作出相应决议、决定和审议意见416条。通过“一府两院”的努力，这些决议、决定、意见和建议都得到了较好的落实，有效地促进了各项工作的开展。常委会对“一府两院”办理情况全部进行了再审议，均表示满意。同时，常委会还积极探索对主任会议审议的全部议题进行再审议，收到了较好的效果。

（一）着力产业结构调整开展监督，积极促进经济发展方式转变

常委会切实关注我区经济发展方式的转变，围绕重点工程和重大项目建设，多次听取和审议了区发改局、经科局、建交局、商务局、工商局等单位和部门的工作报告，实地视察了华侨城欢乐谷主题公园、沙西线二期、万达金牛城市广场、国际商贸城、高科产业

园、旧城改造、万贯机电城、物流中心等我区重点项目和康弘药业、宏天电传等重点企业，作出了审议意见，建议区政府进一步优化产业结构，引进、培育、发展高端产业和产业高端，加快转变经济发展方式，抓好重大项目、重点工程建设，推动金牛在加快发展中促转型，在加速转型中促发展。

常委会适时听取和审议了“十一五”规划执行、“十二五”规划编制、区政府财政预决算、财政预算调整和其他财政收支审计情况报告，作出了相应决议、决定和审议意见。为应对国际金融危机和国内宏观政策的变化，听取和审议了区政府关于国有资金的运作和负债资金使用偿还情况的报告，针对发展中的资金瓶颈问题，提出了多渠道融资，提高资金使用效率，及时整合资源，提高资金偿还能力的建议。

常委会始终把城乡统筹建设作为监督重点，听取和审议了推进城乡统筹示范区、新居工程建设、征地拆迁安置、统筹推进城乡充分就业、旧场镇改造、198规划建设、节能减排等工作情况报告，多次视察新居建设点、土桥场镇、城乡环境综合治理现场等。建议区政府按照“三个全面接轨”的要求，进一步加强统筹协调，整体推进城乡基础设施建设；发展支柱产业，促进居民就业增收；在保证新居工程质量和安全的同时，确保工程进度，缩短过渡时间，让拆迁居民尽快住进新居，以缓解资金矛盾和拆迁居民长期过渡的不安定因素。在为期三年的全市水环境综合整治活动中，常委会高度重视，致力于绿地增长、河道治理、设施改造的监督工作，督促关闭了沿河养殖场、屠宰场、污染企业，督促清理了沿河违章建筑和垃圾堆放点，促进了主要河道水质和环境质量的明显好转，水环境综合治理取得了明显成效。我区水环境综合整治的做法在市人大组织的专题会议上进行了经验交流，并被市人大常委会评为“监督工作扎实”先进单位通报表扬。在我区农村产权制度改革试点工作中，常委会按照区委的要求，派出两名常委会委员，担任全区农村产权制度改革试点工作组组长，圆满完成试点任务。

（二）着力民生改善开展监督，促进改革成果惠民共享

常委会历来十分重视人民群众普遍关心的热点难点问题，积极发挥自身优势，适时听取和审议了社区卫生、社区养老、残疾人保护、人口和计划生育、刑释解教人员安置帮教、防洪、高考、科普、教育均衡发展、群众文化、食品药品安全、交通发展规划、小区道路设施建设、传染病防治、农贸市场管理、知识产权保护、小区物业管理、民办教育、民族宗教、红十字会工作、有线电视、人口早期教育、民营医疗机构监管、残疾人托养、物价监管、计生家庭奖励扶助等与群众生产生活息息相关的专题汇报，大力加强监督工作，促进民生问题的解决。2007年，常委会在教育、卫生、信访、就业社保、新居工程、治安防控、市政建设、清欠维权、食品安全等九大方面开展监督，切实促进了一系列民生问题的解决。省、市新闻媒体对我们“九大关注”的做法进行了专题报道，“九大关注”的文章还被人民日报的“人民文摘”和求是杂志社的“党旗飘飘”文集收录，同时还荣获四川省十八届宣传人民代表大会制度好新闻三等奖。2008年，常委会组织开展了群众“最盼”、“最需”、“最怨”情况的“三最”调查。调查共收集到意见203条，为及时解决群众关注的问题提供了较为翔实的第一手资料。在区委的重视支持下，区政府及各部门共同努力，调查中反映的问题大部分得到了解决。2009年，常委会专题开展全区“断头路”情况调查，在摸清实情后，形成专题报告，建议区政府在2012年前按照先易后难的原则，科学安排，多渠道筹集资金，尽快打通。目前，33条“断头路”已全部打通，几十年的难题完全得到了解决。2010年，针对全国一些地区不断发生校园安全事故的情况，常委会专门听取了区政府校园安保工作情况汇报，实地视察了二十中、茶店子小学等学校，提出了切实加强校园安全保卫工作，制定具体措施，严加防范，确保校园安全的建议。2011年，常委会专题听取和审议了环境提升、就业促进、教育助学、医疗卫生、百姓安居等十大民生工程工作，建议区政府要高度重视、上下齐心、科学安排，促进各项民生工作的落实。

（三）着力抗震救灾开展监督，促进灾后稳定发展

2008年“5·12”特大地震发生后，常委会立即把思想统一到区委的部署上来，努力促使我区民心安定，群众生产生活秩序稳定。及时听取了区政府关于学校防震避灾、地震灾害后物价稳定、抗震救灾等情况汇报；及时看望慰问了战斗在天回大湾、丹景山镇、龙门山镇抗震抢险援建第一线的解放军、武警官兵、公安干警、卫生防疫人员和干部群众；看望慰问了都江堰、彭州人大的同志和金牛安置点的受灾群众，给他们送去急需的救灾物资；视察了全区街道、学校、医院等房屋设施损毁情况和抗震救灾工作；视察了我区范围内主要大型超市、农贸市场和医药市场，

详细了解各类抗震救灾物资供应和群众基本生活必需品价格情况，及时督促物价管理部门加强物价监管，保证灾后物价平稳。常委会还及时向市区人大代表发出倡议，争取社会各界力量大力支持灾后重建工作。发动机关干部和人大代表捐款捐物，共计缴纳特殊党费2.9万元，捐款314万元，捐物价值2500余万元，组织献血、慰问和参加志愿者服务等活动上千人次。按照区委的要求，常委会派出两位副主任到彭州市分别担任丹景山镇和龙门山镇抗震救灾对口援建指挥长，负责我区对彭州的救灾对口援建工作。同时，人大机关还抽调了一名驻会委员和三名机关工作人员具体参与彭州的对口援建工作。在区委的领导和全区人民的大力支持下，参与对彭州援建的同志坚持把灾区人民的冷暖放在首位，冒着持续不断的余震危险，顽强拼搏，提前圆满完成了抗震救灾和灾后活动板房的建设任务，多次受到上级的肯定和表扬。

（四）着力依法治区开展监督，不断加快法治建设进程

五年来，常委会本着突出重点、注重实效的原则，对义务教育法、国防教育法、环境保护法、安全生产法、人民防空法、行政监察法、兵役法、母婴保健法、老年人权益保障法、民办教育促进法、居委会组织法、水环境保护法、文物保护法、食品安全法、统计法、防洪法、保密法、体育法、专利法、警察法、法官法、检察官法、四川省保护和奖励见义勇为条例、艾滋病防治条例、残疾人就业条例、旅游条例、信访条例等27部法律法规进行了执法检查，并就我区贯彻执行情况进行了审议，对存在的问题提出了针对性的意见和建议，推动相关法律法规在我区的贯彻实施。

为加大对“两院”的工作监督和法律监督力度，常委会从2009年1月起确定一位副主任列席区法院、区检察院两委会。五年来，常委会听取和审议了区法院执行工作、贯彻执行《行政诉讼法》、息诉罢访、司法为民，区检察院预防职务犯罪、侦查监督、公诉、控告申诉等工作情况汇报，视察了区检察院派驻成都监狱检察室，建议区法院、区检察院要围绕全区工作大局，规范执法、公正司法。

为进一步推进依法治区进程，常委会听取和审议了区政府关于创建全国法治城市工作方案和贯彻落实“五五”普法决议工作的情况汇报，建议区政府高度重视，扎实工作，努力确保把我区建设成为法治城区。常委会加大重大事项备案审查力度，对“一府两院”37件重大事项进行了备案审查。

（五）着力依法履职开展监督，有效提升干部执行力

常委会十分重视对人大任命干部依法履职的监督，把强化责任心和提高执行力作为促进干部依法行政、公正司法的重点。一是任命干部，着重对干部的责任心和执行力提出要求；二是评议干部，把责任心和执行力作为主要内容；三是听取专题工作汇报，首先要听干部责任心和执行力的情况；四是到基层调研，重点关注干部的责任心和执行力。五年来，共依法任免“一府两院”国家机关工作人员154人，依法撤销职务1人。先后组织72名拟任命干部参加任前法律知识考试，对区法院、区检察院提请任命的33人进行了任前考察；对所有被任命的干部举行了向宪法宣誓的庄严仪式。对“一府两院”26名国家机关工作人员进行了述职评议，对8个政府职能部门和工商、税务等9个市直属分局进行了工作评议，有效促进了干部依法履职。

（六）着力化解矛盾开展监督，努力维护社会和谐稳定

常委会始终把人大信访工作作为人大监督的重要内容，作为了解社情民意，为群众排忧解难的重要途径。坚持常委会领导阅批信访件制度，对重点信访案件亲自协调解决。五年来，共受理人民群众来信来访741件10051人次，其中涉法信访共141件919人次。按照“四个百分之百”要求，常委会对所有来信来访件进行了及时妥善处理，维护了社会稳定，促进了社会和谐。

常委会立足化解社会矛盾纠纷，高度关注社会治安状况，专题听取和审议区政府社会治安综合治理、贯彻执行治安管理处罚法等工作的情况报告，建议区政府凝聚社会各方力量，运用多种有效手段，加大社会治安综合治理，打击预防犯罪，提高群众的安全感。常委会专题听取区政府和区法院大调解工作情况报告，建议以人民调解为基础，充分发挥行政调解和司法调解作用，建立完善三大调解手段相互衔接配合的大调解工作体系，促进社会和谐。

2010年，常委会领导按照区委的要求，在区委的领导下，积极协助有关领导和部门、街道，对区领导包案的27件重大涉稳积难案件，逐一“会诊”，找出问题关键，提出解决办法，狠抓督促落实，当年促成了18件涉稳积难案件的解决，维护了社会稳定。同时，还顶着巨大的压力，冒着巨大的风险，成功地协调解决了一起

本已经由上级领导批准用强制手段解决经济纠纷案转为和平协商解决的经典大案，受到了上级的表扬和奖励。

三、坚持服务基础工作，充分发挥代表作用，积极支持代表履职行权

（一）加强学习培训，提高代表履职能力

常委会高度重视代表学习培训工作，在培训内容上注重指导性和实用性，在培训形式上注重多样性和丰富性。五年来，通过讲座、调研、自学等形式，组织代表学习党的十七大精神、相关法律法规、国际国内政治经济形势、代表如何履职行权、世界现代田园城市、电子商务等方面的知识。通过学习培训，有效地提升了代表的综合素质，促进了代表履职水平的提高。

（二）加强服务保障，优化代表履职环境

一是通过接待、走访、座谈等多种形式加强与省、市、区人大代表的沟通，了解和掌握代表履职情况，听取代表的意见和要求，帮助解决代表履职中遇到的困难和问题，及时拨付代表活动经费，从制度、组织、时间、经费上为代表履职行权提供了服务保障。2007年，常委会通过了加强区人大代表工作的办法，形成激励约束机制，五年来共表彰人大代表181人次，对2名代表依法停权。二是规范完善代表接待选民工作。2007年，常委会通过了关于区人大代表接待选民的规定，在此基础上，2011年7月在全区各街道办事处设立了“代表之家”和“代表接待选民办公室”，进一步规范和完善了代表接待选民工作。三是坚持和完善常委会领导联系、走访人大代表的制度，经常听取和研究代表提出的意见和建议，接受代表监督。四是组织和推荐代表参加对“一府两院”工作的检查、评议等活动，拓展履职平台。五是邀请代表分批列席常委会会议，听取“一府两院”工作汇报和重要情况通报，促进代表知情知政。

（三）加强代表活动，丰富代表履职形式

一是组织代表进行专题调研。常委会根据省市人大要求，成立驻区省市人大代表专题调研活动小组。2008年，调研活动小组到青羊区、金牛区涉农街道对我市拆迁补偿安置办法的执行情况进行了调研，写出了《关于对成都市征地补偿安置办法执行现状的调查报告》，该报告受到葛红林市长的高度重视，责成市政府办公厅对报告提出的建议抓紧研究，督促落实。此外，常委会组织省市人大代表在调查研究的基础上，形成了《关于进一步加强中心城区中小河流域综合治理的对策和建议》、《成都市中心城区老旧院落物业管理对策与建议》和《关于我市中心城区交通“缓堵保畅”调研报告》等3篇调研文章，受到市人大常委会的肯定，并将报告印发有关单位。二是开展集中、分组视察。五年来，组织代表视察了成都市数字化城市管理监督指挥中心、洛带垃圾处置场、劳动和社会保障、社会治安、都江堰灾后重建、食品安全等工作情况，拓宽代表知情知政渠道。三是组织代表开展特色活动。2009年，常委会结合人大工作实际，组织市区人大代表开展“六个一”特色活动。据统计，代表们共读书225本，植树1137棵，联系企业169家，帮助贫困家庭205户，办实事172件，献良策15条，通过代表们的努力，促进了许多问题的解决。2010年，常委会组织区人大代表开展了“我为金牛建设破难题”和“我为成都发展献一策”活动。四是组织区人大代表向选区选民述职，五年来，共有209名区人大代表述职。通过代表活动的开展，增强了代表的履职意识，促成了许多民生问题的解决。

（四）加强议案建议督办，提高代表履职实效

区五届人大代表共提出议案2件，建议、批评、意见419件，常委会及时转交“一府两院”办理。为使办理工作落到实处，常委会多次召开座谈会，组织代表视察检查，听取办理情况报告，促进议案建议办理，如“新绿小区”住户房产证的办理、北门片区旧城改造的推进、荷花池地区居民小区低压线路设施的改造、外化成地区排污管道的疏通、“天网”工程建设的加强、104油库周边环境的综合整治等一系列重大问题得到较好解决，受到人民群众的一致好评。代表对办理结果均表示满意。

四、坚持加强自身建设，努力提升整体素质，推进人大工作再上台阶

（一）切实抓好自身建设，机关效能明显提高

常委会坚持以科学发展观为指导，不断加强机关思想、组织、作风建设，按照省、市、区委的要求，开展了领导干部作风整顿、机关行政效能建设、深入学习实践科学发展观、创先争优、“四讲四比”等活动。常委会结合自身实际，坚持开展“抓班子、带队伍、树形象、爱本行、比贡献”活动和“八简”活动，不断强化学习意识、务实意识、文明意识、程序意识、自律意识、创新意识，充分发挥机关党组织的战斗堡垒作用和共产党员的先锋模范作用，人大机关形成了积极向上、团结进取、和谐发展的良好氛围。为适应科学发展上水平的要求，2009年初，常委会组织力量，对照

有关法律法规，对区人大历年制定的工作制度进行了修订，将修改完善的60项工作制度编辑成册，印发执行，使人大工作制度更加科学、规范、严谨。五年来，常委会十分重视机关老干部工作，定期组织活动，通报常委会工作，征询老干部对人大工作的意见和建议，积极为老干部提供服务。

（二）加强街道人大工作，基层民主有序推进

常委会坚持加强对基层人大工作的经常性指导，不断完善工作机构，在全省率先设立人大街道工委。在常委会的统一安排下，各人大街道工委建立健全了人大街道工委重大问题向街道党工委汇报制度、联系代表制度、代表接待选民、定期开展代表活动等9项制度。2010年，常委会按照区委人大工作会议的要求，狠抓落实，进一步完善了街道人大组织机构。五年来，各人大街道工委努力工作，积极作为，开拓创新，工作水平不断提高，工作效果十分明显。一是进一步在基层加强了党对人大工作的领导，确保党的路线、方针、政策得到正确地贯彻实施；二是进一步保证和规范了代表小组活动，确保闭会期间代表活动的正常开展和代表权力的履行；三是进一步发挥了人大代表的桥梁纽带作用，确保人大代表联系群众、表达群众利益诉求的渠道畅通；四是进一步拓宽了监督渠道，加强了对“一府两院”派驻街道工作机构的监督，推进了基层民主政治建设。

（三）深入开展学习调研，不断提高审议质量

常委会高度重视机关干部的学习，积极创造学习条件，努力营造学习氛围，建设学习型机关。组织机关干部参加区委中心组、党组、党校、远程网络教育和机关会议的学习，积极参加省市人大举办的法律法规、业务知识培训，特别注重通过参加每年举行两次全国十二城区人大工作研讨会的机会，学习兄弟市、区人大的先进经验，机关干部的综合素质得到进一步提高。

常委会坚持把加强调查研究作为履职行权、开展工作的基础。在审议一项议题之前，常委会都要组织有关专办开展调查研究，形成调查意见供审议时参考。同时积极参与、配合省市人大开展的执法检查和工作调研视察，围绕区委中心工作、人大工作和社会普遍关注的热点、难点问题，开展有针对性的专题调查，完成调研文章67篇。2010年，常委会领导在街道调研社区建设工作时，发现抚琴街道西北街社区的工作对我区基层民主政治建设有学习借鉴和指导意义，帮助总结经验，形成《培养居民阳光心态，建设阳光和谐社区》的调查报告。区委杨林兴书记对报告给予了充分肯定，并批转各街道学习借鉴。《人民权力报》、《成都日报》、《成都人大》等省、市媒体分别报道了我区人大的做法，获得了良好的社会反响。

五年来，我区人大工作始终走在全市前列。人大机关共获得省、市、区各级各类表彰奖励126项（次），继续保持了市级文明单位标兵称号，人大机关中层班子被区委授予“四好班子”荣誉称号，连续五年获得省人大宣传人民代表大会制度特等奖。机关精神面貌更加振奋，工作作风更加深入，工作成效更加明显。

各位代表，五年来，区人大常委会带领各街道人大工委和全区人大代表，始终坚持党的领导，始终坚持从人民根本利益出发关注民生问题，始终坚持服务于全区经济社会发展大局，切实履行人大职责，做了大量艰苦复杂细致的工作，而且工作之中有不少亮点和特色，有不少开拓和创新，从而使得人大各项工作都取得了好的成绩。而所取得的每一项成绩，都是区委正确领导、市人大常委会指导和全区人民大力支持的结果，是全体市、区人大代表和常委会组成人员共同努力的结果，是“一府两院”、政协关心支持的结果，是全区各街道、区级各部门关心支持的结果，是历届人大常委会共同努力的结果。在这里，我谨代表区五届人大常委会，向所有关心、支持人大工作的同志们，表示崇高的敬意和衷心的感谢！

回顾五年的工作，我们深刻地体会到，做好人大工作，必须坚持“六个不动摇”：必须坚持和依靠党的领导不动摇；必须坚持以科学发展观指导人大工作不动摇；必须坚持围绕中心服务大局开展监督不动摇；必须坚持把维护群众的利益作为人大工作的出发点和落脚点不动摇；必须坚持解放思想、与时俱进、求实创新不动摇；必须坚持监督与支持有机结合不动摇。

回顾过去，本届常委会虽然做了大量工作，各项工作取得了新的进展，有了新的成绩，但我们也清醒地看到，常委会各项工作离区委的要求，离全区人民的期望仍有一定差距。主要表现为：工作监督和法律监督还需进一步加强；执法检查和调查研究工作还需进一步加强；代表作用的发挥还需进一步加强；常委会自身建设还需进一步加强等。这些都有待我们在今后的工作中努力加以改进。

今后五年的工作思路

各位代表，各位同志，未来五年，是推动金牛高端

发展、科学发展、又好又快发展的关键五年，也是全区上下奋力实施“北改”工程，迎接挑战，再创金牛辉煌的关键五年。未来五年，常委会工作的指导思想是：在区委的领导和市人大常委会的指导下，高举中国特色社会主义伟大旗帜，认真贯彻落实区第六次党代会精神，围绕推进金牛高端发展、科学发展、又好又快发展的要求，切实履行宪法和法律赋予的职责，努力加强民主法制建设，不断完善人民代表大会制度，充分发挥代表作用，为着力构建我区新型产业形态、新型城市形态和新型社会形态，努力打造产业品质更高、城市品质更优、生活品质更好的现代金牛作出积极贡献。

未来五年，常委会要努力抓好以下几个方面的工作。

一、以深化党性观念为中心，坚持党的领导

坚持和依靠党的领导，是做好人大工作的根本保证。人大工作要服从和服务于区委中心工作，区人大常委会党组要继续坚持重大事项向区委请示报告制度，要紧紧围绕全区工作大局，安排和部署各项监督工作。要自觉在区委的领导下，解放思想，振奋精神，集中力量，突出重点，保证党和国家大政方针贯彻落实，保障宪法和法律正确实施，把党的领导贯穿于依法履职的全过程，落实到工作的各方面。做到在思想上与区委同心同德，在行动上与区委同心同行，在目标上与区委同心同向，在责任上与区委同心同担。

二、以增强监督实效为核心，突出监督重点

监督工作要坚持依法依程序办事，坚持集体行使职权，全面贯彻落实监督法。要增强监督工作的针对性，按照选题求精、调研求深、审议求真、监督求实的要求，把“一府两院”贯彻实施法律法规、区委决策和人大决议决定的情况、“十二五”规划执行情况、国民经济和社会发展计划以及财政预决算执行情况，事关改革发展稳定的重大问题和关系民生福祉的热点难点问题，“北改”工程的推进情况等，作为监督工作的重要方面。要按照区委提出的着力构建新型产业形态、新型城市形态和新型社会形态，努力打造产业品质更高、城市品质更优、生活品质更好的现代金牛的奋斗目标和关于加快推进“北改”龙头工程的意见，紧紧围绕加快发展高端化的城市业态加强监督，紧紧围绕加快构建优美化的城市生态加强监督，紧紧围绕加快培育特色化的城市文态加强监督，紧紧围绕加快提升现代化的城市形态加强监督，助推区委决策部署的落实。要综合运用法定监督形式，加强跟踪监督，务求取得实效。要切实依法行使监督权、重大事项决定权和人事任免权，深入推进依法治区，扎实开展“六五”普法，促进依法行政和公正司法。要正确处理好监督与支持的关系，通过有力监督，支持和促进“一府两院”的工作，推动我区经济社会协调发展，实现区委确定的奋斗目标。

三、以夯实基础工作为重心，发挥代表作用

常委会要从夯实人大基础工作的角度出发，充分发挥代表主体作用，坚持为代表服务的思想，进一步改进和加强代表工作。在继续保证人代会期间代表执行职务、履职尽责的基础上，不断改进闭会期间的代表活动，提高活动质量，继续完善“代表之家”，努力拓宽代表知情知政渠道，不断完善代表向选民述职、评选优秀代表等激励约束机制，调动代表执行职务的自觉性和积极性。要切实抓好人大代表的培训，进一步提高人大代表的综合素质。要积极引导代表提出高质量的议案，认真做好代表议案和建议、批评、意见的办理工作，逐步完善办理绩效评估机制，加强沟通协调，加大跟踪督办，提高办理质量，促进广大代表为全区经济社会发展献智出力。

四、以提高工作水平为目标，加强自身建设

要全面加强人大机关和人大街道工委自身建设，树立人大干部守法、务实、为民、清廉的良好形象，更好地发挥参谋助手和服务保障作用。一是加强学习培训。学习是工作之需，是事业之要，人大机关和人大街道工委及全体人大代表要把学习能力作为最根本、最核心的能力，作为干好工作、开创新局面的基础，引领干部不仅把学习作为生存的本领和手段，而且真正成为一生的习惯和追求。通过加强学习，进一步树立辩证唯物主义与历史唯物主义的世界观，全心全意为人民服务的人生观，以谋取最广大人民群众利益为最大价值取向的价值观，努力提高综合素质，做一个有魅力、有内涵、群众喜欢的人大代表和人大工作人员。二是加强调查研究。要切实改进工作作风，大兴调查研究之风，在调研中总结经验，在调研中形成有见地、有价值的意见和建议。三是加强工作创新。要进一步创新工作理念、工作方法、工作思路，积极探索人大工作的新路子，适应新要求。四是加强党风建设和廉洁自律。要按照中央、省、市、区的要求，切实加强党风廉政建设。

各位代表，人民代表人民选，当选代表为人民。竭尽全力支持我区的进步发展，关注民生问题，支持

"北改"龙头工程，是人大代表的应尽之责。监督者率先接受监督，监督者率先带头垂范是我们全体人大代表的基本准则。人大代表一定要接受人民的监督，人大代表一定要在各方面工作中带头示范，要求别人做到的，自己首先带头做到；要求别人不做的，自己首先带头不做。最基层的人干好最基础的事，这是区委对我们的根本要求。我们全体人大代表就是最基层的人，区第六次党代会提出的任务，就是我们今后要干的最基础的事。未来的五年是金牛爬坡上行的关键五年。在今后的五年工作中，区第六次党代会已为我区的工作指明了方向，确立了思路，规划了目标，明确了任务，制定了措施，确定了政策。全区发展目标宏伟，转型跨越任务艰巨，"头雁高飞"使命光荣。"北改"的号角已经吹响，全体人大代表一定要积极响应区委号召，抢抓战略机遇，为加快实施"北改"出力献策，奋力舞动"北改"龙头。让我们在区委的领导下和市人大的指导下，高举中国特色社会主义伟大旗帜，以邓小平理论和"三个代表"重要思想为指导，认真贯彻落实区第六次党代会精神，牢牢抓住"北改"这一历史大好机遇，继往开来，锐意进取，扎实工作，攻坚破难，围绕全区发展履职尽责，围绕全区民生依法行权，多建有用之言，多献务实之策，以奉献尽责任，以实干出实绩，以创新求突破，以团结强合力，苦干实干创新干，直面困难善破难，多干巧干科学干，多做贡献莫等闲，牢记自己工作职责，不辱"头雁高飞"使命，坚定信心，振奋精神，万众一心，齐心协力，推进全区经济社会高端发展、科学发展、又好又快发展，为努力实现产业品质更高、城市品质更优、生活品质更好的现代金牛而努力奋斗！

名词解释：

1. 十大民生工程：环境提升工程、就业促进工程、扶贫解困工程、教育助学工程、社会保障工程、医疗卫生工程、百姓安居工程、基础设施工程、生态建设工程、文化体育工程。

2. 四个百分之百：对所有来信来访都按照全国人大"分别受理、综合分析、统一交办、定期反馈、严格督查"的要求依法进行处理。实现了对所有的来信来访，件件进行登记，记录在案，随时可查，达到百分之百；对所有来信来访都有人拆阅，有人接访，进行分析归类，达到百分之百；对所有来信来访都进行交办，把办理责任落实到单位、个人，达到百分之百；所有来信来访件件有回音，达到百分之百。

3. 三大调解手段：司法调解、行政调解、人民调解。

4. "六个一"特色活动：组织市区人大代表开展读一本好书、献一条良策、办一件实事、联系一家企业、帮助一户贫困家庭、植一棵树的活动。

5. 四讲四比：讲大局、比奉献，讲实干、比实绩，讲执行、比效率，讲团结、比协作。

6. "八简"要求：区人大机关压缩会议时间，力求简短；会议发言不啰唆，力求简洁；文字材料反复推敲，力求简练；汇报材料清楚扼要，力求简明；工作方法措施直接易行，力求简便；生活中不铺张浪费，力求简朴；对外接待热情友好，力求简节；视察调研一律乘交通车，不张扬不吃请，力求简从。

7. "北改"工程：成都市北城改造工程。市委十一届九次全会提出，要抓紧实施"优"化中心城区极核的龙头项目，尽快启动"北改"工程，下大力气改造城北片区老旧城市形态和落后生产力布局；市委经济工作会提出要围绕落实"立城优城"战略，坚持以天府新区建设和"北改"工程实施两大龙头工程为抓手，引领城市化进程全面升级。

8. 头雁高飞：市委十一届九次全会提出，实施"三圈一体"战略，其中占地465平方千米的"第一圈层"，是市域经济的"头雁"，"头雁高飞"，"高"要高在发展水平上，就是要推动产业结构向"高端化"升级、城市形态向"高层次"转型。

政府工作报告
——在成都市金牛区第六届人民代表大会第一次会议上

中共成都市金牛区委副书记、区政府区长　苏　鹏

（2012年3月3日）

各位代表：

我代表区人民政府，向大会报告过去五年的工作，对未来五年的工作思路和2012年的工作安排提出建议，请予审查，并请各位政协委员和列席人员提出意见。

过去五年的工作回顾

五届区政府2006年12月就职以来，在市委、市政

府和区委的坚强领导下，在区人大、区政协的监督支持下，与全区广大干部群众一道，认真贯彻落实科学发展观和全市总体战略，深入推进全区经济社会发展，积极应对汶川特大地震灾害、国际金融危机等多重严峻考验，取得了可喜成绩。回顾过去的五年，我们着重抓了以下五大方面的工作。

一、在加快转变经济发展方式中保持经济持续增长

过去的五年，区政府始终按照“在加快发展中促转型，在加快转型中促发展”的理念，努力保持经济持续增长。2011年全区完成地区生产总值592.8亿元，地方财政一般预算收入36.4亿元，分别比上年增长13.1%和35.1%，是2006年的1.7倍和3.2倍，年均增幅分别达11.7%和26.1%。

运作实施重大产业化项目。成都华侨城建设步伐加快，欢乐谷2009年初开园，目前已打造成国家4A级景区；成都国际商贸城2007年年初签约，2008年5月震后如期开工，2009年8月荷花池中药材新市场开业，2011年9月日用品市场投入试运营；金牛万达广场按期完成拆迁，2011年1月顺利开工，目前实现销售收入40亿元；中铁轨道交通高科技产业园2010年3月签约，今年1月首期项目481.5亩用地正式挂牌，3月中旬将开工建设。通过运作实施一批重大产业化项目，带动了区域持续扩大投资，2011年全区完成全社会固定资产投资282.6亿元，较上年增长16.9%，是2006年的1.7倍。

不断拓展对外开放。狠抓项目招商和产业招商，努力提高专业化招商水平，先后引进龙湖北城天街、绿地·世纪城、富森·美家居法国家居风情长廊、成都水游城等48个重大产业化项目，吸引38家世界500强企业和跨国知名公司到金牛投资。2011年引进内资149.9亿元，实际使用外资5.2亿美元，外贸出口12.8亿美元，均达历史最高水平，分别是2006年的2.4倍、1.9倍和2.6倍。

加速推进功能区建设。高质量建设北部新城现代商贸综合功能区，加紧土地报征和批文争取，加快道路及配套设施建设，积极促进涵碧楼、德尔家居等一批项目洽谈签约。高水平打造198生态及现代服务业综合功能区，两河片区2011年4月签约引进保利集团参与土地整理，着力打造“和乐田园”高端养老产业；踏水片区与华侨城集团就实施“欢乐田园”项目初步达成一致；犀湖片区正按照打造欧洲名品设计定制中心及民族酒店院落集群的意向加紧优化方案设计；银杏园片区正与意向企业就产业发展进一步洽谈。

加快促进产业提档升级。大力引导园区转型发展，2011年5月获准天回大北区1800亩工业用地性质调规；引导园区发展总部经济，五年共开工总部项目53个，建成40个，建成总部楼宇107万平方米。大力支持高新技术企业发展壮大，重新认定高新技术企业38家，三泰电子、金亚科技成功上市，全区拥有上市公司8家。大力发展现代商贸产业高端，成功发布中国·成都中药材指数，积极开展中国·成都五金机电指数发布前期准备工作，支持九正建材网、环球生资网、成都国际商贸城数字商城等一批电子商务平台建设。大力实施“中调”战略，成功关闭原荷花池中药材市场等一批传统专业市场，加快推进金府一量力市场带改造提升。2011年实现全口径工业增加值102.8亿元，服务业增加值420.8亿元，分别比上年增长12.9%和13%，是2006年的1.4倍和1.9倍，三次产业比重由2006年的0.16：34.17：65.67调整为目前的0.04：28.96：71。

二、在推进城乡一体化中深化城乡互融

过去的五年，区政府始终抓住城乡一体化这条主线，以规划为龙头，以农村产权制度等改革为动力，以集中居住为关键，进一步提升城乡互融发展程度，2011年城镇居民人均可支配收入23816元，涉农地区人均纯收入15508元，分别比上年增长3512元和2493元，是2006年的1.9倍和2.2倍，城乡居民收入差距由2006年的1.7：1缩小到目前的1.5：1。

加强完善规划设计。完成“十一五”规划目标任务，编制“十二五”规划并扎实推进；精心编制《金牛区经济发展战略纲要》，突出以提升产城品质为核心推进转型发展；高质量完成198功能区土地利用规划及控制性详规编制，高水平完成人民北路片区、茶店子片区城市设计，积极推进北部功能区核心区、国宾上城等重点区域城市设计，引导支持中铁二局等单位完成自主改造区域城市设计方案。

实施四大基础工程。不断深化农村产权制度改革，完善农村产权体系建设。推进涉农社区公共服务和社会管理改革，进一步提高服务和管理水平。深化涉农社区新型基层治理机制改革，规范议事会，强化基层民主管理。推进农村土地综合整治，两河片区、银杏园社区2011年7月成功取得土地增减挂钩整理立项批复，正加紧组织实施；踏水片区、犀湖片区正抓紧土地整理立项；绕城片区正加快拆违、拆迁步伐，全面推进生态林带、健康绿道建设。

加快新居工程建设安置步伐。进一步完善新居工程规划点位，已规划确定24个点位，其中泉水人家二期、府河苑一期、明月锦苑一期等点位完工并实现入住，河滨森邻点位正加紧安置入住，红色4、5组、王贾8组、明月锦苑二期、万圣新居、清淳家园、锦西人家等11个点位正加快建设。截至2011年底，全区新居工程累计开工420.6万平方米、竣工246.6万平方米、安置33044人。同步跟进配套建设，促进已拆迁居民安心入住。

三、在加大建设管理力度中提升人居环境

过去的五年，区政府始终按照“抓拆迁扩空间、抓建设强功能、抓整治出形象”的思路，持续加大城乡建设管理力度，全区发展承载能力不断增强，人居环境不断提升。

努力拓展城市发展空间。加大土地报征力度，五年共取得征地批文18088亩。加大征地拆迁工作力度，五年共实施征地拆迁25770亩。加大土地集约利用力度，五年通过招拍挂方式出让各类用地2803亩。加大土地监管力度，顺利通过全国土地例行督察和每年度土地卫片执法检查验收。

加大基础设施建设力度。五年先后完成北新干道、沙西线改扩建二期、IT大道等19条重点道路建设和川陕路等重要道路改造，相继打通泰宏路等17条断头路，2011年加紧推进2.5环黄忠大道茶店子段贯通、交大路综合改造和金芙蓉大道（货运大道）拆迁。截至去年，全区城市道路总里程达555千米，比2006年增加110千米。同步完善电力等基础设施配套，先后完成金牛科技园、山王庙等变电站建设并投入运营，加快建设成都国际商贸城等变电站。

切实加快旧城改造步伐。完成营门口澳林春天、花牌坊西锦国际一期等项目建设，推进西北村低洼棚户区、永陵公园、金牛·瑞安中心等重点项目建设，加紧实施茶店2、5、6组花照4组、成灌路两侧500米及土桥、天回镇等城中村改造，大力支持促进中铁二局、成都铁路局、华西集团等企事业单位驻地自主改造。

扎实开展城乡环境综合治理。推进特色街区打造，完成人民北路整体风貌整治，正实施解放北路、金牛大道、羊西线、蜀都大道西段整体风貌整治。推进建绿工程，新建茶店子、黄忠、新桥等公园，五年新增绿地263.4公顷，人均公园绿地面积达11.2平方米。推进大气和水环境整治，全区空气质量优良天数列全市前茅，出境断面水质达标率五城区领先，全面超额完成“十一五”减排任务，减排总量位居中心城区首位。推进城市管理创新，在全市率先建设数字化城管“四大系统”，着力构建“六位一体”街面管理新模式。

四、在加强社会建设中促进区域和谐稳定

过去的五年，区政府始终落实“以人为本”的理念，深入实施“十大民生工程”，健全共建共享机制，人民幸福感不断提升，顺利通过第二届全国文明城市创建及复查。

持续提升社会基本保障。加大就业服务力度，五年新增城镇就业77116人、农村富余劳动力向非农产业转移35481人，实现城乡失业人员再就业19889人。进一步扩大社会保险覆盖面，截至2011年全区城镇职工五大保险累计参保79.7万人次，比2006年年底新增参保56.1万人次；城乡居民基本养老、医疗保险累计参保24.8万人次。加强城乡居民住房保障，五年发放廉租住房租金补贴9412户，受理安置廉租住房实物配租953户，审核通过经济适用房申请2105户、限价商品房申请781户。提高社会救助水平，五年发放最低生活保障金、医疗救助金1.1亿元。积极发展社会慈善事业，五年来区慈善会募集善款3494万元，区红十字会募集捐资4948.5万元。

持续发展各项社会事业。强化科技创新和科普工作，荣获全国科技进步考核先进区、全国科普示范城区等称号。高标准建设七中万达等学校，推进城乡教育均衡发展，荣获全省义务教育示范区。成功举办区第五届运动会，开展“文体惠民”五大品牌活动，被评为全国社区群众文化艺术活动示范基地、全国全民健身示范城区试点单位。推进医药卫生体制改革，提高社区卫生服务能力。稳定低生育水平，荣获全国人口早期教育示范区。第二次全国经济普查和第六次全国人口普查顺利完成，老龄工作荣获全国先进，第二轮地方志修编工作全面完成，民兵预备役和国防教育工作扎实推进，其他各项社会事业取得新进步。灾后重建和对口援建任务全面完成。

持续加强和创新社会管理。开展星级社区、十佳社区创评活动，荣获全国和谐社区建设示范城区。组建服务群众工作队、综合应急救援大队和行业调解组织，建立健全“大调解”工作体系，落实群众与信访工作逐级负责制，健全领导包案制度，群众基础工作不断加强。加强“平安金牛”创建，社会治安形势持续好转，荣获省级平安建设先进区。加强安全生产、消防安全、食品药品安全监管和应急管理，促进全区安全发展。

五、在强化自身建设中打造精干高效政府

过去的五年，区政府始终坚持以精干高效为目标，持续巩固和扩大规范化服务型政府建设成果，政务服务水平不断提升，人民群众满意度不断提高。

推进依法行政。主动接受区人大及其常委会的法律监督、工作监督和区政协的民主监督，五年共办理人大代表议案和建议、批评、意见418件、政协委员提案751件；深化行政审批制度改革，在全省首批建立电子监察系统，率先推进行政审批相对集中改革，率先实现省、市、区、街道审批服务四级联动；进一步深化政务公开，大力推行行政权力网上公开透明运行；2011年荣获全省推进依法行政示范区称号。

优化政务服务。顺利实施新一轮政府机构改革，优化了政府组织机构，促进了政府职能转变、效能提升；加强政务服务中心、分中心标准化建设，完善街道社会事务服务中心软硬件设施；强化“以人为本、以客为尊”服务理念，积极开展以“资源共用、价值共享、财富共创”为主题的区域共建活动，切实提升“三个服务”水平。

加强队伍建设。始终注重加强政府领导班子建设，紧紧围绕区委的总体思路、区人大的决定决议和区政协的建议意见，不折不扣带头抓好落实。始终注重加强政府系统公务员队伍建设，认真开展学习实践科学发展观、作风纪律整顿、“四讲四比”创先争优等活动，不断增强干部队伍执行力。始终注重加强政府系统党风廉政建设，坚持严格教育、严格管理、严格监督，努力做到为民、务实、清廉。

各位代表！过去的五年，是极其不平凡的五年。我们迎接了多重严峻挑战，克服了多种艰辛困难，取得上述成绩，深感来之不易。这是市委、市政府和区委正确领导的结果，是区人大、区政协大力支持的结果，是全区干部群众顽强拼搏的结果，是历届班子辛勤付出的结果。在此，我代表第五届区人民政府，向参与、支持政府工作和金牛发展的区人大代表、区政协委员、驻区单位、社会各界朋友和广大干部群众，表示衷心的感谢！

在总结成绩的同时，我们更清醒地认识到当前全区经济社会发展中还存在一定困难和不足：一是转变经济发展方式的效果还不明显，还需要进一步提升产业业态、着眼高端发展；二是拆迁难在很大程度上制约着当前全区建设发展速度，还需要进一步加大拆迁攻坚破难力度；三是资金瓶颈问题在当前建设发展进程中表现尤为突出，还需要进一步加大引进社会资金力度；四是政府部分公务员的执行力还不够强，还需要进一步提高工作效率和质量。对此，我们在今后的工作中务必高度重视，认真加以解决。

今后五年的工作思路

市委十一届九次全会和市委经济工作会明确提出把天府新区建设和“北改”工程实施作为落实“立城优城”战略的两大龙头工程，引领成都城市化进程全面提速升级。对此，区第六次党代会敏锐把握这一重大发展机遇，全面分析了全区当前和未来一段时期所面临的形势，提出了今后五年工作的总体要求和奋斗目标，明确了今后五年工作的主要任务和举措。我们必须坚决贯彻落实区第六次党代会精神，高举中国特色社会主义伟大旗帜，突出科学发展这个主题，贯彻转变经济发展方式这条主线，按照全市“领先发展、科学发展、又好又快发展，奋力打造西部经济核心增长极”的战略部署，围绕中心城区“头雁高飞”的工作要求和“全面现代化、充分国际化”的主要使命，以高水平、高效率、高质量推进“北改”一号工程为重点，全面加强经济、政治、社会、文化和生态文明建设，进一步建设精干高效政府，加快推进金牛高端发展、科学发展、又好又快发展，加速构建新型产业形态、新型城市形态和新型社会形态，努力打造产业品质更高、城市品质更优、生活品质更好的现代金牛。

今后五年，全区要紧紧围绕全市推进“北改”龙头工程“一年出形象、三年见成效、五年大变化”的总体目标，加快转型跨越步伐，努力实现全区经济社会发展的奋斗目标：地区生产总值年均增长10%以上、力争增长12%，地方财政一般预算收入年均增长20%以上、力争增长25%，城镇居民人均可支配收入年均增长10%以上，涉农地区人均纯收入年均增长11%以上。转型跨越、高端发展取得实质性进展，新型产业形态初步形成，新型城市形态初步展现，新型社会形态初步构建。

实现上述目标，今后五年区政府工作的重点是：

一、按照“四态合一”要求，突出“北改”着力重点

加快推进城市业态高端化。坚持把产业升级作为“北改”的核心所在，按照“优势优先、高端发展”的思路，走规范化、规模化、品质化、国际化的商贸发展道路，抓好中药材、五金机电、白酒“三大指数”建设，推进日用品、机电钢材、建材家居“三大千亿交易规模目标市场”发展，加快传统商圈和货运场站搬迁改造进程，引进一批具有国际水平、代表产业高端的龙头企业和重大项目，努力打造立足西部、辐射全国、融入世界的国际化区域商贸中心，做强现代商贸业，提升“商贸金牛”影响力；坚持文旅融合、文旅互动，加快发展“和乐田园”高端养老产业、华侨城文化娱乐产业，积极推进成都欢乐谷创建5A级景区，配套完善吃住行游购娱六要素，努力打造都市型文化旅游品牌，做精都市文化旅游业，提升“文化金牛”软实力；加快金牛高科西区调转升级步伐，做实做强“成都西部科技商务中心”，实现园区建设、管理、效益和特色的新突破；坚持“北城科技商务中心”定位，加快中铁轨道交通高科技产业园建设，大力吸引一批国内外知名企业入驻，形成轨道交通领域高新技术企业集群，努力培育一批拥有自主知识产权的高新技术企业和知名品牌，做大科技商务服务业，提升“科技金牛”竞争力；坚持引进与培育相结合，大力培育楼宇经济和城市综合体经济，加快金牛万达广场、环球广场等一批城市综合体建设和运营，大力发展以工程设计、金融保险、资产管理、会计审计、咨询法律等为重点的商务服务业，努力打造北城现代商业商务中心，做优商务服务业，提升“商务金牛”吸引力。

加快推进城市生态优美化。坚持把生态建设作为“北改”的关键要素，按照“保护本底、亲山亲水”的理念，发挥山形地貌特点，高水平推进凤凰山、天回山生态建设，做美北城山体生态空间；利用上风上水优势，综合规划区域河道滨水绿化景观，加快推进上府河犀湖建设和府河水岸环境整体打造，规划建设东风渠、毗河沿线生态景观，做活北城亲水生态环境；以重要出入城通道和重要干道为轴线，创新完善带状绿化、健康绿道、街头绿地等绿化方式，优化区域绿地空间，做优北城都市生态绿轴。

加快推进城市文态特色化。坚持把文态培育作为“北改”的特色亮点，按照“传承文明、有机更新”的要求，充分挖掘“交子文化”的现代价值，积极利用“交子故里”的策划营销，结合中铁二局片区旧城改造和成都国际商贸城建设，探索打造世界纸币博物馆等实体项目，塑造“交子”核心文化品牌；深度挖掘金牛道、驷马桥等历史典故和天回古镇等历史民俗文化，结合天回旧场镇改造、凤凰山片区开发和解放北路沿线改造等项目，规划建设集历史文化、民俗风貌、旅游商贸为一体的特色文化街区、文化廊道或文化景观，打造金牛特色文化地标；充分发挥成都欢乐谷文化娱乐品牌效应，大力发展创意娱乐、精品演艺等文化娱乐业，推广发展《天府蜀韵》等品牌剧目，提升城市文化娱乐功能。

加快推进城市形态现代化。坚持把形态提升作为“北改”的基础工程，按照“产城一体、更加宜人”的取向，借鉴天府新区规划理念，优化细化“四轴八片”的城市设计、立面设计和环境设计方案，加快形成多中心、组团式、人性化城市空间格局，努力实现在适度空间尺度内宜业宜商宜居更加宜人的多元需求，构建现代化的城市空间形态；坚持便捷化、人性化等原则，完善布局完整、功能完备、运行高效的交通路网体系、市政基础设施和公建配套设施，构建现代化的城市设施形态；按照丰富多彩、协调统一原则，分类实施“建新”、“更新”、“改旧”三种工作方案，规划建设一批充满时尚元素、体现现代气息的大型城市综合体、地铁上盖物业和地标性建筑，加快打造一批具有景观效果和文化元素的精品街区、精品社区，有序实施一批保留建筑和特色街区的整体风貌打造，构建现代化的城市建筑形态。

二、依托“四轴八片”区域，打好“北改”攻坚战役

大力推进基础设施先建，确保早出实物。将北城路网改造作为交通先行的重点区域，加快奠定北部城区城市形态提升的工程基础。三环路内以打通断头路、畅通梗阻点为重点，以整治改造一批中小街道为辅充，进一步畅通一环路、二环路、2.5环等横向道路和羊西线、金牛大道、交大路、商贸大道、北新干道、解放北路等纵向道路，加快荷花池汽车站、城北客运中心等客运汽车站关闭整合步伐，最大限度减少通过型交通与到达型交通的相互干扰，切实增强交通节点的转换能力和路网通行能力。三环路外以加快新建一批骨干道路和改扩建一批重要出入城道路为重点，同步完善区间道路网络，提升新建区域的城市道路密度，加快现代化客运汽车站的规划布局和建设，切实提升快速通行能力。同时，促进地铁2号线及西延线早日营运，配合做好地铁3号线、7号线等线路建设工作，促进地铁1号线北延线和5号线尽快启动建设，充分发挥轨道交通大规模传输人流的功能。

大力推进新建区开发建设，确保早出成效。充分发挥重大产业化项目的带动作用，按照“四个一批”的项目运作思路，狠抓项目包装储备、洽谈签约、开工建设和投产达产。以北新干道一国际商贸城片区、凤凰山片区为重点，按照打造“三位一体、四态合一”现代化新城和城市副中心的总体定位，加快北部新城现代商贸综合功能区建设步伐，重点推进成都国际商贸城三期、绿地·世纪城等一批在建重大项目早日建成运营，尽快形成具有现代商贸特征的产业构架；促进涵碧楼、三泰电子、德尔家居等项目尽快开工，促成兰花草国际软装家居博览中心、成都国际名酒文化城等项目早日落地，并带动更多影响大、效益高的优质项目入驻，全面形成现代商贸业的集聚集群发展；通过五年的努力，将北部新城打造成为现代商贸业发达、人居环境优美、文化特色厚重的中西部现代服务业综合示范区，成为引领我区经济发展的核心增长极。以沙西线198片区为重点，按照打造都市型养生休闲及文化旅游产业高地的总体定位，加快198生态及现代服务业综合功能区建设步伐，重点推进“欢乐田园”项目建设，到2016年基本建成以高科技文化旅游产品研发基地、旅游商品创意研发基地和文化演艺创作基地为核心的创意发展中心；依托犀湖片区水资源优势，打造滨湖主题酒店群落和欧洲名品定制中心，形成集度假、餐饮、会务、娱乐、休闲、商务等为一体的旅游观光度假综合体；同时加快两河片区项目建设，到2014年基本形成以“和乐田园”为主题的高端养老产业区；充分利用银杏园片区山体地形优势，通过积极引入项目完成土地整理，建成山地体育休闲产业区；做好绕城生态片区与北部新城功能区的规划衔接，引进酒类高端现代商贸服务业项目，形成高端现代商贸服务配套区；通过五年的努力，将198功能区整体打造成为都市田园风光浓郁、现代服务业蓬勃发展、基础设施配套完善的生态田园城市示范区，成为我区具有低密度、高品质、生态型的特色化城市区域。

大力推进优化区更新换代，确保早出效果。以实现城市业态、形态、生态、文态“四态合一”为目标，推动城乡环境优化提升，尽快展现良好的视觉效果。深化城乡环境综合治理。加强城郊结合部、背街小巷、菜市场、道路、铁路沿线等重点区域和薄弱环节的环境整治；加大城区街面、立面、屋面和环卫设施、市政设施、商招店招整治力度；全面实施河道、沟渠水环境整治工作，通过关闭、产业结构调整、雨污分流，确保出境断面水质达到国家标准；加强节能减排工作，加大大气环境综合治理力度，特别是对扬尘、燃煤、油烟的整治，加强对噪声污染的防治和监管，着力打造宜人宜居环境，努力实现“天蓝、水清、地净”目标。积极实施老旧院落整治。按照“范围宜小、动作要快，见效一片、再改一片”的要求，结合重要道路风貌整治和重点片区旧城改造，对一批无法实施旧城改造的老旧院落开展集中整治，努力打造一批整治更新精品院落。有序实施专业市场调迁。抓紧完成金府石材城、川金府西部五金机电城等12个专业市场调迁关闭，加快推进万贯五金机电城、量力钢材物流中心等7个专业市场改造提升，积极引导恒业国际等2个专业市场转型发展，基本实现全区专业市场提档升级。

大力推进整治区旧城改造，确保早出样板。把旧城改造作为大力改善民生、吸引社会资金、加大投资力度、转变发展方式的重要途径，按照“成熟一个、实施一个”的思路，加快推进、启动实施一批旧城改造项目。人民北路—火车北站片区，按照打造现代商务和高档商业为主导、商气浓厚、人气云集的成都北城现代商圈的总体定位，紧抓火车北站扩能改造有利契机，加紧金牛万达广场等在建重点项目建成运营，切实加快五冶及林业厅、成都铁路局、新华印刷厂、荷花池市场、五块石等片区改造，辐射带动成都木材厂、木综厂府河桥市场等片区改造，尽快形成现代商务商业业态；通过五年的努力，将区域整体打造成为具有集群化、系统化、立体化、宜人化特征，充满雄伟、流动、活力特色的城北巨型城市门户。解放北路—曹家巷驷马桥片区，依托解放北路综合整治改造契机，抓紧推进曹家巷一、二街坊、解放北路二段260、276、290号院落、市委党校片区、电子器材公司地块、市汽车运输公司地块、邮区中心局地块、公交公司地块等沿线棚户区改造，加快金牛·瑞安中心项目建设进度，力争四年内改变当前在全市面貌最差的城市形象。沙湾路—铁二局西南交大片区，重点依托中铁二局、老会展中心、西南交大等大型企事业单位驻地自主改造，带动为民路和光荣西路、虹桥生资市场、嘉立钢材城、九里堤生资市场等项目改造，进一步提升繁荣沙湾商圈。金牛大道—茶店子金牛宾馆片区，按照打造成都城西高品质商务区、建设金牛城市新地标的总体定位，依托茶店2、5、6组花照4组城中村改造项目和中央绿岛公园规划建设，加快茶店子片区整体改造步伐，努力形成“一品天下”产业轴和金牛大道景观轴组成的“十字”核心区，加快形成城西北商业中心；按照打造高端产业、高端人群、高端消费汇集的现代城市精品和宜居宜业典范的总体定位，以成灌路两侧500米及土桥旧场镇城中村改造项目、金牛高科西区转型发展为依托，加快金牛宾馆周边区域改造，努力打造功能配套完善、人居环境优越、高档住宅和大型综合体集聚发展的国宾上城。川陕路—天回旧场镇片区，重点依托天回古镇、金华寺等文化街区规划建设，推进川陕路两侧及天回旧场镇城中村改造项目，加快形成集川西特色、历史文化、民俗商贸为一体的文化旅游街区。

三、围绕“头雁高飞”使命，强化“北改”保障措施

加强拆迁工作保障。进一步加大农村征地拆迁力度。继续充实工作力量，加大基层基础工作和攻坚破难力度，切实集中一段时间攻克各种遗留问题，尽快完成全区已征地的拆迁收尾工作，确保充分储备一批上市出让土地、引进一批重大项目、促进产业升级发展，充分盘活和利用好现存土地资源；快速启动、有序推进已取得征地批文地块的拆迁工作，千方百计确保按期完成、不留新的问题。进一步加大旧城改造拆迁力度。完善旧城改造拆迁推进机制，坚持全区统筹的原则，按项目承包责任制的方式，以街道为责任主体，抽调精兵强将成立旧城改造项目拆迁工作组，组建强有力的工作班子，快速推动旧城改造项目拆迁工作。进一步加大支持改造拆迁的氛围营造力度。坚持公开、公平、公正的原则，扎实推进“阳光拆迁”；实施“政府主导、群众主体”的旧城改造（国有土地再次利用）运作模式，贯彻“改不改，由群众自己决定”的精神，创新“模拟拆迁”、自治改造等方法，做到在规划条件具备的情况下愿改则改；坚持政策统一、先改受益的原则，对愿改、先改的旧城改造（国有土地再次利用）项目给予政策倾斜和扶持，推动项目早启动、形象早改善、居民得实惠；坚持紧紧依靠多数群众做好少数群众工作，充分发挥舆论监督作用，切实为绝大多数群众谋利益，绝不允许极少数人得暴利，对漫天要价者采取公示等办法向群众说明，通过媒体曝光等方式让社会知晓，努力营造支持改造拆迁的良好社会氛围。

加强资金政策保障。提升招商引资水平。大力实施“全域开放”战略，以全球视野和战略思维，务实推进区域形象宣传和营销，不断提高金牛的知名度和美誉度，提升投资金牛的吸引力和竞争力；高水平优化开放合作环境，多元化构建开放合作平台，多层次创新开放合作机制，努力在更大范围内配置资源；以总部经济、现代服务业、高新技术产业等为重点，有针对性地推荐载体资源，有目的性地选择目标企业；牢固树立“招大引强”理念，提高专业化招商水平，力争“引进一个、带动一批”。努力扩大融资渠道。加强银政沟通合作，争取金融监管部门、驻蓉银行对“北改”的政策指引、规模倾斜，积极策划包装一批项目，主动对接银行，扩大信贷支持增量；积极探索多渠道融资方式，有效利用信托、企业债、融资租赁和保险等新型融资工具，支持区域内的企业通过资本市场融资；创造条件积极吸引社会力量和民间资金参与旧城改造、基础设施建设、产业发展、社会事业等领域，建立健全多元化资金投入机制。大力完善配套政策。按照有利于调动各方积极性、有利于社会资金进入、有利于切实改善北城群众生活环境为出发点，大力争取市上在规划、国土、财税等方面给予我区更大支持；根据旧城改造、市场调迁、业态升级等实际需要，创新服务业规划引导机制，优化资源投向和政策扶持，推动服务业向产业功能区和集聚发展区集中，向高端业态和品牌业态转型。

加强队伍建设保障。坚持创先争优。增强机遇意识，提高把握机遇的能力，以重任在肩的责任感、时不我待的紧迫感、安民惠民的使命感，奋力推进“北改”龙头工程；增强精品意识，提高创新突破的能力，在规划设计、城市建设、项目引进等方面坚持高起点、高质量，不断追求卓越，努力实现金牛转型跨越；增强率先意识，提高开拓进取的能力，积极创造更多更好的工作经验，争取更多工作在全市、全省甚至全国领先。坚持为民亲民。建成金牛市民中心并投入使用，深化金牛政务服务中心、街道社会事务服务中心、社区公共事务服务站建设，优化网上政务大厅工作流程，扩大并联审批、委托审批、网上审批范围，完善“四级联动”机制，进一步提高行政审批效率；加强信息公开平台建设，进一步提升政务公开水平。坚持务实高效。倡导深入调查研究的作风，做到察实情、说实话、出实招、办实事；倡导雷厉风行的作风，对既定的目标、上级的决策、承担的任务立说立干、不折不扣抓好抓实；倡导激情干事的作风，提振攻坚克难、敢于负责、勇于担当、真抓实干的精、气、神，为推进“北改”龙头工程尽心、尽力、尽责；强化全局意识，加强部门、街道间协同配合，确保政令畅通，形成工作推进合力；强化责任意识，增强工作紧迫感，切实落实责任分工，形成事事抓落实、人人重执行的工作格局；强化监督意识，自觉接受区人大及其常委会的法律监督、工作监督和区政协的民主监督，主动接受社会舆论和群众监督，加强“北改”龙头工程效能保障，确保“北改”龙头工程成为阳光工程、廉洁工程。

各位代表！新的征程孕育新的希望。我们坚信，有市委、市政府和区委的坚强领导，有区人大、区政协和社会各界的大力支持，有全区上下的共同努力，有长期以来奠定的坚实基础，只要我们团结一心、顽强拼搏，我们的目标就一定能够实现！未来五年，一定是金牛蓬勃发展的五年！未来五年，一定是金牛发生大变化的五年！一个畅通、靓丽、发达、文明的金牛将呈现在全区人民面前！

2012年政府工作安排建议

2012年是推进“北改”龙头工程的启动之年，也是落实区第六次党代会精神的开局之年。区政府坚决贯彻市委、市政府和区委的工作部署，按照“舞动‘北改’龙头、坚持‘稳中快进’，奋力创造‘头雁高飞’的良好开局”的工作思路，有力有序有效推进“北改”龙头工程，力争“一年出形象”，促进全区经济社会发展实现预期目标：地区生产总值增长11%以上，地方财政收入增长16%以上，城镇居民人均可支配收入增长11%，涉农地区人均纯收入增长12%，城镇登记失业率控制在4%以内，人口自然增长率控制在3‰以内，各项社会事业取得新的成绩。

实现上述目标，重点抓好以下12项工作：

一、大力抓好规划统筹

按照现代化、国际化的城市形态定位，积极配合市上加快编制北城新一轮全面规划及产业发展规划，确保3月底完成总体规划，力争6月底完成区域整体城市设计，加快完成交通、产业、文化、生态、电力和学校、医院、菜市场及其他公建配套等专题规划。加大投入、加紧推进、提早完成“四轴八片”城市设计和概念性规划工作。科学编制、及时上报、审批通过一批重大项目的建设方案，为加快启动开工、快速实施创造条件。创新政府主导、规划部门牵头、知名机构参与、各方配合的规划编制模式，邀请具有国际水平的专业公司参与城市规划设计，真正体现高水平。严格规划刚性执行，确保“干一件，成一件”。

二、大力推进产业升级发展

围绕发展高端产业和产业高端，加大新兴产业发展力度。大力做好价格指数培育工作，进一步加强中国·成都中药材指数宣传推广，认真做好中国·成都五金机电指数发布准备，积极开展中国·成都白酒指数立项筹备工作。大力发展电子商务，支持成都国际商贸城数字商城建设，积极推进金牛电子商务生态链示范园区规划建设。大力发展文化旅游产业，推进成都华侨城威尼斯酒店、欢乐谷二期、金牛创意创业中心等项目建设，打造更多知名旅游品牌。围绕工业经济转型发展，做大总部经济和科技商务服务业。引导园区加快发展总部经济，加大博瑞印务、天一矿业、兴盛国际商务总部等重大总部项目促建力度，加速推进安防总部经济大楼、艾普集团总部开工建设。加快发展科技商务服务业，依托中铁轨道交通高科技产业园等重大产业化项目建设，加速形成轨道交通领域高新技术企业集群和技术服务中心；大力促进三泰电子等重大项目落地建设，进一步加快电子信息、生物医药等优势产业发展。围绕传统专业市场调迁关闭、改造提升、转型发展，加快推进业态提档升级。加快完成川金府西部五金机电城、金府石材城、鑫精石材城调迁关闭，加快推进区属荷花池市场整体改造提升，积极促进万贯五金机电城、量力钢材物流中心、金府五金机电城、国融金府机电城、长新钢材物流中心改造提升，加紧金府财富中心项目开工建设，有序引导金府钢材物流中心转型发展。

三、大力完善基础设施及配套建设

以打通断头路为突破，确保今年3月底完成2.5环黄忠大道茶店子段拆迁、6月底前全线贯通，彻底畅通城西2.5环；同时积极促进人民北路直接连通三环路工程方案确定，为尽早打通人民北路这一全市最大的断头路创造条件。以畅通梗阻点为突破，加紧实施交大路综合改造（含金府路下穿隧道及三环路华侨城立交桥建设），确保年底竣工；配合市上加快推进一环路跨梁家巷—北新干道—人民北路—五丁路高架桥、二环路快速通道建设和火车北站扩能改造，为城西北片区缓堵保畅奠定基础。以新建一批道路为突破，力争年内陆续开工建设金芙蓉大道（货运大道）、金凤凰大道（万石路）、天回大道（横二线）、天丰路、黄金路等道路，进一步完善北城交通路网体系。以出入城道路改造提升和沿线风貌整治为突破，争取年内完成蜀都大道西段、羊西线、金牛大道、解放北路综合整治改造工程，努力提升道路及沿线街区城市形象。以加紧完善配套建设为突破，配合市上完成荷花池汽车站关闭搬迁；加快完成成都国际商贸城1、2号变电站建设和肖家村变电站扩容扩能；促进成都军区总医院实施改扩建，加快区医院、区妇幼保健院新建步伐，完成市民服务中心主体工程建设。

四、大力加快旧城改造步伐

以加快建设进度为重点，促进金牛万达广场年底建成开业，西北村低洼棚户区、成铁木材厂片区改造项目年内全面竣工，金牛·瑞安中心、老会展·现代城、中铁二局马家花园地块等项目加快进度。以加快拆迁步伐为目标，力争年内完成成灌路两侧500米及土桥旧场镇、茶店2、5、6组花照4组等城中村改造项目和解放北路二段260、276、290号院落棚户区、五冶及林业厅片区、中铁二局卫校片区、成机厂片区等旧改项目拆迁工作，加快天回旧场镇城中村改造项目和华西集团曹家巷一、二街坊片区、市委党校片区、新华印刷厂南片区、成都铁路局首期启动区域等旧改项目拆迁步伐。以规划建设城市综合体为平台，加紧地铁1、2号线及延伸线和3号线地铁上盖物业规划编制，依托旧城改造，加大招商引资力度，切实引进一批实力企业投资建设大型城市综合体。

五、大力加快新区开发进程

推进北新干道—国际商贸城片区建设。加快成都国际商贸城三期建设；加紧余家片区土地整理，洽谈引进成都国际名酒文化城；加快中铁轨道交通高科技产业园项目建设、二次招商和企业入驻步伐；促进德尔家居、晟鑫国际等项目尽快启动实施。推进北新干道—凤凰山片区建设。实现凤凰山公园6月顺利开园，加快绿地·世纪城项目建设进度，争取上半年完成凤凰山公园酒店及西片区综合体项目用地调规和挂牌出让。推进沙西线198片区建设。加快“欢乐田园”项目洽谈，力争一季度正式签约，加快片区土地整理步伐；启动犀湖片区土地整理，尽快完成“民族硅谷”项目洽谈签约，积极打造欧洲名品设计定制中心及民族酒店院落集群。同时推进两河等其他“198”片区建设。

六、大力加快优化区整治更新

加快推进老旧院落整治。重点选择3处无法实施旧城改造、整治条件成熟、群众基础好的老旧院落点位，对屋顶、立面、院落、小区道路等开展立体式整治，确保“上档次、有主题、有特色、有品位”；同步实施一批非物管老旧院落整治。创新城市园林绿化建设。按照点、线、面相结合的原则，重点提升道路沿线绿化水平，体现现代都市气派；加大健康绿道、块状绿地、楼顶绿圃、宅外绿岛、城市公园、小游园等建设力度，确保做成景观精品。加强中小街道路面整治。对解放北路沿线及周边破损严重的一批中小街道，实施综合治理，畅通“交通微循环”。加强大气环境和水环境综合治理。继续强化扬尘污染、油烟污染综合整治，广泛推行使用清洁能源，力争全区空气优良天数达320天；继续实施雨污分流工程，全面开展河道、沟渠水环境整治工作，完成府河、九道堰等8条河道49个下河排污口的治理工作，实现主要出境断面水质基本达标，全面完成环境监察和环境监测能力达标建设工作。加强城市日常管理。健全快捷高效、群众参与、长效持续的城市综合管理联动机制和管理模式，全面落实环境卫生管理路段责任制，切实提高全区环境卫生质量；积极开展主街干道商招店招整治及长效管理，不断提升城市立面景观形象；完成九里堤北路等9个菜市场提档改造，加快红色等4个规范化新型菜市场新建步伐，完善44个菜市场长效管理机制，为居民提供舒适、方便的生活环境。

七、大力加强招商引资

强化对外宣传营销。围绕推进“北改”龙头工程，认真落实“全域开放”战略，丰富区域营销内容，提升项目策划水平，精品包装、重点推介好旧城改造和新区开发中的重点片区及其重点项目。强化投资促进工作。锁定一批能够促进产城品质提升的好项目、大项目，瞄准一批能够带动产业升级的大企业、大集团，做好项目载体资源和目标企业的对接工作，促进兰花草国际软装家居博览中心等一批已达成合作意向的重大项目尽快签约落户。强化合力招大引强。切实加强部门、街道间的协同配合，着力提高“签约—落地—投产—达效”全程跟踪和服务水平，大力促进富森·美家居法国家居风情长廊、涵碧楼、希尔顿酒店等签约项目尽快落地实施。

八、大力加快拆迁安置步伐

进一步加大征地拆迁力度，力争取得5000亩左右土地征地批文，重点做好市上移交的29个村组等一批现存地块的拆迁收尾工作，确保储备一批可上市出让地块。进一步加快新居建设安置步伐，加紧推进王贾3组、高笋塘联社等点位拆迁，新开工大湾、五福二组等点位，加快清淳家园二期、明月锦苑二期、万圣新居、余家新居等点位建设，建成泉水三期B区、王贾8组、府河苑二期等点位并及时安置入住，确保超期过渡人员安置任务年内全面完成。

九、大力加强社会事业发展

加快区域内优质教育、医院、文体等资源配套规划布局。新建公益性幼儿园10所，高标准筹建七中万达国际部，加紧财贸职中黄忠实训基地建设，全力打造七大优质教育群。深化医药卫生体制改革，提升医疗卫生服务整体水平和公共卫生安全应急能力。继续组织实施“文体惠民”五大品牌活动，争创全国全民健身示范城区。积极开展创建国家级创业型城市工作，新增城镇就业1万名。继续扩大城乡社会保险参保规模。全面落实城市困难群体住房保障。大力发展养老事业，积极构建“9073”养老服务格局。加强国防动员和后备力量建设，推进军民融合式发展，巩固和发展军政军民团结。扎实推进其他各项社会事业均衡协调发展。

十、大力加强社会管理创新

深化“大调解”工作，健全多调联动、矛盾纠纷化解、常态化维稳处突等工作机制建设，畅通群众利益诉求渠道，有效化解社会矛盾和冲突，逐步实现由维稳向促稳转变。深化“平安金牛”建设，以提高“见警率”为核心，全面推动“常态治安、重点治安、科技治安”建设，切实加强社会治安综合治理工作。创新流动人口服务管理方式，形成法制化、网格化、常态化服务管理工作格局。启动创建全国安全社区工作，加强安全生产、消防安全监管和应急管理，促进全区安全发展。深入开展“六五”普法工作，切实增强法制宣传教育实效。推动社区规范自治，深入开展星级和谐社区创建工作，创新社会管理手段，加快居民自治体制改革实施步伐；加强社会管理信息化平台建设，注重虚拟网络社会管理，广泛听取民意。进一步探索社会组织孵化新途径，着力提高社会组织管理和服务水平。

十一、大力加强资金筹措

积极向上争取资金。加大对上争取工作力度，努力争取上级政府及部门加强对推进“北改”龙头工程的资金支持、政策倾斜。加快资源变现步伐。确保有意向投资的地块按期上市并顺利成交，切实回笼一批资金投入“北改”。大力做好融资工作。进一步加强与金融机构的沟通合作，积极争取市级平台公司帮助融资，努力探索多元化资金投入机制和直接融资办法，切实加快区属国有公司实体化步伐，不断提高市场化融资能力。高效使用财政资金。进一步巩固壮大现有税源，努力培育新的经济增长点，进一步实现“三量提升”，切实做大财政蛋糕，确保能够集中一批财政资金投入“北改”；强化预算管理，严格财政监管，集中有限财力保基本运转、保民生质量、保重点项目，提升财政资金使用效益。

十二、大力加强政府自身建设

提高依法行政能力。自觉接受区人大及其常委会的法律监督、工作监督和区政协的民主监督，提高人大代表议案、建议、批评、意见和政协委员提案的办理质量；加强政府法制工作，全面规范政府重大行政决策行为，坚持规范、公正、文明执法。提高攻坚破难能力。围绕“北改”龙头工程等中心工作，努力破解拆迁难题、资金瓶颈，深入一线抓调研、明实情，切实找准攻坚的方向、破难的路径和解难的办法；强化责任分解和目标管理，坚持落实到位，坚决逗硬奖惩，确保工作实效。提高拒腐防变能力。全面落实政府系统党风廉政建设责任制，强化行政效能监督和审计监督；严格执行厉行节约的各项规定，进一步节约政府运行成本；严格教育、管理、监督干部队伍，营造风清气正的政务环境。

各位代表！金牛新一轮建设发展的壮丽事业已经开启！站在历史征程的新起点，面对全区人民的新期待，我们深感责任重大、使命光荣。让我们更加紧密地团结在以胡锦涛同志为总书记的党中央周围，高举中国特色社会主义伟大旗帜，以邓小平理论和“三个代表”重要思想为指导，深入实践科学发展观，在市委、市政府和区委的坚强领导下，在区人大、区政协的监督支持下，紧紧依靠全区广大干部群众，解放思想、创新实干、万众一心、乘势而上，为推进金牛高端发展、科学发展、又好又快发展，奋力打造产业品质更高、城市品质更优、生活品质更好的现代金牛而努力奋斗！

名词解释：

1. 中调：中心城区服务业结构战略调整。

2. 四大基础工程：农村产权制度改革、村级公共服务和社会管理改革、农村新型基层治理机制改革、土地综合整治。

3. 数字化城管“四大系统”：GPS管理系统、油耗监测管理系统、垃圾转运综合管理系统、视频监控系统。

4.“六位一体”街面管理新模式：整合城管执法队员、民警、交警、城管劝导员、数字化监督员、治保队员6方面力量，实施街面管理。

5.十大民生工程：环境提升工程、就业促进工程、扶贫解困工程、教育助学工程、社会保障工程、医疗卫生工程、百姓安居工程、基础设施工程、生态建设工程、文化体育工程。

6.“文体惠民”五大品牌活动：交响金牛、文化金牛大擂台、金牛社区电影大看台、金牛社区公益大讲台、运动成都·活力金牛—全民健身400惠民活动。

7. 大调解：以街道、社区为重点，综合运用人民调解、司法调解和行政调解等手段，有效化解社会矛盾。

8. 三个服务：服务辖区居民、服务驻区单位、服务纳税人。

9. 四讲四比：讲大局、比奉献，讲实干、比实绩，讲执行、比效率，讲团结、比协作。

10. "北改"工程：成都市北城改造工程。市委十一届九次全会提出，要抓紧实施"优"化中心城区极核的龙头项目，尽快启动"北改"工程，下大力气改造城北片区老旧城市形态和落后生产力布局；市委经济工作会提出要围绕落实"立城优城"战略，坚持以天府新区建设和"北改"工程实施两大龙头工程为抓手，引领城市化进程全面升级。

11. "立城优城"战略：市委十一届九次全会提出实施"五大兴市战略"（交通先行、产业倍增、立城优城、三圈一体、全域开放），其中 "立城优城"战略，就是要"立"好以天府新区为代表的新城，"优"化以中心城区为代表的老城，着力强化城市发展的科技支撑、文化特色和生态本底，全面塑造成都的竞争优势，提升城市化水平和质量。

12. 头雁高飞：市委十一届九次全会提出，实施"三圈一体"战略，其中占地465平方千米的"第一圈层"，是市域经济的"头雁"，"头雁高飞"，"高"要高在发展水平上，就是要推动产业结构向"高端化"升级、城市形态向"高层次"转型。

13. 商务服务业：属于现代服务业范畴，包括资产管理、法律咨询、金融保险、会计审计、职业中介等行业，具有人力资本密集、附加值高的特点。

14. 交子：世界上最早使用的纸币，发行于北宋前期（公元1023年）的成都。据考证，官方发行的"交子"印制地就在城西的净众寺，即现中铁二局片区。

15. 四轴八片："四轴"是指川陕路、北新干道、沙西线、成灌路等四大发展轴；"八片"是指北新干道—国际商贸城片区、北新干道—凤凰山片区、沙西线198片区等三大新区开发重点片区和人民北路—火车北站片区、解放北路—曹家巷驷马桥片区、沙湾路—铁二局西南交大片区、金牛大道—茶店子金牛宾馆片区、川陕路—天回旧场镇片区等五大旧城改造重点片区。

16. 模拟拆迁：一种新型城市拆迁模式，核心是把拆迁的主动权、知情权、选择权交给群众，根据群众意愿决定拆与不拆。按照这种模式，当改造范围内的住户签订模拟搬迁协议达到规定比例后，可启动正式拆迁。

17. 七大优质教育群：营门口—茶店子优质教育群、国宾—金牛新城优质教育群、华侨城—沙西优质教育群、九里堤—沙河源优质教育群、火车北站—人北优质教育群、一环路西—沙湾优质教育群、川陕—天回优质教育群。

18. "9073"养老服务格局：《成都市"十二五"养老事业发展规划》提出，到2015年初步形成"9073"养老格局。即90%的老年人通过社会化服务实现居家养老，7%的老年人通过政府购买服务实现社区养老，3%的老年人通过入住养老机构实现集中养老。

19. 三量提升：巩固存量、培育增量、引进变量。

中国人民政治协商会议
成都市金牛区委员会常务委员会
工作报告

——在政协第六届成都市金牛区委员会第一次会议上

政协成都市金牛区委员会主席　李凯威

（2012年3月1日）

各位委员、各位同志：

我受政协第五届成都市金牛区委员会常务委员会委托，向大会报告过去五年的工作，对六届区政协的工作提出建议，请各位委员审议，请同志们提出意见。

过去五年工作回顾

五年来，在中共金牛区委的坚强领导下，区政协及其常务委员会高举爱国主义、社会主义旗帜，牢牢把握团结和民主两大主题，切实贯彻中央、省、市、区关于加强人民政协工作的精神，坚持和完善中国共产党领导的多党合作和政治协商制度，紧紧围绕全区中心工作，突出重点，发挥优势，积极履行政治协商、民主监督、参政议政职能，为全区科学发展和人民政协事业的发展作出了新的贡献。

一、巩固团结合作思想政治基础，增进发展共识

夯实各界共同奋斗思想基础。把理论学习、思想建设置于区政协各项建设、各项工作的首要位置。扎实开展经常性学习，举办全体政协委员学习培训两次，组织常委会组成人员集体学习五次，分别就中央、省、市重要精神和全区经济社会发展的决策部署进行深入学习，实现了五届区政协委员理论学习全覆盖，从而引导全区各界以中国特色社会主义理论体系为指导，深入贯彻落实科学发展观，不断增强建设金牛、发展金牛的自觉性和坚定性。

加强同各党派团体合作共事。加强区政协党组与区级各民主党派工作联系机制，尊重和支持各党派团体、各界人士参与全区重大发展事项的讨论协商及其履行职责的各项活动；积极引导和保障社会各界在区政协各种会议、各项活动中围绕全区经济社会发展发表意见；认真组织各界委员开展视察、调研、提出提案、反映社情民意等工作。区政协各个层面会议高度重视来自社会各界的意见，积极帮助各界与区委、区政府协商沟通，形成了社会各界共谋金牛发展、致力金牛发展的良好局面。

着力发挥协商议政重要作用。全体会议期间，政协委员认真协商政府工作报告和其他重要报告，围绕统筹城乡发展、建设“五区金牛”、实现“十一五”规划目标、制定“十二五”规划等提出意见和建议，区委、区人大、区政府领导与政协委员共商共议全区发展大计，参加全会分组讨论40场；区委、区政府各部门负责同志积极参加大会和讨论，认真听取委员发言，尊重和支持政协工作。全体会议闭会期间，召开了10次专题协商会，组织了30次重点调研，开展了50次专题视察，就政治建设、经济建设、文化建设、社会建设各方面工作同区委、区政府领导及各部门负责同志充分交流、认真协商，为促进区委决策部署的贯彻落实提供了广泛的民主支持。这些会议和活动集中展示了五届区政协履行职能的重要成果。

二、围绕全区中心工作议事建言，推动科学发展

认真协商发展方向性课题。在发生“5·12”大地震和国际金融危机的背景下，组织委员按照区委提出的适时调整发展战略，实现止滑提速、加快发展的要求，就优化区域规划、加快基础设施建设、调整产业结构、完善体制机制等问题，进行了深入调研和探讨，为制定《金牛区经济发展战略纲要（2010—2014）》积极建言献策。《纲要》出台以后，立即组织委员深入学习、广泛宣传区委发展战略的指导思想、目标定位、工作部署、方法举措，用区委的决策部署来统一全区各界各族的思想认识。2010年又就“五区金牛”战略实施第一年的情况，进行专题协商，提出了需要完善的七个问题和六项建议，并形成专题报告报送区委、区政府。在研究制定区“十二五”规划时，又通过多种形式组织各方面深入研讨协商，提出了不少好的意见建议，在关键时期为全区进一步明确发展方向、坚定发展信心增添了助力。

关注重大项目和重点工作。积极建言重大项目建设，发动有关界别和委员围绕重点项目引进、基础设施配套建设、项目运行发挥效益等开展工作。五届十次主席会议围绕重大产业化项目天府华侨城引进落户我区的工作，广泛收集了各方面意见。五届十四次常务委员会议对华侨城及其配套的全市重点旅游产业项目“欢乐谷”建设进行议事协商，提出以欢乐谷项目为带动，通过完善规划，提升服务，突出“美食天堂、欢乐金牛”主题，努力提升我区都市文化旅游品牌效应的建议。国际商贸城项目是我区唯一被省政府确定的灾后重建五十个重大产业化项目之一。为加快项目的建设实施，通过主席会议、专题视察、重点调研，围绕基础设施建设及公建配套、市场运行、业态经营管理，结合北部功能区建设，从不同角度、在不同阶段对项目建设工作提出了不少有益的建议，促成了一些难点问题的解决。助推经济建设领域重点工作。围绕统筹城乡发展，就涉农地区居民集中居住、涉农社区劳动力转移与就业、涉农地区土地综合整治、涉农居民收入保障机制、涉农地区行政区域调整、农村四大基础工程建设等工作，组织委员深入基层和群众，通过调研、提案、反映社情民意、会议协商提出了建议。组织对工业园区建设和区域合作进行了专题视察。协助市政协对总部经济发展这一课题展开专项调研，提出了“打造具有区域经济特色的总部经济汇聚区”的提案，被列入市政协重点提案。就民营中小企业应对金融危机冲击，组织政协委员组成五个调研组，历时二十多天，分赴二十八家具有代表性的民营企业了解情况，汇集企业的意见整理形成专题社情民意上报，为区委、区政府做好企业发展稳定工作提供了很好的参考。还就招商引资、加强企业服务、实施旧城改造、优化产业布局、市场提档升级、西部科技商务中心和北部功能区建设等工作，通过多种渠道、采取多种形式出谋划策、献智出力，协助区委、区政府做好推动和促进工作。

踊跃抗震救灾和恢复重建。汶川特大地震发生以后，区政协坚决贯彻执行中央、省、市、区关于抗震救灾的各项决策部署，积极行动起来，及时调整工作安排，第一时间就把抗震救灾确定为最重要最紧迫的任务，全力以赴踊跃投身抗震救灾斗争。向区政协全体委员、各参加单位、各地区委员活动组发出了《关于积极投入抗震救灾工作的通知》，要求发挥政协组织优势，动员各界各方面力量全力投入，协助做好抢险救灾、收集民情民意、维护稳定的工作。与此同时组织委员和委员单位、企业通过捐款、捐物、奔赴灾区直接参与救灾、为抗震救灾牺牲的部队英雄武文斌的亲属捐建住房等多种方式为抗震救灾尽责出力、争作贡献，获得了社会各方面广泛好评。结合灾后恢复重建，对涉农地区学校重建、社区建设、困难群众帮扶等社会特别关注的问题，组织开展调研视察、协商议事，不少有价值的意见和建议被重视采纳。

三、关注民生改善建言社会建设，促进社会和谐

积极反映群众诉求。进一步健全和完善社情民意工作机制，充分反映人民群众身边事、关切事、急难事，推动和促成民生问题的解决，取得了良好效果，引起了各级高度重视。比如，反映有关城市环境综合治理的社情民意《城市绿化华而不实危害多》被《人民政协报》反映社情民意专栏刊登。针对单位房改房存在安全隐患的反映，经市政协转报市委后，市委主要领导高度重视并作出批示，市、区两级有关部门采纳了建议，促使有关问题得以解决。城隍庙小沙河流域受到污染的情况反映，引起了市政府主要领导的关注重视，批转市级相关部门解决了这一问题。反映交大路综合整治工作、妥善处理年末民工讨要工资有关建议和兴盛小区群众出行不便的意见，得到区委主要领导的重视和批示并被相关部门采纳办理。五年来，共编报《社情民意专报》70期，向省、市政协反映各类情况65条，向区委、区政府反映各类情况537条。社情民意已经成为人民群众与党政沟通、与部门交流的重要渠道，得到了上下的一致肯定。

协同推进民生工程。根据区委、区政府年度民生工程安排，组织委员专题协商、专题视察、专题调研，为之建言献策，为之呼吁加力。劳动就业是广大群众高度关切的难点。安排对推进城乡一体化过程中如何解决失地群众就业、加强劳动监察、促进企业依法用工、维护劳资双方权益等课题进行了专题协商，提出了有益的建议。城市管理与人民群众生活密切相关。组织委员对创建全国文明城市、城市垃圾清运问题、城市管理数字化建设等进行了专题视察。平安金牛是全区人民的共同愿望。分别就未成年人犯罪预防与保护、外来流动人口管理开展了专题调研；围绕社会治安综合治理，召开不同会议对建立社会矛盾大调解机制、青少年维权、加强基层警务建设等提出了建议。党风廉政建设和法制建设是社会关注的热点。安排三次常务委员会议认真听取区纪委、区法院、区检察院工作通报，就进一步加强党风廉政建设和法制建设工作进行了民主协商。

高度重视社会建设。发展教育事业是人民群众的热切希望。围绕学校灾后重建工作进行协商，提出抓住灾后重建机遇，统筹规划、科学安排优化全区学校布局；围绕教育均衡发展进行视察，建言进一步加强涉农地区师资队伍建设，逐步解决涉农地区学校师资薄弱的情况；将《建设素质教育实践营地》的提案纳入重点提案办理，由区政协分管领导与区政府分管领导联系督办，推动了全区中小学生素质教育。医疗卫生事业是社会发展的基础需求。组织对涉农社区人口和计划生育工作进行充分讨论；对全区民营医院和社区卫生服务中心运行情况进行深入调研，形成了重点报告；及时反映人民群众就医需求，提出了“在我区区管医院实行无假日就诊”的社情民意。文化事业发展是人民群众精神需求的重要方面。围绕群众文化阵地巩固使用和队伍建设广泛了解群众意见，就基层文化建设进行协商，提出的7条具体建议，被区委、区政府《关于进一步加强基层文化建设的实施意见》所采用。民族宗教工作是社会建设的重要方面，界别委员采取反映社情民意、视察相关工作等形式就加强民族团结、促进宗教和谐积极建言。还就体育、红十字、残疾人等各项事业发展进步，通过政协委员的履职活动给予关注，促进了相关工作的开展。

四、深化交流合作加强联络联谊，扩大对外影响

成功举办重要活动。以庆祝中华人民共和国成立六十周年和人民政协成立六十周年为契机，主办了金牛区政协庆祝建国60周年和人民政协成立60周年旅游门券展；隆重召开了金牛区庆祝人民政协成立六十周年座谈会。举办了“纪念改革开放三十周年区政协常务委员会及各界人士专题座谈会”；主办了以“关注民生民意、构建和谐社会”为主题的全国十城（市）区政协联席会，主办了“加强社区建设、同心同德共建和谐金牛网上论坛”活动；积极参与了市政协举办的“思想解放与试验区建设”网上论坛活动，组织全区政协委员围绕试验区建设与城乡公共服务和社会管理一体化主题广泛开展讨论，发表了大量意见、看法。

加强区域工作合作。依托成都市五城区政协主席会议和秘书长会议平台，加强与城区各政协工作交流。按照“对口联系、区域互动”的要求，与邛崃市政协加强了工作协调联系，形成了两地政协牵头的区域互动合作机制，推动了双方商务、科技、文化、教育、卫生等部门的合作交流，在产业转移、人才交流、资源共享等方面取得了较为明显的进展，有力地推动了两地经济社会共同发展。

深入开展对外交流。发挥人民政协对外交流的特点和优势，积极加强与全国各地区政协、各友好单位的交流往来。共接待来自全国17个省、市、自治区69个市（区）县政协访问团；组织政协委员和各界代表人士共对15个省、市、自治区的友好政协和单位进行访问学习。在对外交流中，注重宣传我区转型发展、加快发展、科学发展的成效和做法，注重学习各地方发展的好经验、好做法。2010年通过对浙江省义乌、台州等地的学习交流，重点了解当地现代服务业发展情况，形成了《新兴服务业发展经验及态势》的考察报告，被区委政研室印发相关部门借鉴学习。

五、坚持全面加强政协自身建设，夯实事业基础

加强政协理论建设。认真学习胡锦涛总书记在庆祝人民政协成立六十周年大会上的讲话和《中共中央关于加强人民政协工作的意见》提出的一系列重大理论观点，结合基层政协工作实际，根据省、市对进一步加强人民政协工作的指导精神，坚持不懈抓好理论学习和思想武装，以理论指导实践，以实践深化理论，每年均选取重要的理论课题进行深入研究，取得了关于基层政协民主监督、协商议政、民主评议、反映社情民意、发挥委员主体作用等方面的调研成果，为履行职能打下了理论基础。比如，根据对政府部门工作实施民主评议的理论探索，对区政务服务中心工作进行了民主评议。

加强制度机制建设。坚持以程序化建设为重点，制定和完善了与政协章程相配套、符合政协工作实际的各项规章制度，以及落实制度的规范程序或实施细则，保证各项工作有章可循，有序推进。围绕贯彻落实省委、市委政协工作会议精神，全力协助区委召开政协工作会议，出台了《中共金牛区委关于进一步加强人民政协工作的实施意见》和两个重要配套文件（《关于开展政协民主评议政府部门工作的实施办法》、《关于政协参政议政成果督办和反馈的规定》），为区政协履行职能在制度上提供了重要保证。积极探索委员视察、专题调研、反映社情民意信息、新闻宣传等工作的特点和规律，先后制定了加强和改进相关工作的意见、办法、规则；建立健全了提案工作协调办理机制，重点提案由区政府领导与区政协领导联系督办；进一步加强了专委会建设，完善了政协专委会机构设置和干部配备；坚持并完善了区委、区政府各部门与区政协专门委员会对口联系的工作机制，切实加强了对各地区政协委员活动组的工作指导。

加强两支队伍建设。重视政协委员队伍建设，制定了《区政协委员履职活动服务管理办法》，为委员开展活动切实创造条件、打造平台。充分调动委员履行职能积极性，不断探索发挥委员作用的途径和方法，鼓励和支持委员深入基层、深入社区、深入群众，了解情况，反映民意，开展履职活动。尊重和保障委员的权利，高度重视委员意见建议，及时整理委员的意见反映，根据不同情况送达相关领导及部门，并及时回复办理情况。关心委员工作和生活，进一步健全了区政协主席会议成员联系区政协常委、区政协常委联系委员的制度。关心委员身体健康，加强对委员走访、看望、慰问，组织全体政协委员就心理健康及应对压力挑战的课题进行了学习辅导。重视机关队伍建设，扎实开展了深入学习实践科学发展观活动、整顿作风纪律活动、创先争优活动和“四讲四比”等主题活动。持续深入开展创建“学习型、服务型、创新型、和谐型”基层政协机关活动，使机关工作流程不断优化，工作效率不断增强，服务水平不断提高，机关效能建设成效明显。机关全体干部坚持“最基层的人做好最基础的事”的工作取向，切实强化服务意识，强化岗位责任，强化工作质量，以求真务实、团结奋进的精神做好综合协调、服务保障工作，为推进人民政协事业发展作出了努力。

各位委员！五届区政协工作的成绩，是区委坚强领导的结果，是区人大、区政府关心支持的结果，是全区各部门、各单位积极支持、参与的结果，是区级各民主党派、人民团体、各族各界人士共同努力的结果，是全体政协委员团结奋进的结果。在这里，我代表区政协向各位领导和同志们、朋友们表示衷心的感谢！

回顾五年来的工作，也要清醒地看到我们的工作与区委的要求和社会各界的期望相比还有一定的差距，比如：如何进一步加强制度建设，使区政协履行职能更加规范有序；如何适应全区经济社会高端发展、科学发展的实际需要充分发挥界别作用；如何进一步加强政协委员队伍建设，充分发挥他们的积极性、主动性、创造性；如何进一步发挥专门委员会在履行职能中的基础性作用等等，都需要认真研究，并在今后的工作中切实加以解决。

过去五年工作体会

五届区政协继承和发扬历届的优良传统，着眼于全区经济社会发展的新形势和新任务，不断深化对基层人民政协事业发展特点和规律的认识，不断探索围绕中心、服务大局、发挥优势、履职作为的有效方式，形成了党委重视、政府支持、政协主动、各方配合、社会关注的工作格局。主要有以下五点体会：

一、履行职能必须把握方向，以党的领导作为根本遵循

要始终坚持党的领导，确保政协事业的正确政治方向。要坚定不移的贯彻落实区委的决议决定和工作部署，在思想上、目标上、行动上与区委同心同向同力，共济共建共荣。要始终围绕区委的决策部署来研究谋划区政协工作，把区委的思路理念、主张举措贯彻到区政协的各项工作中去，坚持思考问题从中心工作上着眼，谋划工作从发展大局上出发，履行职能从贯彻落实上立足，确保区政协工作与区委目标要求一致，工作部署协同。

二、开展工作必须突出主题，以团结民主作为重要形式

要始终坚持以共同事业为基础，突出团结和民主主题，把一切可以团结的力量都团结起来，把一切可以调动的积极因素都调动起来，立足共同事业、加强团结合作、坚持协商办事，共同致力科学发展。要本着团结、民主、和谐的精神，体现合作、参与、协商的特点，广泛吸收各党派团体、各族各界人士参与经济社会建设，广开言路，集思广益，不断扩大人民群众有序政治参与，不断巩固基层政治协商格局，不断发展民主团结、安定和谐的政治局面。

三、服务大局必须融入中心，以促进发展作为首要任务

要始终坚持把促进科学发展作为履行职能的第一要务。自觉树立服务大局意识，主动融入中心、对接重点、找准方位、履职作为。要不断适应形势和任务的变化，注重把全局部署解析到政协职能上，把阶段重点明确到工作要求上，在主动对接中融入中心，在突出重点中服务大局。要运用好政协界别组织的结构优势、民主协商的功能优势、联系广泛的渠道优势，既立足总体取向踩准点子，又对接工作基调跟上步伐，在围绕中心、融入中心、促进科学发展、又好又快发展中谋事、干事、成事。

四、谋求实效必须坚持立场，以群众利益作为最终目的

要始终坚持以人为本，履职为民，以人民群众满意不满意、拥护不拥护、赞成不赞成作为履职成效的重要标准和最终目的。要树立群众观点，走群众路线，把履职为民作为政协的立身之基。多做体察民情、通达民意、集中民智的工作，多干惠民、利民、富民的实事好事，真诚倾听群众呼声、真实反映群众愿望、真情关心群众疾苦，努力顺应人民群众的现实要求，维护人民群众的直接利益。

五、发展事业必须强基固本，以自身建设作为有力保证

要始终坚持把加强自身建设作为发展政协事业的基础性工作来抓，既要强基固本、强化保障，也要与时俱进、不断创新。要按照政协工作“五位一体”（党派合作、界别特色、委员作用、专委会建设、机关建设）的要求加强自身建设，整体协调推进。要注重在抓学习、建机制、带队伍、转作风上下工夫、强内功、强素质。要发扬好传统，适应新形势，在继承中开拓、在创新中前进，不断探索人民政协服务科学发展和实现自身科学发展的规律，不断推进人民政协的理论创新、制度创新和工作创新。

今后五年工作建议

今后五年是我区高端发展、科学发展、又好又快发展的关键时期，也是我区着力“头雁高飞”，推进实施“北改”龙头工程，建设产业品质更高、城市品质更优、生活品质更好的现代金牛的重要机遇期。区政协工作的总体要求是：以中国特色社会主义理论体系和党的十七大、十八大精神为指导，高举旗帜、突出主题、发挥优势，深入学习贯彻区第六次党代会精神，紧紧抓住“北改”这一历史机遇，以全区工作的发展定位和总体要求为履职目标，认真开展政治协商，不断完善民主监督，切实加强参政议政，在汇聚力量上增进共识、服务大局上对接重点、有效履职上提高质量、发挥作用上突出特色，努力形成更加有力助发展、更加踊跃促和谐、更加务实惠民生、更加积极尽职责的良好局面。

一、把握方向，着力增进思想共识

坚持党的领导确保正确政治方向，以党的理念主张、方针政策引领多元思想，不断增进思想共识。今年，党的十八大召开以后，要把深入贯彻十八大精神作为首要政治任务，以十八大精神统领区政协工作。当前要深入学习贯彻区六次党代会精神，切实把思想和行动统一到区六次党代会确定的目标上来，把智慧和力量汇聚到区六次党代会明确的任务上来，自觉与区委在思想上同心同德、在目标上向心同向、在行动上同心同行。要把深入学习贯彻区六次党代会精神同学习贯彻十七届六中全会、中央经济工作会议、省委九届九次全会、市委十一届九次全会精神紧密结合起来，深刻理解当前的形势和任务，正确把握我区在“全面现代化、充分国际化”主要使命中的发展定位，不断强化责任意识、作为意识，自觉在全区工作大局中找准方向、明晰任务、抓好结合、履职作为。要在社会各界大力宣传区第六次党代会精神，积极引导政协委员、各党派团体认真学习会议文件，准确领会会议精神，坚持围绕经济社会发展的中心任务，协同做好构建新型产业形态、新型城市形态和新型社会形态的各项工作。要不断丰富政治协商的内容和形式，加大民主监督的力度和成效，拓展参政议政的范围和深度，为实现区第六次党代会确定的发展蓝图而努力奋斗。

二、融入中心，着力推进“北改”工程

坚持科学发展主题、突出加快转变经济发展方式主线，紧扣全区中心工作，牢牢抓住实施“北改”龙头工程机遇，奋力助推经济社会发展新跨越。要把握总体目标。以实施“北改”龙头工程，建设产业品质更高、城市品质更优、生活品质更好的现代金牛，实现全区高端发展、科学发展、又好又快发展，切实提升人民群众福祉作为区政协履行职能、开展工作的大局，坚定不移服务大局、责无旁贷促进大局、牢记使命维护大局，努力在建设现代金牛大局中作出贡献。要全力助推“北改”。全体政协委员要深刻认识推进“北改”工程的重要性、必要性、紧迫性，自觉将“北改”工程作为履行职能的主要着力方向和重点工作，自觉融入、积极参与、主动作为，为“北改”各项工作献务实之策、建睿智之言。要大壮声势、大造氛围，广泛宣传“北改”工程的重大民生意义、现实意义，努力把区委的总体思路、基本原则、着力重点转化为社会各界的普遍共识，转化为社会各界的自觉行动，努力为推进“北改”工程扩大民主支持，夯实群众基础。要围绕打造高端化城市业态、多样化城市生态、特色化城市文态、现代化城市形态“四态合一”，宜业宜商宜居、更加宜人的现代化城区，认真开展重点课题的调研论证、重点工作的议事协商。要把握新情况、新动向，抓住趋势性、苗头性问题，有前瞻性、预见性的开展工作，为破解“北改”进程中可能出现的难点、热点问题献智出力。要着力谋求实效。切实发挥政协人才荟萃、智力密集、联系广泛的优势，组织力量对产业转型升级、产业体系构建、产业优化布局等进行深入调研协商，为构建新型产业形态集智聚力；紧扣构建新型城市形态的目标，积极组织协商议事，为高水平优化城市规划、高质量推进城市建设、高等级完善城市配套、高标准抓好城市管理提出务实有用的意见建议；围绕构建新型社会形态的工作，发挥专委会基础作用、界别代表作用，集中社会各方智慧力量，就社会建设中的重大项目、重点工作，经济管理的难点、热点问题认真调研，深入论证，主动协商，力求解决之道。

三、发挥优势，着力维护社会和谐

坚持发挥政协来自各界、联系群众、包容性强的特点和优势，在保障和改善民生、创新社会管理、推进社会事业发展、促进社会各方面关系和谐上履职尽责，全力协助做好各项工作。要把与民生改善相关的问题作为履职活动的重要内容，注重围绕公共服务和管理、文化建设和创新、城乡环境综合治理、教育均衡发展、医疗卫生改革、就业安置、社区建设等，广泛收集、反映人民群众的各方面民生需求。要大力协助做好维护社会稳定的各项工作，积极鼓励委员通过所在界别密切联系群众，积极开展理顺情绪、凝聚人心、化解矛盾、维护稳定的工作；主动协助做好民族宗教工作，广泛宣传、贯彻落实党的民族政策，切实尊重宗教信仰自由，引导民族宗教界人士共促社会和谐。要大力协助做好巩固和发展基层民主政治的工作，不断拓展各民主党派在区政协参政议政的平台，切实加强同各民主党派成员的合作共事；突出界别特点，发挥界别作用，注重加强与各界人士的联系合作，关注不同阶层人士的利益诉求，畅通表达渠道。

四、夯实基础，着力提升履职水平

坚持不懈地抓好政协自身建设，认真落实政协工作“五位一体”的要求，全力提高政协工作科学化水平。要加强自身能力建设，主动适应新形势、新任务、新要求，有针对性地开展委员学习培训，认真组织学习党和国家的重大方针政策，学习统一战线和人民政协理论，学习履行职能必需的各方面知识，全面熟悉和了解区情，不断提高综合素质和履职能力。要突出界别特色，积极探索界别工作，拓展界别活动渠道，丰富界别活动内容，彰显界别优势作用，努力使政协履职更有声音、有实效、有影响。要发挥委员作用，加强委员联络联系，拓展委员知情明政渠道，扩大委员履职平台，强化委员履职意识，对成效突出的委员进行表彰宣传，鼓励和激发委员履职的积极性和创造性。要加强专委会建设，认真落实区委有关政协专门委员会建设的要求，进一步完善专委会与区级部门对口联系机制，推动专委会工作与全区中心工作同步对接；突出专委会专业优势，认真组织开展调研、视察，不断提高工作质量。要加强机关建设，按照区委加强干部队伍建设的要求，以"最基层的人做好最基础的事"为工作取向，强化系统观念、群众观念，大力倡导"四讲四比"风气，切实抓好观念转变、能力提升、作风建设，不断推进机关干部队伍建设，为区政协履行职能提供坚强保障和优质服务。

各位委员、各位同志，我区新的发展蓝图已经绘就，"北改"龙头工程已经舞动。形势催人、使命光荣。面对新的形势和任务，政协组织重任在肩，政协工作大有作为。让我们更加紧密的团结在以胡锦涛同志为总书记的中共中央周围，高举中国特色社会主义伟大旗帜，深入贯彻落实科学发展观，在中共金牛区委的坚强领导下，同心同德，加力加劲，认真履行职能，切实发挥作用，为推进金牛高端发展、科学发展、又好又快发展，为建设产业品质更高、城市品质更优、 生活品质更好的现代金牛而努力奋斗！

文件选登

中共成都市金牛区委 成都市金牛区人民政府 关于深化社会体制改革创新社会管理 加快推进城乡社会建设的实施意见

金牛委发〔2011〕1号

各街道，区级各部门：

为贯彻落实市委2011年1号文件精神，深化社会体制改革，创新社会管理，加快推进全区城乡社会建设，现提出以下实施意见。

一、总体要求

（一）指导思想

坚定不移地走科学发展之路，坚持以人为本、民生优先、共创共享的原则，充分发挥群众主体作用，进一步深化体制改革，创新社会管理，加强城乡社会建设，促进社会和谐，加快形成社会公正、城乡一体，全体市民各尽其能、各得其所、和谐相处、共同发展的良好局面，为加快建设世界现代田园城市和"五区金牛"奠定坚实的社会基础。

（二）目标任务

用五年左右的时间，以体制机制建设为基础，充分发挥政府的服务保障作用、城乡群众的主体作用和市场配置资源的基础性作用，探索构建党委领导、政府负责、社会协同、公众参与、共创共享、充满活力的社会发展格局。具体目标是健全"一体系、四机制"，即：健全社会规范体系，健全城乡基本公共服务均衡发展机制、城乡社区治理机制、社会组织和志愿服务发展机制、社会矛盾疏导和化解机制，最大限度激发社会活力，不断提升社会管理科学化水平，有效提升产城品质和市民生活质量，实现社会文明程度和群众幸福水平的逐步提高。

二、工作重点

（一）健全社会规范体系

1. 强化依法治区。维护社会主义法治尊严，树立社会主义法治权威，坚持公民在法律面前一律平等，依法保障公民权利和自由。加快建设法治政府，全面推进依法行政，构建科学民主决策机制，创建行政处罚自由裁量权制度控权体系，全面落实行政执法责任制。全面启动六五普法，深入推进创建全国法治城市工作。坚持公正司法，充分发挥司法维护社会公平正义的职能作用。

2. 深化规服建设。加快政府职能转变，更加注重公共管理和公共服务职能，认真做好"三个服务"工作。深化行政审批制度改革，优化审批流程。健全服务载体，高水平规划建设金牛市民中心，完善街道、社区服务平台；落实规范化服务各项制度和措施，强化行政效能监察，提高行政执行力。深化政府信息公开和行政权力网上公开透明运行，主动接受社会监督。

3. 提升市民素质。以社会主义核心价值体系为引领，以培育现代公民意识为核心，进一步加强公民道德诚信建设和法治教育，引导市民自觉遵守社会规范，牢固树立社会主义民主法治、自由平等、公平正义观念，不断提高市民参与社会公共生活、管理社会公共事务的素质和能力。

（二）健全城乡基本公共服务均衡发展机制

1. 完善城乡公共服务体系。加大财政对社会事业的投入，加强机制完善和制度创新，加强社会事业工作队伍建设，增强服务实效，不断提高保障改善民生的水平和能力。大力实施就业优先战略，深入健全公共就业服务体系和就业援助制度，扎实推进城乡充分就业城市创建工作；统筹实施创业“五大工程”，深化创业培训，加大创业扶持，建立健全劳动监察、劳资协商及调解仲裁机制，加强劳动保护，保障劳动者权益，建设和谐劳动关系。加快完善社会保障体系，全面实施非城镇户籍从业人员综合社会保险向城镇职工社会保险并轨接续，逐步实现社会保险制度城乡无缝衔接；推进基本医疗保险制度改革和城乡一体化社会救助体系建设。加快城乡住房保障服务体系建设，积极实施公共租赁房、廉租房、经济适用房、限价商品房等保障措施，努力实现城乡居民住有所居。进一步完善基本医疗服务及基本公共卫生服务体系，积极推进区医院、区妇幼保健院标准化建设，健全突发公共卫生事件应急机制，增强社区卫生服务中心服务能力，建立城乡居民个人健康档案，重点建设家庭医生（全科医生）团队，促进基本公共卫生服务均等化。坚持教育优先发展，围绕教育均衡化、公平化，不断完善教育服务体系，促进进城务工人员子女享受教育同城待遇；新建成都七中万达学校，引进培育优质教育资源；加快财贸职中实训基地等基础设施建设，大力发展职业教育；深化发展社区教育。推进区图书馆、档案馆和金牛健身中心、健康绿道等文体基础设施项目建设，推进社区文体活动阵地建设，广泛开展各类文化体育活动和赛事。

2. 改善市民生产生活环境。不断深化城乡环境综合治理，着力加强大气和水污染治理，实施特色街区打造工程、环境优美示范工程和中小河道整治工程；深化文明院落建设，每年整治一批老旧非物管居民院落；加快完善集中居住区工程公共服务和基础设施配套，推动周边生活性服务业发展，努力让城乡居民享有清洁的空气、干净的水、优美的居住环境和完善的配套服务。强化社会治安综合治理，加大对治安复杂点位和区域的整治力度，深入推进平安金牛建设，不断增强城乡群众生产生活的安全感。

3. 加强重点群体服务和保障。健全公开、公正、公平的社会流动机制，保障社会成员平等享有发展机会，城乡困难群众合法权益得到优先发展。深化户籍制度改革，努力消除制约农民工市民化的体制性障碍，消除附着在户籍上的福利差别，促进涉农居民向城区转移，加快城市化进程。建立健全均等化服务、多元化管理的流动人口公共服务和社会管理长效机制。健全社会捐赠政策，鼓励企业、个人和社会团体捐款捐物，发展公益和慈善事业。切实保障妇女合法权益，加强未成年人保护，发展妇女儿童事业，培育壮大老龄服务事业和产业，完善残疾人保障和服务体系建设。

（三）健全城乡社区治理机制

1. 健全社区自我管理机制。按照充分尊重群众意愿、深入做好群众工作、维护群众合法权益的指导思想，积极推动基层民主政治建设，以还权、赋能、归位为目标，建立健全既保证党的领导、又保障居民民主权利的充满活力的社区治理机制。进一步理顺社区党组织、自治组织、集体经济组织、社区社会组织、物业服务机构和驻区单位的关系，积极组建涉农社区筹委会，加快完善社区基层组织建设。加大财政定额补贴力度，完善城市社区居民自治机制。全面落实社区“三务”公开、居民议事会等民主管理制度，强化居民对社区事务的监督管理，巩固和扩大基层治理机制建设成果，不断提升居民民主决策、民主管理、民主监督水平，增强居民在社区内解决问题、化解矛盾的自治能力。

2. 完善社区自我服务功能。按照“三个服务”要求，统筹加强社区公共服务配套，完善社区服务功能。积极培育社区服务性、公益性、互助性社会组织，完善政府及其职能部门购买服务机制，建立健全社区服务网络体系。有针对性的加大对社区工作者的系统培训力度，探索建立驻区单位社区建设责任评价体系，积极推动社区物业管理和自助、互助服务，提升社区公共服务水平。加快建设文明示范社区和星级和谐社区，增强社区群众凝聚力。

3. 提高社区自我教育水平。巩固全国和谐社区建设示范区成果，建立健全“区—街道—社区—院落—楼栋”5级群众工作网络，落实属事属地工作责任。整合加强市民学校、科普学校、社区教育学校等基层群众宣传教育阵地建设，发挥社区文体骨干队伍作用，在社区广泛开展各类知识讲座和宣教活动，积极争创国家社区教育实验区，常态化引导教育群众崇尚科学，愉悦身心，增强自我教育能力。

（四）健全社会组织和志愿服务发展机制

1. 互动服务辖区单位。进一步优化市场运行环境，加强服务引导，提高沟通效率水平，创新完善辖区单位区域共建机制；借力发展，积极争取辖区单位及所在的群团组织参与支持金牛建设，引导辖区单位与社区居民开放共享教育、科技、文化资源，实现价值共创，成果共享，逐步形成有金牛特色的社会联动发展模式。

2. 发展壮大社会组织。大力培育发展社会组织，依法管理社会组织，支持、引导各类社会组织参与社会管理和公共服务。制定社会组织分类发展规划，积极建设工会、共青团、妇联等枢纽型社会组织工作体系，团结凝聚群众参与社会建设；推进行业协会、咨询服务等中介服务机构管理体制改革，创新社会组织登记管理办法，指导社会组织完善自我管理制度；积极探索健全政府购买社会组织服务机制，鼓励相关社会组织积极参与公共服务；鼓励引导慈善、环保等新型社会组织健康有序发展，提供各类公益服务。

3. 倡导弘扬志愿服务。统筹健全志愿服务活动协调机制，不断完善以基层为重点、涵盖社会各领域和层次的志愿服务网络。积极组织广大志愿者开展各类服务活动。加强管理，扶持激励专业社会工作者开展高端社会服务活动，推动社会工作事业健康发展。

（五）健全社会矛盾疏导和化解机制

1. 畅通群众对接渠道。深化“三会”开放和“三务”公开，切实保障城乡群众的知情权、表达权、参与权和监督权。探索建立党代表、人大代表、政协委员社区联系点制度，定期邀请人大代表、政协委员视察重大项目建设情况。广泛开展党群连心活动，深入基层主动了解群众诉求，有效疏导群众情绪，及时调处基层矛盾，维护群众合法权益。健全公开电话、公开信箱、政务信息网等面向社会的公共服务监督、投诉服务体系，顺畅群众利益诉求沟通渠道。认真落实重大事项社会稳定风险评估工作，从源头上预防和减少信访问题的发生。加强网络舆情分析研判和引导处置，加大法制宣传教育力度，引导群众依法反映合理诉求。

2. 有效化解社会矛盾。建立和完善以目标管理为核心的群众工作考核评价机制，继续深化领导牵头，部门负责的信访维稳工作逐级负责制，做到各尽其责，及时化解和妥善处理各类社会矛盾纠纷。完善区、街道、社区纠纷调解机制，深入开展大调解工作，维护群众合法权益。完善常态化法律服务机制，加大法律援助、司法救助等政府公益法律服务工作力度，鼓励法律顾问、法律志愿者联系社区帮助群众维护合法权益。

3. 提高公共危机应急处置能力。建立健全分类管理、分级负责、条块结合、属地为主的应急管理体制机制，加强应急救援资源整合力度，推进应急指挥平台和“一网五库”建设，完善区、街道、社区三级应急预案体系，不断提升突发事件预防和应急处置综合能力。广泛开展防灾减灾、公共安全知识宣传，组织开展各类应急逃生技能培训，提高群众自救互救能力。突出食品药品领域监管，切实加强公共安全管理，不断提升安全监管水平，增强应急救援能力。

三、工作机制

（一）加强领导

建立金牛区社会建设工作领导小组，统筹全区社会建设工作。领导小组由区委、区政府领导担任组长、副组长，区级相关部门和工会、共青团、妇联等为成员单位。领导小组下设办公室，并配备相应编制和经费，主要负责统筹规划协调等社会建设日常工作。各街道也要建立健全相应的工作机制，明确专人，统筹协调本辖区社会建设工作。

（二）落实保障

完善公共财政多元化投入机制，形成政府投入社会建设财力持续增长的机制；鼓励社会资本投入，提高公共财政资金的使用效益，强化社会建设经费保障。完善机制，优化结构，发动激励，加快形成一支以党群工作者、社区工作者、社会工作者、志愿者四支队伍建设为重点，专兼职结合、结构合理、素质优良、覆盖城乡的基层社会建设工作力量；开发专业社会工作和志愿服务岗位，健全社会工作者和志愿者参与社区服务和公益事业的支持体系，强化社会建设人才保障。

（三）协调联动

突出服务群众、加强管理，建立健全统筹协调，城乡一体、上下联动、齐抓共管的社会建设工作机制。发挥党委、政府对社会建设的领导作用，强化各类企事业单位的社会管理和服务职责，支持引导人民团体和各类社会组织加强自身建设，共同参与社会管理和公共服务。动员和组织广大群众以社区为平台，以各类社会组织为载体，积极参与社区服务和公益活动，在社会建设中发挥基础作用。

（四）强化考核

把社会建设纳入党政工作重要议事日程，研究制定社会建设指标体系和分阶段目标责任体系，作为工作推进和考核评价的主要依据。建立社会建设绩效考评体系，加强对社会建设重点项目、重要工作、目标任务完成情况的指导与督查，落实责任，严格奖惩。

（2011年4月9日）

中共成都市金牛区委
成都市金牛区人民政府
印发《成都市金牛区中长期人才发展规划纲要》的通知

金牛委发〔2011〕53号

各街道，区级各部门：

《成都市金牛区中长期人才发展规划纲要》已经区委5届176次常委会讨论通过，现印发你们，请抓好贯彻落实。

（2011年12月16日）

成都市金牛区中长期人才发展规划纲要
（2011—2020年）

为贯彻落实国家、省、市中长期人才发展规划纲要精神，培养和造就一支适应金牛区未来十年经济社会发展需要的人才队伍，制定本规划纲要。

一、序言

人才是指具有一定的专业知识或专门技能，进行创造性劳动并对社会作出贡献的人，是人力资源中能力和素质较高的劳动者。区委、区政府历来高度重视人才工作，把人才作为经济社会发展的第一资源来抓，全区人才工作取得显著成效。近年来，特别是区五次党代会以来，我们区不断推进体制机制建设，不断优化人才服务，努力创造良好环境，培养、引进和用好各类人才，人才队伍建设取得了显著成绩，有力地促进了全区经济社会发展，至2010年底，全区共有各类人才20万人。但是，必须清醒地看到，当前我们区人才发展的总体水平同先进地区相比仍存在较大差距，与我们区经济社会发展需要相比还有许多不适应的地方，主要是：人才数量和质量还不能满足经济社会转型发展的需求；主导优势产业人才占全区人才的比例还不够合理，高层次、高技能、创新型人才缺乏；人才结构和布局还不尽合理，人才工作综合配套体系还不健全。

未来十年是金牛区在加快发展中促转型，在加速转型中促发展的重要时期。国家全面实施人才强国战略和加快推进成渝经济区建设，经济全球化和产业转移进程加快，为成都建设世界生态田园城市提供了难得机遇，同时也为我们利用区位优势和优势产业聚集人才，深化建设“五区金牛”，努力提升产业品质、城市品质、生活品质提供了良好条件。区域之间的发展竞争实际上是人才的竞争，面对新形势新任务，面对区域之间激烈的人才竞争，我们必须牢固树立人才意识和机遇意识，进一步增加人才总量、提高人才素质、优化人才结构、提高人才竞争力；进一步加强人才开发投入、人才环境建设、提高人才贡献率；进一步增强责任感、紧迫感和使命感，科学规划，深化改革，整体推进，重点突破，主动适应经济社会发展的现实需要，不断开创人才工作的新局面。

二、指导思想和发展目标

（一）指导思想

高举中国特色社会主义伟大旗帜，以邓小平理论和“三个代表”重要思想为指导，深入贯彻落实科学发展观，坚持党管人才原则，坚持“服务发展、人才优先、以用为本、创新机制、高端引领、整体开发”的人才发展方针，按照成都市建设“成为中西部领先、全国一流的人才强市”战略目标，遵循市场经济规律和人才成长规律，以高层次、高技能人才队伍建设为重点，以重大人才工程为抓手，统筹推进各类人才队伍建设，打破常规、创新机制、优化环境，构建人才洼地，汇聚经济社会发展尤其是优势产业发展的所需人才，为金牛区转型发展、科学发展、又好又快发展提供人才支撑和智力支持。

（二）发展目标

到2020年，人才发展的总体目标是：培养和造就一支能满足金牛区提升“三大品质”需要、结构合理、素质优良、竞争优势较强的人才队伍，努力构建人才洼地，成为西部一流的人才强区。

完成上述目标拟分两步走，2011—2015年、2016—2020年的分段目标分别为：

1. 人才资源总量不断增长，2015年达到28万人，2020年达到36万人。

2. 劳动者素质不断提高，2015年高技能人才占技能劳动者比例、主要劳动年龄人口受过高等教育的比例分别达到 14.3%和24%，2020年上述比例分别达到18.1%和37% 。

3. 优势产业人才不断聚集，2015年、2020年优势产业人才占全区人才比例分别达到75%和80%。

4. 人才使用效能不断提高，2015年、2020年人才贡献率分别达到27.6%和40.3%。

5. 人才环境持续得到改善，2015年、2020年人力资本投资占地区生产总值比例分别达到14.5%和18.0%。

成都市金牛区人才发展主要指标

表1

指　　标	2010年	2015年	2020年
人才资源总量（万人）	20.0	28.0	36.0
高技能人才占技能劳动者比例　(%)	11.0	14.3	18.1
主要劳动年龄人口受过高等教育的比例（%）	14.4	24.0	37.0
优势产业的人才占全区人才比例（%）	70.0	75.0	80.0
人才贡献率（%）	18.0	27.6	40.3
人力资本投资占地区生产总值比例（%）	11.1	14.5	18.0

三、主要任务

（一）突出加强优势产业人才队伍建设

按照转型发展产业定位和高端发展战略，提升金牛产业品质，抓紧制定与重点优势产业发展相匹配的产业人才开发计划，依托重点优势企业和产业功能区，引商引智，聚集人才，打造集约程度高、规模效益好、专业素质优、带动能力强的产业人才洼地。

1. 现代商贸业人才队伍。

按照建设辐射西部、影响全国的商贸大区的定位，围绕高质量打造成都国际商贸城，有序引导传统专业市场业态提升和经营模式创新，推进实体市场与电子商务相结合、商品实物交易与编制价格指数相结合的要求，大力培养和引进一批具有世界眼光、熟悉国际规则、创新创业精神强的大型商贸企业管理人才；培养和造就一支掌握现代信息技术、熟悉现代经营方式、拥有核心技术和自主知识产权的高层次商业人才队伍。支持企业加快中国·成都中药材指数、中国·成都五金机电指数、中国·成都白酒指数的编制和发布以及电子商务交易平台的搭建和运营，建设一支创新型专业型电子商务技术人才队伍。支持与专业市场配套的金融、保险、物流、信息服务、广告创意、法律、咨询、会计、评估等现代服务业的发展，加快相关人才的开发利用。紧跟现代商贸业发展前沿，多渠道、多层次地加强市场从业人员培训。

2. 高新技术产业人才队伍。

按照打造成都西部科技商务中心和北部工业基地的定位，围绕高科技园区“高新技术产业示范带”和“中铁综合轨道交通高科技产业中心”建设，适应轨道交通、电子信息、生物医药等优势产业转型发展需要，培养和造就一批掌握核心技术、拥有自主知识产权的产品和品牌的创新型人才和人才团队。重点引进和培养轨道交通光机电、系统集成、节能环保、新材料的研发、设计、制造人才；重点引进和培养金融电子、航空电子、交通电子和嵌入式软件等特色电子产业技术人才；重点引进和培养基因技术、干细胞技术、中成药开发等生物医药技术人才。

3. 文化旅游产业人才队伍。

按照都市休闲及文化旅游产业高地定位，围绕文化旅游“五大组团”和两河公园“和乐田园”高端养老项目建设需要，培养造就一支文化素质高、创新能力强、技艺优良的文化旅游产业人才队伍，重点引进和培养文化创意、经营管理、专业技术三类人才，特别是文博旅游、演艺娱乐、创意设计、数字动漫、出版发行、康体养生方面的高层次人才和高技能人才。加快培养文化旅游高端与产业经营人才，积极引进擅长营销策划、资本运作、具有战略思维的高层次、外向型、创新型的经营管理人才。依托大企业、大集团组建专门人才实训基地和对外交流合作平台，建立“产销衔接”机制，在欢乐谷、一品天下等组团聚集一批掌握餐饮娱乐文化特色经营方式或特殊技能的现代服务业人才。保护体现文化传承的老一辈民间艺人和资深演艺人员，鼓励他们授徒传艺。

4. 技术服务业人才队伍。

按照打造成都国际工程技术设计中心、建设技术服务品牌区的定位，依托中铁二院、西南交大、西南建筑设计院等科研院所，立足西部、面向世界，培养、引进和造就一批勘察、设计、咨询、工程总承包、工程监理、环境评价等方面的一流专家和高级专家团队，并积极支持他们发挥智力密集优势，聚集更多专业技术人才，提高人才利用效率，把业务进一步拓展到公路、地铁、城市轻轨、市政工程、房地产、岩土工程施工等工程建设领域，开拓国际市场。

（二）统筹抓好各类人才队伍建设

紧紧围绕建设世界生态田园城市和提升“三大品质”的战略目标，抓住统筹城乡综合配套改革先行先试的机遇，统筹各类人才资源的开发、利用、管理，促进城乡人才资源协调发展，努力开创人才辈出、人尽其才的人才工作新局面。

1. 党政人才队伍。

始终坚持“最基层的人做好最基础的事”的工作取向，坚持“重实干、重实绩、重实效”的用人导向，坚持民主、竞争、择优的改革方针，加大竞争性选拔干部的力度，拓宽选人用人视野，提高选人用人的公信度。加强干部交流，改善干部结构，提升干部工作科学化水平。加强后备干部选拔和培养。落实学分制，采取课堂教学、网络教学和实践锻炼等多种形式开展大规模干部教育培训，切实强化干部世界眼光、系统思维、创新意识和务实作风。建立符合科学发展要求的领导班子和领导干部政绩考核评价体系，完善干部激励、监督和约束机制，在全区形成“干事者受肯定、不事者受批评、成事者受奖励、坏事者受惩罚”的良好氛围。力争未来十年在总量不变的情况下，党政人才的思想政治素质和业务素质明显提高。

2. 企业经营管理人才队伍。

适应调整结构、转型升级、直奔高端的需要，以促进产业高端和高端产业发展为重点，以提高现代经营管理水平和企业国际竞争力为核心，加快推进企业经营管理人才职业化、市场化、专业化和国际化进程，培养一支具有全球战略眼光、市场开拓能力、管理创新能力和社会责任感的优秀企业家和企业经营管理人才队伍。推行现代企业管理制度，鼓励企业实施社会化的职业经理人制度，以市场和出资人认可为核心评价企业经营管理人才。围绕培育具有竞争力的大企业、大集团的需要，实施大企业、大集团人才战略，培养引进优秀企业家和企业发展需要的高层次人才。到2015年、2020年，企业经营管理人才队伍总量分别达到1.8万人、2.3万人。

3. 专业技术人才队伍。

以满足优势产业转型发展需要为目标，以提高专业水平、研发能力、应用能力和创新能力为核心，以培养引进高层次人才和紧缺人才为重点，着力打造一支具有国际化水平、知识转化能力突出、创新创业能力强的专业技术人才队伍。围绕教育均衡发展，突出抓好城乡义务教育和学前教育，培养和造就一支师德高尚、结构优化、业务精湛、富有活力的高素质专业教师人才队伍。围绕加强城乡公共卫生和基本医疗服务能力建设，培养造就一支医德高尚、医术精湛医疗卫生人才队伍。围绕金融、保险、物流、法律、会计等现代商务服务业的发展和文化、旅游、体育发展需要，加快各类专业技术人才的开发利用。到2015年、2020年，专业技术人才总量分别达到11.2万人、14.7万人。

4. 技能人才队伍。

适应产业结构优化升级的需要，以提升职业素质和职业技能为核心，以培养引进高级技师、技师和高级工为重点，打造一支技术水平高、革新能力强、梯次结构合理的技能人才队伍。在涉农地区，充分发挥农业生产经营管理人才、农业技术人才和能工巧匠、种养殖能手的作用。鼓励技能人才参加国内外技能比赛和技能提升培训，成为高技能人才。鼓励高技能人才创办工作室。到2015年、2020年，技能人才总量分别达到15万人、19万人。

5. 社会工作人才队伍。

适应城乡统筹、关注民生、构建和谐的社会管理需要，积极推进社会工作职业化、专业化进程，聚集一批社会工作人才，支持他们为社会建设发挥积极作用。加强基层基础建设，建设一支思想素质较高、基层经验丰富、热心服务居民、群众基础扎实的年富力强的社区工作者队伍。在涉农社区着力建设一支政治素质好、致富带富能力强的农村基层干部队伍。逐步在全区使社区专职工作者配备达到1人/300户，“两委”成员都具有大专以上文化程度，20%的社区工作人员具有专业社工师资格。大力开发社会工作岗位，发展志愿者队伍，推动高校在区建立社会工作专业实习实训基地。增强基层岗位吸引力，抓好大学生志愿者队伍建设。落实促进民办社会机构发展的相关政策，扶持培育社会工作民间组织，培养和充实一批服务社区科技、文化、卫生和法律专业人才。到2015年、2020年，专业社会工作人才总量分别达到150人、300人。

成都市金牛区人才队伍建设主要目标

表2

指　标	2010年	2015年	2020年
党政人才（万人）	0.15	/	/
企业经营管理人才（万人）	1.2	1.8	2.3
专业技术人才（万人）	6.6	11.2	14.7
技能人才（万人）	12.1	15	19
专业社会工作人才（人）	100	150	300

四、重要人才工程

（一）党政人才素质提升工程

高素质党政人才队伍是实现发展目标的重要保证。畅通党政机关干部进口，采取公开招考、公开遴选等方式，有计划地选拔录用一批政治坚定、勇于创新、求真务实、奋发有为、勤政廉洁的优秀人才到干部队伍中来，不断优化党政人才队伍结构，到2020年，35岁以下党政机关干部100%达到大学本科及以上学历，年轻化、专业化水平明显提高，结构更加合理。加大干部竞争上岗、轮岗交流和挂职锻炼力度，不断丰富干部工作经历和实践经验，形成不拘一格的选人用人机制，到2020年，各级领导干部具有一线工作经历的比例达2/3以上。适应统筹城乡科学发展要求和干部成长规律，开展大规模干部教育培训和学习型组织建设，加快干部知识结构转型升级，不断适应科学发展、转型发展的需要，到2015年，通过各级党校、行政学校或其他办学机构轮（培）训的科级以上干部达到100%。

（二）优势产业人才培养引进工程

以领军人才开发带动各方面人才整体开发。立足提高我们区现代商贸、技术服务、轨道交通、电子信息、生物医药、文化旅游等重点优势产业经营管理水平和竞争力，到2020年，培养引进具有国际或国内知名度和影响力的行业领军企业家30人；培养引进能够推动企业工艺改造、技术革新和重大项目实施的高技能人才3万人，不断增加全区高层次人才总量。通过建工作室、资助人才团队、建设人才培养示范基地等措施，营造领军人才创业创新的良好环境，确保他们的聪明才智得到有效发挥，到2020年，在重点优势产业领军企业和科研院所设立省级以上工程技术研究中心、企业技术中心或博士后流动站60个。每年重点资助产学研结合的高科技创新人才团队100个；建设20个以领军人才为主体，中青年创新人才为后备的优势产业高级人才培养示范基地。

（三）创新创业人才孵化工程

加强创新创业孵化载体建设，深入推进青年（大学生）创业园、成都国际商贸城等创业基地建设，完善创业指导服务机制、创业融资服务机制、信息技术服务机制、创业实训服务机制，对人才创新创业在租金优惠、典型奖励、融资扶持等方面加大扶持力度，鼓励区内重点优势企业为青年（大学生）提供业务分包和业务培训，加速创业团队孵化、成长、成熟、出园过程。到2020年，聚集创新创业人才1000人，孵化成功创业企业300个。

（四）名家名师培养引进工程

通过名师结对、学术交流、项目资助等方式，积极实施教育名师培养工程，到2020年，全区省市特级教师、市区教育专家、教育拔尖人才、学科带头人、“双师型”教师、优秀青年教师等各级各类优秀骨干教师人数占教师总数的25%以上，达到1300人。通过统筹城乡卫生协调发展，建立卫生人才培养引进机制，突出加强公共卫生人才队伍和基层卫生人才队伍建设，培养引进一批省市知名医疗专家，到2020年，培养引进200名医学学科带头人及后备人才。着眼于推进文化旅游产业发展和宣传思想文化工作，培养引进一批造诣高深、成就突出、影响广泛的宣传思想文化艺术领域的杰出人才。到2020年，集聚国内外知名的文化艺术名家40人，省市范围内有一定影响的文化名家40人；文化创意、文化经营管理、文化旅游产业专业技术人才和高技能人才1.2万人。

（五）城市建设拔尖人才培养引进工程

着眼建设世界生态田园城市、提升金牛“城市品质”的需要，发挥区内央属和高资质建设规划设计企业众多的优势，吸引和培养一批理念新、水平高的城乡建设规划设计专业拔尖人才，做好建设行业专业技术职务任职资格推荐工作，造就一批建筑、市政、水利、通信、园林、物流等方面有行业影响的专业技术和高技能人才。到2020年，城市建设高级规划师、设计师、工程师、造价师等各类工程技术人才达到3000人。

五、保障措施

（一）改进管理体制

1. 完善领导体制。

坚持党管人才原则，建立和完善区委统一领导，组织部门牵头，有关部门各司其职的人才工作领导体制。区人才工作领导小组负责统筹协调和宏观指导纲要在全区的实施，研究制定、组织实施和督促检查重大人才政策、重大人才工程和纲要任务分解落实。建立每年向区委常委会专题报告一次人才工作制度、区领导联系各类人才制度和重大决策专家咨询制度。将人才工作纳入全区综合目标考核。各街道、部门要按照人才优先原则，统筹抓好人才发展与经济社会发展，切实履行管宏观、管政策、管协调、管服务的职责，用事业凝聚人才，用实践造就人才，用机制激励人才，用法制保障人才，不断创新党管人才的方式，提高人才工作水平。

2. 健全运行体系。

按照权责统一、分类管理的原则，科学划分党政有关部门的人才工作职能，充分发挥其统筹本部门、本行业人才发展的作用。组织部门负责牵头抓总，主持区人才工作领导小组办公室日常工作，突出战略规划、政策统筹，促进人才发展规划与产业转型、科技进步、教育卫生等各专项规划之间的有机衔接，形成上下衔接、左右协调、责任明确的人才发展规划运行体系。各相关职能部门要根据纲要任务，结合发展需要，科学编制本行业、本系统所涉及人才发展专项规划，制定分解落实的具体办法和配套措施，分工负责、协同推进各领域人才发展。各级党政组织要树立强烈的人才意识，善于发现人才、培养人才、团结人才、用好人才、服务人才，充分调动各人民团体、企事业单位、社会组织的积极性，动员和组织全社会力量，形成人才工作整体合力。充分发挥工、青、妇等群团组织以及各类专业社团、行业协会密切联系人才的作用，形成政府引导、用人单位主导、社会广泛参与的良好局面。

3. 夯实工作基础。

按照市委文件精神，落实人才工作专门机构，选优配强队伍力量，做到编制到位、人员到位、经费到位。加快人才工作信息化建设，整合种类信息网络平台，形成相互衔接、资源共享的全区人才信息库，提高信息化管理水平。开展人才工作理论研究和政策研究，加强对重点、难点问题调查，探索符合我们区实际的人才资源开发引进措施。将人才发展纳入经济社会发展统计体系，实行人才发展状况监测评估制度，建立和完善与我们区经济社会发展相适应的人才发展监测网络。

（二）创新工作机制

1. 多元投入机制。

发挥市场配置人才资源的基础性作用，探索建立由政府财政、用人单位、社会组织和公民个人共同投资的人才开发多元化投入机制，为各类人才创新创业、成长成才、进修深造、科研交流等创造良好条件。政府财政优先保证对人才发展重大项目的投入，每年设立人才开发专项资金100万元用于人才开发、培训、奖励，并随经济社会发展逐步提高人才开发支出占财政支出的比例。强化用人单位特别是企业在人才开发中的主体地位，充分发挥财政资金引导和杠杆作用，鼓励和支持用人单位增加人力资源开发培训投入，落实企业在职工工资中按照一定比例计提职工教育培训经费政策。完善以养老保险和医疗保险为重点的社会保障制度，支持用人单位为各类人才建立补充养老、医疗保险。扩大非公有制经济组织、新社会组织人才的社会保障覆盖面。鼓励和引导民间资本投入人才开发培训和利用。鼓励机关、事业单位工作人员和社区工作者自费参加在职进修和学历提高教育。

2. 培养引进机制。

坚持以提升“三大品质”需求为导向，以提高思想道德素质和创新能力为核心，加大招商引智和人才培养力度，建立起与我们区经济社会发展相适应、与重点优势产业发展相匹配的人才培养引进机制。围绕主导产业和经济结构战略性转型需要，引导相关企业统筹规划、引进培养和科学整合一批在行业中有一定影响的经营管理人才、行业领军人才和技能拔尖人才聚集我们区，形成特色主业人才洼地。加强与高等院校的联系与合作，建立我们区产业发展人才和社会建设人才教育培训基地，培养提升我们区“三大品质”所需的专业人才，促进人才供需对口、产销衔接。支持培养和引进创新型高端人才，实行特殊人才特殊政策。支持发展职业教育和专业培训，为特色主业发展不断输送高技能人才。积极开展学习型组织创建活动，完善在职人员继续教育制度，分类制定在职人员定期培训办法，大力发展现代远程教育，构建网络化、开放式、自主性的终身学习教育体系。建立社区工作人员定期培训制度，鼓励社区两委会成员考取社会工作师职业资格证书。

3. 评价发现机制。

建立以岗位职责要求为基础，以品德、能力和业绩为导向，科学化、社会化的人才评价发现机制。改进人才评价标准和方式，克服唯资历、唯学历、唯职称、唯论文的倾向，注重靠实践和贡献评价人才，把评价人才和发现人才结合起来，坚持在实践和群众中识别人才、发现人才。按照国家职业分类人才能力素质标准，认真落实和推进以能力和业绩为导向的专业技术人才考核评价制度，以经济社会效益为依据的企业经营管理人才考核评价体系，以技术成果和经济效益为核心的技能人才评价指标体系。进一步完善以体现科学发展观要求为政绩的党政领导干部和公务员考核评价办法，大胆探索政府、专家、专业机构的权威评价与群众的社会化评价相结合的，统一标准与个性化评价相结合的，“显绩”评价与“潜绩”评价相结合的人才评价模式。健全举才荐才的社会化机制，积极培育行业协会和人才中介服务组织。

4. 选拔任用机制。

改革各类人才选拔使用方式，科学合理使用人才，促进人岗相适、用当其时、人尽其才，形成有利于各类人才脱颖而出、充分施展才能的选人用人机制。深化党政领导干部选拔任用制度改革，完善党政领导干部公开选拔制度，探索公推公选等竞争性选拔干部方式，推行区委讨论决定任用重要干部票决制，提高选人用人公信度。建立组织选拔、市场配置和依法管理相结合的国有公司领导人员选拔任用制度，完善国有资产出资人代表派出制和选举制。健全事业单位领导人员委任、聘任、选任等任用方式。全面推行事业单位选用人才公开招聘、竞聘上岗和合同管理制度。加大从社区工作者中考录公务员或选拔机关、事业单位领导干部的力度。

5. 流动配置机制。

建立政府部门宏观调控、市场主体公平竞争、中介组织提供服务、人才自主择业的人才流动配置机制。充分利用市区人才市场，完善服务功能，畅通信息渠道，搭建流动平台。加强政府对人才流动的政策引导和监督，探索与我们区特色主业发展相配套的人才交流合作办法，推动产业、区域人才合理流动、协调发展，促进人才资源有效配置。加快建立社会化的人才档案公共管理服务系统，落实社会保险关系转移接续办法，消除人才流动的后顾之忧。大力发展人才服务业，培育专业化人才服务机构，注重发挥人才服务行业协会和人才中介机构的作用。整合人才资源，让现有产业人才、名师、名医资源通过领办、交流、结对、参股、辅导等形式，发挥更大作用，辐射和带动一方。

6. 激励保障机制。

积极学习借鉴发达地区经验，完善分配、激励、保障政策措施，建立健全与工作业绩紧密联系、充分体现人才价值、有利于激发人才活力和维护人才合法权益的激励保障机制。鼓励和引导企业建立产权激励制度，制定知识、技术、管理、技能等生产要素按贡献参与分配的办法，探索对优秀经营管理人才、专业技术人才、高技能人才实行技术入股、协议工资、项目工资、年薪制、兼职兼薪等多种收入分配形式，做到一流人才一流报酬、一流贡献一流待遇。完善事业单位岗位绩效工资制度。健全以政府奖励为导向、用人单位和社会力量奖励为主体的多层次奖励体系。坚持精神激励和物质奖励相结合，建立区级人才评审奖励制度，每年表彰一批为全区经济社会发展作出突出贡献的人才和人才工作先进单位。

（三）优化发展环境

1. 成长立业环境。

始终将营造一流的人才发展环境作为引进人才、用好人才、留住人才的关键来抓，尊重劳动、尊重知识、尊重人才、尊重创造。大力加强知识产权宣传普及和维权保护，完善鼓励技术创新和专利申请的扶持政策，积极支持企业事业单位引进培养高层次、高技能人才研发高新技术产品和高级人才到金牛创业，政府将在优先采购、财政奖励、项目扶持、人才落户等方面研究制定优惠政策予以扶持。引导人才资本及科研成果有偿转移，支持知识、技术、管理、技能等生产要素作为资本参股或按照贡献参与分配。加强高新技术产业园区、青年创业园等载体建设，充分挖掘利用辖区内科研院所、高等院校资源建设孵化中心，搭建共性技术平台，切实降低创业成本，减轻创业负担，促进科研成果转化，让人才在金牛创业有机会、干事有舞台、发展有空间。积极探索为人才创新创业提供小额贷款、融资担保以及引进创业投资、风险投资基金参与等融资解决方案。大力实施教育“均衡化、现代化、国际化”战略，深化统筹城乡教育综合改革，构建人人成才、人人发展、人人创造的现代人才培养开发机制。广泛开展学习型社会、学习型组织、学习型家庭等创建活动，推进全民终身学习。按照公开、公平、竞争、择优的原则，统筹体制内外人才的培养、评价、使用、激励标准，促进各类优秀人才脱颖而出、施展才华。

2. 公共服务环境。

坚持“经济市场化、管理民主化、社会公平化”的基本取向，深化综合配套改革和规范化服务型政府建设，推进政府人才管理职能向创造良好发展环境、提供优质公共服务转变。主动为各类人才开辟“绿色服务通道”，设立“人才服务热线”，建立重点人才跟踪服务制度，进一步简化办事流程，减少行政审批和收费事项，为人才提供方便、快捷、优质、高效的服务。加快人才公共服务体系建设，健全人事代理、社会保险代理、人事档案管理、就业服务等公共服务平台，制定优秀人才引进落户中的户口随迁、家属随调、子女入学、住房补贴等优惠政策，最大限度地满足各类人才在金牛工作、生活、学习等方面的需求。建立区领导联系高级人才制度，定期开展走访慰问活动，听取人才的意见建议，解决人才的所盼所求。推进人才服务向街道站点延伸，大力推进人才市场和人才中介服务，完善专业化、信息化、产业化人才市场服务体系，促进人才、资本等生产要素按照我们区产业规划布局合理流动。加大对用人单位劳动用工和知识产权保护情况的检查力度，完善劳动合同、人事争议仲裁、科研成果、专利技术等的保障制度，确保养老、医疗、工伤等各项保险制度落实到位，切实维护人才的合法权益。

3. 宜居宜业环境。

坚持“产城一体、宜居宜业”的城市转型基本取向，集成运用世界生态田园城市规划“九化”标准和灾后重建创造的“四性”原则，做好重要区域的规划编制和城市设计，突出工作与生活融合发展，构建产业布局合理、建筑高低错落、色彩灵动变化、配套功能完善、生态环境优美、既宜业又宜居的新型城市形态。按照“顶层规划、系统设计、创新机制、聚合力量、整体推进”的原则，着眼“引大项目、搭大平台、育大企业、建大产业、促大聚集”的发展目标，加速推进北部新城现代商贸综合功能区、198生态及现代服务业综合功能区、人民北路商务商业核心区、金牛高新技术园区等市、区级功能区建设，不断促进现代服务业、高新技术产业及其相关产业集群集约发展。在功能区建设中积极实施人才安居工程，根据需要建设一部分人才（专家）公寓，积极为高级人才落户创造良好生活条件。大力培育创新创业文化，营造鼓励探索、支持创新、宽容失败、激励成功的良好社会氛围，让各类人才的创新才华得到充分尊重、创造热情得到充分调动、聪明才智得到充分发挥。

中共成都市金牛区委
关于促进文化大发展大繁荣努力建设
全国文化强区的意见

金牛委发〔2011〕63号

各街道党工委，区级各部门党组（党委、工委、总支、支部）：

为认真贯彻落实党的十七届六中全会、省委九届九次全会和市委十一届九次全会精神，全面落实中央、省委、市委的决定和意见，区委五届二十九次全会全面总结我区近年来文化建设的实践经验，深入分析当前形势，紧密结合金牛实际，就促进文化大发展大繁荣、努力建设全国文化强区提出如下意见。

一、充分认识促进文化大发展大繁荣的重大意义，努力建设全国文化强区

文化是民族的血脉，是人民的精神家园。加强新时期文化建设，推动文化大发展大繁荣，是丰富人民精神文化生活、增强民族凝聚力和创造力、提升国家综合竞争力的迫切需要，关系实现全面建设小康社会奋斗目标，关系坚持和发展中国特色社会主义，关系实现中华民族伟大复兴。

文化又是城市的灵魂和核心竞争力。成都建设城乡一体化、全面现代化、充分国际化的世界生态田园城市，我区全面提升城市品质、产业品质和市民生活品质，既需要强大的经济力量，也需要强大的文化力量；既要让人民群众过上殷实富足的物质生活，也要让人民群众享有健康丰富的精神文化生活。

我区历史源远流长，文化底蕴深厚，交子文化独放异彩，美食文化特色浓郁，民俗文化独具魅力。改革开放以来特别是近年来，区委、区政府始终坚持物质文明和精神文明两手抓、文化事业和文化产业同发展，大力推进“文化民生”工程，区、街道、社区三级公共文化服务网络不断完善，群众文化活动蓬勃开展，先后荣获“全国文化先进区”、“全国社区群众文化艺术活动示范基地”、“中国民间艺术之乡”等国家级荣誉称号；大力推进文化产业项目建设，一品天下、华侨城欢乐谷建成运营，都市文化旅游产业初具特色；在奋力推进经济社会发展进程中，全区上下逐步凝练了勇争一流的金牛精神，塑造了“四讲四比”真爬坡敢破难的精神追求，形成了“最基层的人做好最基础的事”的价值取向，涌现了向志雄、汤敏等一大批先进典型、道德模范，生动诠释了社会主义核心价值体系。

但同时，我们也清醒地认识到，我区文化建设与全区经济社会发展总体水平、与人民群众快速增长的精神文化需求还不完全适应。文化自觉还不高，文化自信还不足，文化自强还不够；文化资源开发利用还不充分、特色还不突出，文化品牌缺乏打造和营销、标志形象不够鲜明；文化基础设施还有薄弱之处，综合利用效率还不高；文化产业起步较晚，集约化发展程度较低，整体实力不强；高水平文化人才比较匮乏，基层文化人才队伍素质还需提升。我们必须深刻认识这些问题并努力加以解决。

当前，全省正深入实施新一轮西部大开发战略，持续推进“两个加快”，全面启动天府新区建设；全市正扎实迈上加快建设城乡一体化、全面现代化、充分国际化的世界生态田园城市新征程，推进领先发展、科学发展、又好又快发展，奋力打造西部经济核心增长极；我区正深化“五区金牛”建设，全力提升产业品质、城市品质和市民生活品质，全区各项事业迎来了加快发展的重要战略机遇期。全区上下必须准确把握和顺应经济社会发展新要求、文化发展新趋势、人民精神生活新期待，深刻认识加强文化建设的重大意义和关键作用，切实增强政治责任感和工作紧迫感，在我区文化建设已有的良好基础上，确立更高的定位和目标，努力建设具有强大引领和示范作用的全国文化强区，为全区经济社会发展提供强大支撑。

建设全国文化强区，是一项艰巨而光荣的任务，全区上下必须全面贯彻落实党的十七大和十七届六中全会、省委九届九次全会、市委十一届九次全会精神，高举中国特色社会主义伟大旗帜，以邓小平理论和“三个代表”重要思想为指导，牢牢把握社会主义先进文化前进方向，以践行科学发展观为主题，以建设社会主义核心价值体系为根本任务，以满足人民群众精神文化需求为出发点和落脚点，以改革创新为动力，坚持文化事业和文化产业并重、社会效益与经济效益兼顾、政府投入和市场机制互动、促进繁荣与加强管理结合，整合资源、突出重点、彰显特色，全域式推进文化事业繁荣，组团式推动文化产业发展，弘扬塑造具有成都风格、金牛特色、在国内外具有较大影响的商贸文化、美食文化、孝道文化、创意娱乐文化、茶道文化、历史民俗文化品牌，全面提升城市文化品质、产业文化内涵、市民文明素质，把金牛建设成为产城品质高、文化品位高、人民生活幸福安康的中心城区。

到2020年，我区文化建设的奋斗目标为：社会主义核心价值体系深入人心，人民群众思想道德素质明显提升，社会文明程度进一步提高；公共文化服务体系高标准、全区域覆盖，群众文化活动异彩纷呈；文化创作生产欣欣向荣，具有成都风格、金牛特色的文化作品不断涌现；特色文化产业组团基本形成，竞争力明显增强，文化产业占全区GDP比重达8%以上，成为重要的新兴产业；区域文化标志形象广泛传播，文化品牌发展壮大；文化事业单位运行机制顺畅，文化市场体系健全，文化管理体制完善；文化人才队伍茁壮成长，初步形成文化人才聚集效应。经过全区人民共同努力，把我区建设成为公共文化服务模式示范、特色文化产业品牌引领的全国文化强区。

二、以构建社会主义核心价值体系为根本任务，全域式推进文化事业大繁荣

社会主义核心价值体系是兴国之魂，是社会主义先进文化的精髓。全域式推进文化事业繁荣，必须以构建社会主义核心价值体系为根本任务，推进社会主义核心价值体系全社会渗透、公共文化服务体系全区域覆盖、文化创作生产多领域繁荣，充分满足人民群众多层次、多方面、多样化的精神文化需求。

（一）推进社会主义核心价值体系全社会渗透，以共同信念凝聚人

1. 诠释和弘扬社会主义核心价值体系。以群众喜闻乐见的形式和语言诠释社会主义核心价值体系，将其融入到国民教育、精神文明建设和党的建设全过程，贯穿到经济和社会建设各领域，体现到精神文化产品创作生产传播各方面，推动全社会形成统一指导思想、共同理想信念、强大精神力量、基本道德规范。建立完善理论宣讲制度，建设一支理论宣讲骨干队伍，以区委宣讲团巡讲、“金牛公益大讲堂”和“金沙讲坛·交子金牛分讲坛”宣讲等多种形式，深入全区干部群众开展理论宣传教育，不断扩大理论宣传受众面，切实提高理论宣传实效性。大力建设学习型党组织、学习型机关、学习型社区，不断完善党委（党组）中心组学习制度，抓好党校（行政学校）培训、远程教育等多种形式的学习教育，扎实推进“争创学习型机关、争当学习型党员活动”深入开展，教育广大党员、干部成为实践社会主义核心价值体系的模范。

2. 深化思想道德建设和精神文明创建。弘扬传统美德，深入推进社会公德、职业道德、家庭美德、个人品德建设，广泛学习宣传“道德模范·成都好人”等先进典型。深入开展城乡环境综合治理，持续开展“文明社区”、“文明行业”、“文明院落”等群众性精神文明创建活动，推动全国文明城市建设工作制度化、规范化、常态化。积极推广抚琴街道西北街社区“培养居民阳光心态”工作法，大力推进“诚信金牛”建设，广泛倡导社区志愿服务，深入开展道德领域突出问题专项教育和治理，推动形成知荣辱、讲正气、促和谐的社会风尚。着力加强全区党员干部思想道德建设和机关文化建设，以优良的党风、政风带动形成良好的社会风气。强化学校、家庭、社会紧密协作的教育网络，加快推进涉农地区学校少年宫、社区未成年人心理健康辅导站建设，促进未成年人健康快乐成长。

3. 彰显成都城市精神，塑造金牛良好形象。大力宣传“和谐包容、智慧诚信、务实创新”的成都城市精神，弘扬敢闯敢试、敢为人先的开拓精神，培育全区人民共同的价值理念和主线文化，增强全区人民对成都、对金牛的认同感、归宿感和责任感，引导全区干部群众把城市精神内化为实现新时期奋斗目标的强大精神动力。深入挖掘我区文化特质与精髓，传承发扬“金牛精神”和全区人民的精神追求，培育和弘扬新时期体现“高端发展、科学发展、又好又快发展”的金牛主流人文精神，塑造金牛文化标志形象，提升区域知名度、美誉度，增强区域凝聚力、辐射力。

（二）推进公共文化服务体系全区域覆盖，以文化民生惠及人

1. 高标准加快文化设施建设。按照成都市创建全国公共文化服务体系示范区的要求，进一步推进全区公共文化设施标准化建设和规范化运行。增加区文旅局为区城乡规划委成员单位，促进城乡建设中公共文化场馆设施优化布局、科学配套。按照国家一级馆标准，完善区文化馆功能，启动区图书馆新馆建设，加快成都艺术剧院新声剧场建设，打造我区标志性公共文化设施。加快基层文化阵地建设，各街道建成综合文化活动中心，各社区落实综合文化活动室，涉农居民集中居住区配套建设文化广场，并不断完善服务功能，切实惠及城乡居民。按照“一街一特”、“一街一品”的标准，结合旧城改造和风貌整治，因地制宜建设一批文化街区、文化广场、文化景点，高标准打造凤凰山公园、茶店子公园、黄忠公园、新桥公园等文化主题公园，展现地域文化底蕴。支持建立多种模式、各具特色的社区群众文化艺术活动基地，推进各类公共文化服务设施共筑共享，提升综合效益，打造便民、利民、乐民、惠民的文化家园。

2. 高质量提供公共文化服务。进一步完善覆盖城乡的三级公共文化服务网络，积极开展群众乐于参与、便于参与的多样化特色文化服务，丰富城乡居民精神文化生活，提升城乡居民精神品位和人文素质。继续开展“城乡共融、托梦明天”涉农地区少儿素质培训，进一步提高培训质量和效果。开办市民艺术学校和文化艺术辅导站，免费为市民提供文化艺术类培训。推进图书阅读通借通还、流转服务，开展“书香金牛”全民阅读活动，延伸开展“书香社区”、“书香家庭”建设活动。推进群众性文化活动经常化，办好“成都文化四季风”、“文化金牛闹新春”、“文化直通车”、“运动成都·活力金牛”全民健身400惠民工程、社区文化艺术节等活动，形成“人人有文化爱好、天天有文化活动”的生动局面。实施社科普及工程，设立金牛理论园地，深入开展“金沙讲坛·交子金牛分讲坛”和“成都学术沙龙”。推进常住人口基本公共文化服务共建共享，引导社区、企事业单位开展面向妇女、未成年人、老年人、残疾人和外来人口的公益文化活动。

3. 高水准打造文化精品品牌。积极探寻传统文化的现代表达，积极打造“交子故里”及世界钱币博物馆，弘扬享誉世界的交子文化，塑造我区核心文化品牌。深化“全国社区群众文化活动示范基地”建设，进一步丰富提升“文化金牛大擂台、金牛社区电影大看台、金牛社区公益大讲台、交响金牛”四大群众文化活动品牌，充分发挥“群星奖”品牌效应；大力培育新兴群众文化活动品牌，深入打造“中国民间摄影之乡”，积极争创“中国民间文学之乡”，努力打造全国知名的“民间流动文学院”。深入挖掘和开发利用我区底蕴深厚、独具特色的文化资源，深度打造具有成都风格、金牛特色的创意娱乐文化、美食文化、历史民俗文化、休闲养生文化和敬老孝道文化品牌，培育打造金牛雕塑、金牛演艺、锦西曲艺等表现形式新颖、地域风格浓厚的特色文化品牌，推广提升《金沙》、《天府蜀韵》等精品品牌，提升我区文化魅力。

（三）推进文化创作生产多领域繁荣，以先进文化引领人

1. 坚持先进文化方向。切实贯彻“二为”方向、“双百”方针和“三贴近”原则，更加自觉、更加主动地承担起用社会主义先进文化引领社会进步的历史责任。在价值理念上，坚持以社会主义核心价值体系为主导，力求文化产品以真善美的力量和形式，揭示和传播引领社会进步的思想观念，推动建设中华民族共有精神家园；在现实生活中，坚持以国家发展和民族进步为方向，把文化创作融入改革开放和社会主义现代化建设伟大实践，奏响时代主旋律；在个人追求中，增强社会责任感，提倡文以载道、以文化人，更好地发挥文化引领风尚、教育人民、服务社会、推动发展的作用。

2. 鼓励文化创作生产。实施文化精品工程，按照政府引导、社会参与的方式，优选包装一批重大文化选题，不断推出具有成都风格、金牛特色的优秀文艺作品。推行文化领军人物项目负责制，以优秀人才为核心聚集创作、生产、经营人才，鼓励推出更多文化精品力作。强化区文联、区社科联的联络协调服务职能，积极发挥区作家协会、区摄影协会、区音乐舞蹈协会、区美术书法协会等团体的作用，加强特色文艺宣传原创作品创作，创造更多思想性、艺术性、观赏性相统一的优秀作品，争取更多作品获国际级、国家级大奖。建立健全文化创作评价标准和评价机制，把群众意见、市场影响、政府导向充分结合起来，设立金牛文化奖，对在文化作品创作生产中做出突出贡献的团体和个人进行表彰奖励。

3. 加强宣传舆论引导。牢牢把握正确舆论导向，加强区有线台、《新金牛》、金牛政务网、金牛政务微博等宣传阵地建设，提升中心工作和重大主题的宣传报道质量，不断扩大主流舆论影响。强化街道、部门

舆论引导“一岗双责”，坚持行政事务与新闻宣传、舆论引导同步安排。完善新闻发布制度，做好重大突发事件新闻应急处置，健全主体明确、协作高效的应急报道和舆论引导机制。正确对待舆论监督，积极解决群众反映强烈的实际问题，维护群众利益，促进社会和谐。加强舆情搜集和分析研判，加强社会热点难点问题引导，及时解疑释惑，疏导公众情绪，有效凝聚共识。主动适应新兴媒体发展趋势，加强互联网宣传管理工作，严厉打击网络违法犯罪行为，积极引导网络舆论，大力净化网络文化环境。

三、以满足社会效益为首要追求，组团式推动文化产业大发展

发展文化产业是满足人民群众多样化精神文化需求的重要途径，对优化产业结构、提升产业品质、促进可持续发展具有重要作用。要以成都加快建设全省文化产业核心发展区为契机，以满足社会效益为首要追求，充分挖掘我区文化资源，突出重点、优化布局、抢占高端，努力推进全区文化产业特色发展、组团发展、跨越发展，把我区建设成为特色文化产业品牌聚集地。

（一）突出重点行业，推进特色发展

根据我区文化资源分布状况和特点，着力发展六大重点行业，推动优势行业率先发展。一是创意娱乐业。以华侨城欢乐谷、华侨城文化产业园为依托，大力发展精品演艺、主题娱乐、科技娱乐、文化创意等产业，提升推广《天府蜀韵》品牌剧目，打造成都中央欢乐区（CHD）。二是民俗旅游业。围绕金沙遗址、永陵博物馆、天回古镇、驷马桥等历史民俗遗址和一品天下、华侨城欢乐谷、犀湖民族硅谷等项目，大力发展民俗旅游及其配套产业。三是休闲养生业。以成都荷花池中药材专业市场、茶文化主题公园、大西南茶城和拟打造的成都中医药文化特色街为依托，大力发展中医药文化展示、药膳养生、中医理疗、健康休闲等相关产业。四是创意设计业。建设金牛创意创业中心、成都国际商贸城小商品创意设计体验中心，依托阿佩克思等咨询企业，大力发展创意产品设计、广告设计、软件设计、小商品设计等业态。五是数字动漫业。重点发展动漫原创、动漫设计、动漫衍生品开发等产业。六是出版发行业。规划打造复合型特色出版发行基地，积极引导、支持我区出版发行产业规模化、集约化、专业化发展。

（二）优化空间布局，推进组团发展

围绕特色文化产业品牌化发展，加大资源产业化开发力度，科学谋划我区文化产业空间布局，着力发展华侨城欢乐谷片区创意娱乐产业组团、北部新城商贸文化产业组团、一品天下片区美食文化产业组团、两河片区孝道文化产业组团、金牛高科技产业园区创意文化产业组团、黄忠金沙、永陵通锦片区历史文化产业组团、川陕路天回镇片区川西民俗文化产业组团和成都荷花池中药材专业市场、茶文化主题公园、成都中医药文化特色街休闲养生文化产业组团等八大文化产业组团，有力提升我区文化要素的聚集力、文化产业的带动力和文化产品的供给力。

（三）狠抓项目建设，推进跨越发展

1. 精心打造一批重点项目。加快实施成都国际商贸城、两河民生养老和乐田园、华侨城欢乐谷欢乐田园、天回古镇、成都中医药文化特色街等一批具有产业拉动作用和示范效应的重点文化产业项目，尽快形成我区文化产业的规模优势和拳头产品。

2. 培育引入一批新兴项目。按照政府主导、企业运作原则，包装打造“交子故里”、“民族硅谷”、黄忠金沙文化特色街、驷马桥平福巷（水巷子）特色街等一批特色项目。打造金牛文化产业创业平台，加快引进著名文化品牌、文化名人和文化企业来我区投资兴业，培育文化产业新的增长点。

3. 改造提升一批传统项目。推动文化与旅游、商贸、体育、信息等产业融合发展，体现文化内涵，提升文化品位，延伸文化浸润领域，更好地发挥文化产业对推动经济发展、促进就业创业、提升区域形象的重要作用。促进现代科技和文化深度融合，运用数字技术、网络技术提升改造文化产业传统业务，积极发展电子商务、数字出版等新兴文化业态。

四、以改革创新为强大动力，积极创造有利于文化大发展大繁荣的体制机制环境

创新是文化的本质特征。以改革创新推动文化繁荣发展，是不断增强文化发展的生机和活力，抢占文化发展制高点的必然要求。提升文化创新力，必须着力优化文化企业运行机制、健全现代文化市场体系、完善文化综合管理体制，积极创造有利于我区文化繁荣发展的体制机制环境。

（一）优化文化单位运行机制

按照国家事业单位分类改革的规定，稳步推进全区经营性文化事业单位改革，在资产、土地、社保、人员安置等方面给予有力支持；切实推进公益性文化事业单位人事管理、收入分配和社会保障制度改革，建立健全考核评价体系和激励约束机制，激发公益性文化事业单位活力。加大《新金牛》采编中心、区有线电视台、区网络管理中心、区图书馆、区文化馆等单位的经费保障力度，完善管理和运行机制，提高服务群众的能力和水平，最大限度地发挥社会效益。

（二）健全现代文化市场体系

1. 发展文化产品市场。充分利用成都国际商贸城、成都图书批发市场、城北电子电器市场等市场资源，大力发展图书、报刊、电子音像制品、民族民间工艺品、影视剧、演艺娱乐等文化产品市场，打造立足成都、面向国内外、具有较大影响力的文化产品交易基地和旅游产品集散地。

2. 培育文化消费市场。办好“社区文化艺术节”、“文化直通车”等特色文化节会，开发群众喜闻乐见、参与性强，具有个性化、分众化的文化产品和服务，提升文化消费动力。向困难群众和涉农社区居民、农民工发放文化消费券，拓展文化消费群体。开发与文化结合的教育、培训、健身、旅游、休闲等服务性、综合型消费，扩大文化消费领域。

3. 健全要素服务市场。培育资本、人才、信息、技术和产权等要素市场，促进金融资本、社会资本与文化资源对接，引导金融资本、社会资本投资我区文化领域。培育文化服务市场，加强文化资产评估、文化经纪代理等行业中介组织建设，构建产学研相结合的文化技术创新体系和公共服务平台，支持文化企业提高市场竞争力。

（三）完善文化综合管理体制

1. 加强规划引导。制定文化发展专项规划，对全区文化事业、文化产业发展科学规划、统筹安排，避免低水平重复建设和文化资源的浪费，促进文化建设与经济、政治、社会、生态文明建设共同推进、协调发展，切实提升推进文化改革发展的科学化水平。

2. 完善管理体制。进一步理顺政府和文化企事业单位、市场中介组织的关系，建立健全党委领导、政府管理、行业自律、社会监督、企事业单位依法运营的文化管理体制，推动文化行政管理部门切实履行政策调节、市场监管、社会管理、公共服务职能。完善文化决策机制，成立区文化艺术专家委员会，对重大文化决策和文化项目进行专家论证，必要时可进行社会公示和听证。

3. 加强综合执法。深入开展“扫黄打非”，加强文化市场监管，维护文化市场秩序。进一步完善“刚性政策支持、立体网络监管、运行机制保障”相结合的文化市场监管模式，改进审批方式，简化审批程序。健全文化市场综合执法机构，强化综合文化行政主体责任，不断完善和规范执法工作。

五、以党的领导为核心保证，构筑建设全国文化强区的坚强保障

充分认识文化建设的重要地位和作用，树立敢于管理、善于管理、科学管理的政治责任意识，切实加强和改进党对文化改革发展工作的领导，做到以系统的观念抓文化、以具体的项目抓文化、以创新的手段抓文化、以务实的作风抓文化，构筑推进我区文化改革发展的坚强保障。

（一）强化组织保障

1. 切实担负文化改革发展的政治责任。全区各级党组织要切实把文化建设摆在更加重要位置，牢固树立抓文化就是抓方向、抓发展、抓民生、抓和谐的理念，把文化建设纳入经济社会发展总体规划，加强对新闻宣传、舆论引导、精神文明建设、网络文化建设、文化事业发展、文化体制改革与文化产业发展等工作的领导，把文化建设和文化改革发展成效纳入目标考核体系和科学发展考核评价体系，作为衡量领导班子和领导干部工作业绩的重要依据。

2. 健全共同推进文化建设的工作机制。建立“党委统一领导、党政齐抓共管、宣传部门组织协调、部门街道分工负责、社会力量积极参与”的工作体制和工作格局，形成全社会推动文化建设的强大合力。成立全区文化建设领导小组，加强对文化建设的统筹领导。区委宣传部要切实负起组织协调责任，加强对文化领域各部门各单位的工作指导，充分发挥文化建设主力军作用。支持人大、政协履行职能，支持民主党派、无党派人士和人民团体发挥作用，推动区社科联、区文联、区作协等文化领域人民团体履行好联络协调服务职能，共同推进文化改革发展。

3. 加强文化领域领导班子和党组织建设。健全完善宣传文化系统干部管理体制，选好配强文化领域各部门各单位领导班子。加强领导班子思想政治建设，提高领导干部思想政治素质，确保文化阵地导向正确。加强党员发展工作，注重从文化领域优秀人才、先进青年、业务骨干中发展党员、培养党员。加强全区领导干部文化理论学习，把文化建设纳入干部培训计划和党校（行政学校）教学体系。

（二）构筑人才保障

1. 大力培育文化领军人才。充分发挥我区人才汇聚的区位优势，不断创新人才队伍建设机制，创造条件，加大培养和引进力度，着力培育一支德才兼备、锐意创新的文化领军人才队伍，造就一批一流的文化名人和文化经营人才。

2. 大力培养基层文化队伍。制定实施基层文化人才队伍建设规划，完善机构编制、学习培训、待遇保障等方面的政策措施。配齐配好街道党工委宣传委员、宣传文化干事和街道综合文化中心主任，公开招聘专职工作人员，设立区级“文化小分队”，社区配备公共文化服务工作人员，选拔优秀社区大学生干部充实到基层宣传文化单位。加强区社科联、文联和作协组织建设和队伍建设，积极支持文化专门人才和民间文化人才队伍发展，着力培养一批扎根基层的文化骨干力量。积极推广“文化义工”，鼓励专业文化工作者和社会各界人士参与基层文化建设和群众文化活动，壮大文化志愿者队伍。

3. 大力优化文化人才成长环境。加大教育培训力度，全面提高基层文化人才队伍能力水平。设立区级文化荣誉称号，对有突出贡献的文化人才进行表彰奖励。研究建立体现基层文化工作特点的文化人才评价标准，完善人才培养开发、引进选拔、激励保障机制。遵循文化产品创作和文化人才成长规律，创造宽松包容、重视人才的良好环境，增强我区文化人才集聚效应。

（三）落实政策保障

1. 确保财政投入。切实增加文化投入，财政对文化建设投入的增长幅度高于财政经常性收入增长幅度。进一步拓宽文化投入来源渠道，努力增加政府非税收入用于文化的投入，加大文化事业建设费征收力度。调整和优化财政文化支出结构，扩大公共财政覆盖范围。严格落实从城市住房开发投资中提取1%用于社区公共文化设施建设的政策。

2. 加大扶持力度。认真落实中央、省、市关于文化事业和文化产业发展的各项政策，加快研究制定我区文化发展的促进政策。统筹设立公共文化服务和文化产业发展专项资金，用于全区公共文化服务体系建设、重点公益性文化事业发展扶持、区域营销及对外宣传、精神文明建设、优秀文化人才奖励、文化精品项目扶持、社会科学普及、文化产业园区（基地）建设、重点文化产业项目的引导支持。

3. 鼓励群众文化创造。尊重人民群众的首创精神，发挥人民群众在文化建设中的主体作用。积极搭建公益性文化活动平台，组织广泛开展公益性、群众性文化活动。积极支持群众依法兴办文化团体，鼓励培育根植群众、服务群众的文化载体和文化样式。鼓励社会资金参与公益性文化设施的经营，促进社会对宣传文化公益事业的捐赠。深入开展文化调研，积极推广大众文化优秀成果。

促进文化大发展大繁荣、建设全国文化强区，责任重大，使命光荣，前景美好。全区上下要以高度的文化自觉、文化自信与文化自强，以时不我待、奋发有为的精神，以狠抓落实、务求实效的作风，解放思想，转变观念，抓住机遇，乘势而上，奋力实现我区文化发展新跨越，为我区高端发展、科学发展、又好又快发展，加快提升区域城市品质、产业品质和市民生活品质做出新贡献！

（2011年12月22日）

中共成都市金牛区委办公室 成都市金牛区人民政府办公室 印发《2011年人居创业优选区建设工作方案》的通知

金牛委办发〔2011〕11号

相关街道，区级相关部门，区属相关国有公司：

《2011年人居创业优选区建设工作方案》已经区委专题研究审定通过，现印发你们。各牵头单位要组织协办单位根据金牛新城建设2011年工作任务，进一步做好目标分解，落实工作责任，明确时间节点，倒排工作进度，落实专人跟进，确保全面完成工作任务。

请各牵头单位将目标分解情况和各单位负责推进此项工作的领导及工作人员名单于2011年3月15日前报区行政效能和执法监察中心备案。

（2011年3月2日）

2011年人居创业优选区建设工作方案

为认真落实区委工作会议精神，进一步加快推进人居创业优选区建设，制定本方案。

一、工作目标

按照提升产城品质的要求，把人居创业优选区的工作重点放在金牛新城建设上，使之成为人居创业优选区的范例。

二、工作范围

金牛新城规划范围由沙西线、三环路、迎宾大道、蜀汉西路及郫县界围合而成，总占地面积约18207

亩。根据现状用地分类及区域功能特征划分为5个区域，主要包括：国宾上城片区面积约2986亩，侯家片区面积约2646亩，互助西片区面积约1920亩，省级行政中心片区面积约6195亩和金牛高科西区面积约4460亩。涉及金泉街道的郎家、高家、金桥、互助、何家5个社区，涉及西华街道的跃进、青杠、瓦鸟子、兴盛、侯家、金牛、富家和涧槽等8个社区。根据工作实际，重点做好国宾上城片区建设。

三、工作机构

成立人居创业优选区建设领导小组，由王洁同志任组长，胡斌、戴延峰同志任副组长，下设项目工作组。

（一）产城项目组：按照“产城相融、顶级规划”和市场化原则，开展对该区域范围高端战略谋划及可行性研究，开展与产业规划相适应的城市规划设计，突出可实施的重点片区，突出抓好重大带动性项目建设，尽快形成标杆性的区域形象，提升区域资源价值，带动区域发展。及时组织开展高品质，有影响的城市营销、项目推介活动和招商引资工作。

牵头单位：区发改局、规划金牛分局

责任单位：区政府办、区建交局、区投服局、区高科办、国土金牛分局、金泉街道、西华街道、相关区属国有公司。

（二）项目促建组：根据项目推进情况制订片区安置房建设、基础设施建设、水系改造和公建配套设施建设计划并组织实施，负责片区内已供土地项目的开工促建、跟踪服务和统计工作。

牵头单位：区建交局

责任单位：区发改局、规划金牛分局、国土金牛分局、区教育局、金泉街道、西华街道、相关区属国有公司。

（三）用地工作组：编制集体土地征地计划，做好片区集体土地征收的组件报批工作；负责具体组织拆迁、补偿、安置工作，制定强制搬迁实施方案并牵头实施；负责做好与市土储等土地业主的统筹协调工作；负责协调市规划局组织实施违法建设查处工作；负责做好项目建设的用地保障，牵头并指导做好土地上市工作。

牵头单位：国土金牛分局（一体办）

责任单位：区政府办、规划金牛分局、区房管局、区城管局、金泉街道、西华街道、相关区属国有公司。

（四）监督检查组：负责对相关单位履职情况和工作进展情况效能督察；对相关国有公司资金管理使用情况进行监督检查；对拆迁工作实施跟踪审计，对项目资金使用情况进行全程审计监督。

牵头单位：区监察局

责任单位：区国资办、区审计局、区监察分局。

四、保障措施

一是建立责任分解制度。各相关单位明确工作责任，层层分解目标任务，责任到岗任务到人，明确工作完成时限，确保各项工作按计划要求有序推进，做到牵头部门和配合部门以及实施主体“三位一体”，确保工作落到实处。

二是建立协调会议制度。领导小组以例会形式听取各牵头单位、责任单位工作进展情况汇报，研究解决工作中遇到的重大问题，制定相关制度措施。

三是建立工作督导制度。区监察局会同相关单位采取日常督查、跟踪督查、问题督查等方式，对各单位工作进行督促检查，适时形成工作通报。

四是建立用地决策制度。国土金牛分局（一体办）根据项目建设进度要求，对本区域用地范围内涉及征地、拆迁的问题及时研究提出建议意见。

五是建立奖惩机制。将人居创业优选区建设纳入全区攻坚破难项目，严格实行工作检查和目标管理。对按时完成拆迁工作任务的单位，足额拨付工作经费；对未按时完成拆迁工作任务的单位，在最终完成任务的前提下，相应扣减工作经费。对未按时完成当年目标任务的单位，严格实行问责。

附：金牛新城建设2011年工作任务分解表

附件：

金牛新城建设2011年工作任务分解表

工作机构	工作任务	牵头单位	承办单位
产城项目组	1. 3月底前完成区域总体策划和城市设计方案，为高质量建设该区域提供规划保障。 2. 6月底前完成与该区域产业规划相适应的城市规划设计。 3. 完成2—3个示范性项目的推介活动和招商引资工作。	区发改局 规划金牛分局	区政府办、区建交局、区投服局、区高科办、国土金牛分局、金泉街道、西华街道、相关区属国有公司。
项目促建组	1. 6月全面启动国宾上城片区基础设施前期准备及建设。 2. 7月启动鑫房名苑安置房建设，年内完成基础工作。	区建交局	区发改局、规划金牛分局、国土金牛分局、区教育局、金泉街道、西华街道、相关区属国有公司。

续表：

工作机构	工作任务	牵头单位	承办单位
用地工作组	1. 加强与市土储的沟通衔接，力争年内对该片区内未征土地全部报征。 2. 金泉街道辖区6月底前完成金桥社区8、9、10组拆迁；12月底前完成互助社区3、4组拆迁。 3. 西华街道辖区6月底前完成金牛社区1组和洞槽社区1、3、10组拆迁；12月底前完成洞槽社区2、4、5、6、7、8、11组拆迁。	国土金牛分局（一体办）	区政府办、规划金牛分局、区房管局、区城管局、金泉街道、西华街道、相关区属国有公司。
监督检查组	1. 督促相关单位按时间进度刚性完成工作任务。 2. 对拆迁工作实施跟踪审计。 3. 对相关区属国有公司资金管理使用情况进行监督检查。 4. 5月底前制订工作奖惩方案。	区监察局	区国资办、区审计局、区监察分局。

中共成都市金牛区委办公室关于全面实行党的基层组织党务公开的实施意见

金牛委办发〔2011〕42号

各街道党工委，区级各部门党组（党委、工委、总支、支部）：

为认真贯彻落实中央、省、市委关于党的基层组织实行党务公开的部署要求，现就我区全面实行党的基层组织党务公开工作提出如下实施意见。

一、总体要求

坚持以邓小平理论和“三个代表”重要思想为指导，深入贯彻落实科学发展观，围绕中心、服务大局，切实加强党的执政能力建设，全面实行党的基层组织党务公开，促进党内民主，加强党内监督，确保权力正确行使，不断扩大党员、群众对党内事务的知情权、参与权、监督权，不断提高党的基层组织创造力、凝聚力、战斗力，为深入实施城乡统筹、加快建设世界现代田园城市和“五区金牛”提供有力保证。

二、全面实行党的基层组织党务公开

（一）党务公开的主要内容

1. 党组织决议、决定及执行情况。执行中央、省委、市委、区委重大决策部署，上级党组织决议、决定和工作部署等情况；本地本部门（单位）重要决策及执行，任期工作目标、阶段性工作部署、工作任务及落实情况；涉及群众切身利益的重大决策、政策及贯彻落实等情况。

2. 党的思想建设情况。本级党组织开展思想政治工作、理论学习计划及实施、党员干部教育培训计划及落实、年度党建主题活动安排及实施、党组织生活会召开及问题整改落实、领导干部讲党课等情况。

3. 党的组织管理情况。本级党组织的设置、主要职责、机构调整、换届选举，党员发展、民主评议、创先争优，党费收缴、管理和使用，党务工作经费管理和使用，党员权利保障等情况。

4. 制度建设及落实情况。党的基层组织议事规则及执行情况；党内民主决策、民主选举、民主管理和民主监督的相关规定及落实情况；党员旁听基层党委会议制度落实情况；党建工作责任制落实情况等。

5. 领导班子建设情况。领导班子职责分工、议事规则和决策程序，执行民主集中制，召开民主生活会及问题整改落实，年度考核评价等情况。

6. 干部选任和管理情况。干部选拔任用、轮岗交流、考核奖惩，干部监督制度及执行等情况。

7. 联系和服务党员、群众情况。听取、反映和采纳党员、群众意见和建议，帮助党员、群众解决生产生活实际困难，接待来信来访、排查化解矛盾纠纷，办理涉及党员、群众切身利益重要事项等情况。

8. 党风廉政建设情况。执行廉洁自律规定、落实党内监督制度、推进惩治和预防腐败体系建设、落实党风廉政建设责任制情况；领导班子及其成员述职述廉和民主测评情况；领导干部任期经济责任审计和离任审计情况；党员干部违纪违法案件查处情况。

9. 其他事项。上级党组织要求公开的其他事项；本地本部门（单位）根据实际情况和党员的要求，认为有必要公开的其他事项。

（二）党务公开的基本程序

1. 内容审核。党务公开分为例行公开、主动公开、依申请公开。

（1）例行公开。列入党的基层组织党务公开目录的事项，按规定例行公开，由党组织负责人审核把关；暂时不宜公开或不能公开的，报上一级党组织备案。

（2）主动公开。未列入党务公开目录，但事关本地本部门（单位）经济社会发展、人民群众生产生活和切身利益的重大事项，经党的基层组织研究决定，可以主动公开，并报上一级党组织备案。

（3）依申请公开。未列入党务公开目录，党的基层组织未主动公开的事项，党员可以向党的基层组织提出公开申请。对申请的事项，党的基层组织研究认为可以公开的，应向申请人公开或在一定范围内公开；暂时不宜公开或不能公开的，及时向申请人说明情况。申请事项及办理情况应报上一级党组织备案。

2. 实施公开。适宜在党内公开的，通过党内会议、文件、简报等方式进行公开；可以向社会公开的，通过公示栏、电子屏幕、新闻媒体、网络平台等方式公开。

3. 收集反馈。通过公布联系电话、设置意见箱、接待来访、网上征求意见等方式，广泛收集党员、群众对党务公开事项的意见和建议，明确专人负责整理，及时作出处理或整改，并将结果向党员、群众反馈。

4. 归档管理。坚持规范化管理，党的基层组织应建立健全党务公开档案，并将公开的信息资料登记归档，做好管理利用工作。

（三）党务公开的时限要求

1. 长期公开。主要指党内有关政策规定、工作制度、工作程序、机构设置等具有长期性、固定性的内容。

2. 定期公开。主要指党风廉政建设、党员发展、民主评议、党费收缴管理使用情况等在一定时期内相对稳定的常规性事务，原则上在每季度末的后10日内进行公开。

3. 分期公开。主要指创先争优活动等动态性、阶段性的工作，应根据进展情况分期逐段，在阶段性工作结束后10日内进行公开。跨年度的工作除按阶段公开外，还应在工作结束时进行总结性公开。

4. 即时公开。主要指干部选拔任用、转岗交流、考核奖惩等临时性事务和依申请公开内容，应根据情况在工作结束后10日内进行公开。

三、工作要求

（一）加强组织领导

区委成立党的基层组织党务公开工作领导小组，领导小组办公室设在区纪委，负责统筹协调和指导全区党的基层组织党务公开工作。各级党组织要把党的基层组织党务公开工作列入重要议事日程，明确推进党务公开工作的领导机构和办事机构，研究制定切实可行的具体实施方案，强化检查指导，确保2011年底前全区街道、机关、学校、国有公司、社区、非公有制企业、社会组织和其他单位党的基层组织全面实行党务公开。要采取多种形式，深入宣传中央、省委、市委、区委关于党的基层组织实行党务公开工作的部署和要求，深入宣传党章赋予党员的各项民主权利和义务，引导广大党员正确行使民主权利，营造良好舆论氛围。

（二）精心组织实施

区委党的基层组织党务公开工作领导小组各成员单位按职能分类制定党务公开目录。区委组织部负责分类制定街道党工委、社区党组织、非公有制经济组织党组织、区属社会组织党组织的党务公开目录，区直机关工委负责制定区级机关党总支（支部）的党务公开目录，区财政局（国资办）党工委负责制定区属国有公司党组织的党务公开目录，各系统党委（工委）负责制定本系统的其他基层党组织党务公开目录。党务公开目录经区委党的基层组织党务公开工作领导小组办公室审定后下发全区执行。各级党组织要依据公开目录和相关文件要求，按照党组织的隶属关系，分类指导和督促检查下级党组织抓好党务公开工作。要把党务公开与政务公开、厂务公开、居务公开和公共事业单位办事公开等有机结合起来，相互促进、协调运转。

（三）严格督促检查

各级党组织要加强对党的基层组织党务公开工作的监督检查，不断提高党务公开工作的科学化、规范化、制度化水平，确保机制制度健全、内容真实全面、程序规范严谨，取得实际成效。强化考核评价，把党的基层组织党务公开工作情况纳入党组织及其主要负责人年度工作考核和党建工作考核范围，列入创先争优、“三级联创”活动考核评价内容，下级党组织每年要向上级党组织报告党务公开工作情况。加大责任追究力度，对不及时公开、不按规定公开、不实行公开或者弄虚作假的，要严肃批评教育，限期整改落实；对情节严重、造成恶劣后果的，要严肃追究有关领导和直接责任人的责任。

附：区委党的基层组织党务公开工作领导小组成员名单

附件：

区委党的基层组织党务公开工作领导小组成员名单

组　长：王　洁　区委常委、纪委书记

副组长：辜学斌　区委常委、组织部部长

成　员：何　敏　区纪委副书记

邓开龙　区委组织部副部长、
　　　　区委党史研究室主任
方弟均　区委宣传部副部长、
　　　　区文联主席
李文龙　区直机关工委书记
陈　钰　区财政局党组副书记、
　　　　区国资办主任

领导小组办公室设在区纪委，何敏同志兼任办公室主任。

中共成都市金牛区委办公室 成都市金牛区人民政府办公室 关于在全区深入推进综治工作 促进和谐金牛建设的实施意见

金牛委办发〔2011〕70号

各街道，区级各部门：

为认真贯彻市委城市社会治安和交通管理工作会及区委社会治安和城市管理专题会议精神，确保全市开展的“综合治理·共创平安”专题活动在我区扎实、有效推进，按照市委、市政府要求，结合区情，现就深入推进综治工作，促进和谐金牛建设，提出以下实施意见：

一、工作目标

进一步落实社会治安综合治理“谁主管谁负责”和“属地管理”责任制；进一步加强综治队伍建设、工作机制建设，整合各方力量，提升工作水平；进一步落实部门齐抓共管制度，加强职能部门抓社会治安综合治理工作规范化建设，实现全区综治队伍力量进一步充实、“两抢两盗”等严重影响群众安全感的犯罪案件同比下降，辖区群众安全感和满意度进一步提高。

二、工作重点

（一）加强综治队伍建设

强化常态治安，关键要建好综治队伍，充实防控力量。要把加强队伍建设作为推进打、防、控、管的重要基础性工作来抓，着力建好三支队伍。

1. 加强专业化协警队伍建设。依托现有协警队伍规模，面向社会公开招聘扩充，组建一支300人的协警队伍，切实增强全区社会治安防控和维护稳定工作力度。队伍日常管理和调度由公安金牛分局负责，并严格队伍管理，建立完善调度、培训、考核等各项措施，确保队伍随时能够拉得出、顶得上、打得赢。

2. 加强街道专职治保巡逻队建设。一是保证规模。严格按照成委办〔2009〕41号文件要求，各街道专职治保巡逻队配置不少于50人。二是统一调度。为进一步发挥专职治保巡逻队的作用，城区街道调拨20人，涉农街道调拨40人交由辖区公安派出所指挥开展治安工作，确保治安打、防、控、管的需要。三是严格管理。各街道和辖区派出所对治保巡逻队员要严格管理、科学安排任务，着力把治保巡逻队摆上街面，每天安排巡逻队员在上下班高峰和晚间等重点时段，开展重点部位守点巡线工作，提高街面防控能力，增强群众安全感；定期开展综治业务技能培训，推进治保巡逻队伍专业化、规范化建设。

3. 加强社区综治工作队伍建设。全区各街道要明确社区书记、主任是社区综治工作的第一责任人；要认真指导社区整合社区干部、单位保安、门卫、楼栋长、各类协管员等各方力量，组建一支不少于10人的社区综治工作队伍，深入社区、院落、楼栋、街巷开展检查治安隐患，收集治安问题，调解矛盾纠纷，采取防范措施、加强群众宣教等社区基层综治工作。

（二）解决治安重点问题

按照“什么治安问题突出我们就集中解决什么问题，老百姓最痛恨什么犯罪，我们就重点打击什么犯罪，什么手段有效，我们就用什么手段进行打击”的原则和“群众关注的热点，就是我们工作的重点”的要求，加强重点治安工作。

1. 加大打击力度。依法严厉打击严重影响辖区群众安全感“两抢两盗”等突出的方面性犯罪、严重暴力犯罪、黄赌毒等违法犯罪，牢牢控制治安局面，确保全区治安大局平稳。当前要进一步加大对群众密切关注的入室盗窃、机动车盗窃犯罪和街面“两抢”的打击力度，有效遏制入室盗窃等犯罪高发态势。

2. 加强小区管理。强化分类指导和管理。一是对物管院落、单位小区院落，各街道和辖区派出所、区房管部门要充分发挥职责作用，切实落实小区物管方、所在单位的责任，加强对其日常履职情况的监督检查，督促指导物业服务企业、相关单位加强小区院落治安管理，加强人防、物防、技防、消防建设，严格小区进出管理，消除各类治安隐患；对不认真负责、治安隐患和问题突出的物业服务企业、单位要及时责令整改、依法查处或协调上级有关部门进行处理。二是对其他非物管、“三防”基础差的小区院落，各街道和派出所要及时采取增添防范设施、完善“三防”措施、加强门卫建设管理、强化防范宣传教育等举措，提升小区院落防范水平，预防和减少辖区小区院落可防性案件。

3. 加强重点治理。一是持续强化重点地区排查整治。以市场、车站、学校周边，重点单位、重大项目周边、城郊结合部、群众反映强烈的其他区域和部位为重点实施滚动排查整治，确保热点降温、辖区治安平稳。加强对“五小门店”、非法经营娱乐场所等容易藏污纳垢、发生治安刑事案件场所的清理整治，严厉打击黄赌毒等社会丑恶现象。二是依据公安机关接警情况、排查情况、群众反映等因素，对治安重点辖区实行挂牌整治。三是强化部门齐抓共管、综合治理作用。公安金牛分局、区建交局、区房管局、区城管局、区环保局、区食品药监局、区质监局、区安监局、金牛工商局、区教育局、区文旅局、区卫生局、区人社局等有关部门要紧紧围绕解决社会治安、城市环境、食品安全、安全生产、物业管理、就业、就学、就医、停车等民生需求，集中解决社会治安、城市环境、假冒伪劣食品药品，学校、幼儿园、医院、市场、车站及周边治安秩序，住宅小区和居民院落治安防范等存在的突出问题。各综治成员单位要认真落实综治委委员、成员单位联系指导基层综治工作制度，深入联系单位加强指导，帮助他们解决一批亟待解决的问题。

（三）化解疑难矛盾纠纷

1. 进一步梳理、重点排查、攻坚化解一批涉及征地拆迁、劳动争议、物业管理、涉法涉诉、涉稳、信访等重点领域的重大疑难纠纷。抓好调解不成功案件的跟踪化解，提高矛盾纠纷调解成功率。

2. 加强矛盾纠纷“大调解”体系软硬件建设，确保机构、人员、经费、制度落实到位；大力推进落实 “大调解”“五进”工作，确保“五进”取得明显实效。建立健全各街道“大调解”协调中心以及街道、社区、相关部门温馨调解室；“大调解”协调中心、温馨调解室要挂牌，流程、制度要上墙。

（四）着力特色亮点打造

1. 增强工作主动性和创新意识，在综治队伍建设、小区管理、基础防范、重点打击整治、部门和行业综合治理、解决民生安全难题等方面深入研究、扎实工作，着力打造特色亮点，充分发挥特色亮点的示范带动作用，推进综治工作措施的全面有效落实。每个街道要着力打造3—5个示范点位，以点带面，推动综治措施在辖区全面落实，取得明显成效。

2. 及时总结一批先进典型经验，注重发现、总结、宣传和推广本辖区、本单位、本系统、本行业在抓平安细胞工程、做好安全防范等方面好的经验做法，强化制度建设，形成长效机制，推进本辖区、本单位、本系统、本行业平安创建工作。

（五）加强工作督查考核

1. 严格落实领导责任。各街道主要领导要把综治工作作为街道一号工程亲自抓。各街道、部门要严格落实综治工作领导责任制、部门责任制，认真落实“综合治理·共创平安”专题活动职责任务，把工作落实到具体部门和人员。相关责任人履职情况、工作能力和绩效存入党政领导干部社会治安综合治理实绩档案。

2. 实行专项目标管理。把落实本意见工作措施，组织实施“综合治理·共创平安”专题活动情况纳入综治目标，作为全区各街道和综治成员单位年终考核和评先评优的重要依据。

3. 加强督查兑现奖惩。区综治、政法、目督部门组成联合督查组，采取明察暗访、走访群众等方式对全区综治措施落实情况进行跟踪督查和考评通报。各街道和区级部门要加强自查，及时协调解决工作中的问题。对于思想不重视、行动迟缓、措施不力、成效不佳、不按要求落实综治队伍建设要求的，由相关部门联合给予通报批评、督办整改、挂牌整治，直至实施综治“一票否决”。

三、工作要求

（一）提高认识，统一思想

抓好社会治安综合治理工作，全面落实综治各项措施，确保一方平安，是贯彻落实全市重点工作部署及区委、区政府社会治安和城市管理专题会议精神的基本要求，是各街道各部门的共同责任。要深入开展思想发动，统一干部职工思想和行动，全体动员、全员参与，推进全区综治工作，促进和谐金牛建设。

（二）突出重点，惠及民生

坚持以人为本，注重服务为先，切实把群众关注的热点作为我们工作的重点，扎扎实实为群众解决突出的治安、交通、就学、就业、就医等难题，在解决突出问题中让群众得到更多实惠。

（三）加强领导，精心组织

加强领导，履职到位，精心实施，强化保障，认真落实综治各项措施，切实解决本辖区、本单位、本系统、本行业存在的突出社会治安问题和隐患；要深入基层和社区开展工作，定期分析评估，跟进相关措施，确保专项活动顺利开展，取得实效。各街道要加强综治维稳中心建设，完善中心挂牌、制度健全等软硬件措施；要指导社区整合资源，将社区警务室、综治维稳工作站、流动人口服务管理站、矛盾纠纷调解室等载体整合集中，形成合力，通过构建一张“综治网”，为我区群众安居乐业织好“安全网”。

（四）加强宣传，营造氛围

迅速在本辖区、本单位、本系统、本行业内开展综治平安创建集中宣传发动，提高广大干部职工和群众对综治平安创建工作的知晓率、参与率和满意率。要主动加强与新闻媒体的联系，充分利用电视、电台、广播、报纸、互联网等载体，多层次、多角度、多方位宣传报道辖区推进综治工作，开展“综合治理·共创平安”专题活动的好做法好经验，宣传报道辖区群众参与平安创建、维护治安和先进典型，营造全区上下共创共建共享平安金牛的良好氛围。

附：金牛区“综合治理·共创平安”专题活动责任分工

（2011年12月28日）

附件：

金牛区“综合治理·共创平安”专题活动责任分工

公安金牛分局：紧紧围绕“保平安，护民生”专项行动，巩固前一阶段取得的成果，采取有力措施，不断深化和提升整治水平。严厉打击“两抢两盗”等刑事犯罪，大力整治“黄赌毒”等社会丑恶现象，加强交通安全管理和消防专项整治。依法对电玩城、“五小门店”等场所治安状况进行监管和查处，依法对参与赌博的人员和经营赌博设施设备的人员进行处罚；加强对“五小门店”等藏污纳垢、容易发生治安案件的场所实行重点清理和整治。

区建交局：清理建筑行业拖欠民工工资问题，加强建筑工地管理，做好新开楼盘安防系统建设监管。加强长途汽车客运站秩序整治、危险品运输专项整治和非法营运整治，确保岁末年初客运安全。

区房管局：积极与市房管局协调配合，加强物业服务企业资质清理，加强物业管理区域的治安防范，完善治安防控体系；严格房产经纪机构和人员的信用信息备案管理制度，开展房地产经纪机构规范行为专项检查。

区城管局：切实做好校园、医院、车站、菜市、建筑工地周边城市管理工作，协同相关部门保障食品安全，充分发挥12319投诉电话的作用，及时处理群众投诉。

区国资局：在区属国有企业开展社会稳定风险评估，及时疏导化解矛盾纠纷。

区统筹局：开展化解农村土地承包流转纠纷矛盾化解。

区法制办：加强和规范行政复议和行政调解工作。

区委宣传部：牵头组织协调新闻宣传、网络宣传及监督工作。

金牛有线台、新金牛：做好“综合治理·共创平安”专题活动的集中宣传。

区法院：做好涉法涉诉化解工作，深化司法调解，加强执行工作力度

区检察院：依法做好预防犯罪，打击刑事犯罪工作，加强执法监督。

区食品药监局：开展“地沟油”专项整治，加强追根溯源平台建设，加强特殊药品管理。

区质监局：加强食品质量监管和特种设备监管，严把生产、销售两大关口，尤其针对小作坊、摊点等加强清查整治，采取定期检查与突击检查相结合的方式，严厉查处，消除危害。

区流管办：以信息化平台为信托，加强基础信息更新维护和分析研判，完善流动人口分类管理。

区司法局：深化人民调解工作，抓好特殊人群管理，分阶段建立一个固定的过渡性安置帮教基地，大力开展影响社会稳定的重大矛盾纠纷化解。

区卫生局：加强医疗质量安全监管，全力抓好医患纠纷调处工作，创建平安和谐医院。

区民政局：牵头做好流浪乞讨人员和流浪儿童救助管理工作，加强低保和低保边缘对象救助。

区人社局：加强政策宣传，有效化解劳动纠纷、加强劳务市场监管。

国土金牛分局：规范征地拆迁和加强相关矛盾纠纷排查化解。

区环保局：做好环保信访投诉办理，加强环境安全管理。

区商务局：做好企业信访维稳工作。

区文旅局：负责依法查处取缔无《文化经营许可证》经营的电玩城等游艺娱乐场所，依法对有《文化经营许可证》但从事赌博业务的电玩域等游艺娱乐场所进行处罚。

金牛工商局：负责查处取缔无《工商营业执照》经营的电玩城、“五小门店”等场所。依法查处从事“黄、赌、毒”等违法犯罪活动的商家。

区安监局：严格按照区政府下达的目标，严格安

全管理，加强危险化学品、烟花爆竹监管。

区信访局：做好矛盾纠纷排查工作，切实加强中央、省、市、区交办信访案件的督查督办，继续深入推进社会稳定风险评估工作。

街道：认真组织辖区开展“综合治理·共创平安”专题活动，加强辖区内重点区域的整治，加强街道、社区综治队伍建设，整合综治、维稳、大调解、流管站等载体资源，完善基层维稳综治工作平台，加强综治宣传，广泛动员群众积极参与专题活动。

成都市金牛区人民政府关于印发金牛区加快城乡环境基础设施建设的实施意见

金牛府发〔2011〕2号

各街道办事处，区政府各部门：

《金牛区加快城乡环境基础设施建设的实施意见》已经2011年1月12日区政府五届第133次常务会审议通过，现印发你们，请遵照实施。

二〇一一年一月十三日

金牛区加快城乡环境基础设施建设的实施意见

为进一步推进城乡环境综合治理工作，按照区委五届二十五次全委（扩大）会议精神，就加快城乡环境基础设施建设，进一步提升“产城”品质，推进金牛又好又快发展，特提出具体实施意见。

一、总体要求

按照加快建设“五区金牛”，努力提升“产城”品质的总体战略部署，坚持以“优化规划、强化建设、标化管理、量化考核”为工作主线，坚持以“真爬坡，敢破难”为工作原动力，坚持以“一年时间逐步提升，二年时间明显改变，三年时间整体改观”为工作目标，力争从2011年起，采取“整体规划，分步整治”方式，全面、科学、务实推进我区人居环境、城市形象和城市品位得到显著提升。

二、工作内容

（一）加快街面市政基础设施建设

1. 牵头单位：区建交局。

2. 工作思路：全面改造全区破损车行道、人行道、盲道，并结合特色街区打造工作，尽快提升全区市政道路基础设施整体形象。

3. 工作安排：投入1710.3万元分别对为民路、五里墩支路、黄苑东路等427条道路进行沥青路面修复，铺筑彩色压印砼人行道。投入1915万元对天回镇、金泉、沙河源、西华等4个涉农街道123条乡村道路进行改建。

（二）加快特色街区风貌建设

1. 牵头单位：区建交局、区城管局。

2. 工作思路：2011年对我区主街干道、出入城城通道、中小街道，以园林绿化、建筑立面和商招店招、夜景光彩为主要内容进行全面清理及规范打造，实现全区招牌规范、有序、整洁、美观、完好，逐步达到一街一景、一楼一色的景观效果。

3. 工作安排：投入1.5亿元完成金牛大道（一环路至金牛宾馆）、解放路（一环路至北门大桥）整体风貌打造工作。投入2250万元，完成蜀汉路、一环路西三段店招打造工作。投入4700万元完成茶店子西、正、东街、九里堤南北路店招整治和绿化景观打造工作。投入200万元完成十二桥路店招打造工作，十二桥路建筑立面打造概算2011年3月份确定后实施。投入1200万元完成蓉北商贸大道绿化景观大道打造。

（三）加快菜市场提档升级建设

1. 牵头单位：区商务局。

2. 工作思路：加快推进规划定点未建市场的开工建设。加强与市级相关部门联系，力促北门片区、城郊结合部规划未建市场尽快开工建设，解决好周边居民买菜难的问题。并采取“争取市级扶持资金，业主加大投入，区上补贴”方式，加快市场基础设施建设。同时，积极推行物业管理和专项整治活动，全力为居民提供良好的购物环境。

3. 工作安排：投入1202万元对全区23个菜市场进行升级打造。

（四）加快纯居民老院落环境打造建设

1. 牵头单位：区卫生局。

2. 工作思路：持续改善居民生活环境质量，采取逐步整治、逐年打造的工作原则，使全区非物业管理社区院落达到“居民自治、管理有序、服务完善、治安良好、环境优美、文明祥和”的要求，从根本上提升市民对创建全国文明城市工作和城乡环境综合治理工作的支持率和满意度。

3. 工作安排：采取政府补贴，群众参与的办法，按照星级院落标准对全区13个街道100个社区院落实施集中打造。

（五）加快出城通道环境治理

1. 牵头单位：区城管局。

2. 工作思路：以治理“七乱”（摊点乱摆、垃圾乱扔、广告乱贴、工地乱象、河道乱污、违建乱搭）为主要内容，按照“整合资源，综合施治”的总体原则，加大对全区出入城通道的环境治理力度，确保出城通道清爽、有序、整洁、靓丽。

3. 工作安排：结合特色街区打造，对羊西线、成彭路、北新干线实施环境治理。

（六）加快园林绿化景观建设

1. 牵头单位：区城管局（区林业和园林管理局）。

2. 工作思路：坚持高起点规划、高标准、高效能管理，提高园林绿化建设和管理水平，以建设促形象，高标准、高质量实施绿化特色街区的打造，建成一批景观效果好、有特色的街头小景、屋顶绿化、墙体绿化以及街道绿化等绿化基础建设精品，以管理促长效，积极开展形式多样的绿化创建活动，大大提高绿化日常养护管理水平，使我区生态环境和人居环境有显著改善。

3. 工作安排：投入1200万元完成蓉北商贸大道（五块市立交桥—三环路）绿化景观打造，投入800万元完成茶店子东、正、西街绿化景观打造，投入1000万元完成九里堤南北路绿化景观打造。在全区新增绿地面积20公顷，新增小游园小广场2公顷，新增墙体绿化2000米，新增屋顶绿化4000平方米。对电子科大九里堤校区对面绿地进行改造提升。

（七）加快河道容貌环境建设

1. 牵头单位：区建交局。

2. 工作思路：加快推进旧城改造和城乡一体化拆迁步伐，结合新区建设推进集中居住，完善市政基础设施配套，加快283区域的征后实施和117区域的报征进展，基本实现“水清、无味”的河道治理工作目标，河道容貌得到持续有效改善。

3. 工作安排：完成南堰河等13条河道下河排污口整治及雨污分流工作。完成茅草堰华侨城段、国际商贸城渠系、金牛六斗渠建设改造。

（八）加快环卫基础设施建设

1. 牵头单位：区城管局。

2. 工作思路：用3年的时间在全区范围内合理布局小型垃圾压缩站，增添环卫基础设施，并通过数字化科技手段，提高大型站的处理能力，改变现有清运模式，逐步推行生活垃圾市场化运行模式。尝试采用BOO市场化运作模式，减小财政一次性投入经费压力。

3. 工作安排：

（1）垃圾压缩站方面工作。投入220万元在西安路辖区规划建设1套垂直式垃圾压缩站。投入280万元在金泉辖区规划建设1套垂直式垃圾压缩站。完成罗家、红星垃圾站的扩能改造。完成高污染生活垃圾运输车辆的淘汰更新工作。推行罗家、红星站为试点的生活垃圾清运市场化运作。

（2）公共厕所建设及提档升级方面。投入200万元完成金荣巷、火车北站、顺沙巷、一环路102号等9座公厕的升级改造工作。

（3）环卫基础设施方面。投入160.2万元购置3000个普通果屑箱、1000个环保桶、600个高档果屑箱、1000个垃圾桶用于提升我区环卫设施质量。全部拆除涉农街道具备通车能力道路两侧垃圾池，重点对天回镇街道现存在垃圾池全部改建为景观化垃圾桶收集点。

（九）扬尘污染治理“三大工程”

1. 牵头单位：区城管局。

2. 工作思路：大力推进扬尘污染治理工，实现全区绕城高速内无裸露地块（农田除外）、无未硬化道路接口、无绿化带浮土，采取工程措施减少扬尘污染源，提升我区环境空气质量，确保中心城区每年优良空气天数达到315天目标。

3. 工作安排：

（1）道路接口硬化。对川陕路、北新干道、成彭路、沙西线、金牛大道、蜀西路、IT大道等出入城通道沿线未硬化道路接口进行排查，对新增的未硬化道路接口实施硬化，确保出入城通道支线道路接口全部硬化。

（2）绿化带提档降土、树池覆盖。对所有出入城通道、主干道绿化带扬尘情况进行全面摸排，对存在浮土现象的绿化带进行提档降土或树池覆盖。

（3）露土覆盖。采取“每天检查、及时发现、督促覆盖”的形式，对新增的拆迁、待建、在建工地露土进行及时覆盖，确保我区绕城高速内无裸露地块（农田除外）。

（十）打通“断头路”

1. 牵头单位：区建交局。

2. 工作思路：确保道路畅通，杜绝出现“断头路”环境脏乱差现象发生，为城市管理创造良好外部环境。

3．工作安排：投入1003万元打通长植路、长土路、踏金大道、量力一线沿线、长庆西一路沿线、长兰支路等6条断头路。

（十一）再生资源回收点专项整治

1．牵头单位：区商务局。

2．工作思路：对再生资源回收点外部环境实施提档升级打造，对内部强化管理整治，确保再生资源回收点规范、整洁、清爽。

3．工作安排：投入19.3万元对12个街道26个再生资源回收点实施环境治理。

三、保障措施

（一）健全城乡环境基础设施建设推进机制

牵头单位作为城乡环境基础设施建设的责任单位，要形成协调高效的工作网络，建立成员单位联席会议，研究城乡环境基础设施建设推进工程中的具体问题，倒排工作进度，逐级落实整治责任。每半月定期向分管区领导汇报城乡环境基础设施推进情况，保障工程进度和质量。

（二）健全城乡环境基础设施建设激励机制

坚持“政府主导、广泛参与、多元投资”原则，进一步完善政策措施，拓宽渠道，鼓励和吸引社会资金参与城乡环境基础设施建设。同时，采取措施激励区级相关部门和各街办加大对省、市部门的争取力度。

（三）设立城乡环境基础设施建设“攻坚破难”专项奖

在城乡环境基础设施建设中，对在推进中作出突出贡献的，建设后得到省、市领导肯定表扬的，广大社区居民真心拥护的，与激励和约束干部真爬坡、敢破难的八条措施结合起来，由区委、区政府进行通报表彰。

（四）发动社会力量参与城乡环境基础设施建设

不断强化“群众是实施城乡环境综合治理的主体，也是城乡环境综合治理的直接受益者”的理念，通过多种方式，让居民群众和社会单位参与到城乡环境基础设施建设中来，共同为建设新金牛、美化新家园、优化新环境增添力量。

附件：2011年加快金牛区城乡环境基础设施规划建设汇总表

附件

2011年加快金牛区城乡环境基础设施规划建设汇总表

序号	项目	牵头单位	承办单位	具体位置	内容	预计经费（万元）	资金渠道
1	风貌大道打造	区建交局	区城管局 相关街道	金牛大道（一环路至金牛宾馆）	园林绿化、建筑立面、店招、夜景灯饰	10000	市、区、街道三级按比例承担
				解放路（一环路至北门大桥）		5000	
2	特色街区打造	区城管局	相关街道	蜀汉路	店招	1400	市、区、街道三级承担（现已争取市级资金1014万）
				茶店子东、正、西街	店招、绿化	1700	
				一环路西三段	店招	850	
				九里堤南北路	店招、绿化	3000	
				十二桥路	店招、建筑立面		其中店招200万，建筑立面概算3月份确定。
3	绿化景观大道打造	区城管局	相关街道	蓉北商贸大道	墙体绿化、节点景观、提档降土	1200	市、区、街道三级承担
4	市政基础设施建设	区建交局	相关街道	为民路、五里墩支路等418条道路	车行道、人行道、盲道维护建设	1710.32	区政府常务会已通过解决
5	涉农街道乡村道路改造补贴	区建交局	相关单位	沙河源、天回镇等123条道路	乡村道路改造	1915	区财政补贴
6	环卫设施	区城管局	相关街道	解放路、一环路等17条道路	分类果屑箱、垃圾池改造	160.2	市、区两级承担（已争取市级资金100万元）
7	公厕改造	区城管局	相关街道	金荣巷、顺沙巷、火车北站二巷、一环路102号等9座公厕	提档升级	200	争取市级资金
8	压缩站	区城管局	相关街道	西安路辖区、金泉辖区等2座压缩站	垃圾压缩设备	500	区财政
9	菜市场	区商务局	相关街道	金鱼街、九里堤等23个菜市场	提档升级	1202	业主为主，争取市级资金，区上适当补贴

续表：

序号	项目	牵头单位	承办单位	具体位置	内容	预计经费（万元）	资金渠道
10	打通断头路	区建交局	相关街道	天回长胜村长植路、土门村长土路、踏水村踏金大道等6条道路	改建、打通	1003	争取市级资金，业主承担
11	再生资源回收点整治	区商务局	相关街道	西三巷市场侧、张家巷7栋等24个网点	环境整治	19.3	区财政
12	纯居民院落整治	区卫生局	相关街道 区民政局	蜀汉路346号、营康西路16号等100个纯居民院落	星级标准化打造	2500	街道、社区动员居民投入，区财政适当补贴
汇总						3.23亿元	

成都市金牛区人民政府关于印发金牛区进一步加强企业安全生产工作的实施意见的通知

金牛府发〔2011〕6号

各街道办事处，区政府各部门：

《金牛区进一步加强企业安全生产工作的实施意见》已经2011年1月12日区政府五届第133次常务会研究通过，现印发你们，请认真贯彻执行。

二〇一一年一月十八日

金牛区进一步加强企业安全生产工作的实施意见

根据国务院《关于进一步加强企业安全生产工作的通知》（国发〔2010〕23号）（以下简称《通知》）精神和省、市政府实施意见的要求，现结合我区实际，就加强全区企业安全生产工作提出如下实施意见：

一、全面贯彻落实《通知》精神

《通知》是党和国家在全面深入贯彻落实科学发展观，加快转变经济发展方式，建设和谐社会和实践安全发展理念，调整产业结构，推进经济平稳较快发展的重要时期，对安全生产工作作出的重大决策部署。各街道办事处、区级有关部门和区内企业要认真学习、深刻领会《通知》精神，进一步增强做好安全生产工作的责任感和紧迫感，把思想和行动统一到《通知》精神上来，采取有力措施，推动企业安全生产主体责任落实。各街道办事处和区级有关部门要把宣传贯彻《通知》精神作为当前和今后一个时期的重要任务，积极深入企业开展多种形式的专题宣传教育活动，并根据辖区（行业）内企业的实际情况，研究制定督促企业落实安全生产主体责任的方法措施，推动《通知》要求落实到位。

二、加强基层基础建设，增强安全生产综合保障能力

（一）加强对安全生产工作的领导。各街道办事处和区级有关部门要把安全生产列入重要议事日程，定期分析本辖区、本部门（行业、系统）的安全生产形势，及时解决存在的突出问题。要严格落实安全生产行政首长负责制和“一岗双责”制度，做到主要领导亲自抓，分管领导具体抓，其他领导各负其责。要切实加大对安全生产监管力量、监管手段、隐患治理、宣传教育培训等的投入，保障安全生产监管工作的正常开展。

（二）加强安全生产监管机构和队伍建设。各街道办事处要严格按照《加强街道办事处安全生产监管机构建设的通知》（金牛府办发〔2008〕119号）的要求，进一步健全机构、充实人员并保证安监工作所需的经费和相关办公设施设备。区级有关部门要严格落实《金牛区负有直接监管责任的区级部门开展安全生产管理规范化创建活动的实施方案 》（金牛府办发〔2010〕70号）的规定，明确责任科室并配备与工作相适应的安监人员及工作设施设备，进一步规范行业安全生产监管工作。要加强对社区安全生产监管工作的督促指导，建立适应现实需要的社区专兼职安监员队伍并抓好业务培训，保证社区安全生产监管水平稳步提高。

（三）完善安全生产责任体系建设。适应政府机构改革后区级部门职能调整实际，及时调整区安委会成员单位，修订《金牛区进一步加强和落实安全工作行政管理责任制的有关规定》，明确各级领导、区安委会成员单位和街道办事处的安全生产行政监管职责,并在“三定方案”中予以规定。建立和完善全区安全生产各项工作制度,加强综合监管和行业监管、属地监管的协同配合,加大综合治理和联合执法力度,形成齐抓共管安全生产工作的良好格局。

（四）加强安全生产应急救援能力建设。依托区应急管理平台,建立区、街道和重点企业互联互通的安全生产应急救援指挥体系。依托区政府专职消防队和区内重点企业专业应急救援队伍,完善全区应急救援队伍建设。加大应急救援物资储备的储备,狠抓应急救援演练和应急知识的宣传,全面提升安全生产应急救援能力。

（五）大力实施科技兴安战略。鼓励区内企业应用先进适用的工艺设备、管理技术和手段,加强生产经营活动过程的监测监控。危险化学品、烟花爆竹、民爆物品道路运输的专用车辆以及旅游包车和三类以上的班线客车要按规定安装使用具有行驶记录功能的卫星定位装置。引导校车、7座以上客车安装符合国家强制标准的行驶记录仪,实现运输过程全监控。继续在危险化学品储存、经营单位推广应用HAN阻隔防爆技术。

（六）加大宣传教育力度。各街道办事处和区级有关部门要大力宣传党和国家关于安全生产工作的方针政策、法律法规和加强安全生产工作的重大措施,发动全社会广泛参与和监督安全生产工作。《新金牛》和金牛有线电视台等区内媒体要加强舆论引导和监督,开设安全生产宣传教育专题栏目,宣传安全生产工作先进典型和先进经验,普及安全生产知识,曝光安全生产违法行为。区总工会、团区委、区妇联等组织要发挥各自优势,围绕安全生产,组织开展好“安康杯”、“青年安全生产示范岗”等群众性活动,不断增强职工的安全意识,进一步形成全社会关心、支持和参与安全生产工作的良好氛围。

三、严格企业安全管理,全面落实企业安全生产主体责任

（七）健全企业安全生产责任体系。区内企业要按照安全生产法律法规的规定,设立与企业相适应的安全生产管理机构并配足人员。落实企业主要负责人全面负责,分管安全生产的负责人负组织实施和综合管理监督责任,其他负责人对分管工作范围内的安全生产负直接管理责任的“层层把关、分工负责”的安全生产责任体系,确保企业各部门、各层级和生产各环节的全覆盖。强化生产过程安全生产管理的领导责任,危险性较大的作业场所要实行企业负责人轮流带班制度。

（八）完善企业安全生产规章制度。企业要建立健全安全生产例会制度、安全生产例检制度、岗位安全生产责任制度、领导干部和管理人员现场带班制度、安全生产教育培训制度、安全技术操作规程、作业场所职业健康管理制度、隐患排查治理制度等基本制度。

（九）严格企业隐患排查治理。区内企业要建立安全生产隐患全员排查、登记报告、分级治理、动态分析、整改销号制度,对排查出的隐患逐一落实整改方案、责任人员、整改资金、整改期限和应急预案,确保整改到位。要及时将重大隐患现状、可能造成的危害、消除隐患的治理方案报告所在地街道办事处或区级行业主管部门。对隐患整改不力造成事故的,要依法追究企业和相关负责人的责任。

（十）保证企业安全生产投入。区内企业要建立安全生产专项经费制度,按规定提取安全生产专项费用。专项费用必须用于企业安全管理、宣传教育培训、安全条件和措施的落实改进、安全生产技术改进、隐患排查治理等与企业安全生产直接相关的投入。新建、改建、扩建工程项目的安全设施投入必须纳入项目建设概算,安全设施与建设项目主体工程同时设计、同时施工、同时投入生产和使用。

（十一）加强企业安全生产标准化建设。按照上级的要求,开展企业安全生产标准化达标工作。区内企业要严格执行安全生产法律法规和标准规程,按照《企业安全生产标准化基本规范》的要求,加大安全生产标准化建设投入,积极组织开展岗位达标、专业达标和企业达标活动,实现全面达标、本质达标和动态达标。在规定时间内未达到安全标准化要求的,报告上级发证登记部门依法暂扣其生产许可证和安全生产许可证,责令停产整顿。整改逾期未达标的,依法予以关闭。

（十二）强化企业安全生产教育培训。区内企业要结合实际,制定员工安全教育、技能培训计划和实施方案,开展以岗位风险防范为主要内容的安全教育和技能培训,提高员工安全意识和安全操作能力。企业主要负责人和安全生产管理人员、特种作业人员必须按规定参加专门培训并持证上岗,其他员工必须经过企业安全培训合格后上岗。要继续推动在有条件的企业开展安全生产全员培训。

（十三）严格企业作业场所职业健康管理。区内企业要依照国家、省、市有关法律法规及规章标准,如实申报本单位的职业危害因素并接受安全生产监督管理部门的监督检查。要健全职业危害防治制度和操作规程，完善作业场所职业安全健康设施、设备和手段，按规定为员工配备符合国家标准和行业标准的职业健康防护用品并督促员工正确佩戴和使用，按规定进行作业场所职业危害因素检测评价和接触职业危害因素的从业人员健康检查。鼓励区内企业开展职业健康安全管理体系认证。

（十四）强化企业外包工程安全管理。凡是将生产经营项目、场所、设备发包（出租）的单位，应当履行安全生产协调、管理职责，并与承包（承租）单位签订专门的安全生产管理协议，或者在承包（租赁）合同中约定有关的安全生产管理事项。未签订安全生产管理协议或者未约定安全生产管理事项，未对承包（承租）单位履行安全生产协调、管理职责而引发生产事故的，严肃追究发包（出租）单位和责任人的相应责任。

（十五）推进企业安全文化建设。区内企业要采取有针对性的措施，持续培育企业安全文化，把安全文化融入到企业管理思想、管理理念、管理模式和管理方法之中。深入开展“安康杯”竞赛、“青年安全生产示范岗”活动，逐步扩大企业安全文化建设的覆盖面，用安全文化影响和规范员工的安全思维方式、安全行为准则，引导员工从“要我安全”向“我要安全”转变。

（十六）严格执行工伤事故死亡职工一次性赔偿制度。从2011年1月1日起，依照《工伤保险条例》规定，对因生产安全事故造成的职工死亡，其一次性工亡补助标准按全国上一年度城镇居民人均可支配收入的20倍计算，发放给工亡职工近亲属。同时，依法确保工亡职工一次性丧葬补助金和供养亲属抚恤金的发放。区人社局要依据《工伤保险条例》的规定和国家、省市的要求，督促区内的各类企业、有雇工的个体工商户参加工伤保险统筹，为本单位全部职工或者雇工缴纳工伤保险费。对按规定应当参加工伤保险而未参加的用人单位，要依法进行处理。通过采取积极有效的措施，进一步提高区内企业工伤保险的参保率，从而分散事故单位事故赔偿风险，保障工亡职工亲属的生活，维护社会稳定。

四、严格监督管理，落实政府行政监管职责

（十七）健全安全生产综合监管、行业监管和属地监管有机结合的工作机制。区安监局要依法履行综合监管职责，加强对区级有关部门和各街道办事处安全生产工作的指导、协调和监督，严格工作过程和责任目标考核，及时向区政府报告有关情况。有直接监管责任的区级部门要认真履行行业监管职责，要将安全生产纳入日常工作内容，与业务工作同部署、同落实、同监管、同考核，加大对行业内企业的监督检查力度，督促落实企业安全生产主体责任。各街道办事处要认真履行属地监管职责，认真开展日常安全检查，督促辖区内企业健全机构、完善制度、强化管理，确保安全生产监管不留盲区。

（十八）严格企业安全准入。严格执行安全生产和职业卫生“三同时”规定，生产、储存危险化学品、烟花爆竹的建设项目和化工、冶金、有色、建材、机械、轻工、纺织、烟草、商贸、军工、公路、水运、轨道交通、电力等行业的国家和省级重点建设项目应按规定进行安全条件论证和安全预评价，其他建设项目应当对其安全生产条件和设施进行综合分析。凡不符合安全生产条件违规建设，责令停止建设。对降低安全标准造成安全隐患的，严肃追究相关责任单位和责任人的责任。

（十九）严厉打击非法违法生产经营建设行为。各街道办事处、区级有关部门要积极探索建立打击非法违法生产经营建设行为联席会议制度，形成政府统一领导、部门分工负责、群众参与支持的工作机制，严厉打击非法违法生产经营建设行为。

（二十）强制淘汰落后技术。结合全区产业结构调整和园外企业调迁，对不符合安全标准或安全性能低下、职业危害严重，以及危及安全生产的落后技术、工艺和设备，依照国家、省产业结构调整目录，予以强制性淘汰。各街道办事处、区级有关部门要支持有效消除重大安全隐患的技术改造和搬迁项目，对存在落后技术装备、构成重大安全隐患的企业，要责令限期整改，逾期未整改的依法予以关闭。

（二十一）严格隐患排查治理和事故调查处理。实行重大安全隐患挂牌督办和公告制度，重大安全隐患由区政府挂牌督办，并在区内媒体上予以公告。对挂牌督办的重大安全隐患，有直接监管责任的区级部门和属地街道办事处要密切配合，对责任单位的隐患治理情况实施跟踪监控，直至治理完成。按照《四川省生产安全事故报告和调查处理规定》，依法严肃查处各类生产安全事故。区安监局要履行好综合监管职责，进一步规范生产安全事故的调查处理，确保事故处理“四不放过”。

（二十二）严格执行企业负责人职业资格否决制

度。对重大、特别重大事故负有主要责任的企业主要负责人，终身不得担任本行业领域企业的厂长（经理）职务。对较大事故负有主要责任的企业主要负责人，5年内不得担任本行业企业的厂长（经理）职务。

（二十三）进一步完善安全生产举报奖励制度。各街道办事处和区级有关部门要进一步畅通安全生产的社会监督渠道，设立举报箱，公布举报电话，接受人民群众的公开监督。要进一步完善安全生产举报奖励制度，鼓励企业职工和社会公众举报生产安全事故或安全生产违法行为。对经查实的举报要予以奖励，并严格为举报者保密，保护企业职工和社会公众参与安全生产监督的积极性。

五、严格目标考核和责任追究，确保工作落实到位

（二十四）严格安全生产目标考核。区政府和各街道办事处、区级有关部门，各街道办事处、区级有关部门和社区及重点企业要层层签订安全生产目标责任书，把全年安全生产目标任务分解落实到各个层面。制定《金牛区安全生产目标考核实施办法》，对各街道办事处和区级有关部门安全生产专项目标完成情况进行量化考核，结果纳入各单位综合目标考核结果

（二十五）强化安全生产监督检查。各街道办事处和区级有关部门要结合各自工作实际，制定本辖区（行业）贯彻落实本实施意见的具体措施，加强对辖区（行业）企业安全生产工作的指导和监督检查，及时研究并协调解决贯彻实施中出现的突出问题。区目督办、区监察局和区安监局要加强工作督查，及时掌握各单位安全生产监管工作进展情况，督促各单位落实责任，积极履职。

（二十六）定期通报安全生产形势和监管工作情况。区政府安委会每季度召开1次安全生产工作例会，总结上季度工作，研究解决突出问题，部署本季度工作。依据安全生产季度考核结果，每季度对全区安全生产形势和各相关单位安全生产监管工作情况进行通报。对工作落实，监管效果好的单位提出表扬，对落实不力的单位提出批评。

（二十七）严格行政监管责任追究。对在安全生产行政监管工作中对责任范围内群众举报、上级督办、检查发现的安全生产违法行为未采取有效措施予以查处，导致发生生产安全事故或责任范围内存在重大安全隐患，或因打击非法生产经营建设行为不力，导致非法生产经营企业较长时间存在的街道办事处和区级有关部门主要领导及相关责任人，根据情节轻重给予行政处分，涉嫌犯罪的，依法追究刑事责任。

成都市金牛区人民政府关于印发金牛区进一步加强食品安全监管工作的意见的通知

金牛府发〔2011〕28号

各街道办事处，区政府各部门：

《金牛区进一步加强食品安全监管工作的意见》已经区政府同意，现印发你们，请遵照实施。

二〇一一年四月二十七日

金牛区进一步加强食品安全监管工作的意见

为进一步加强食品安全监督管理工作，切实保障人民群众身体健康和生命安全，根据《中华人民共和国食品安全法》、《中华人民共和国食品安全法实施条例》（国务院令第557号）等法律、法规规定，现就进一步加强我区食品安全监管工作提出如下意见：

一、指导思想和工作原则

围绕区委战略纲要和“五区金牛”目标，根据“条块结合，以块为主”的原则，坚持“全面整治，着力治本，突出重点，带动全面”的方针，建立“政府领导、属地管理、部门监管、各方联动”的工作机制，把专项整治和日常监管结合起来，把治标和治本结合起来，把严格执法和科学管理结合起来，全面提高食品安全监管水平，促进我区经济社会持续平稳健康发展。

二、总体目标

加强食品安全监管一个链条、一个网络、一个预案、一个体系的“四个一”长效机制建设。建立全过程安全监管链条，认真研究从田间到餐桌的“种植养殖、生产加工、市场流通、餐饮消费”环节中存在的普遍性问题及解决办法和措施，全面推进为民监管、依法监管、全程监管、长效监管、和谐监管；建立全方位安全监管网络，进一步完善发现报告、投诉举报、抄送抄告、案件移交、信息共享等一系列制度，努力构建多环节齐抓共管的工作格局；建立全范围应急处置预案，健全应对突发重大食品安全事故的救助体系和运行机制，规范和指导应急处理工作，有效预防、积极应对、及时控制重大食品安全事故，高效组织应急救援工作，最大限度地减少重大食品安全事故的危害；建立全领域目标考核和责任追究体系，实施食品安全

目标落实情况考核、综合评价和责任追究，确保食品安全监管职能的有效落实，使我区成为食品质量最安全、市场秩序最规范的区域之一。

三、工作重点

（一）进一步构建完整的食品质量安全监管链条。把影响食品质量安全的所有因素、所有环节全部纳入监管范畴，加大食品市场的准入监管力度，推进食品相关产品生产、流通许可，全面加强食品安全监管。要从原料进入、生产加工、出厂销售到售后服务等整个链条都管起来，并实行严格的追溯制度，任何环节发生问题都要能够追究到责任主体。严把源头关，对农产品着重加强产地环境和农药、兽药、饲料、饲料添加剂等投入品管理，加强包装、贮藏、运输等环节的监管。严把出厂关，完善和落实食品加工原辅料索证索票制度、原辅料进厂台账制度、产品出厂检验制度、产品销售台账和食品添加剂查验登记制度。严把流通关，就是要严格食品进货索证索票制度，严格查验和标志标签管理，对所有食品经营户实行实名登记制，特别要加强对农村食品进货渠道的管理，延伸监管链条；对不合格食品一经发现，坚决退市和召回。严把消费关，进一步强化餐饮卫生监督量化分级管理制度，完善食品卫生索证管理和卫生监督公示制度。要把监管整治的重点放在城乡结合部等重点区域，放在食品生产加工小作坊等重点方面，放在食品和与健康安全相关的重点产品。坚决取缔“三无”企业，坚决打掉一批违法企业。把小作坊作为整治的重中之重，对达不到质量安全卫生基本条件的责令其限期改造；严厉查处使用非食品物质和回收食品做原料、滥用添加剂等行为。加强和完善索证索票制度、原辅料进厂台账制度、产品销售台账制度和食品添加剂备案管理制度，加强食品质量安全电子监管网建设和追溯体系建设，确保一旦发生食品安全问题，可有效追踪源头。

（二）进一步加快食品质量安全监管信息化网络建设。按照食品安全监管的总体要求，逐步建立健全食品质量监管网络，实现提示、预警、信息发布以及申诉投诉举报处理和调度指挥与应急处置等主要功能。区食安办与各成员单位要构建部门间信息沟通平台，编织横向到边，纵向到底的信息网络，实现互联互通和资源共享，确保各方面信息及时、准确、方便、快捷的进行传递，随时掌握各环节、各区域的食品安全动态。对食品安全问题做到早发现、早预防、早整治、早解决，真正实现监管信息“立体、多维、无盲区、全覆盖”的目标。

（三）进一步健全和完善食品安全应急处置预案。依据《中华人民共和国突发事件应对法》，结合区情实际，进一步完善食品安全应急管理体系，增强各成员单位对突发食品事件的应急处置能力。加强应急管理机构建设，健全应急管理组织体系，进一步建立、完善应急预案和管理制度，逐步建立食品应急管理信息平台。同时，强化应急培训，增强应急管理能力和处置能力。

（四）进一步推进各项监管责任追究体系建设。进一步健全食品安全责任制，明确具体的食品安全责任，完善、落实食品责任制考核、奖励与处罚等制度。区食安办和各成员单位要建立食品安全督察督办制度，完善食品安全工作例会制度、检查督办制度、情况通报制度、信息工作制度和责任追究制度。要在街道和监管部门内部实行纵向分级落实和横向分片定责，将责任落到实处。各街办、监管部门在履行职能、行使权力的同时，承担相应的行政责任；因不履行或不正确履行职能造成具有重大影响的损失或后果，有关负责人要承担领导责任；对工作不负责任、措施不力、推诿扯皮、失职渎职，导致发生重大食品安全事故的，将依法依纪追究责任。

四、工作要求

（一）加强领导，严格实施。坚持“谁发证、谁负责，谁主管、谁负责，谁监管、谁负责”。各街办、各监管部门要按照权责明确、行为规范、监督有效、保障有力和责权一致、实事求是、客观公正、落实到位的原则，把具体任务和工作目标分解落实，逐级考核，确保食品安全工作抓实抓细抓出成效。各街办、各监管部门主要负责人要落实作为本辖区、本部门食品安全责任制第一责任人的法定职责，统一领导职责内的食品安全监管工作，协调解决食品安全工作中的重大问题，加强对食品安全监管工作的领导，广泛动员基层组织和广大人民群众参与食品安全工作。

（二）加强协调，形成合力。区食安办要认真履行综合检查和督办工作职能，加强督查督办食品安全法律、法规、政策、方针和重要工作部署的落实情况；对上级机关、上级领导的重要指示、批示和交办事项的执行情况，群众反映突出的食品安全情况，做好综合协调、处置工作。各食品安全监管职能部门要树立大局观，加强协同配合、联动执法和有机衔接，做到有案先受理，相互不推诿，努力形成整体联动效应。

（三）理清边界，明确职能。各监管部门要严格按照区政府依法确定的职责履行职能，各街办要在区政府的统一组织、协调下，依法做好食品安全监督管理工作。对于边界职能不清的工作，各街办、监管部门要按照区政府部分职能交叉领域划分的要求执行；对于本意见没有明确或新出现的事项，难以界定具体监管部门的一些食品生产经营业态，由区政府组织相关部门通过联合执法和综合整治等办法进行监管，各部门应当服从并积极参与或配合；对于不属于本部门管辖企业违法违规情况要建立健全移送通报机制，以实现全区食品安全全程和无缝隙监管。

（四）加强督办，落实责任。区政府将建立完善食品安全工作目标考核实施办法，按照食品放心工程综合评价指标，组织开展对各街办、各有关部门实施食品安全工作的综合评价和绩效考核，全面、科学地评价各街办和相关职能部门对食品安全工作的重视程度，监管的实效性，群众的满意度等，全面推进食品安全监管工作。

本意见下发后，凡法律、法规、规章出台新规定的，从其规定。

成都市金牛区人民政府关于印发成都市金牛区深化医药卫生体制改革总体方案的通知

金牛府发〔2011〕35号

各街道办事处，区政府各部门：

《成都市金牛区深化医药卫生体制改革总体方案》已经2011年6月2日区政府五届第141次常务会研究通过，现印发你们，请认真贯彻执行。

二〇一一年七月十八日

成都市金牛区深化医药卫生体制改革总体方案

根据市委、市政府《关于印发〈成都市深化医药卫生体制改革总体方案〉的通知》（成委发〔2009〕30号）精神，结合我区实际，制定本方案。

一、指导思想、总体目标和基本思路

（一）指导思想

以邓小平理论和“三个代表”重要思想为指导，全面落实科学发展观，深入实施 “四位一体”科学发展总体战略，以实现人人享有基本医疗卫生服务为目标，坚持公共医疗卫生的公益性质，坚持政府主导和充分发挥市场机制的作用相结合，推动城乡基本医疗保障、基本医疗服务和基本公共卫生服务均等化，医药卫生管理科学化，卫生机构投入多元化，实行管办分离，深化公立医院改革，建设覆盖城乡居民的基本医疗卫生制度，为全区居民提供优质医疗卫生服务，不断提高全民健康水平，促进社会和谐。

（二）总体目标

1. 到2011年，达到基本医疗保障制度全覆盖，基本公共卫生服务实现均等化，全区的基本医疗卫生服务体系不断完善，建立起与国家基本药物制度相适应的药品供应保障体系，公立医院改革试点和多元化办医取得突破，有效缓解城乡居民“看病难、看病贵”，实现人人享有基本医疗卫生服务。

2. 到2017年，建立起均等化的基本医疗保障体系和基本医疗卫生服务体系，公共卫生服务水平进一步提高，药品供应保障体系不断完善，城乡一体的基本医疗卫生制度更加完善，基本适应人民群众多层次的医疗卫生需求，人民群众健康水平进一步提高。

（三）基本思路

以基本医疗保障制度建设为核心，推动需方主导的医药卫生体制改革。促进公立医院改革，引导社会资源对医疗卫生的投入，优化资源配置，提高效率和质量。实行公立医院管办分离，健全法人治理机制，改革人事分配制度，建立健全公众对卫生服务和基层医疗机构服务的民主监督和评议制度。

二、完善城乡基本医疗保障制度

（一）逐步达到基本医疗保障均等化

1. 落实国家相关政策，巩固和完善我区基本医疗保障制度，到2011年实现基本医疗保险参保率达到98%以上，基本实现我区户籍人员（含驻区高校的大学生）人人享有基本医疗保障。

2. 逐步缩小基本医疗保险不同类型和档次之间的差别，实现城乡一体的均等化基本医疗保障。

（二）逐步提高基本医疗保障水平

区财政补贴城镇居民基本医疗保险标准，按照国家补贴要求逐步提高。随着基本医疗保险基金的壮大，进一步降低基本医疗保险报销起付线和参保人员自负率，扩大报销范围，提高最高支付额度，合理控制基本医疗保险基金结余率。

（三）逐步完善基本医疗保险制度

1. 加大基本医疗保险对门诊医疗、大病医疗的保障力度，并纳入统筹范围。建立门诊报销制度，合理设置报销比例，改革个人医保账户管理办法。

2. 改进基本医疗保险费用结算办法。在基本医疗保险报销的起付线、项目内容和报销比例等方面，健全向社区卫生服务站和社区卫生服务中心倾斜的制度，促进“基层首诊、分级诊疗、双向转诊”制度的落实。探索按人头付费、按病种付费、总额预付等支付方式改革。

3. 进一步扩大医保定点药店和定点医疗机构的范围，逐步实现患者凭定点医疗机构的处方自主选择医保定点药店购药。

4. 加强基本医疗保险经办机构建设，健全保险基金监管机制，探索委托具有资质的商业保险机构经办医疗保障管理服务等有益方式，建立健全医疗保险经办机构与医疗机构、药品供应商的谈判机制，不断提高服务能力。

（四）进一步健全城乡医疗救助制度

1. 充实医疗救助基金，完善医疗救助机制，资助各类城乡经济困难群体参加基本医疗保险，帮助特别困难人员解决基本医疗保障自负费用，救助患重特大疾病的特殊困难人员。

2. 健全医疗救助管理机制，制定和完善医疗救助认定标准，加强救助基金管理，逐步实现救助服务一站式办结，提高医疗救助工作效率。

三、建立健全药品供应保障制度

（一）建立基本药物配备和使用制度

1. 政府举办的基层医疗机构必须全部配备和使用基本药物，实行基本药物按购进价格零差率销售。其他各类医疗机构也要将基本药物作为首选药物并确定使用比例，所有零售药店均应配置和销售基本药物。

2. 完善基本药物的医保报销政策，将基本药物全部纳入基本医疗保障药物报销目录，报销比例明显高于非基本药物。

（二）创新药品采购和配送机制

二级以上医疗机构所需药品（含基本药物），在省政府指定机构公开招标的基础上可自主开展二次竞价。

（三）进一步加强药品质量监管

1. 加强对药品生产企业监管，严格落实药品生产质量管理规范（GMP），推行药品质量授权人制度，探索建立药品生产企业诚信制度。

2. 整顿和规范药品流通秩序，严格落实药品经营质量管理规范（GSP），加强药品经营企业信用体系建设。

3. 强化药品安全风险管理，加强药品不良反应、医疗器械不良事件重点监测，督促指导药品生产、经营企业和医疗机构健全风险管理制度、强化风险管理意识。

四、促进基本公共卫生服务均等化

（一）完善公共卫生服务体系

1. 完善公共卫生服务体系建设规划，建立健全以专业公共卫生机构为骨干，以基层医疗卫生服务网络为基础，分工明确、信息互通、资源共享、协调互动的公共卫生服务体系。

2. 健全突发公共卫生事件应急机制，完善政府、卫生行政部门、医疗单位应急预案和应急指挥系统，加强重大疾病以及突发公共卫生事件预测预警和处置能力。

（二）提高基本公共卫生服务水平

1. 按照国家、省、市公共卫生服务要求，逐步提高人均公共卫生服务经费标准（不含全民身体健康检查项目）。

2. 2011年继续实施全民身体健康检查项目，分年度、有重点地对威胁群众身体健康的重大疾病开展系统筛查，努力做到“未病先防、小病先治”，使群众能及时得到有效的健康咨询、治疗和服务。

3. 面向群体的公共卫生服务项目，主要采用购买服务的方式向具备条件的各类医疗卫生机构开放，对其承担公共卫生服务实行任务核定、经费核定和绩效考核。面向个体的公共卫生服务项目（包括全民身体健康检查项目）建立“基本公共卫生服务包”，探索由服务对象自主选择服务机构的机制。

五、加强和改革医疗卫生服务体系建设

（一）完善医疗卫生服务体系

统筹全区（包括各种所有制）医疗卫生机构，合理规划城乡医疗卫生机构的数量、规模、布局和功能，建立以三级综合性医院和区域性综合医疗机构为骨干，以社区卫生服务中心（站）为基础，布局合理、各具特色、功能定位明确的城乡医疗卫生服务体系。

（二）努力推动医疗卫生投入格局多元化

1. 加大政府对医疗卫生的投入，建立政府医疗卫生投入增长机制，逐步提高政府卫生投入占经常性财政支出的比重。

2. 政府对医疗卫生的投入，主要投向基本医疗保障，提高医疗卫生服务需求方的支付能力。同时，统筹兼顾对公共卫生、公立社区服务中心、公立医院和中医、妇幼保健等医疗卫生的投入。

3. 政府对公共卫生、紧急救治等的投入，可以采用购买服务方式实施的，向全社会公开采购。

4. 引导鼓励社会力量投资办医。进一步开放医疗卫生市场，鼓励社会资本兴办民营医疗机构，鼓励社会资本参与公立医院改制重组。

（三）改革政府对公立医疗卫生机构的管理

1. 公立专业公共卫生机构和公立社区卫生服务中心保持事业单位性质，推进经费核算和人事分配制度改革。建立健全服务对象对医疗卫生事业单位的民主监督与评议机制，并将评议结果作为对其绩效考核的重要依据。

2. 推进公立医院、国有医院管办分离。医院管理部门行使出资人职责，负责医院业绩考核和国有产权监督，以出资人身份行使投融资决策权、院长选聘考核权。卫生行政部门主要承担医疗卫生发展规划、资格准入、规范标准、服务监管等行业管理和公共服务职能。

（四）探索公立医院改革

1. 设立区医院管理办公室，与区国有资产监督管理办公室合署办公，将现由卫生行政部门管理的公立医院、国有医院和公立社区卫生服务中心移交区医院管理办公室管理，由区医院管理办公室代行出资人职责，负责公立医院、国有医院、公立社区卫生服务站、社区卫生服务中心的组织、人事、绩效管理和改革。

2. 健全和完善公立医院法人治理机制，赋予其在重大事项决策、人事任免、设备采购等方面充分的自主权，全面推行院长负责制，建立院长公开选拔机制和目标责任制，实行院长年薪制。以人事制度和分配制度改革为突破口，建立全员聘用制和绩效工资制，加快推进离退休人员养老保障社会化。

3. 推进公立医院改制重组。二级以上（含二级）医院进行改制重组，二级医院以下退出或转化为社区卫生服务中心。除区医院、区妇幼保健院外，其余转化为社区服务中心。

4. 建立由卫生行政部门、医疗保险机构、社会评估机构、群众代表和专家参与的医院质量监管和评价制度，全面推行医院信息公开制度。

（五）探索医疗服务价格管理机制改革

1. 改革现行医疗服务定价机制和监管办法，增强医疗服务价格的市场定价和市场调节功能。

2. 推进医药分开，取消药品加成，改革医疗服务价格，增设药事服务费、技术服务费等服务收费，探索财政补偿机制，开展"以医养医"试点，逐步解决"以药养医"问题。

（六）加强基层医疗卫生服务机构和人才队伍建设

1. 按照服务范围和功能，合理确定基层医疗卫生事业单位的机构编制，加大政府对基层医疗卫生服务机构建设的投入，满足基层医疗卫生服务的需要。

2. 健全基层医疗卫生人才培训制度，到2011年为社区卫生服务机构培训医疗卫生服务人员1500人次，培养合格的全科医生和公共卫生人员。

3. 完善执业医师从业制度，积极探索医师多点执业并获取合理回报，推动医疗卫生人才自由流动。

4. 落实城市医院和疾病预防控制机构医生晋升中高级职称前到涉农社区服务1年以上的政策，建立鼓励城市卫生专业人才到涉农社区服务的补贴制度。

5. 建立城市医院对口支援涉农社区医疗卫生工作的制度，通过采取城市医院的专业技术骨干到基层医疗机构挂职和基层卫生人才到城市医院临床实习、培训等方式，提高基层医疗卫生人才的服务水平。

（七）建立和完善医疗卫生服务、医疗保险服务信息化网络

整体规划医疗卫生服务和医疗保险服务信息化建设，到2011年建立集医疗保障、电子病历、个人健康档案、公共卫生、医疗服务、卫生监督等为一体的综合性医疗卫生和医疗保险服务信息网络，完善医疗保障"一卡通"，实现信息资源共享，提高医疗卫生和医疗保险服务、管理和监督的现代化水平。

六、工作措施

（一）加强组织领导

成立区医药卫生体制改革工作领导小组（以下简称区医改领导小组），负责研究确定我区贯彻落实国家深化医药卫生体制改革政策的重大事项、实施方案和政策措施，组织推动并统筹协调工作中的重大问题。

（二）明确部门职责

1. 区卫生局牵头负责基本公共卫生服务和基层医疗卫生服务体系建设，落实基本药物、基本公共卫生服务均等化工作。负责制定全区医疗卫生区域规划；实施医疗卫生机构、人员的准入和管理；组织开展医疗卫生工作的技术指导和监管；开展相关医药卫生调查。

2. 区财政局牵头和主管部门按全区医改工作要求，安排资金保证投入到位，确保卫生投入按年增

长，加强资金监管，提高财政资金使用效率。

3. 区人社局牵头负责卫生人才队伍建设，推动卫生人才队伍培训、晋升和进修的相关工作，负责组织实施落实城镇职工基本医疗保险、城乡居民基本医疗保险有关政策。

4. 区食药监局牵头负责基本药物制度执行，药品研制、生产、流通和使用的监管，与区卫生局共同负责国家基本药物制度的执行。

5. 区编办负责政府举办的医疗卫生机构的职能、职责界定和人员编制的核定工作，参与公立医院管理体制改革。

6. 区民政局负责低保及低保边缘困难群众医疗救助工作。

7. 区国资办牵头负责公立医院的有关改革和试点工作，公立医院改革有关政策研究制定工作。

8. 区发改局（区物价局）负责牵头组织医药卫生体制改革工作和领导小组办公室日常工作，研究制定完善医疗服务定价机制和监管办法的指导意见等工作。

9. 区人口和计生局负责计划生育技术服务工作的管理，研究提出与计划生育有关的公共卫生服务内容。负责牵头做好全面实施出生缺陷预防工作。

10. 区医院管理办公室根据政府授权履行出资人职责，负责公立医院、国有医院、公立社区卫生服务站、社区卫生服务中心的组织、人事、绩效管理和改革。

（三）强化目标管理

区医改领导小组各成员单位，要密切协作、相互配合，把医改工作纳入各单位年度工作目标，合力推进全区医疗体制改革工作。

附件：成都市金牛区医药卫生体制改革领导小组人员名单

附件

成都市金牛区医药卫生体制改革领导小组人员名单

组　长：陈　麟　区委常委、区政府常务副区长
副组长：张新宇　区政府副区长
　　　　张明英　区政府副区长
成　员：冯贵银　区政府办副主任
　　　　贾迎霜　区地方志办副主任
　　　　钟培松　区发改局局长
　　　　罗焕钧　区民政局局长
　　　　夏　珂　区财政局局长
　　　　王运兰　区人社局局长
　　　　杨正奇　区卫生局局长
　　　　王　萍　区人口和计生局局长
　　　　陈　钰　区国资办主任
　　　　朱贵军　区编办主任
　　　　王　磊　区食药监局副局长

领导小组下设办公室，办公室设在区发改局，负责领导小组日常工作，办公室主任由钟培松同志兼任。

成都市金牛区人民政府关于印发金牛区安全生产事故隐患管理规定的通知

金牛府发〔2011〕52号

各街道办事处，区政府各部门：

《金牛区安全生产事故隐患管理规定》已经2011年9月26日区政府五届第148次常务会研究通过，现印发你们，请遵照执行。

二〇一一年十月二十四日

金牛区安全生产事故隐患管理规定

为实现安全生产事故隐患排查治理工作的经常化、制度化、规范化，防止和减少事故的发生，保障人民群众生命和财产安全，根据《中华人民共和国安全生产法》、《安全生产事故隐患排查治理暂行规定》（安全监管总局令第16号）、《四川省安全生产条例》等法律法规和国务院《关于进一步加强企业安全生产工作的通知》（国发〔2010〕23号）精神，结合我区实际，制定本规定。

本规定所称安全生产事故隐患（以下简称安全隐患）是指生产经营单位和公共场所、公共设施管理单位违反安全生产法律、法规、规章、标准、规程和安全生产或公共安全管理制度的规定，或因其他因素在生产经营活动或提供公共服务的过程中存在可能导致安全事故发生的物的危险状态、人的不安全行为和管理上的缺陷。

全区行政区域内生产经营单位及公共场所、公共设施安全隐患的监督管理，适用于本规定。

一、总体原则

（一）以科学发展观为指导，牢固树立安全发展

理念，坚持“安全第一，预防为主，综合治理”的方针，按照“属地管辖，分级管理”的原则，建立安全隐患排查治理长效机制，不断完善安全生产条件，有效预防和减少各类生产安全和公共安全事故的发生，为全区经济社会发展创造良好的安全环境。

（二）坚持“管生产必须管安全”、“谁主管，谁负责”、“谁审批，谁负责”、“谁发证，谁负责”的原则和安全生产“一岗双责”制度，切实落实安全隐患管理责任。

二、职责划分

（一）各生产经营单位和公共场所、公共设施的管理单位是安全生产的责任主体，对本单位安全隐患的排查、治理和防控负全面责任，其法定代表人或主要负责人是本单位安全隐患排查治理的第一责任人。

（二）各街道办事处负责组织领导本辖区安全隐患的排查治理工作，并对辖区内生产经营单位和公共场所、公共设施管理单位的安全隐患排查治理工作实施监督检查。街道办事处主要领导是本辖区安全隐患排查治理的第一责任人。

（三）区政府有关部门负责组织领导本行业（系统）安全隐患排查治理工作，并对行业（系统）内生产经营单位和公共场所、公共设施管理单位的安全隐患排查治理工作实施监督检查。部门主要负责人是本行业（系统）安全隐患排查治理的第一责任人。

区教育局：负责中小学校、幼儿园的安全隐患监管。

区经科局（金牛高科办）：负责工业企业和园区内在建企业的安全隐患监管。

区民政局：负责福利机构（企业）、救助管理站、军干所、殡葬企业等单位的安全隐患监管。

区国资办：负责区属国有企业的安全隐患监管。

区人社局：负责区内技工学校、民办职业培训机构的安全隐患监管。

区建交局：负责区内公路、桥梁，道路运输企业及汽车客（货）运站（场），机动车维修企业，水运码头及其交通运输工具的安全隐患监管；负责建筑施工企业及在建工地和市政基础设施建设的安全隐患监管；负责物流企业的安全隐患监管；负责人防工程安全隐患监管；负责防雷设施安全隐患监管；负责沼气建设、使用安全隐患监管。

区房管局：负责区内房屋及房屋拆除施工的安全隐患监管；负责物业管理企业的安全隐患监管；负责房屋室内装修的安全隐患监管。

区城管局：负责所属企事业单位的安全隐患监管；负责户外广告（招牌）的安全隐患监管。

区统筹局：负责农业产销环节及农业机械的安全隐患监管；负责畜牧业生产环节及兽药、饲料生产和畜牧业投入品的生产、销售、使用等环节的安全隐患监管；负责水利设施、河道及其岸线的安全隐患监管。

区商务局：负责全区商贸企业（物流企业除外）安全隐患监管；负责区内大型商贸展会、促销活动的安全隐患监管。

区文旅局：负责文化娱乐企业、场所和新闻出版机构的安全隐患监管；负责涉旅企业和旅游景点的安全隐患监管；负责体育运动、健身企业及场所的安全隐患监管；负责区内大型文化、体育活动的安全隐患监管。

区卫生局：负责区内医疗卫生单位、场所的安全隐患监管。

区安监局：负责危险化学品储存、经营企业和烟花爆竹经营单位的安全隐患监管。

区管理局：负责区政务中心和相关服务单位的安全隐患监管。

区民宗局：负责区内寺庙、道观等宗教场所和大型宗教活动的安全隐患监管。

区公安分局：负责消防、民用爆炸物品、剧毒化学品、易制毒化学品、大型群众活动及烟花爆竹燃放的安全隐患监管。

金牛质监局：负责特种设备的安全隐患监管。

区国土分局：负责涉农地区集体土地上的房屋及房屋拆除施工安全隐患监管；负责完成征地拆迁而未建地块的安全隐患监管。

区市场服务中心：负责所辖市场的安全隐患监管。

区供销联社：负责所辖企业的安全隐患监管。

（四）对安全隐患排查治理的监督检查，各街道办事处、区政府有关部门分别按照属地监管和行业监管的责任要求认真履行职责并搞好协调配合，力戒推诿扯皮，杜绝监管缺位。

（五）区政府安委办负责对全行政区域内安全隐患排查治理工作实施综合监督管理。

（六）各街道办事处和区政府有关部门每季度第一个月的10日前，向区政府安委办报送上季度辖区、行业（系统）内安全隐患排查治理的统计情况（见附件1）。

三、隐患排查

（一）生产经营单位和公共场所、公共设施管理单位要根据安全生产法律法规和区政府以及行业监管部门、所在街道办事处的要求，结合本单位安全生产的实际，适时进行安全生产隐患排查。

危险化学品、烟花爆竹、建筑施工、道路交通、老旧专业市场、中小型生产企业及文化娱乐场所等危险性较大行业和领域内的生产经营单位应每天进行1次有针对性的安全隐患排查，每周进行1次全面排查；其他生产经营单位和公共场所、公共设施管理单位每周至少应进行1次有针对性的安全隐患排查，每月进行1次全面排查。

排查重点：单位内部安全生产岗位责任制和安全生产管理制度是否健全并严格落实；职工安全生产“三级教育”制度是否落实；相关人员是否按操作规程作业、是否依法持证上岗；重大危险源监控措施是否到位；厂房、机械设备、设施是否存在安全隐患；应急指挥机构、应急救援队伍、应急预案是否健全完善；是否按规定给职工配发了安全防护、劳动保护用品；是否按规定为职工办理了工伤保险和按规定提取了安全生产费用等。

（二）各街道办事处和区政府有关部门，要根据区政府的总体要求，适时组织开展本辖区、本行业（系统）的安全隐患排查。在元旦、春节、“五一”、“十一”等重大节日前和夏季高温多雨及冬季风干物燥等特殊季节，必须组织开展安全隐患排查。

排查重点：生产经营单位是否建立健全并严格落实安全生产各项制度；是否对相关安全生产工作进行了安排部署并组织督促检查，存在的安全隐患是否得到了及时有效治理；应急管理机制、管理队伍是否健全等。

四、隐患报告

（一）各街道办事处和区政府有关部门要按照“属地管辖，分级管理”的原则，各生产经营单位及公共场所、公共设施管理单位，逐级报告本单位、本辖区、本行业（系统）存在的重大隐患（见附件2）。

（二）重大隐患指可能引发较大及较大以上事故或治理经费预计在10万元以上的隐患。

重大隐患报告内容：

1. 隐患单位及所在地。

2. 隐患类别、隐患内容。

3. 隐患可能造成的危害、拟采取的治理措施。

4. 负责隐患治理的主要负责人和直接责任人。

5. 预计投入治理经费、拟完成隐患治理时限。

重大隐患报告程序：

1. 生产经营单位和公共场所、公共设施管理单位报所在街道办事处。

2. 各街道办事处负责将辖区内的重大隐患分行业汇总，分别报区政府相关部门，并抄送区安委办备案。

3. 区政府有关部门负责将区内本系统（行业）市属及其以上生产经营单位和公共场所、公共设施管理单位的重大隐患汇总上报市级对口部门，并抄送区政府安委办备案。

4. 区政府安委办负责将全区重大隐患汇总上报市安监局备案。

（三）任何单位和个人在发现生产经营单位或公共场所、公共设施不符合安全规定，可能造成危及本人或他人生命财产安全的隐患或其他不安全因素时，有权向区级有关部门或街道办事处举报，有关单位应予受理。

五、隐患治理

（一）各生产经营单位和公共场所、公共设施管理单位要建立健全安全隐患排查治理制度，对排查出的安全隐患建档立卡，主动安排专门人员和专项经费，对照有关标准，及时进行治理。

（二）各街道办事处、区政府有关部门对组织排查出的本辖区、本行业（系统）内生产经营单位和公共场所、公共设施管理单位存在的重大安全隐患要按照“谁排查、谁下达”的原则及时下达隐患治理通知书，并督促隐患单位及时进行治理（见附件3）。

隐患治理通知书内容包括：

1. 隐患单位及所在地。

2. 隐患类别、隐患内容。

3. 要求采取的治理措施及治理完成期限。

4. 隐患治理责任人。

5. 隐患治理监管（督办）单位及责任人。

（三）隐患单位必须严格按照“责任落实、措施落实、经费落实、时间落实”的要求，组织开展隐患治理。

隐患排除前或排除过程中，无法保证安全的，各街道办事处、区政府有关部门应当责令隐患单位立即从危险区域内撤出作业人员和可能危及其安全的其他人员，在停产停业或停止使用的情况下进行隐患治理。

（四）隐患治理结束后，隐患单位应当对治理效果进行自查，符合安全规定后，及时向下达隐患治理通知书的街道办事处或区政府有关部门提出验收申请。

接到验收申请的街道办事处或区政府有关部门，应及时会同其他有关部门、有关专家对隐患治理情况进行现场验收。验收合格的，应当及时向隐患单位发出书面确认书（见附件4），并抄送区政府安委办对该隐患进行注销；验收不合格的，责令隐患单位重新制订方案进行治理。

（五）市级有关部门转来的关于安全隐患的群众举报，视情由区政府有关部门或街道办事处处理，相关单位应认真落实，不得推诿。

六、责任追究

（一）生产经营单位和公共场所、公共设施管理单位未按规定进行安全隐患排查或因排查不认真未查出安全隐患的，责令限期整改，逾期不整改的按《中华人民共和国安全生产法》、《安全生产事故隐患排查治理暂行规定》（安全监管总局令第16号）、《四川省安全生产条例》的有关规定进行处罚；由此导致发生生产安全事故的，依法从重处罚；涉嫌犯罪的，移送司法机关处理。

（二）隐患单位对排查出的隐患不治理或治理不力，导致隐患不能消除的，责令限期整改，逾期不整改的按照《中华人民共和国安全生产法》、《安全生产事故隐患排查治理暂行规定》（安全监管总局令第16号）、《四川省安全生产条例》的有关规定进行处罚；由此导致生产安全事故发生的，依法从重处罚；涉嫌犯罪的，移送司法机关处理。

（三）各街道办事处和区政府有关部门未按本规定对辖区、行业（系统）内生产经营单位和公共场所、公共设施管理单位安全隐患排查治理工作实施监督管理，扣其安全生产目标分；若由此导致生产安全事故发生的，按照区政府制定的《金牛区进一步加强和落实安全生产工作行政监管责任制的有关规定》（金牛府发〔2011〕51号）中的相关规定执行。

附件：1.金牛区安全隐患排查治理统计表

2.金牛区重大安全隐患报告（备案）登记表

3.金牛区重大安全隐患治理通知书

4.金牛区重大安全隐患治理验收登记表

附件1

金牛区安全隐患排查治理统计表

填报单位

序号	隐患单位	地点及隐患情况	隐患类别	采取的治理措施	隐患治理责任落实情况		隐患治理资金落实情况		隐患治理完成情况
					隐患单位责任人	监管（督办）单位及责任人	拟投入（万元）	共投入（万元）	
							未完成	已完成	

说明：1.各街道办事处和区级有关部门每季度第1月10日前向区安监办报送上季度辖区、行业（系统）内安全隐患排查治理的统计情况。

2.隐患治理监管（督办）单位为隐患单位的上级监管单位，无上级监管单位的，为组织排查的街道办事处或区级有关部门。

3.未完成治理的安全隐患，须在“隐患治理完成情况”栏内填报预计完成时间。

附件2

金牛区重大安全隐患报告（备案）登记表

隐患单位		隐患单位性质			
隐患单位负责人	姓　名	职　务		联系电话	
隐患类别		隐患所在地			
隐患内容及可能造成的危害					
拟采取的主要治理措施					
预计治理完成时限		预计治理经费（万元）		隐患单位呈报时间	
街道意见	盖　章 年　月　日				
区级监管部门意见	盖　章 年　月　日				

说明：1.本表由存在重大生产安全隐患的单位填写后报所在街道办事处。

2.街道办事处负责将辖区内的重大安全隐患分类汇总后报区级监管部门，同时抄送区安监办备案。

3.对市属及市属以上生产经营单位和公共场所、公共设施管理单位存在的重大安全隐患，区级监管部门签署意见后报市级对口部门。

附件3

金牛区重大安全隐患治理通知书

隐患单位		隐患单位性质	
隐患单位负责人	姓　名	职　务	联系电话
隐患类别		隐患所在地	
隐患治理要求			
隐患治理完成时限			
隐患治理责任人	姓　名	职　务	联系电话
隐患治理监管（督办）单位及责任人	监管（督办）单位	责任人	
签发单位	盖　章 年　月　日		

说明：1.本表由街道办事处或区级有关部门在组织辖区、行业（系统）内生产经营单位和公共场所、公共设施管理单位隐患排查中发现重大安全隐患时，下达给隐患单位。

2.隐患治理监管（督办）单位，为隐患单位的上级主管单位，无上级主管单位的，为组织排查的街道办事处或区级有关部门。

附件4

金牛区重大安全隐患治理验收登记表

隐患单位		隐患单位性质	
隐患所在地		隐患类别	
治理完成 时间		治理经费 （万元）	
采取的主要治理措施及 治理完成情况			
隐患单位 申请验收意见	盖　章 年　月　日		
专家组 验收意见	专家组组长（签名）： 年　月　日		
街道办事处或区级 监管部门验收意见	盖　章 年　月　日		

说明：1.区属及以下生产经营单位和公共场所、公共设施管理单位存在的重大安全生产隐患治理情况验收，由其所在街道办事处或区级监管部门会同相关部门、专家进行。

2.隐患治理经验收合格后，街道办事处或区级监管部门将此表抄送区安监办注销隐患。

（审读：张　蓉）

附　录

APPENDIX

2011年金牛区业余文艺团队（335支）

填报时间：2011-12-30

抚琴街道

序号	街　道	社　区	团队名称	队伍人数	负责人姓名	辅导员姓名	活动场所地址	获奖情况
1	抚　琴		抚琴街道艺术团	30	王　捷	王　捷	不固定	多次获得省、市、区嘉奖
2	抚　琴	光荣小区	社区文艺宣传队	18	江志平	江志平	抚琴街道文化活动中心	
3	抚　琴	光荣小区	社区健身队	200	周素清	周素清	为民广场	
4	抚　琴	圃园路	文艺队	20	凌　平	凌　平	九里堤南路院内	
5	抚　琴	圃园路	歌咏队	20	杨素华	凌　平	九里南苑	
6	抚　琴	圃园路	文体队	30	谢远香	谢远香	社区院内	
7	抚　琴	圃园路	太极拳队	30	宋来容	宋来容	社区院内	
8	抚　琴	铁路新村	铁路新村社区夕阳红艺术团	62	张文云	张文云	金贸广场	优秀奖
9	抚　琴	西北街	腰鼓队	25	李　虹	李　虹	营门口路4号广场	
10	抚　琴	西南街	京剧票友会	20	马少甫	马少甫	抚琴北巷69幢	
11	抚　琴	西南街	社区民乐队	20	李淑琴	李淑琴	抚琴北巷69幢	李淑琴于2008年8月获“十佳红歌明星”
12	抚　琴	西南街	社区合唱队	20	王建思	王建思	抚琴街南二巷杏园	王均超于2009年10月获“十佳群文演艺之星”
13	抚　琴	金沙路	老年晨练舞蹈队	25	陈素华	陈素华	为民广场	
14	抚　琴	金鱼街	红辣椒艺术团	20	潘久芳	潘久芳	不固定	
15	抚　琴	金鱼街	金鱼街艺术团	18	刘承均	刘承均	不固定	
16	抚　琴	金琴路	合唱队	60	段世明	李川生	营通巷16号	
17	抚　琴	金琴路	舞蹈队	20	徐志彬	徐志彬	不固定	
18	抚　琴	金沙路	歌咏队	63	肖蓉英	杨素芳	社区多功能活动室	
19	抚　琴	金沙路	腰鼓队	25	杨天碧	赖秀英	为民广场	

续表：

序号	街道	社区	团队名称	队伍人数	负责人姓名	辅导员姓名	活动场所地址	获奖情况
20	抚琴	金沙路	舞蹈队	30	刘世美	姚家雄	73号小广场	
21	抚琴	金沙路	舞蹈队	15	邵柳庆	杨素芳	社区活动室	
西安路街道								
序号	街道	社区	团队名称	队伍人数	负责人姓名	辅导员姓名	活动场所地址	获奖情况
1	西安路	青羊北路	拉丁舞队	30	崔衍红	朱雪梅	中心二楼	
2	西安路	青羊北路	腰鼓队	15	周淑华	彭世梅	社区小花园	
3	西安路	青羊北路	扇子舞队	15	周淑华	彭世梅	社区小花园	
4	西安路	青羊北路	青羊北路社区天姿艺术团	29	曾寒	张丽	西安北路三巷新1号附1号	
5	西安路	青羊北路	青羊北路社区健舞队	12	曾寒	颜永涛	西安北路三巷新1号附1号	
6	西安路	青羊北路	青羊北路社区腰鼓队	20	曾寒	张丽	西安北路三巷新1号附1号	
7	西安路	金琴南路	扇子舞队	12	黄明友	代援朝	社区健身广场	
8	西安路	金琴南路	合唱队	6	张素芳	张先群	社区活动室	
9	西安路	枣子巷	枣子巷社区艺术团（舞蹈队）	20	肖文霞	张素芳	西青路98号社区活动室	连续三年获“十佳”“十优”
10	西安路	枣子巷	枣子巷社区艺术团（合唱队）	12	肖文霞	曾富尧 王邵华	街道活动中心	连续三年获“十佳”“十优”
11	西安路	枣子巷	枣子巷社区艺术团（乐队）	22	肖文霞	曾富尧 李淑群	街道活动中心	
12	西安路	枣子巷	永陵社区舞蹈队	12	刘国起	黄岭梅	青羊北路5号	获金牛区“十佳团队”
13	西安路	永陵	永陵社区舞蹈队	40	赵喻蓉	谭平俊	观音阁前街22号	
14	西安路	永陵	永陵社区腰鼓队	60	李隆芳	刘国起	观音阁前街22号	
15	西安路	白果林	白果林老年舞蹈队	20	曹端云	赵喻蓉	同心园	
16	西安路	白果林	白果林老年腰鼓队	20	曹端云	李隆芳	同心园	
17	西安路	白果林	百寿路社区红舞星艺术团	23	刘文惠	刘文惠	小区花园	
人民北路街道								
序号	街道	社区	团队名称	队伍人数	负责人姓名	辅导员姓名	活动场所地址	获奖情况
1	人民北路	马家花园	余辉艺术团	90	袁传义	袁传义	中铁二局文化宫社区文化活动室	成都中老年艺术节第一名 成都老体协歌手大赛第二名
2	人民北路	马家花园	余辉舞蹈队	16	卢文莲	张天惠	社区文化活动室	
3	人民北路	马家花园	馨韵舞蹈队	30	李素琼	叶仁珍 赵芳	万福桥头广场 社区文化活动室	金牛大擂台广场舞第一名 金牛大擂台群众舞蹈优秀奖 老体协秧歌比赛第四名
4	人民北路	马家花园	人北艺术团	100	胡朝玺	刘建文	中铁二局文化宫 社区文化活动室	“巾帼英雄”原唱特等奖 四川省老年大学协会红歌比赛一名 金牛区红歌唱响二等奖 铁二局红歌比赛特等奖
5	人民北路	马家花园	人北艺术团二团	120	刘老师	陈老师	中铁二局文化宫 社区文化活动室	

续表：

序号	街　道	社　区	团队名称	队伍人数	负责人姓名	辅导员姓名	活动场所地址	获奖情况
6	人民北路	金仙桥	社区乐队	9	黄功鑫	黄功鑫	人民公园	
7	人民北路	金仙桥	社区舞蹈队	23	扬运芳	扬运芳	锦西广场	
8	人民北路	金仙桥	社区京剧队	20	李俊兰	李俊兰	丝绸城后面	
9	人民北路	金仙桥	社区中老年舞蹈队	20	文显英	文显英	锦西广场	
10	人民北路	金仙桥	社区合唱队	14	张良英	张良英	锦西广场	
11	人民北路	城隍庙	彩虹舞蹈队	24	李昌玉	李昌玉	成华北巷6号	成都中老年艺术舞蹈大赛第三名
12	人民北路	城隍庙	近悦舞蹈队	25	胡艳芳	陈　靖	花圃路口	金牛区“十佳团队”
13	人民北路	城隍庙	地矿机关老年合唱团	50	马光灿	马光灿	地矿局	
14	人民北路	城隍庙	舞蹈腰鼓队	16	黄芙蓉	黄芙蓉	西勘院	
15	人民北路	新村河边街	快乐歌舞队	15	王宝颖	王宝颖	新村河边街19号	
16	人民北路	新村河边街	夕阳红歌咏队	30	龙冉平	龙冉平	100号院内	
17	人民北路	新村河边街	健身舞蹈队	20	李春娟	李春娟	府南河绿地边	
18	人民北路	新村河边街	成都市毛主席诗词小组	16	李老师	李老师	新村河边街社区活动室	
19	人民北路	西体路	夕阳红腰鼓队	47	覃运盛	覃运盛	五丁桥	
20	人民北路	西体路	健身舞蹈队	8	朱代凤	朱代凤	铁二院小广场	
21	人民北路	西体路	夕阳红舞蹈队	20	江淑芳	彭传秀	五丁桥	2011年度“珍奥杯”我为党旗添光彩获最佳动感奖

驷马桥街道

序号	街　道	社　区	团队名称	队伍人数	负责人姓名	辅导员姓名	活动场所地址	获奖情况
1	驷马桥	一环路北四段	木兰艺术团	16	杨　娜	张　兰	社区	2010、2011“十佳文艺团队”
2	驷马桥	马鞍东路	马东合唱队	80	潘一方	潘一方	社区二楼会议室	
3	驷马桥	马鞍东路	马东舞蹈队	80	邢秀珍	邢秀珍	社区二楼会议室	
4	驷马桥	马鞍东路	马东中老年艺术团	60	柳明辉	柳明辉	文化站、社区	
4	驷马桥	星辉东路	光明艺术团	25	王佰英	王佰英	大慈寺商务大夏4楼	2007年获“十优”
5	驷马桥	星辉东路	开心舞蹈队	20	张永婉	张永婉	马鞍路小学	
6	驷马桥	恒德路	俏妞舞蹈队	18	雷绍玲	雷绍玲	北辰花园	
7	驷马桥	恒德路	福宇之星艺术团	25	张富才	张富才	北门大桥	
8	驷马桥	恒德路	恒德路民族舞蹈队	25	张　卫	张　卫	驷马桥街道活动中心	
9	驷马桥	红　花	红月亮舞蹈队	12	梁淑云	梁淑云	红花东路16号	
10	驷马桥	红　花	红星舞蹈队	21	邓德惠	邓德惠	解放西路3号	
11	驷马桥	红　花	时装队	8	李蜀秀	李蜀秀	红花南路29号	

续表：

序号	街　道	社　区	团队名称	队伍人数	负责人姓名	辅导员姓名	活动场所地址	获奖情况
12	驷马桥	红　花	三友舞蹈队	12	张晓希	张晓希	解放西街10号	
13	驷马桥	红　花	红花舞蹈队	30	凌镐松	钟贻辉	文化站、沙河公园	
14	驷马桥	高笋塘	喜洋洋舞蹈队	42	谢格鹏	谢格鹏	文化站、健身场所	
15	驷马桥	高笋塘	社区舞蹈队	20	冯瑞云	冯瑞云	文化站、健身场所	
16	驷马桥	高笋塘	高笋塘柔力球队	16	曾小珍	曾小珍	文化站、健身场所	
17	驷马桥	树蓓街	喜洋洋乐队	25	代万蓉	黄　河	文化活动中心	
18	驷马桥	树蓓街	彩虹艺术团	30	倪玉蓉	李昌玉	文化活动中心	
19	驷马桥	树蓓街	十二公司舞蹈队	20	杨　斌	巫世华	文化活动中心	
20	驷马桥	工人村	工人村夕阳红舞蹈团	20	罗昭琴	陈　瑶	工人村社区健身广场	2011群舞三等奖
21	驷马桥	工人村	工人村枫叶舞蹈队	25	余昭蓉	余昭蓉	工人村社区健身广场	
22	驷马桥	工人村	小草艺术团	22	刘　鹰	刘　鹰	工人村社区健身广场	
23	驷马桥	工人村	社区腰鼓演艺队	50	樊素琼	樊素琼	工人村社区健身广场	
24	驷马桥	街道活动中心	工业学校藏区“9+3”合唱团	120	曾宪庆	曾宪庆	红旗连锁368分店	
25	驷马桥	街道活动中心	驷马桥街道合唱团	60	吴　兵	张　兰	活动中心	
26	驷马桥	街道活动中心	驷马桥街道广场舞蹈队	65	温　敏	邓德惠	富丽碧蔓汀	

荷花池街道

序号	街　道	社　区	团队名称	队伍人数	负责人姓名	辅导员姓名	活动场所地址	获奖情况
1	荷花池	互助路	星月舞蹈团	17	赖泽蓉	赖泽蓉	社区活动室	2009年“十优业余团队”
2	荷花池	互助路	老年舞蹈队	30	卢华玉	刘小玲	社区活动室	
3	荷花池	互助路	社区腰鼓队	25	卢华玉	卢华玉	社区活动室	
4	荷花池	互助路	老年合唱团	30	文水珍	王　伟	社区活动室	
5	荷花池	西北桥	西北桥舞蹈队	22	顾静芳	顾静芳	社区活动室	
6	荷花池	西北桥	西北桥合唱团	40	徐若兰	徐若兰	社区活动室	
7	荷花池	西北桥	府河艺术团	20	王　莉	王　莉	社区活动室	2009年“十优业余团队”
8	荷花池	西北桥	苑华舞蹈队	20	钟桂昭	钟桂昭	社区活动室	
9	荷花池	西三巷	艺海之声歌友会	10	李春娟	李春娟	社区活动室	
10	荷花池	西三巷	老年舞蹈队	28	郭彬茹	白尔姆	社区活动室	
11	荷花池	西三巷	海星艺术团	30	付老师	王世凤	社区活动室	
12	荷花池	西三巷	老年大学合唱团	80	何桂连	李春娟	社区活动室	
13	荷花池	杨柳巷	老年舞蹈队	20	熊老师	钟桂昭	社区活动室	

续表:

序号	街　道	社　区	团队名称	队伍人数	负责人姓名	辅导员姓名	活动场所地址	获奖情况
14	荷花池	杨柳巷	老年合唱队	30	程传平	程传平	社区活动室	
15	荷花池	杨柳巷	金色夕阳合唱团	60	童老师	童春辉	社区活动室	
16	荷花池	杨柳巷	金兴花园艺术团	20	吴老师	程传平	社区活动室	
17	荷花池	东一路	邻里情深舞蹈队	30	严子琴	赵　青	社区活动室	
18	荷花池	东一路	邻里情深合唱队	30	严子琴	梁超英	社区活动室	
19	荷花池	东一路	社区街舞队	8	张春龙	李跃秋	社区活动室	
20	荷花池	东一路	社区腰鼓队	20	吴　敏	周光玉	社区活动室	
21	荷花池	荷花池	社区合唱团	25	甘　露	甘　露	社区活动室	
22	荷花池	荷花池	社区腰鼓队	30	刘素珍	刘素珍	社区活动室	
23	荷花池	荷花池	社区舞蹈队	20	王　霞	王　霞	社区活动室	
24	荷花池	荷花池	书画爱好者协会	10	王　霞	郭艳蓉	社区活动室	

五块石街道

序号	街　道	社　区	团队名称	队伍人数	负责人姓名	辅导员姓名	活动场所地址	获奖情况
1	五块石	街　道	金牛交响管乐团	60	邹凤玲	刘　静	文化馆	文化金牛大擂台“十佳业余文艺团队”
2	五块石	街　道	舞之韵舞蹈队	16	朱　珠	刘　静	街道综合文体中心	文化金牛大擂台群众舞蹈大赛优秀奖
3	五块石	街　道	风采艺术团	30	黄彦瑞	刘开阳	金牛区老协	
4	五块石	玉局庵	玉局庵社区合唱队	33	陈碧英	刘雅惠	金都园	
5	五块石	玉局庵	雏鹰艺术团	16	邝先萍	李　蕊	红旗超市小广场	
6	五块石	玉局庵	俏夕阳艺术团	15	郎重群	余志全	红旗超市小广场	
7	五块石	玉局庵	玉局庵社区声乐队	10	谢大蓉	刘雅惠	社区内	
8	五块石	玉局庵	玉局庵社区书法组	11	周厚俊	杨　茹	玉局庵社区活动室	
9	五块石	五　福	开心红舞蹈队	12	王成英	孙传勇	智业福地小区	
10	五块石	五　福	五福社区合唱队	32	甘玉兰	吴红梅	恒业国际广场	
11	五块石	五　福	福宁路小区舞蹈队	10	曾万秀	高蕾蕾	福宁路小区	
12	五块石	五　福	五福社区太极队	18	姚明甫	熊　英	智业福地	四川省国际武术比赛三等奖
13	五块石	五　福	金贝多舞蹈队	10	朱　梅	熊　英	金贝多幼儿园	
14	五块石	五　福	赛云台北路小区舞蹈队	12	谢荣芳	岳　芸	赛云台北路小区	
15	五块石	五块石	五块石社区合唱队	43	杨邦菊	杨　洪	社区活动室	
16	五块石	五块石	五块石社区广场舞队	30	邓贞亮	杨冬婷	华凌尚城	
17	五块石	五块石	五块石社区曲艺队	9	文　莉	钟照菊	赛云台东二路3号院	

续表：

序号	街　道	社　区	团队名称	队伍人数	负责人姓名	辅导员姓名	活动场所地址	获奖情况
18	五块石	五块石	五块石社区健身舞队	20	李文文	邓贞亮	华凌尚城	
19	五块石	五块石	五块石社区舞蹈队	21	钟照菊	杨冬婷	恒业国际广场	
20	五块石	五块石新	五块石新社区合唱队	32	陈　伟	代素丽	社区内	
21	五块石	五块石新	五块石新社区腰鼓队	22	赵　琼	丰纪芝	社区内	
22	五块石	五块石新	五块石新社区舞蹈队	16	周光榕	赵　琼	社区内	
23	五块石	五块石新	五块石新社区健身操队	18	李泽蓉	陈　伟	社区内	
24	五块石	五块石新	五块石新社区太极队	9	丰纪芝	周光榕	社区图书室	

九里堤街道

序号	街　道	社　区	团队名称	队伍人数	负责人姓名	辅导员姓名	活动场所地址	获奖情况
1	九里堤	星河路	星河路老协舞蹈队	25	刘兆华	刘兆华	星河路67号	
2	九里堤	星河路	星河路腰鼓队	30	赖盛寿	赖盛寿	星河路67号	
3	九里堤	星河路	星河路老协骑游队	15	卢孟常	卢孟常	不限	
4	九里堤	星河路	星河路舞蹈队	28	童钱秀	童钱秀	星河路27号	
5	九里堤	星河路	星河路老协体育运动队	16	何书章	何书章	不限	
6	九里堤	星河路	丽人舞蹈队	20	江　莉	江　莉	街道文化活动中心	2011年广场舞大赛二等奖 2010年广场舞大赛三等奖
7	九里堤	星河路	星河路长青路长久新城腰鼓队	28	罗忠琴	罗忠琴	长青路	
8	九里堤	星河路	星河路社区排舞队	30	安林如	安林如	街道文化活动中心	2011年四川省首届排舞大赛集体规定曲目特等奖、自选曲目特等奖
9	九里堤	西南交大	合唱队	30	汪筱蓉	游华明	社区文化活动室	
10	九里堤	西南交大	健身舞蹈队	24	杨　珍	刘　峻	社区文化活动室	
11	九里堤	西南交大	门球队	20	张艳玲	张艳玲	交大校内	
12	九里堤	西南交大	乒乓球队	18	杨　珍	唐光荣	社区文化活动室	
13	九里堤	九里堤北路	北路社区舞蹈一队	25	陈文春	许晓鸣	街道文化活动中心	2011年金牛区老协舞蹈大赛二等奖 中奥集团舞蹈大赛二等奖 金牛区广场舞大赛三等奖
14	九里堤	九里堤北路	北路社区舞蹈二队	36	林瑞雯 赖德秀	林瑞雯	街道文化活动中心	2011年金牛区广场舞大赛二等奖 四川省成都市健身球自选和七套分别第一名 青羊区建党90年《今天是你的生日》第一名、《映山红》第二名
15	九里堤	九里堤北路	俏芙蓉艺术团	21	张晓英	张晓英	街道文化活动中心	2011年金牛区文化金牛大擂台舞蹈比赛“十优团队” 四川电视台中老年舞蹈大赛二等奖
16	九里堤	九里堤北路	北路社区舞蹈四队	18	陈正玉	陈正玉	街道文化活动中心	

续表：

序号	街　道	社　区	团队名称	队伍人数	负责人姓名	辅导员姓名	活动场所地址	获奖情况
17	九里堤	九里堤北路	北路社区合唱队	26	马秀英	张惠君	街道文化活动中心	2009年群众歌咏大赛优秀奖
18	九里堤	九里堤北路	木兰剑队	26	杜江华 邓玉仙	张秀萍 杜江华	科技公园	
19	九里堤	九里堤北路	书画组	12	余定海 王觉生	王觉生	街道文化活动中心	
20	九里堤	九里堤北路	武术组	20	曹　斌	曹　斌	科技公园	
21	九里堤	康禧路	锦西民园舞蹈队	40	唐　甜	唐　甜	交大一期南苑	
22	九里堤	康禧路	锦西艺体队	20	徐双全	徐双全	青少年活动中心	
23	九里堤	康禧路	智慧康城舞蹈队	13	徐忠明	徐忠明	智慧康城广场	
24	九里堤	康禧路	开心合唱团	35	王棣华	王棣华	街道文化活动中心	2010年文化金牛大擂台歌咏类优秀奖
25	九里堤	康禧路	木兰拳队	18	杜江华	杜江华	青少年活动中心	
26	九里堤	康禧路	蓝月亮合唱队	26	杨　兰	杨　兰	社区活动室	
27	九里堤	康禧路	叶老师舞蹈队	16	叶老师 陈桂英	叶老师 陈桂英	社区活动室	
28	九里堤	康禧路	张老师舞蹈队	26	张扬秀	张扬秀	社区活动室	
29	九里堤	康禧路	群星路合唱队	45	钟　旭	钟　旭	交大一期南苑	
30	九里堤	康禧路	罗老师舞蹈队	18	罗秀清	罗秀清	凯德广场	

营门口街道

序号	街　道	社　区	团队名称	队伍人数	负责人姓名	辅导员姓名	活动场所地址	获奖情况
1	营门口		金芙蓉艺术团	25	张炳南	刘依依	中心舞蹈室	
2	营门口		海星艺术团	20	富英谦	富英谦	中心舞蹈室	
3	营门口		残疾人合唱团	16	张亚舟	张亚舟	街道残疾人康复中心	
4	营门口	银桂桥	舞蹈一队	16	应桂芝	郑福珍	中心舞蹈室	
5	营门口	银桂桥	舞蹈二队	22	谭国清	秦淑琼	市教师苑C院	
6	营门口	银桂桥	秧歌队	14	郑福珍	商春秀	文化活动中心舞蹈室	
7	营门口	银桂桥	合唱一队	12	应桂芝	钟　捷	社区活动室	
8	营门口	银桂桥	合唱二队	30	苏爱琳	冯逸梅	市教师苑C院	
9	营门口	花　照	腰鼓队	22	钟柄英	王秋华	文化活动中心舞蹈室	
10	营门口	花　照	秧歌队	16	曾　洁	王秋华	西顺街96号	
11	营门口	营门口路	合唱队	50	毛　元	罗群英	和睦广场	
12	营门口	营门口路	舞蹈队	20	余　虹	康群望	文化活动中心舞蹈室	
13	营门口	营门口路	秧歌队	28	余　虹	郎素芳	奥林广场	
14	营门口	营门口路	腰鼓队	46	郑汉文	张　洁	奥林广场	

续表：

序号	街 道	社 区	团队名称	队伍人数	负责人姓名	辅导员姓名	活动场所地址	获奖情况
15	营门口	银沙路	合唱团	40	刁萍庆	张梓林	文化活动中心舞蹈室	
16	营门口	银沙路	秧歌队	30	杨小华	廖昌玉	社区健身广场	
17	营门口	银沙路	舞蹈队	22	马红英	胡正君	文化活动中心舞蹈室	
18	营门口	银沙路	腰鼓队	22	夏玉芳	尹丽蓉	社区健身广场	
19	营门口	茶 店	舞蹈队	41	邓 超	邓青玉	文化活动中心舞蹈室	
20	营门口	长庆路	舞蹈队	26	覃岳兰	彭仕珍	文化活动中心舞蹈室	
21	营门口	长庆路	腰鼓队	27	彭仕珍	黄梅英	交大九期	
22	营门口	长庆路	太极拳队	28	彭仕珍	杨先芳	城市绿舟	
23	营门口	长庆路	工夫扇队	22	彭仕珍	黄运秀	蓝色空间	
24	营门口	长庆路	合唱团	40	彭仕珍	彭仕珍	社区活动室	

茶店子街道

序号	街 道	社 区	团队名称	队伍人数	负责人姓名	辅导员姓名	活动场所地址	获奖情况
1	茶店子	化 成	民族舞蹈队	13	罗庆蓉	郑木蓉	化成社区	
2	茶店子	化 成	书法队	14	曾晓惠	张绍怀	化成社区	
3	茶店子	化 成	曲艺队	14	郑木秀	江继孝	化成社区	
4	茶店子	奥 林	民族舞蹈队	14	赵红英	张富经	奥林社区	
5	茶店子	奥 林	民族舞蹈队	13	付玉华	沈华明	奥林社区	
6	茶店子	奥 林	民族舞蹈队	12	葛 利	沈华明	奥林社区	
7	茶店子	奥 林	舞蹈队	14	赵红英	兰官蓉	奥林社区	
8	茶店子	奥 林	合唱队	24	陈传寿	黄中玲	奥林、化成社区	
9	茶店子	育 苗	少儿舞蹈队	14	徐 进	帅小洁	育苗社区	
10	茶店子	锦 城	器乐	8	张中棠	王昌龙	锦城社区	
11	茶店子	锦 城	舞蹈队	58	付 萍	雷秀清	锦城社区	
12	茶店子	育 苗	民乐风器乐团队	60	伍晓红	翁佳林	区文化馆	连续5年获金牛大擂台曲艺大赛“十佳业余团队”
13	茶店子	育 苗	育苗舞蹈队	30	李建春	康秀云	茶店子街道活动室	
14	茶店子	育 苗	少儿合唱队	60	伍晓红	颜老师	茶店子小学校	2010年获金牛大擂台歌咏大赛“十佳业余团队”
15	茶店子	育 苗	满蒙艺术团	40	伍晓红	肖 甜	茶店子街道活动室	2010年获金牛大擂台舞蹈大赛三等奖 2011年获金牛大擂台舞蹈大赛“十优业余团队”
16	茶店子	锦 城	锦城艺术团	16	林艳曦	孙丽珠	茶店子街道活动室	
17	茶店子	锦 城	胡美艺术团	16	林艳曦	胡美蓉	茶店子街道活动室	
18	茶店子	锦 城	花鼓艺术团	16	林艳曦	顾春焱	茶店子街道活动室	

续表：

序号	街 道	社 区	团队名称	队伍人数	负责人姓名	辅导员姓名	活动场所地址	获奖情况
19	茶店子	化 成	化成艺术团	80	雷 红	税世蓉	茶店子街道活动室	2010年获金牛大擂台广场舞优秀奖
20	茶店子	奥 林	奥林艺术团	30	赵红英	王 捷	茶店子街道活动室	
21	茶店子	奥 林	奥林合唱团	50	赵红英	白贵林	茶店子街道活动室	

黄忠街道

序号	街 道	社 区	团队名称	队伍人数	负责人姓名	辅导员姓名	活动场所地址	获奖情况
1	黄 忠		电影放映队	5	唐远忠	唐远忠	社区广场	
2	黄 忠	金沙公园北	金沙风韵艺术团	26	赵永生	赵永生	文化中心	2011年金牛区“十优业余文艺团队”
3	黄 忠	金沙公园东	蜀绣展示	12	李润群	李润群	文化中心	
4	黄 忠	金沙公园东	晚霞歌咏队	98	乔 洁	乔 洁	文化中心	
5	黄 忠	金沙公园	花儿朵朵艺术团	20	龚景秀	谢龙碧	文化中心	2011年金牛区文化金牛大擂台之舞蹈“十佳业余文艺团队”
6	黄 忠	金沙公园东	社区腰鼓队	45	杨宗芳	杨宗芳	文化中心	
7	黄 忠	金沙公园东	社区书法组	15	李晓坤	李晓坤	金沙公园东社区活动室	
8	黄 忠	金沙公园北	金沙公园北社区京剧队	22	王 勤	王 勤	金沙公园北社区	文化金牛大擂台之音乐戏剧曲艺比赛优秀奖
9	黄 忠	金沙公园北	继红艺术团	22	张谦香	张谦香	金沙公园北社区活动室	
10	黄 忠	金沙公园东	金沙艺术团	14	唐映雪	唐映雪	金沙公园东社区活动室	
11	黄 忠	金沙公园北	金沙公园北社区舞蹈队	12	陈 松	陈 松	金沙公园北社区活动室	
12	黄 忠	金沙公园北	金沙公园北社区诗歌朗诵队	3	肖国秀	郭振棠	金沙公园北社区活动室	
13	黄 忠	金沙公园北	金沙公园北社区艺术团	30	蒙素群	宋 谦	金沙公园北社区活动室	
14	黄 忠	金沙公园北	金沙公园北社区腰鼓队	24	郑敏捷	代高惠	金沙公园北社区活动室	
15	黄 忠	金沙公园	金沙公园社区诗书画协会	56	孔祥瑞	孔祥瑞	社区多功能活动室	
16	黄 忠	金沙公园	金沙公园社区艺术团	20	李筱梅	李筱梅	惠民苑后花园	
17	黄 忠	金沙公园	金沙公园社区光明艺术团	22	李安茹	李安茹	社区服务中心	
18	黄 忠	金沙公园	金沙公园社区益民苑舞蹈队	18	秦玉英	秦玉英	益民苑老协	
19	黄 忠	金沙公园	金沙公园社区悦民苑舞蹈队	16	刘兴惠	刘兴惠	悦民苑小区	
20	黄 忠	金沙公园	金沙公园社区合唱团	90	曾玉彬	曾玉彬	社区多功能活动室	金牛区红歌唱起来三等奖
21	黄 忠		黄忠摄影分会	22	历继全	历继全	文化中心	
22	黄 忠	金沙公园东	金沙风韵健身队	50	周春蓉	周春蓉	文化中心广场	文化金牛大擂台之广场舞比赛三等奖
23	黄 忠	金沙公园	金沙公园社区悦民苑歌咏队	22	陈礼蓉	陈礼蓉	悦民苑小区	
24	黄 忠	金沙公园	金沙公园社区舞蹈队	22	李康第	李元青	社区多功能活动室	

续表：

金泉街道								
序号	街道	社区	团队名称	队伍人数	负责人姓名	辅导员姓名	活动场所地址	获奖情况
1	金泉	迎宾路	舞蹈队	21	曾应群	刘亚萍	迎宾路社区活动室	2010年区文化金牛大擂台舞蹈大赛三等奖
2	金泉	迎宾路	女子小合唱队	10	梁有群	梁有群	街道综合文化活动中心	2011年区文化金牛大擂台音乐比赛队员获“十佳”“十优”称号
3	金泉	金科苑	舞蹈队	17	方淑萍	方淑萍	金科苑社区广场	2009年区文化金牛大擂台广场舞大赛三等奖
4	金泉	淳风	腰鼓队	17	向才芳	向才芳	淳风社区广场	
5	金泉	淳风	舞蹈队	16	严玉琼	严玉琼	淳风社区广场	
6	金泉	淳风	老年交谊舞队	15	严玉琼	严玉琼	淳风社区广场	
7	金泉	清水河	腰鼓队	38	晋玉芳	晋玉芳	清水河社区	
8	金泉	清水河	舞蹈队	21	晋玉芳	晋玉芳	清水河社区	
9	金泉	迎宾路	腰鼓队	39	赖善成	赖善成	迎宾路社区	
10	金泉	迎宾路	老年交谊舞队	13	刘红	刘红	迎宾路社区	
11	金泉	高家	腰鼓队	38	冯富莲	冯富莲	高家社区	
12	金泉	互助	腰鼓队	27	史锦蓉	史锦蓉	互助社区	
13	金泉	土桥	腰鼓队	28	赵素芳	赵素芳	土桥社区	
14	金泉	金桥	腰鼓队	27	沈凤清	沈凤清	金桥社区	
15	金泉	金桥	合唱团	30	冯富莲	冯富莲	金桥社区	街道组织的红歌唱起来比赛获二等奖
16	金泉	何家	腰鼓队	14	文永秀	文永秀	何家社区	
17	金泉	/	友谊合唱团	30	罗明钟	朱曦	区老协、区文化馆、街道活动中心	2009—2011年区文化金牛大擂台歌咏比赛一等奖
18	金泉	/	鑫和舞蹈队	30	张小瑛	张小瑛	街道综合文化活动中心	2010年区文化金牛大擂台舞蹈大赛三等奖
19	金泉	郎家	青年乐队	8	熊学艺	熊学艺	街道综合文化活动中心	2011年区文化金牛大擂台器乐大赛三等奖
20	金泉	两河	青年舞蹈队	16	唐文珍	段晓达	街道综合文化活动中心	
21	金泉	两河	老年器乐队	8	陈荣清	龚读举	街道综合文化活动中心	
22	金泉	/	小品队	12	刘鑫	刘鑫	街道综合文化活动中心	2010年区文化金牛大擂台小品大赛“十佳”“十优”称号

沙河源街道								
序号	街道	社区	团队名称	队伍人数	负责人姓名	辅导员姓名	活动场所地址	获奖情况
1	沙河源	川建	川建社区舞蹈队	40	尹翠兰	倪家英	川建社区球场	
2	沙河源	川建	川建社区民乐曲艺队	15	尹翠兰	江体	川建社区活动室	
3	沙河源	王贾桥	王贾桥社区合唱团	25	周居裕	田南丁	街道文化中心	“红歌唱起来”三等奖
4	沙河源	王贾桥	水韵天府文艺队	40	周居裕	杨再龙	水韵天府广场	
5	沙河源	王贾桥	王贾桥社区金色阳光艺术团	70	周居裕	张玲清	街道文化活动中心	“十优业余文艺团队”

续表：

序号	街 道	社 区	团队名称	队伍人数	负责人姓名	辅导员姓名	活动场所地址	获奖情况
6	沙河源	古 柏	古柏社区舞蹈队	25	祝 菊	汪先蓉 许太琼	古柏社区、老协	
7	沙河源	古 柏	古柏社区文艺表演队	30	祝 菊	钟才秀	古柏社区活动室	
8	沙河源	政通路	政通路社区合唱队	35	李华燕	尹大群	政通路社区活动室	
9	沙河源	政通路	政通路社区舞蹈队	20	李华燕	曾仁秀	政通路社区活动室	
10	沙河源	陆家桥	陆家桥社区老年舞蹈队	25	张 静	张永珍	陆家社区活动室	
11	沙河源	陆家桥	陆家桥社区曲艺队	15	张 静	杨廷根	陆家社区活动室	
12	沙河源	陆家桥	远航艺术团	40	李 进	陈老师	远航广场	
13	沙河源	泉 水	泉水社区文艺队	20	周元贵	杨昌群	泉水南苑广场	
14	沙河源	泉 水	泉水社区舞蹈队	20	周元贵	孙仁秀	泉水南苑广场	
15	沙河源	泉 水	泉水社区腰鼓队	30	周元贵	付先会	泉水南苑广场	
16	沙河源	友 联	友联社区曲艺队	15	李 桃	潘岳琛	友联社区活动室	2010年"十优之星"
17	沙河源	友 联	友联舞蹈队	20	李 桃	杜碧蓉	友联社区广场	
18	沙河源	友 联	友联老协文艺队	15	李 桃	叶素芳	友联社区活动室	
19	沙河源	友 联	友联社区腰鼓队	20	李 桃	尹华秀	友联社区广场	
20	沙河源	长 久	今天艺术团	35	周 珊	周 珊 项胜荣	长久社区综合文化活动室	2009、2010、2011年度"十佳业余文艺团队"
21	沙河源	长 久	长久社区腰鼓队	40	梁 琴	李桂芳	长久新城B区广场	
22	沙河源	长 久	长久社区广场舞表演队	30	梁 琴	梁 琴	长久新城B区广场	
23	沙河源	五福新	五福新社区腰鼓队	20	陈道英	王金荣	沙河广场	
24	沙河源	五福新	五福新社区扇舞队	20	陈道英	黄 华	沙河广场	
25	沙河源	五福新	五福新社区秧歌队	20	陈道英	吴传根	沙河广场	
26	沙河源	新 桥	童心艺术团	30	瞿广建	陈明昌	亲水园广场	
27	沙河源	街 道	沙河源百乐艺术团女子舞蹈队	20	陈晓琴	刘德琼	街道文化活动中心	
28	沙河源	汇泽路	沙河源百乐艺术团青少年分团	50	邱伯成	王树娟	泉水路小学青少年文化活动基地	2010年"十优团队"
29	沙河源	街 道	金牛区摄影协会沙河源分会	15	钟德记	钟德记	沙河源街道综合文化活动中心活动展览室	
30	沙河源	街 道	沙河源街道电子乐队	15	郑世清		街道文化活动中心	

天回镇街道

序号	街 道	社 区	团队名称	队伍人数	负责人姓名	辅导员姓名	活动场所地址	获奖情况
1	天回镇	太 华	喜洋洋舞蹈队	30	刘 颖	龙贤云	太华社区广场	
2	天回镇	天 回	友谊舞蹈队	40	王 英	钟国素	天回上街45号	
3	天回镇	天 回	老玩童艺术团	60	王 英	朱晓音	金华社区金华寺	

续表:

序号	街道	社区	团队名称	队伍人数	负责人姓名	辅导员姓名	活动场所地址	获奖情况
4	天回镇	白塔	白塔业余文艺队	42	何大芬	周云秀	社区广场	
5	天回镇	金华	腰鼓队	30	丁鸿	黄成蓉	社区广场	
6	天回镇	金华	舞蹈队	80	丁鸿	林亚妮	社区广场	
7	天回镇	宝年	广场舞	30	童术清	张丽	社区老年活动中心	
8	天回镇	长胜	展翔艺术团舞蹈队	45	陈传莹	代映荷	社区广场	
9	天回镇	长胜	展翔艺术团腰鼓队	23	陈传莹	代映荷	社区广场	
10	天回镇	杜家碾	北新艺术团	28	黄成君	代德群	社区广场	
11	天回镇	土门	茉莉花队伍	35	谷雨	李红	社区老年活动中心	红歌唱起来金牛区庆祝建党90周年群众歌咏电视大奖赛天回镇街道选拔赛三等奖
12	天回镇	银杏园	红歌协会	31	钟小兰	黄思琼	社区广场	
13	天回镇	明月	老年大学文艺队	20	李茂梅	赵素清	天回上街	
14	天回镇	车站	车站文艺队	12	肖丽娟	何登平	社区广场	
15	天回镇	红星	腰鼓队	20	许莹	余华忠	社区广场	
16	天回镇	木龙湾	广场舞舞蹈队	20	周清蓉	徐秀芳	社区广场	
17	天回镇	余家巷	社区腰鼓队	20	王丽	张群	社区广场	
18	天回镇	万圣	万圣舞蹈队	40	杨彬	支秀清	社区广场	
19	天回镇	大湾	大湾社区老年文艺队	30	彭小明	杨廷秀	社区广场	
20	天回镇	甘油	社区舞蹈队	25	凌长	李维香	社区广场	
21	天回镇	甘油	社区腰鼓队	20	凌长	李维香	社区广场	
22	天回镇	石门	腰鼓秧歌队	12	吴修兰	曾桂芳	社区广场	

西华街道

序号	街道	社区	团队名称	队伍人数	负责人姓名	辅导员姓名	活动场所地址	获奖情况
1	西华	跃进	跃进老年腰鼓队	23	叶成英	叶成英	村委会空地	
2	西华	跃进	跃进老年舞蹈队	22	叶成英	叶成英	金牛公园	
3	西华	跃进	跃进中青年舞蹈队	10	郑开琼	郑开琼	村幼儿园	
4	西华	跃进	跃进社区舞蹈队	17	刘少萍	郑开琼	金牛公园	
5	西华	涧漕	秧歌队	60	周克萍	欧仕群 喻忠芳	绿色阳台	
6	西华	涧漕	腰鼓队	20	周克萍	周慧	绿色阳台	
7	西华	涧漕	舞蹈队	40	周克萍	薛晓丽	社区活动室	
8	西华	涧漕	唱歌队	16	薛晓丽	薛晓丽	社区活动室	
9	西华	西华大学	西华大学艺术团	100	伍万全	刁力	西华艺术学院	

续表：

序号	街 道	社 区	团队名称	队伍人数	负责人姓名	辅导员姓名	活动场所地址	获奖情况
10	西 华	西华大学	西华大学合唱团	65	蓝 云	蓝 云	西华艺术学院	2011年度“十佳业余文艺团队”
11	西 华	西华大学	西华大学舞蹈队	60	曾 焯	曾 焯	西华艺术学院	
12	西 华	金 罗	金罗舞蹈队	34	蒋红梅	蒋继莲	社区居委会	
13	西 华	金 罗	金罗腰鼓队	48	蒋红梅	蒋继莲	社区居委会	
14	西 华	兴 盛	兴盛腰鼓队	22	徐素兰	邓进玲	社区活动室	
15	西 华	兴 盛	兴盛文艺队	39	赖玉琼	郭应桃	社区活动室	
16	西 华	富 家	富家老年腰鼓队	20	王位芳	王位芳	社区活动室	
17	西 华	富 家	富家老年舞蹈队	32	王位芳	何本珍	社区活动室	
18	西 华	青 杠	青杠社区国标舞队	20	晋丽蓉	晋丽蓉	社区活动室	
19	西 华	青 杠	社区表演队	11	卢汉萍	卢汉萍	社区活动室	
20	西 华	青 杠	社区腰鼓队	15	张述彬	卢汉萍	室外活动场	
21	西 华	侯 家	社区舞蹈队	40	张素清	刘 静	社区活动室	
22	西 华	侯 家	社区腰鼓队	41	张素清	刘 静	室外活动场	
23	西 华	侯 家	社区表演队	7	张素清	陈 颜	社区活动室	
24	西 华	瓦 子	腰鼓队	45	邓家素	邓家素	老年活动中心	
25	西 华	瓦 子	舞蹈队	35	黄光素	黄光素	老年活动中心	
26	西 华	金 牛	小品队	7	陈绍芹	银瑞云	社区大院	
27	西 华	金 牛	腰鼓队	34	陈绍芹	杨秀华	社区大院	
28	西 华	金 牛	舞蹈队	20	陈绍芹	李桂群	社区大院	
29	西 华	金 牛	文艺队	44	陈绍芹	潘先惠	社区大院	

金牛区开展“全民健身示范城区”试点工作的实施方案

为进一步发展我区全民健身事业，广泛开展全民健身运动，提高全民身体素质、健康水平和生活质量，按照全国“全民健身示范城区”试点单位的总体要求，在四川省体育局和成都市体育局的指导下，结合我区的实际，特制定本工作实施方案。

一、指导思想

以邓小平理论和“三个代表”重要思想为指导，深入贯彻落实科学发展观，以党的十七届六中全会提出的建设文化强国的目标为指针，紧紧围绕城乡统筹、“四位一体”科学发展总体战略以及成都市建设世界现代田园城市的历史定位和长远目标，坚持以人为本，以贯彻落实《全民健身条例》、完成《全民健身计划2011—2015》提出的目标任务为内容，推进全区社会体育资源均衡配置，进一步完善全区全民健身公共服务体系，切实保障公民参加体育活动的合法权益，不断丰富人民群众精神文化生活，努力提高人民群众身体素质，促进社会和谐，为全民健身事业深入发展提供先行经验。

二、工作目标和任务

力争到2012年底，全区全民健身设施更加完备，“运动成都·活力金牛”全民健身活动更加深入，全民健身组织体系更加健全，社区居民体育健身（消费）

意识进一步增强，社区居民身体素质进一步提高，全民健身公共服务体系进一步完善。

（一）均衡布局全区全民健身体育设施，进一步健全全民健身保障体系。全区人均公共体育设施场地面积力争达到1.5平方米以上。全区 “111”工程（一场、一馆、一池）覆盖率达到100%，全区社区体育设施覆盖率达到100%，街道成立全民健身活动指导中心达到100%，社区成立“全民健身活动指导站”达到100%，体育彩票公益金的50%用于全民健身活动，并基本建成“成都市金牛区健康绿道体系”，进一步完善各类无障碍公共体育设施，提高各类体育设施的开放率和利用率，做好全区80余所中小学的体育设施对社区居民开放的协调、管理工作，建立学校体育设施向社会开放的长效机制，进一步完善我区亲民、便民、利民的体育健身服务保障体系。

（二）丰富“运动成都·活力金牛”全民健身活动的内容及形式，建立全民健身活动常态机制，进一步增强全区人民体育健身意识。推广普及市民喜爱的健身项目，大力发展特色健身活动，不断丰富完善“运动成都·活力金牛”全民健身活动新内涵、新形式，倡导人人运动、天天快乐，培养人们树立终身体育理念，养成自觉锻炼的良好习惯。

在开展全民健身活动时，力争做到人群的全覆盖。一是在社区体育方面，着力打造“运动成都·活力金牛——金牛区全民健身400惠民工程”。即：在全年的四个季度里分别举办100个社区群众参与的各类体育活动，让院落、楼栋里的老百姓走出家门，走进运动场，参与体育活动，享受运动的乐趣。二是在学校体育方面，着力打造“运动成都·活力金牛——金牛区中小学‘6+6’我来玩阳光运动”。“6+6”是指把全区82所中小学分成6个片区，每个片区设定一个不同的体育项目，把活动的开展贯穿到每位学生每天的1小时体育锻炼中。三是在职工体育方面，着力打造“运动成都·活力金牛——金牛区3000机关干部职工趣味体育比赛”和“运动成都·活力金牛——金牛区万名企业职工体能大赛”。四是在老年人体育方面，着力打造“运动成都·活力金牛——金牛区彩霞满天老年体育系列活动”。五是在残疾人体育方面，着力打造“运动成都·活力金牛——金牛区诠释生命残疾人健身系列活动”。通过以上覆盖全区所有人群的系列体育活动的开展，并以此为载体，动员和引导全区群众每周参加体育锻炼活动不少于3次、每次不少于30分钟，使我区体育健身人数比例达到50%以上，达到《国民体质测试标准》合格以上的社区居民（不含在校学生）人数比例在92%以上。

（三）进一步完善全民健身组织网络，抓好社会体育指导员队伍建设，探索构建全民健身志愿服务体系。进一步建立健全区、街道、社区三级全民健身组织服务体系，并且将全区全民健身小广场（站、点）建设纳入全区统一管理。对已建成和群众自发形成的健身小广场要切实加强服务和管理：一是摸底调查，登记造册，规范管理；二是为其提供健身指导员，指导科学健身；三是为其配备健身器材，倡导健身多样化。同时不断充实全区社会体育指导员和体育志愿者队伍，进一步夯实全区基层全民健身活动开展的基础。积极推进各级各类单项体育协会、行业体育协会及老年人、残疾人、社区居民、学生、职工等群众体育协会和社会体育俱乐部建设。广泛动员、组织、引导、吸纳体育协会工作者、社会体育从业人员、优秀运动员、教练员、学校体育教师等进入社会体育指导员和全民健身志愿服务队伍中，在目前我区已有1558名三级社会体育指导员，达到全国文明城市每万人拥有20名社会体育指导员指标的基础上，不断提高我区社会体育指导员队伍综合素质和服务水平，形成组织落实、结构合理、覆盖全域、服务到位的全民健身志愿服务队伍。

（四）精心组织全民健身监测指导和科研服务工作，促进社区居民身体素质明显改善。结合我区实际，建成金牛区体质测定与运动健身指导站，积极开展体质测定和运动能力评估，为群众提供个性化的健身指导服务。定期开展国民体质监测和全民健身活动状况调查。大力宣传和推广科学健身方法，完善科学健身指导服务，建立科研团队，继续办好“金牛科学健身大讲堂”，在科学健身大讲堂成功走进社区后，还要走进学校、机关、企事业单位，不断提高全民健身质量，进一步提高我区居民身体素质。

（五）进一步整合社会资源，推动全民健身产业化发展。制定和完善《成都市金牛区体育产业发展规划（2011—2015）》，通过开展全民健身活动大力发展体育产业，初步建成健身休闲、体育康复、场馆服务、体育培训、体育用品、体育旅游等产业群，形成规范有序的全民健身休闲市场，壮大全民健身服务从业人员队伍，通过政策引导和扶持，整合各种社会资源，进而培育和形成一批实力雄厚、技术力量强的全民健身服务企业和品牌（如成都欢乐谷的休闲体育品牌、成都国际商贸城的体育用品市场的规模品牌），进一步推进我区健身产业新发展。

三、方法步骤

（一）认真制订方案。2011年9—10月，按照国家体育总局的要求，在省、市体育局的大力支持和精心指导下，广泛开展调研，并结合我区实际，精心制定金牛区开展“全民健身示范城区”试点工作的实施方案，同时要求全区各部门、各街道、各社区、各社会团体及驻区单位结合各自工作特点和单位实际制定切实可行的开展全民健身活动具体工作计划。

（二）广泛宣传动员。利用电视、报纸、网络等媒体大力宣传全民健身示范城区试点工作，使全民健身活动家喻户晓，人人皆知。动员全区各行各业、男女老少积极参与全民健身活动，形成我运动、我健康、我快乐的氛围。

（三）借鉴先进经验。在认真开展试点工作的基础上，组织人员到全民健身工作成绩突出的地区学习，借鉴先进经验，进一步完善工作措施。同时及时推广区内全民健身工作做得好的区级机关、街道和社区的经验和做法，进一步提升全区各单位开展全民健身活动的质量和水平。

（四）扎实有序推进。全区各部门、各街道、各社区、各社会团体和驻区各单位在认真制定本单位开展全民健身活动的具体工作计划的基础上，按照《全民健身条例》和《全民健身计划》的要求，狠抓落实。让体育机构、体育人员、体育设施、体育活动真正走进基层，结合各自实际，因地制宜，因需制宜，积极开展群众喜闻乐见、参与面广的健康向上的体育活动和比赛，不断满足人民群众日益增长的体育需求。

四、保障措施

（一）加强组织领导，落实工作责任。成立以区委、区政府主要领导任组长的金牛区开展“全民健身示范城区”试点工作领导小组，负责全区开展全民健身活动的领导、组织、协调工作。区政府把发展全民健身事业纳入了全区国民经济和社会发展总体规划、基本公共服务发展规划，在财政、税收、金融和土地等方面给予政策支持。将全区全民健身工作开展情况纳入区政府工作报告，同时把开展全民健身工作纳入区政府对各相关单位的目标考核，并严格各自工作职责，促进工作有序开展。

（二）加强经费投入，促进工作开展。全区开展全民健身活动经费纳入了区级财政预算，今年区财政安排了400万元的全民健身活动资金，人均达到6元的标准。并将根据财力增长情况做到逐年有所增加。同时，区级各单位也应安排专门的开展全民健身活动经费，形成财政拨款、单位投入、企业赞助、个人资助的多渠道全民健身经费投入机制。鼓励社会力量兴办各类公益性全民健身事业实体，捐助建设公益性全民健身设施和全民健身活动。改革全民健身公共服务供给方式，尝试政府向社会专业机构为社区居民购买公共体育服务（如健身路径维护、维修、体育相关培训等），建立全民健身事业发展经费保障机制，促进我区全民健身活动蓬勃开展。

（三）加强队伍建设，提供人才保障。注重全民健身科学理念的传播与体育专业人才的培养，不断提升我区社会体育指导员、体育志愿者、全民健身工作者的积极性、主动性和创造性，努力形成一支规模宏大，素质较高的从事全民健身工作的人才队伍和体育志愿者队伍，为我区全民健身事业的持续、快速、健康发展提供坚强的人才保障。

（四）加强宣传力度，引导运动时尚。在我区被国家体育总局确定为全国“全民健身示范城区”试点单位后，《成都日报》庚即进行了宣传报道，《新金牛》和成都市体育局信息网也以此作了专题报道。在此基础上，还要进一步加大宣传力度，挖掘报道深度，充分利用广播、电视、报纸、网络等媒体，采取开办全民健身专栏、举办讲座、播放公益广告、出版科普图书和音像制品等形式，深入开展全民健身宣传教育，提高人民群众的科学健身素养，倡导居民树立终身体育的理念，促进全区和谐社会建设。同时以打造“运动成都·活力金牛”——金牛区全民健身活动系列品牌为载体，进一步推进我区全民健身活动的深入广泛开展。

（五）加强监督检查，确保工作实效。建立健全监测评估体系，加强对各单位日常开展全民健身活动的指导、服务、检查、追踪与督导，制定开展全民健身活动考核标准，进一步完善激励机制，不断推进我区全民健身事业的又好又快发展。

二〇一一年十一月十五日

附件

金牛区开展“全民健身示范城区”试点工作领导小组成员名单

组　长：杨林兴　中共成都市金牛区委书记
　　　　苏　鹏　区委副书记、区政府区长
副组长：刘印勇　区委常委、区委宣传部部长
　　　　张新宇　区政府副区长
成　员：宋东升　区委办主任

廖安春　区政府办主任
方弟均　区委宣传部副部长
桑　蓉　区目督办主任
李文龙　区直机关工委
肖剑书　区教育局局长
罗焕钧　区民政局局长
夏　珂　区财政局局长
任　务　区建交局局长
谢树云　区城管局副局长
郭　馨　区统筹局局长
程明刚　区商务局局长
向　烈　区投促局局长
胥厚全　区文旅体局局长
杨正奇　区卫生局局长
郭兰涛　区审计局局长
刘明书　区安监局局长
马　昆　区统计局局长
田小渝　区有线台台长
邓　熠　新金牛副主任
毛　议　区公安分局副局长
向　杰　区国土分局局长
方晓东　金牛质监局局长
王　磊　区食药监局局长
熊　虎　区规划分局局长
常　勇　区总工会常务副主席
牛　虹　团区委书记
杨　淳　区妇联主席
彭　锐　区残联理事长
各街道办事处党工委书记、主任

领导小组办公室设在区文旅体局，具体负责我区开展“全民健身示范城区”试点相关工作。

（审读：张　蓉）

索　引
INDEX

说　明

一、本索引采用分析索引法，按拼音字母（同音字按声调）顺序排列。

二、附录中的内容及图片、图表均作索引。

三、索引词条用宋体字标明。数字表示内容所在的页码，数字后面的拉丁字母（a、b）表示栏别（从左到右）。凡类目、分目标题索引词条及所在页码均用黑体字标明。

D

E

F

G

H

J

K

N

P

Q

R

T

X

Y

Z

图书在版编目(CIP)数据

金牛年鉴.2012／成都市金牛区地方志编纂委员会办公室编.
—北京：新华出版社，2012.10
ISBN 978-7-5166-0142-6
Ⅰ.①金… Ⅱ.①成… Ⅲ.①区（城市）-成都市-2012-年鉴 Ⅳ.①Z527.11
中国版本图书馆CIP数据核字（2012）第246889号

金牛年鉴（2012）
Jinniu Yearbook

成都市金牛区人民政府 主办
成都市金牛区地方志编纂委员会办公室 编

出 版 人：张百新　　责任编辑：朱思明
封面设计：远 近

出版发行：新华出版社
地　　址：北京石景山区京原路8号　　邮　　编：100040
网　　址：http://www.xinhuapub.com　　http://www.press.xinhuanet.com
经　　销：新华书店
购书热线：010-63077122　　中国新闻书店购书热线：010-63072012

设计制作：四川远近文化有限公司
印　　刷：成都市新都华兴印务有限公司

成品尺寸：210mm×285mm　　印　　张：22.75
字　　数：720千字　　版　　次：2012年10月第一版
印　　次：2012年10月第一次印刷

书　　号：ISBN 978-7-5166-0142-6
定　　价：180.00元